Recht der Pflege

SGB XI mit anderen Gesetzen und Verordnungen

2. Auflage 2019

Deutscher Verein
für öffentliche und
private Fürsorge e.V.

LAMBERTUS

Textausgaben zum Sozialrecht (T) 6

Verlag des Deutschen Vereins
für öffentliche und private Fürsorge e.V.
Michaelkirchstraße 17/18, 10179 Berlin
www.deutscher-verein.de

Auslieferung über den Lambertus-Verlag:
www.lambertus.de

Druck:
Tastomat GmbH, Petershagen/Eggersdorf

Printed in Germany 2019
ISBN 978-3-7841-2789-7
ISBN E-Book 978-3-7841-2790-3

Veröffentlicht mit Förderung durch das Bundesministerium
für Familie, Senioren, Frauen und Jugend (BMFSFJ)

Vorwort

Die Schriftenreihe „Textausgaben zum Sozialrecht" wird gemeinsam vom Deutschen Verein für öffentliche und private Fürsorge e.V. und dem Lambertus Verlag herausgegeben.

Diese neu bearbeitete Ausgabe enthält den Text des Sozialgesetzbuches Elftes Buch - Soziale Pflegeversicherung (SGB XI) – vom 26. Mai 1994 (BGBl. I S. 1014, 1015), zuletzt geändert durch Art. 11 des Fünften Gesetzes zur Änderung des Elften Buches Sozialgesetzbuch – Beitragssatzanpassung (5. SGB XI-ÄndG) vom 17. Dezember 2018 (BGBl. I S. 2587).

Bei den weiteren Gesetzen, Verordnungen und Richtlinien wurde jeweils der aktuelle Stand berücksichtigt (Stand: 1. Januar 2019).

Das Recht der Rehabilitation und Teilhabe behinderter Menschen ist als Band 5 der Reihe „Textausgaben zum Sozialrecht" erschienen.

Freiburg/Berlin, im Januar 2019

Inhaltsverzeichnis

Einführung

Die große Reform der Pflegestärkungsgesetze und dem damit verbundenen Paradigmenwechsel – zentral abzulesen am neuen Pflegebedürftigkeitsbegriff – erfordert eine Neuauflage der Textausgabe „Recht der Pflege". Diese Ausgabe sammelt relevante Regelungen zur Pflege, vornehmlich das SGB XI, in dem die Pflegeversicherung und damit der fünfte Zweig des Sozialversicherungssystems geregelt ist. Da die Pflegekassen organisatorisch an die Krankenkassen angebunden sind und die Pflegeversicherung in ihrem Kerngedanken der Krankenversicherung folgt, weisen beide Systeme viele Bezüge zueinander auf. Daher enthält diese Textausgabe neben dem SGB XI auch relevante Auszüge aus dem SGB V. Daneben sind vielfach weitere Regelungen für das Recht der Pflege von Bedeutung: So sind die Normen der Hilfe zur Pflege aus dem SGB XII ebenso enthalten wie relevante Regelungen zur Unterstützung von pflegenden Angehörigen, z.B. das Pflegezeitgesetz (PflegeZG) oder das Gesetz über die Familienpflegezeit (Familienpflegezeitgesetz – FPfZG). Da der Gesetzgeber den Gesetzlichen Krankenkassen einen wesentlichen Gestaltungsspielraum lässt, dürfen außerdem diverse Richtlinien des GKV-Spitzenverbandes und Vereinbarungen zwischen den Akteuren in der Pflegeversicherung nicht fehlen, die für eine einheitliche Rechtsanwendung Geltung finden.

Merkmale der Pflegeversicherung (SGB XI)

Geregelt ist die Pflegeversicherung im SGB XI, das sowohl Regelungen für die Private als auch für die Soziale Pflegeversicherung umfasst, wobei letztere hier im Vordergrund stehen soll. Ziel der Pflegeversicherung ist die Absicherung des Risikos von Pflegebedürftigkeit. Jedoch deckt die Pflegeversicherung lediglich einen begrenzten Leistungsumfang ab – gerne wird daher der Vergleich zu einer Teilkasko-Versicherung gezogen. Der Pflegeversicherung kommt lediglich eine ergänzende Funktion zu, da Pflegebedürftige (und ihre Angehörigen) einen hohen Teil der Pflegeleistung selbst tragen müssen (siehe § 4 SGB XI): So soll (a) im Fall der ambulanten und teilstationären Pflege die Pflegeversicherung der Unterstützung von hauptsächlich privat geleisteter Pflege dienen, z.B. durch Angehörige oder Nachbar/innen, und (b) ist in der stationären Pflege ein finanzieller Eigenanteil durch die Pflegebedürftigen zu leisten. In Deutschland sind etwa

14.100 ambulante Einrichtungen und 14.480 stationäre bzw. teilstationäre Einrichtungen tätig.[1] Die teilstationären Einrichtungen bieten stundenweise Pflegeunterstützung, etwa als Tages- oder Nachtpflege.

Voraussetzung für den Bezug von Pflegeleistungen ist die Antragsstellung bei der zuständigen Pflegekasse. Dabei sind die Leistungen gestaffelt, je nach Schwere der Pflegebedürftigkeit, die seit 2017 in fünf Pflegegrade (1 bis 5) eingeordnet wird. Dafür erstellt der von der Pflegekasse beauftragte Gutachter, z.B. der Medizinische Dienst der Krankenkassen (MDK), ein Pflegegutachten auf der Grundlage des Pflegebedürftigkeitsbegriffs (definiert in § 14 SGB XI): Mit dem neuen Pflegebedürftigkeitsbegriff gilt seit 2017 als pflegebedürftig, wer gesundheitlich bedingte Beeinträchtigungen der Selbstständigkeit oder der Fähigkeiten aufweist und deshalb der Hilfe durch andere bedarf. Weitere Voraussetzung für das Vorliegen von Pflegebedürftigkeit ist, dass diese Beeinträchtigungen dauerhaft vorliegen, d.h. voraussichtlich für mindestens sechs Monate.

Im ersten Halbjahr 2017 hat der Medizinische Dienst des Spitzenverbandes Bund der Krankenkassen (MDS) 646.163 Begutachtungen durchgeführt, davon die Hälfte der Antragsteller/innen in die Pflegegrade 2 und 3 eingeordnet (29,1 % in Pflegegrad 2 und 21,0 % in Pflegegrad 3), während 18,5 % in den Pflegegrad 1, 11,9 % in den Pflegegrad 4 und 5,2 % in den Pflegegrad 5 eingeordnet wurden.[2] Grundsätzlich steht den Pflegebedürftigen in Pflegegrad 1 aufgrund der Geringfügigkeit ihrer Beeinträchtigungen nur ein geringer Teil der Pflegeleistungen zur Verfügung. Mit ihnen soll in erster Linie der Verbleib in der eigenen Häuslichkeit unterstützt werden.

Der häuslichen Pflege kommt im deutschen Pflegesystem eine hohe Relevanz zu, was sich auch in den Daten des Statistischen Bundesamtes[3] abzeichnet: 2017 wurden von den insgesamt 3,4 Millionen Pflegebedürftigen in Deutschland 76 % (2,08 Millionen) zu Hause, davon 1.765.000 Millionen Pflegebedürftige allein von familiären Angehörigen versorgt. Die Bedeutung häuslicher und vor allem familiärer Pflege ist dabei durchaus systemisch gewollt. Zentrale Grundsätze des SGB XI wie die Förderung des selbstbestimmten Lebens sowie des möglichst langen Verbleibs in der

1 Statistisches Bundesamt (2018): Pflegestatistik. Pflege im Rahmen der Pflegeversicherung, Deutschlandergebnisse 2017.
2 Antwort der Bundesregierung, Drucksache 18/13582.
3 Statistisches Bundesamt (2018): Pflegestatistik. Pflege im Rahmen der Pflegeversicherung, Deutschlandergebnisse 2017.

eigenen Häuslichkeit flankieren diesen Kerngedanken. Der Verbleib im eigenen Zuhause ist mit § 3 SGB XI als konkretes Ziel festgeschrieben, ebenso wie der nicht ganz unumstrittene Anspruch „ambulant vor stationär". Darüber hinaus wurden zur Unterstützung der familiären Pflege verschiedene Formate sukzessive ausgebaut, beispielsweise die schrittweise Verbesserung der sozialen Absicherung pflegender Angehöriger (z.B. Renten- und Arbeitslosenversicherung) oder der Ausbau von Pflegeberatung und Pflegestützpunkten (siehe unten „Ausgewählte Aspekte in der Entwicklung der Pflegeversicherung"). So haben Pflegebedürftige und ihre Angehörigen Anspruch auf eine individuelle Beratung durch Pflegeberater/innen und auf die Erstellung eines Versorgungsplans. Die genauen Maßstäbe und Grundsätze zur Pflegeberatung schreibt der Spitzenverband Bund der Pflegekassen in den Richtlinien zur einheitlichen Durchführung der Pflegeberatung nach § 7a fest.

Grundsätzlich haben Pflegebedürftige in der häuslichen Pflege die Wahl zwischen Sachleistung und Pflegegeld, wobei beide Leistungen miteinander kombinierbar sind. Sachleistungen in der häuslichen Pflege werden durch die ambulanten Pflegedienste ausgeführt, zum Leistungsspektrum gehören körperbezogene Pflegemaßnahmen, pflegerische Betreuungsmaßnahmen oder Hilfen bei der Haushaltsführung (§ 36 SGB XI). Pflegegeld (§ 37 SGB XI) wiederum kann für eigens beschaffte Pflegehilfen aufgewendet werden. Voraussetzung ist jedoch, dass die körperbezogenen Pflegemaßnahmen, pflegerische Betreuungsmaßnahmen und Hilfen bei der Haushaltsführung gewährleistet sind, d.h. durch Angehörige oder Nachbar/innen durchgeführt werden. Unterstrichen wird dieser Zusammenhang durch eine vorgeschriebene regelmäßige Beratung.

Auch der stationäre Bereich wurde in der Vergangenheit sukzessive ausgebaut und verbessert. Mittlerweile kann von etwa 818.000 vollstationär versorgten Pflegebedürftigen[4] in Deutschland ausgegangen werden. Dabei müssen die Pflegebedürftigen jedoch zum Teil mit einem erheblichen selbst zu leistenden Kostenanteil rechnen. Die Kosten für einen Platz im Pflegeheim setzen sich aus unterschiedlichen Posten zusammen: Zum einen ist ein einrichtungseinheitlicher Eigenanteil aufzuwenden, den die Einrichtung mit der Pflegekasse bzw. dem Sozialhilfeträger ermittelt. Zum anderen kommen Kosten für Unterkunft und Verpflegung, Investitions-

4 Statistisches Bundesamt (2018): Pflegestatistik. Pflege im Rahmen der Pflegeversicherung, Deutschlandergebnisse 2017.

kosten sowie Ausbildungskosten hinzu. Der Pflegereport 2017[5] geht von einem bundesdurchschnittlichen einrichtungseinheitlichen Eigenanteil in Höhe von 587,– € aus, wobei die Streuung sehr groß ist. Summiert man den einrichtungseinheitlichen Eigenanteil mit den Kosten für Unterkunft und Verpflegung sowie den Investitionskosten, belaufen sich die bundesdurchschnittlichen monatlichen Kosten für Heimbewohner/innen auf 1.290,– €. Jedoch unterscheiden sich diese Kosten regional zum Teil sehr erheblich, wie ein Blick auf die Ebene der Bundesländer schon andeutet: An der Spitze der einrichtungseinheitlichen Eigenanteile liegt das Saarland mit durchschnittlichen 869,– €, während in Thüringen der durchschnittlich niedrigste Eigenanteil mit 234,– € vorliegt. Die zusammengenommenen Kosten von einrichtungseinheitlichem Eigenanteil, Kosten für Unterkunft und Verpflegung sowie Investitionskosten variieren in den Durchschnitten zwischen 2.252,– € in Nordrhein-Westfalen und 1.107,– € in Sachsen-Anhalt.

Ausgewählte Aspekte in der Entwicklung der Pflegeversicherung

Die Pflegeversicherung ist mit ihrer Einführung 1995 der jüngste Zweig der Sozialversicherung. Zuvor existierte lange keine kollektive Absicherung gegen das Risiko der Pflegebedürftigkeit. Gleichwohl gab es bereits seit den 1970er-Jahren intensive Diskussionen um die Frage, wie in einer zunehmend älter werdenden Gesellschaft das Risiko der Pflegebedürftigkeit abgesichert werden kann/soll. Gleichzeitig trieben die Bundesländer Schritt für Schritt die Ausweitung der Angebotsstruktur von stationären und ambulanten Einrichtungen voran.

Noch vor der Einführung der Pflegeversicherung bestand die Hilfe zur Pflege als Unterstützung sozial bedürftiger Menschen in der häuslichen Pflege. Der politische Druck, eine breitere Absicherung einzuführen, stieg unter anderem auch, da der finanzielle Druck auf die Sozialhilfeträger höher wurde, je mehr Menschen auf die Hilfe zur Pflege angewiesen waren: Denn mit der Alterung der Gesellschaft sind immer mehr Menschen dem Risiko der Pflegebedürftigkeit ausgesetzt und gleichzeitig mussten mehr Pflegebedürftige mangels allgemeiner Pflegeversicherung auf die Hilfe zur Pflege zurückgreifen. Letztendlich – auch auf Druck der Bundesländer – wurde schließlich das Risiko der Pflegebedürftigkeit als gesellschaftliches

5 Rothgang, H. et al.: Pflegereport 2017, https://www.barmer.de/blob/135698/ac141c44b72fe5a24a6d453c6fda9bf0/data/dl-pflegereport-2017.pdf (zuletzt geprüft 5. April 2018).

Risiko eingeordnet und die Pflegeversicherung eingeführt. Mit der Pflegeversicherung sollte ab diesem Zeitpunkt „die Versorgung Pflegebedürftiger umfassend verbessert und auf eine neue Grundlage gestellt werden“[6].

Jedoch lagen bereits seit Einführung der Pflegeversicherung einige strittige Punkte vor, die zum Teil schrittweise nachgebessert wurden – dies betrifft beispielsweise erstens die (unzureichende) Berücksichtigung von Menschen mit kognitiven Beeinträchtigungen oder zweitens den Pflegebedürftigkeitsbegriff mit dem ursprünglichen Verrichtungsbezug:

(1) Der Leistungsanspruch von Menschen mit kognitiven Beeinträchtigungen und demenziell Erkrankten wurde nach und nach ausgebaut. Zunächst konnten mit dem Pflegeleistungs-Ergänzungsgesetz (PflEG) 2001 erstmalig zusätzliche Leistungen für Menschen mit eingeschränkter Alltagskompetenz eingeführt werden. Nach dem damaligen Verständnis von Pflegebedürftigkeit betraf dies Demenzkranke sowie Menschen mit geistiger Behinderung oder psychischer Erkrankung. Schrittweise wurden diese Leistungen verbessert, unter anderem mit dem Pflege-Weiterentwicklungsgesetz (Pflege-WEG 2008) und dem Pflege-Neuausrichtungsgesetz (PNG 2012), in dessen Reformprozess zudem auch ein neuer Pflegebedürftigkeitsbegriff erarbeitet, aber noch nicht umgesetzt wurde. Schließlich kam der Gesetzgeber dem Reformbedarf erneut nach und verbesserte die Leistungen für demenziell Erkrankte mit den Pflegestärkungsgesetzen (PSG I bis III ab 2014). Insbesondere brachte der nun eingeführte neue Pflegebedürftigkeitsbegriff einen gleichberechtigten Zugang zu den Leistungen der Pflegeversicherung für Menschen mit körperlichen, geistigen und psychischen Einschränkungen, einschließlich demenziellen Erkrankungen.[7]

(2) Mit dem PSG II griff der Gesetzgeber letztendlich einen seit Einführung der Pflegeversicherung bestehenden zentralen Kritikpunkt auf und leitete mit dem neuen Pflegebedürftigkeitsbegriff und dem neuen Verfahren zur Begutachtung von Pflegebedürftigkeit einen dringend erforderlichen Paradigmenwechsel ein: Der neue Begriff nimmt die Selbstständigkeit von pflegebedürftigen Menschen in den Fokus und sieht eine „Abkehr vom Verrichtungsbezug und vom Faktor Zeit als einzigem Maßstab für die

6 Drucksache 12/5262, http://dip21.bundestag.de/dip21/btd/12/052/1205262.pdf (zuletzt geprüft am 29. Januar 2018).

7 Siehe auch Sozialbericht 2017, Drucksache 18/13260.

Schwere der Betroffenheit"[8] vor. Mögliche Beeinträchtigungen werden nun in sechs Bereiche eingeordnet, anhand derer auch die Pflegebedürftigkeit beurteilt wird: (1) Mobilität, (2) kognitive und kommunikative Fähigkeiten; (3) Verhaltensweisen und psychische Problemlagen; (4) Selbstversorgung; (5) Bewältigung von und selbstständiger Umgang mit krankheits- oder therapiebedingten Anforderungen und Belastungen sowie (6) Gestaltung des Alltagslebens und sozialer Kontakte.

Die Pflegestärkungsgesetze

Insgesamt enthalten die Pflegestärkungsgesetze I bis III zahlreiche einschneidende Änderungen: So reformierte der Gesetzgeber mit dem PSG I vor allem die Leistungen für pflegende Angehörige, beispielsweise bei der Kurzzeit- und Verhinderungspflege. Letztere (§ 39 SGB XI) ermöglicht die Kostenübernahme für eine Ersatzpflege, sofern die pflegende Person aufgrund von Erholungsurlaub oder Krankheit ausfällt (Übernahme für bis zu sechs Wochen pro Jahr), während mit der Kurzzeitpflege (§ 42 SGB XI) eine zeitweise Pflege in einer stationären Einrichtung übernommen wird, wenn die sonst häusliche oder teilstationäre Pflege aufgrund einer Krisensituation kurzzeitig ausfällt oder der Übergang aus einer stationären Behandlung gewährleistet werden muss (Übernahme für bis zu acht Wochen pro Jahr). Mit der Reform durch das PSG I ist nunmehr die Inanspruchnahme beider Leistungen flexibilisiert, indem (ein Teil) nicht in Anspruch genommene(r) Leistungen für das jeweils andere Instrument verwendet werden können (kann).

Zentrales Wesensmerkmal des PSG II ist mit dem neuen Pflegebedürftigkeitsbegriff das neue Begutachtungsverfahren. Mit dieser Neuerung erhalten seit 2017 mehr Menschen Pflegeleistungen, wie das Bundesgesundheitsministerium (BMG) berichtet: Demnach ist seit Einführung des neuen Pflegebedürftigkeitsbegriffs nicht nur die Zahl der Anträge gestiegen, sondern auch die Zahl abgelehnter Anträge gesunken.[9] Mit dem PSG II hat der Gesetzgeber auch die häusliche Pflege weiter stärken und verbessern wollen, beispielsweise erweiterte er das Aufgabenspektrum der häuslichen Pflegehilfe um die pflegefachliche Anleitung von Pflegebedürftigen und

8 Präambel zur Expertise „Strukturierung und Beschreibung pflegerischer Aufgaben auf der Grundlage des neuen Pflegebedürftigkeitsbegriffs", https://www.bundesgesundheitsministerium.de/presse/pressemitteilungen/2017/4-quartal/fachbericht-pflege.html (zuletzt geprüft am 31. März 2018).

9 Antwort der Bundesregierung, Drucksache 18/13582.

Pflegenden. Weiterhin verankerte er mit dem PSG II gesetzlich, dass bis 2020 ein Verfahren zur einheitlichen Personalbemessung zu entwickeln und zu erproben ist sowie Instrumente der Qualitätssicherung weiterzuentwickeln sind.

Mit dem PSG III wiederum wurde unter anderem der neue Pflegebedürftigkeitsbegriff in die Hilfe zur Pflege überführt. Ferner hat sich der Gesetzgeber die Stärkung der Rolle der Kommunen in der Pflege vorgenommen, insbesondere bezogen auf die Bereiche Pflegeberatung und Pflegestützpunkte. Letztere dienen vor allem der wohnortnahen Beratung, Versorgung und Betreuung. Pflegestützpunkte werden in der Regel von den Pflegekassen und Krankenkassen auf Initiative des jeweiligen Bundeslandes eingerichtet. Mit dem PSG III haben nun auch die für die Hilfe zur Pflege zuständigen kommunalen Träger das Initiativrecht zur Einrichtung von Pflegestützpunkten und können diese gemeinsam mit den Kassen führen. Darüber hinaus sieht das SGB XI seit dem PSG III die Möglichkeit vor, bundesweit 60 Modellkommunen einzurichten, in denen die Pflegeberatung von den Trägern der Sozialhilfe modellhaft übernommen werden soll.

Das Pflegepersonal-Stärkungsgesetz

Mit dem Pflegepersonal-Stärkungsgesetz (PpSG) treten 2019 weitere Änderungen im SGB XI (und anderen) in Kraft. Aufgrund der wachsenden Zahl an Pflegebedürftigen – allein ein 19%iger Anstieg von 2015 auf 2017 - und einer gestiegenen Arbeitsbelastung bei Pflegekräften zielt das PpSG vor allem darauf, den Alltag der Pflegekräfte in der Kranken- und Altenpflege zu verbessern. Für die Pflegekräfte in der Altenpflege soll das PpSG vor allem dem Personalbedarf entgegenwirken: So erhalten Einrichtungen abhängig von ihrer Zahl an Pflegeplätzen zusätzliche Stellen, die von der Krankenversicherung finanziert werden – insgesamt rund 13.000 Stellen. Konkret sollen Einrichtungen mit bis zu 40 Bewohner/innen eine halbe Pflegestelle erhalten, Einrichtungen mit 41 bis 80 Bewohner/innen eine Pflegestelle, Einrichtungen mit 81 bis 120 Bewohner/innen eineinhalb und Einrichtungen mit mehr als 120 Bewohner/innen zwei Pflegestellen. Des Weiteren kommen den Pflegekräften Verbesserungen bei der Vereinbarkeit von Pflege, Familie und Beruf sowie eine Stärkung der betrieblichen Gesundheitsförderung zugute. Zudem sieht das PpSG vor, die Digitalisierung in der ambulanten und stationären Altenpflege zu fördern.

Weitere relevante Regelungen im Recht der Pflege

Unterstützung aus der Sozialhilfe

Wie eingangs beschrieben, enthält diese Ausgabe des Rechts der Pflege weitere Regelungen, die in diesem Zusammenhang von Bedeutung sind. Bereits erwähnt wurde die Hilfe zur Pflege, die all jene unterstützen soll, deren finanzielle Situation zur Deckung der Kosten ihrer notwendigen Pflegeleistungen nicht ausreicht. Die Hilfe zur Pflege ist Teil der Sozialhilfe und damit im SGB XII geregelt, konkret in §§ 61 bis 66a SGB XII. Das mit Einführung der Pflegeversicherung verbundene Ziel, den Anteil der auf Hilfe zur Pflege angewiesenen Menschen zu verringern, kann anhand statistischer Daten zunächst bestätigt werden: Bereits zwischen 1995 und 1998 hat sich die Zahl der Empfänger/innen von Hilfe zur Pflege von 574.000 auf 289.000 nahezu halbiert. Jedoch stiegen die Empfängerzahlen zuletzt wieder und lagen 2015 letztendlich bei 451.000.[10] Ein ähnliches Bild ergibt sich mit Blick auf die Ausgaben für diese Leistungen: Wenngleich seit 1995 der finanzielle Druck durch die Hilfe zur Pflege wie beabsichtigt deutlich verringert wurde (von 6.264 Millionen € jährlichen Ausgaben im Jahr 1995 auf 2.284 Millionen € im Jahr 1998), steigen die Nettoausgaben der Hilfe zur Pflege insgesamt seit dem Jahr 2000 wieder an. Zuletzt (2015) kann von einem jährlichen Volumen von 3.569 Millionen € ausgegangen werden.[11] Infolge dieser Entwicklung wird gegenwärtig wieder vermehrt über den finanziellen Druck aus der Hilfe zur Pflege diskutiert. In der Debatte spielt auch der hohe Eigenanteil für Pflegebedürftige in stationären Einrichtungen eine Rolle. Denn schließlich sind die meisten der Empfänger/innen von Hilfe zur Pflege in stationären Einrichtungen untergebracht – etwa ein Drittel der Pflegebedürftigen im stationären Bereich beansprucht Hilfe zur Pflege.[12]

Vereinbarkeit von Pflege und Beruf

Dem Kerngedanken folgend, dass der familiären Pflege eine hohe Bedeutung zukommt, werden in dieser Ausgabe auch die Regelungen aus dem Gesetz über die Familienpflegezeit (Familienpflegezeitgesetz – FPfZG) sowie dem Pflegezeitgesetz (PflegeZG) aufgeführt – beide Gesetze sollen die Vereinbarkeit von Pflege und Beruf verbessern:

10 Rothgang, H. et al. (Fußn. 5).
11 Rothgang, H. et al. (Fußn. 5).
12 Rothgang, H. et al. (Fußn. 5).

(1) Mit der Familienpflegezeit ist es Arbeitnehmer/innen möglich, ihre Arbeitszeit zu verringern, sofern sie einen pflegebedürftigen Angehörigen versorgen: Für einen Zeitraum von bis zu zwei Jahren können sie ihre wöchentliche Arbeitszeit auf bis zu 15 Wochenstunden reduzieren. Ein besonderer Kündigungsschutz ist gewährleistet. Um das aus dieser Pflegesituation entstehende finanzielle Risiko abzumildern, hat der Gesetzgeber zusätzlich die Möglichkeit eines zinslosen Darlehens eingerichtet. Die Anzahl der bewilligten Darlehen wird jedoch kritisch beobachtet; so berichtete die Bundesregierung auf Anfrage, dass 2015 nur 119 Personen das Darlehen im Sinne des FPfZG in Anspruch genommen haben.[13]

(2) Die Instrumente des Pflegezeitgesetzes (PflegeZG) ergänzen diese Leistungen zur Vereinbarkeit von Pflege und Beruf: Insbesondere mit dem darin vorgesehenen Pflegeunterstützungsgeld möchte der Gesetzgeber Angehörigen in einer Akutsituation helfen. Sie haben somit die Möglichkeit, zehn Arbeitstage von der Arbeit fernzubleiben, um die Pflege für einen Pflegebedürftigen zu organisieren oder eine pflegerische Versorgung in dieser Zeit sicherzustellen (§ 2 PflegeZG). Der finanzielle Ausfall wird dabei mit dem Pflegeunterstützungsgeld abgedeckt. Zusätzlich räumt das PflegeZG die Möglichkeit ein, sich für bis zu sechs Monate von der Arbeit freistellen zu lassen, um einen Angehörigen zu pflegen (ohne finanzielle Unterstützung).

Ausblick: Pflegeberufe

In dieser Textausgabe nicht aufgeführt ist das anstehende Pflegeberufsgesetz (PflBG), da es erst zum 1. Januar 2020 in Kraft treten wird. Die Reform der Ausbildung sieht vor, zukünftig einen Wechsel zwischen einzelnen Pflegebereichen zu erleichtern.[14] Der Gesetzgeber verfolgt damit vor allem das Ziel, ein durchlässiges Aus- und Weiterbildungssystem zu schaffen, das die notwendigen Schwerpunktsetzungen und Spezialisierungen ermöglicht – nicht zuletzt auch, um die Attraktivität von Pflegeberufen zu steigern und dem Fachkräftemangel entgegenzuwirken. Die weiterhin duale Ausbildung wird dabei wie bisher innerhalb von drei Jahren abgeschlossen. Eine Zwischenprüfung ist am Ende der ersten zwei Jahre vorgesehen. Denn in den ersten beiden Ausbildungsjahren soll eine generalistische Ausbildung für die Gesundheits- und Krankenpflege sowie Altenpflege und Gesundheits-

13 http://dipbt.bundestag.de/doc/btd/18/073/1807322.pdf (zuletzt geprüft am 4. April 2018).

14 https://www.bundesgesundheitsministerium.de/ministerium/meldungen/2016/160113-pflegeberufsgesetz.html (zuletzt geprüft am 30. Januar 2018).

und Kinderkrankenpflege erfolgen, während im dritten Ausbildungsjahr ein spezieller Abschluss in Gesundheits- und Kinderkrankenpflege bzw. Altenpflege oder ein generalistischer Pflegeabschluss zur Wahl stehen soll.

Die Reform der Pflegeausbildung ist damit jedoch noch nicht abgeschlossen; bis 2025 wird es eine Evaluation geben, mit deren Ergebnissen auch die anschließende Entscheidung leichter fallen soll, ob es weiterhin eigenständige Abschlüsse oder einen generalistischen Beruf des/der Pflegefachmann/-frau geben soll.[15]

15 Vgl. NDV 8/2017, S. 343 ff.

I. SGB XI

Sozialgesetzbuch (SGB) – Elftes Buch (XI) Soziale Pflegeversicherung vom 26. Mai 1994 (BGBl. I S. 1014, 1015), zuletzt geändert durch Art. 1 des Fünften Gesetzes zur Änderung des Elften Buches Sozialgesetzbuch – Beitragssatzanpassung (5. SGB XI-ÄndG) vom 17. Dezember 2018 (BGBl. I S. 2587)

Inhaltsverzeichnis

Zweiter Abschnitt.
Zuständigkeit, Mitgliedschaft
§ 48 Zuständigkeit für Versicherte einer Krankenkasse und sonstige Versicherte
§ 49 Mitgliedschaft

Dritter Abschnitt.
Meldungen
§ 50 Melde- und Auskunftspflichten bei Mitgliedern der sozialen Pflegeversicherung
§ 51 Meldungen bei Mitgliedern der privaten Pflegeversicherung

Vierter Abschnitt.
Wahrnehmung der Verbandsaufgaben
§ 52 Aufgaben auf Landesebene
§ 53 Aufgaben auf Bundesebene

§ 53b Beauftragung von anderen unabhängigen Gutachtern durch die Pflegekassen im Verfahren zur Feststellung der Pflegebedürftigkeit
§ 53c Richtlinien zur Qualifikation und zu den Aufgaben zusätzlicher Betreuungskräfte

Sechstes Kapitel.
Finanzierung
Erster Abschnitt.
Beiträge
§ 54 Grundsatz
§ 55 Beitragssatz, Beitragsbemessungsgrenze
§ 56 Beitragsfreiheit
§ 57 Beitragspflichtige Einnahmen
§ 58 Tragung der Beiträge bei versicherungspflichtig Beschäftigten
§ 59 Beitragstragung bei anderen Mitgliedern
§ 60 Beitragszahlung

Zweiter Abschnitt.
Beitragszuschüsse
§ 61 Beitragszuschüsse für freiwillige Mitglieder der gesetzlichen Krankenversicherung und Privatversicherte

Neuntes Kapitel.
Datenschutz und Statistik
Erster Abschnitt.
Informationsgrundlagen
Erster Titel.
Grundsätze der Datenverwendung

Zweiter Titel.
Informationsgrundlagen der Pflegekassen

Zweiter Abschnitt.
Übermittlung von Leistungsdaten

Dritter Abschnitt.
Datenlöschung, Auskunftspflicht

Erstes Kapitel.
Allgemeine Vorschriften

§ 1 Soziale Pflegeversicherung

(1) Zur sozialen Absicherung des Risikos der Pflegebedürftigkeit wird als neuer eigenständiger Zweig der Sozialversicherung eine soziale Pflegeversicherung geschaffen.

(2) [1]In den Schutz der sozialen Pflegeversicherung sind kraft Gesetzes alle einbezogen, die in der gesetzlichen Krankenversicherung versichert sind. [2]Wer gegen Krankheit bei einem privaten Krankenversicherungsunternehmen versichert ist, muß eine private Pflegeversicherung abschließen.

(3) Träger der sozialen Pflegeversicherung sind die Pflegekassen; ihre Aufgaben werden von den Krankenkassen (§ 4 des Fünften Buches) wahrgenommen.

(4) Die Pflegeversicherung hat die Aufgabe, Pflegebedürftigen Hilfe zu leisten, die wegen der Schwere der Pflegebedürftigkeit auf solidarische Unterstützung angewiesen sind.

(5) In der Pflegeversicherung sollen geschlechtsspezifische Unterschiede bezüglich der Pflegebedürftigkeit von Männern und Frauen und ihrer Bedarfe an Leistungen berücksichtigt und den Bedürfnissen nach einer kultursensiblen Pflege nach Möglichkeit Rechnung getragen werden.

(6) [1]Die Ausgaben der Pflegeversicherung werden durch Beiträge der Mitglieder und der Arbeitgeber finanziert. [2]Die Beiträge richten sich nach den beitragspflichtigen Einnahmen der Mitglieder. [3]Für versicherte Familienangehörige und eingetragene Lebenspartner (Lebenspartner) werden Beiträge nicht erhoben.

(7) Ein Lebenspartner einer eingetragenen Lebenspartnerschaft gilt im Sinne dieses Buches als Familienangehöriger des anderen Lebenspartners, sofern nicht ausdrücklich etwas anderes bestimmt ist.

§ 2 Selbstbestimmung

(1) [1]Die Leistungen der Pflegeversicherung sollen den Pflegebedürftigen helfen, trotz ihres Hilfebedarfs ein möglichst selbständiges und selbstbe-

stimmtes Leben zu führen, das der Würde des Menschen entspricht. [2]Die Hilfen sind darauf auszurichten, die körperlichen, geistigen und seelischen Kräfte der Pflegebedürftigen, auch in Form der aktivierenden Pflege, wiederzugewinnen oder zu erhalten.

(2) [1]Die Pflegebedürftigen können zwischen Einrichtungen und Diensten verschiedener Träger wählen. [2]Ihren Wünschen zur Gestaltung der Hilfe soll, soweit sie angemessen sind, im Rahmen des Leistungsrechts entsprochen werden. [3]Wünsche der Pflegebedürftigen nach gleichgeschlechtlicher Pflege haben nach Möglichkeit Berücksichtigung zu finden.

(3) [1]Auf die religiösen Bedürfnisse der Pflegebedürftigen ist Rücksicht zu nehmen. [2]Auf ihren Wunsch hin sollen sie stationäre Leistungen in einer Einrichtung erhalten, in der sie durch Geistliche ihres Bekenntnisses betreut werden können.

(4) Die Pflegebedürftigen sind auf die Rechte nach den Absätzen 2 und 3 hinzuweisen.

§ 3 Vorrang der häuslichen Pflege

[1]Die Pflegeversicherung soll mit ihren Leistungen vorrangig die häusliche Pflege und die Pflegebereitschaft der Angehörigen und Nachbarn unterstützen, damit die Pflegebedürftigen möglichst lange in ihrer häuslichen Umgebung bleiben können. [2]Leistungen der teilstationären Pflege und der Kurzzeitpflege gehen den Leistungen der vollstationären Pflege vor.

§ 4 Art und Umfang der Leistungen

(1) [1]Die Leistungen der Pflegeversicherung sind Dienst-, Sach- und Geldleistungen für den Bedarf an körperbezogenen Pflegemaßnahmen, pflegerischen Betreuungsmaßnahmen und Hilfen bei der Haushaltsführung sowie Kostenerstattung, soweit es dieses Buch vorsieht. [2]Art und Umfang der Leistungen richten sich nach der Schwere der Pflegebedürftigkeit und danach, ob häusliche, teilstationäre oder vollstationäre Pflege in Anspruch genommen wird.

(2) [1]Bei häuslicher und teilstationärer Pflege ergänzen die Leistungen der Pflegeversicherung die familiäre, nachbarschaftliche oder sonstige ehrenamtliche Pflege und Betreuung. [2]Bei teil- und vollstationärer Pflege werden

die Pflegebedürftigen von Aufwendungen entlastet, die für ihre Versorgung nach Art und Schwere der Pflegebedürftigkeit erforderlich sind (pflegebedingte Aufwendungen), die Aufwendungen für Unterkunft und Verpflegung tragen die Pflegebedürftigen selbst.

(3) Pflegekassen, Pflegeeinrichtungen und Pflegebedürftige haben darauf hinzuwirken, daß die Leistungen wirksam und wirtschaftlich erbracht und nur im notwendigen Umfang in Anspruch genommen werden.

§ 5 Prävention in Pflegeeinrichtungen, Vorrang von Prävention und medizinischer Rehabilitation

(1) [1]Die Pflegekassen sollen Leistungen zur Prävention in stationären Pflegeeinrichtungen nach § 71 Absatz 2 für in der sozialen Pflegeversicherung Versicherte erbringen, indem sie unter Beteiligung der versicherten Pflegebedürftigen und der Pflegeeinrichtung Vorschläge zur Verbesserung der gesundheitlichen Situation und zur Stärkung der gesundheitlichen Ressourcen und Fähigkeiten entwickeln sowie deren Umsetzung unterstützen. [2]Die Pflichten der Pflegeeinrichtungen nach § 11 Absatz 1 bleiben unberührt. [3]Der Spitzenverband Bund der Pflegekassen legt unter Einbeziehung unabhängigen Sachverstandes die Kriterien für die Leistungen nach Satz 1 fest, insbesondere hinsichtlich Inhalt, Methodik, Qualität, wissenschaftlicher Evaluation und der Messung der Erreichung der mit den Leistungen verfolgten Ziele.

(2) [1]Die Ausgaben der Pflegekassen für die Wahrnehmung ihrer Aufgaben nach Absatz 1 sollen insgesamt im Jahr 2016 für jeden ihrer Versicherten einen Betrag von 0,30 Euro umfassen. [2]Die Ausgaben sind in den Folgejahren entsprechend der prozentualen Veränderung der monatlichen Bezugsgröße nach § 18 Absatz 1 des Vierten Buches anzupassen. [3]Sind in einem Jahr die Ausgaben rundungsbedingt nicht anzupassen, ist die unterbliebene Anpassung bei der Berechnung der Anpassung der Ausgaben im Folgejahr zu berücksichtigen.

(3) [1]Bei der Wahrnehmung ihrer Aufgaben nach Absatz 1 sollen die Pflegekassen zusammenarbeiten und kassenübergreifende Leistungen zur Prävention erbringen. [2]Erreicht eine Pflegekasse den in Absatz 2 festgelegten Betrag in einem Jahr nicht, stellt sie die nicht verausgabten Mittel im Folgejahr dem Spitzenverband Bund der Pflegekassen zur Verfügung, der die

Mittel nach einem von ihm festzulegenden Schlüssel auf die Pflegekassen zur Wahrnehmung der Aufgaben nach Absatz 1 verteilt, die Kooperationsvereinbarungen zur Durchführung kassenübergreifender Leistungen geschlossen haben. [3]Auf die zum Zwecke der Vorbereitung und Umsetzung der Kooperationsvereinbarungen nach Satz 2 gebildeten Arbeitsgemeinschaften findet § 94 Absatz 1a Satz 2 und 3 des Zehnten Buches keine Anwendung.

(4) Die Pflegekassen wirken unbeschadet ihrer Aufgaben nach Absatz 1 bei den zuständigen Leistungsträgern darauf hin, dass frühzeitig alle geeigneten Leistungen zur Prävention, zur Krankenbehandlung und zur medizinischen Rehabilitation eingeleitet werden, um den Eintritt von Pflegebedürftigkeit zu vermeiden.

(5) Die Pflegekassen beteiligen sich an der nationalen Präventionsstrategie nach den §§ 20d bis 20f des Fünften Buches mit den Aufgaben nach den Absätzen 1 und 2.

(6) Die Leistungsträger haben im Rahmen ihres Leistungsrechts auch nach Eintritt der Pflegebedürftigkeit ihre Leistungen zur medizinischen Rehabilitation und ergänzenden Leistungen in vollem Umfang einzusetzen und darauf hinzuwirken, die Pflegebedürftigkeit zu überwinden, zu mindern sowie eine Verschlimmerung zu verhindern.

§ 6 Eigenverantwortung

(1) Die Versicherten sollen durch gesundheitsbewußte Lebensführung, durch frühzeitige Beteiligung an Vorsorgemaßnahmen und durch aktive Mitwirkung an Krankenbehandlung und Leistungen zur medizinischen Rehabilitation dazu beitragen, Pflegebedürftigkeit zu vermeiden.

(2) Nach Eintritt der Pflegebedürftigkeit haben die Pflegebedürftigen an Leistungen zur medizinischen Rehabilitation und der aktivierenden Pflege mitzuwirken, um die Pflegebedürftigkeit zu überwinden, zu mindern oder eine Verschlimmerung zu verhindern.

§ 7 Aufklärung, Auskunft

(1) Die Pflegekassen haben die Eigenverantwortung der Versicherten durch Aufklärung und Auskunft über eine gesunde, der Pflegebedürftigkeit vor-

beugende Lebensführung zu unterstützen und auf die Teilnahme an gesundheitsfördernden Maßnahmen hinzuwirken.

(2) [1]Die Pflegekassen haben die Versicherten und ihre Angehörigen und Lebenspartner in den mit der Pflegebedürftigkeit zusammenhängenden Fragen, insbesondere über die Leistungen der Pflegekassen sowie über die Leistungen und Hilfen anderer Träger, in für sie verständlicher Weise zu informieren und darüber aufzuklären, dass ein Anspruch besteht auf die Übermittlung

1. des Gutachtens des Medizinischen Dienstes der Krankenversicherung oder eines anderen von der Pflegekasse beauftragten Gutachters sowie
2. der gesonderten Präventions- und Rehabilitationsempfehlung gemäß § 18a Absatz 1.

[2]Mit Einwilligung des Versicherten haben der behandelnde Arzt, das Krankenhaus, die Rehabilitations- und Vorsorgeeinrichtungen sowie die Sozialleistungsträger unverzüglich die zuständige Pflegekasse zu benachrichtigen, wenn sich der Eintritt von Pflegebedürftigkeit abzeichnet oder wenn Pflegebedürftigkeit festgestellt wird. [3]Die zuständige Pflegekasse informiert die Versicherten unverzüglich nach Eingang eines Antrags auf Leistungen nach diesem Buch insbesondere über ihren Anspruch auf die unentgeltliche Pflegeberatung nach § 7a, den nächstgelegenen Pflegestützpunkt nach § 7c sowie die Leistungs- und Preisvergleichsliste nach Absatz 3. [4]Ebenso gibt die zuständige Pflegekasse Auskunft über die in ihren Verträgen zur integrierten Versorgung nach § 92b Absatz 2 getroffenen Festlegungen, insbesondere zu Art, Inhalt und Umfang der zu erbringenden Leistungen und der für die Versicherten entstehenden Kosten, und veröffentlicht diese Angaben auf einer eigenen Internetseite.

(3) [1]Zur Unterstützung der pflegebedürftigen Person bei der Ausübung ihres Wahlrechts nach § 2 Absatz 2 sowie zur Förderung des Wettbewerbs und der Überschaubarkeit des vorhandenen Angebots hat die zuständige Pflegekasse der antragstellenden Person auf Anforderung unverzüglich und in geeigneter Form eine Leistungs- und Preisvergleichsliste zu übermitteln; die Leistungs- und Preisvergleichsliste muss für den Einzugsbereich der antragstellenden Person, in dem die pflegerische Versorgung und Betreuung gewährleistet werden soll, die Leistungen und Vergütungen der zugelassenen Pflegeeinrichtungen, die Angebote zur Unterstützung im Alltag nach

§ 45a sowie Angaben zur Person des zugelassenen oder anerkannten Leistungserbringers enthalten. [2]Die Landesverbände der Pflegekassen erstellen eine Leistungs- und Preisvergleichsliste nach Satz 1, aktualisieren diese einmal im Quartal und veröffentlichen sie auf einer eigenen Internetseite. [3]Die Liste hat zumindest die jeweils geltenden Festlegungen der Vergütungsvereinbarungen nach dem Achten Kapitel sowie die im Rahmen der Vereinbarungen nach Absatz 4 übermittelten Angaben zu Art, Inhalt und Umfang der Angebote sowie zu den Kosten in einer Form zu enthalten, die einen regionalen Vergleich von Angeboten und Kosten und der regionalen Verfügbarkeit ermöglicht. [4]Auf der Internetseite nach Satz 2 sind auch die nach § 115 Absatz 1a veröffentlichten Ergebnisse der Qualitätsprüfungen und die nach § 115 Absatz 1b veröffentlichten Informationen zu berücksichtigen. [5]Die Leistungs- und Preisvergleichsliste ist der Pflegekasse sowie dem Verband der privaten Krankenversicherung e.V. für die Wahrnehmung ihrer Aufgaben nach diesem Buch und zur Veröffentlichung nach Absatz 2 Satz 4 und 5 vom Landesverband der Pflegekassen durch elektronische Datenübertragung zur Verfügung zu stellen. [6]Die Landesverbände der Pflegekassen erarbeiten Nutzungsbedingungen für eine zweckgerechte, nicht gewerbliche Nutzung der Angaben nach Satz 1 durch Dritte; die Übermittlung der Angaben erfolgt gegen Verwaltungskostenersatz, es sei denn, es handelt sich bei den Dritten um öffentlich-rechtliche Stellen.

(4) [1]Im Einvernehmen mit den zuständigen obersten Landesbehörden vereinbaren die Landesverbände der Pflegekassen gemeinsam mit den nach Landesrecht zuständigen Stellen für die Anerkennung der Angebote zur Unterstützung im Alltag nach den Vorschriften dieses Buches das Nähere zur Übermittlung von Angaben im Wege elektronischer Datenübertragung insbesondere zu Art, Inhalt und Umfang der Angebote, Kosten und regionaler Verfügbarkeit dieser Angebote einschließlich der Finanzierung des Verfahrens für die Übermittlung. [2]Träger weiterer Angebote, in denen Leistungen zur medizinischen Vorsorge und Rehabilitation, zur Teilhabe am Arbeitsleben oder Leben in der Gemeinschaft, zur schulischen Ausbildung oder Erziehung kranker oder behinderter Kinder, zur Alltagsunterstützung und zum Wohnen im Vordergrund stehen, können an Vereinbarungen nach Satz 1 beteiligt werden, falls sie insbesondere die Angaben nach Satz 1 im Wege der von den Parteien nach Satz 1 vorgesehenen Form der elektronischen Datenübertragung unentgeltlich bereitstellen. [3]Dazu gehören auch Angebote der Träger von Leistungen der Eingliederungshilfe, soweit diese

in der vorgesehenen Form der elektronischen Datenübermittlung kostenfrei bereitgestellt werden. [4]Der Spitzenverband Bund der Pflegekassen gibt Empfehlungen für einen bundesweit einheitlichen technischen Standard zur elektronischen Datenübermittlung ab. [5]Die Empfehlungen bedürfen der Zustimmung der Länder.

§ 7a Pflegeberatung

(1) [1]Personen, die Leistungen nach diesem Buch erhalten, haben Anspruch auf individuelle Beratung und Hilfestellung durch einen Pflegeberater oder eine Pflegeberaterin bei der Auswahl und Inanspruchnahme von bundes- oder landesrechtlich vorgesehenen Sozialleistungen sowie sonstigen Hilfsangeboten, die auf die Unterstützung von Menschen mit Pflege-, Versorgungs- oder Betreuungsbedarf ausgerichtet sind (Pflegeberatung); Anspruchsberechtigten soll durch die Pflegekassen vor der erstmaligen Beratung unverzüglich ein zuständiger Pflegeberater, eine zuständige Pflegeberaterin oder eine sonstige Beratungsstelle benannt werden. [2]Für das Verfahren, die Durchführung und die Inhalte der Pflegeberatung sind die Richtlinien nach § 17 Absatz 1a maßgeblich. [3]Aufgabe der Pflegeberatung ist es insbesondere,

1. den Hilfebedarf unter Berücksichtigung der Ergebnisse der Begutachtung durch den Medizinischen Dienst der Krankenversicherung sowie, wenn die nach Satz 1 anspruchsberechtigte Person zustimmt, die Ergebnisse der Beratung in der eigenen Häuslichkeit nach § 37 Absatz 3 systematisch zu erfassen und zu analysieren,
2. einen individuellen Versorgungsplan mit den im Einzelfall erforderlichen Sozialleistungen und gesundheitsfördernden, präventiven, kurativen, rehabilitativen oder sonstigen medizinischen sowie pflegerischen und sozialen Hilfen zu erstellen,
3. auf die für die Durchführung des Versorgungsplans erforderlichen Maßnahmen einschließlich deren Genehmigung durch den jeweiligen Leistungsträger hinzuwirken,
4. die Durchführung des Versorgungsplans zu überwachen und erforderlichenfalls einer veränderten Bedarfslage anzupassen,
5. bei besonders komplexen Fallgestaltungen den Hilfeprozess auszuwerten und zu dokumentieren sowie
6. über Leistungen zur Entlastung der Pflegepersonen zu informieren.

[4]Der Versorgungsplan wird nach Maßgabe der Richtlinien nach § 17 Absatz 1a erstellt und umgesetzt; er beinhaltet insbesondere Empfehlungen zu den im Einzelfall erforderlichen Maßnahmen nach Satz 3 Nummer 3, Hinweise zu dem dazu vorhandenen örtlichen Leistungsangebot sowie zur Überprüfung und Anpassung der empfohlenen Maßnahmen. [5]Bei Erstellung und Umsetzung des Versorgungsplans ist Einvernehmen mit dem Hilfesuchenden und allen an der Pflege, Versorgung und Betreuung Beteiligten anzustreben. [6]Soweit Leistungen nach sonstigen bundes- oder landesrechtlichen Vorschriften erforderlich sind, sind die zuständigen Leistungsträger frühzeitig mit dem Ziel der Abstimmung einzubeziehen. [7]Eine enge Zusammenarbeit mit anderen Koordinierungsstellen, insbesondere den Ansprechstellen der Rehabilitationsträger nach § 12 Absatz 1 Satz 3 des Neunten Buches, ist sicherzustellen. [8]Ihnen obliegende Aufgaben der Pflegeberatung können die Pflegekassen ganz oder teilweise auf Dritte übertragen; § 80 des Zehnten Buches bleibt unberührt. [9]Ein Anspruch auf Pflegeberatung besteht auch dann, wenn ein Antrag auf Leistungen nach diesem Buch gestellt wurde und erkennbar ein Hilfe- und Beratungsbedarf besteht. [10]Es ist sicherzustellen, dass im jeweiligen Pflegestützpunkt nach § 7c Pflegeberatung im Sinne dieser Vorschrift in Anspruch genommen werden kann und die Unabhängigkeit der Beratung gewährleistet ist.

(2) [1]Auf Wunsch einer anspruchsberechtigten Person nach Absatz 1 Satz 1 erfolgt die Pflegeberatung auch gegenüber ihren Angehörigen oder weiteren Personen oder unter deren Einbeziehung. [2]Sie erfolgt auf Wunsch einer anspruchsberechtigten Person nach Absatz 1 Satz 1 in der häuslichen Umgebung oder in der Einrichtung, in der diese Person lebt. [3]Ein Versicherter kann einen Leistungsantrag nach diesem oder dem Fünften Buch auch gegenüber dem Pflegeberater oder der Pflegeberaterin stellen. [4]Der Antrag ist unverzüglich der zuständigen Pflege- oder Krankenkasse zu übermitteln, die den Leistungsbescheid unverzüglich dem Antragsteller und zeitgleich dem Pflegeberater oder der Pflegeberaterin zuleitet.

(3) [1]Die Anzahl von Pflegeberatern und Pflegeberaterinnen ist so zu bemessen, dass die Aufgaben nach Absatz 1 im Interesse der Hilfesuchenden zeitnah und umfassend wahrgenommen werden können. [2]Die Pflegekassen setzen für die persönliche Beratung und Betreuung durch Pflegeberater und Pflegeberaterinnen entsprechend qualifiziertes Personal ein, insbesondere Pflegefachkräfte, Sozialversicherungsfachangestellte oder Sozialarbeiter mit der jeweils erforderlichen Zusatzqualifikation. [3]Der Spitzenverband

Bund der Pflegekassen gibt unter Beteiligung der in § 17 Absatz 1a Satz 2 genannten Parteien bis zum 31. Juli 2018 Empfehlungen zur erforderlichen Anzahl, Qualifikation und Fortbildung von Pflegeberaterinnen und Pflegeberatern ab.

(4) [1]Die Pflegekassen im Land haben Pflegeberater und Pflegeberaterinnen zur Sicherstellung einer wirtschaftlichen Aufgabenwahrnehmung in den Pflegestützpunkten nach Anzahl und örtlicher Zuständigkeit aufeinander abgestimmt bereitzustellen und hierüber einheitlich und gemeinsam Vereinbarungen zu treffen. [2]Die Pflegekassen können diese Aufgabe auf die Landesverbände der Pflegekassen übertragen. [3]Kommt eine Einigung bis zu dem in Satz 1 genannten Zeitpunkt ganz oder teilweise nicht zustande, haben die Landesverbände der Pflegekassen innerhalb eines Monats zu entscheiden; § 81 Abs. 1 Satz 2 gilt entsprechend. [4]Die Pflegekassen und die gesetzlichen Krankenkassen können zur Aufgabenwahrnehmung durch Pflegeberater und Pflegeberaterinnen von der Möglichkeit der Beauftragung nach Maßgabe der §§ 88 bis 92 des Zehnten Buches Gebrauch machen; § 94 Absatz 1 Nummer 8 gilt entsprechend. [5]Die durch die Tätigkeit von Pflegeberatern und Pflegeberaterinnen entstehenden Aufwendungen werden von den Pflegekassen getragen und zur Hälfte auf die Verwaltungskostenpauschale nach § 46 Abs. 3 Satz 1 angerechnet.

(5) [1]Zur Durchführung der Pflegeberatung können die privaten Versicherungsunternehmen, die die private Pflege-Pflichtversicherung durchführen, Pflegeberater und Pflegeberaterinnen der Pflegekassen für die bei ihnen versicherten Personen nutzen. [2]Dies setzt eine vertragliche Vereinbarung mit den Pflegekassen über Art, Inhalt und Umfang der Inanspruchnahme sowie über die Vergütung der hierfür je Fall entstehenden Aufwendungen voraus. [3]Soweit Vereinbarungen mit den Pflegekassen nicht zustande kommen, können die privaten Versicherungsunternehmen, die die private Pflege-Pflichtversicherung durchführen, untereinander Vereinbarungen über eine abgestimmte Bereitstellung von Pflegeberatern und Pflegeberaterinnen treffen.

(6) Pflegeberater und Pflegeberaterinnen sowie sonstige mit der Wahrnehmung von Aufgaben nach Absatz 1 befasste Stellen, insbesondere

1. nach Landesrecht für die wohnortnahe Betreuung im Rahmen der örtlichen Altenhilfe und für die Gewährung der Hilfe zur Pflege nach dem Zwölften Buch zu bestimmende Stellen,

2. Unternehmen der privaten Kranken- und Pflegeversicherung,
3. Pflegeeinrichtungen und Einzelpersonen nach § 77,
4. Mitglieder von Selbsthilfegruppen, ehrenamtliche und sonstige zum bürgerschaftlichen Engagement bereite Personen und Organisationen sowie
5. Agenturen für Arbeit und Träger der Grundsicherung für Arbeitsuchende,

dürfen Sozialdaten für Zwecke der Pflegeberatung nur erheben, verarbeiten und nutzen, soweit dies zur Erfüllung der Aufgaben nach diesem Buch erforderlich oder durch Rechtsvorschriften des Sozialgesetzbuches oder Regelungen des Versicherungsvertrags- oder des Versicherungsaufsichtsgesetzes angeordnet oder erlaubt ist.

(7) [1]Die Landesverbände der Pflegekassen vereinbaren gemeinsam und einheitlich mit dem Verband der privaten Krankenversicherung e.V., den nach Landesrecht bestimmten Stellen für die wohnortnahe Betreuung im Rahmen der Altenhilfe und den zuständigen Trägern der Sozialhilfe sowie mit den kommunalen Spitzenverbänden auf Landesebene Rahmenverträge über die Zusammenarbeit in der Beratung. [2]Zu den Verträgen nach Satz 1 sind die Verbände der Träger weiterer nicht gewerblicher Beratungsstellen auf Landesebene anzuhören, die für die Beratung Pflegebedürftiger und ihrer Angehörigen von Bedeutung sind. [3]Die Landesverbände der Pflegekassen vereinbaren gemeinsam und einheitlich mit dem Verband der privaten Krankenversicherung e.V. und dem zuständigen Träger der Sozialhilfe auf dessen Verlangen eine ergänzende Vereinbarung zu den Verträgen nach Satz 1 über die Zusammenarbeit in der örtlichen Beratung im Gebiet des Kreises oder der kreisfreien Stadt für den Bereich der örtlichen Zuständigkeit des Trägers der Sozialhilfe. [4]Für Modellvorhaben nach § 123 kann der Antragsteller nach § 123 Absatz 1 die ergänzende Vereinbarung für den Geltungsbereich des Modellvorhabens verlangen.

(8) Die Pflegekassen können sich zur Wahrnehmung ihrer Beratungsaufgaben nach diesem Buch aus ihren Verwaltungsmitteln an der Finanzierung und arbeitsteiligen Organisation von Beratungsaufgaben anderer Träger beteiligen; die Neutralität und Unabhängigkeit der Beratung sind zu gewährleisten.

(9) [1]Der Spitzenverband Bund der Pflegekassen legt dem Bundesministerium für Gesundheit alle drei Jahre, erstmals zum 30. Juni 2020, einen unter wissenschaftlicher Begleitung zu erstellenden Bericht vor über

1. die Erfahrungen und Weiterentwicklung der Pflegeberatung und Pflegeberatungsstrukturen nach den Absätzen 1 bis 4, 7 und 8, § 7b Absatz 1 und 2 und § 7c und
2. die Durchführung, Ergebnisse und Wirkungen der Beratung in der eigenen Häuslichkeit sowie die Fortentwicklung der Beratungsstrukturen nach § 37 Absatz 3 bis 8.

[2]Er kann hierfür Mittel nach § 8 Absatz 3 einsetzen.

§ 7b Beratungsgutscheine

(1) [1]Die Pflegekasse hat dem Antragsteller unmittelbar nach Eingang eines erstmaligen Antrags auf Leistungen nach diesem Buch sowie weiterer Anträge auf Leistungen nach § 18 Absatz 3, den §§ 36 bis 38, 41 bis 43, 44a, 45, 87a Absatz 2 Satz 1 und § 115 Absatz 4 entweder

1. unter Angabe einer Kontaktperson einen konkreten Beratungstermin anzubieten, der spätestens innerhalb von zwei Wochen nach Antragseingang durchzuführen ist, oder
2. einen Beratungsgutschein auszustellen, in dem Beratungsstellen benannt sind, bei denen er zu Lasten der Pflegekasse innerhalb von zwei Wochen nach Antragseingang eingelöst werden kann; § 7a Absatz 4 Satz 5 ist entsprechend anzuwenden.

[2]Die Beratung richtet sich nach § 7a. [3]Auf Wunsch des Versicherten hat die Beratung in der häuslichen Umgebung stattzufinden und kann auch nach Ablauf der in Satz 1 genannten Frist durchgeführt werden; über diese Möglichkeiten hat ihn die Pflegekasse aufzuklären.

(2) [1]Die Pflegekasse hat sicherzustellen, dass die Beratungsstellen die Anforderungen an die Beratung nach § 7a einhalten. [2]Die Pflegekasse schließt hierzu allein oder gemeinsam mit anderen Pflegekassen vertragliche Vereinbarungen mit unabhängigen und neutralen Beratungsstellen, die insbesondere Regelungen treffen für

1. die Anforderungen an die Beratungsleistung und die Beratungspersonen,

2. die Haftung für Schäden, die der Pflegekasse durch fehlerhafte Beratung entstehen, und
3. die Vergütung.

(2a) [1]Sofern kommunale Gebietskörperschaften, von diesen geschlossene Zweckgemeinschaften oder nach Landesrecht zu bestimmende Stellen

1. für die wohnortnahe Betreuung im Rahmen der örtlichen Altenhilfe oder
2. für die Gewährung der Hilfe zur Pflege nach dem Zwölften Buch

Pflegeberatung im Sinne von § 7a erbringen, sind sie Beratungsstellen, bei denen Pflegebedürftige nach Absatz 1 Satz 1 Nummer 2 Beratungsgutscheine einlösen können; sie haben die Empfehlungen nach § 7a Absatz 3 Satz 3 zu berücksichtigen und die Pflegeberatungs-Richtlinien nach § 17 Absatz 1a zu beachten. [2]Absatz 2 Satz 1 findet keine Anwendung. [3]Die Pflegekasse schließt hierzu allein oder gemeinsam mit anderen Pflegekassen mit den in Satz 1 genannten Stellen vertragliche Vereinbarungen über die Vergütung. [4]Für die Erhebung, Verarbeitung und Nutzung der Sozialdaten gilt § 7a Absatz 6 entsprechend.

(3) [1]Stellen nach Absatz 1 Satz 1 Nummer 2 dürfen personenbezogene Daten nur erheben, verarbeiten und nutzen, soweit dies für Zwecke der Beratung nach § 7a erforderlich ist und der Versicherte oder sein gesetzlicher Vertreter eingewilligt hat. [2]Zudem ist der Versicherte oder sein gesetzlicher Vertreter zu Beginn der Beratung darauf hinzuweisen, dass die Einwilligung jederzeit widerrufen werden kann.

(4) Die Absätze 1 bis 3 gelten für private Versicherungsunternehmen, die die private Pflege-Pflichtversicherung durchführen, entsprechend.

§ 7c Pflegestützpunkte, Verordnungsermächtigung

(1) [1]Zur wohnortnahen Beratung, Versorgung und Betreuung der Versicherten richten die Pflegekassen und Krankenkassen Pflegestützpunkte ein, sofern die zuständige oberste Landesbehörde dies bestimmt. [2]Die Einrichtung muss innerhalb von sechs Monaten nach der Bestimmung durch die oberste Landesbehörde erfolgen. [3]Kommen die hierfür erforderlichen Verträge nicht innerhalb von drei Monaten nach der Bestimmung durch die oberste Landesbehörde zustande, haben die Landesverbände der Pflegekassen in-

nerhalb eines weiteren Monats den Inhalt der Verträge festzulegen; hierbei haben sie auch die Interessen der Ersatzkassen und der Landesverbände der Krankenkassen wahrzunehmen. [4]Hinsichtlich der Mehrheitsverhältnisse bei der Beschlussfassung ist § 81 Absatz 1 Satz 2 entsprechend anzuwenden. [5]Widerspruch und Anfechtungsklage gegen Maßnahmen der Aufsichtsbehörden zur Einrichtung von Pflegestützpunkten haben keine aufschiebende Wirkung.

(1a) [1]Die für die Hilfe zur Pflege zuständigen Träger der Sozialhilfe nach dem Zwölften Buch sowie die nach Landesrecht zu bestimmenden Stellen der Altenhilfe können bis zum 31. Dezember 2021 auf Grund landesrechtlicher Vorschriften von den Pflegekassen und Krankenkassen den Abschluss einer Vereinbarung zur Einrichtung von Pflegestützpunkten verlangen. [2]Ist in der Vereinbarung zur Einrichtung eines Pflegestützpunktes oder in den Rahmenverträgen nach Absatz 6 nichts anderes vereinbart, werden die Aufwendungen, die für den Betrieb des Pflegestützpunktes erforderlich sind, von den Trägern des Pflegestützpunktes zu gleichen Teilen unter Berücksichtigung der anrechnungsfähigen Aufwendungen für das eingesetzte Personal getragen.

(2) [1]Aufgaben der Pflegestützpunkte sind

1. umfassende sowie unabhängige Auskunft und Beratung zu den Rechten und Pflichten nach dem Sozialgesetzbuch und zur Auswahl und Inanspruchnahme der bundes- oder landesrechtlich vorgesehenen Sozialleistungen und sonstigen Hilfsangebote einschließlich der Pflegeberatung nach § 7a in Verbindung mit den Richtlinien nach § 17 Absatz 1a,
2. Koordinierung aller für die wohnortnahe Versorgung und Betreuung in Betracht kommenden gesundheitsfördernden, präventiven, kurativen, rehabilitativen und sonstigen medizinischen sowie pflegerischen und sozialen Hilfs- und Unterstützungsangebote einschließlich der Hilfestellung bei der Inanspruchnahme der Leistungen,
3. Vernetzung aufeinander abgestimmter pflegerischer und sozialer Versorgungs- und Betreuungsangebote.

[2]Auf vorhandene vernetzte Beratungsstrukturen ist zurückzugreifen. [3]Die Pflegekassen haben jederzeit darauf hinzuwirken, dass sich insbesondere die

1. nach Landesrecht zu bestimmenden Stellen für die wohnortnahe Betreuung im Rahmen der örtlichen Altenhilfe und für die Gewährung der Hilfe zur Pflege nach dem Zwölften Buch,
2. im Land zugelassenen und tätigen Pflegeeinrichtungen,
3. im Land tätigen Unternehmen der privaten Kranken- und Pflegeversicherung

an den Pflegestützpunkten beteiligen. [4]Die Krankenkassen haben sich an den Pflegestützpunkten zu beteiligen. [5]Träger der Pflegestützpunkte sind die beteiligten Kosten- und Leistungsträger. [6]Die Träger

1. sollen Pflegefachkräfte in die Tätigkeit der Pflegestützpunkte einbinden,
2. haben nach Möglichkeit Mitglieder von Selbsthilfegruppen sowie ehrenamtliche und sonstige zum bürgerschaftlichen Engagement bereite Personen und Organisationen in die Tätigkeit der Pflegestützpunkte einzubinden,
3. sollen interessierten kirchlichen sowie sonstigen religiösen und gesellschaftlichen Trägern und Organisationen sowie nicht gewerblichen, gemeinwohlorientierten Einrichtungen mit öffentlich zugänglichen Angeboten und insbesondere Selbsthilfe stärkender und generationenübergreifender Ausrichtung in kommunalen Gebietskörperschaften, die Beteiligung an den Pflegestützpunkten ermöglichen,
4. können sich zur Erfüllung ihrer Aufgaben dritter Stellen bedienen,
5. sollen im Hinblick auf die Vermittlung und Qualifizierung von für die Pflege und Betreuung geeigneten Kräften eng mit dem Träger der Arbeitsförderung nach dem Dritten Buch und den Trägern der Grundsicherung für Arbeitsuchende nach dem Zweiten Buch zusammenarbeiten.

(3) Die an den Pflegestützpunkten beteiligten Kostenträger und Leistungserbringer können für das Einzugsgebiet der Pflegestützpunkte Verträge zur wohnortnahen integrierten Versorgung schließen; insoweit ist § 92b mit der Maßgabe entsprechend anzuwenden, dass die Pflege- und Krankenkassen gemeinsam und einheitlich handeln.

(4) [1]Der Pflegestützpunkt kann bei einer im Land zugelassenen und tätigen Pflegeeinrichtung errichtet werden, wenn dies nicht zu einer unzulässigen Beeinträchtigung des Wettbewerbs zwischen den Pflegeeinrichtungen führt. [2]Die für den Betrieb des Pflegestützpunktes erforderlichen Aufwendungen

werden von den Trägern der Pflegestützpunkte unter Berücksichtigung der anrechnungsfähigen Aufwendungen für das eingesetzte Personal auf der Grundlage einer vertraglichen Vereinbarung anteilig getragen. [3]Die Verteilung der für den Betrieb des Pflegestützpunktes erforderlichen Aufwendungen wird mit der Maßgabe vereinbart, dass der auf eine einzelne Pflegekasse entfallende Anteil nicht höher sein darf als der von der Krankenkasse, bei der sie errichtet ist, zu tragende Anteil. [4]Soweit sich private Versicherungsunternehmen, die die private Pflege-Pflichtversicherung durchführen, nicht an der Finanzierung der Pflegestützpunkte beteiligen, haben sie mit den Trägern der Pflegestützpunkte über Art, Inhalt und Umfang der Inanspruchnahme der Pflegestützpunkte durch privat Pflege-Pflichtversicherte sowie über die Vergütung der hierfür je Fall entstehenden Aufwendungen Vereinbarungen zu treffen; dies gilt für private Versicherungsunternehmen, die die private Krankenversicherung durchführen, entsprechend.

(5) Im Pflegestützpunkt tätige Personen sowie sonstige mit der Wahrnehmung von Aufgaben nach Absatz 1 befasste Stellen, insbesondere

1. nach Landesrecht für die wohnortnahe Betreuung im Rahmen der örtlichen Altenhilfe und für die Gewährung der Hilfe zur Pflege nach dem Zwölften Buch zu bestimmende Stellen,
2. Unternehmen der privaten Kranken- und Pflegeversicherung,
3. Pflegeeinrichtungen und Einzelpersonen nach § 77,
4. Mitglieder von Selbsthilfegruppen, ehrenamtliche und sonstige zum bürgerschaftlichen Engagement bereite Personen und Organisationen sowie
5. Agenturen für Arbeit und Träger der Grundsicherung für Arbeitsuchende,

dürfen Sozialdaten nur erheben, verarbeiten und nutzen, soweit dies zur Erfüllung der Aufgaben nach diesem Buch erforderlich oder durch Rechtsvorschriften des Sozialgesetzbuches oder Regelungen des Versicherungsvertrags- oder des Versicherungsaufsichtsgesetzes angeordnet oder erlaubt ist.

(6) [1]Sofern die zuständige oberste Landesbehörde die Einrichtung von Pflegestützpunkten bestimmt hat, vereinbaren die Landesverbände der Pflegekassen mit den Landesverbänden der Krankenkassen sowie den Ersatzkassen und den für die Hilfe zur Pflege zuständigen Trägern der Sozialhilfe nach dem Zwölften Buch und den kommunalen Spitzenverbänden auf

Landesebene Rahmenverträge zur Arbeit und zur Finanzierung der Pflegestützpunkte. [2]Bestandskräftige Rahmenverträge gelten bis zum Inkrafttreten von Rahmenverträgen nach Satz 1 fort. [3]Die von der zuständigen obersten Landesbehörde getroffene Bestimmung zur Einrichtung von Pflegestützpunkten sowie die Empfehlungen nach Absatz 9 sind beim Abschluss der Rahmenverträge zu berücksichtigen. [4]In den Rahmenverträgen nach Satz 1 sind die Strukturierung der Zusammenarbeit mit weiteren Beteiligten sowie die Zuständigkeit insbesondere für die Koordinierung der Arbeit, die Qualitätssicherung und die Auskunftspflicht gegenüber den Trägern, den Ländern und dem Bundesversicherungsamt zu bestimmen. [5]Ferner sollen Regelungen zur Aufteilung der Kosten unter Berücksichtigung der Vorschriften nach Absatz 4 getroffen werden. [6]Die Regelungen zur Kostenaufteilung gelten unmittelbar für die Pflegestützpunkte, soweit in den Verträgen zur Errichtung der Pflegestützpunkte nach Absatz 1 nichts anderes vereinbart ist.

(7) [1]Die Landesregierungen werden ermächtigt, Schiedsstellen einzurichten. [2]Diese setzen den Inhalt der Rahmenverträge nach Absatz 6 fest, sofern ein Rahmenvertrag nicht innerhalb der in der Rechtsverordnung nach Satz 6 zu bestimmenden Frist zustande kommt. [3]Die Schiedsstelle besteht aus Vertretungen der Pflegekassen und der für die Hilfe zur Pflege zuständigen Träger der Sozialhilfe nach dem Zwölften Buch in gleicher Zahl sowie einem unparteiischen Vorsitzenden und zwei weiteren unparteiischen Mitgliedern. [4]Für den Vorsitzenden und die unparteiischen Mitglieder können Stellvertretungen bestellt werden. § 76 Absatz 3 und 4 gilt entsprechend. [5]Die Landesregierungen werden ermächtigt, durch Rechtsverordnung das Nähere über die Zahl, die Bestellung, die Amtsdauer, die Amtsführung, die Erstattung der baren Auslagen und die Entschädigung für den Zeitaufwand der Mitglieder der Schiedsstelle, die Geschäftsführung, das Verfahren, die Frist, nach deren Ablauf die Schiedsstelle ihre Arbeit aufnimmt, die Erhebung und die Höhe der Gebühren sowie über die Verteilung der Kosten zu regeln.

(8) [1]Abweichend von Absatz 7 können die Parteien des Rahmenvertrages nach Absatz 6 Satz 1 einvernehmlich eine unparteiische Schiedsperson und zwei unparteiische Mitglieder bestellen, die den Inhalt des Rahmenvertrages nach Absatz 6 innerhalb von sechs Wochen nach ihrer Bestellung festlegen. [2]Die Kosten des Schiedsverfahrens tragen die Vertragspartner zu gleichen Teilen.

(9) Der Spitzenverband Bund der Pflegekassen, der Spitzenverband Bund der Krankenkassen, die Bundesarbeitsgemeinschaft der überörtlichen Träger der Sozialhilfe und die Bundesvereinigung der kommunalen Spitzenverbände können gemeinsam und einheitlich Empfehlungen zur Arbeit und zur Finanzierung von Pflegestützpunkten in der gemeinsamen Trägerschaft der gesetzlichen Kranken- und Pflegekassen sowie der nach Landesrecht zu bestimmenden Stellen der Alten- und Sozialhilfe vereinbaren.

§ 8 Gemeinsame Verantwortung

(1) Die pflegerische Versorgung der Bevölkerung ist eine gesamtgesellschaftliche Aufgabe.

(2) [1]Die Länder, die Kommunen, die Pflegeeinrichtungen und die Pflegekassen wirken unter Beteiligung des Medizinischen Dienstes eng zusammen, um eine leistungsfähige, regional gegliederte, ortsnahe und aufeinander abgestimmte ambulante und stationäre pflegerische Versorgung der Bevölkerung zu gewährleisten. [2]Sie tragen zum Ausbau und zur Weiterentwicklung der notwendigen pflegerischen Versorgungsstrukturen bei; das gilt insbesondere für die Ergänzung des Angebots an häuslicher und stationärer Pflege durch neue Formen der teilstationären Pflege und Kurzzeitpflege sowie für die Vorhaltung eines Angebots von die Pflege ergänzenden Leistungen zur medizinischen Rehabilitation. [3]Sie unterstützen und fördern darüber hinaus die Bereitschaft zu einer humanen Pflege und Betreuung durch hauptberufliche und ehrenamtliche Pflegekräfte sowie durch Angehörige, Nachbarn und Selbsthilfegruppen und wirken so auf eine neue Kultur des Helfens und der mitmenschlichen Zuwendung hin.

(3) [1]Der Spitzenverband Bund der Pflegekassen kann aus Mitteln des Ausgleichsfonds der Pflegeversicherung mit 5 Millionen Euro im Kalenderjahr Maßnahmen wie Modellvorhaben, Studien, wissenschaftliche Expertisen und Fachtagungen zur Weiterentwicklung der Pflegeversicherung, insbesondere zur Entwicklung neuer qualitätsgesicherter Versorgungsformen für Pflegebedürftige, durchführen und mit Leistungserbringern vereinbaren. [2]Dabei sind vorrangig modellhaft in einer Region Möglichkeiten eines personenbezogenen Budgets sowie neue Wohnkonzepte für Pflegebedürftige zu erproben. [3]Bei der Vereinbarung und Durchführung von Modellvorhaben kann im Einzelfall von den Regelungen des Siebten Kapitels sowie von § 36 und zur Entwicklung besonders pauschalierter Pflegesätze von § 84

Abs. 2 Satz 2 abgewichen werden. [4]Mehrbelastungen der Pflegeversicherung, die dadurch entstehen, dass Pflegebedürftige, die Pflegegeld beziehen, durch Einbeziehung in ein Modellvorhaben höhere Leistungen als das Pflegegeld erhalten, sind in das nach Satz 1 vorgesehene Fördervolumen einzubeziehen. [5]Soweit die in Satz 1 genannten Mittel im jeweiligen Haushaltsjahr nicht verbraucht wurden, können sie in das Folgejahr übertragen werden. [6]Die Modellvorhaben sind auf längstens fünf Jahre zu befristen. [7]Der Spitzenverband Bund der Pflegekassen bestimmt Ziele, Dauer, Inhalte und Durchführung der Maßnahmen; dabei sind auch regionale Modellvorhaben einzelner Länder zu berücksichtigen. [8]Die Maßnahmen sind mit dem Bundesministerium für Gesundheit abzustimmen. [9]Soweit finanzielle Interessen einzelner Länder berührt werden, sind diese zu beteiligen. [10]Näheres über das Verfahren zur Auszahlung der aus dem Ausgleichsfonds zu finanzierenden Fördermittel regeln der Spitzenverband Bund der Pflegekassen und das Bundesversicherungsamt durch Vereinbarung. [11]Für die Modellvorhaben ist eine wissenschaftliche Begleitung und Auswertung vorzusehen. [12]§ 45c Absatz 5 Satz 6 gilt entsprechend.

(4) [1]Aus den Mitteln nach Absatz 3 ist ebenfalls die Finanzierung der qualifizierten Geschäftsstelle nach § 113b Absatz 6 und der wissenschaftlichen Aufträge nach § 113b Absatz 4 sicherzustellen. [2]Sofern der Verband der privaten Krankenversicherung e.V. als Mitglied im Qualitätsausschuss nach §113b vertreten ist, beteiligen sich die privaten Versicherungsunternehmen, die die private Pflege-Pflichtversicherung durchführen, mit einem Anteil von 10 Prozent an den Aufwendungen nach Satz 1. [3]Aus den Mitteln nach Absatz 3 ist zudem die Finanzierung der Aufgaben nach § 113c sicherzustellen. [4]Die privaten Versicherungsunternehmen, die die private Pflege-Pflichtversicherung durchführen, beteiligen sich mit einem Anteil von 10 Prozent an diesen Aufwendungen. [5]Der Finanzierungsanteil nach den Sätzen 2 und 4, der auf die privaten Versicherungsunternehmen entfällt, kann von dem Verband der privaten Krankenversicherung e.V. unmittelbar an das Bundesversicherungsamt zugunsten des Ausgleichsfonds der Pflegeversicherung nach § 65 geleistet werden.

(5) [1]Aus den Mitteln des Ausgleichsfonds der Pflegeversicherung ist die Finanzierung der gemäß § 113 Absatz 1b Satz 1 beauftragten, fachlich unabhängigen Institution sicherzustellen. [2]Die Vertragsparteien nach § 113 und das Bundesversicherungsamt vereinbaren das Nähere über das Verfahren zur Auszahlung der aus dem Ausgleichsfonds zu finanzierenden Mittel.

[3]Die jeweilige Auszahlung bedarf der Genehmigung durch das Bundesministerium für Gesundheit.

(6) [1]Abweichend von § 84 Absatz 4 Satz 1 erhalten vollstationäre Pflegeeinrichtungen auf Antrag einen Vergütungszuschlag zur Unterstützung der Leistungserbringung insbesondere im Bereich der medizinischen Behandlungspflege. [2]Voraussetzung für die Gewährung des Vergütungszuschlags ist, dass die Pflegeeinrichtung über neu eingestelltes oder über Stellenaufstockung erweitertes Pflegepersonal verfügt, das über das Personal hinausgeht, das die Pflegeeinrichtung nach der Pflegesatzvereinbarung gemäß § 84 Absatz 5 Satz 2 Nummer 2 vorzuhalten hat. [3]Das zusätzliche Pflegepersonal muss zur Erbringung aller vollstationären Pflegeleistungen vorgesehen sein und es muss sich bei dem Personal um Pflegefachkräfte handeln. [4]Nur für den Fall, dass die vollstationäre Pflegeeinrichtung nachweist, dass es ihr in einem Zeitraum von über vier Monaten nicht gelungen ist, geeignete Pflegefachkräfte einzustellen, kann sie ausnahmsweise auch für die Beschäftigung von zusätzlichen Pflegehilfskräften, die sich in der Ausbildung zur Pflegefachkraft befinden, einen Vergütungszuschlag erhalten. [5]Das Bundesversicherungsamt verwaltet die zur Finanzierung des Vergütungszuschlags von den Krankenkassen nach § 37 Absatz 2a des Fünften Buches und von den privaten Versicherungsunternehmen nach Absatz 9 Satz 2 zu leistenden Beträge im Ausgleichsfonds der Pflegeversicherung. [6]Der Anspruch auf einen Vergütungszuschlag ist unter entsprechender Anwendung des § 84 Absatz 2 Satz 5 und 6 begrenzt auf die tatsächlichen Aufwendungen für zusätzlich

1. eine halbe Stelle bei Pflegeeinrichtungen mit bis zu 40 Plätzen,
2. eine Stelle bei Pflegeeinrichtungen mit 41 bis zu 80 Plätzen,
3. anderthalb Stellen bei Pflegeeinrichtungen mit 81 bis zu 120 Plätzen und
4. zwei Stellen bei Pflegeeinrichtungen mit mehr als 120 Plätzen.

[7]Der Vergütungszuschlag ist von den Pflegekassen monatlich zu zahlen und wird zum 15. eines jeden Monats fällig. [8]Der Spitzenverband Bund der Pflegekassen legt im Benehmen mit den Bundesvereinigungen der Träger stationärer Pflegeeinrichtungen das Nähere für die Antragstellung und den Nachweis nach Satz 4 sowie das Zahlungsverfahren für seine Mitglieder fest. [9]Die Festlegungen bedürfen der Zustimmung des Bundesministeriums für Gesundheit im Benehmen mit dem Bundesministerium für Fa-

milie, Senioren, Frauen und Jugend im Rahmen seiner Zuständigkeit. [10]Bis zum Vorliegen der Bestimmung nach Satz 8 stellen die Landesverbände der Pflegekassen die sachgerechte Verfahrensbearbeitung sicher; es genügt die Antragstellung an eine als Partei der Pflegesatzvereinbarung beteiligte Pflegekasse. [11]Die über den Vergütungszuschlag finanzierten zusätzlichen Stellen und die der Berechnung des Vergütungszuschlags zugrunde gelegte Bezahlung der auf diesen Stellen Beschäftigten sind von den Pflegeeinrichtungen unter entsprechender Anwendung des § 84 Absatz 6 Satz 3 und 4 und Absatz 7 nachzuweisen. [12]Die Auszahlung des gesamten Zuschlags hat einheitlich über eine Pflegekasse an die vollstationäre Pflegeeinrichtung vor Ort zu erfolgen. [13]Änderungen der den Anträgen zugrunde liegenden Sachverhalte sind von den vollstationären Pflegeeinrichtungen unverzüglich anzuzeigen. [14]Der Spitzenverband Bund der Pflegekassen berichtet dem Bundesministerium für Gesundheit erstmals bis zum 31. Dezember 2019 und danach jährlich über die Zahl der durch diesen Zuschlag finanzierten Pflegekräfte, den Stellenzuwachs und die Ausgabenentwicklung.

(7) [1]Aus den Mitteln des Ausgleichsfonds der Pflegeversicherung werden in den Jahren 2019 bis 2024 jährlich bis zu 100 Millionen Euro bereitgestellt, um Maßnahmen der Pflegeeinrichtungen zu fördern, die das Ziel haben, die Vereinbarkeit von Pflege, Familie und Beruf für ihre in der Pflege tätigen Mitarbeiterinnen und Mitarbeiter zu verbessern. [2]Förderfähig sind individuelle und gemeinschaftliche Betreuungsangebote, die auf die besonderen Arbeitszeiten von Pflegekräften ausgerichtet sind, sowie Schulungen und Weiterbildungen zur Verbesserung der Vereinbarkeit von Pflege, Familie und Beruf. [3]Gefördert werden bis zu 50 Prozent der durch die Pflegeeinrichtung für eine Maßnahme verausgabten Mittel. [4]Pro Pflegeeinrichtung ist höchstens ein jährlicher Förderzuschuss von 7.500 Euro möglich. [5]Die Landesverbände der Pflegekassen stellen die sachgerechte Verteilung der Mittel sicher. [6]Der in Satz 1 genannte Betrag soll unter Berücksichtigung der Zahl der Pflegeeinrichtungen auf die Länder aufgeteilt werden. [7]Antrag und Nachweis sollen einfach ausgestaltet sein. [8]Pflegeeinrichtungen können in einem Antrag die Förderung von zeitlich und sachlich unterschiedlichen Maßnahmen beantragen. [9]Soweit eine Pflegeeinrichtung den Förderhöchstbetrag nach Satz 4 innerhalb eines Kalenderjahres nicht in Anspruch genommen hat und die für das Land, in dem die Pflegeeinrichtung ihren Sitz hat, in diesem Kalenderjahr bereitgestellte Gesamtfördersumme noch nicht ausgeschöpft ist, erhöht sich der mögliche Förderhöchstbetrag für

diese Pflegeeinrichtung im nachfolgenden Kalenderjahr um den aus dem Vorjahr durch die Pflegeeinrichtung nicht in Anspruch genommenen Betrag. [10]Der Spitzenverband Bund der Pflegekassen erlässt im Einvernehmen mit dem Verband der privaten Krankenversicherung e. V. nach Anhörung der Verbände der Leistungserbringer auf Bundesebene bis zum 31. März 2019 Richtlinien über das Nähere der Voraussetzungen, Ziele, Inhalte und Durchführung der Förderung sowie zu dem Verfahren zur Vergabe der Fördermittel durch eine Pflegekasse. [11]Die Richtlinien bedürfen der Genehmigung des Bundesministeriums für Gesundheit. [12]Die Genehmigung gilt als erteilt, wenn die Richtlinien nicht innerhalb eines Monats, nachdem sie dem Bundesministerium für Gesundheit vorgelegt worden sind, beanstandet werden. [13]Das Bundesministerium für Gesundheit kann im Rahmen der Richtlinienprüfung vom Spitzenverband Bund der Pflegekassen zusätzliche Informationen und ergänzende Stellungnahmen anfordern; bis zu deren Eingang ist der Lauf der Frist nach Satz 12 unterbrochen. [14]Beanstandungen des Bundesministeriums für Gesundheit sind innerhalb der von ihm gesetzten Frist zu beheben. [15]Die Genehmigung kann vom Bundesministerium für Gesundheit mit Auflagen verbunden werden.

(8) [1]Aus den Mitteln des Ausgleichsfonds der Pflegeversicherung wird in den Jahren 2019 bis 2021 ein einmaliger Zuschuss für jede ambulante und stationäre Pflegeeinrichtung bereitgestellt, um digitale Anwendungen, die insbesondere das interne Qualitätsmanagement, die Erhebung von Qualitätsindikatoren, die Zusammenarbeit zwischen Ärzten und stationären Pflegeeinrichtungen sowie die Aus-, Fort- und Weiterbildung in der Altenpflege betreffen, zur Entlastung der Pflegekräfte zu fördern. [2]Förderungsfähig sind Anschaffungen von digitaler oder technischer Ausrüstung sowie damit verbundene Schulungen. [3]Gefördert werden bis zu 40 Prozent der durch die Pflegeeinrichtung verausgabten Mittel. [4]Pro Pflegeeinrichtung ist höchstens ein einmaliger Zuschuss in Höhe von 12.000 Euro möglich. [5]Der Spitzenverband Bund der Pflegekassen beschließt im Einvernehmen mit dem Verband der privaten Krankenversicherung e. V. nach Anhörung der Verbände der Leistungserbringer auf Bundesebene bis zum 31. März 2019 Richtlinien über das Nähere der Voraussetzungen und zu dem Verfahren der Gewährung des Zuschusses, der durch eine Pflegekasse ausgezahlt wird. [6]Die Richtlinien bedürfen der Genehmigung des Bundesministeriums für Gesundheit. [7]Die Genehmigung gilt als erteilt, wenn die Richtlinien nicht innerhalb eines Monats, nachdem sie dem Bundesministerium für

Gesundheit vorgelegt worden sind, beanstandet werden. [8]Das Bundesministerium für Gesundheit kann im Rahmen der Richtlinienprüfung vom Spitzenverband Bund der Pflegekassen zusätzliche Informationen und ergänzende Stellungnahmen anfordern; bis zu deren Eingang ist der Lauf der Frist nach Satz 7 unterbrochen. [9]Beanstandungen des Bundesministeriums für Gesundheit sind innerhalb der von ihm gesetzten Frist zu beheben. [10]Die Genehmigung kann vom Bundesministerium für Gesundheit mit Auflagen verbunden werden.

(9) [1]Die privaten Versicherungsunternehmen, die die private Pflege-Pflichtversicherung durchführen, beteiligen sich mit einem Anteil von 7 Prozent an den Kosten, die sich gemäß den Absätzen 5, 7 und 8 jeweils ergeben. [2]Die privaten Versicherungsunternehmen, die die private Pflege-Pflichtversicherung durchführen, beteiligen sich an der Finanzierung der Vergütungszuschläge nach Absatz 6 mit jährlich 44 Millionen Euro. [3]Der jeweilige Finanzierungsanteil, der auf die privaten Versicherungsunternehmen entfällt, kann von dem Verband der privaten Krankenversicherung e.V. unmittelbar an das Bundesversicherungsamt zugunsten des Ausgleichsfonds der Pflegeversicherung nach § 65 geleistet werden. [4]Einmalig können die privaten Versicherungsunternehmen, die die private Pflege-Pflichtversicherung durchführen, für bestehende Vertragsverhältnisse die Prämie für die private Pflege-Pflichtversicherung anpassen, um die Verpflichtungen zu berücksichtigen, die sich aus den Sätzen 1 und 2 ergeben. [5]§ 155 Absatz 1 des Versicherungsaufsichtsgesetzes ist anzuwenden. [6]Dem Versicherungsnehmer ist die Neufestsetzung der Prämie unter Hinweis auf die hierfür maßgeblichen Gründe in Textform mitzuteilen. [7]§ 203 Absatz 5 des Versicherungsvertragsgesetzes und § 205 Absatz 4 des Versicherungsvertragsgesetzes gelten entsprechend.

(10) Der Spitzenverband Bund der Pflegekassen, der Verband der privaten Krankenversicherung e. V. und das Bundesversicherungsamt regeln das Nähere über das Verfahren zur Bereitstellung der notwendigen Finanzmittel zur Finanzierung der Maßnahmen nach den Absätzen 6 bis 8 aus dem Ausgleichsfonds der Pflegeversicherung sowie zur Feststellung und Erhebung der Beträge der privaten Versicherungsunternehmen, die die private Pflege-Pflichtversicherung durchführen, nach Absatz 9 Satz 1 und 2 durch Vereinbarung.

§ 8a Gemeinsame Empfehlungen zur pflegerischen Versorgung

(1) [1]Für jedes Land oder für Teile des Landes wird zur Beratung über Fragen der Pflegeversicherung ein Landespflegeausschuss gebildet. [2]Der Ausschuss kann zur Umsetzung der Pflegeversicherung einvernehmlich Empfehlungen abgeben. [3]Die Landesregierungen werden ermächtigt, durch Rechtsverordnung das Nähere zu den Landespflegeausschüssen zu bestimmen; insbesondere können sie die den Landespflegeausschüssen angehörenden Organisationen unter Berücksichtigung der Interessen aller an der Pflege im Land Beteiligten berufen.

(2) [1]Sofern nach Maßgabe landesrechtlicher Vorschriften ein Ausschuss zur Beratung über sektorenübergreifende Zusammenarbeit in der Versorgung von Pflegebedürftigen (sektorenübergreifender Landespflegeausschuss) eingerichtet worden ist, entsenden die Landesverbände der Pflegekassen und der Krankenkassen sowie die Ersatzkassen, die Kassenärztlichen Vereinigungen und die Landeskrankenhausgesellschaften Vertreter in diesen Ausschuss und wirken an der Abgabe gemeinsamer Empfehlungen mit. [2]Soweit erforderlich, ist eine Abstimmung mit dem Landesgremium nach § 90a des Fünften Buches herbeizuführen.

(3) Sofern nach Maßgabe landesrechtlicher Vorschriften regionale Ausschüsse insbesondere zur Beratung über Fragen der Pflegeversicherung in Landkreisen und kreisfreien Städten eingerichtet worden sind, entsenden die Landesverbände der Pflegekassen Vertreter in diese Ausschüsse und wirken an der einvernehmlichen Abgabe gemeinsamer Empfehlungen mit.

(4) [1]Die in den Ausschüssen nach den Absätzen 1 und 3 vertretenen Pflegekassen, Landesverbände der Pflegekassen sowie die sonstigen in Absatz 2 genannten Mitglieder wirken in dem jeweiligen Ausschuss an einer nach Maßgabe landesrechtlicher Vorschriften vorgesehenen Erstellung und Fortschreibung von Empfehlungen zur Sicherstellung der pflegerischen Infrastruktur (Pflegestrukturplanungsempfehlung) mit. [2]Sie stellen die hierfür erforderlichen Angaben bereit, soweit diese ihnen im Rahmen ihrer gesetzlichen Aufgaben verfügbar sind und es sich nicht um personenbezogene Daten handelt. [3]Die Mitglieder nach Satz 1 berichten den jeweiligen Ausschüssen nach den Absätzen 1 bis 3 insbesondere darüber, inwieweit diese Empfehlungen von den Landesverbänden der Pflegekassen und der Krankenkassen sowie den Ersatzkassen, den Kassenärztlichen Vereinigungen und den Landeskrankenhausgesellschaften bei der Erfüllung der ihnen

nach diesem und dem Fünften Buch übertragenen Aufgaben berücksichtigt wurden.

(5) Empfehlungen der Ausschüsse nach den Absätzen 1 bis 3 zur Weiterentwicklung der Versorgung sollen von den Vertragsparteien nach dem Siebten Kapitel beim Abschluss der Versorgungs- und Rahmenverträge und von den Vertragsparteien nach dem Achten Kapitel beim Abschluss der Vergütungsverträge einbezogen werden.

§ 9 Aufgaben der Länder

[1]Die Länder sind verantwortlich für die Vorhaltung einer leistungsfähigen, zahlenmäßig ausreichenden und wirtschaftlichen pflegerischen Versorgungsstruktur. [2]Das Nähere zur Planung und zur Förderung der Pflegeeinrichtungen wird durch Landesrecht bestimmt; durch Landesrecht kann auch bestimmt werden, ob und in welchem Umfang eine im Landesrecht vorgesehene und an der wirtschaftlichen Leistungsfähigkeit der Pflegebedürftigen orientierte finanzielle Unterstützung

1. der Pflegebedürftigen bei der Tragung der ihnen von den Pflegeeinrichtungen berechneten betriebsnotwendigen Investitionsaufwendungen oder
2. der Pflegeeinrichtungen bei der Tragung ihrer betriebsnotwendigen Investitionsaufwendungen

als Förderung der Pflegeeinrichtungen gilt. [3]Zur finanziellen Förderung der Investitionskosten der Pflegeeinrichtungen sollen Einsparungen eingesetzt werden, die den Trägern der Sozialhilfe durch die Einführung der Pflegeversicherung entstehen.

§ 10 Berichtspflichten des Bundes und der Länder

(1) Die Bundesregierung berichtet den gesetzgebenden Körperschaften des Bundes ab 2016 im Abstand von vier Jahren über die Entwicklung der Pflegeversicherung und den Stand der pflegerischen Versorgung in der Bundesrepublik Deutschland.

(2) Die Länder berichten dem Bundesministerium für Gesundheit jährlich bis zum 30. Juni über Art und Umfang der finanziellen Förderung der Pflegeeinrichtungen im vorausgegangenen Kalenderjahr sowie über die mit

dieser Förderung verbundenen durchschnittlichen Investitionskosten für die Pflegebedürftigen.

§ 11 Rechte und Pflichten der Pflegeeinrichtungen

(1) [1]Die Pflegeeinrichtungen pflegen, versorgen und betreuen die Pflegebedürftigen, die ihre Leistungen in Anspruch nehmen, entsprechend dem allgemein anerkannten Stand medizinisch-pflegerischer Erkenntnisse. [2]Inhalt und Organisation der Leistungen haben eine humane und aktivierende Pflege unter Achtung der Menschenwürde zu gewährleisten.

(2) [1]Bei der Durchführung dieses Buches sind die Vielfalt der Träger von Pflegeeinrichtungen zu wahren sowie deren Selbständigkeit, Selbstverständnis und Unabhängigkeit zu achten. [2]Dem Auftrag kirchlicher und sonstiger Träger der freien Wohlfahrtspflege, kranke, gebrechliche und pflegebedürftige Menschen zu pflegen, zu betreuen, zu trösten und sie im Sterben zu begleiten, ist Rechnung zu tragen. [3]Freigemeinnützige und private Träger haben Vorrang gegenüber öffentlichen Trägern.

(3) Die Bestimmungen des Wohn- und Betreuungsvertragsgesetzes bleiben unberührt.

§ 12 Aufgaben der Pflegekassen

(1) [1]Die Pflegekassen sind für die Sicherstellung der pflegerischen Versorgung ihrer Versicherten verantwortlich. [2]Sie arbeiten dabei mit allen an der pflegerischen, gesundheitlichen und sozialen Versorgung Beteiligten eng zusammen und wirken, insbesondere durch Pflegestützpunkte nach § 7c, auf eine Vernetzung der regionalen und kommunalen Versorgungsstrukturen hin, um eine Verbesserung der wohnortnahen Versorgung pflege- und betreuungsbedürftiger Menschen zu ermöglichen. [3]Die Pflegekassen sollen zur Durchführung der ihnen gesetzlich übertragenen Aufgaben örtliche und regionale Arbeitsgemeinschaften bilden. [4]§ 94 Abs. 2 bis 4 des Zehnten Buches gilt entsprechend.

(2) [1]Die Pflegekassen wirken mit den Trägern der ambulanten und der stationären gesundheitlichen und sozialen Versorgung partnerschaftlich zusammen, um die für den Pflegebedürftigen zur Verfügung stehenden Hilfen zu koordinieren. [2]Sie stellen insbesondere über die Pflegeberatung nach

§ 7a sicher, dass im Einzelfall häusliche Pflegehilfe, Behandlungspflege, ärztliche Behandlung, spezialisierte Palliativversorgung, Leistungen zur Prävention, zur medizinischen Rehabilitation und zur Teilhabe nahtlos und störungsfrei ineinandergreifen. [3]Die Pflegekassen nutzen darüber hinaus das Instrument der integrierten Versorgung nach § 92b und wirken zur Sicherstellung der haus-, fach- und zahnärztlichen Versorgung der Pflegebedürftigen darauf hin, dass die stationären Pflegeeinrichtungen Kooperationen mit niedergelassenen Ärzten eingehen oder § 119b des Fünften Buches anwenden.

§ 13 Verhältnis der Leistungen der Pflegeversicherung zu anderen Sozialleistungen

(1) Den Leistungen der Pflegeversicherung gehen die Entschädigungsleistungen wegen Pflegebedürftigkeit

1. nach dem Bundesversorgungsgesetz und nach den Gesetzen, die eine entsprechende Anwendung des Bundesversorgungsgesetzes vorsehen,
2. aus der gesetzlichen Unfallversicherung und
3. aus öffentlichen Kassen auf Grund gesetzlich geregelter Unfallversorgung oder Unfallfürsorge

vor.

(2) [1]Die Leistungen nach dem Fünften Buch einschließlich der Leistungen der häuslichen Krankenpflege nach § 37 des Fünften Buches bleiben unberührt. [2]Dies gilt auch für krankheitsspezifische Pflegemaßnahmen, soweit diese im Rahmen der häuslichen Krankenpflege nach § 37 des Fünften Buches zu leisten sind.

(3) [1]Die Leistungen der Pflegeversicherung gehen den Fürsorgeleistungen zur Pflege

1. nach dem Zwölften Buch,
2. nach dem Lastenausgleichsgesetz, dem Reparationsschädengesetz und dem Flüchtlingshilfegesetz,
3. nach dem Bundesversorgungsgesetz (Kriegsopferfürsorge) und nach den Gesetzen, die eine entsprechende Anwendung des Bundesversorgungsgesetzes vorsehen,

vor, soweit dieses Buch nichts anderes bestimmt. [2]Leistungen zur Pflege nach diesen Gesetzen sind zu gewähren, wenn und soweit Leistungen der Pflegeversicherung nicht erbracht werden oder diese Gesetze dem Grunde oder der Höhe nach weitergehende Leistungen als die Pflegeversicherung vorsehen. [3]Die Leistungen der Eingliederungshilfe für Menschen mit Behinderungen nach dem Zwölften Buch, dem Bundesversorgungsgesetz und dem Achten Buch bleiben unberührt, sie sind im Verhältnis zur Pflegeversicherung nicht nachrangig; die notwendige Hilfe in den Einrichtungen nach § 71 Abs. 4 ist einschließlich der Pflegeleistungen zu gewähren.

(3a) (weggefallen)

(4) [1]Treffen Leistungen der Pflegeversicherung und Leistungen der Eingliederungshilfe zusammen, vereinbaren mit Zustimmung des Leistungsberechtigten die zuständige Pflegekasse und der für die Eingliederungshilfe zuständige Träger,

1. dass im Verhältnis zum Pflegebedürftigen der für die Eingliederungshilfe zuständige Träger die Leistungen der Pflegeversicherung auf der Grundlage des von der Pflegekasse erlassenen Leistungsbescheids zu übernehmen hat,
2. dass die zuständige Pflegekasse dem für die Eingliederungshilfe zuständigen Träger die Kosten der von ihr zu tragenden Leistungen zu erstatten hat sowie
3. die Modalitäten der Übernahme und der Durchführung der Leistungen sowie der Erstattung.

[2]Die bestehenden Wunsch- und Wahlrechte der Leistungsberechtigten bleiben unberührt und sind zu beachten. [3]Die Ausführung der Leistungen erfolgt nach den für den zuständigen Leistungsträger geltenden Rechtsvorschriften. [4]Soweit auch Leistungen der Hilfe zur Pflege nach dem Zwölften Buch zu erbringen sind, ist der für die Hilfe zur Pflege zuständige Träger zu beteiligen. [5]Der Spitzenverband Bund der Pflegekassen beschließt gemeinsam mit der Bundesarbeitsgemeinschaft der überörtlichen Träger der Sozialhilfe bis zum 1. Januar 2018 in einer Empfehlung Näheres zu den Modalitäten der Übernahme und der Durchführung der Leistungen sowie der Erstattung und zu der Beteiligung des für die Hilfe zur Pflege zuständigen Trägers. [6]Die Länder, die kommunalen Spitzenverbände auf Bundesebene, die Bundesarbeitsgemeinschaft der Freien Wohlfahrtspflege, die Vereinigungen der Träger der Pflegeeinrichtungen auf Bundesebene, die

Vereinigungen der Leistungserbringer der Eingliederungshilfe auf Bundesebene sowie die auf Bundesebene maßgeblichen Organisationen für die Wahrnehmung der Interessen und der Selbsthilfe pflegebedürftiger und behinderter Menschen sind vor dem Beschluss anzuhören. [7]Die Empfehlung bedarf der Zustimmung des Bundesministeriums für Gesundheit und des Bundesministeriums für Arbeit und Soziales.

(4a) Bestehen im Einzelfall Anhaltspunkte für ein Zusammentreffen von Leistungen der Pflegeversicherung und Leistungen der Eingliederungshilfe, bezieht der für die Durchführung eines Teilhabeplanverfahrens oder Gesamtplanverfahrens verantwortliche Träger mit Zustimmung des Leistungsberechtigten die zuständige Pflegekasse in das Verfahren beratend mit ein, um die Vereinbarung nach Absatz 4 gemeinsam vorzubereiten.

(4b) Die Regelungen nach Absatz 3 Satz 3, Absatz 4 und 4a werden bis zum 1. Juli 2019 evaluiert.

(5) [1]Die Leistungen der Pflegeversicherung bleiben als Einkommen bei Sozialleistungen und bei Leistungen nach dem Asylbewerberleistungsgesetz, deren Gewährung von anderen Einkommen abhängig ist, unberücksichtigt; dies gilt nicht für das Pflegeunterstützungsgeld gemäß § 44a Absatz 3. [2]Satz 1 gilt entsprechend bei Vertragsleistungen aus privaten Pflegeversicherungen, die der Art und dem Umfang nach den Leistungen der sozialen Pflegeversicherung gleichwertig sind. [3]Rechtsvorschriften, die weitergehende oder ergänzende Leistungen aus einer privaten Pflegeversicherung von der Einkommensermittlung ausschließen, bleiben unberührt.

(6) [1]Wird Pflegegeld nach § 37 oder eine vergleichbare Geldleistung an eine Pflegeperson (§ 19) weitergeleitet, bleibt dies bei der Ermittlung von Unterhaltsansprüchen und Unterhaltsverpflichtungen der Pflegeperson unberücksichtigt. [2]Dies gilt nicht

1. in den Fällen des § 1361 Abs. 3, der §§ 1579, 1603 Abs. 2 und des § 1611 Abs. 1 des Bürgerlichen Gesetzbuchs,
2. für Unterhaltsansprüche der Pflegeperson, wenn von dieser erwartet werden kann, ihren Unterhaltsbedarf ganz oder teilweise durch eigene Einkünfte zu decken und der Pflegebedürftige mit dem Unterhaltspflichtigen nicht in gerader Linie verwandt ist.

Zweites Kapitel.
Leistungsberechtigter Personenkreis

§ 14 Begriff der Pflegebedürftigkeit

(1) [1]Pflegebedürftig im Sinne dieses Buches sind Personen, die gesundheitlich bedingte Beeinträchtigungen der Selbständigkeit oder der Fähigkeiten aufweisen und deshalb der Hilfe durch andere bedürfen. [2]Es muss sich um Personen handeln, die körperliche, kognitive oder psychische Beeinträchtigungen oder gesundheitlich bedingte Belastungen oder Anforderungen nicht selbständig kompensieren oder bewältigen können. [3]Die Pflegebedürftigkeit muss auf Dauer, voraussichtlich für mindestens sechs Monate, und mit mindestens der in § 15 festgelegten Schwere bestehen.

(2) Maßgeblich für das Vorliegen von gesundheitlich bedingten Beeinträchtigungen der Selbständigkeit oder der Fähigkeiten sind die in den folgenden sechs Bereichen genannten pflegefachlich begründeten Kriterien:

1. Mobilität: Positionswechsel im Bett, Halten einer stabilen Sitzposition, Umsetzen, Fortbewegen innerhalb des Wohnbereichs, Treppensteigen;
2. kognitive und kommunikative Fähigkeiten: Erkennen von Personen aus dem näheren Umfeld, örtliche Orientierung, zeitliche Orientierung, Erinnern an wesentliche Ereignisse oder Beobachtungen, Steuern von mehrschrittigen Alltagshandlungen, Treffen von Entscheidungen im Alltagsleben, Verstehen von Sachverhalten und Informationen, Erkennen von Risiken und Gefahren, Mitteilen von elementaren Bedürfnissen, Verstehen von Aufforderungen, Beteiligen an einem Gespräch;
3. Verhaltensweisen und psychische Problemlagen: motorisch geprägte Verhaltensauffälligkeiten, nächtliche Unruhe, selbstschädigendes und autoaggressives Verhalten, Beschädigen von Gegenständen, physisch aggressives Verhalten gegenüber anderen Personen, verbale Aggression, andere pflegerelevante vokale Auffälligkeiten, Abwehr pflegerischer und anderer unterstützender Maßnahmen, Wahnvorstellungen, Ängste, Antriebslosigkeit bei depressiver Stimmungslage, sozial inadäquate Verhaltensweisen, sonstige pflegerelevante inadäquate Handlungen;

4. Selbstversorgung: Waschen des vorderen Oberkörpers, Körperpflege im Bereich des Kopfes, Waschen des Intimbereichs, Duschen und Baden einschließlich Waschen der Haare, An- und Auskleiden des Oberkörpers, An- und Auskleiden des Unterkörpers, mundgerechtes Zubereiten der Nahrung und Eingießen von Getränken, Essen, Trinken, Benutzen einer Toilette oder eines Toilettenstuhls, Bewältigen der Folgen einer Harninkontinenz und Umgang mit Dauerkatheter und Urostoma, Bewältigen der Folgen einer Stuhlinkontinenz und Umgang mit Stoma, Ernährung parenteral oder über Sonde, Bestehen gravierender Probleme bei der Nahrungsaufnahme bei Kindern bis zu 18 Monaten, die einen außergewöhnlich pflegeintensiven Hilfebedarf auslösen;
5. Bewältigung von und selbständiger Umgang mit krankheits- oder therapiebedingten Anforderungen und Belastungen:
   a) in Bezug auf Medikation, Injektionen, Versorgung intravenöser Zugänge, Absaugen und Sauerstoffgabe, Einreibungen sowie Kälte- und Wärmeanwendungen, Messung und Deutung von Körperzuständen, körpernahe Hilfsmittel,
   b) in Bezug auf Verbandswechsel und Wundversorgung, Versorgung mit Stoma, regelmäßige Einmalkatheterisierung und Nutzung von Abführmethoden, Therapiemaßnahmen in häuslicher Umgebung,
   c) in Bezug auf zeit- und technikintensive Maßnahmen in häuslicher Umgebung, Arztbesuche, Besuche anderer medizinischer oder therapeutischer Einrichtungen, zeitlich ausgedehnte Besuche medizinischer oder therapeutischer Einrichtungen, Besuch von Einrichtungen zur Frühförderung bei Kindern sowie
   d) in Bezug auf das Einhalten einer Diät oder anderer krankheits- oder therapiebedingter Verhaltensvorschriften;
6. Gestaltung des Alltagslebens und sozialer Kontakte: Gestaltung des Tagesablaufs und Anpassung an Veränderungen, Ruhen und Schlafen, Sichbeschäftigen, Vornehmen von in die Zukunft gerichteten Planungen, Interaktion mit Personen im direkten Kontakt, Kontaktpflege zu Personen außerhalb des direkten Umfelds.

(3) Beeinträchtigungen der Selbständigkeit oder der Fähigkeiten, die dazu führen, dass die Haushaltsführung nicht mehr ohne Hilfe bewältigt werden kann, werden bei den Kriterien der in Absatz 2 genannten Bereiche berücksichtigt.

§ 15 Ermittlung des Grades der Pflegebedürftigkeit, Begutachtungsinstrument

(1) [1]Pflegebedürftige erhalten nach der Schwere der Beeinträchtigungen der Selbständigkeit oder der Fähigkeiten einen Grad der Pflegebedürftigkeit (Pflegegrad). [2]Der Pflegegrad wird mit Hilfe eines pflegefachlich begründeten Begutachtungsinstruments ermittelt.

(2) [1]Das Begutachtungsinstrument ist in sechs Module gegliedert, die den sechs Bereichen in § 14 Absatz 2 entsprechen. [2]In jedem Modul sind für die in den Bereichen genannten Kriterien die in Anlage 1 dargestellten Kategorien vorgesehen. [3]Die Kategorien stellen die in ihnen zum Ausdruck kommenden verschiedenen Schweregrade der Beeinträchtigungen der Selbständigkeit oder der Fähigkeiten dar. [4]Den Kategorien werden in Bezug auf die einzelnen Kriterien pflegefachlich fundierte Einzelpunkte zugeordnet, die aus Anlage 1 ersichtlich sind. [5]In jedem Modul werden die jeweils erreichbaren Summen aus Einzelpunkten nach den in Anlage 2 festgelegten Punktbereichen gegliedert. [6]Die Summen der Punkte werden nach den in ihnen zum Ausdruck kommenden Schweregraden der Beeinträchtigungen der Selbständigkeit oder der Fähigkeiten wie folgt bezeichnet:

1. Punktbereich 0: keine Beeinträchtigungen der Selbständigkeit oder der Fähigkeiten,
2. Punktbereich 1: geringe Beeinträchtigungen der Selbständigkeit oder der Fähigkeiten,
3. Punktbereich 2: erhebliche Beeinträchtigungen der Selbständigkeit oder der Fähigkeiten,
4. Punktbereich 3: schwere Beeinträchtigungen der Selbständigkeit oder der Fähigkeiten und
5. Punktbereich 4: schwerste Beeinträchtigungen der Selbständigkeit oder der Fähigkeiten.

[7]Jedem Punktbereich in einem Modul werden unter Berücksichtigung der in ihm zum Ausdruck kommenden Schwere der Beeinträchtigungen der Selbständigkeit oder der Fähigkeiten sowie der folgenden Gewichtung der Module die in Anlage 2 festgelegten, gewichteten Punkte zugeordnet. Die Module des Begutachtungsinstruments werden wie folgt gewichtet:

1. Mobilität mit 10 Prozent,
2. kognitive und kommunikative Fähigkeiten sowie Verhaltensweisen und psychische Problemlagen zusammen mit 15 Prozent,

3. Selbstversorgung mit 40 Prozent,
4. Bewältigung von und selbständiger Umgang mit krankheits- oder therapiebedingten Anforderungen und Belastungen mit 20 Prozent,
5. Gestaltung des Alltagslebens und sozialer Kontakte mit 15 Prozent.

(3) [1]Zur Ermittlung des Pflegegrades sind die bei der Begutachtung festgestellten Einzelpunkte in jedem Modul zu addieren und dem in Anlage 2 festgelegten Punktbereich sowie den sich daraus ergebenden gewichteten Punkten zuzuordnen. [2]Den Modulen 2 und 3 ist ein gemeinsamer gewichteter Punkt zuzuordnen, der aus den höchsten gewichteten Punkten entweder des Moduls 2 oder des Moduls 3 besteht. [3]Aus den gewichteten Punkten aller Module sind durch Addition die Gesamtpunkte zu bilden. [4]Auf der Basis der erreichten Gesamtpunkte sind pflegebedürftige Personen in einen der nachfolgenden Pflegegrade einzuordnen:

1. ab 12,5 bis unter 27 Gesamtpunkten in den Pflegegrad 1: geringe Beeinträchtigungen der Selbständigkeit oder der Fähigkeiten,
2. ab 27 bis unter 47,5 Gesamtpunkten in den Pflegegrad 2: erhebliche Beeinträchtigungen der Selbständigkeit oder der Fähigkeiten,
3. ab 47,5 bis unter 70 Gesamtpunkten in den Pflegegrad 3: schwere Beeinträchtigungen der Selbständigkeit oder der Fähigkeiten,
4. ab 70 bis unter 90 Gesamtpunkten in den Pflegegrad 4: schwerste Beeinträchtigungen der Selbständigkeit oder der Fähigkeiten,
5. ab 90 bis 100 Gesamtpunkten in den Pflegegrad 5: schwerste Beeinträchtigungen der Selbständigkeit oder der Fähigkeiten mit besonderen Anforderungen an die pflegerische Versorgung.

(4) [1]Pflegebedürftige mit besonderen Bedarfskonstellationen, die einen spezifischen, außergewöhnlich hohen Hilfebedarf mit besonderen Anforderungen an die pflegerische Versorgung aufweisen, können aus pflegefachlichen Gründen dem Pflegegrad 5 zugeordnet werden, auch wenn ihre Gesamtpunkte unter 90 liegen. [2]Der Spitzenverband Bund der Pflegekassen konkretisiert in den Richtlinien nach § 17 Absatz 1 die pflegefachlich begründeten Voraussetzungen für solche besonderen Bedarfskonstellationen.

(5) [1]Bei der Begutachtung sind auch solche Kriterien zu berücksichtigen, die zu einem Hilfebedarf führen, für den Leistungen des Fünften Buches vorgesehen sind. [2]Dies gilt auch für krankheitsspezifische Pflegemaßnahmen. [3]Krankheitsspezifische Pflegemaßnahmen sind Maßnahmen der Behandlungspflege, bei denen der behandlungspflegerische Hilfebedarf aus

medizinisch-pflegerischen Gründen regelmäßig und auf Dauer untrennbarer Bestandteil einer pflegerischen Maßnahme in den in § 14 Absatz 2 genannten sechs Bereichen ist oder mit einer solchen notwendig in einem unmittelbaren zeitlichen und sachlichen Zusammenhang steht.

(6) [1]Bei pflegebedürftigen Kindern wird der Pflegegrad durch einen Vergleich der Beeinträchtigungen ihrer Selbständigkeit und ihrer Fähigkeiten mit altersentsprechend entwickelten Kindern ermittelt. [2]Im Übrigen gelten die Absätze 1 bis 5 entsprechend.

(7) Pflegebedürftige Kinder im Alter bis zu 18 Monaten werden abweichend von den Absätzen 3, 4 und 6 Satz 2 wie folgt eingestuft:

1. ab 12,5 bis unter 27 Gesamtpunkten in den Pflegegrad 2,
2. ab 27 bis unter 47,5 Gesamtpunkten in den Pflegegrad 3,
3. ab 47,5 bis unter 70 Gesamtpunkten in den Pflegegrad 4,
4. ab 70 bis 100 Gesamtpunkten in den Pflegegrad 5.

§ 16 Verordnungsermächtigung

[1]Das Bundesministerium für Gesundheit wird ermächtigt, im Einvernehmen mit dem Bundesministerium für Familien, Senioren, Frauen und Jugend und dem Bundesministerium für Arbeit und Soziales durch Rechtsverordnung mit Zustimmung des Bundesrates Vorschriften zur pflegefachlichen Konkretisierung der Inhalte des Begutachtungsinstruments nach § 15 sowie zum Verfahren der Feststellung der Pflegebedürftigkeit nach § 18 zu erlassen. [2]Es kann sich dabei von unabhängigen Sachverständigen beraten lassen.

§ 17 Richtlinien der Pflegekassen

(1) [1]Der Spitzenverband Bund der Pflegekassen erlässt mit dem Ziel, eine einheitliche Rechtsanwendung zu fördern, unter Beteiligung des Medizinischen Dienstes des Spitzenverbandes Bund der Krankenkassen Richtlinien zur pflegefachlichen Konkretisierung der Inhalte des Begutachtungsinstruments nach § 15 sowie zum Verfahren der Feststellung der Pflegebedürftigkeit nach § 18 (Begutachtungs-Richtlinien). [2]Er hat dabei die Vereinigungen der Träger der Pflegeeinrichtungen auf Bundesebene, den Verband der privaten Krankenversicherung e. V., die Bundesarbeitsgemeinschaft der überörtlichen Träger der Sozialhilfe, die kommunalen Spitzenverbän-

de auf Bundesebene und die Verbände der Pflegeberufe auf Bundesebene zu beteiligen. [3]Ihnen ist unter Übermittlung der hierfür erforderlichen Informationen innerhalb einer angemessenen Frist vor der Entscheidung Gelegenheit zur Stellungnahme zu geben. [4]Die Stellungnahmen sind in die Entscheidung einzubeziehen. [5]Die maßgeblichen Organisationen für die Wahrnehmung der Interessen und der Selbsthilfe der pflegebedürftigen und behinderten Menschen wirken nach Maßgabe der nach § 118 Absatz 2 erlassenen Verordnung beratend mit. [6]§ 118 Absatz 1 Satz 2 und 3 gilt entsprechend.

(1a) [1]Der Spitzenverband Bund der Pflegekassen erlässt unter Beteiligung des Medizinischen Dienstes des Spitzenverbandes Bund der Krankenkassen bis zum 31. Juli 2018 Richtlinien zur einheitlichen Durchführung der Pflegeberatung nach § 7a, die für die Pflegeberater und Pflegeberaterinnen der Pflegekassen, der Beratungsstellen nach § 7b Absatz 1 Satz 1 Nummer 2 sowie der Pflegestützpunkte nach § 7c unmittelbar verbindlich sind (Pflegeberatungs-Richtlinien). [2]An den Richtlinien nach Satz 1 sind die Länder, der Verband der privaten Krankenversicherung e.V., die Bundesarbeitsgemeinschaft der überörtlichen Träger der Sozialhilfe, die kommunalen Spitzenverbände auf Bundesebene, die Bundesarbeitsgemeinschaft der Freien Wohlfahrtspflege sowie die Verbände der Träger der Pflegeeinrichtungen auf Bundesebene zu beteiligen. [3]Den Verbänden der Pflegeberufe auf Bundesebene, unabhängigen Sachverständigen sowie den maßgeblichen Organisationen für die Wahrnehmung der Interessen und der Selbsthilfe der pflegebedürftigen und behinderten Menschen sowie ihrer Angehörigen ist Gelegenheit zur Stellungnahme zu geben.

(1b) [1]Der Spitzenverband Bund der Pflegekassen erlässt unter Beteiligung des Medizinischen Dienstes des Spitzenverbandes Bund der Krankenkassen bis zum 30. November 2016 Richtlinien zur Feststellung des Zeitanteils, für den die Pflegeversicherung bei ambulant versorgten Pflegebedürftigen, die einen besonders hohen Bedarf an behandlungspflegerischen Leistungen haben und die Leistungen der häuslichen Pflegehilfe nach § 36 und der häuslichen Krankenpflege nach § 37 Absatz 2 des Fünften Buches beziehen, die hälftigen Kosten zu tragen hat. [2]Von den Leistungen der häuslichen Pflegehilfe nach § 36 sind dabei nur Maßnahmen der körperbezogenen Pflege zu berücksichtigen. [3]Im Übrigen gilt § 17 Absatz 1 Satz 2 bis 6 entsprechend. [4]Der Spitzenverband Bund der Pflegekassen gibt eine wissenschaftliche Evaluation der Richtlinien in Auftrag. [5]Ein Bericht über die Ergebnisse der Evaluation ist bis zum 31. Dezember 2018 zu veröffentlichen.

(2) [1]Die Richtlinien nach den Absätzen 1, 1a und 1b werden erst wirksam, wenn das Bundesministerium für Gesundheit sie genehmigt. [2]Die Genehmigung gilt als erteilt, wenn die Richtlinien nicht innerhalb eines Monats, nachdem sie dem Bundesministerium für Gesundheit vorgelegt worden sind, beanstandet werden. [3]Beanstandungen des Bundesministeriums für Gesundheit sind innerhalb der von ihm gesetzten Frist zu beheben.

§ 17a (weggefallen)

§ 18 Verfahren zur Feststellung der Pflegebedürftigkeit

(1) [1]Die Pflegekassen beauftragen den Medizinischen Dienst der Krankenversicherung oder andere unabhängige Gutachter mit der Prüfung, ob die Voraussetzungen der Pflegebedürftigkeit erfüllt sind und welcher Pflegegrad vorliegt. [2]Im Rahmen dieser Prüfungen haben der Medizinische Dienst oder die von der Pflegekasse beauftragten Gutachter durch eine Untersuchung des Antragstellers die Beeinträchtigungen der Selbständigkeit oder der Fähigkeiten bei den in § 14 Absatz 2 genannten Kriterien nach Maßgabe des § 15 sowie die voraussichtliche Dauer der Pflegebedürftigkeit zu ermitteln. [3]Darüber hinaus sind auch Feststellungen darüber zu treffen, ob und in welchem Umfang Maßnahmen zur Beseitigung, Minderung oder Verhütung einer Verschlimmerung der Pflegebedürftigkeit einschließlich der Leistungen zur medizinischen Rehabilitation geeignet, notwendig und zumutbar sind; insoweit haben Versicherte einen Anspruch gegen den zuständigen Träger auf Leistungen zur medizinischen Rehabilitation. [4]Jede Feststellung hat zudem eine Aussage darüber zu treffen, ob Beratungsbedarf insbesondere in der häuslichen Umgebung oder in der Einrichtung, in der der Anspruchsberechtigte lebt, hinsichtlich Leistungen zur verhaltensbezogenen Prävention nach § 20 Absatz 5 des Fünften Buches besteht.

(1a) [1]Die Pflegekassen können den Medizinischen Dienst der Krankenversicherung oder andere unabhängige Gutachter mit der Prüfung beauftragen, für welchen Zeitanteil die Pflegeversicherung bei ambulant versorgten Pflegebedürftigen, die einen besonders hohen Bedarf an behandlungspflegerischen Leistungen haben und die Leistungen der häuslichen Pflegehilfe nach § 36 und der häuslichen Krankenpflege nach § 37 Absatz 2 des Fünften Buches beziehen, die hälftigen Kosten zu tragen hat. [2]Von den Leistungen der häuslichen Pflegehilfe nach § 36 sind nur Maßnahmen der körperbezogenen Pflege zu berücksichtigen. [3]Bei der Prüfung des Zeitanteils sind die Richtlinien nach § 17 Absatz 1b zu beachten.

(2) [1]Der Medizinische Dienst oder die von der Pflegekasse beauftragten Gutachter haben den Versicherten in seinem Wohnbereich zu untersuchen. [2]Erteilt der Versicherte dazu nicht sein Einverständnis, kann die Pflegekasse die beantragten Leistungen verweigern. [3]Die §§ 65, 66 des Ersten Buches bleiben unberührt. [4]Die Untersuchung im Wohnbereich des Pflegebedürftigen kann ausnahmsweise unterbleiben, wenn auf Grund einer eindeutigen Aktenlage das Ergebnis der medizinischen Untersuchung bereits feststeht. [5]Die Untersuchung ist in angemessenen Zeitabständen zu wiederholen.

(2a) [1]Bei pflegebedürftigen Versicherten werden vom 1. Juli 2016 bis zum 31. Dezember 2016 keine Wiederholungsbegutachtungen nach Absatz 2 Satz 5 durchgeführt, auch dann nicht, wenn die Wiederholungsbegutachtung vor diesem Zeitpunkt vom Medizinischen Dienst der Krankenversicherung oder anderen unabhängigen Gutachtern empfohlen wurde. [2]Abweichend von Satz 1 können Wiederholungsbegutachtungen durchgeführt werden, wenn eine Verringerung des Hilfebedarfs, insbesondere aufgrund von durchgeführten Operationen oder Rehabilitationsmaßnahmen, zu erwarten ist.

(2b) [1]Die Frist nach Absatz 3 Satz 2 ist vom 1. November 2016 bis zum 31. Dezember 2016 unbeachtlich. [2]Abweichend davon ist einem Antragsteller, der ab dem 1. November 2016 einen Antrag auf Leistungen der Pflegeversicherung stellt und bei dem ein besonders dringlicher Entscheidungsbedarf vorliegt, spätestens 25 Arbeitstage nach Eingang des Antrags bei der zuständigen Pflegekasse die Entscheidung der Pflegekasse schriftlich mitzuteilen. [3]Der Spitzenverband Bund der Pflegekassen entwickelt bundesweit einheitliche Kriterien für das Vorliegen, die Gewichtung und die Feststellung eines besonders dringlichen Entscheidungsbedarfs. [4]Die Pflegekassen und die privaten Versicherungsunternehmen berichten in der nach Absatz 3b Satz 4 zu veröffentlichenden Statistik auch über die Anwendung der Kriterien zum Vorliegen und zur Feststellung eines besonders dringlichen Entscheidungsbedarfs.

(2c) Abweichend von Absatz 3a Satz 1 Nummer 2 ist die Pflegekasse vom 1. November 2016 bis zum 31. Dezember 2016 nur bei Vorliegen eines besonders dringlichen Entscheidungsbedarfs gemäß Absatz 2b dazu verpflichtet, dem Antragsteller mindestens drei unabhängige Gutachter zur Auswahl zu benennen, wenn innerhalb von 20 Arbeitstagen nach Antragstellung keine Begutachtung erfolgt ist.

(3) [1]Die Pflegekasse leitet die Anträge zur Feststellung von Pflegebedürftigkeit unverzüglich an den Medizinischen Dienst der Krankenversicherung oder die von der Pflegekasse beauftragten Gutachter weiter. [2]Dem Antragsteller ist spätestens 25 Arbeitstage nach Eingang des Antrags bei der zuständigen Pflegekasse die Entscheidung der Pflegekasse schriftlich mitzuteilen. [3]Befindet sich der Antragsteller im Krankenhaus oder in einer stationären Rehabilitationseinrichtung und

1. liegen Hinweise vor, dass zur Sicherstellung der ambulanten oder stationären Weiterversorgung und Betreuung eine Begutachtung in der Einrichtung erforderlich ist, oder
2. wurde die Inanspruchnahme von Pflegezeit nach dem Pflegezeitgesetz gegenüber dem Arbeitgeber der pflegenden Person angekündigt oder
3. wurde mit dem Arbeitgeber der pflegenden Person eine Familienpflegezeit nach § 2 Absatz 1 des Familienpflegezeitgesetzes vereinbart,

ist die Begutachtung dort unverzüglich, spätestens innerhalb einer Woche nach Eingang des Antrags bei der zuständigen Pflegekasse durchzuführen; die Frist kann durch regionale Vereinbarungen verkürzt werden. [4]Die verkürzte Begutachtungsfrist gilt auch dann, wenn der Antragsteller sich in einem Hospiz befindet oder ambulant palliativ versorgt wird. [5]Befindet sich der Antragsteller in häuslicher Umgebung, ohne palliativ versorgt zu werden, und wurde die Inanspruchnahme von Pflegezeit nach dem Pflegezeitgesetz gegenüber dem Arbeitgeber der pflegenden Person angekündigt oder mit dem Arbeitgeber der pflegenden Person eine Familienpflegezeit nach § 2 Absatz 1 des Familienpflegezeitgesetzes vereinbart, ist eine Begutachtung durch den Medizinischen Dienst der Krankenversicherung oder die von der Pflegekasse beauftragten Gutachter spätestens innerhalb von zwei Wochen nach Eingang des Antrags bei der zuständigen Pflegekasse durchzuführen und der Antragsteller seitens des Medizinischen Dienstes oder der von der Pflegekasse beauftragten Gutachter unverzüglich schriftlich darüber zu informieren, welche Empfehlung der Medizinische Dienst oder die von der Pflegekasse beauftragten Gutachter an die Pflegekasse weiterleiten. [6]In den Fällen der Sätze 3 bis 5 muss die Empfehlung nur die Feststellung beinhalten, ob Pflegebedürftigkeit im Sinne der §§ 14 und 15 vorliegt. [7]Die Entscheidung der Pflegekasse ist dem Antragsteller unverzüglich nach Eingang der Empfehlung des Medizinischen Dienstes oder der beauftragten Gutachter bei der Pflegekasse schriftlich mitzuteilen. [8]Der Antragsteller ist bei der Begutachtung auf die maßgebliche Bedeutung des Gutachtens insbesondere für eine umfassende Beratung, das Erstellen eines individuellen Versorgungsplans nach § 7a, das Versorgungsmanagement nach § 11 Absatz 4 des Fünften Buches und für die Pflegeplanung hinzuweisen. [9]Das Gutachten wird dem Antragsteller durch die Pflegekasse übersandt, sofern er der Übersendung nicht widerspricht. [10]Das Ergebnis des Gutachtens ist transparent darzustellen und dem Antragsteller verständlich zu erläutern. [11]Der Spitzenverband Bund der Pflegekassen konkretisiert in den Richtlinien nach § 17 Absatz 1 die Anforderungen an eine transparente Darstellungsweise und verständliche Erläuterung des Gutachtens. [12]Der Antragsteller kann die Übermittlung des Gutachtens auch zu einem späteren Zeitpunkt verlangen.

(3a) [1]Die Pflegekasse ist verpflichtet, dem Antragsteller mindestens drei unabhängige Gutachter zur Auswahl zu benennen,

1. soweit nach Absatz 1 unabhängige Gutachter mit der Prüfung beauftragt werden sollen oder
2. wenn innerhalb von 20 Arbeitstagen ab Antragstellung keine Begutachtung erfolgt ist.

[2]Auf die Qualifikation und Unabhängigkeit des Gutachters ist der Versicherte hinzuweisen. [3]Hat sich der Antragsteller für einen benannten Gutachter entschieden, wird dem Wunsch Rechnung getragen. [4]Der Antragsteller hat der Pflegekasse seine Entscheidung innerhalb einer Woche ab Kenntnis der Namen der Gutachter mitzuteilen, ansonsten kann die Pflegekasse einen Gutachter aus der übersandten Liste beauftragen. [5]Die Gutachter sind bei der Wahrnehmung ihrer Aufgaben nur ihrem Gewissen unterworfen. [6]Satz 1 Nummer 2 gilt nicht, wenn die Pflegekasse die Verzögerung nicht zu vertreten hat.

(3b) [1]Erteilt die Pflegekasse den schriftlichen Bescheid über den Antrag nicht innerhalb von 25 Arbeitstagen nach Eingang des Antrags oder wird eine der in Absatz 3 genannten verkürzten Begutachtungsfristen nicht eingehalten, hat die Pflegekasse nach Fristablauf für jede begonnene Woche der Fristüberschreitung unverzüglich 70 Euro an den Antragsteller zu zahlen. [2]Dies gilt nicht, wenn die Pflegekasse die Verzögerung nicht zu vertreten hat oder wenn sich der Antragsteller in vollstationärer Pflege befindet und bereits bei ihm mindestens erhebliche Beeinträchtigungen der Selbständigkeit oder der Fähigkeiten (mindestens Pflegegrad 2) festgestellt ist. [3]Entsprechendes gilt für die privaten Versicherungsunternehmen, die die private Pflege-Pflichtversicherung durchführen. [4]Die Träger der Pflegeversicherung und die privaten Versicherungsunternehmen veröffentlichen jährlich jeweils bis zum 31. März des dem Berichtsjahr folgenden Jahres eine Statistik über die Einhaltung der Fristen nach Absatz 3. [5]Die Sätze 1 bis 3 finden vom 1. November 2016 bis 31. Dezember 2017 keine Anwendung.

(4) [1]Der Medizinische Dienst oder die von der Pflegekasse beauftragten Gutachter sollen, soweit der Versicherte einwilligt, die behandelnden Ärzte des Versicherten, insbesondere die Hausärzte, in die Begutachtung einbeziehen und ärztliche Auskünfte und Unterlagen über die für die Begutachtung der Pflegebedürftigkeit wichtigen Vorerkrankungen sowie Art, Umfang und Dauer der Hilfebedürftigkeit einholen. [2]Mit Einverständnis des Versicherten sollen auch pflegende Angehörige oder sonstige Personen oder Dienste, die an der Pflege des Versicherten beteiligt sind, befragt werden.

(5) [1]Die Pflege- und Krankenkassen sowie die Leistungserbringer sind verpflichtet, dem Medizinischen Dienst oder den von der Pflegekasse beauftragten Gutachtern die für die Begutachtung erforderlichen Unterlagen vorzulegen und Auskünfte zu erteilen. [2]§ 276 Abs. 1 Satz 2 und 3 des Fünften Buches gilt entsprechend.

(5a) [1]Bei der Begutachtung sind darüber hinaus die Beeinträchtigungen der Selbständigkeit oder der Fähigkeiten in den Bereichen außerhäusliche Aktivitäten und Haushaltsführung festzustellen. [2]Mit diesen Informationen sollen eine umfassende Beratung und das Erstellen eines individuellen Versorgungsplans nach § 7a, das Versorgungsmanagement nach § 11 Absatz 4 des Fünften Buches und eine individuelle Pflegeplanung sowie eine sachgerechte Erbringung von Hilfen bei der Haushaltsführung ermöglicht werden. [3]Hierbei ist im Einzelnen auf die nachfolgenden Kriterien abzustellen:

1. außerhäusliche Aktivitäten: Verlassen des Bereichs der Wohnung oder der Einrichtung, Fortbewegen außerhalb der Wohnung oder der

Einrichtung, Nutzung öffentlicher Verkehrsmittel im Nahverkehr, Mitfahren in einem Kraftfahrzeug, Teilnahme an kulturellen, religiösen oder sportlichen Veranstaltungen, Besuch von Schule, Kindergarten, Arbeitsplatz, einer Werkstatt für behinderte Menschen oder Besuch einer Einrichtung der Tages- oder Nachtpflege oder eines Tagesbetreuungsangebotes, Teilnahme an sonstigen Aktivitäten mit anderen Menschen;

2. Haushaltsführung: Einkaufen für den täglichen Bedarf, Zubereitung einfacher Mahlzeiten, einfache Aufräum- und Reinigungsarbeiten, aufwändige Aufräum- und Reinigungsarbeiten einschließlich Wäschepflege, Nutzung von Dienstleistungen, Umgang mit finanziellen Angelegenheiten, Umgang mit Behördenangelegenheiten.

[4]Der Spitzenverband Bund der Pflegekassen wird ermächtigt, in den Richtlinien nach § 17 Absatz 1 die in Satz 3 genannten Kriterien pflegefachlich unter Berücksichtigung der Ziele nach Satz 2 zu konkretisieren.

(6) [1]Der Medizinische Dienst der Krankenversicherung oder ein von der Pflegekasse beauftragter Gutachter hat der Pflegekasse das Ergebnis seiner Prüfung zur -Feststellung der Pflegebedürftigkeit durch Übersendung des vollständigen Gutachtens unverzüglich mitzuteilen. [2]In seiner oder ihrer Stellungnahme haben der Medizinische Dienst oder die von der Pflegekasse beauftragten Gutachter auch das Ergebnis der Prüfung, ob und gegebenenfalls welche Maßnahmen der Prävention und der medizinischen Rehabilitation geeignet, notwendig und zumutbar sind, mitzuteilen und Art und Umfang von Pflegeleistungen sowie einen individuellen Pflegeplan zu empfehlen. [3]Die Feststellungen zur Prävention und zur medizinischen Rehabilitation sind durch den Medizinischen Dienst oder die von der Pflegekasse beauftragten Gutachter auf der Grundlage eines bundeseinheitlichen, strukturierten Verfahrens zu treffen und in einer gesonderten Präventions- und Rehabilitationsempfehlung zu dokumentieren. [4]Beantragt der Pflegebedürftige Pflegegeld, hat sich die Stellungnahme auch darauf zu erstrecken, ob die häusliche Pflege in geeigneter Weise sichergestellt ist.

(6a) [1]Der Medizinische Dienst der Krankenversicherung oder die von der Pflegekasse beauftragten Gutachter haben gegenüber der Pflegekasse in ihrem Gutachten zur Feststellung der Pflegebedürftigkeit konkrete Empfehlungen zur Hilfsmittel- und Pflegehilfsmittelversorgung abzugeben. [2]Die Empfehlungen gelten hinsichtlich Hilfsmitteln und Pflegehilfsmitteln, die den Zielen von § 40 dienen, jeweils als Antrag auf Leistungsgewährung, sofern der Versicherte zustimmt. [3]Die Zustimmung erfolgt gegenüber dem Gutachter im Rahmen der Begutachtung und wird im Begutachtungsformular schriftlich dokumentiert. [4]Bezüglich der empfohlenen Pflegehilfsmittel wird die Notwendigkeit der Versorgung nach § 40 Absatz 1 Satz 2 vermutet. [5]Bis zum 31. Dezember 2020 wird auch die Erforderlichkeit der empfohlenen Hilfsmittel, die den Zielen von § 40 dienen, nach § 33 Absatz 1 des Fünften Buches vermutet; insofern bedarf es keiner ärztlichen Verordnung gemäß § 33 Absatz 5a des Fünften Buches. [6]Welche Hilfsmittel und Pflegehilfsmittel im Sinne von Satz 2 den Zielen von § 40 dienen, wird in den Begutachtungs-Richtlinien nach § 17 konkretisiert. [7]Dabei ist auch die Richtlinie des Gemeinsamen Bundesausschusses nach § 92 Absatz 1 des Fünften Buches über die Verordnung von Hilfsmitteln zu berücksichtigen. [8]Die Pflegekasse übermittelt dem Antragsteller unverzüglich die Entscheidung über die empfohlenen Hilfsmittel und Pflegehilfsmittel.

(7) [1]Die Aufgaben des Medizinischen Dienstes werden durch Ärzte in enger Zusammenarbeit mit Pflegefachkräften und anderen geeigneten Fachkräften wahrgenommen. [2]Die Prüfung der Pflegebedürftigkeit von Kindern ist in der Regel durch besonders geschulte Gutachter mit einer Qualifikation als Gesundheits- und Kinderkrankenpflegerin oder Gesundheits- und Kinderkrankenpfleger oder als Kinderärztin oder Kinderarzt vorzunehmen. [3]Der Medizinische Dienst ist befugt, den Pflegefachkräften oder sonstigen geeigneten Fachkräften, die nicht dem Medizinischen Dienst angehören, die für deren jeweilige Beteiligung erforderlichen personenbezogenen Daten zu übermitteln. [4]Für andere unabhängige Gutachter gelten die Sätze 1 bis 3 entsprechend.

§ 18a Weiterleitung der Rehabilitationsempfehlung, Berichtspflichten

(1) [1]Spätestens mit der Mitteilung der Entscheidung über die Pflegebedürftigkeit leitet die Pflegekasse dem Antragsteller die gesonderte Präventions- und Rehabilitationsempfehlung des Medizinischen Dienstes oder der von der Pflegekasse beauftragten Gutachter zu und nimmt umfassend und begründet dazu Stellung, inwieweit auf der Grundlage der Empfehlung die Durchführung einer Maßnahme zur Prävention oder zur medizinischen Rehabilitation angezeigt ist. [2]Die Pflegekasse hat den Antragsteller zusätzlich darüber zu informieren, dass mit der Zuleitung einer Mitteilung

über den Rehabilitationsbedarf an den zuständigen Rehabilitationsträger ein Antragsverfahren auf Leistungen zur medizinischen Rehabilitation entsprechend den Vorschriften des Neunten Buches ausgelöst wird, sofern der Antragsteller in dieses Verfahren einwilligt.

(2) [1]Die Pflegekassen berichten für die Geschäftsjahre 2013 bis 2018 jährlich über die Anwendung eines bundeseinheitlichen, strukturierten Verfahrens zur Erkennung rehabilitativer Bedarfe in der Pflegebegutachtung und die Erfahrungen mit der Umsetzung der Empfehlungen der Medizinischen Dienste der Krankenversicherung oder der beauftragten Gutachter zur medizinischen Rehabilitation. [2]Hierzu wird insbesondere Folgendes gemeldet:

1. die Anzahl der Empfehlungen der Medizinischen Dienste der Krankenversicherung und der beauftragten Gutachter für Leistungen der medizinischen Rehabilitation im Rahmen der Begutachtung zur Feststellung der Pflegebedürftigkeit,
2. die Anzahl der Anträge an den zuständigen Rehabilitationsträger gemäß § 31 Absatz 3 in Verbindung mit § 14 des Neunten Buches,
3. die Anzahl der genehmigten und die Anzahl der abgelehnten Leistungsentscheidungen der zuständigen Rehabilitationsträger einschließlich der Gründe für Ablehnungen sowie die Anzahl der Widersprüche und
4. die Anzahl der durchgeführten medizinischen Rehabilitationsmaßnahmen.

[3]Die Meldung durch die Pflegekassen erfolgt bis zum 31. März des dem Berichtsjahr folgenden Jahres an den Spitzenverband Bund der Pflegekassen. [4]Näheres über das Meldeverfahren und die Inhalte entwickelt der Spitzenverband Bund der Pflegekassen im Einvernehmen mit dem Bundesministerium für Gesundheit.

(3) [1]Der Spitzenverband Bund der Pflegekassen bereitet die Daten auf und leitet die aufbereiteten und auf Plausibilität geprüften Daten bis zum 30. Juni des dem Berichtsjahr folgenden Jahres dem Bundesministerium für Gesundheit zu. [2]Der Verband hat die aufbereiteten Daten der landesunmittelbaren Versicherungsträger auch den für die Sozialversicherung zuständigen obersten Verwaltungsbehörden der Länder oder den von diesen bestimmten Stellen auf Verlangen zuzuleiten. [3]Der Spitzenverband Bund der Pflegekassen veröffentlicht auf Basis der

gemeldeten Daten sowie sonstiger Erkenntnisse jährlich einen Bericht bis zum 1. September des dem Berichtsjahr folgenden Jahres.

§ 18b Dienstleistungsorientierung im Begutachtungsverfahren

(1) [1]Der Spitzenverband Bund der Pflegekassen erlässt mit dem Ziel, die Dienstleistungsorientierung für die Versicherten im Begutachtungsverfahren zu stärken, bis zum 31. März 2013 für alle Medizinischen Dienste verbindliche Richtlinien. [2]Der Medizinische Dienst des Spitzenverbandes Bund der Krankenkassen und die für die Wahrnehmung der Interessen und der Selbsthilfe der pflegebedürftigen und behinderten Menschen auf Bundesebene maßgeblichen Organisationen sind zu beteiligen.

(2) Die Richtlinien regeln insbesondere

1. allgemeine Verhaltensgrundsätze für alle unter der Verantwortung der Medizinischen Dienste am Begutachtungsverfahren Beteiligten,
2. die Pflicht der Medizinischen Dienste zur individuellen und umfassenden Information des Versicherten über das Begutachtungsverfahren, insbesondere über den Ablauf, die Rechtsgrundlagen und Beschwerdemöglichkeiten,
3. die regelhafte Durchführung von Versichertenbefragungen und
4. ein einheitliches Verfahren zum Umgang mit Beschwerden, die das Verhalten der Mitarbeiter der Medizinischen Dienste oder das Verfahren bei der Begutachtung betreffen.

(3) [1]Die Richtlinien werden erst wirksam, wenn das Bundesministerium für Gesundheit sie genehmigt. [2]Die Genehmigung gilt als erteilt, wenn die Richtlinien nicht innerhalb eines Monats, nachdem sie dem Bundesministerium für Gesundheit vorgelegt worden sind, beanstandet werden. [3]Beanstandungen des Bundesministeriums für Gesundheit sind innerhalb der von ihm gesetzten Frist zu beheben.

§ 18c Fachliche und wissenschaftliche Begleitung der Umstellung des Verfahrens zur Feststellung der Pflegebedürftigkeit

(1) [1]Das Bundesministerium für Gesundheit richtet im Benehmen mit dem Bundesministerium für Arbeit und Soziales und dem Bundesministerium für Familie, Senioren, Frauen und Jugend ein Begleitgremium ein, das die

Vorbereitung der Umstellung des Verfahrens zur Feststellung der Pflegebedürftigkeit nach den §§ 14, 15 und 18 Absatz 5a in der ab dem 1. Januar 2017 geltenden Fassung mit pflegefachlicher und wissenschaftlicher Kompetenz unterstützt. [2]Aufgabe des Begleitgremiums ist, das Bundesministerium für Gesundheit bei der Klärung fachlicher Fragen zu beraten und den Spitzenverband Bund der Pflegekassen, den Medizinischen Dienst des Spitzenverbandes Bund der Krankenkassen sowie die Vereinigungen der Träger der Pflegeeinrichtungen auf Bundesebene bei der Vorbereitung der Umstellung zu unterstützen. [3]Dem Begleitgremium wird ab dem 1. Januar 2017 zusätzlich die Aufgabe übertragen, das Bundesministerium für Gesundheit bei der Klärung fachlicher Fragen zu beraten, die nach der Umstellung im Zuge der Umsetzung auftreten.

(2) [1]Das Bundesministerium für Gesundheit beauftragt eine begleitende wissenschaftliche Evaluation insbesondere zu Maßnahmen und Ergebnissen der Vorbereitung und der Umsetzung der Umstellung des Verfahrens zur Feststellung der Pflegebedürftigkeit nach den §§ 14, 15 und 18 Absatz 5a in der ab dem 1. Januar 2017 geltenden Fassung. [2]Die Auftragserteilung erfolgt im Benehmen mit dem Bundesministerium für Arbeit und Soziales, soweit Auswirkungen auf andere Sozialleistungssysteme aus dem Zuständigkeitsbereich des Bundesministeriums für Arbeit und Soziales untersucht werden. [3]Im Rahmen der Evaluation sind insbesondere Erfahrungen und Auswirkungen hinsichtlich der folgenden Aspekte zu untersuchen:

1. Leistungsentscheidungsverfahren und Leistungsentscheidungen bei Pflegekassen und Medizinischen Diensten, beispielsweise Bearbeitungsfristen und Übermittlung von Ergebnissen;
2. Umsetzung der Übergangsregelungen im Begutachtungsverfahren;
3. Leistungsentscheidungsverfahren und Leistungsentscheidungen anderer Sozialleistungsträger, soweit diese pflegebedürftige Personen betreffen;
4. Umgang mit dem neuen Begutachtungsinstrument bei pflegebedürftigen Antragstellern, beispielsweise Antragsverhalten und Informationsstand;
5. Entwicklung der ambulanten Pflegevergütungen und der stationären Pflegesätze einschließlich der einrichtungseinheitlichen Eigenanteile;
6. Entwicklungen in den vertraglichen Grundlagen, in der Pflegeplanung, den pflegefachlichen Konzeptionen und in der konkreten Versorgungssituation in der ambulanten und in der stationären Pflege

unter Berücksichtigung unterschiedlicher Gruppen von Pflegebedürftigen und Versorgungskonstellationen einschließlich derjenigen von pflegebedürftigen Personen, die im Rahmen der Eingliederungshilfe für behinderte Menschen versorgt werden.

[4]Ein Bericht über die Ergebnisse der Evaluation ist bis zum 1. Januar 2020 zu veröffentlichen. [5]Dem Bundesministerium für Gesundheit sind auf Verlangen Zwischenberichte vorzulegen.

§ 19 Begriff der Pflegepersonen

[1]Pflegepersonen im Sinne dieses Buches sind Personen, die nicht erwerbsmäßig einen Pflegebedürftigen im Sinne des § 14 in seiner häuslichen Umgebung pflegen. [2]Leistungen zur sozialen Sicherung nach § 44 erhält eine Pflegeperson nur dann, wenn sie eine oder mehrere pflegebedürftige Personen wenigstens zehn Stunden wöchentlich, verteilt auf regelmäßig mindestens zwei Tage, in der Woche pflegt.

Drittes Kapitel.
Versicherungspflichtiger Personenkreis

§ 20 Versicherungspflicht in der sozialen Pflegeversicherung für Mitglieder der gesetzlichen Krankenversicherung

(1) [1]Versicherungspflichtig in der sozialen Pflegeversicherung sind die versicherungspflichtigen Mitglieder der gesetzlichen Krankenversicherung. [2]Dies sind:

1. Arbeiter, Angestellte und zu ihrer Berufsausbildung Beschäftigte, die gegen Arbeitsentgelt beschäftigt sind; für die Zeit des Bezugs von Kurzarbeitergeld nach dem Dritten Buch bleibt die Versicherungspflicht unberührt,
2. Personen in der Zeit, für die sie Arbeitslosengeld nach dem Dritten Buch beziehen oder nur deshalb nicht beziehen, weil der Anspruch wegen einer Sperrzeit (§ 159 des Dritten Buches) oder wegen einer Urlaubsabgeltung (§ 157 Absatz 2 des Dritten Buches) ruht; dies gilt auch, wenn die Entscheidung, die zum Bezug der Leistung geführt

hat, rückwirkend aufgehoben oder die Leistung zurückgefordert oder zurückgezahlt worden ist,

2a. Personen in der Zeit, für die sie Arbeitslosengeld II nach dem Zweiten Buch beziehen, auch wenn die Entscheidung, die zum Bezug der Leistung geführt hat, rückwirkend aufgehoben oder die Leistung zurückgefordert oder zurückgezahlt worden ist, es sei denn, dass diese Leistung nur darlehensweise gewährt wird oder nur Leistungen nach § 24 Absatz 3 Satz 1 des Zweiten Buches bezogen werden,

3. Landwirte, ihre mitarbeitenden Familienangehörigen und Altenteiler, die nach § 2 des Zweiten Gesetzes über die Krankenversicherung der Landwirte versicherungspflichtig sind,

4. selbständige Künstler und Publizisten nach näherer Bestimmung des Künstlersozialversicherungsgesetzes,

5. Personen, die in Einrichtungen der Jugendhilfe, in Berufsbildungswerken oder in ähnlichen Einrichtungen für behinderte Menschen für eine Erwerbstätigkeit befähigt werden sollen,

6. Teilnehmer an Leistungen zur Teilhabe am Arbeitsleben sowie an Berufsfindung oder Arbeitserprobung, es sei denn, die Leistungen werden nach den Vorschriften des Bundesversorgungsgesetzes erbracht,

7. behinderte Menschen, die in anerkannten Werkstätten für behinderte Menschen oder in Blindenwerkstätten im Sinne des § 226 des Neunten Buches oder für diese Einrichtungen in Heimarbeit oder bei einem anderen Leistungsanbieter nach § 60 des Neunten Buches tätig sind,

8. behinderte Menschen, die in Anstalten, Heimen oder gleichartigen Einrichtungen in gewisser Regelmäßigkeit eine Leistung erbringen, die einem Fünftel der Leistung eines voll erwerbsfähigen Beschäftigten in gleichartiger Beschäftigung entspricht; hierzu zählen auch Dienstleistungen für den Träger der Einrichtung,

9. Studenten, die an staatlichen oder staatlich anerkannten Hochschulen eingeschrieben sind, soweit sie nach § 5 Abs. 1 Nr. 9 des Fünften Buches der Krankenversicherungspflicht unterliegen,

10. Personen, die zu ihrer Berufsausbildung ohne Arbeitsentgelt beschäftigt sind oder die eine Fachschule oder Berufsfachschule besuchen oder eine in Studien- oder Prüfungsordnungen vorgeschriebene berufspraktische Tätigkeit ohne Arbeitsentgelt verrichten (Praktikanten); Auszubildende des Zweiten Bildungsweges, die sich in einem nach dem Bundesausbildungsförderungsgesetz förderungsfähigen Teil eines Ausbildungsabschnittes befinden, sind Praktikanten gleichgestellt,

11. Personen, die die Voraussetzungen für den Anspruch auf eine Rente aus der gesetzlichen Rentenversicherung erfüllen und diese Rente beantragt haben, soweit sie nach § 5 Abs. 1 Nr. 11, 11a, 11b oder 12 des Fünften Buches der Krankenversicherungspflicht unterliegen,
12. Personen, die, weil sie bisher keinen Anspruch auf Absicherung im Krankheitsfall hatten, nach § 5 Abs. 1 Nr. 13 des Fünften Buches oder nach § 2 Abs. 1 Nr. 7 des Zweiten Gesetzes über die Krankenversicherung der Landwirte der Krankenversicherungspflicht unterliegen.

(2) [1]Als gegen Arbeitsentgelt beschäftigte Arbeiter und Angestellte im Sinne des Absatzes 1 Nr. 1 gelten Bezieher von Vorruhestandsgeld, wenn sie unmittelbar vor Bezug des Vorruhestandsgeldes versicherungspflichtig waren und das Vorruhestandsgeld mindestens in Höhe von 65 vom Hundert des Bruttoarbeitsentgelts im Sinne des § 3 Abs. 2 des Vorruhestandsgesetzes gezahlt wird. [2]Satz 1 gilt nicht für Personen, die im Ausland ihren Wohnsitz oder gewöhnlichen Aufenthalt in einem Staat haben, mit dem für Arbeitnehmer mit Wohnsitz oder gewöhnlichem Aufenthalt in diesem Staat keine über- oder zwischenstaatlichen Regelungen über Sachleistungen bei Krankheit bestehen.

(2a) Als zu ihrer Berufsausbildung Beschäftigte im Sinne des Absatzes 1 Satz 2 Nr. 1 gelten Personen, die als nicht satzungsmäßige Mitglieder geistlicher Genossenschaften oder ähnlicher religiöser Gemeinschaften für den Dienst in einer solchen Genossenschaft oder ähnlichen religiösen Gemeinschaft außerschulisch ausgebildet werden.

(3) Freiwillige Mitglieder der gesetzlichen Krankenversicherung sind versicherungspflichtig in der sozialen Pflegeversicherung.

(4) [1]Nehmen Personen, die mindestens zehn Jahre nicht in der sozialen Pflegeversicherung oder der gesetzlichen Krankenversicherung versicherungspflichtig waren, eine dem äußeren Anschein nach versicherungspflichtige Beschäftigung oder selbständige Tätigkeit von untergeordneter wirtschaftlicher Bedeutung auf, besteht die widerlegbare Vermutung, daß eine die Versicherungspflicht begründende Beschäftigung nach Absatz 1 Nr. 1 oder eine versicherungspflichtige selbständige Tätigkeit nach Absatz 1 Nr. 3 oder 4 tatsächlich nicht ausgeübt wird. [2]Dies gilt insbesondere für eine Beschäftigung bei Familienangehörigen oder Lebenspartnern.

§ 21 Versicherungspflicht in der sozialen Pflegeversicherung für sonstige Personen

Versicherungspflicht in der sozialen Pflegeversicherung besteht auch für Personen mit Wohnsitz oder gewöhnlichem Aufenthalt im Inland, die

1. nach dem Bundesversorgungsgesetz oder nach Gesetzen, die eine entsprechende Anwendung des Bundesversorgungsgesetzes vorsehen, einen Anspruch auf Heilbehandlung oder Krankenbehandlung haben,
2. Kriegsschadenrente oder vergleichbare Leistungen nach dem Lastenausgleichsgesetz oder dem Reparationsschädengesetz oder laufende Beihilfe nach dem Flüchtlingshilfegesetz beziehen,
3. ergänzende Hilfe zum Lebensunterhalt im Rahmen der Kriegsopferfürsorge nach dem Bundesversorgungsgesetz oder nach Gesetzen beziehen, die eine entsprechende Anwendung des Bundesversorgungsgesetzes vorsehen,
4. laufende Leistungen zum Unterhalt und Leistungen der Krankenhilfe nach dem Achten Buch beziehen,
5. krankenversorgungsberechtigt nach dem Bundesentschädigungsgesetz sind,
6. in das Dienstverhältnis eines Soldaten auf Zeit berufen worden sind,

wenn sie gegen das Risiko Krankheit weder in der gesetzlichen Krankenversicherung noch bei einem privaten Krankenversicherungsunternehmen versichert sind.

§ 22 Befreiung von der Versicherungspflicht

(1) [1]Personen, die nach § 20 Abs. 3 in der sozialen Pflegeversicherung versicherungspflichtig sind, können auf Antrag von der Versicherungspflicht befreit werden, wenn sie nachweisen, daß sie bei einem privaten Versicherungsunternehmen gegen Pflegebedürftigkeit versichert sind und für sich und ihre Angehörigen oder Lebenspartner, die bei Versicherungspflicht nach § 25 versichert wären, Leistungen beanspruchen können, die nach Art und Umfang den Leistungen des Vierten Kapitels gleichwertig sind. [2]Die befreiten Personen sind verpflichtet, den Versicherungsvertrag aufrechtzuerhalten, solange sie krankenversichert sind. [3]Personen, die bei Pflegebedürftigkeit Beihilfeleistungen erhalten, sind zum Abschluß einer entsprechenden anteiligen Versicherung im Sinne des Satzes 1 verpflichtet.

(2) [1]Der Antrag kann nur innerhalb von drei Monaten nach Beginn der Versicherungspflicht bei der Pflegekasse gestellt werden. [2]Die Befreiung wirkt vom Beginn der Versicherungspflicht an, wenn seit diesem Zeitpunkt noch keine Leistungen in Anspruch genommen wurden, sonst vom Beginn des Kalendermonats an, der auf die Antragstellung folgt. [3]Die Befreiung kann nicht widerrufen werden.

§ 23 Versicherungspflicht für Versicherte der privaten Krankenversicherungsunternehmen

(1) [1]Personen, die gegen das Risiko Krankheit bei einem privaten Krankenversicherungsunternehmen mit Anspruch auf allgemeine Krankenhausleistungen oder im Rahmen von Versicherungsverträgen, die der Versicherungspflicht nach § 193 Abs. 3 des Versicherungsvertragsgesetzes genügen, versichert sind, sind vorbehaltlich des Absatzes 2 verpflichtet, bei diesem Unternehmen zur Absicherung des Risikos der Pflegebedürftigkeit einen Versicherungsvertrag abzuschließen und aufrechtzuerhalten. [2]Der Vertrag muß ab dem Zeitpunkt des Eintritts der Versicherungspflicht für sie selbst und ihre Angehörigen oder Lebenspartner, für die in der sozialen Pflegeversicherung nach § 25 eine Familienversicherung bestünde, Vertragsleistungen vorsehen, die nach Art und Umfang den Leistungen des Vierten Kapitels gleichwertig sind. [3]Dabei tritt an die Stelle der Sachleistungen eine der Höhe nach gleiche Kostenerstattung.

(2) [1]Der Vertrag nach Absatz 1 kann auch bei einem anderen privaten Versicherungsunternehmen abgeschlossen werden. [2]Das Wahlrecht ist innerhalb von sechs Monaten auszuüben. [3]Die Frist beginnt mit dem Eintritt der individuellen Versicherungspflicht. [4]Das Recht zur Kündigung des Vertrages wird durch den Ablauf der Frist nicht berührt; bei fortbestehender Versicherungspflicht nach Absatz 1 wird eine Kündigung des Vertrages jedoch erst wirksam, wenn der Versicherungsnehmer nachweist, dass die versicherte Person bei einem neuen Versicherer ohne Unterbrechung versichert ist.

(3) [1]Personen, die nach beamtenrechtlichen Vorschriften oder Grundsätzen bei Pflegebedürftigkeit Anspruch auf Beihilfe haben, sind zum Abschluß einer entsprechenden anteiligen beihilfekonformen Versicherung im Sinne des Absatzes 1 verpflichtet, sofern sie nicht nach § 20 Abs. 3 versicherungspflichtig sind. [2]Die beihilfekonforme Versicherung ist so auszugestalten, daß ihre Vertragsleistungen zusammen mit den Beihilfeleistungen, die sich

bei Anwendung der in § 46 Absatz 2 und 3 der Bundesbeihilfeverordnung festgelegten Bemessungssätze ergeben, den in Absatz 1 Satz 2 vorgeschriebenen Versicherungsschutz gewährleisten.

(4) Die Absätze 1 bis 3 gelten entsprechend für

1. Heilfürsorgeberechtigte, die nicht in der sozialen Pflegeversicherung versicherungspflichtig sind,
2. Mitglieder der Postbeamtenkrankenkasse und
3. Mitglieder der Krankenversorgung der Bundesbahnbeamten.

(5) Die Absätze 1, 3 und 4 gelten nicht für Personen, die sich auf nicht absehbare Dauer in stationärer Pflege befinden und bereits Pflegeleistungen nach § 35 Abs. 6 des Bundesversorgungsgesetzes, nach § 44 des Siebten Buches, nach § 34 des Beamtenversorgungsgesetzes oder nach den Gesetzen erhalten, die eine entsprechende Anwendung des Bundesversorgungsgesetzes vorsehen, sofern sie keine Familienangehörigen oder Lebenspartner haben, für die in der sozialen Pflegeversicherung nach § 25 eine Familienversicherung bestünde.

(6) Das private Krankenversicherungsunternehmen oder ein anderes die Pflegeversicherung betreibendes Versicherungsunternehmen sind verpflichtet,

1. für die Feststellung der Pflegebedürftigkeit sowie für die Zuordnung zu einem Pflegegrad dieselben Maßstäbe wie in der sozialen Pflegeversicherung anzulegen und
2. die in der sozialen Pflegeversicherung zurückgelegte Versicherungszeit des Mitglieds und seiner nach § 25 familienversicherten Angehörigen oder Lebenspartner auf die Wartezeit anzurechnen.

§ 24 Versicherungspflicht der Abgeordneten

[1]Mitglieder des Bundestages, des Europäischen Parlaments und der Parlamente der Länder (Abgeordnete) sind unbeschadet einer bereits nach § 20 Abs. 3 oder § 23 Abs. 1 bestehenden Versicherungspflicht verpflichtet, gegenüber dem jeweiligen Parlamentspräsidenten nachzuweisen, daß sie sich gegen das Risiko der Pflegebedürftigkeit versichert haben. [2]Das gleiche gilt für die Bezieher von Versorgungsleistungen nach den jeweiligen Abgeordnetengesetzen des Bundes und der Länder.

§ 25 Familienversicherung

(1) [1]Versichert sind der Ehegatte, der Lebenspartner und die Kinder von Mitgliedern sowie die Kinder von familienversicherten Kindern, wenn diese Familienangehörigen

1. ihren Wohnsitz oder gewöhnlichen Aufenthalt im Inland haben,
2. nicht nach § 20 Abs. 1 Nr. 1 bis 8 oder 11 oder nach § 20 Abs. 3 versicherungspflichtig sind,
3. nicht nach § 22 von der Versicherungspflicht befreit oder nach § 23 in der privaten Pflegeversicherung pflichtversichert sind,
4. nicht hauptberuflich selbständig erwerbstätig sind und
5. kein Gesamteinkommen haben, das regelmäßig im Monat ein Siebtel der monatlichen Bezugsgröße nach § 18 des Vierten Buches, überschreitet; bei Renten wird der Zahlbetrag ohne den auf Entgeltpunkte für Kindererziehungszeiten entfallenden Teil berücksichtigt; für geringfügig Beschäftigte nach § 8 Abs. 1 Nr. 1, § 8a des Vierten Buches beträgt das zulässige Gesamteinkommen 450 Euro.

[2]§ 7 Abs. 1 Satz 3 und 4 und Abs. 2 des Zweiten Gesetzes über die Krankenversicherung der Landwirte sowie § 10 Absatz 1 Satz 2 und 3 des Fünften Buches gelten entsprechend.

(2) Kinder sind versichert:

1. bis zur Vollendung des 18. Lebensjahres,
2. bis zur Vollendung des 23. Lebensjahres, wenn sie nicht erwerbstätig sind,
3. bis zur Vollendung des 25. Lebensjahres, wenn sie sich in Schul- oder Berufsausbildung befinden oder ein freiwilliges soziales Jahr oder ein freiwilliges ökologisches Jahr im Sinne des Jugendfreiwilligendienstegesetzes oder Bundesfreiwilligendienst leisten; wird die Schul- oder Berufsausbildung durch Erfüllung einer gesetzlichen Dienstpflicht des Kindes unterbrochen oder verzögert, besteht die Versicherung auch für einen der Dauer dieses Dienstes entsprechenden Zeitraum über das 25. Lebensjahr hinaus; dies gilt ab dem 1. Juli 2011 auch bei einer Unterbrechung durch den freiwilligen Wehrdienst nach § 58b des Soldatengesetzes, einen Freiwilligendienst nach dem Bundesfreiwilligendienstgesetz, dem Jugendfreiwilligendienstegesetz oder einen vergleichbaren anerkannten Freiwilligendienst oder durch

eine Tätigkeit als Entwicklungshelfer im Sinne des § 1 Absatz 1 des Entwicklungshelfer-Gesetzes für die Dauer von höchstens zwölf Monaten,

4. ohne Altersgrenze, wenn sie wegen körperlicher, geistiger oder seelischer Behinderung (§ 2 Abs. 1 des Neunten Buches) außerstande sind, sich selbst zu unterhalten; Voraussetzung ist, daß die Behinderung (§ 2 Abs. 1 des Neunten Buches) zu einem Zeitpunkt vorlag, in dem das Kind nach Nummer 1, 2 oder 3 versichert war.

§ 10 Abs. 4 und 5 des Fünften Buches gilt entsprechend.

(3) Kinder sind nicht versichert, wenn der mit den Kindern verwandte Ehegatte oder Lebenspartner des Mitglieds nach § 22 von der Versicherungspflicht befreit oder nach § 23 in der privaten Pflegeversicherung pflichtversichert ist und sein Gesamteinkommen regelmäßig im Monat ein Zwölftel der Jahresarbeitsentgeltgrenze nach dem Fünften Buch übersteigt und regelmäßig höher als das Gesamteinkommen des Mitglieds ist; bei Renten wird der Zahlbetrag berücksichtigt.

(4) [1]Die Versicherung nach Absatz 2 Nr. 1, 2 und 3 bleibt bei Personen, die auf Grund gesetzlicher Pflicht Wehrdienst oder Zivildienst oder die Dienstleistungen oder Übungen nach dem Vierten Abschnitt des Soldatengesetzes leisten, für die Dauer des Dienstes bestehen. [2]Dies gilt auch für Personen in einem Wehrdienstverhältnis besonderer Art nach § 6 des Einsatz-Weiterverwendungsgesetzes.

§ 26 Weiterversicherung

(1) [1]Personen, die aus der Versicherungspflicht nach § 20 oder § 21 ausgeschieden sind und in den letzten fünf Jahren vor dem Ausscheiden mindestens 24 Monate oder unmittelbar vor dem Ausscheiden mindestens zwölf Monate versichert waren, können sich auf Antrag in der sozialen Pflegeversicherung weiterversichern, sofern für sie keine Versicherungspflicht nach § 23 Abs. 1 eintritt. [2]Dies gilt auch für Personen, deren Familienversicherung nach § 25 erlischt oder nur deswegen nicht besteht, weil die Voraussetzungen des § 25 Abs. 3 vorliegen. [3]Der Antrag ist in den Fällen des Satzes 1 innerhalb von drei Monaten nach Beendigung der Mitgliedschaft, in den Fällen des Satzes 2 nach Beendigung der Familienversicherung oder nach Geburt des Kindes bei der zuständigen Pflegekasse zu stellen.

(2) [1]Personen, die wegen der Verlegung ihres Wohnsitzes oder gewöhnlichen Aufenthaltes ins Ausland aus der Versicherungspflicht ausscheiden, können sich auf Antrag weiterversichern. [2]Der Antrag ist bis spätestens einen Monat nach Ausscheiden aus der Versicherungspflicht bei der Pflegekasse zu stellen, bei der die Versicherung zuletzt bestand. [3]Die Weiterversicherung erstreckt sich auch auf die nach § 25 versicherten Familienangehörigen oder Lebenspartner, die gemeinsam mit dem Mitglied ihren Wohnsitz oder gewöhnlichen Aufenthalt in das Ausland verlegen. [4]Für Familienangehörige oder Lebenspartner, die im Inland verbleiben, endet die Familienversicherung nach § 25 mit dem Tag, an dem das Mitglied seinen Wohnsitz oder gewöhnlichen Aufenthalt ins Ausland verlegt.

§ 26a Beitrittsrecht

(1) [1]Personen mit Wohnsitz im Inland, die nicht pflegeversichert sind, weil sie zum Zeitpunkt der Einführung der Pflegeversicherung am 1. Januar 1995 trotz Wohnsitz im Inland keinen Tatbestand der Versicherungspflicht oder der Mitversicherung in der sozialen oder privaten Pflegeversicherung erfüllten, sind berechtigt, die freiwillige Mitgliedschaft bei einer der nach § 48 Abs. 2 wählbaren sozialen Pflegekassen zu beantragen oder einen Pflegeversicherungsvertrag mit einem privaten Versicherungsunternehmen abzuschließen. [2]Ausgenommen sind Personen, die laufende Hilfe zum Lebensunterhalt nach dem Zwölften Buch beziehen sowie Personen, die nicht selbst in der Lage sind, einen Beitrag zu zahlen. [3]Der Beitritt ist gegenüber der gewählten Pflegekasse oder dem gewählten privaten Versicherungsunternehmen bis zum 30. Juni 2002 schriftlich zu erklären; er bewirkt einen Versicherungsbeginn rückwirkend zum 1. April 2001. [4]Die Vorversicherungszeiten nach § 33 Abs. 2 gelten als erfüllt. [5]Auf den privaten Versicherungsvertrag findet § 110 Abs. 1 Anwendung.

(2) [1]Personen mit Wohnsitz im Inland, die erst ab einem Zeitpunkt nach dem 1. Januar 1995 bis zum Inkrafttreten dieses Gesetzes nicht pflegeversichert sind und keinen Tatbestand der Versicherungspflicht nach diesem Buch erfüllen, sind berechtigt, die freiwillige Mitgliedschaft bei einer der nach § 48 Abs. 2 wählbaren sozialen Pflegekassen zu beantragen oder einen Pflegeversicherungsvertrag mit einem privaten Versicherungsunternehmen abzuschließen. [2]Vom Beitrittsrecht ausgenommen sind die in Absatz 1 Satz 2 genannten Personen sowie Personen, die nur deswegen nicht pflege-

versichert sind, weil sie nach dem 1. Januar 1995 ohne zwingenden Grund eine private Kranken- und Pflegeversicherung aufgegeben oder von einer möglichen Weiterversicherung in der gesetzlichen Krankenversicherung oder in der sozialen Pflegeversicherung keinen Gebrauch gemacht haben. [3]Der Beitritt ist gegenüber der gewählten Pflegekasse oder dem gewählten privaten Versicherungsunternehmen bis zum 30. Juni 2002 schriftlich zu erklären. [4]Er bewirkt einen Versicherungsbeginn zum 1. Januar 2002. [5]Auf den privaten Versicherungsvertrag findet § 110 Abs. 3 Anwendung.

(3) [1]Ab dem 1. Juli 2002 besteht ein Beitrittsrecht zur sozialen oder privaten Pflegeversicherung nur für nicht pflegeversicherte Personen, die als Zuwanderer oder Auslandsrückkehrer bei Wohnsitznahme im Inland keinen Tatbestand der Versicherungspflicht nach diesem Buch erfüllen und das 65. Lebensjahr noch nicht vollendet haben, sowie für nicht versicherungspflichtige Personen mit Wohnsitz im Inland, bei denen die Ausschlussgründe nach Absatz 1 Satz 2 entfallen sind. [2]Der Beitritt ist gegenüber der nach § 48 Abs. 2 gewählten Pflegekasse oder dem gewählten privaten Versicherungsunternehmen schriftlich innerhalb von drei Monaten nach Wohnsitznahme im Inland oder nach Wegfall der Ausschlussgründe nach Absatz 1 Satz 2 mit Wirkung vom 1. des Monats zu erklären, der auf die Beitrittserklärung folgt. [3]Auf den privaten Versicherungsvertrag findet § 110 Abs. 3 Anwendung. [4]Das Beitrittsrecht nach Satz 1 ist nicht gegeben in Fällen, in denen ohne zwingenden Grund von den in den Absätzen 1 und 2 geregelten Beitrittsrechten kein Gebrauch gemacht worden ist oder in denen die in Absatz 2 Satz 2 aufgeführten Ausschlussgründe vorliegen.

§ 27 Kündigung eines privaten Pflegeversicherungsvertrages

[1]Personen, die nach den §§ 20 oder 21 versicherungspflichtig werden und bei einem privaten Krankenversicherungsunternehmen gegen Pflegebedürftigkeit versichert sind, können ihren Versicherungsvertrag mit Wirkung vom Eintritt der Versicherungspflicht an kündigen. [2]Das Kündigungsrecht gilt auch für Familienangehörige oder Lebenspartner, wenn für sie eine Familienversicherung nach § 25 eintritt. [3]§ 5 Absatz 9 des Fünften Buches gilt entsprechend.

Viertes Kapitel.
Leistungen der Pflegeversicherung
Erster Abschnitt.
Übersicht über die Leistungen

§ 28 Leistungsarten, Grundsätze

(1) Die Pflegeversicherung gewährt folgende Leistungen:

1. Pflegesachleistung (§ 36),
2. Pflegegeld für selbst beschaffte Pflegehilfen (§ 37),
3. Kombination von Geldleistung und Sachleistung (§ 38),
4. häusliche Pflege bei Verhinderung der Pflegeperson (§ 39),
5. Pflegehilfsmittel und wohnumfeldverbessernde Maßnahmen (§ 40),
6. Tagespflege und Nachtpflege (§ 41),
7. Kurzzeitpflege (§ 42),
8. vollstationäre Pflege (§ 43),
9. Pflege in vollstationären Einrichtungen der Hilfe für behinderte Menschen (§ 43a),

9a. Zusätzliche Betreuung und Aktivierung in stationären Pflegeeinrichtungen (§ 43b),

10. Leistungen zur sozialen Sicherung der Pflegepersonen (§ 44),
11. zusätzliche Leistungen bei Pflegezeit und kurzzeitiger Arbeitsverhinderung (§ 44a),
12. Pflegekurse für Angehörige und ehrenamtliche Pflegepersonen (§ 45),

12a. Umwandlung des ambulanten Sachleistungsbetrags (§ 45a),

13. Entlastungsbetrag (§ 45b),
14. Leistungen des Persönlichen Budgets nach § 29 des Neunten Buches,
15. zusätzliche Leistungen für Pflegebedürftige in ambulant betreuten Wohngruppen (§ 38a).

(1a) Versicherte haben gegenüber ihrer Pflegekasse oder ihrem Versicherungsunternehmen Anspruch auf Pflegeberatung (§ 7a).

(1b) Bis zum Erreichen des in § 45e Absatz 2 Satz 2 genannten Zeitpunkts haben Pflegebedürftige unter den Voraussetzungen des § 45e Absatz 1 Anspruch auf Anschubfinanzierung bei Gründung von ambulant betreuten Wohngruppen.

(2) Personen, die nach beamtenrechtlichen Vorschriften oder Grundsätzen bei Krankheit und Pflege Anspruch auf Beihilfe oder Heilfürsorge haben, erhalten die jeweils zustehenden Leistungen zur Hälfte; dies gilt auch für den Wert von Sachleistungen.

(3) Die Pflegekassen und die Leistungserbringer haben sicherzustellen, daß die Leistungen nach Absatz 1 nach allgemein anerkanntem Stand medizinisch-pflegerischer Erkenntnisse erbracht werden.

(4) Pflege schließt Sterbebegleitung mit ein; Leistungen anderer Sozialleistungsträger bleiben unberührt.

§ 28a Leistungen bei Pflegegrad 1

(1) Abweichend von § 28 Absatz 1 und 1a gewährt die Pflegeversicherung bei Pflegegrad 1 folgende Leistungen:

1. Pflegeberatung gemäß den §§ 7a und 7b,
2. Beratung in der eigenen Häuslichkeit gemäß § 37 Absatz 3,
3. zusätzliche Leistungen für Pflegebedürftige in ambulant betreuten Wohngruppen gemäß § 38a, ohne dass § 38a Absatz 1 Satz 1 Nummer 2 erfüllt sein muss,
4. Versorgung mit Pflegehilfsmitteln gemäß § 40 Absatz 1 bis 3 und 5,
5. finanzielle Zuschüsse für Maßnahmen zur Verbesserung des individuellen oder gemeinsamen Wohnumfelds gemäß § 40 Absatz 4,
6. zusätzliche Betreuung und Aktivierung in stationären Pflegeeinrichtungen gemäß § 43b,
8. zusätzliche Leistungen bei Pflegezeit und kurzzeitiger Arbeitsverhinderung gemäß § 44a,
8. Pflegekurse für Angehörige und ehrenamtliche Pflegepersonen gemäß § 45.

(2) [1]Zudem gewährt die Pflegeversicherung den Entlastungsbetrag gemäß § 45b Absatz 1 Satz 1 in Höhe von 125 Euro monatlich. [2]Dieser kann gemäß § 45b im Wege der Erstattung von Kosten eingesetzt werden, die dem Versicherten im Zusammenhang mit der Inanspruchnahme von Leistungen der Tages- und Nachtpflege sowie der Kurzzeitpflege, von Leistungen der ambulanten Pflegedienste im Sinne des § 36 sowie von Leistungen der nach Landesrecht anerkannten Angebote zur Unterstützung im Alltag im Sinne des § 45a Absatz 1 und 2 entstehen.

(3) Wählen Pflegebedürftige des Pflegegrades 1 vollstationäre Pflege, gewährt die Pflegeversicherung gemäß § 43 Absatz 3 einen Zuschuss in Höhe von 125 Euro monatlich.

Zweiter Abschnitt. Gemeinsame Vorschriften

§ 29 Wirtschaftlichkeitsgebot

(1) [1]Die Leistungen müssen wirksam und wirtschaftlich sein; sie dürfen das Maß des Notwendigen nicht übersteigen. [2]Leistungen, die diese Voraussetzungen nicht erfüllen, können Pflegebedürftige nicht beanspruchen, dürfen die Pflegekassen nicht bewilligen und dürfen die Leistungserbringer nicht zu Lasten der sozialen Pflegeversicherung bewirken.

(2) Leistungen dürfen nur bei Leistungserbringern in Anspruch genommen werden, mit denen die Pflegekassen oder die für sie tätigen Verbände Verträge abgeschlossen haben.

§ 30 Dynamisierung, Verordnungsermächtigung

(1) [1]Die Bundesregierung prüft alle drei Jahre, erneut im Jahre 2020, Notwendigkeit und Höhe einer Anpassung der Leistungen der Pflegeversicherung. [2]Als ein Orientierungswert für die Anpassungsnotwendigkeit dient die kumulierte Preisentwicklung in den letzten drei abgeschlossenen Kalenderjahren; dabei ist sicherzustellen, dass der Anstieg der Leistungsbeträge nicht höher ausfällt als die Bruttolohnentwicklung im gleichen Zeitraum. [3]Bei der Prüfung können die gesamtwirtschaftlichen Rahmenbedingungen mit berücksichtigt werden. [4]Die Bundesregierung legt den gesetzgebenden Körperschaften des Bundes einen Bericht über das Ergebnis der Prüfung und die tragenden Gründe vor.

(2) [1]Die Bundesregierung wird ermächtigt, nach Vorlage des Berichts unter Berücksichtigung etwaiger Stellungnahmen der gesetzgebenden Körperschaften des Bundes die Höhe der Leistungen der Pflegeversicherung durch Rechtsverordnung mit Zustimmung des Bundesrates zum 1. Januar des Folgejahres anzupassen. [2]Die Rechtsverordnung soll frühestens zwei

Monate nach Vorlage des Berichts erlassen werden, um den gesetzgebenden Körperschaften des Bundes Gelegenheit zur Stellungnahme zu geben.

§ 31 Vorrang der Rehabilitation vor Pflege

(1) [1]Die Pflegekassen prüfen im Einzelfall, welche Leistungen zur medizinischen Rehabilitation und ergänzenden Leistungen geeignet und zumutbar sind, Pflegebedürftigkeit zu überwinden, zu mindern oder ihre Verschlimmerung zu verhüten. [2]Werden Leistungen nach diesem Buch gewährt, ist bei Nachuntersuchungen die Frage geeigneter und zumutbarer Leistungen zur medizinischen Rehabilitation mit zu prüfen.

(2) Die Pflegekassen haben bei der Einleitung und Ausführung der Leistungen zur Pflege sowie bei Beratung, Auskunft und Aufklärung mit den Trägern der Rehabilitation eng zusammenzuarbeiten, um Pflegebedürftigkeit zu vermeiden, zu überwinden, zu mindern oder ihre Verschlimmerung zu verhüten.

(3) [1]Wenn eine Pflegekasse durch die gutachterlichen Feststellungen des Medizinischen Dienstes der Krankenversicherung (§ 18 Abs. 6) oder auf sonstige Weise feststellt, dass im Einzelfall Leistungen zur medizinischen Rehabilitation angezeigt sind, informiert sie unverzüglich den Versicherten sowie mit dessen Einwilligung den behandelnden Arzt und leitet mit Einwilligung des Versicherten eine entsprechende Mitteilung dem zuständigen Rehabilitationsträger zu. [2]Die Pflegekasse weist den Versicherten gleichzeitig auf seine Eigenverantwortung und Mitwirkungspflicht hin. [3]Soweit der Versicherte eingewilligt hat, gilt die Mitteilung an den Rehabilitationsträger als Antragstellung für das Verfahren nach § 14 des Neunten Buches. [4]Die Pflegekasse ist über die Leistungsentscheidung des zuständigen Rehabilitationsträgers unverzüglich zu informieren. [5]Sie prüft in einem angemessenen zeitlichen Abstand, ob entsprechende Maßnahmen durchgeführt worden sind; soweit erforderlich, hat sie vorläufige Leistungen zur medizinischen Rehabilitation nach § 32 Abs. 1 zu erbringen.

(4) (weggefallen)

§ 32 Vorläufige Leistungen zur medizinischen Rehabilitation

(1) Die Pflegekasse erbringt vorläufige Leistungen zur medizinischen Rehabilitation, wenn eine sofortige Leistungserbringung erforderlich ist, um eine unmittelbar drohende Pflegebedürftigkeit zu vermeiden, eine bestehende Pflegebedürftigkeit zu überwinden, zu mindern oder eine Verschlimmerung der Pflegebedürftigkeit zu verhüten, und sonst die sofortige Einleitung der Leistungen gefährdet wäre.

(2) Die Pflegekasse hat zuvor den zuständigen Träger zu unterrichten und auf die Eilbedürftigkeit der Leistungsgewährung hinzuweisen; wird dieser nicht rechtzeitig, spätestens jedoch vier Wochen nach Antragstellung, tätig, erbringt die Pflegekasse die Leistungen vorläufig.

§ 33 Leistungsvoraussetzungen

(1) [1]Versicherte erhalten die Leistungen der Pflegeversicherung auf Antrag. [2]Die Leistungen werden ab Antragstellung gewährt, frühestens jedoch von dem Zeitpunkt an, in dem die Anspruchsvoraussetzungen vorliegen. [3]Wird der Antrag nicht in dem Kalendermonat, in dem die Pflegebedürftigkeit eingetreten ist, sondern später gestellt, werden die Leistungen vom Beginn des Monats der Antragstellung an gewährt. [4]Die Zuordnung zu einem Pflegegrad und die Bewilligung von Leistungen können befristet werden und enden mit Ablauf der Frist. [5]Die Befristung erfolgt, wenn und soweit eine Verringerung der Beeinträchtigungen der Selbständigkeit oder der Fähigkeiten nach der Einschätzung des Medizinischen Dienstes der Krankenversicherung zu erwarten ist. [6]Die Befristung kann wiederholt werden und schließt Änderungen bei der Zuordnung zu einem Pflegegrad und bei bewilligten Leistungen im Befristungszeitraum nicht aus, soweit dies durch Rechtsvorschriften des Sozialgesetzbuches angeordnet oder erlaubt ist. [7]Der Befristungszeitraum darf insgesamt die Dauer von drei Jahren nicht überschreiten. [8]Um eine nahtlose Leistungsgewährung sicherzustellen, hat die Pflegekasse vor Ablauf einer Befristung rechtzeitig zu prüfen und dem Pflegebedürftigen sowie der ihn betreuenden Pflegeeinrichtung mitzuteilen, ob Pflegeleistungen weiterhin bewilligt werden und welchem Pflegegrad der Pflegebedürftige zuzuordnen ist.

(2) [1]Anspruch auf Leistungen besteht, wenn der Versicherte in den letzten zehn Jahren vor der Antragstellung mindestens zwei Jahre als Mitglied versichert oder nach § 25 familienversichert war. [2]Zeiten der Weiterversiche-

rung nach § 26 Abs. 2 werden bei der Ermittlung der nach Satz 1 erforderlichen Vorversicherungszeit mitberücksichtigt. [3]Für versicherte Kinder gilt die Vorversicherungszeit nach Satz 1 als erfüllt, wenn ein Elternteil sie erfüllt.

(3) Personen, die wegen des Eintritts von Versicherungspflicht in der sozialen Pflegeversicherung oder von Familienversicherung nach § 25 aus der privaten Pflegeversicherung ausscheiden, ist die dort ununterbrochen zurückgelegte Versicherungszeit auf die Vorversicherungszeit nach Absatz 2 anzurechnen.

(4) (weggefallen)

§ 33a Leistungsausschluss

[1]Auf Leistungen besteht kein Anspruch, wenn sich Personen in den Geltungsbereich dieses Gesetzbuchs begeben, um in einer Versicherung nach § 20 Abs. 1 Satz 2 Nr. 12 oder auf Grund dieser Versicherung in einer Versicherung nach § 25 missbräuchlich Leistungen in Anspruch zu nehmen. [2]Das Nähere zur Durchführung regelt die Pflegekasse in ihrer Satzung.

§ 34 Ruhen der Leistungsansprüche

(1) Der Anspruch auf Leistungen ruht:

1. solange sich der Versicherte im Ausland aufhält. Bei vorübergehendem Auslandsaufenthalt von bis zu sechs Wochen im Kalenderjahr ist das Pflegegeld nach § 37 oder anteiliges Pflegegeld nach § 38 weiter zu gewähren. Für die Pflegesachleistung gilt dies nur, soweit die Pflegekraft, die ansonsten die Pflegesachleistung erbringt, den Pflegebedürftigen während des Auslandsaufenthaltes begleitet,
2. soweit Versicherte Entschädigungsleistungen wegen Pflegebedürftigkeit unmittelbar nach § 35 des Bundesversorgungsgesetzes oder nach den Gesetzen, die eine entsprechende Anwendung des Bundesversorgungsgesetzes vorsehen, aus der gesetzlichen Unfallversicherung oder aus öffentlichen Kassen auf Grund gesetzlich geregelter Unfallversorgung oder Unfallfürsorge erhalten. Dies gilt auch, wenn vergleichbare Leistungen aus dem Ausland oder von einer zwischenstaatlichen oder überstaatlichen Einrichtung bezogen werden.

(1a) Der Anspruch auf Pflegegeld nach § 37 oder anteiliges Pflegegeld nach § 38 ruht nicht bei pflegebedürftigen Versicherten, die sich in einem Mitgliedstaat der Europäischen Union, einem Vertragsstaat des Abkommens über den Europäischen Wirtschaftsraum oder der Schweiz aufhalten.

(2) [1]Der Anspruch auf Leistungen bei häuslicher Pflege ruht darüber hinaus, soweit im Rahmen des Anspruchs auf häusliche Krankenpflege (§ 37 des Fünften Buches) auch Anspruch auf Leistungen besteht, deren Inhalt den Leistungen nach § 36 entspricht, sowie für die Dauer des stationären Aufenthalts in einer Einrichtung im Sinne des § 71 Abs. 4, soweit § 39 nichts Abweichendes bestimmt. [2]Pflegegeld nach § 37 oder anteiliges Pflegegeld nach § 38 ist in den ersten vier Wochen einer vollstationären Krankenhausbehandlung, einer häuslichen Krankenpflege mit Anspruch auf Leistungen, deren Inhalt den Leistungen nach § 36 entspricht, oder einer Aufnahme in Vorsorge- oder Rehabilitationseinrichtungen nach § 107 Absatz 2 des Fünften Buches weiter zu zahlen; bei Pflegebedürftigen, die ihre Pflege durch von ihnen beschäftigte besondere Pflegekräfte sicherstellen und bei denen § 63b Absatz 6 Satz 1 des Zwölften Buches Anwendung findet, wird das Pflegegeld nach § 37 oder anteiliges Pflegegeld nach § 38 auch über die ersten vier Wochen hinaus weiter gezahlt.

(3) Die Leistungen zur sozialen Sicherung nach den §§ 44 und 44a ruhen nicht für die Dauer der häuslichen Krankenpflege, bei vorübergehendem Auslandsaufenthalt des Versicherten oder Erholungsurlaub der Pflegeperson von bis zu sechs Wochen im Kalenderjahr sowie in den ersten vier Wochen einer vollstationären Krankenhausbehandlung oder einer stationären Leistung zur medizinischen Rehabilitation.

§ 35 Erlöschen der Leistungsansprüche

[1]Der Anspruch auf Leistungen erlischt mit dem Ende der Mitgliedschaft, soweit in diesem Buch nichts Abweichendes bestimmt ist. [2]§ 19 Absatz 1a des Fünften Buches gilt entsprechend.

§ 35a Teilnahme an einem Persönlichen Budget nach § 29 des Neunten Buches

[1]Pflegebedürftigen werden auf Antrag die Leistungen nach den §§ 36, 37 Abs. 1, §§ 38, 40 Abs. 2 und § 41 durch ein Persönliches Budget nach § 29

des Neunten Buches erbracht; bei der Kombinationsleistung nach § 38 ist nur das anteilige und im Voraus bestimmte Pflegegeld als Geldleistung budgetfähig, die Sachleistungen nach den §§ 36, 38 und 41 dürfen nur in Form von Gutscheinen zur Verfügung gestellt werden, die zur Inanspruchnahme von zugelassenen Pflegeeinrichtungen nach diesem Buch berechtigen. [2]Der Leistungsträger, der das Persönliche Budget nach § 29 Absatz 3 des Neunten Buches durchführt, hat sicherzustellen, dass eine den Vorschriften dieses Buches entsprechende Leistungsbewilligung und Verwendung der Leistungen durch den Pflegebedürftigen gewährleistet ist. [3]Andere als die in Satz 1 genannten Leistungsansprüche bleiben ebenso wie die sonstigen Vorschriften dieses Buches unberührt.

Dritter Abschnitt.

Leistungen

Erster Titel.

Leistungen bei häuslicher Pflege

§ 36 Pflegesachleistung

(1) [1]Pflegebedürftige der Pflegegrade 2 bis 5 haben bei häuslicher Pflege Anspruch auf körperbezogene Pflegemaßnahmen und pflegerische Betreuungsmaßnahmen sowie auf Hilfen bei der Haushaltsführung als Sachleistung (häusliche Pflegehilfe). [2]Der Anspruch umfasst pflegerische Maßnahmen in den in § 14 Absatz 2 genannten Bereichen Mobilität, kognitive und kommunikative Fähigkeiten, Verhaltensweisen und psychische Problemlagen, Selbstversorgung, Bewältigung von und selbständiger Umgang mit krankheits- oder therapiebedingten Anforderungen und Belastungen sowie Gestaltung des Alltagslebens und sozialer Kontakte.

(2) [1]Häusliche Pflegehilfe wird erbracht, um Beeinträchtigungen der Selbständigkeit oder der Fähigkeiten des Pflegebedürftigen so weit wie möglich durch pflegerische Maßnahmen zu beseitigen oder zu mindern und eine Verschlimmerung der Pflegebedürftigkeit zu verhindern. [2]Bestandteil der häuslichen Pflegehilfe ist auch die pflegefachliche Anleitung von Pflegebedürftigen und Pflegepersonen. [3]Pflegerische Betreuungsmaßnahmen

umfassen Unterstützungsleistungen zur Bewältigung und Gestaltung des alltäglichen Lebens im häuslichen Umfeld, insbesondere

1. bei der Bewältigung psychosozialer Problemlagen oder von Gefährdungen,
2. bei der Orientierung, bei der Tagesstrukturierung, bei der Kommunikation, bei der Aufrechterhaltung sozialer Kontakte und bei bedürfnisgerechten Beschäftigungen im Alltag sowie
3. durch Maßnahmen zur kognitiven Aktivierung.

(3) Der Anspruch auf häusliche Pflegehilfe umfasst je Kalendermonat

1. für Pflegebedürftige des Pflegegrades 2 Leistungen bis zu einem Gesamtwert von 689 Euro,
2. für Pflegebedürftige des Pflegegrades 3 Leistungen bis zu einem Gesamtwert von 1.298 Euro,
3. für Pflegebedürftige des Pflegegrades 4 Leistungen bis zu einem Gesamtwert von 1.612 Euro,
4. für Pflegebedürftige des Pflegegrades 5 Leistungen bis zu einem Gesamtwert von 1.995 Euro.

(4) [1]Häusliche Pflegehilfe ist auch zulässig, wenn Pflegebedürftige nicht in ihrem eigenen Haushalt gepflegt werden; sie ist nicht zulässig, wenn Pflegebedürftige in einer stationären Pflegeeinrichtung oder in einer Einrichtung im Sinne des § 71 Absatz 4 gepflegt werden. [2]Häusliche Pflegehilfe wird durch geeignete Pflegekräfte erbracht, die entweder von der Pflegekasse oder bei ambulanten Pflegeeinrichtungen, mit denen die Pflegekasse einen Versorgungsvertrag abgeschlossen hat, angestellt sind. [3]Auch durch Einzelpersonen, mit denen die Pflegekasse einen Vertrag nach § 77 Absatz 1 abgeschlossen hat, kann häusliche Pflegehilfe als Sachleistung erbracht werden. [4]Mehrere Pflegebedürftige können häusliche Pflegehilfe gemeinsam in Anspruch nehmen.

§ 37 Pflegegeld für selbst beschaffte Pflegehilfen

(1) [1]Pflegebedürftige der Pflegegrade 2 bis 5 können anstelle der häuslichen Pflegehilfe ein Pflegegeld beantragen. [2]Der Anspruch setzt voraus, dass der Pflegebedürftige mit dem Pflegegeld dessen Umfang entsprechend die erforderlichen körperbezogenen Pflegemaßnahmen und pflegerischen

Betreuungsmaßnahmen sowie Hilfen bei der Haushaltsführung in geeigneter Weise selbst sicherstellt. [3]Das Pflegegeld beträgt je Kalendermonat

1. 316 Euro für Pflegebedürftige des Pflegegrades 2,
2. 545 Euro für Pflegebedürftige des Pflegegrades 3,
3. 728 Euro für Pflegebedürftige des Pflegegrades 4,
4. 901 Euro für Pflegebedürftige des Pflegegrades 5.

(2) [1]Besteht der Anspruch nach Absatz 1 nicht für den vollen Kalendermonat, ist der Geldbetrag entsprechend zu kürzen; dabei ist der Kalendermonat mit 30 Tagen anzusetzen. [2]Die Hälfte des bisher bezogenen Pflegegeldes wird während einer Kurzzeitpflege nach § 42 für bis zu acht Wochen und während einer Verhinderungspflege nach § 39 für bis zu sechs Wochen je Kalenderjahr fortgewährt. [3]Das Pflegegeld wird bis zum Ende des Kalendermonats geleistet, in dem der Pflegebedürftige gestorben ist. [4]§ 118 Abs. 3 und 4 des Sechsten Buches gilt entsprechend, wenn für die Zeit nach dem Monat, in dem der Pflegebedürftige verstorben ist, Pflegegeld überwiesen wurde.

(3) [1]Pflegebedürftige, die Pflegegeld nach Absatz 1 beziehen, haben

1. bei Pflegegrad 2 und 3 halbjährlich einmal,
2. bei Pflegegrad 4 und 5 vierteljährlich einmal

eine Beratung in der eigenen Häuslichkeit durch einen zugelassenen Pflegedienst, durch eine von den Landesverbänden der Pflegekassen nach Absatz 7 anerkannte Beratungsstelle mit nachgewiesener pflegefachlicher Kompetenz oder, sofern dies durch einen zugelassenen Pflegedienst vor Ort oder eine von den Landesverbänden der Pflegekassen anerkannte Beratungsstelle mit nachgewiesener pflegefachlicher Kompetenz nicht gewährleistet werden kann, durch eine von der Pflegekasse beauftragte, jedoch von ihr nicht beschäftigte Pflegefachkraft abzurufen. [2]Die Beratung dient der Sicherung der Qualität der häuslichen Pflege und der regelmäßigen Hilfestellung und praktischen pflegefachlichen Unterstützung der häuslich Pflegenden. [3]Die Pflegebedürftigen und die häuslich Pflegenden sind bei der Beratung auch auf die Auskunfts-, Beratungs- und Unterstützungsangebote des für sie zuständigen Pflegestützpunktes sowie auf die Pflegeberatung nach § 7a hinzuweisen. [4]Die Vergütung für die Beratung ist von der zuständigen Pflegekasse, bei privat Pflegeversicherten von dem zuständigen privaten Versicherungsunternehmen zu tragen, im Fall der Beihilfeberechtigung anteilig von den Beihilfefestsetzungsstellen. [5]Die Höhe der Vergütung für die Beratung durch einen zugelassenen Pflegedienst oder durch eine von der Pflegekasse beauftragte Pflegefachkraft vereinbaren die Pflegekassen oder deren Arbeitsgemeinschaften in entsprechender Anwendung des § 89 Absatz 1 und 3 mit dem Träger des zugelassenen Pflegedienstes oder mit der von der Pflegekasse beauftragten Pflegefachkraft unter Berücksichtigung der Empfehlungen nach Absatz 5. [6]Die Vergütung kann nach Pflegegraden gestaffelt werden. [7]Über die Höhe der Vergütung anerkannter Beratungsstellen und von Beratungspersonen der kommunalen Gebietskörperschaften entscheiden ab dem Jahr 2020 die Landesverbände der Pflegekassen unter Zugrundelegung der im jeweiligen Land nach Satz 5 und 6 vereinbarten Vergütungssätze jeweils für die Dauer eines Jahres. [8]Die Landesverbände haben die jeweilige Festlegung der Vergütungshöhe in geeigneter Weise zu veröffentlichen. [9]Pflegebedürftige des Pflegegrades 1 haben Anspruch, halbjährlich einmal einen Beratungsbesuch abzurufen. [10]Beziehen Pflegebedürftige von einem ambulanten Pflegedienst Pflegesachleistungen, können sie ebenfalls halbjährlich einmal einen Beratungsbesuch in Anspruch nehmen; für die Vergütung der Beratung gelten die Sätze 4 bis 9.

(4) [1]Die Pflegedienste und die anerkannten Beratungsstellen sowie die beauftragten Pflegefachkräfte haben die Durchführung der Beratungseinsätze gegenüber der Pflegekasse oder dem privaten Versicherungsunternehmen zu bestätigen sowie die bei dem Beratungsbesuch gewonnenen Erkenntnisse über die Möglichkeiten der Verbesserung der häuslichen Pflegesituation dem Pflegebedürftigen und mit dessen Einwilligung der Pflegekasse oder dem privaten Versicherungsunternehmen mitzuteilen, im Fall der Beihilfeberechtigung auch der zuständigen Beihilfefestsetzungsstelle. [2]Der Spitzenverband Bund der Pflegekassen und die privaten Versicherungsunternehmen stellen ihnen für diese Mitteilung ein einheitliches Formular zur Verfügung. [3]Erteilt die pflegebedürftige Person die Einwilligung nicht, ist jedoch nach Überzeugung der Beratungsperson eine weitergehende Beratung angezeigt, übermittelt die jeweilige Beratungsstelle diese Einschätzung über die Erforderlichkeit einer weitergehenden Beratung der zuständigen Pflegekasse oder dem zuständigen privaten Versicherungsunternehmen. [4]Diese haben eine weitergehende Beratung nach § 7a anzubieten. [5]Der beauftragte Pflegedienst und die anerkannte Beratungsstelle haben dafür Sorge zu tragen, dass für einen Beratungsbesuch im häuslichen Bereich Pflegekräfte eingesetzt werden, die spezifisches Wissen zu dem Krankheits-

und Behinderungsbild sowie des sich daraus ergebenden Hilfebedarfs des Pflegebedürftigen mitbringen und über besondere Beratungskompetenz verfügen. [6]Zudem soll bei der Planung für die Beratungsbesuche weitestgehend sichergestellt werden, dass der Beratungsbesuch bei einem Pflegebedürftigen möglichst auf Dauer von derselben Pflegekraft durchgeführt wird.

(5) [1]Die Vertragsparteien nach § 113 beschließen gemäß § 113b bis zum 1. Januar 2018 unter Beachtung der in Absatz 4 festgelegten Anforderungen Empfehlungen zur Qualitätssicherung der Beratungsbesuche nach Absatz 3. [2]Die Empfehlungen enthalten Ausführungen wenigstens

1. zu Beratungsstandards,
2. zur erforderlichen Qualifikation der Beratungspersonen sowie
3. zu erforderlichenfalls einzuleitenden Maßnahmen im Einzelfall.

[3]Fordert das Bundesministerium für Gesundheit oder eine Vertragspartei nach § 113 im Einvernehmen mit dem Bundesministerium für Gesundheit die Vertragsparteien schriftlich zum Beschluss neuer Empfehlungen nach Satz 1 auf, sind diese innerhalb von sechs Monaten nach Eingang der Aufforderung neu zu beschließen. [4]Die Empfehlungen gelten für die anerkannten Beratungsstellen entsprechend.

(5a) [1]Der Spitzenverband Bund der Pflegekassen beschließt mit dem Verband der privaten Krankenversicherung e. V. bis zum 1. Januar 2020 Richtlinien zur Aufbereitung, Bewertung und standardisierten Dokumentation der Erkenntnisse aus dem jeweiligen Beratungsbesuch durch die Pflegekasse oder das private Versicherungsunternehmen. [2]Die Richtlinien werden erst wirksam, wenn das Bundesministerium für Gesundheit sie genehmigt. [3]Die Genehmigung gilt als erteilt, wenn die Richtlinien nicht innerhalb von zwei Monaten, nachdem sie dem Bundesministerium für Gesundheit vorgelegt worden sind, beanstandet werden. [4]Beanstandungen des Bundesministeriums für Gesundheit sind innerhalb der von ihm gesetzten Frist zu beheben.

(6) Rufen Pflegebedürftige die Beratung nach Absatz 3 Satz 1 nicht ab, hat die Pflegekasse oder das private Versicherungsunternehmen das Pflegegeld angemessen zu kürzen und im Wiederholungsfall zu entziehen.

(7) [1]Die Landesverbände der Pflegekassen haben neutrale und unabhängige Beratungsstellen zur Durchführung der Beratung nach den Absätzen 3 und 4 anzuerkennen. [2]Dem Antrag auf Anerkennung ist ein Nachweis über die erforderliche pflegefachliche Kompetenz der Beratungsstelle und ein

Konzept zur Qualitätssicherung des Beratungsangebotes beizufügen. [3]Die Landesverbände der Pflegekassen regeln das Nähere zur Anerkennung der Beratungsstellen.

(8) [1]Die Beratungsbesuche nach Absatz 3 können auch von Pflegeberaterinnen und Pflegeberatern im Sinne des § 7a oder von Beratungspersonen der kommunalen Gebietskörperschaften, die die erforderliche pflegefachliche Kompetenz aufweisen, durchgeführt werden. [2]Absatz 4 findet entsprechende Anwendung. [3]Die Inhalte der Empfehlungen zur Qualitätssicherung der Beratungsbesuche nach Absatz 5 sind zu beachten.

§ 38 Kombination von Geldleistung und Sachleistung (Kombinationsleistung)

[1]Nimmt der Pflegebedürftige die ihm nach § 36 Absatz 3 zustehende Sachleistung nur teilweise in Anspruch, erhält er daneben ein anteiliges Pflegegeld im Sinne des § 37. [2]Das Pflegegeld wird um den Vomhundertsatz vermindert, in dem der Pflegebedürftige Sachleistungen in Anspruch genommen hat. [3]An die Entscheidung, in welchem Verhältnis er Geld- und Sachleistung in Anspruch nehmen will, ist der Pflegebedürftige für die Dauer von sechs Monaten gebunden. [4]Anteiliges Pflegegeld wird während einer Kurzzeitpflege nach § 42 für bis zu acht Wochen und während einer Verhinderungspflege nach § 39 für bis zu sechs Wochen je Kalenderjahr in Höhe der Hälfte der vor Beginn der Kurzzeit- oder Verhinderungspflege geleisteten Höhe fortgewährt. [5]Pflegebedürftige in vollstationären Einrichtungen der Hilfe für behinderte Menschen (§ 43a) haben Anspruch auf ungekürztes Pflegegeld anteilig für die Tage, an denen sie sich in häuslicher Pflege befinden.

§ 38a Zusätzliche Leistungen für Pflegebedürftige in ambulant betreuten Wohngruppen

(1) [1]Pflegebedürftige haben Anspruch auf einen pauschalen Zuschlag in Höhe von 214 Euro monatlich, wenn

1. sie mit mindestens zwei und höchstens elf weiteren Personen in einer ambulant betreuten Wohngruppe in einer gemeinsamen Wohnung zum Zweck der gemeinschaftlich organisierten pflegerischen Versor-

gung leben und davon mindestens zwei weitere Personen pflegebedürftig im Sinne der §§ 14, 15 sind,
2. sie Leistungen nach den §§ 36, 37, 38, 45a oder § 45b beziehen,
3. eine Person durch die Mitglieder der Wohngruppe gemeinschaftlich beauftragt ist, unabhängig von der individuellen pflegerischen Versorgung allgemeine organisatorische, verwaltende, betreuende oder das Gemeinschaftsleben fördernde Tätigkeiten zu verrichten oder die Wohngruppenmitglieder bei der Haushaltsführung zu unterstützen und
4. keine Versorgungsform einschließlich teilstationärer Pflege vorliegt, in der ein Anbieter der Wohngruppe oder ein Dritter den Pflegebedürftigen Leistungen anbietet oder gewährleistet, die dem im jeweiligen Rahmenvertrag nach § 75 Absatz 1 für vollstationäre Pflege vereinbarten Leistungsumfang weitgehend entsprechen; der Anbieter einer ambulant betreuten Wohngruppe hat die Pflegebedürftigen vor deren Einzug in die Wohngruppe in geeigneter Weise darauf hinzuweisen, dass dieser Leistungsumfang von ihm oder einem Dritten nicht erbracht wird, sondern die Versorgung in der Wohngruppe auch durch die aktive Einbindung ihrer eigenen Ressourcen und ihres sozialen Umfelds sichergestellt werden kann.

[2]Leistungen der Tages- und Nachtpflege gemäß § 41 können neben den Leistungen nach dieser Vorschrift nur in Anspruch genommen werden, wenn gegenüber der zuständigen Pflegekasse durch eine Prüfung des Medizinischen Dienstes der Krankenversicherung nachgewiesen ist, dass die Pflege in der ambulant betreuten Wohngruppe ohne teilstationäre Pflege nicht in ausreichendem Umfang sichergestellt ist; dies gilt entsprechend für die Versicherten der privaten Pflege-Pflichtversicherung.

(2) Die Pflegekassen sind berechtigt, zur Feststellung der Anspruchsvoraussetzungen bei dem Antragsteller folgende Daten zu erheben, zu verarbeiten und zu nutzen und folgende Unterlagen anzufordern:

1. eine formlose Bestätigung des Antragstellers, dass die Voraussetzungen nach Absatz 1 Nummer 1 erfüllt sind,
2. die Adresse und das Gründungsdatum der Wohngruppe,
3. den Mietvertrag einschließlich eines Grundrisses der Wohnung und den Pflegevertrag nach § 120,

4. Vorname, Name, Anschrift und Telefonnummer sowie Unterschrift der Person nach Absatz 1 Nummer 3 und

5. die vereinbarten Aufgaben der Person nach Absatz 1 Nummer 3.

§ 39 Häusliche Pflege bei Verhinderung der Pflegeperson

(1) [1]Ist eine Pflegeperson wegen Erholungsurlaubs, Krankheit oder aus anderen Gründen an der Pflege gehindert, übernimmt die Pflegekasse die nachgewiesenen Kosten einer notwendigen Ersatzpflege für längstens sechs Wochen je Kalenderjahr; § 34 Absatz 2 Satz 1 gilt nicht. [2]Voraussetzung ist, dass die Pflegeperson den Pflegebedürftigen vor der erstmaligen Verhinderung mindestens sechs Monate in seiner häuslichen Umgebung gepflegt hat und der Pflegebedürftige zum Zeitpunkt der Verhinderung mindestens in Pflegegrad 2 eingestuft ist. [3]Die Aufwendungen der Pflegekasse können sich im Kalenderjahr auf bis zu 1.612 Euro belaufen, wenn die Ersatzpflege durch andere Pflegepersonen sichergestellt wird als solche, die mit dem Pflegebedürftigen bis zum zweiten Grade verwandt oder verschwägert sind oder die mit ihm in häuslicher Gemeinschaft leben.

(2) [1]Der Leistungsbetrag nach Absatz 1 Satz 3 kann um bis zu 806 Euro aus noch nicht in Anspruch genommenen Mitteln der Kurzzeitpflege nach § 42 Absatz 2 Satz 2 auf insgesamt bis zu 2.418 Euro im Kalenderjahr erhöht werden. [2]Der für die Verhinderungspflege in Anspruch genommene Erhöhungsbetrag wird auf den Leistungsbetrag für eine Kurzzeitpflege nach § 42 Absatz 2 Satz 2 angerechnet.

(3) [1]Bei einer Ersatzpflege durch Pflegepersonen, die mit dem Pflegebedürftigen bis zum zweiten Grade verwandt oder verschwägert sind oder mit ihm in häuslicher Gemeinschaft leben, dürfen die Aufwendungen der Pflegekasse regelmäßig den Betrag des Pflegegeldes nach § 37 Absatz 1 Satz 3 für bis zu sechs Wochen nicht überschreiten. [2]Wird die Ersatzpflege von den in Satz 1 genannten Personen erwerbsmäßig ausgeübt, können sich die Aufwendungen der Pflegekasse abweichend von Satz 1 auf den Leistungsbetrag nach Absatz 1 Satz 3 belaufen; Absatz 2 findet Anwendung. [3]Bei Bezug der Leistung in Höhe des Pflegegeldes für eine Ersatzpflege durch Pflegepersonen, die mit dem Pflegebedürftigen bis zum zweiten Grade verwandt oder verschwägert sind oder mit ihm in häuslicher Gemeinschaft leben, können von der Pflegekasse auf Nachweis notwendige Aufwendun-

gen, die der Pflegeperson im Zusammenhang mit der Ersatzpflege entstanden sind, übernommen werden. [4]Die Aufwendungen der Pflegekasse nach den Sätzen 1 und 3 dürfen zusammen den Leistungsbetrag nach Absatz 1 Satz 3 nicht übersteigen; Absatz 2 findet Anwendung.

§ 40 Pflegehilfsmittel und wohnumfeldverbessernde Maßnahmen

(1) [1]Pflegebedürftige haben Anspruch auf Versorgung mit Pflegehilfsmitteln, die zur Erleichterung der Pflege oder zur Linderung der Beschwerden des Pflegebedürftigen beitragen oder ihm eine selbständigere Lebensführung ermöglichen, soweit die Hilfsmittel nicht wegen Krankheit oder Behinderung von der Krankenversicherung oder anderen zuständigen Leistungsträgern zu leisten sind. [2]Die Pflegekasse überprüft die Notwendigkeit der Versorgung mit den beantragten Pflegehilfsmitteln unter Beteiligung einer Pflegefachkraft oder des Medizinischen Dienstes. [3]Entscheiden sich Versicherte für eine Ausstattung des Pflegehilfsmittels, die über das Maß des Notwendigen hinausgeht, haben sie die Mehrkosten und die dadurch bedingten Folgekosten selbst zu tragen. [4]§ 33 Abs. 6 und 7 des Fünften Buches gilt entsprechend.

(2) [1]Die Aufwendungen der Pflegekassen für zum Verbrauch bestimmte Pflegehilfsmittel dürfen monatlich den Betrag von 40 Euro nicht übersteigen. [2]Die Leistung kann auch in Form einer Kostenerstattung erbracht werden.

(3) [1]Die Pflegekassen sollen technische Pflegehilfsmittel in allen geeigneten Fällen vorrangig leihweise überlassen. [2]Sie können die Bewilligung davon abhängig machen, daß die Pflegebedürftigen sich das Pflegehilfsmittel anpassen oder sich selbst oder die Pflegeperson in seinem Gebrauch ausbilden lassen. [3]Der Anspruch umfaßt auch die notwendige Änderung, Instandsetzung und Ersatzbeschaffung von Pflegehilfsmitteln sowie die Ausbildung in ihrem Gebrauch. [4]Versicherte, die das 18. Lebensjahr vollendet haben, haben zu den Kosten der Pflegehilfsmittel mit Ausnahme der Pflegehilfsmittel nach Absatz 2 eine Zuzahlung von zehn vom Hundert, höchstens jedoch 25 Euro je Pflegehilfsmittel an die abgebende Stelle zu leisten. [5]Zur Vermeidung von Härten kann die Pflegekasse den Versicherten in entsprechender Anwendung des § 62 Abs. 1 Satz 1, 2 und 6 sowie Abs. 2 und 3 des Fünften Buches ganz oder teilweise von der Zuzahlung befreien. [6]Versicherte, die die für sie geltende Belastungsgrenze nach § 62 des Fünften Buches erreicht haben oder unter Berücksichtigung der Zu-

zahlung nach Satz 4 erreichen, sind hinsichtlich des die Belastungsgrenze überschreitenden Betrags von der Zuzahlung nach diesem Buch befreit. [7]Lehnen Versicherte die leihweise Überlassung eines Pflegehilfsmittels ohne zwingenden Grund ab, haben sie die Kosten des Pflegehilfsmittels in vollem Umfang selbst zu tragen.

(4) [1]Die Pflegekassen können subsidiär finanzielle Zuschüsse für Maßnahmen zur Verbesserung des individuellen Wohnumfeldes des Pflegebedürftigen gewähren, beispielsweise für technische Hilfen im Haushalt, wenn dadurch im Einzelfall die häusliche Pflege ermöglicht oder erheblich erleichtert oder eine möglichst selbständige Lebensführung des Pflegebedürftigen wiederhergestellt wird. [2]Die Zuschüsse dürfen einen Betrag in Höhe von 4.000 Euro je Maßnahme nicht übersteigen. [3]Leben mehrere Pflegebedürftige in einer gemeinsamen Wohnung, dürfen die Zuschüsse für Maßnahmen zur Verbesserung des gemeinsamen Wohnumfeldes einen Betrag in Höhe von 4.000 Euro je Pflegebedürftigem nicht übersteigen. [4]Der Gesamtbetrag je Maßnahme nach Satz 3 ist auf 16.000 Euro begrenzt und wird bei mehr als vier Anspruchsberechtigten anteilig auf die Versicherungsträger der Anspruchsberechtigten aufgeteilt.

(5) [1]Für Hilfsmittel und Pflegehilfsmittel, die sowohl den in § 23 und § 33 des Fünften Buches als auch den in Absatz 1 genannten Zwecken dienen können, prüft der Leistungsträger, bei dem die Leistung beantragt wird, ob ein Anspruch gegenüber der Krankenkasse oder der Pflegekasse besteht und entscheidet über die Bewilligung der Hilfsmittel und Pflegehilfsmittel. [2]Zur Gewährleistung einer Absatz 1 Satz 1 entsprechenden Abgrenzung der Leistungsverpflichtungen der gesetzlichen Krankenversicherung und der sozialen Pflegeversicherung werden die Ausgaben für Hilfsmittel und Pflegehilfsmittel zwischen der jeweiligen Krankenkasse und der bei ihr errichteten Pflegekasse in einem bestimmten Verhältnis pauschal aufgeteilt. [3]Der Spitzenverband Bund der Krankenkassen bestimmt in Richtlinien, die erstmals bis zum 30. April 2012 zu beschließen sind, die Hilfsmittel und Pflegehilfsmittel nach Satz 1, das Verhältnis, in dem die Ausgaben aufzuteilen sind, sowie die Einzelheiten zur Umsetzung der Pauschalierung. [4]Er berücksichtigt dabei die bisherigen Ausgaben der Kranken- und Pflegekassen und stellt sicher, dass bei der Aufteilung die Zielsetzung der Vorschriften des Fünften Buches und dieses Buches zur Hilfsmittelversorgung sowie die Belange der Versicherten gewahrt bleiben. [5]Die Richtlinien bedürfen der Genehmigung des Bundesministeriums für Gesundheit und treten am

ersten Tag des auf die Genehmigung folgenden Monats in Kraft; die Genehmigung kann mit Auflagen verbunden werden. [6]Die Richtlinien sind für die Kranken- und Pflegekassen verbindlich. [7]Für die nach Satz 3 bestimmten Hilfsmittel und Pflegehilfsmittel richtet sich die Zuzahlung nach den §§ 33, 61 und 62 des Fünften Buches; für die Prüfung des Leistungsanspruchs gilt § 275 Absatz 3 des Fünften Buches. [8]Die Regelungen dieses Absatzes gelten nicht für Ansprüche auf Hilfsmittel oder Pflegehilfsmittel von Pflegebedürftigen, die sich in vollstationärer Pflege befinden, sowie von Pflegebedürftigen nach § 28 Absatz 2.

Zweiter Titel. Teilstationäre Pflege und Kurzzeitpflege

§ 41 Tagespflege und Nachtpflege

(1) [1]Pflegebedürftige der Pflegegrade 2 bis 5 haben Anspruch auf teilstationäre Pflege in Einrichtungen der Tages- oder Nachtpflege, wenn häusliche Pflege nicht in ausreichendem Umfang sichergestellt werden kann oder wenn dies zur Ergänzung oder Stärkung der häuslichen Pflege erforderlich ist. [2]Die teilstationäre Pflege umfaßt auch die notwendige Beförderung des Pflegebedürftigen von der Wohnung zur Einrichtung der Tagespflege oder der Nachtpflege und zurück.

(2) [1]Die Pflegekasse übernimmt im Rahmen der Leistungsbeträge nach Satz 2 die pflegebedingten Aufwendungen der teilstationären Pflege einschließlich der Aufwendungen für Betreuung und die Aufwendungen für die in der Einrichtung notwendigen Leistungen der medizinischen Behandlungspflege. [2]Der Anspruch auf teilstationäre Pflege umfasst je Kalendermonat

1. für Pflegebedürftige des Pflegegrades 2 einen Gesamtwert bis zu 689 Euro,
2. für Pflegebedürftige des Pflegegrades 3 einen Gesamtwert bis zu 1.298 Euro,
3. für Pflegebedürftige des Pflegegrades 4 einen Gesamtwert bis zu 1.612 Euro,

4. für Pflegebedürftige des Pflegegrades 5 einen Gesamtwert bis zu 1.995 Euro.

(3) Pflegebedürftige der Pflegegrade 2 bis 5 können teilstationäre Tages- und Nachtpflege zusätzlich zu ambulanten Pflegesachleistungen, Pflegegeld oder der Kombinationsleistung nach § 38 in Anspruch nehmen, ohne dass eine Anrechnung auf diese Ansprüche erfolgt.

§ 42 Kurzzeitpflege

(1) [1]Kann die häusliche Pflege zeitweise nicht, noch nicht oder nicht im erforderlichen Umfang erbracht werden und reicht auch teilstationäre Pflege nicht aus, besteht für Pflegebedürftige der Pflegegrade 2 bis 5 Anspruch auf Pflege in einer vollstationären Einrichtung. [2]Dies gilt:

1. für eine Übergangszeit im Anschluß an eine stationäre Behandlung des Pflegebedürftigen oder
2. in sonstigen Krisensituationen, in denen vorübergehend häusliche oder teilstationäre Pflege nicht möglich oder nicht ausreichend ist.

(2) [1]Der Anspruch auf Kurzzeitpflege ist auf acht Wochen pro Kalenderjahr beschränkt. [2]Die Pflegekasse übernimmt die pflegebedingten Aufwendungen einschließlich der Aufwendungen für Betreuung sowie die Aufwendungen für Leistungen der medizinischen Behandlungspflege bis zu dem Gesamtbetrag von 1.612 Euro im Kalenderjahr. [3]Der Leistungsbetrag nach Satz 2 kann um bis zu 1.612 Euro aus noch nicht in Anspruch genommenen Mitteln der Verhinderungspflege nach § 39 Absatz 1 Satz 3 auf insgesamt bis zu 3.224 Euro im Kalenderjahr erhöht werden. [4]Der für die Kurzzeitpflege in Anspruch genommene Erhöhungsbetrag wird auf den Leistungsbetrag für eine Verhinderungspflege nach § 39 Absatz 1 Satz 3 angerechnet.

(3) [1]Abweichend von den Absätzen 1 und 2 besteht der Anspruch auf Kurzzeitpflege in begründeten Einzelfällen bei zu Hause gepflegten Pflegebedürftigen auch in geeigneten Einrichtungen der Hilfe für behinderte Menschen und anderen geeigneten Einrichtungen, wenn die Pflege in einer von den Pflegekassen zur Kurzzeitpflege zugelassenen Pflegeeinrichtung nicht möglich ist oder nicht zumutbar erscheint. [2]§ 34 Abs. 2 Satz 1 findet keine Anwendung. [3]Sind in dem Entgelt für die Einrichtung Kosten für Unterkunft und Verpflegung sowie Aufwendungen für Investitionen enthalten,

ohne gesondert ausgewiesen zu sein, so sind 60 vom Hundert des Entgelts zuschussfähig. [4]In begründeten Einzelfällen kann die Pflegekasse in Ansehung der Kosten für Unterkunft und Verpflegung sowie der Aufwendungen für Investitionen davon abweichende pauschale Abschläge vornehmen.

(4) Abweichend von den Absätzen 1 und 2 besteht der Anspruch auf Kurzzeitpflege auch in Einrichtungen, die stationäre Leistungen zur medizinischen Vorsorge oder Rehabilitation erbringen, wenn während einer Maßnahme der medizinischen Vorsorge oder Rehabilitation für eine Pflegeperson eine gleichzeitige Unterbringung und Pflege des Pflegebedürftigen erforderlich ist.

Dritter Titel. Vollstationäre Pflege

§ 43 Inhalt der Leistung

(1) Pflegebedürftige der Pflegegrade 2 bis 5 haben Anspruch auf Pflege in vollstationären Einrichtungen.

(2) [1]Für Pflegebedürftige in vollstationären Einrichtungen übernimmt die Pflegekasse im Rahmen der pauschalen Leistungsbeträge nach Satz 2 die pflegebedingten Aufwendungen einschließlich der Aufwendungen für Betreuung und die Aufwendungen für Leistungen der medizinischen Behandlungspflege. [2]Der Anspruch beträgt je Kalendermonat

1. 770 Euro für Pflegebedürftige des Pflegegrades 2,
2. 1.262 Euro für Pflegebedürftige des Pflegegrades 3,
3. 1.775 Euro für Pflegebedürftige des Pflegegrades 4,
4. 2.005 Euro für Pflegebedürftige des Pflegegrades 5.

[3]Abweichend von Satz 1 übernimmt die Pflegekasse auch Aufwendungen für Unterkunft und Verpflegung, soweit der nach Satz 2 gewährte Leistungsbetrag die in Satz 1 genannten Aufwendungen übersteigt.

(3) Wählen Pflegebedürftige des Pflegegrades 1 vollstationäre Pflege, erhalten sie für die in Absatz 2 Satz 1 genannten Aufwendungen einen Zuschuss in Höhe von 125 Euro monatlich.

(4) Bei vorübergehender Abwesenheit von Pflegebedürftigen aus dem Pflegeheim werden die Leistungen für vollstationäre Pflege erbracht, solange die Voraussetzungen des § 87a Abs. 1 Satz 5 und 6 vorliegen.

Vierter Titel. Pflege in vollstationären Einrichtungen der Hilfe für behinderte Menschen

§ 43a Inhalt der Leistung

[1]Für Pflegebedürftige der Pflegegrade 2 bis 5 in einer vollstationären Einrichtung der Hilfe für behinderte Menschen, in der die Teilhabe am Arbeitsleben und am Leben in der Gemeinschaft, die schulische Ausbildung oder die Erziehung behinderter Menschen im Vordergrund des Einrichtungszwecks stehen (§ 71 Abs. 4), übernimmt die Pflegekasse zur Abgeltung der in § 43 Abs. 2 genannten Aufwendungen zehn vom Hundert des nach § 75 Abs. 3 des Zwölften Buches vereinbarten Heimentgelts. [2]Die Aufwendungen der Pflegekasse dürfen im Einzelfall je Kalendermonat 266 Euro nicht überschreiten. [3]Wird für die Tage, an denen die pflegebedürftigen Behinderten zu Hause gepflegt und betreut werden, anteiliges Pflegegeld beansprucht, gelten die Tage der An- und Abreise als volle Tage der häuslichen Pflege.

Fünfter Titel. Zusätzliche Betreuung und Aktivierung in stationären Pflegeeinrichtungen

§ 43b Inhalt der Leistung

Pflegebedürftige in stationären Pflegeeinrichtungen haben nach Maßgabe von § 84 Absatz 8 und § 85 Absatz 8 Anspruch auf zusätzliche Betreuung und Aktivierung, die über die nach Art und Schwere der Pflegebedürftigkeit notwendige Versorgung hinausgeht.

Vierter Abschnitt. Leistungen für Pflegepersonen

§ 44 Leistungen zur sozialen Sicherung der Pflegepersonen

(1) [1]Zur Verbesserung der sozialen Sicherung der Pflegepersonen im Sinne des § 19, die einen Pflegebedürftigen mit mindestens Pflegegrad 2 pflegen, entrichten die Pflegekassen und die privaten Versicherungsunternehmen, bei denen eine private Pflege-Pflichtversicherung durchgeführt wird, sowie die sonstigen in § 170 Absatz 1 Nummer 6 des Sechsten Buches genannten Stellen Beiträge nach Maßgabe des § 166 Absatz 2 des Sechsten Buches an den zuständigen Träger der gesetzlichen Rentenversicherung, wenn die Pflegeperson regelmäßig nicht mehr als 30 Stunden wöchentlich erwerbstätig ist. [2]Der Medizinische Dienst der Krankenversicherung oder ein anderer von der Pflegekasse beauftragter unabhängiger Gutachter ermittelt im Einzelfall, ob die Pflegeperson eine oder mehrere pflegebedürftige Personen wenigstens zehn Stunden wöchentlich, verteilt auf regelmäßig mindestens zwei Tage in der Woche, pflegt. [3]Wird die Pflege eines Pflegebedürftigen von mehreren Pflegepersonen erbracht (Mehrfachpflege), wird zudem der Umfang der jeweiligen Pflegetätigkeit je Pflegeperson im Verhältnis zum Umfang der von den Pflegepersonen zu leistenden Pflegetätigkeit insgesamt (Gesamtpflegeaufwand) ermittelt. [4]Dabei werden die Angaben der beteiligten Pflegepersonen zugrunde gelegt. [5]Werden keine oder keine übereinstimmenden Angaben gemacht, erfolgt eine Aufteilung zu gleichen Teilen. [6]Die Feststellungen zu den Pflegezeiten und zum Pflegeaufwand der Pflegeperson sowie bei Mehrfachpflege zum Einzel- und Gesamtpflegeaufwand trifft die für die Pflegeleistungen nach diesem Buch zuständige Stelle. [7]Diese Feststellungen sind der Pflegeperson auf Wunsch zu übermitteln.

(2) Für Pflegepersonen, die wegen einer Pflichtmitgliedschaft in einer berufsständischen Versorgungseinrichtung auch in ihrer Pflegetätigkeit von der Versicherungspflicht in der gesetzlichen Rentenversicherung befreit sind oder befreit wären, wenn sie in der gesetzlichen Rentenversicherung versicherungspflichtig wären und einen Befreiungsantrag gestellt hätten, werden die nach Absatz 1 zu entrichtenden Beiträge auf Antrag an die berufsständische Versorgungseinrichtung gezahlt.

(2a) Während der pflegerischen Tätigkeit sind Pflegepersonen im Sinne des § 19, die einen Pflegebedürftigen mit mindestens Pflegegrad 2 pflegen, nach Maßgabe des § 2 Absatz 1 Nummer 17 des Siebten Buches in den Versicherungsschutz der gesetzlichen Unfallversicherung einbezogen.

(2b) [1]Während der pflegerischen Tätigkeit sind Pflegepersonen im Sinne des § 19, die einen Pflegebedürftigen mit mindestens Pflegegrad 2 pflegen, nach Maßgabe des § 26 Absatz 2b des Dritten Buches nach dem Recht der Arbeitsförderung versichert. [2]Die Pflegekassen und die privaten Versicherungsunternehmen, bei denen eine private Pflege-Pflichtversicherung durchgeführt wird, sowie die sonstigen in § 347 Nummer 10 Buchstabe c des Dritten Buches genannten Stellen entrichten für die Pflegepersonen Beiträge an die Bundesagentur für Arbeit. [3]Näheres zu den Beiträgen und zum Verfahren regeln die §§ 345, 347 und 349 des Dritten Buches.

(3) [1]Die Pflegekasse und das private Versicherungsunternehmen haben die in der Renten- und Unfallversicherung sowie nach dem Dritten Buch zu versichernde Pflegeperson den zuständigen Renten- und Unfallversicherungsträgern sowie der Bundesagentur für Arbeit zu melden. [2]Die Meldung für die Pflegeperson enthält:

1. ihre Versicherungsnummer, soweit bekannt,
2. ihren Familien- und Vornamen,
3. ihr Geburtsdatum,
4. ihre Staatsangehörigkeit,
5. ihre Anschrift,
6. Beginn und Ende der Pflegetätigkeit,
7. den Pflegegrad des Pflegebedürftigen und
8. die nach § 166 Absatz 2 des Sechsten Buches maßgeblichen beitragspflichtigen Einnahmen.

[3]Der Spitzenverband Bund der Pflegekassen sowie der Verband der privaten Krankenversicherung e.V. können mit der Deutschen Rentenversicherung Bund und mit den Trägern der Unfallversicherung sowie mit der Bundesagentur für Arbeit Näheres über das Meldeverfahren vereinbaren.

(4) Der Inhalt der Meldung nach Absatz 3 Satz 2 Nr. 1 bis 6 und 8 ist der Pflegeperson, der Inhalt der Meldung nach Absatz 3 Satz 2 Nr. 7 dem Pflegebedürftigen schriftlich mitzuteilen.

(5) [1]Die Pflegekasse und das private Versicherungsunternehmen haben in den Fällen, in denen eine nicht erwerbsmäßig tätige Pflegeperson einen Pflegebedürftigen mit mindestens Pflegegrad 2 pflegt, der Anspruch auf Beihilfeleistungen oder Leistungen der Heilfürsorge hat, und für die die Beiträge an die gesetzliche Rentenversicherung nach § 170 Absatz 1 Nummer 6 Buchstabe c des Sechsten Buches oder an die Bundesagentur für Arbeit nach § 347 Nummer 10 Buchstabe c des Dritten Buches anteilig getragen werden, im Antragsverfahren auf Leistungen der Pflegeversicherung von dem Pflegebedürftigen die zuständige Festsetzungsstelle für die Beihilfe oder den Dienstherrn unter Hinweis auf die beabsichtigte Weiterleitung der in Satz 2 genannten Angaben an diese Stelle zu erfragen. [2]Der angegebenen Festsetzungsstelle für die Beihilfe oder dem Dienstherrn sind bei Feststellung der Beitragspflicht sowie bei Änderungen in den Verhältnissen des Pflegebedürftigen oder der Pflegeperson, insbesondere bei einer Änderung des Pflegegrades, einer Unterbrechung der Pflegetätigkeit oder einem Wechsel der Pflegeperson, die in Absatz 3 Satz 2 genannten Angaben mitzuteilen. [3]Absatz 4 findet auf Satz 2 entsprechende Anwendung. [4]Für die Mitteilungen nach Satz 2 haben die Pflegekassen und privaten Versicherungsunternehmen spätestens zum 1. Januar 2020 ein elektronisches Verfahren vorzusehen, bei dem die Mitteilungen an die Beihilfefestsetzungsstellen oder die Dienstherren automatisch erfolgen. [5]Die Pflegekassen und privaten Versicherungsunternehmen haben technisch sicherzustellen, dass die Meldungen nach Absatz 3 an die Träger der gesetzlichen Rentenversicherung erst erfolgen, wenn die erforderliche Mitteilung an die Beihilfefestsetzungsstelle oder den Dienstherrn erfolgt ist. [6]Für Beiträge, die von den Beihilfestellen und Dienstherren nicht bis zum Ablauf des Fälligkeitstages gezahlt worden sind, weil die Pflegekassen und privaten Versicherungsunternehmen die Mitteilungen nach Satz 2 nicht, nicht unverzüglich, nicht vollständig oder fehlerhaft durchgeführt haben, ist von den Pflegekassen und privaten Versicherungsunternehmen ein Säumniszuschlag entsprechend § 24 Absatz 1 Satz 1 des Vierten Buches zu zahlen; dies gilt nicht, wenn im Einzelfall kein Verschulden der Pflegekassen und privaten Versicherungsunternehmen vorliegt.

(6) [1]Für Pflegepersonen, bei denen die Mindeststundenzahl von zehn Stunden wöchentlicher Pflege, verteilt auf regelmäßig mindestens zwei Tage in der Woche, nur durch die Pflege mehrerer Pflegebedürftiger erreicht wird, haben der Spitzenverband Bund der Pflegekassen, der Verband der privaten

Krankenversicherung e. V., die Deutsche Rentenversicherung Bund und die Bundesagentur für Arbeit das Verfahren und die Mitteilungspflichten zwischen den an einer Addition von Pflegezeiten und Pflegeaufwänden beteiligten Pflegekassen und Versicherungsunternehmen durch Vereinbarung zu regeln. [2]Die Pflegekassen und Versicherungsunternehmen dürfen die in Absatz 3 Satz 2 Nummer 1 bis 3 und 6 und, soweit dies für eine sichere Identifikation der Pflegeperson erforderlich ist, die in den Nummern 4 und 5 genannten Daten sowie die Angabe des zeitlichen Umfangs der Pflegetätigkeit der Pflegeperson an andere Pflegekassen und Versicherungsunternehmen, die an einer Addition von Pflegezeiten und Pflegeaufwänden beteiligt sind, zur Überprüfung der Voraussetzungen der Rentenversicherungspflicht oder der Versicherungspflicht nach dem Dritten Buch der Pflegeperson übermitteln und ihnen übermittelte Daten verarbeiten und nutzen.

§ 44a Zusätzliche Leistungen bei Pflegezeit und kurzzeitiger Arbeitsverhinderung

(1) [1]Beschäftigte, die nach § 3 des Pflegezeitgesetzes von der Arbeitsleistung vollständig freigestellt wurden oder deren Beschäftigung durch Reduzierung der Arbeitszeit zu einer geringfügigen Beschäftigung im Sinne des § 8 Abs. 1 Nr. 1 des Vierten Buches wird, erhalten auf Antrag Zuschüsse zur Kranken- und Pflegeversicherung. [2]Zuschüsse werden gewährt für eine freiwillige Versicherung in der gesetzlichen Krankenversicherung, eine Pflichtversicherung nach § 5 Abs. 1 Nr. 13 des Fünften Buches oder nach § 2 Abs. 1 Nr. 7 des Zweiten Gesetzes über die Krankenversicherung der Landwirte, eine Versicherung bei einem privaten Krankenversicherungsunternehmen, eine Versicherung bei der Postbeamtenkrankenkasse oder der Krankenversorgung der Bundesbahnbeamten, soweit im Einzelfall keine beitragsfreie Familienversicherung möglich ist, sowie für eine damit in Zusammenhang stehende Pflege-Pflichtversicherung. [3]Die Zuschüsse belaufen sich auf die Höhe der Mindestbeiträge, die von freiwillig in der gesetzlichen Krankenversicherung versicherten Personen zur gesetzlichen Krankenversicherung (§ 240 Abs. 4 Satz 1 des Fünften Buches) und zur sozialen Pflegeversicherung (§ 57 Abs. 4) zu entrichten sind und dürfen die tatsächliche Höhe der Beiträge nicht übersteigen. [4]Für die Berechnung der Mindestbeiträge zur gesetzlichen Krankenversicherung werden bei Mitgliedern der gesetzlichen Krankenversicherung der allgemeine Beitragssatz nach § 241 des Fünften Buches sowie der kassenindividuelle Zusatzbei-

tragssatz nach § 242 Absatz 1 des Fünften Buches zugrunde gelegt. [5]Bei Mitgliedern der landwirtschaftlichen Krankenversicherung sowie bei Personen, die nicht in der gesetzlichen Krankenversicherung versichert sind, werden der allgemeine Beitragssatz nach § 241 des Fünften Buches sowie der durchschnittliche Zusatzbeitragssatz nach § 242a des Fünften Buches zugrunde gelegt. [6]Beschäftigte haben Änderungen in den Verhältnissen, die sich auf die Zuschussgewährung auswirken können, unverzüglich der Pflegekasse oder dem privaten Versicherungsunternehmen, bei dem der Pflegebedürftige versichert ist, mitzuteilen.

(2) (weggefallen)

(3) [1]Für kurzzeitige Arbeitsverhinderung nach § 2 des Pflegezeitgesetzes hat eine Beschäftigte oder ein Beschäftigter im Sinne des § 7 Absatz 1 des Pflegezeitgesetzes, die oder der für diesen Zeitraum keine Entgeltfortzahlung vom Arbeitgeber und kein Kranken- oder Verletztengeld bei Erkrankung oder Unfall eines Kindes nach § 45 des Fünften Buches oder nach § 45 Absatz 4 des Siebten Buches beanspruchen kann, Anspruch auf einen Ausgleich für entgangenes Arbeitsentgelt (Pflegeunterstützungsgeld) für bis zu insgesamt zehn Arbeitstage. [2]Wenn mehrere Beschäftigte den Anspruch nach § 2 Absatz 1 des Pflegezeitgesetzes für einen pflegebedürftigen nahen Angehörigen geltend machen, ist deren Anspruch auf Pflegeunterstützungsgeld auf insgesamt bis zu zehn Arbeitstage begrenzt. [3]Das Pflegeunterstützungsgeld wird auf Antrag, der unverzüglich zu stellen ist, unter Vorlage der ärztlichen Bescheinigung nach § 2 Absatz 2 Satz 2 des Pflegezeitgesetzes von der Pflegekasse oder dem Versicherungsunternehmen des pflegebedürftigen nahen Angehörigen gewährt. [4]Für die Höhe des Pflegeunterstützungsgeldes gilt § 45 Absatz 2 Satz 3 bis 5 des Fünften Buches entsprechend.

(4) [1]Beschäftigte, die Pflegeunterstützungsgeld nach Absatz 3 beziehen, erhalten für die Dauer des Leistungsbezuges von den in Absatz 3 bezeichneten Organisationen auf Antrag Zuschüsse zur Krankenversicherung. [2]Zuschüsse werden gewährt für eine Versicherung bei einem privaten Krankenversicherungsunternehmen, eine Versicherung bei der Postbeamtenkrankenkasse oder der Krankenversorgung der Bundesbahnbeamten. [3]Die Zuschüsse belaufen sich auf den Betrag, der bei Versicherungspflicht in der gesetzlichen Krankenversicherung als Leistungsträgeranteil nach § 249c des Fünften Buches aufzubringen wäre, und dürfen die tatsächli-

che Höhe der Beiträge nicht übersteigen. [4]Für die Berechnung nach Satz 3 werden der allgemeine Beitragssatz nach § 241 des Fünften Buches sowie der durchschnittliche Zusatzbeitragssatz nach § 242a Absatz 2 des Fünften Buches zugrunde gelegt. [5]Für Beschäftigte, die Pflegeunterstützungsgeld nach Absatz 3 beziehen und wegen einer Pflichtmitgliedschaft in einer berufsständischen Versorgungseinrichtung von der Versicherungspflicht in der gesetzlichen Rentenversicherung befreit sind, zahlen die in § 170 Absatz 1 Nummer 2 Buchstabe e des Sechsten Buches genannten Stellen auf Antrag Beiträge an die zuständige berufsständische Versorgungseinrichtung in der Höhe, wie sie bei Eintritt von Versicherungspflicht nach § 3 Satz 1 Nummer 3 des Sechsten Buches an die gesetzliche Rentenversicherung zu entrichten wären. [6]Die von den in § 170 Absatz 1 Nummer 2 Buchstabe e des Sechsten Buches genannten Stellen zu zahlenden Beiträge sind auf die Höhe der Beiträge begrenzt, die von diesen Stellen ohne die Befreiung von der Versicherungspflicht in der gesetzlichen Rentenversicherung für die Dauer des Leistungsbezugs zu tragen wären; die Beiträge dürfen die Hälfte der in der Zeit des Leistungsbezugs vom Beschäftigten an die berufsständische Versorgungseinrichtung zu zahlenden Beiträge nicht übersteigen.

(5) [1]Die Pflegekasse oder das private Pflegeversicherungsunternehmen des pflegebedürftigen nahen Angehörigen stellt dem Leistungsbezieher nach Absatz 3 mit der Leistungsbewilligung eine Bescheinigung über den Zeitraum des Bezugs und die Höhe des gewährten Pflegeunterstützungsgeldes aus. [2]Der Leistungsbezieher hat diese Bescheinigung unverzüglich seinem Arbeitgeber vorzulegen. [3]In den Fällen des § 170 Absatz 1 Nummer 2 Buchstabe e Doppelbuchstabe cc des Sechsten Buches bescheinigt die Pflegekasse oder das private Versicherungsunternehmen die gesamte Höhe der Leistung.

(6) [1]Landwirtschaftlichen Unternehmern im Sinne des § 2 Absatz 1 Nummer 1 und 2 des Zweiten Gesetzes über die Krankenversicherung der Landwirte, die an der Führung des Unternehmens gehindert sind, weil sie für einen pflegebedürftigen nahen Angehörigen in einer akut aufgetretenen Pflegesituation eine bedarfsgerechte Pflege organisieren oder eine pflegerische Versorgung in dieser Zeit sicherstellen müssen, wird anstelle des Pflegeunterstützungsgeldes für bis zu zehn Arbeitstage Betriebshilfe entsprechend § 9 des Zweiten Gesetzes über die Krankenversicherung der Landwirte gewährt. [2]Diese Kosten der Leistungen für die Betriebshilfe werden der landwirtschaftlichen Pflegekasse von der Pflegeversicherung

des pflegebedürftigen nahen Angehörigen erstattet; innerhalb der sozialen Pflegeversicherung wird von einer Erstattung abgesehen. [3]Privat pflegeversicherte landwirtschaftliche Unternehmer, die an der Führung des Unternehmens gehindert sind, weil dies erforderlich ist, um für einen pflegebedürftigen nahen Angehörigen in einer akut aufgetretenen Pflegesituation eine bedarfsgerechte Pflege zu organisieren oder eine pflegerische Versorgung in dieser Zeit sicherzustellen, erhalten von der Pflegekasse des Pflegebedürftigen oder in Höhe des tariflichen Erstattungssatzes von dem privaten Versicherungsunternehmen des Pflegebedürftigen eine Kostenerstattung für bis zu zehn Arbeitstage Betriebshilfe; dabei werden nicht die tatsächlichen Kosten, sondern ein pauschaler Betrag in Höhe von 200 Euro je Tag Betriebshilfe zugrunde gelegt.

(7) [1]Die Pflegekasse und das private Versicherungsunternehmen haben in den Fällen, in denen ein Leistungsbezieher nach Absatz 3 einen pflegebedürftigen nahen Angehörigen pflegt, der Anspruch auf Beihilfeleistungen oder Leistungen der Heilfürsorge hat, und für den Beiträge anteilig getragen werden, im Antragsverfahren auf Pflegeunterstützungsgeld von dem Pflegebedürftigen die zuständige Festsetzungsstelle für die Beihilfe oder den Dienstherrn unter Hinweis auf die beabsichtigte Information dieser Stelle über den beitragspflichtigen Bezug von Pflegeunterstützungsgeld zu erfragen. [2]Der angegebenen Festsetzungsstelle für die Beihilfe oder dem angegebenen Dienstherrn sind bei Feststellung der Beitragspflicht folgende Angaben zum Leistungsbezieher mitzuteilen:

1. die Versicherungsnummer, soweit bekannt,
2. der Familien- und der Vorname,
3. das Geburtsdatum,
4. die Staatsangehörigkeit,
5. die Anschrift,
6. der Beginn des Bezugs von Pflegeunterstützungsgeld,
7. die Höhe des dem Pflegeunterstützungsgeld zugrunde liegenden ausgefallenen Arbeitsentgelts und
8. Name und Anschrift der Krankenkasse oder des privaten Krankenversicherungsunternehmens.

§ 45 Pflegekurse für Angehörige und ehrenamtliche Pflegepersonen

(1) [1]Die Pflegekassen haben für Angehörige und sonstige an einer ehrenamtlichen Pflegetätigkeit interessierte Personen unentgeltlich Schulungskurse durchzuführen, um soziales Engagement im Bereich der Pflege zu fördern und zu stärken, Pflege und Betreuung zu erleichtern und zu verbessern sowie pflegebedingte körperliche und seelische Belastungen zu mindern und ihrer Entstehung vorzubeugen. [2]Die Kurse sollen Fertigkeiten für eine eigenständige Durchführung der Pflege vermitteln. [3]Auf Wunsch der Pflegeperson und der pflegebedürftigen Person findet die Schulung auch in der häuslichen Umgebung des Pflegebedürftigen statt. [4]§ 114a Absatz 3a gilt entsprechend.

(2) Die Pflegekasse kann die Kurse entweder selbst oder gemeinsam mit anderen Pflegekassen durchführen oder geeignete andere Einrichtungen mit der Durchführung beauftragen.

(3) Über die einheitliche Durchführung sowie über die inhaltliche Ausgestaltung der Kurse können die Landesverbände der Pflegekassen Rahmenvereinbarungen mit den Trägern der Einrichtungen schließen, die die Pflegekurse durchführen.

Fünfter Abschnitt.

Angebote zur Unterstützung im Alltag, Entlastungsbetrag, Förderung der Weiterentwicklung der Versorgungsstrukturen und des Ehrenamts sowie der Selbsthilfe

§ 45a Angebote zur Unterstützung im Alltag, Umwandlung des ambulanten Sachleistungsbetrags (Umwandlungsanspruch), Verordnungsermächtigung

(1) [1]Angebote zur Unterstützung im Alltag tragen dazu bei, Pflegepersonen zu entlasten, und helfen Pflegebedürftigen, möglichst lange in ihrer häuslichen Umgebung zu bleiben, soziale Kontakte aufrechtzuerhalten und ihren Alltag weiterhin möglichst selbständig bewältigen zu können. [2]Angebote zur Unterstützung im Alltag sind

1. Angebote, in denen insbesondere ehrenamtliche Helferinnen und Helfer unter pflegefachlicher Anleitung die Betreuung von Pflegebedürftigen mit allgemeinem oder mit besonderem Betreuungsbedarf in Gruppen oder im häuslichen Bereich übernehmen (Betreuungsangebote),
2. Angebote, die der gezielten Entlastung und beratenden Unterstützung von pflegenden Angehörigen und vergleichbar nahestehenden Pflegepersonen in ihrer Eigenschaft als Pflegende dienen (Angebote zur Entlastung von Pflegenden),
3. Angebote, die dazu dienen, die Pflegebedürftigen bei der Bewältigung von allgemeinen oder pflegebedingten Anforderungen des Alltags oder im Haushalt, insbesondere bei der Haushaltsführung, oder bei der eigenverantwortlichen Organisation individuell benötigter Hilfeleistungen zu unterstützen (Angebote zur Entlastung im Alltag).

[3]Die Angebote benötigen eine Anerkennung durch die zuständige Behörde nach Maßgabe des gemäß Absatz 3 erlassenen Landesrechts. [4]Durch ein Angebot zur Unterstützung im Alltag können auch mehrere der in Satz 2 Nummer 1 bis 3 genannten Bereiche abgedeckt werden. [5]In Betracht kommen als Angebote zur Unterstützung im Alltag insbesondere Betreuungsgruppen für an Demenz erkrankte Menschen, Helferinnen- und Helferkreise zur stundenweisen Entlastung pflegender Angehöriger oder vergleichbar nahestehender Pflegepersonen im häuslichen Bereich, die Tagesbetreuung in Kleingruppen oder Einzelbetreuung durch anerkannte Helferinnen oder Helfer, Agenturen zur Vermittlung von Betreuungs- und Entlastungsleistungen für Pflegebedürftige und pflegende Angehörige sowie vergleichbar nahestehende Pflegepersonen, Familienentlastende Dienste, Alltagsbegleiter, Pflegebegleiter und Serviceangebote für haushaltsnahe Dienstleistungen.

(2) [1]Angebote zur Unterstützung im Alltag beinhalten die Übernahme von Betreuung und allgemeiner Beaufsichtigung, eine die vorhandenen Ressourcen und Fähigkeiten stärkende oder stabilisierende Alltagsbegleitung, Unterstützungsleistungen für Angehörige und vergleichbar Nahestehende in ihrer Eigenschaft als Pflegende zur besseren Bewältigung des Pflegealltags, die Erbringung von Dienstleistungen, organisatorische Hilfestellungen oder andere geeignete Maßnahmen. [2]Die Angebote verfügen über ein Konzept, das Angaben zur Qualitätssicherung des Angebots sowie eine Übersicht über die Leistungen, die angeboten werden sollen, und die Höhe der

den Pflegebedürftigen hierfür in Rechnung gestellten Kosten enthält. [3]Das Konzept umfasst ferner Angaben zur zielgruppen- und tätigkeitsgerechten Qualifikation der Helfenden und zu dem Vorhandensein von Grund- und Notfallwissen im Umgang mit Pflegebedürftigen sowie dazu, wie eine angemessene Schulung und Fortbildung der Helfenden sowie eine kontinuierliche fachliche Begleitung und Unterstützung insbesondere von ehrenamtlich Helfenden in ihrer Arbeit gesichert werden. [4]Bei wesentlichen Änderungen hinsichtlich der angebotenen Leistungen ist das Konzept entsprechend fortzuschreiben; bei Änderung der hierfür in Rechnung gestellten Kosten sind die entsprechenden Angaben zu aktualisieren.

(3) [1]Die Landesregierungen werden ermächtigt, durch Rechtsverordnung das Nähere über die Anerkennung der Angebote zur Unterstützung im Alltag im Sinne der Absätze 1 und 2 einschließlich der Vorgaben zur regelmäßigen Qualitätssicherung der Angebote und zur regelmäßigen Übermittlung einer Übersicht über die aktuell angebotenen Leistungen und die Höhe der hierfür erhobenen Kosten zu bestimmen. [2]Beim Erlass der Rechtsverordnung sollen sie die gemäß § 45c Absatz 7 beschlossenen Empfehlungen berücksichtigen.

(4) [1]Pflegebedürftige in häuslicher Pflege mit mindestens Pflegegrad 2 können eine Kostenerstattung zum Ersatz von Aufwendungen für Leistungen der nach Landesrecht anerkannten Angebote zur Unterstützung im Alltag unter Anrechnung auf ihren Anspruch auf ambulante Pflegesachleistungen nach § 36 erhalten, soweit für den entsprechenden Leistungsbetrag nach § 36 in dem jeweiligen Kalendermonat keine ambulanten Pflegesachleistungen bezogen wurden. [2]Der hierfür verwendete Betrag darf je Kalendermonat 40 Prozent des nach § 36 für den jeweiligen Pflegegrad vorgesehenen Höchstleistungsbetrags nicht überschreiten. [3]Die Anspruchsberechtigten erhalten die Kostenerstattung nach Satz 1 auf Antrag von der zuständigen Pflegekasse oder dem zuständigen privaten Versicherungsunternehmen sowie im Fall der Beihilfeberechtigung anteilig von der Beihilfefestsetzungsstelle gegen Vorlage entsprechender Belege über Eigenbelastungen, die ihnen im Zusammenhang mit der Inanspruchnahme der in Satz 1 genannten Leistungen entstanden sind. [4]Die Vergütungen für ambulante Pflegesachleistungen nach § 36 sind vorrangig abzurechnen. [5]Im Rahmen der Kombinationsleistung nach § 38 gilt die Erstattung der Aufwendungen nach Satz 1 als Inanspruchnahme der dem Anspruchsberechtigten nach § 36 Absatz 3 zustehenden Sachleistung. [6]Beziehen Anspruchsberechtigte die Leistung

nach Satz 1, findet § 37 Absatz 3 bis 5, 7 und 8 Anwendung; § 37 Absatz 6 findet mit der Maßgabe entsprechende Anwendung, dass eine Kürzung oder Entziehung in Bezug auf die Kostenerstattung nach Satz 1 erfolgt. [7]Das Bundesministerium für Gesundheit evaluiert die Möglichkeit zur anteiligen Verwendung der in § 36 für den Bezug ambulanter Pflegesachleistungen vorgesehenen Leistungsbeträge auch für Leistungen nach Landesrecht anerkannter Angebote zur Unterstützung im Alltag nach den Sätzen 1 bis 6 spätestens bis zum 31. Dezember 2018. [8]Die Inanspruchnahme der Umwandlung des ambulanten Sachleistungsbetrags nach Satz 1 und die Inanspruchnahme des Entlastungsbetrags nach § 45b erfolgen unabhängig voneinander.

§ 45b Entlastungsbetrag

(1) [1]Pflegebedürftige in häuslicher Pflege haben Anspruch auf einen Entlastungsbetrag in Höhe von bis zu 125 Euro monatlich. [2]Der Betrag ist zweckgebunden einzusetzen für qualitätsgesicherte Leistungen zur Entlastung pflegender Angehöriger und vergleichbar Nahestehender in ihrer Eigenschaft als Pflegende sowie zur Förderung der Selbständigkeit und Selbstbestimmtheit der Pflegebedürftigen bei der Gestaltung ihres Alltags. [3]Er dient der Erstattung von Aufwendungen, die den Versicherten entstehen im Zusammenhang mit der Inanspruchnahme von

1. Leistungen der Tages- oder Nachtpflege,
2. Leistungen der Kurzzeitpflege,
3. Leistungen der ambulanten Pflegedienste im Sinne des § 36, in den Pflegegraden 2 bis 5 jedoch nicht von Leistungen im Bereich der Selbstversorgung,
4. Leistungen der nach Landesrecht anerkannten Angebote zur Unterstützung im Alltag im Sinne des § 45a.

[4]Die Erstattung der Aufwendungen erfolgt auch, wenn für die Finanzierung der in Satz 3 genannten Leistungen Mittel der Verhinderungspflege gemäß § 39 eingesetzt werden. [5]Die Leistung nach Satz 1 kann innerhalb des jeweiligen Kalenderjahres in Anspruch genommen werden; wird die Leistung in einem Kalenderjahr nicht ausgeschöpft, kann der nicht verbrauchte Betrag in das folgende Kalenderhalbjahr übertragen werden.

(2) [1]Der Anspruch auf den Entlastungsbetrag entsteht, sobald die in Absatz 1 Satz 1 genannten Anspruchsvoraussetzungen vorliegen, ohne dass es einer vorherigen Antragstellung bedarf. [2]Die Kostenerstattung in Höhe des Entlastungsbetrags nach Absatz 1 erhalten die Pflegebedürftigen von der zuständigen Pflegekasse oder dem zuständigen privaten Versicherungsunternehmen sowie im Fall der Beihilfeberechtigung anteilig von der Beihilfefestsetzungsstelle bei Beantragung der dafür erforderlichen finanziellen Mittel gegen Vorlage entsprechender Belege über entstandene Eigenbelastungen im Zusammenhang mit der Inanspruchnahme der in Absatz 1 Satz 3 genannten Leistungen. [3]Für Zwecke der statistischen Erfassung bei den Pflegekassen und den privaten Versicherungsunternehmen muss auf den Belegen eindeutig und deutlich erkennbar angegeben sein, im Zusammenhang mit welcher der in Absatz 1 Satz 3 Nummer 1 bis 4 genannten Leistungen die Aufwendungen jeweils entstanden sind.

(3) [1]Der Entlastungsbetrag nach Absatz 1 Satz 1 findet bei den Fürsorgeleistungen zur Pflege nach § 13 Absatz 3 Satz 1 keine Berücksichtigung. [2]§ 63b Absatz 1 des Zwölften Buches findet auf den Entlastungsbetrag keine Anwendung. [3]Abweichend von den Sätzen 1 und 2 darf der Entlastungsbetrag hinsichtlich der Leistungen nach § 64i oder § 66 des Zwölften Buches bei der Hilfe zur Pflege Berücksichtigung finden, soweit nach diesen Vorschriften Leistungen zu gewähren sind, deren Inhalte den Leistungen nach Absatz 1 Satz 3 entsprechen.

(4) [1]Die für die Erbringung von Leistungen nach Absatz 1 Satz 3 Nummer 1 bis 4 verlangte Vergütung darf die Preise für vergleichbare Sachleistungen von zugelassenen Pflegeeinrichtungen nicht übersteigen. [2]Näheres zur Ausgestaltung einer entsprechenden Begrenzung der Vergütung, die für die Erbringung von Leistungen nach Absatz 1 Satz 3 Nummer 4 durch nach Landesrecht anerkannte Angebote zur Unterstützung im Alltag verlangt werden darf, können die Landesregierungen in der Rechtsverordnung nach § 45a Absatz 3 bestimmen.

§ 45c Förderung der Weiterentwicklung der Versorgungsstrukturen und des Ehrenamts, Verordnungsermächtigung

(1) [1]Zur Weiterentwicklung der Versorgungsstrukturen und Versorgungskonzepte und zur Förderung ehrenamtlicher Strukturen fördert der Spitzenver-

band Bund der Pflegekassen im Wege der Anteilsfinanzierung aus Mitteln des Ausgleichsfonds mit 25 Millionen Euro je Kalenderjahr

1. den Auf- und Ausbau von Angeboten zur Unterstützung im Alltag im Sinne des § 45a,
2. den Auf- und Ausbau und die Unterstützung von Gruppen ehrenamtlich tätiger sowie sonstiger zum bürgerschaftlichen Engagement bereiter Personen und entsprechender ehrenamtlicher Strukturen sowie
3. Modellvorhaben zur Erprobung neuer Versorgungskonzepte und Versorgungsstrukturen insbesondere für an Demenz erkrankte Pflegebedürftige sowie andere Gruppen von Pflegebedürftigen, deren Versorgung in besonderem Maße der strukturellen Weiterentwicklung bedarf.

[2]Die privaten Versicherungsunternehmen, die die private Pflege-Pflichtversicherung durchführen, beteiligen sich an dieser Förderung mit insgesamt 10 Prozent des in Satz 1 genannten Fördervolumens. [3]Darüber hinaus fördert der Spitzenverband Bund der Pflegekassen aus Mitteln des Ausgleichsfonds mit 10 Millionen Euro je Kalenderjahr die strukturierte Zusammenarbeit in regionalen Netzwerken nach Absatz 9; Satz 2 gilt entsprechend. [4]Fördermittel nach Satz 3, die in dem jeweiligen Kalenderjahr nicht in Anspruch genommen worden sind, erhöhen im Folgejahr das Fördervolumen nach Satz 1; dadurch erhöht sich auch das in Absatz 2 Satz 2 genannte Gesamtfördervolumen entsprechend.

(2) [1]Der Zuschuss aus Mitteln der sozialen und privaten Pflegeversicherung ergänzt eine Förderung der in Absatz 1 Satz 1 genannten Zwecke durch das jeweilige Land oder die jeweilige kommunale Gebietskörperschaft. [2]Der Zuschuss wird jeweils in gleicher Höhe gewährt wie der Zuschuss, der vom Land oder von der kommunalen Gebietskörperschaft für die einzelne Fördermaßnahme geleistet wird, sodass insgesamt ein Fördervolumen von 50 Millionen Euro im Kalenderjahr erreicht wird. [3]Im Einvernehmen mit allen Fördergebern können Zuschüsse der kommunalen Gebietskörperschaften auch als Personal- oder Sachmittel eingebracht werden, sofern diese Mittel nachweislich ausschließlich und unmittelbar dazu dienen, den jeweiligen Förderzweck zu erreichen. [4]Soweit Mittel der Arbeitsförderung bei einem Projekt eingesetzt werden, sind diese einem vom Land oder von der Kommune geleisteten Zuschuss gleichgestellt.

(3) [1]Die Förderung des Auf- und Ausbaus von Angeboten zur Unterstützung im Alltag im Sinne des § 45a nach Absatz 1 Satz 1 Nummer 1 erfolgt als Projektförderung und dient insbesondere dazu, Aufwandsentschädigungen für die ehrenamtlich tätigen Helfenden zu finanzieren sowie notwendige Personal- und Sachkosten, die mit der Koordination und Organisation der Hilfen und der fachlichen Anleitung und Schulung der Helfenden durch Fachkräfte verbunden sind. [2]Dem Antrag auf Förderung ist ein Konzept zur Qualitätssicherung des Angebots beizufügen. [3]Aus dem Konzept muss sich ergeben, dass eine angemessene Schulung und Fortbildung der Helfenden sowie eine kontinuierliche fachliche Begleitung und Unterstützung der ehrenamtlich Helfenden in ihrer Arbeit gesichert sind.

(4) Die Förderung des Auf- und Ausbaus und der Unterstützung von Gruppen ehrenamtlich tätiger sowie sonstiger zum bürgerschaftlichen Engagement bereiter Personen und entsprechender ehrenamtlicher Strukturen nach Absatz 1 Satz 1 Nummer 2 erfolgt zur Förderung von Initiativen, die sich die Unterstützung, allgemeine Betreuung und Entlastung von Pflegebedürftigen und deren Angehörigen sowie vergleichbar nahestehenden Pflegepersonen zum Ziel gesetzt haben.

(5) [1]Im Rahmen der Modellförderung nach Absatz 1 Satz 1 Nummer 3 sollen insbesondere modellhaft Möglichkeiten einer wirksamen Vernetzung der erforderlichen Hilfen für an Demenz erkrankte Pflegebedürftige und andere Gruppen von Pflegebedürftigen, deren Versorgung in besonderem Maße der strukturellen Weiterentwicklung bedarf, in einzelnen Regionen erprobt werden. [2]Dabei können auch stationäre Versorgungsangebote berücksichtigt werden. [3]Die Modellvorhaben sind auf längstens fünf Jahre zu befristen. [4]Bei der Vereinbarung und Durchführung von Modellvorhaben kann im Einzelfall von den Regelungen des Siebten Kapitels abgewichen werden. [5]Für die Modellvorhaben sind eine wissenschaftliche Begleitung und Auswertung vorzusehen. [6]Soweit im Rahmen der Modellvorhaben personenbezogene Daten benötigt werden, können diese nur mit Einwilligung des Pflegebedürftigen erhoben, verarbeitet und genutzt werden.

(6) [1]Um eine gerechte Verteilung der Fördermittel der Pflegeversicherung auf die Länder zu gewährleisten, werden die nach Absatz 1 Satz 1 und 2 zur Verfügung stehenden Fördermittel der sozialen und privaten Pflegeversicherung nach dem Königsteiner Schlüssel aufgeteilt. [2]Mittel, die in einem Land im jeweiligen Haushaltsjahr nicht in Anspruch genommen werden,

können in das Folgejahr übertragen werden. [3]Nach Satz 2 übertragene Mittel, die am Ende des Folgejahres nicht in Anspruch genommen worden sind, können für Projekte, für die bis zum Stichtag nach Satz 5 mindestens Art, Region und geplante Förderhöhe konkret benannt werden, im darauf folgenden Jahr von Ländern beantragt werden, die im Jahr vor der Übertragung der Mittel nach Satz 2 mindestens 80 Prozent der auf sie nach dem Königsteiner Schlüssel entfallenden Mittel ausgeschöpft haben. [4]Die Verausgabung der nach Satz 3 beantragten Fördermittel durch die Länder oder kommunalen Gebietskörperschaften darf sich für die entsprechend benannten Projekte über einen Zeitraum von maximal drei Jahren erstrecken. [5]Der Ausgleichsfonds sammelt die nach Satz 3 eingereichten Anträge bis zum 30. April des auf das Folgejahr folgenden Jahres und stellt anschließend fest, in welchem Umfang die Mittel jeweils auf die beantragenden Länder entfallen. [6]Die Auszahlung der Mittel für ein Projekt erfolgt, sobald für das Projekt eine konkrete Förderzusage durch das Land oder die kommunale Gebietskörperschaft vorliegt. [7]Ist die Summe der bis zum 30. April beantragten Mittel insgesamt größer als der dafür vorhandene Mittelbestand, so werden die vorhandenen Mittel nach dem Königsteiner Schlüssel auf die beantragenden Länder verteilt. [8]Nach dem 30. April eingehende Anträge werden in der Reihenfolge des Antragseingangs bearbeitet, bis die Fördermittel verbraucht sind. Fördermittel, die bis zum Ende des auf das Folgejahr folgenden Jahres nicht beantragt sind, verfallen.

(7) [1]Der Spitzenverband Bund der Pflegekassen beschließt mit dem Verband der privaten Krankenversicherung e. V. nach Anhörung der Verbände der Behinderten und Pflegebedürftigen auf Bundesebene Empfehlungen über die Voraussetzungen, Ziele, Dauer, Inhalte und Durchführung der Förderung sowie zu dem Verfahren zur Vergabe der Fördermittel für die in Absatz 1 Satz 1 genannten Zwecke. [2]In den Empfehlungen ist unter anderem auch festzulegen, welchen Anforderungen die Einbringung von Zuschüssen der kommunalen Gebietskörperschaften als Personal- oder Sachmittel genügen muss und dass jeweils im Einzelfall zu prüfen ist, ob im Rahmen der in Absatz 1 Satz 1 genannten Zwecke Mittel und Möglichkeiten der Arbeitsförderung genutzt werden können. [3]Die Empfehlungen bedürfen der Zustimmung des Bundesministeriums für Gesundheit und der Länder. [4]Soweit Belange des Ehrenamts betroffen sind, erteilt das Bundesministerium für Gesundheit seine Zustimmung im Benehmen mit dem Bundesministerium für Familie, Senioren, Frauen und Jugend. [5]Die Landesregierungen wer-

den ermächtigt, durch Rechtsverordnung das Nähere über die Umsetzung der Empfehlungen zu bestimmen.

(8) [1]Der Finanzierungsanteil, der auf die privaten Versicherungsunternehmen entfällt, kann von dem Verband der privaten Krankenversicherung e. V. unmittelbar an das Bundesversicherungsamt zugunsten des Ausgleichsfonds der Pflegeversicherung (§ 65) überwiesen werden. [2]Näheres über das Verfahren der Auszahlung der Fördermittel, die aus dem Ausgleichsfonds zu finanzieren sind, sowie über die Zahlung und Abrechnung des Finanzierungsanteils der privaten Versicherungsunternehmen regeln das Bundesversicherungsamt, der Spitzenverband Bund der Pflegekassen und der Verband der privaten Krankenversicherung e. V. durch Vereinbarung.

(9) [1]Zur Verbesserung der Versorgung und Unterstützung von Pflegebedürftigen und deren Angehörigen sowie vergleichbar nahestehenden Pflegepersonen können die in Absatz 1 Satz 3 genannten Mittel für die Beteiligung von Pflegekassen an regionalen Netzwerken verwendet werden, die der strukturierten Zusammenarbeit von Akteuren dienen, die an der Versorgung Pflegebedürftiger beteiligt sind und die sich im Rahmen einer freiwilligen Vereinbarung vernetzen. [2]Die Förderung der strukturierten regionalen Zusammenarbeit erfolgt, indem sich die Pflegekassen einzeln oder gemeinsam im Wege einer Anteilsfinanzierung an den netzwerkbedingten Kosten beteiligen. [3]Je Kreis oder kreisfreier Stadt darf der Förderbetrag dabei 20.000 Euro je Kalenderjahr nicht überschreiten. [4]Den Kreisen und kreisfreien Städten, Selbsthilfegruppen, -organisationen und -kontaktstellen im Sinne des § 45d sowie organisierten Gruppen ehrenamtlich tätiger sowie sonstiger zum bürgerschaftlichen Engagement bereiter Personen im Sinne des Absatzes 4 ist in ihrem jeweiligen Einzugsgebiet die Teilnahme an der geförderten strukturierten regionalen Zusammenarbeit zu ermöglichen. [5]Für private Versicherungsunternehmen, die die private Pflege-Pflichtversicherung durchführen, gelten die Sätze 1 bis 4 entsprechend. [6]Absatz 7 Satz 1 bis 4 und Absatz 8 finden entsprechende Anwendung. [7]Die Absätze 2 und 6 finden keine Anwendung.

§ 45d Förderung der Selbsthilfe, Verordnungsermächtigung

[1]Je Kalenderjahr werden 0,15 Euro je Versicherten verwendet zur Förderung und zum Auf- und Ausbau von Selbsthilfegruppen, -organisationen und -kontaktstellen, die sich die Unterstützung von Pflegebedürftigen so-

wie von deren Angehörigen und vergleichbar Nahestehenden zum Ziel gesetzt haben; um eine gerechte Verteilung dieser Fördermittel auf die Länder zu gewährleisten, werden die Fördermittel der Pflegeversicherung nach dem Königsteiner Schlüssel aufgeteilt. [2]Der Zuschuss aus den Mitteln der sozialen und privaten Pflegeversicherung nach Satz 1 ergänzt eine Förderung durch das jeweilige Land oder die jeweilige kommunale Gebietskörperschaft und wird jeweils in Höhe von 75 Prozent des Zuschusses gewährt, der für die einzelne Fördermaßnahme insgesamt geleistet wird. [3]Davon abweichend können von den nach Satz 1 auf die Länder aufgeteilten Mitteln Fördermittel in Höhe von insgesamt je Kalenderjahr bis zu 0,01 Euro je Versicherten als Gründungszuschüsse für neue Selbsthilfegruppen, -organisationen und -kontaktstellen verwendet werden, ohne dass es für die Förderung einer Mitfinanzierung durch das Land oder durch eine kommunale Gebietskörperschaft bedarf. [4]Die Gründungszuschüsse sind von den Selbsthilfegruppen, -organisationen und -kontaktstellen unmittelbar beim Spitzenverband Bund der Pflegekassen zu beantragen; das Nähere zur Durchführung der Förderung und zum Verfahren wird in den Empfehlungen nach § 45c Absatz 7 festgelegt. [5]Im Übrigen werden für die Förderung der Selbsthilfe die Vorgaben des § 45c und das dortige Verfahren, einschließlich § 45c Absatz 2 Satz 3 und 4 und Absatz 6 Satz 2, entsprechend angewendet. [6]§ 45c Absatz 6 Satz 3 bis 9 findet mit der Maßgabe entsprechende Anwendung, dass von den in das Folgejahr übertragenen Mitteln nach Satz 1, die am Ende des Folgejahres nicht in Anspruch genommen worden sind, Fördermittel in Höhe von 0,01 Euro je Versicherten in dem auf das Folgejahr folgenden Jahr von einer Übertragung auf die Länder ausgenommen sind. [7]Die nach Satz 6 von der Übertragung ausgenommenen Mittel werden zur Förderung von bundesweiten Tätigkeiten von Selbsthilfegruppen, -organisationen und -kontaktstellen verwendet. [8]Die Förderung der bundesweiten Selbsthilfetätigkeiten erfolgt durch den Spitzenverband Bund der Pflegekassen, ohne dass es einer Mitfinanzierung durch das Land oder durch eine kommunale Gebietskörperschaft bedarf. [9]Die Förderung der bundesweiten Selbsthilfetätigkeiten ist von den Selbsthilfegruppen, -organisationen und -kontaktstellen unmittelbar beim Spitzenverband Bund der Pflegekassen zu beantragen. [10]Die Bewilligung der Fördermittel aus den gemäß den Sätzen 6 und 7 zur Verfügung stehenden Mitteln durch den Spitzenverband Bund der Pflegekassen darf jeweils für einen Zeitraum von maximal fünf Jahren erfolgen. [11]Nach erneuter Antragstellung kann eine Förderung erneut bewilligt werden. [12]Die Einzelheiten zu den Voraussetzungen, Zielen, Inhalten und der Durchführung der Förderung sowie zu dem Verfahren zur Vergabe der Fördermittel nach Satz 7 werden in den Empfehlungen nach § 45c Absatz 7 festgelegt. [13]Selbsthilfegruppen im Sinne dieser Vorschrift sind freiwillige, neutrale, unabhängige und nicht gewinnorientierte Zusammenschlüsse von Personen, die entweder aufgrund eigener Betroffenheit oder als Angehörige oder vergleichbar Nahestehende das Ziel verfolgen, durch persönliche, wechselseitige Unterstützung, auch unter Zuhilfenahme von Angeboten ehrenamtlicher und sonstiger zum bürgerschaftlichen Engagement bereiter Personen, die Lebenssituation von Pflegebedürftigen sowie von deren Angehörigen und vergleichbar Nahestehenden zu verbessern. [14]Selbsthilfeorganisationen sind die Zusammenschlüsse von Selbsthilfegruppen in Verbänden. [15]Selbsthilfekontaktstellen sind örtlich oder regional arbeitende professionelle Beratungseinrichtungen mit hauptamtlichem Personal, die das Ziel verfolgen, die Lebenssituation von Pflegebedürftigen sowie von deren Angehörigen und vergleichbar Nahestehenden zu verbessern. [16]Eine Förderung der Selbsthilfe nach dieser Vorschrift ist ausgeschlossen, soweit für dieselbe Zweckbestimmung eine Förderung nach § 20h des Fünften Buches erfolgt. [7]§ 45c Absatz 7 Satz 5 gilt entsprechend.

Sechster Abschnitt. Initiativprogramm zur Förderung neuer Wohnformen

§ 45e Anschubfinanzierung zur Gründung von ambulant betreuten Wohngruppen

(1) [1]Zur Förderung der Gründung von ambulant betreuten Wohngruppen wird Pflegebedürftigen, die Anspruch auf Leistungen nach § 38a haben und die an der gemeinsamen Gründung beteiligt sind, für die altersgerechte oder barrierearme Umgestaltung der gemeinsamen Wohnung zusätzlich zu dem Betrag nach § 40 Absatz 4 einmalig ein Betrag von bis zu 2.500 Euro gewährt. [2]Der Gesamtbetrag ist je Wohngruppe auf 10.000 Euro begrenzt und wird bei mehr als vier Anspruchsberechtigten anteilig auf die Versicherungsträger der Anspruchsberechtigten aufgeteilt. [3]Der Antrag ist innerhalb eines Jahres nach Vorliegen der Anspruchsvoraussetzungen zu stellen. [4]Dabei kann die Umgestaltungsmaßnahme auch vor der Gründung

und dem Einzug erfolgen. [5]Die Sätze 1 bis 4 gelten für die Versicherten der privaten Pflege-Pflichtversicherung entsprechend.

(2) [1]Die Pflegekassen zahlen den Förderbetrag aus, wenn die Gründung einer ambulant betreuten Wohngruppe nachgewiesen wird. [2]Der Anspruch endet mit Ablauf des Monats, in dem das Bundesversicherungsamt den Pflegekassen und dem Verband der privaten Krankenversicherung e. V. mitteilt, dass mit der Förderung eine Gesamthöhe von 30 Millionen Euro erreicht worden ist. [3]Einzelheiten zu den Voraussetzungen und dem Verfahren der Förderung regelt der Spitzenverband Bund der Pflegekassen im Einvernehmen mit dem Verband der privaten Krankenversicherung e. V.

§ 45f Weiterentwicklung neuer Wohnformen

(1) [1]Zur wissenschaftlich gestützten Weiterentwicklung und Förderung neuer Wohnformen werden zusätzlich 10 Millionen Euro zur Verfügung gestellt. [2]Dabei sind insbesondere solche Konzepte einzubeziehen, die es alternativ zu stationären Einrichtungen ermöglichen, außerhalb der vollstationären Betreuung bewohnerorientiert individuelle Versorgung anzubieten.

(2) [1]Einrichtungen, die aus diesem Grund bereits eine Modellförderung, insbesondere nach § 8 Absatz 3, erfahren haben, sind von der Förderung nach Absatz 1 Satz 1 ausgenommen. [2]Für die Förderung gilt § 8 Absatz 3 entsprechend.

Fünftes Kapitel.
Organisation
Erster Abschnitt.
Träger der Pflegeversicherung

§ 46 Pflegekassen

(1) [1]Träger der Pflegeversicherung sind die Pflegekassen. [2]Bei jeder Krankenkasse (§ 4 Abs. 2 des Fünften Buches) wird eine Pflegekasse errichtet. [3]Die Deutsche Rentenversicherung Knappschaft-Bahn-See als Träger der

Krankenversicherung führt die Pflegeversicherung für die Versicherten durch.

(2) [1]Die Pflegekassen sind rechtsfähige Körperschaften des öffentlichen Rechts mit Selbstverwaltung. [2]Organe der Pflegekassen sind die Organe der Krankenkassen, bei denen sie errichtet sind. [3]Arbeitgeber (Dienstherr) der für die Pflegekasse tätigen Beschäftigten ist die Krankenkasse, bei der die Pflegekasse errichtet ist. [4]Krankenkassen und Pflegekassen können für Mitglieder, die ihre Kranken- und Pflegeversicherungsbeiträge selbst zu zahlen haben, die Höhe der Beiträge zur Kranken- und Pflegeversicherung in einem gemeinsamen Beitragsbescheid festsetzen. [5]Das Mitglied ist darauf hinzuweisen, dass der Bescheid über den Beitrag zur Pflegeversicherung im Namen der Pflegekasse ergeht. [6]In den Fällen des Satzes 4 kann auch ein gemeinsamer Widerspruchsbescheid erlassen werden; Satz 5 gilt entsprechend. [7]Die Erstattung zu Unrecht gezahlter Pflegeversicherungsbeiträge erfolgt durch die Krankenkasse, bei der die Pflegekasse errichtet ist. [8]Bei der Ausführung dieses Buches ist das Erste Kapitel des Zehnten Buches anzuwenden.

(3) [1]Die Verwaltungskosten einschließlich der Personalkosten, die den Krankenkassen auf Grund dieses Buches entstehen, werden von den Pflegekassen in Höhe von 3,2 Prozent des Mittelwertes von Leistungsaufwendungen und Beitragseinnahmen erstattet; dabei ist der Erstattungsbetrag für die einzelne Krankenkasse um die Hälfte der Aufwendungen der jeweiligen Pflegekasse für Pflegeberatung nach § 7a Abs. 4 Satz 5 und um die Aufwendungen für Zahlungen nach § 18 Absatz 3b zu vermindern. [2]Bei der Berechnung der Erstattung sind die Beitragseinnahmen um die Beitragseinnahmen zu vermindern, die dazu bestimmt sind, nach § 135 dem Vorsorgefonds der sozialen Pflegeversicherung zugeführt zu werden. [3]Der Gesamtbetrag der nach Satz 1 zu erstattenden Verwaltungskosten aller Krankenkassen ist nach dem tatsächlich entstehenden Aufwand (Beitragseinzug/Leistungsgewährung) auf die Krankenkassen zu verteilen. [4]Der Spitzenverband Bund der Pflegekassen bestimmt das Nähere über die Verteilung. [5]Außerdem übernehmen die Pflegekassen 50 vom Hundert der umlagefinanzierten Kosten des Medizinischen Dienstes der Krankenversicherung. [6]Personelle Verwaltungskosten, die einer Betriebskrankenkasse von der Pflegekasse erstattet werden, sind an den Arbeitgeber weiterzuleiten, wenn er die Personalkosten der Betriebskrankenkasse nach § 147 Abs. 2 des Fünften Buches trägt. [7]Der Verwaltungsaufwand in der sozialen

Pflegeversicherung ist nach Ablauf von einem Jahr nach Inkrafttreten dieses Gesetzes zu überprüfen.

(4) Das Bundesministerium für Gesundheit wird ermächtigt, durch Rechtsverordnung mit Zustimmung des Bundesrates Näheres über die Erstattung der Verwaltungskosten zu regeln sowie die Höhe der Verwaltungskostenerstattung neu festzusetzen, wenn die Überprüfung des Verwaltungsaufwandes nach Absatz 3 Satz 6 dies rechtfertigt.

(5) Bei Vereinigung, Auflösung und Schließung einer Krankenkasse gelten die §§ 143 bis 172 des Fünften Buches für die bei ihr errichtete Pflegekasse entsprechend.

(6) [1]Die Aufsicht über die Pflegekassen führen die für die Aufsicht über die Krankenkassen zuständigen Stellen. [2]Das Bundesversicherungsamt und die für die Sozialversicherung zuständigen obersten Verwaltungsbehörden der Länder haben mindestens alle fünf Jahre die Geschäfts-, Rechnungs- und Betriebsführung der ihrer Aufsicht unterstehenden Pflegekassen und deren Arbeitsgemeinschaften zu prüfen. [3]Das Bundesministerium für Gesundheit kann die Prüfung der bundesunmittelbaren Pflegekassen und deren Arbeitsgemeinschaften, die für die Sozialversicherung zuständigen obersten Verwaltungsbehörden der Länder können die Prüfung der landesunmittelbaren Pflegekassen und deren Arbeitsgemeinschaften auf eine öffentlich-rechtliche Prüfungseinrichtung übertragen, die bei der Durchführung der Prüfung unabhängig ist. [4]Die Prüfung hat sich auf den gesamten Geschäftsbetrieb zu erstrecken; sie umfaßt die Prüfung seiner Gesetzmäßigkeit und Wirtschaftlichkeit. [5]Die Pflegekassen und deren Arbeitsgemeinschaften haben auf Verlangen alle Unterlagen vorzulegen und alle Auskünfte zu erteilen, die zur Durchführung der Prüfung erforderlich sind. [6]Die mit der Prüfung nach diesem Absatz befassten Stellen können nach Anhörung des Spitzenverbandes Bund der Krankenkassen als Spitzenverband Bund der Pflegekassen bestimmen, dass die Pflegekassen die zu prüfenden Daten elektronisch und in einer bestimmten Form zur Verfügung stellen. [7]§ 274 Abs. 2 und 3 des Fünften Buches gilt entsprechend.

§ 47 Satzung

(1) Die Satzung muß Bestimmungen enthalten über:

1. Name und Sitz der Pflegekasse,

2. Bezirk der Pflegekasse und Kreis der Mitglieder,
3. Rechte und Pflichten der Organe,
4. Art der Beschlußfassung der Vertreterversammlung,
5. Bemessung der Entschädigungen für Organmitglieder, soweit sie Aufgaben der Pflegeversicherung wahrnehmen,
6. jährliche Prüfung der Betriebs- und Rechnungsführung und Abnahme der Jahresrechnung,
7. Zusammensetzung und Sitz der Widerspruchsstelle und
8. Art der Bekanntmachungen.

(2) Die Satzung kann eine Bestimmung enthalten, nach der die Pflegekasse den Abschluss privater Pflege-Zusatzversicherungen zwischen ihren Versicherten und privaten Krankenversicherungsunternehmen vermitteln kann.

(3) Die Satzung und ihre Änderungen bedürfen der Genehmigung der Behörde, die für die Genehmigung der Satzung der Krankenkasse, bei der die Pflegekasse errichtet ist, zuständig ist.

§ 47a Stellen zur Bekämpfung von Fehlverhalten im Gesundheitswesen

(1) [1]§ 197a des Fünften Buches gilt entsprechend; § 197a Absatz 3 des Fünften Buches gilt mit der Maßgabe, auch mit den nach Landesrecht bestimmten Trägern der Sozialhilfe, die für die Hilfe zur Pflege im Sinne des Siebten Kapitels des Zwölften Buches zuständig sind, zusammenzuarbeiten. [2]Die organisatorischen Einheiten nach § 197a Abs. 1 des Fünften Buches sind die Stellen zur Bekämpfung von Fehlverhalten im Gesundheitswesen bei den Pflegekassen, ihren Landesverbänden und dem Spitzenverband Bund der Pflegekassen.

(2) [1]Die Einrichtungen nach Absatz 1 Satz 2 dürfen personenbezogene Daten, die von ihnen zur Erfüllung ihrer Aufgaben nach Absatz 1 erhoben oder an sie weitergegeben oder übermittelt wurden, untereinander übermitteln, soweit dies für die Feststellung und Bekämpfung von Fehlverhalten im Gesundheitswesen beim Empfänger erforderlich ist. [2]An die nach Landesrecht bestimmten Träger der Sozialhilfe, die für die Hilfe zur Pflege im Sinne des Siebten Kapitels des Zwölften Buches zuständig sind, dürfen die Einrichtungen nach Absatz 1 Satz 2 personenbezogene Daten nur übermitteln, soweit dies für die Feststellung und Bekämpfung von Fehlver-

halten im Zusammenhang mit den Regelungen des Siebten Kapitels des Zwölften Buches erforderlich ist und im Einzelfall konkrete Anhaltspunkte dafür vorliegen. [3]Der Empfänger darf diese Daten nur zu dem Zweck verarbeiten und nutzen, zu dem sie ihm übermittelt worden sind. [4]Ebenso dürfen die nach Landesrecht bestimmten Träger der Sozialhilfe, die für die Hilfe zur Pflege im Sinne des Siebten Kapitels des Zwölften Buches zuständig sind, personenbezogene Daten, die von ihnen zur Erfüllung ihrer Aufgaben erhoben oder an sie weitergegeben oder übermittelt wurden, an die in Absatz 1 Satz 2 genannten Einrichtungen übermitteln, soweit dies für die Feststellung und Bekämpfung von Fehlverhalten im Gesundheitswesen beim Empfänger erforderlich ist. [5]Die in Absatz 1 Satz 2 genannten Einrichtungen dürfen diese nur zu dem Zweck verarbeiten und nutzen, zu dem sie ihnen übermittelt worden sind. [6]Die Einrichtungen nach Absatz 1 Satz 2 sowie die nach Landesrecht bestimmten Träger der Sozialhilfe, die für die Hilfe zur Pflege im Sinne des Siebten Kapitels des Zwölften Buches zuständig sind, haben sicherzustellen, dass die personenbezogenen Daten nur Befugten zugänglich sind oder nur an diese weitergegeben werden.

Zweiter Abschnitt.
Zuständigkeit, Mitgliedschaft

§ 48 Zuständigkeit für Versicherte einer Krankenkasse und sonstige Versicherte

(1) [1]Für die Durchführung der Pflegeversicherung ist jeweils die Pflegekasse zuständig, die bei der Krankenkasse errichtet ist, bei der eine Pflichtmitgliedschaft oder freiwillige Mitgliedschaft besteht. [2]Für Familienversicherte nach § 25 ist die Pflegekasse des Mitglieds zuständig.

(2) [1]Für Personen, die nach § 21 Nr. 1 bis 5 versichert sind, ist die Pflegekasse zuständig, die bei der Krankenkasse errichtet ist, die mit der Leistungserbringung im Krankheitsfalle beauftragt ist. [2]Ist keine Krankenkasse mit der Leistungserbringung im Krankheitsfall beauftragt, kann der Versicherte die Pflegekasse nach Maßgabe des Absatzes 3 wählen.

(3) [1]Personen, die nach § 21 Nr. 6 versichert sind, können die Mitgliedschaft wählen bei der Pflegekasse, die bei

1. der Krankenkasse errichtet ist, der sie angehören würden, wenn sie in der gesetzlichen Krankenversicherung versicherungspflichtig wären,
2. der Allgemeinen Ortskrankenkasse ihres Wohnsitzes oder gewöhnlichen Aufenthaltes errichtet ist,
3. einer Ersatzkasse errichtet ist, wenn sie zu dem Mitgliederkreis gehören, den die gewählte Ersatzkasse aufnehmen darf.

[2]Ab 1. Januar 1996 können sie die Mitgliedschaft bei der Pflegekasse wählen, die bei der Krankenkasse errichtet ist, die sie nach § 173 Abs. 2 des Fünften Buches wählen könnten, wenn sie in der gesetzlichen Krankenversicherung versicherungspflichtig wären.

§ 49 Mitgliedschaft

(1) [1]Die Mitgliedschaft bei einer Pflegekasse beginnt mit dem Tag, an dem die Voraussetzungen des § 20 oder des § 21 vorliegen. [2]Sie endet mit dem Tod des Mitglieds oder mit Ablauf des Tages, an dem die Voraussetzungen des § 20 oder des § 21 entfallen, sofern nicht das Recht zur Weiterversicherung nach § 26 ausgeübt wird. [3]Für die nach § 20 Abs. 1 Satz 2 Nr. 12 Versicherten gelten § 186 Abs. 11 und § 190 Abs. 13 des Fünften Buches entsprechend.

(2) Für das Fortbestehen der Mitgliedschaft gelten die §§ 189, 192 des Fünften Buches sowie § 25 des Zweiten Gesetzes über die Krankenversicherung der Landwirte entsprechend.

(3) Die Mitgliedschaft freiwillig Versicherter nach den §§ 26 und 26a endet:

1. mit dem Tod des Mitglieds oder
2. mit Ablauf des übernächsten Kalendermonats, gerechnet von dem Monat, in dem das Mitglied den Austritt erklärt, wenn die Satzung nicht einen früheren Zeitpunkt bestimmt.

Dritter Abschnitt.
Meldungen

§ 50 Melde- und Auskunftspflichten bei Mitgliedern der sozialen Pflegeversicherung

(1) [1]Alle nach § 20 versicherungspflichtigen Mitglieder haben sich selbst unverzüglich bei der für sie zuständigen Pflegekasse anzumelden. [2]Dies gilt nicht, wenn ein Dritter bereits eine Meldung nach den §§ 28a bis 28c des Vierten Buches, §§ 199 bis 205 des Fünften Buches oder §§ 27 bis 29 des Zweiten Gesetzes über die Krankenversicherung der Landwirte zur gesetzlichen Krankenversicherung abgegeben hat; die Meldung zur gesetzlichen Krankenversicherung schließt die Meldung zur sozialen Pflegeversicherung ein. [3]Bei freiwillig versicherten Mitgliedern der gesetzlichen Krankenversicherung gilt die Beitrittserklärung zur gesetzlichen Krankenversicherung als Meldung zur sozialen Pflegeversicherung.

(2) Für die nach § 21 versicherungspflichtigen Mitglieder haben eine Meldung an die zuständige Pflegekasse zu erstatten:

1. das Versorgungsamt für Leistungsempfänger nach dem Bundesversorgungsgesetz oder nach den Gesetzen, die eine entsprechende Anwendung des Bundesversorgungsgesetzes vorsehen,
2. das Ausgleichsamt für Leistungsempfänger von Kriegsschadenrente oder vergleichbaren Leistungen nach dem Lastenausgleichsgesetz oder dem Reparationsschädengesetz oder von laufender Beihilfe nach dem Flüchtlingshilfegesetz,
3. der Träger der Kriegsopferfürsorge für Empfänger von laufenden Leistungen der ergänzenden Hilfe zum Lebensunterhalt nach dem Bundesversorgungsgesetz oder nach den Gesetzen, die eine entsprechende Anwendung des Bundesversorgungsgesetzes vorsehen,
4. der Leistungsträger der Jugendhilfe für Empfänger von laufenden Leistungen zum Unterhalt nach dem Achten Buch,
5. der Leistungsträger für Krankenversorgungsberechtigte nach dem Bundesentschädigungsgesetz,
6. der Dienstherr für Soldaten auf Zeit.

(3) [1]Personen, die versichert sind oder als Versicherte in Betracht kommen, haben der Pflegekasse, soweit sie nicht nach § 28o des Vierten Buches auskunftspflichtig sind,

1. auf Verlangen über alle für die Feststellung der Versicherungs- und Beitragspflicht und für die Durchführung der der Pflegekasse übertragenen Aufgaben erforderlichen Tatsachen unverzüglich Auskunft zu erteilen,
2. Änderungen in den Verhältnissen, die für die Feststellung der Versicherungs- und Beitragspflicht erheblich sind und nicht durch Dritte gemeldet werden, unverzüglich mitzuteilen.

[2]Sie haben auf Verlangen die Unterlagen, aus denen die Tatsachen oder die Änderung der Verhältnisse hervorgehen, der Pflegekasse in deren Geschäftsräumen unverzüglich vorzulegen.

(4) Entstehen der Pflegekasse durch eine Verletzung der Pflichten nach Absatz 3 zusätzliche Aufwendungen, kann sie von dem Verpflichteten die Erstattung verlangen.

(5) Die Krankenkassen übermitteln den Pflegekassen die zur Erfüllung ihrer Aufgaben erforderlichen personenbezogenen Daten.

(6) Für die Meldungen der Pflegekassen an die Rentenversicherungsträger gilt § 201 des Fünften Buches entsprechend.

§ 51 Meldungen bei Mitgliedern der privaten Pflegeversicherung

(1) [1]Das private Versicherungsunternehmen hat Personen, die bei ihm gegen Krankheit versichert sind und trotz Aufforderung innerhalb von sechs Monaten nach Inkrafttreten des Pflege-Versicherungsgesetzes, bei Neuabschlüssen von Krankenversicherungsverträgen innerhalb von drei Monaten nach Abschluß des Vertrages, keinen privaten Pflegeversicherungsvertrag abgeschlossen haben, unverzüglich elektronisch dem Bundesversicherungsamt zu melden. [2]Das Versicherungsunternehmen hat auch Versicherungsnehmer zu melden, sobald diese mit der Entrichtung von sechs insgesamt vollen Monatsprämien in Verzug geraten sind. [3]Das Bundesversicherungsamt und der Verband der privaten Krankenversicherung e. V. haben bis zum 31. Dezember 2017 Näheres über das elektronische Meldeverfahren zu vereinbaren.

(2) [1]Der Dienstherr hat für Heilfürsorgeberechtigte, die weder privat krankenversichert noch Mitglied in der gesetzlichen Krankenversicherung sind, eine Meldung an das Bundesversicherungsamt zu erstatten. [2]Die Postbeamtenkrankenkasse und die Krankenversorgung der Bundesbahnbeamten melden die im Zeitpunkt des Inkrafttretens des Gesetzes bei diesen Einrichtungen versicherten Mitglieder und mitversicherten Familienangehörigen an das Bundesversicherungsamt.

(3) Die Meldepflichten bestehen auch für die Fälle, in denen eine bestehende private Pflegeversicherung gekündigt und der Abschluß eines neuen Vertrages bei einem anderen Versicherungsunternehmen nicht nachgewiesen wird.

Vierter Abschnitt.
Wahrnehmung der Verbandsaufgaben

§ 52 Aufgaben auf Landesebene

(1) [1]Die Landesverbände der Ortskrankenkassen, der Betriebskrankenkassen und der Innungskrankenkassen, die Deutsche Rentenversicherung Knappschaft-Bahn-See, die nach § 36 des Zweiten Gesetzes über die Krankenversicherung der Landwirte als Landesverband tätige landwirtschaftliche Krankenkasse sowie die Ersatzkassen nehmen die Aufgaben der Landesverbände der Pflegekassen wahr. [2]§ 211a und § 212 Abs. 5 Satz 4 bis 10 des Fünften Buches gelten entsprechend.

(2) [1]Für die Aufgaben der Landesverbände nach Absatz 1 gilt § 211 des Fünften Buches entsprechend. [2]Die Landesverbände haben insbesondere den Spitzenverband Bund der Pflegekassen bei der Erfüllung seiner Aufgaben zu unterstützen.

(3) Für die Aufsicht über die Landesverbände im Bereich der Aufgaben nach Absatz 1 gilt § 208 des Fünften Buches entsprechend.

(4) Soweit in diesem Buch die Landesverbände der Pflegekassen Aufgaben wahrnehmen, handeln die in Absatz 1 aufgeführten Stellen.

§ 53 Aufgaben auf Bundesebene

[1]Der Spitzenverband Bund der Krankenkassen nimmt die Aufgaben des Spitzenverbandes Bund der Pflegekassen wahr. [2]Die §§ 217b, 217d und 217f des Fünften Buches gelten entsprechend.

§ 53a Zusammenarbeit der Medizinischen Dienste

[1]Der Spitzenverband Bund der Pflegekassen erlässt für den Bereich der sozialen Pflegeversicherung Richtlinien

1. über die Zusammenarbeit der Pflegekassen mit den Medizinischen Diensten,
2. zur Durchführung und Sicherstellung einer einheitlichen Begutachtung,
3. über die von den Medizinischen Diensten zu übermittelnden Berichte und Statistiken,
4. zur Qualitätssicherung der Begutachtung und Beratung sowie über das Verfahren zur Durchführung von Qualitätsprüfungen und zur Qualitätssicherung der Qualitätsprüfungen,
5. über Grundsätze zur Fort- und Weiterbildung.

[2]Die Richtlinien bedürfen der Zustimmung des Bundesministeriums für Gesundheit. [3]Sie sind für die Medizinischen Dienste verbindlich.

§ 53b Beauftragung von anderen unabhängigen Gutachtern durch die Pflegekassen im Verfahren zur Feststellung der Pflegebedürftigkeit

(1) [1]Der Spitzenverband Bund der Pflegekassen erlässt bis zum 31. März 2013 mit dem Ziel einer einheitlichen Rechtsanwendung Richtlinien zur Zusammenarbeit der Pflegekassen mit anderen unabhängigen Gutachtern im Verfahren zur Feststellung der Pflegebedürftigkeit. [2]Die Richtlinien sind für die Pflegekassen verbindlich.

(2) Die Richtlinien regeln insbesondere Folgendes:

1. die Anforderungen an die Qualifikation und die Unabhängigkeit der Gutachter,
2. das Verfahren, mit dem sichergestellt wird, dass die von den Pflegekassen beauftragten unabhängigen Gutachter bei der Feststellung der Pflegebedürftigkeit und bei der Zuordnung zu einem Pflegegrad die-

selben Maßstäbe wie der Medizinische Dienst der Krankenversicherung anlegen,
3. die Sicherstellung der Dienstleistungsorientierung im Begutachtungsverfahren und
4. die Einbeziehung der Gutachten der von den Pflegekassen beauftragten Gutachter in das Qualitätssicherungsverfahren der Medizinischen Dienste.

(3) Die Richtlinien bedürfen der Zustimmung des Bundesministeriums für Gesundheit.

§ 53c Richtlinien zur Qualifikation und zu den Aufgaben zusätzlicher Betreuungskräfte

[1]Der Spitzenverband Bund der Pflegekassen hat für die zusätzlich einzusetzenden Betreuungskräfte für die Leistungen nach § 43b Richtlinien zur Qualifikation und zu den Aufgaben in stationären Pflegeeinrichtungen zu beschließen. [2]Er hat hierzu die Bundesvereinigungen der Träger stationärer Pflegeeinrichtungen und die Verbände der Pflegeberufe auf Bundesebene anzuhören und den allgemein anerkannten Stand medizinisch-pflegerischer Erkenntnisse zu beachten. [3]Die Richtlinien werden für alle Pflegekassen und deren Verbände sowie für die stationären Pflegeeinrichtungen erst nach Genehmigung durch das Bundesministerium für Gesundheit wirksam. [4]§ 17 Absatz 2 Satz 2 und 3 gilt entsprechend.

Sechstes Kapitel.

Finanzierung

Erster Abschnitt.

Beiträge

§ 54 Grundsatz

(1) Die Mittel für die Pflegeversicherung werden durch Beiträge sowie sonstige Einnahmen gedeckt.

(2) [1]Die Beiträge werden nach einem Vomhundertsatz (Beitragssatz) von den beitragspflichtigen Einnahmen der Mitglieder bis zur Beitragsbemessungsgrenze (§ 55) erhoben. [2]Die Beiträge sind für jeden Kalendertag der Mitgliedschaft zu zahlen, soweit dieses Buch nichts Abweichendes bestimmt. [3]Für die Berechnung der Beiträge ist die Woche zu sieben, der Monat zu 30 und das Jahr zu 360 Tagen anzusetzen.

(3) Die Vorschriften des Zwölften Kapitels des Fünften Buches gelten entsprechend.

§ 55 Beitragssatz, Beitragsbemessungsgrenze

(1) [1]Der Beitragssatz beträgt bundeseinheitlich 3,05 Prozent der beitragspflichtigen Einnahmen der Mitglieder; er wird durch Gesetz festgesetzt. [2]Für Personen, bei denen § 28 Abs. 2 Anwendung findet, beträgt der Beitragssatz die Hälfte des Beitragssatzes nach Satz 1.

(2) Beitragspflichtige Einnahmen sind bis zu einem Betrag von 1/360 der in § 6 Abs. 7 des Fünften Buches festgelegten Jahresarbeitsentgeltgrenze für den Kalendertag zu berücksichtigen (Beitragsbemessungsgrenze).

(3) [1]Der Beitragssatz nach Absatz 1 Satz 1 und 2 erhöht sich für Mitglieder nach Ablauf des Monats, in dem sie das 23. Lebensjahr vollendet haben, um einen Beitragszuschlag in Höhe von 0,25 Beitragssatzpunkten (Beitragszuschlag für Kinderlose). [2]Satz 1 gilt nicht für Eltern im Sinne des § 56 Abs. 1 Satz 1 Nr. 3 und Abs. 3 Nr. 2 und 3 des Ersten Buches. [3]Die Elterneigenschaft ist in geeigneter Form gegenüber der beitragsabführenden Stelle, von Selbstzahlern gegenüber der Pflegekasse, nachzuweisen, sofern diesen die Elterneigenschaft nicht bereits aus anderen Gründen bekannt ist. [4]Der Spitzenverband Bund der Pflegekassen gibt Empfehlungen darüber, welche Nachweise geeignet sind. [5]Erfolgt die Vorlage des Nachweises innerhalb von drei Monaten nach der Geburt des Kindes, gilt der Nachweis mit Beginn des Monats der Geburt als erbracht, ansonsten wirkt der Nachweis ab Beginn des Monats, der dem Monat folgt, in dem der Nachweis erbracht wird. [6]Nachweise für vor dem 1. Januar 2005 geborene Kinder, die bis zum 30. Juni 2005 erbracht werden, wirken vom 1. Januar 2005 an. [7]Satz 1 gilt nicht für Mitglieder, die vor dem 1. Januar 1940 geboren wurden, für Wehr- und Zivildienstleistende sowie für Bezieher von Arbeitslosengeld II.

(3a) Zu den Eltern im Sinne des Absatzes 3 Satz 2 gehören nicht

1. Adoptiveltern, wenn das Kind zum Zeitpunkt des Wirksamwerdens der Adoption bereits die in § 25 Abs. 2 vorgesehenen Altersgrenzen erreicht hat,
2. Stiefeltern, wenn das Kind zum Zeitpunkt der Eheschließung oder der Begründung der eingetragenen Lebenspartnerschaft gemäß § 1 des Lebenspartnerschaftsgesetzes mit dem Elternteil des Kindes bereits die in § 25 Abs. 2 vorgesehenen Altersgrenzen erreicht hat oder wenn das Kind vor Erreichen dieser Altersgrenzen nicht in den gemeinsamen Haushalt mit dem Mitglied aufgenommen worden ist.

(4) [1]Der Beitragszuschlag für die Monate Januar bis März 2005 auf Renten der gesetzlichen Rentenversicherung wird für Rentenbezieher, die nach dem 31. Dezember 1939 geboren wurden, in der Weise abgegolten, dass der Beitragszuschlag im Monat April 2005 1 vom Hundert der im April 2005 beitragspflichtigen Rente beträgt. [2]Für die Rentenbezieher, die in den Monaten Januar bis April 2005 zeitweise nicht beitrags- oder zuschlagspflichtig sind, wird der Beitragszuschlag des Monats April 2005 entsprechend der Dauer dieser Zeit reduziert.

(5) [1]Sind landwirtschaftliche Unternehmer, die nicht zugleich Arbeitslosengeld II beziehen, sowie mitarbeitende Familienangehörige Mitglied der landwirtschaftlichen Krankenkasse, wird der Beitrag abweichend von den Absätzen 1 bis 3 in Form eines Zuschlags auf den Krankenversicherungsbeitrag, den sie nach den Vorschriften des Zweiten Gesetzes über die Krankenversicherung der Landwirte aus dem Arbeitseinkommen aus Land- und Forstwirtschaft zu zahlen haben, erhoben. [2]Die Höhe des Zuschlags ergibt sich aus dem Verhältnis des Beitragssatzes nach Absatz 1 Satz 1 zu dem um den durchschnittlichen Zusatzbeitragssatz erhöhten allgemeinen Beitragssatz nach § 241 des Fünften Buches. [3]Sind die Voraussetzungen für einen Beitragszuschlag für Kinderlose nach Absatz 3 erfüllt, erhöht sich der Zuschlag nach Satz 2 um das Verhältnis des Beitragszuschlags für Kinderlose nach Absatz 3 Satz 1 zu dem Beitragssatz nach Absatz 1 Satz 1.

§ 56 Beitragsfreiheit

(1) Familienangehörige sind für die Dauer der Familienversicherung nach § 25 beitragsfrei.

(2) [1]Beitragsfreiheit besteht vom Zeitpunkt der Rentenantragstellung bis zum Beginn der Rente einschließlich einer Rente nach dem Gesetz über die Alterssicherung der Landwirte für:

1. den hinterbliebenen Ehegatten oder hinterbliebenen Lebenspartner eines Rentners, der bereits Rente bezogen hat, wenn Hinterbliebenenrente beantragt wird,
2. die Waise eines Rentners, der bereits Rente bezogen hat, vor Vollendung des 18. Lebensjahres; dies gilt auch für Waisen, deren verstorbener Elternteil eine Rente nach dem Gesetz über die Alterssicherung der Landwirte bezogen hat,
3. den hinterbliebenen Ehegatten oder hinterbliebenen Lebenspartner eines Beziehers einer Rente nach dem Gesetz über die Alterssicherung der Landwirte, wenn die Ehe vor Vollendung des 65. Lebensjahres des Verstorbenen geschlossen oder die eingetragene Lebenspartnerschaft vor Vollendung des 65. Lebensjahres des Verstorbenen gemäß § 1 des Lebenspartnerschaftsgesetzes begründet wurde,
4. den hinterbliebenen Ehegatten oder hinterbliebenen Lebenspartner eines Beziehers von Landabgaberente.

[2]Satz 1 gilt nicht, wenn der Rentenantragsteller eine eigene Rente, Arbeitsentgelt, Arbeitseinkommen oder Versorgungsbezüge erhält.

(3) [1]Beitragsfrei sind Mitglieder für die Dauer des Bezuges von Mutterschafts-, Eltern- oder Betreuungsgeld. [2]Die Beitragsfreiheit erstreckt sich nur auf die in Satz 1 genannten Leistungen.

(4) Beitragsfrei sind auf Antrag Mitglieder, die sich auf nicht absehbare Dauer in stationärer Pflege befinden und bereits Leistungen nach § 35 Abs. 6 des Bundesversorgungsgesetzes, nach § 44 des Siebten Buches, nach § 34 des Beamtenversorgungsgesetzes oder nach den Gesetzen erhalten, die eine entsprechende Anwendung des Bundesversorgungsgesetzes vorsehen, wenn sie keine Familienangehörigen haben, für die eine Versicherung nach § 25 besteht.

(5) Beitragsfrei sind Mitglieder für die Dauer des Bezuges von Pflegeunterstützungsgeld. Die Beitragsfreiheit erstreckt sich nur auf die in Satz 1 genannten Leistungen.

§ 57 Beitragspflichtige Einnahmen

(1) [1]Bei Mitgliedern der Pflegekasse, die in der gesetzlichen Krankenversicherung pflichtversichert sind, gelten für die Beitragsbemessung die §§ 226 bis 232a, 233 bis 238 und § 244 des Fünften Buches sowie die §§ 23a und 23b Abs. 2 bis 4 des Vierten Buches. [2]Bei Personen, die Arbeitslosengeld II beziehen, ist abweichend von § 232a Abs. 1 Satz 1 Nr. 2 des Fünften Buches das 0,2266fache der monatlichen Bezugsgröße zugrunde zu legen und sind abweichend von § 54 Absatz 2 Satz 2 die Beiträge für jeden Kalendermonat, in dem mindestens für einen Tag eine Mitgliedschaft besteht, zu zahlen; § 232a Absatz 1a des Fünften Buches gilt entsprechend.

(2) [1]Bei Beziehern von Krankengeld gilt als beitragspflichtige Einnahmen 80 vom Hundert des Arbeitsentgelts, das der Bemessung des Krankengeldes zugrundeliegt. [2]Dies gilt auch für den Krankengeldbezug eines rentenversicherungspflichtigen mitarbeitenden Familienangehörigen eines landwirtschaftlichen Unternehmers. [3]Beim Krankengeldbezug eines nicht rentenversicherungspflichtigen mitarbeitenden Familienangehörigen ist der Zahlbetrag der Leistung der Beitragsbemessung zugrunde zu legen. [4]Bei Personen, die Krankengeld nach § 44a des Fünften Buches beziehen, wird das der Leistung zugrunde liegende Arbeitsentgelt oder Arbeitseinkommen zugrunde gelegt; wird dieses Krankengeld nach § 47b des Fünften Buches gezahlt, gelten die Sätze 1 bis 3. [5]Bei Personen, die Leistungen für den Ausfall von Arbeitseinkünften von einem privaten Krankenversicherungsunternehmen, von einem Beihilfeträger des Bundes, von einem sonstigen öffentlich-rechtlichen Träger von Kosten in Krankheitsfällen auf Bundesebene, von dem Träger der Heilfürsorge im Bereich des Bundes, von dem Träger der truppenärztlichen Versorgung oder von einem öffentlich-rechtlichen Träger von Kosten in Krankheitsfällen auf Landesebene, soweit Landesrecht dies vorsieht, im Zusammenhang mit einer nach den §§ 8 und 8a des Transplantationsgesetzes erfolgenden Spende von Organen oder Geweben oder im Zusammenhang mit einer im Sinne von § 9 des Transfusionsgesetzes erfolgenden Spende von Blut zur Separation von Blutstammzellen oder anderen Blutbestandteilen erhalten, wird das diesen Leistungen zugrunde liegende Arbeitsentgelt oder Arbeitseinkommen zugrunde gelegt. [6]Bei Personen, die Krankengeld nach § 45 Absatz 1 des Fünften Buches beziehen, gelten als beitragspflichtige Einnahmen 80 Prozent des während der Freistellung ausgefallenen, laufenden Arbeitsentgelts oder des der Leistung zugrunde liegenden Arbeitseinkommens.

(3) Für die Beitragsbemessung der in § 20 Absatz 1 Satz 2 Nummer 3 genannten Altenteiler gilt § 45 des Zweiten Gesetzes über die Krankenversicherung der Landwirte.

(4) [1]Bei freiwilligen Mitgliedern der gesetzlichen Krankenversicherung und bei Mitgliedern der sozialen Pflegeversicherung, die nicht in der gesetzlichen Krankenversicherung versichert sind, ist für die Beitragsbemessung § 240 des Fünften Buches entsprechend anzuwenden. [2]Für die Beitragsbemessung der in der gesetzlichen Krankenversicherung versicherten Rentenantragsteller und freiwillig versicherten Rentner finden darüber hinaus die §§ 238a und 239 des Fünften Buches entsprechende Anwendung. [3]Abweichend von Satz 1 ist bei Mitgliedern nach § 20 Abs. 1 Nr. 10, die in der gesetzlichen Krankenversicherung freiwillig versichert sind, § 236 des Fünften Buches entsprechend anzuwenden; als beitragspflichtige Einnahmen der satzungsmäßigen Mitglieder geistlicher Genossenschaften, Diakonissen und ähnlicher Personen, die freiwillig in der gesetzlichen Krankenversicherung versichert sind, sind der Wert für gewährte Sachbezüge oder das ihnen zur Beschaffung der unmittelbaren Lebensbedürfnisse an Wohnung, Verpflegung, Kleidung und dergleichen gezahlte Entgelt zugrunde zu legen. [4]Bei freiwilligen Mitgliedern der gesetzlichen Krankenversicherung, die von einem Rehabilitationsträger Verletztengeld, Versorgungskrankengeld oder Übergangsgeld erhalten, gilt für die Beitragsbemessung § 235 Abs. 2 des Fünften Buches entsprechend; für die in der landwirtschaftlichen Krankenversicherung freiwillig Versicherten gilt § 46 des Zweiten Gesetzes über die Krankenversicherung der Landwirte.

(5) Der Beitragsberechnung von Personen, die nach § 26 Abs. 2 weiterversichert sind, werden für den Kalendertag der 180. Teil der monatlichen Bezugsgröße nach § 18 des Vierten Buches zugrunde gelegt.

§ 58 Tragung der Beiträge bei versicherungspflichtig Beschäftigten

(1) [1]Die nach § 20 Abs. 1 Satz 2 Nr. 1 und 12 versicherungspflichtig Beschäftigten, die in der gesetzlichen Krankenversicherung pflichtversichert sind, und ihre Arbeitgeber tragen die nach dem Arbeitsentgelt zu bemessenden Beiträge jeweils zur Hälfte. [2]Soweit für Beschäftigte Beiträge für Kurzarbeitergeld zu zahlen sind, trägt der Arbeitgeber den Beitrag allein. [3]Den Beitragszuschlag für Kinderlose nach § 55 Abs. 3 tragen die Beschäftigten.

(2) Zum Ausgleich der mit den Arbeitgeberbeiträgen verbundenen Belastungen der Wirtschaft werden die Länder einen gesetzlichen landesweiten Feiertag, der stets auf einen Werktag fällt, aufheben.

(3) [1]Die in Absatz 1 genannten Beschäftigten tragen die Beiträge in Höhe von 1 vom Hundert allein, wenn der Beschäftigungsort in einem Land liegt, in dem die am 31. Dezember 1993 bestehende Anzahl der gesetzlichen landesweiten Feiertage nicht um einen Feiertag, der stets auf einen Werktag fiel, vermindert worden ist. [2]In Fällen des § 55 Abs. 1 Satz 2 werden die Beiträge in Höhe von 0,5 vom Hundert allein getragen. [3]Im Übrigen findet Absatz 1 Anwendung, soweit es sich nicht um eine versicherungspflichtige Beschäftigung mit einem monatlichen Arbeitsentgelt innerhalb des Übergangsbereichs nach § 20 Absatz 2 des Vierten Buches handelt, für die Absatz 5 Satz 2 Anwendung findet. [4]Die Beiträge der Beschäftigten erhöhen sich nicht, wenn Länder im Jahr 2017 den Reformationstag einmalig zu einem gesetzlichen Feiertag erheben.

(4) [1]Die Aufhebung eines Feiertages wirkt für das gesamte Kalenderjahr. [2]Handelt es sich um einen Feiertag, der im laufenden Kalenderjahr vor dem Zeitpunkt des Inkrafttretens der Regelung über die Streichung liegt, wirkt die Aufhebung erst im folgenden Kalenderjahr.

(5) [1]§ 249 Abs. 2 des Fünften Buches gilt entsprechend. [2]§ 249 Absatz 3 des Fünften Buches gilt mit der Maßgabe, dass statt des Beitragssatzes der Krankenkasse der Beitragssatz der Pflegeversicherung und bei den in Absatz 3 Satz 1 genannten Beschäftigten für die Berechnung des Beitragsanteils des Arbeitgebers ein Beitragssatz in Höhe des um einen Prozentpunkt verminderten Beitragssatzes der Pflegeversicherung Anwendung findet.

§ 59 Beitragstragung bei anderen Mitgliedern

(1) [1]Für die nach § 20 Abs. 1 Satz 2 Nr. 2 bis 12 versicherten Mitglieder der sozialen Pflegeversicherung, die in der gesetzlichen Krankenversicherung pflichtversichert sind, gelten für die Tragung der Beiträge die § 250 Abs. 1 und 3 und § 251 des Fünften Buches sowie § 48 des Zweiten Gesetzes über die Krankenversicherung der Landwirte entsprechend; die Beiträge aus der Rente der gesetzlichen Rentenversicherung sind von dem Mitglied allein zu tragen. [2]Bei Beziehern einer Rente nach dem Gesetz über die Alterssicherung der Landwirte, die nach § 20 Abs. 1 Satz 2 Nr. 3 versichert sind, und

bei Beziehern von Produktionsaufgaberente oder Ausgleichsgeld, die nach § 14 Abs. 4 des Gesetzes zur Förderung der Einstellung der landwirtschaftlichen Erwerbstätigkeit versichert sind, werden die Beiträge aus diesen Leistungen von den Beziehern der Leistung allein getragen.

(2) [1]Die Beiträge für Bezieher von Krankengeld werden von den Leistungsbeziehern und den Krankenkassen je zur Hälfte getragen, soweit sie auf das Krankengeld entfallen und dieses nicht in Höhe der Leistungen der Bundesagentur für Arbeit zu zahlen ist, im übrigen von den Krankenkassen; die Beiträge werden auch dann von den Krankenkassen getragen, wenn das dem Krankengeld zugrunde liegende monatliche Arbeitsentgelt 450 Euro nicht übersteigt. [2]Die Beiträge für Bezieher von Krankengeld nach § 44a des Fünften Buches oder für den Ausfall von Arbeitseinkünften im Zusammenhang mit einer nach den §§ 8 und 8a des Transplantationsgesetzes erfolgenden Spende von Organen oder Geweben oder im Zusammenhang mit einer im Sinne von § 9 des Transfusionsgesetzes erfolgenden Spende von Blut zur Separation von Blutstammzellen oder anderen Blutbestandteilen sind von der Stelle zu tragen, die die Leistung erbringt; wird die Leistung von mehreren Stellen erbracht, sind die Beiträge entsprechend anteilig zu tragen.

(3) [1]Die Beiträge für die nach § 21 Nr. 1 bis 5 versicherten Leistungsempfänger werden vom jeweiligen Leistungsträger getragen. [2]Beiträge auf Grund des Leistungsbezugs im Rahmen der Kriegsopferfürsorge gelten als Aufwendungen für die Kriegsopferfürsorge.

(4) [1]Mitglieder der sozialen Pflegeversicherung, die in der gesetzlichen Krankenversicherung freiwillig versichert sind, sowie Mitglieder, deren Mitgliedschaft nach § 49 Abs. 2 Satz 1 erhalten bleibt oder nach den §§ 26 und 26a freiwillig versichert sind, und die nach § 21 Nr. 6 versicherten Soldaten auf Zeit tragen den Beitrag allein. [2]Abweichend von Satz 1 werden

1. die auf Grund des Bezuges von Verletztengeld, Versorgungskrankengeld oder Übergangsgeld zu zahlenden Beiträge von dem zuständigen Rehabilitationsträger,
2. die Beiträge für satzungsmäßige Mitglieder geistlicher Genossenschaften, Diakonissen und ähnliche Personen einschließlich der Beiträge bei einer Weiterversicherung nach § 26 von der Gemeinschaft

allein getragen.

(5) Den Beitragszuschlag für Kinderlose nach § 55 Abs. 3 trägt das Mitglied.

§ 60 Beitragszahlung

(1) [1]Soweit gesetzlich nichts Abweichendes bestimmt ist, sind die Beiträge von demjenigen zu zahlen, der sie zu tragen hat. [2]§ 252 Abs. 1 Satz 2, die §§ 253 bis 256a des Fünften Buches und § 49 Satz 2, die §§ 50 und 50a des Zweiten Gesetzes über die Krankenversicherung der Landwirte gelten entsprechend. [3]Die aus einer Rente nach dem Gesetz über die Alterssicherung der Landwirte und einer laufenden Geldleistung nach dem Gesetz zur Förderung der Einstellung der landwirtschaftlichen Erwerbstätigkeit zu entrichtenden Beiträge werden von der Alterskasse gezahlt; § 28g Satz 1 des Vierten Buches gilt entsprechend.

(2) [1]Für Bezieher von Krankengeld zahlen die Krankenkassen die Beiträge; für den Beitragsabzug gilt § 28g Satz 1 des Vierten Buches entsprechend. [2]Die zur Tragung der Beiträge für die in § 21 Nr. 1 bis 5 genannten Mitglieder Verpflichteten können einen Dritten mit der Zahlung der Beiträge beauftragen und mit den Pflegekassen Näheres über die Zahlung und Abrechnung der Beiträge vereinbaren.

(3) [1]Die Beiträge sind an die Krankenkassen zu zahlen; in den in § 252 Abs. 2 Satz 1 des Fünften Buches geregelten Fällen sind sie an den Gesundheitsfonds zu zahlen, der sie unverzüglich an den Ausgleichsfonds weiterzuleiten hat. [2]Die nach Satz 1 eingegangenen Beiträge zur Pflegeversicherung sind von der Krankenkasse unverzüglich an die Pflegekasse weiterzuleiten. [3]In den Fällen des § 252 Absatz 2 Satz 1 des Fünften Buches ist das Bundesversicherungsamt als Verwalter des Gesundheitsfonds, im Übrigen sind die Pflegekassen zur Prüfung der ordnungsgemäßen Beitragszahlung berechtigt; § 251 Absatz 5 Satz 3 bis 7 des Fünften Buches gilt entsprechend. [4]§ 24 Abs. 1 des Vierten Buches gilt. [5]§ 252 Abs. 3 des Fünften Buches gilt mit der Maßgabe, dass die Beiträge zur Pflegeversicherung den Beiträgen zur Krankenversicherung gleichstehen.

(4) [1]Die Deutsche Rentenversicherung Bund leitet alle Pflegeversicherungsbeiträge aus Rentenleistungen der allgemeinen Rentenversicherung am fünften Arbeitstag des Monats, der dem Monat folgt, in dem die Rente fällig war, an den Ausgleichsfonds der Pflegeversicherung (§ 65) weiter. [2]Werden Rentenleistungen am letzten Bankarbeitstag des Monats ausgezahlt, der

dem Monat vorausgeht, in dem sie fällig werden (§ 272a des Sechsten Buches), leitet die Deutsche Rentenversicherung Bund die darauf entfallenden Pflegeversicherungsbeiträge am fünften Arbeitstag des laufenden Monats an den Ausgleichsfonds der Pflegeversicherung weiter.

(5) [1]Der Beitragszuschlag nach § 55 Abs. 3 ist von demjenigen zu zahlen, der die Beiträge zu zahlen hat. [2]Wird der Pflegeversicherungsbeitrag von einem Dritten gezahlt, hat dieser einen Anspruch gegen das Mitglied auf den von dem Mitglied zu tragenden Beitragszuschlag. [3]Dieser Anspruch kann von dem Dritten durch Abzug von der an das Mitglied zu erbringenden Geldleistung geltend gemacht werden.

(6) Wenn kein Abzug nach Absatz 5 möglich ist, weil der Dritte keine laufende Geldleistung an das Mitglied erbringen muss, hat das Mitglied den sich aus dem Beitragszuschlag ergebenden Betrag an die Pflegekasse zu zahlen.

(7) [1]Die Beitragszuschläge für die Bezieher von Arbeitslosengeld, Unterhaltsgeld und Kurzarbeitergeld, Ausbildungsgeld, Übergangsgeld und, soweit die Bundesagentur beitragszahlungspflichtig ist, für Bezieher von Berufsausbildungsbeihilfe nach dem Dritten Buch werden von der Bundesagentur für Arbeit pauschal in Höhe von 20 Millionen Euro pro Jahr an den Ausgleichsfonds der Pflegeversicherung (§ 66) überwiesen. [2]Die Bundesagentur für Arbeit kann mit Zustimmung des Bundesministeriums für Arbeit und Soziales hinsichtlich der übernommenen Beträge Rückgriff bei den genannten Leistungsbeziehern nach dem Dritten Buch nehmen. [3]Die Bundesagentur für Arbeit kann mit dem Bundesversicherungsamt Näheres zur Zahlung der Pauschale vereinbaren.

Zweiter Abschnitt.
Beitragszuschüsse

§ 61 Beitragszuschüsse für freiwillige Mitglieder der gesetzlichen Krankenversicherung und Privatversicherte

(1) [1]Beschäftigte, die in der gesetzlichen Krankenversicherung freiwillig versichert sind, erhalten unter den Voraussetzungen des § 58 von ihrem

Arbeitgeber einen Beitragszuschuß, der in der Höhe begrenzt ist, auf den Betrag, der als Arbeitgeberanteil nach § 58 zu zahlen wäre. [2]Bestehen innerhalb desselben Zeitraums mehrere Beschäftigungsverhältnisse, sind die beteiligten Arbeitgeber anteilmäßig nach dem Verhältnis der Höhe der jeweiligen Arbeitsentgelte zur Zahlung des Beitragszuschusses verpflichtet. [3]Für Beschäftigte, die Kurzarbeitergeld nach dem Dritten Buch beziehen, ist zusätzlich zu dem Zuschuß nach Satz 1 die Hälfte des Betrages zu zahlen, den der Arbeitgeber bei Versicherungspflicht des Beschäftigten nach § 58 Abs. 1 Satz 2 als Beitrag zu tragen hätte.

(2) [1]Beschäftigte, die in Erfüllung ihrer Versicherungspflicht nach den §§ 22 und 23 bei einem privaten Krankenversicherungsunternehmen versichert sind und für sich und ihre Angehörigen oder Lebenspartner, die bei Versicherungspflicht des Beschäftigten in der sozialen Pflegeversicherung nach § 25 versichert wären, Vertragsleistungen beanspruchen können, die nach Art und Umfang den Leistungen dieses Buches gleichwertig sind, erhalten unter den Voraussetzungen des § 58 von ihrem Arbeitgeber einen Beitragszuschuß. [2]Der Zuschuß ist in der Höhe begrenzt auf den Betrag, der als Arbeitgeberanteil bei Versicherungspflicht in der sozialen Pflegeversicherung als Beitragsanteil zu zahlen wäre, höchstens jedoch auf die Hälfte des Betrages, den der Beschäftigte für seine private Pflegeversicherung zu zahlen hat. [3]Für Beschäftigte, die Kurzarbeitergeld nach dem Dritten Buch beziehen, gilt Absatz 1 Satz 3 mit der Maßgabe, daß sie höchstens den Betrag erhalten, den sie tatsächlich zu zahlen haben. [4]Bestehen innerhalb desselben Zeitraumes mehrere Beschäftigungsverhältnisse, sind die beteiligten Arbeitgeber anteilig nach dem Verhältnis der Höhe der jeweiligen Arbeitsentgelte zur Zahlung des Beitragszuschusses verpflichtet.

(3) [1]Für Bezieher von Vorruhestandsgeld, die als Beschäftigte bis unmittelbar vor Beginn der Vorruhestandsleistungen Anspruch auf den vollen oder anteiligen Beitragszuschuß nach Absatz 1 oder 2 hatten, sowie für Bezieher von Leistungen nach § 9 Abs. 1 Nr. 1 und 2 des Anspruchs- und Anwartscha ftsüberführungsgesetzes und Bezieher einer Übergangsversorgung nach § 7 des Tarifvertrages über einen sozialverträglichen Personalabbau im Bereich des Bundesministeriums der Verteidigung vom 30. November 1991 bleibt der Anspruch für die Dauer der Vorruhestandsleistungen gegen den zur Zahlung des Vorruhestandsgeldes Verpflichteten erhalten. [2]Der Zuschuss beträgt die Hälfte des Beitrages, den Bezieher von Vorruhestandsgeld als versicherungspflichtig Beschäftigte ohne den Beitragszuschlag nach § 55

Abs. 3 zu zahlen hätten, höchstens jedoch die Hälfte des Betrages, den sie ohne den Beitragszuschlag nach § 55 Abs. 3 zu zahlen haben. [3]Absatz 1 Satz 2 gilt entsprechend.

(4) [1]Die in § 20 Abs. 1 Satz 2 Nr. 6, 7 oder 8 genannten Personen, für die nach § 23 Versicherungspflicht in der privaten Pflegeversicherung besteht, erhalten vom zuständigen Leistungsträger einen Zuschuß zu ihrem privaten Pflegeversicherungsbeitrag. [2]Als Zuschuß ist der Betrag zu zahlen, der von dem Leistungsträger als Beitrag bei Versicherungspflicht in der sozialen Pflegeversicherung zu zahlen wäre, höchstens jedoch der Betrag, der an das private Versicherungsunternehmen zu zahlen ist.

(5) Der Zuschuß nach den Absätzen 2, 3 und 4 wird für eine private Pflegeversicherung nur gezahlt, wenn das Versicherungsunternehmen:

1. die Pflegeversicherung nach Art der Lebensversicherung betreibt,
2. sich verpflichtet, den überwiegenden Teil der Überschüsse, die sich aus dem selbst abgeschlossenen Versicherungsgeschäft ergeben, zugunsten der Versicherten zu verwenden,
3. die Pflegeversicherung nur zusammen mit der Krankenversicherung, nicht zusammen mit anderen Versicherungssparten betreibt oder, wenn das Versicherungsunternehmen seinen Sitz in einem anderen Mitgliedstaat der Europäischen Union hat, den Teil der Prämien, für den Berechtigte den Zuschuss erhalten, nur für die Kranken- und Pflegeversicherung verwendet.

(6) [1]Das Krankenversicherungsunternehmen hat dem Versicherungsnehmer eine Bescheinigung darüber auszuhändigen, daß ihm die Aufsichtsbehörde bestätigt hat, daß es die Versicherung, die Grundlage des Versicherungsvertrages ist, nach den in Absatz 5 genannten Voraussetzungen betreibt. [2]Der Versicherungsnehmer hat diese Bescheinigung dem zur Zahlung des Beitragszuschusses Verpflichteten jeweils nach Ablauf von drei Jahren vorzulegen.

(7) [1]Personen, die nach beamtenrechtlichen Vorschriften oder Grundsätzen bei Krankheit und Pflege Anspruch auf Beihilfe oder Heilfürsorge haben und bei einem privaten Versicherungsunternehmen pflegeversichert sind, sowie Personen, für die der halbe Beitragssatz nach § 55 Abs. 1 Satz 2 gilt, haben gegenüber dem Arbeitgeber oder Dienstherrn, der die Beihilfe und Heilfürsorge zu Aufwendungen aus Anlaß der Pflege gewährt, keinen An-

spruch auf einen Beitragszuschuß. [2]Hinsichtlich der Beitragszuschüsse für Abgeordnete, ehemalige Abgeordnete und deren Hinterbliebene wird auf die Bestimmungen in den jeweiligen Abgeordnetengesetzen verwiesen.

Dritter Abschnitt.
Verwendung und Verwaltung der Mittel

§ 62 Mittel der Pflegekasse

Die Mittel der Pflegekasse umfassen die Betriebsmittel und die Rücklage.

§ 63 Betriebsmittel

(1) Die Betriebsmittel dürfen nur verwendet werden:

1. für die gesetzlich oder durch die Satzung vorgesehenen Aufgaben sowie für die Verwaltungskosten,
2. zur Auffüllung der Rücklage und zur Finanzierung des Ausgleichsfonds.

(2) [1]Die Betriebsmittel dürfen im Durchschnitt des Haushaltsjahres monatlich das Einfache des nach dem Haushaltsplan der Pflegekasse auf einen Monat entfallenden Betrages der in Absatz 1 Nr. 1 genannten Aufwendungen nicht übersteigen. [2]Bei der Feststellung der vorhandenen Betriebsmittel sind die Forderungen und Verpflichtungen der Pflegekasse zu berücksichtigen, soweit sie nicht der Rücklage zuzuordnen sind. [3]Durchlaufende Gelder bleiben außer Betracht.

(3) Die Betriebsmittel sind im erforderlichen Umfang bereitzuhalten und im übrigen so anzulegen, daß sie für den in Absatz 1 bestimmten Zweck verfügbar sind.

§ 64 Rücklage

(1) Die Pflegekasse hat zur Sicherstellung ihrer Leistungsfähigkeit eine Rücklage zu bilden.

(2) Die Rücklage beträgt 50 vom Hundert des nach dem Haushaltsplan durchschnittlich auf den Monat entfallenden Betrages der Ausgaben (Rücklagesoll).

(3) Die Pflegekasse hat Mittel aus der Rücklage den Betriebsmitteln zuzuführen, wenn Einnahme- und Ausgabeschwankungen innerhalb eines Haushaltsjahres nicht durch die Betriebsmittel ausgeglichen werden können.

(4) [1]Übersteigt die Rücklage das Rücklagesoll, so ist der übersteigende Betrag den Betriebsmitteln bis zu der in § 63 Abs. 2 genannten Höhe zuzuführen. [2]Darüber hinaus verbleibende Überschüsse sind bis zum 15. des Monats an den Ausgleichsfonds nach § 65 zu überweisen.

(5) [1]Die Rücklage ist getrennt von den sonstigen Mitteln so anzulegen, daß sie für den nach Absatz 1 bestimmten Zweck verfügbar ist. [2]Sie wird von der Pflegekasse verwaltet.

Vierter Abschnitt. Ausgleichsfonds, Finanzausgleich

§ 65 Ausgleichsfonds

(1) Das Bundesversicherungsamt verwaltet als Sondervermögen (Ausgleichsfonds) die eingehenden Beträge aus:

1. den Beiträgen aus den Rentenzahlungen,
2. den von den Pflegekassen überwiesenen Überschüssen aus Betriebsmitteln und Rücklage (§ 64 Abs. 4),
3. den vom Gesundheitsfonds überwiesenen Beiträgen der Versicherten.

(2) Die im Laufe eines Jahres entstehenden Kapitalerträge werden dem Sondervermögen gutgeschrieben.

(3) Die Mittel des Ausgleichsfonds sind so anzulegen, daß sie für den in den §§ 67, 68 genannten Zweck verfügbar sind.

(4) [1]Die dem Bundesversicherungsamt bei der Verwaltung des Ausgleichsfonds entstehenden Kosten werden durch die Mittel des Ausgleichsfonds

gedeckt. [2]Das Bundesministerium für Gesundheit wird ermächtigt, im Einvernehmen mit dem Bundesministerium der Finanzen und dem Bundesministerium für Arbeit und Soziales durch Rechtsverordnung ohne Zustimmung des Bundesrates Vorschriften zu erlassen, die Näheres zu der Erstattung der Verwaltungskosten regeln.

§ 66 Finanzausgleich

(1) [1]Die Leistungsaufwendungen sowie die Verwaltungskosten der Pflegekassen werden von allen Pflegekassen nach dem Verhältnis ihrer Beitragseinnahmen gemeinsam getragen. [2]Zu diesem Zweck findet zwischen allen Pflegekassen ein Finanzausgleich statt. [3]Das Bundesversicherungsamt führt den Finanzausgleich zwischen den Pflegekassen durch. [4]Es hat Näheres zur Durchführung des Finanzausgleichs mit dem Spitzenverband Bund der Pflegekassen zu vereinbaren. [5]Die Vereinbarung ist für die Pflegekasse verbindlich.

(2) Das Bundesversicherungsamt kann zur Durchführung des Zahlungsverkehrs nähere Regelungen mit der Deutschen Rentenversicherung Bund treffen.

§ 67 Monatlicher Ausgleich

(1) Jede Pflegekasse ermittelt bis zum 10. des Monats

1. die bis zum Ende des Vormonats gebuchten Ausgaben,
2. die bis zum Ende des Vormonats gebuchten Einnahmen (Beitragsist),
3. das Betriebsmittel- und Rücklagesoll,
4. den am Ersten des laufenden Monats vorhandenen Betriebsmittelbestand (Betriebsmittelist) und die Höhe der Rücklage.

(2) [1]Sind die Ausgaben zuzüglich des Betriebsmittel- und Rücklagesolls höher als die Einnahmen zuzüglich des vorhandenen Betriebsmittelbestands und der Rücklage am Ersten des laufenden Monats, erhält die Pflegekasse bis zum Monatsende den Unterschiedsbetrag aus dem Ausgleichsfonds. [2]Sind die Einnahmen zuzüglich des am Ersten des laufenden Monats vorhandenen Betriebsmittelbestands und der Rücklage höher als die Ausgaben zuzüglich des Betriebsmittel- und Rücklagesolls, überweist die Pflegekasse den Unterschiedsbetrag an den Ausgleichsfonds.

(3) Die Pflegekasse hat dem Bundesversicherungsamt die notwendigen Berechnungsgrundlagen mitzuteilen.

§ 68 Jahresausgleich

(1) [1]Nach Ablauf des Kalenderjahres wird zwischen den Pflegekassen ein Jahresausgleich durchgeführt. [2]Nach Vorliegen der Geschäfts- und Rechnungsergebnisse aller Pflegekassen und der Jahresrechnung der Deutschen Rentenversicherung Knappschaft-Bahn-See als Träger der knappschaftlichen Pflegeversicherung für das abgelaufene Kalenderjahr werden die Ergebnisse nach § 67 bereinigt.

(2) Werden nach Abschluß des Jahresausgleichs sachliche oder rechnerische Fehler in den Berechnungsgrundlagen festgestellt, hat das Bundesversicherungsamt diese bei der Ermittlung des nächsten Jahresausgleichs nach den zu diesem Zeitpunkt geltenden Vorschriften zu berücksichtigen.

(3) Das Bundesministerium für Gesundheit kann durch Rechtsverordnung mit Zustimmung des Bundesrates das Nähere über:

1. die inhaltliche und zeitliche Abgrenzung und Ermittlung der Beträge nach den §§ 66 bis 68,
2. die Fälligkeit der Beträge und Verzinsung bei Verzug,
3. das Verfahren bei der Durchführung des Finanzausgleichs sowie die hierfür von den Pflegekassen mitzuteilenden Angaben

regeln.

Siebtes Kapitel.
Beziehungen der Pflegekassen zu den Leistungserbringern
Erster Abschnitt.
Allgemeine Grundsätze

§ 69 Sicherstellungsauftrag

[1]Die Pflegekassen haben im Rahmen ihrer Leistungsverpflichtung eine bedarfsgerechte und gleichmäßige, dem allgemein anerkannten Stand medi-

zinisch-pflegerischer Erkenntnisse entsprechende pflegerische Versorgung der Versicherten zu gewährleisten (Sicherstellungsauftrag). [2]Sie schließen hierzu Versorgungsverträge sowie Vergütungsvereinbarungen mit den Trägern von Pflegeeinrichtungen (§ 71) und sonstigen Leistungserbringern. [3]Dabei sind die Vielfalt, die Unabhängigkeit und Selbständigkeit sowie das Selbstverständnis der Träger von Pflegeeinrichtungen in Zielsetzung und Durchführung ihrer Aufgaben zu achten.

§ 70 Beitragssatzstabilität

(1) Die Pflegekassen stellen in den Verträgen mit den Leistungserbringern über Art, Umfang und Vergütung der Leistungen sicher, daß ihre Leistungsausgaben die Beitragseinnahmen nicht überschreiten (Grundsatz der Beitragssatzstabilität).

(2) Vereinbarungen über die Höhe der Vergütungen, die dem Grundsatz der Beitragssatzstabilität widersprechen, sind unwirksam.

Zweiter Abschnitt.
Beziehungen zu den Pflegeeinrichtungen

§ 71 Pflegeeinrichtungen

(1) Ambulante Pflegeeinrichtungen (Pflegedienste) im Sinne dieses Buches sind selbständig wirtschaftende Einrichtungen, die unter ständiger Verantwortung einer ausgebildeten Pflegefachkraft Pflegebedürftige in ihrer Wohnung mit Leistungen der häuslichen Pflegehilfe im Sinne des § 36 versorgen.

(2) Stationäre Pflegeeinrichtungen (Pflegeheime) im Sinne dieses Buches sind selbständig wirtschaftende Einrichtungen, in denen Pflegebedürftige:

1. unter ständiger Verantwortung einer ausgebildeten Pflegefachkraft gepflegt werden,
2. ganztägig (vollstationär) oder tagsüber oder nachts (teilstationär) untergebracht und verpflegt werden können.

(3) [1]Für die Anerkennung als verantwortliche Pflegefachkraft im Sinne von Absatz 1 und 2 ist neben dem Abschluss einer Ausbildung als

1. Gesundheits- und Krankenpflegerin oder Gesundheits- und Krankenpfleger,
2. Gesundheits- und Kinderkrankenpflegerin oder Gesundheits- und Kinderkrankenpfleger oder
3. Altenpflegerin oder Altenpfleger

eine praktische Berufserfahrung in dem erlernten Ausbildungsberuf von zwei Jahren innerhalb der letzten acht Jahre erforderlich. [2]Bei ambulanten Pflegeeinrichtungen, die überwiegend behinderte Menschen pflegen und betreuen, gelten auch nach Landesrecht ausgebildete Heilerziehungspflegerinnen und Heilerziehungspfleger sowie Heilerzieherinnen und Heilerzieher mit einer praktischen Berufserfahrung von zwei Jahren innerhalb der letzten acht Jahre als ausgebildete Pflegefachkraft. [3]Die Rahmenfrist nach Satz 1 oder 2 beginnt acht Jahre vor dem Tag, zu dem die verantwortliche Pflegefachkraft im Sinne des Absatzes 1 oder 2 bestellt werden soll. [4]Für die Anerkennung als verantwortliche Pflegefachkraft ist ferner Voraussetzung, dass eine Weiterbildungsmaßnahme für leitende Funktionen mit einer Mindeststundenzahl, die 460 Stunden nicht unterschreiten soll, erfolgreich durchgeführt wurde.

(4) Stationäre Einrichtungen, in denen die Leistungen zur medizinischen Vorsorge, zur medizinischen Rehabilitation, zur Teilhabe am Arbeitsleben oder am Leben in der Gemeinschaft, die schulische Ausbildung oder die Erziehung kranker oder behinderter Menschen im Vordergrund des Zweckes der Einrichtung stehen, sowie Krankenhäuser sind keine Pflegeeinrichtungen im Sinne des Absatzes 2.

(5) [1]Mit dem Ziel, eine einheitliche Rechtsanwendung zu fördern, erlässt der Spitzenverband Bund der Pflegekassen spätestens bis zum 1. Juli 2019 Richtlinien zur näheren Abgrenzung, wann die in Absatz 4 Nummer 3 Buchstabe c in der ab dem 1. Januar 2020 geltenden Fassung genannten Merkmale vorliegen und welche Kriterien bei der Prüfung dieser Merkmale mindestens heranzuziehen sind. [2]Die Richtlinien nach Satz 1 sind im Benehmen mit dem Verband der privaten Krankenversicherung e. V., der Bundesarbeitsgemeinschaft der überörtlichen Träger der Sozialhilfe und den kommunalen Spitzenverbänden auf Bundesebene zu beschließen; die Länder, die Bundesarbeitsgemeinschaft der Freien Wohlfahrtspflege sowie

die Vereinigungen der Träger der Pflegeeinrichtungen auf Bundesebene sind zu beteiligen. [3]Für die Richtlinien nach Satz 1 gilt § 17 Absatz 2 entsprechend mit der Maßgabe, dass das Bundesministerium für Gesundheit die Genehmigung im Einvernehmen mit dem Bundesministerium für Arbeit und Soziales erteilt und die Genehmigung als erteilt gilt, wenn die Richtlinien nicht innerhalb von zwei Monaten, nachdem sie dem Bundesministerium für Gesundheit vorgelegt worden sind, beanstandet werden.

§ 72 Zulassung zur Pflege durch Versorgungsvertrag

(1) [1]Die Pflegekassen dürfen ambulante und stationäre Pflege nur durch Pflegeeinrichtungen gewähren, mit denen ein Versorgungsvertrag besteht (zugelassene Pflegeeinrichtungen). [2]In dem Versorgungsvertrag sind Art, Inhalt und Umfang der allgemeinen Pflegeleistungen (§ 84 Abs. 4) festzulegen, die von der Pflegeeinrichtung während der Dauer des Vertrages für die Versicherten zu erbringen sind (Versorgungsauftrag).

(2) [1]Der Versorgungsvertrag wird zwischen dem Träger der Pflegeeinrichtung oder einer vertretungsberechtigten Vereinigung gleicher Träger und den Landesverbänden der Pflegekassen im Einvernehmen mit den überörtlichen Trägern der Sozialhilfe im Land abgeschlossen, soweit nicht nach Landesrecht der örtliche Träger für die Pflegeeinrichtung zuständig ist; für mehrere oder alle selbständig wirtschaftenden Einrichtungen (§ 71 Abs. 1 und 2) einschließlich für einzelne, eingestreute Pflegeplätze eines Pflegeeinrichtungsträgers, die vor Ort organisatorisch miteinander verbunden sind, kann, insbesondere zur Sicherstellung einer quartiersnahen Unterstützung zwischen den verschiedenen Versorgungsbereichen, ein einheitlicher Versorgungsvertrag (Gesamtversorgungsvertrag) geschlossen werden. [2]Er ist für die Pflegeeinrichtung und für alle Pflegekassen im Inland unmittelbar verbindlich.

(3) [1]Versorgungsverträge dürfen nur mit Pflegeeinrichtungen abgeschlossen werden, die

1. den Anforderungen des § 71 genügen,
2. die Gewähr für eine leistungsfähige und wirtschaftliche pflegerische Versorgung bieten sowie eine in Pflegeeinrichtungen ortsübliche Arbeitsvergütung an ihre Beschäftigten zahlen, soweit diese nicht von ei-

ner Verordnung über Mindestentgeltsätze aufgrund des Gesetzes über zwingende Arbeitsbedingungen für grenzüberschreitend entsandte und für regelmäßig im Inland beschäftigte Arbeitnehmer und Arbeitnehmerinnen (Arbeitnehmer-Entsendegesetz) erfasst sind,

3. sich verpflichten, nach Maßgabe der Vereinbarungen nach § 113 einrichtungsintern ein Qualitätsmanagement einzuführen und weiterzuentwickeln,
4. sich verpflichten, alle Expertenstandards nach § 113a anzuwenden;

ein Anspruch auf Abschluß eines Versorgungsvertrages besteht, soweit und solange die Pflegeeinrichtung diese Voraussetzungen erfüllt. [2]Bei notwendiger Auswahl zwischen mehreren geeigneten Pflegeeinrichtungen sollen die Versorgungsverträge vorrangig mit freigemeinnützigen und privaten Trägern abgeschlossen werden. [3]Bei ambulanten Pflegediensten ist in den Versorgungsverträgen der Einzugsbereich festzulegen, in dem die Leistungen zu erbringen sind.

(4) [1]Mit Abschluß des Versorgungsvertrages wird die Pflegeeinrichtung für die Dauer des Vertrages zur pflegerischen Versorgung der Versicherten zugelassen. [2]Die zugelassene Pflegeeinrichtung ist im Rahmen ihres Versorgungsauftrages zur pflegerischen Versorgung der Versicherten verpflichtet; dazu gehört bei ambulanten Pflegediensten auch die Durchführung von Pflegeeinsätzen nach § 37 Abs. 3 auf Anforderung des Pflegebedürftigen. [3]Die Pflegekassen sind verpflichtet, die Leistungen der Pflegeeinrichtung nach Maßgabe des Achten Kapitels zu vergüten.

(5) (aufgehoben)

§ 73 Abschluß von Versorgungsverträgen

(1) Der Versorgungsvertrag ist schriftlich abzuschließen.

(2) [1]Gegen die Ablehnung eines Versorgungsvertrages durch die Landesverbände der Pflegekassen ist der Rechtsweg zu den Sozialgerichten gegeben. [2]Ein Vorverfahren findet nicht statt; die Klage hat keine aufschiebende Wirkung.

(3) [1]Mit Pflegeeinrichtungen, die vor dem 1. Januar 1995 ambulante Pflege, teilstationäre Pflege oder Kurzzeitpflege auf Grund von Vereinbarungen mit Sozialleistungsträgern erbracht haben, gilt ein Versorgungsvertrag als abge-

schlossen. [2]Satz 1 gilt nicht, wenn die Pflegeeinrichtung die Anforderungen nach § 72 Abs. 3 Satz 1 nicht erfüllt und die zuständigen Landesverbände der Pflegekassen dies im Einvernehmen mit dem zuständigen Träger der Sozialhilfe (§ 72 Abs. 2 Satz 1) bis zum 30. Juni 1995 gegenüber dem Träger der Einrichtung schriftlich geltend machen. [3]Satz 1 gilt auch dann nicht, wenn die Pflegeeinrichtung die Anforderungen nach § 72 Abs. 3 Satz 1 offensichtlich nicht erfüllt. [4]Die Pflegeeinrichtung hat bis spätestens zum 31. März 1995 die Voraussetzungen für den Bestandschutz nach den Sätzen 1 und 2 durch Vorlage von Vereinbarungen mit Sozialleistungsträgern sowie geeigneter Unterlagen zur Prüfung und Beurteilung der Leistungsfähigkeit und Wirtschaftlichkeit gegenüber einem Landesverband der Pflegekassen nachzuweisen. [5]Der Versorgungsvertrag bleibt wirksam, bis er durch einen neuen Versorgungsvertrag abgelöst oder gemäß § 74 gekündigt wird.

(4) Für vollstationäre Pflegeeinrichtungen gilt Absatz 3 entsprechend mit der Maßgabe, daß der für die Vorlage der Unterlagen nach Satz 3 maßgebliche Zeitpunkt der 30. September 1995 und der Stichtag nach Satz 2 der 30. Juni 1996 ist.

§ 74 Kündigung von Versorgungsverträgen

(1) [1]Der Versorgungsvertrag kann von jeder Vertragspartei mit einer Frist von einem Jahr ganz oder teilweise gekündigt werden, von den Landesverbänden der Pflegekassen jedoch nur, wenn die zugelassene Pflegeeinrichtung nicht nur vorübergehend eine der Voraussetzungen des § 72 Abs. 3 Satz 1 nicht oder nicht mehr erfüllt; dies gilt auch, wenn die Pflegeeinrichtung ihre Pflicht wiederholt gröblich verletzt, Pflegebedürftigen ein möglichst selbständiges und selbstbestimmtes Leben zu bieten, die Hilfen darauf auszurichten, die körperlichen, geistigen und seelischen Kräfte der Pflegebedürftigen wiederzugewinnen oder zu erhalten und angemessenen Wünschen der Pflegebedürftigen zur Gestaltung der Hilfe zu entsprechen. [2]Vor Kündigung durch die Landesverbände der Pflegekassen ist das Einvernehmen mit dem zuständigen Träger der Sozialhilfe (§ 72 Abs. 2 Satz 1) herzustellen. [3]Die Landesverbände der Pflegekassen können im Einvernehmen mit den zuständigen Trägern der Sozialhilfe zur Vermeidung der Kündigung des Versorgungsvertrages mit dem Träger der Pflegeeinrichtung insbesondere vereinbaren, dass

1. die verantwortliche Pflegefachkraft sowie weitere Leitungskräfte zeitnah erfolgreich geeignete Fort- und Weiterbildungsmaßnahmen absolvieren,
2. die Pflege, Versorgung und Betreuung weiterer Pflegebedürftiger bis zur Beseitigung der Kündigungsgründe ganz oder teilweise vorläufig ausgeschlossen ist.

(2) [1]Der Versorgungsvertrag kann von den Landesverbänden der Pflegekassen auch ohne Einhaltung einer Kündigungsfrist gekündigt werden, wenn die Einrichtung ihre gesetzlichen oder vertraglichen Verpflichtungen gegenüber den Pflegebedürftigen oder deren Kostenträgern derart gröblich verletzt, daß ein Festhalten an dem Vertrag nicht zumutbar ist. [2]Das gilt insbesondere dann, wenn Pflegebedürftige infolge der Pflichtverletzung zu Schaden kommen oder die Einrichtung nicht erbrachte Leistungen gegenüber den Kostenträgern abrechnet. [3]Das gleiche gilt, wenn dem Träger eines Pflegeheimes nach den heimrechtlichen Vorschriften die Betriebserlaubnis entzogen oder der Betrieb des Heimes untersagt wird. [4]Absatz 1 Satz 2 gilt entsprechend.

(3) [1]Die Kündigung bedarf der Schriftform. [2]Für Klagen gegen die Kündigung gilt § 73 Abs. 2 entsprechend.

§ 75 Rahmenverträge, Bundesempfehlungen und -vereinbarungen über die pflegerische Versorgung

(1) [1]Die Landesverbände der Pflegekassen schließen unter Beteiligung des Medizinischen Dienstes der Krankenversicherung sowie des Verbandes der privaten Krankenversicherung e.V. im Land mit den Vereinigungen der Träger der ambulanten oder stationären Pflegeeinrichtungen im Land gemeinsam und einheitlich Rahmenverträge mit dem Ziel, eine wirksame und wirtschaftliche pflegerische Versorgung der Versicherten sicherzustellen. [2]Für Pflegeeinrichtungen, die einer Kirche oder Religionsgemeinschaft des öffentlichen Rechts oder einem sonstigen freigemeinnützigen Träger zuzuordnen sind, können die Rahmenverträge auch von der Kirche oder Religionsgemeinschaft oder von dem Wohlfahrtsverband abgeschlossen werden, dem die Pflegeeinrichtung angehört. [3]Bei Rahmenverträgen über ambulante Pflege sind die Arbeitsgemeinschaften der örtlichen Träger der Sozialhilfe, bei Rahmenverträgen über stationäre Pflege die überörtlichen Träger der Sozialhilfe und die Arbeitsgemeinschaften der örtlichen Träger

der Sozialhilfe als Vertragspartei am Vertragsschluß zu beteiligen. [4]Die Rahmenverträge sind für die Pflegekassen und die zugelassenen Pflegeeinrichtungen im Inland unmittelbar verbindlich.

(2) [1]Die Verträge regeln insbesondere:

1. den Inhalt der Pflegeleistungen einschließlich der Sterbebegleitung sowie bei stationärer Pflege die Abgrenzung zwischen den allgemeinen Pflegeleistungen, den Leistungen bei Unterkunft und Verpflegung und den Zusatzleistungen,
2. die allgemeinen Bedingungen der Pflege einschließlich der Vertragsvoraussetzungen und der Vertragserfüllung für eine leistungsfähige und wirtschaftliche pflegerische Versorgung, der Kostenübernahme, der Abrechnung der Entgelte und der hierzu erforderlichen Bescheinigungen und Berichte,
3. Maßstäbe und Grundsätze für eine wirtschaftliche und leistungsbezogene, am Versorgungsauftrag orientierte personelle und sächliche Ausstattung der Pflegeeinrichtungen,
4. die Überprüfung der Notwendigkeit und Dauer der Pflege,
5. Abschläge von der Pflegevergütung bei vorübergehender Abwesenheit (Krankenhausaufenthalt, Beurlaubung) des Pflegebedürftigen aus dem Pflegeheim,
6. den Zugang des Medizinischen Dienstes und sonstiger von den Pflegekassen beauftragter Prüfer zu den Pflegeeinrichtungen,
7. die Verfahrens- und Prüfungsgrundsätze für Wirtschaftlichkeits- und Abrechnungsprüfungen,
8. die Grundsätze zur Festlegung der örtlichen oder regionalen Einzugsbereiche der Pflegeeinrichtungen, um Pflegeleistungen ohne lange Wege möglichst orts- und bürgernah anzubieten,
9. die Möglichkeiten, unter denen sich Mitglieder von Selbsthilfegruppen, ehrenamtliche Pflegepersonen und sonstige zum bürgerschaftlichen Engagement bereite Personen und Organisationen in der häuslichen Pflege sowie in ambulanten und stationären Pflegeeinrichtungen an der Betreuung Pflegebedürftiger beteiligen können,
10. die Verfahrens- und Prüfungsgrundsätze für die Zahlung einer ortsüblichen Vergütung an die Beschäftigten nach § 72 Absatz 3 Satz 1 Nummer 2,
11. die Anforderungen an die nach § 85 Absatz 3 geeigneten Nachweise bei den Vergütungsverhandlungen.

[2]Durch die Regelung der sächlichen Ausstattung in Satz 1 Nr. 3 werden Ansprüche der Pflegeheimbewohner nach § 33 des Fünften Buches auf Versorgung mit Hilfsmitteln weder aufgehoben noch eingeschränkt.

(3) [1]Als Teil der Verträge nach Absatz 2 Nr. 3 sind entweder

1. landesweite Verfahren zur Ermittlung des Personalbedarfs oder zur Bemessung der Pflegezeiten oder
2. landesweite Personalrichtwerte

zu vereinbaren. [2]Dabei ist jeweils der besondere Pflege- und Betreuungsbedarf Pflegebedürftiger mit geistigen Behinderungen, psychischen Erkrankungen, demenzbedingten Fähigkeitsstörungen und anderen Leiden des Nervensystems zu beachten. [3]Bei der Vereinbarung der Verfahren nach Satz 1 Nr. 1 sind auch in Deutschland erprobte und bewährte internationale Erfahrungen zu berücksichtigen. [4]Die Personalrichtwerte nach Satz 1 Nr. 2 können als Bandbreiten vereinbart werden und umfassen bei teil- oder vollstationärer Pflege wenigstens

1. das Verhältnis zwischen der Zahl der Heimbewohner und der Zahl der Pflege- und Betreuungskräfte (in Vollzeitkräfte umgerechnet), unterteilt nach Pflegegrad (Personalanhaltszahlen), sowie
2. im Bereich der Pflege, der Betreuung und der medizinischen Behandlungspflege zusätzlich den Anteil der ausgebildeten Fachkräfte am Pflege- und Betreuungspersonal.

[5]Die Maßstäbe und Grundsätze nach Absatz 2 Nummer 3 sind auch daraufhin auszurichten, dass das Personal bei demselben Einrichtungsträger in verschiedenen Versorgungsbereichen flexibel eingesetzt werden kann.

(4) [1]Kommt ein Vertrag nach Absatz 1 innerhalb von sechs Monaten ganz oder teilweise nicht zustande, nachdem eine Vertragspartei schriftlich zu Vertragsverhandlungen aufgefordert hat, wird sein Inhalt auf Antrag einer Vertragspartei durch die Schiedsstelle nach § 76 festgesetzt. [2]Satz 1 gilt auch für Verträge, mit denen bestehende Rahmenverträge geändert oder durch neue Verträge abgelöst werden sollen.

(5) [1]Die Verträge nach Absatz 1 können von jeder Vertragspartei mit einer Frist von einem Jahr ganz oder teilweise gekündigt werden. [2]Satz 1 gilt entsprechend für die von der Schiedsstelle nach Absatz 4 getroffenen Rege-

lungen. [3]Diese können auch ohne Kündigung jederzeit durch einen Vertrag nach Absatz 1 ersetzt werden.

(6) [1]Der Spitzenverband Bund der Pflegekassen und die Vereinigungen der Träger der Pflegeeinrichtungen auf Bundesebene sollen unter Beteiligung des Medizinischen Dienstes des Spitzenverbandes Bund der Krankenkassen, des Verbandes der privaten Krankenversicherung e.V. sowie unabhängiger Sachverständiger gemeinsam mit der Bundesvereinigung der kommunalen Spitzenverbände und der Bundesarbeitsgemeinschaft der überörtlichen Träger der Sozialhilfe Empfehlungen zum Inhalt der Verträge nach Absatz 1 abgeben. [2]Sie arbeiten dabei mit den Verbänden der Pflegeberufe sowie den Verbänden der Behinderten und der Pflegebedürftigen eng zusammen.

(7) [1]Der Spitzenverband Bund der Pflegekassen, die Bundesarbeitsgemeinschaft der überörtlichen Träger der Sozialhilfe, die Bundesvereinigung der kommunalen Spitzenverbände und die Vereinigungen der Träger der Pflegeeinrichtungen auf Bundesebene vereinbaren gemeinsam und einheitlich Grundsätze ordnungsgemäßer Pflegebuchführung für die ambulanten und stationären Pflegeeinrichtungen. [2]Die Vereinbarung nach Satz 1 tritt unmittelbar nach Aufhebung der gemäß § 83 Abs. 1 Satz 1 Nr. 3 erlassenen Rechtsverordnung in Kraft und ist den im Land tätigen zugelassenen Pflegeeinrichtungen von den Landesverbänden der Pflegekassen unverzüglich bekannt zu geben. [3]Sie ist für alle Pflegekassen und deren Verbände sowie für die zugelassenen Pflegeeinrichtungen unmittelbar verbindlich.

§ 76 Schiedsstelle

(1) [1]Die Landesverbände der Pflegekassen und die Vereinigungen der Träger der Pflegeeinrichtungen im Land bilden gemeinsam für jedes Land eine Schiedsstelle. [2]Diese entscheidet in den ihr nach diesem Buch zugewiesenen Angelegenheiten.

(2) [1]Die Schiedsstelle besteht aus Vertretern der Pflegekassen und Pflegeeinrichtungen in gleicher Zahl sowie einem unparteiischen Vorsitzenden und zwei weiteren unparteiischen Mitgliedern; für den Vorsitzenden und die unparteiischen Mitglieder können Stellvertreter bestellt werden. [2]Der Schiedsstelle gehört auch ein Vertreter des Verbandes der privaten Krankenversicherung e.V. sowie der überörtlichen oder, sofern Landesrecht dies bestimmt, ein örtlicher Träger der Sozialhilfe im Land

an, die auf die Zahl der Vertreter der Pflegekassen angerechnet werden. [3]Die Vertreter der Pflegekassen und deren Stellvertreter werden von den Landesverbänden der Pflegekassen, die Vertreter der Pflegeeinrichtungen und deren Stellvertreter von den Vereinigungen der Träger der Pflegedienste und Pflegeheime im Land bestellt; bei der Bestellung der Vertreter der Pflegeeinrichtungen ist die Trägervielfalt zu beachten. [4]Der Vorsitzende und die weiteren unparteiischen Mitglieder werden von den beteiligten Organisationen gemeinsam bestellt. [5]Kommt eine Einigung nicht zustande, werden sie durch Los bestimmt. [6]Soweit beteiligte Organisationen keinen Vertreter bestellen oder im Verfahren nach Satz 4 keine Kandidaten für das Amt des Vorsitzenden oder der weiteren unparteiischen Mitglieder benennen, bestellt die zuständige Landesbehörde auf Antrag einer der beteiligten Organisationen die Vertreter und benennt die Kandidaten.

(3) [1]Die Mitglieder der Schiedsstelle führen ihr Amt als Ehrenamt. [2]Sie sind an Weisungen nicht gebunden. [3]Jedes Mitglied hat eine Stimme. [4]Die Entscheidungen werden mit der Mehrheit der Mitglieder getroffen. [5]Ergibt sich keine Mehrheit, gibt die Stimme des Vorsitzenden den Ausschlag.

(4) Die Rechtsaufsicht über die Schiedsstelle führt die zuständige Landesbehörde.

(5) Die Landesregierungen werden ermächtigt, durch Rechtsverordnung das Nähere über die Zahl, die Bestellung, die Amtsdauer und die Amtsführung, die Erstattung der baren Auslagen und die Entschädigung für Zeitaufwand der Mitglieder der Schiedsstelle, die Geschäftsführung, das Verfahren, die Erhebung und die Höhe der Gebühren sowie über die Verteilung der Kosten zu bestimmen.

(6) [1]Abweichend von § 85 Abs. 5 können die Parteien der Pflegesatzvereinbarung (§ 85 Abs. 2) gemeinsam eine unabhängige Schiedsperson bestellen. [2]Diese setzt spätestens bis zum Ablauf von 28 Kalendertagen nach ihrer Bestellung die Pflegesätze und den Zeitpunkt ihres Inkrafttretens fest. [3]Gegen die Festsetzungsentscheidung kann ein Antrag auf gerichtliche Aufhebung nur gestellt werden, wenn die Festsetzung der öffentlichen Ordnung widerspricht. [4]Die Kosten des Schiedsverfahrens tragen die Vertragspartner zu gleichen Teilen. [5]§ 85 Abs. 6 gilt entsprechend.

Dritter Abschnitt.
Beziehungen zu sonstigen Leistungserbringern

§ 77 Häusliche Pflege durch Einzelpersonen

(1) [1]Zur Sicherstellung der körperbezogenen Pflege, der pflegerischen Betreuung sowie der Haushaltsführung im Sinne des § 36 soll die Pflegekasse Verträge mit einzelnen geeigneten Pflegekräften schließen, um dem Pflegebedürftigen zu helfen, ein möglichst selbständiges und selbstbestimmtes Leben zu führen oder dem besonderen Wunsch des Pflegebedürftigen zur Gestaltung der Hilfe zu entsprechen; Verträge mit Verwandten oder Verschwägerten des Pflegebedürftigen bis zum dritten Grad sowie mit Personen, die mit dem Pflegebedürftigen in häuslicher Gemeinschaft leben, sind unzulässig. [2]In dem Vertrag sind Inhalt, Umfang, Qualität, Qualitätssicherung, Vergütung sowie Prüfung der Qualität und Wirtschaftlichkeit der vereinbarten Leistungen zu regeln; § 112 ist entsprechend anzuwenden. [3]Die Vergütungen sind für Leistungen der häuslichen Pflegehilfe nach § 36 Absatz 1 zu vereinbaren. [4]In dem Vertrag ist weiter zu regeln, dass die Pflegekräfte mit dem Pflegebedürftigen, dem sie Leistungen der häuslichen Pflegehilfe erbringen, kein Beschäftigungsverhältnis eingehen dürfen. [5]Soweit davon abweichend Verträge geschlossen sind, sind sie zu kündigen. [6]Die Sätze 4 und 5 gelten nicht, wenn

1. das Beschäftigungsverhältnis vor dem 1. Mai 1996 bestanden hat und
2. die vor dem 1. Mai 1996 erbrachten Pflegeleistungen von der zuständigen Pflegekasse aufgrund eines von ihr mit der Pflegekraft abgeschlossenen Vertrages vergütet worden sind.

[7]In den Pflegeverträgen zwischen den Pflegebedürftigen und den Pflegekräften sind mindestens Art, Inhalt und Umfang der Leistungen einschließlich der dafür mit den Kostenträgern vereinbarten Vergütungen zu beschreiben. [8]§ 120 Absatz 1 Satz 2 gilt entsprechend.

(2) Die Pflegekassen können bei Bedarf einzelne Pflegekräfte zur Sicherstellung der körperbezogenen Pflege, der pflegerischen Betreuung sowie der Haushaltsführung im Sinne des § 36 anstellen, für die hinsichtlich der Wirtschaftlichkeit und Qualität ihrer Leistungen die gleichen Anforderungen wie für die zugelassenen Pflegedienste nach diesem Buch gelten.

§ 78 Verträge über Pflegehilfsmittel

(1) [1]Der Spitzenverband Bund der Pflegekassen schließt mit den Leistungserbringern oder deren Verbänden Verträge über die Versorgung der Versicherten mit Pflegehilfsmitteln, soweit diese nicht nach den Vorschriften des Fünften Buches über die Hilfsmittel zu vergüten sind. [2]Abweichend von Satz 1 können die Pflegekassen Verträge über die Versorgung der Versicherten mit Pflegehilfsmitteln schließen, um dem Wirtschaftlichkeitsgebot verstärkt Rechnung zu tragen. [3]Die §§ 36, 126 und 127 des Fünften Buches gelten entsprechend.

(2) [1]Der Spitzenverband Bund der Pflegekassen erstellt als Anlage zu dem Hilfsmittelverzeichnis nach § 139 des Fünften Buches ein systematisch strukturiertes Pflegehilfsmittelverzeichnis. [2]Darin sind die von der Leistungspflicht der Pflegeversicherung umfassten Pflegehilfsmittel aufzuführen, soweit diese nicht bereits im Hilfsmittelverzeichnis enthalten sind. [3]Pflegehilfsmittel, die für eine leihweise Überlassung an die Versicherten geeignet sind, sind gesondert auszuweisen. [4]Im Übrigen gilt § 139 des Fünften Buches entsprechend mit der Maßgabe, dass die Verbände der Pflegeberufe und der behinderten Menschen vor Erstellung und Fortschreibung des Pflegehilfsmittelverzeichnisses ebenfalls anzuhören sind.

(3) [1]Die Landesverbände der Pflegekassen vereinbaren untereinander oder mit geeigneten Pflegeeinrichtungen das Nähere zur Ausleihe der hierfür nach Absatz 2 Satz 4 geeigneten Pflegehilfsmittel einschließlich ihrer Beschaffung, Lagerung, Wartung und Kontrolle. [2]Die Pflegebedürftigen und die zugelassenen Pflegeeinrichtungen sind von den Pflegekassen oder deren Verbänden in geeigneter Form über die Möglichkeit der Ausleihe zu unterrichten.

(4) Das Bundesministerium für Gesundheit wird ermächtigt, das Pflegehilfsmittelverzeichnis nach Absatz 2 durch Rechtsverordnung im Einvernehmen mit dem Bundesministerium für Arbeit und Soziales und dem Bundesministerium für Familie, Senioren, Frauen und Jugend und mit Zustimmung des Bundesrates zu bestimmen; § 40 Abs. 5 bleibt unberührt.

Vierter Abschnitt. Wirtschaftlichkeitsprüfungen

§ 79 Wirtschaftlichkeits- und Abrechnungsprüfungen

(1) [1]Die Landesverbände der Pflegekassen können die Wirtschaftlichkeit und Wirksamkeit der ambulanten, teilstationären und vollstationären Pflegeleistungen durch von ihnen bestellte Sachverständige prüfen lassen; vor Bestellung der Sachverständigen ist der Träger der Pflegeeinrichtung zu hören. [2]Eine Prüfung ist nur zulässig, wenn tatsächliche Anhaltspunkte dafür bestehen, dass die Pflegeeinrichtung die Anforderungen des § 72 Abs. 3 Satz 1 ganz oder teilweise nicht oder nicht mehr erfüllt. [3]Die Anhaltspunkte sind der Pflegeeinrichtung rechtzeitig vor der Anhörung mitzuteilen. [4]Personenbezogene Daten sind zu anonymisieren.

(2) Die Träger der Pflegeeinrichtungen sind verpflichtet, dem Sachverständigen auf Verlangen die für die Wahrnehmung seiner Aufgaben notwendigen Unterlagen vorzulegen und Auskünfte zu erteilen.

(3) Das Prüfungsergebnis ist, unabhängig von den sich daraus ergebenden Folgerungen für eine Kündigung des Versorgungsvertrags nach § 74, in der nächstmöglichen Vergütungsvereinbarung mit Wirkung für die Zukunft zu berücksichtigen.

(4) [1]Die Landesverbände der Pflegekassen können eine Abrechnungsprüfung selbst oder durch von ihnen bestellte Sachverständige durchführen lassen, wenn tatsächliche Anhaltspunkte dafür bestehen, dass die Pflegeeinrichtung fehlerhaft abrechnet. [2]Die Abrechnungsprüfung bezieht sich

1. auf die Abrechnung von Leistungen, die zu Lasten der Pflegeversicherung erbracht oder erstattet werden, sowie
2. auf die Abrechnung der Leistungen für Unterkunft und Verpflegung (§ 87).

[3]Für die Abrechnungsprüfung sind Absatz 1 Satz 3 und 4 sowie die Absätze 2 und 3 entsprechend anzuwenden.

§§ 80, 80a (weggefallen)

§ 81 Verfahrensregelungen

(1) [1]Die Landesverbände der Pflegekassen (§ 52) erfüllen die ihnen nach dem Siebten und Achten Kapitel zugewiesenen Aufgaben gemeinsam. [2]Kommt eine Einigung ganz oder teilweise nicht zustande, erfolgt die Beschlussfassung durch die Mehrheit der in § 52 Abs. 1 Satz 1 genannten Stellen mit der Maßgabe, dass die Beschlüsse durch drei Vertreter der Ortskrankenkassen und durch zwei Vertreter der Ersatzkassen sowie durch je einen Vertreter der weiteren Stellen gefasst werden.

(2) [1]Bei Entscheidungen, die von den Landesverbänden der Pflegekassen mit den Arbeitsgemeinschaften der örtlichen Träger der Sozialhilfe oder den überörtlichen Trägern der Sozialhilfe gemeinsam zu treffen sind, werden die Arbeitsgemeinschaften oder die überörtlichen Träger mit zwei Vertretern an der Beschlussfassung nach Absatz 1 Satz 2 beteiligt. [2]Kommt bei zwei Beschlussfassungen nacheinander eine Einigung mit den Vertretern der Träger der Sozialhilfe nicht zustande, kann jeder Beteiligte nach Satz 1 die Entscheidung des Vorsitzenden und der weiteren unparteiischen Mitglieder der Schiedsstelle nach § 76 verlangen. [3]Sie entscheiden für alle Beteiligten verbindlich über die streitbefangenen Punkte unter Ausschluss des Rechtswegs. [4]Die Kosten des Verfahrens nach Satz 2 und das Honorar des Vorsitzenden sind von allen Beteiligten anteilig zu tragen.

(3) [1]Bei Entscheidungen nach dem Siebten Kapitel, die der Spitzenverband Bund der Pflegekassen mit den Vertretern der Träger der Sozialhilfe gemeinsam zu treffen hat, stehen dem Spitzenverband Bund der Pflegekassen in entsprechender Anwendung von Absatz 2 Satz 1 in Verbindung mit Absatz 1 Satz 2 neun und den Vertretern der Träger der Sozialhilfe zwei Stimmen zu. [2]Absatz 2 Satz 2 bis 4 gilt mit der Maßgabe entsprechend, dass bei Nichteinigung ein Schiedsstellenvorsitzender zur Entscheidung von den Beteiligten einvernehmlich auszuwählen ist.

Achtes Kapitel.
Pflegevergütung
Erster Abschnitt.
Allgemeine Vorschriften

§ 82 Finanzierung der Pflegeeinrichtungen

(1) [1]Zugelassene Pflegeheime und Pflegedienste erhalten nach Maßgabe dieses Kapitels

1. eine leistungsgerechte Vergütung für die allgemeinen Pflegeleistungen (Pflegevergütung) sowie
2. bei stationärer Pflege ein angemessenes Entgelt für Unterkunft und Verpflegung.

[2]Die Pflegevergütung ist von den Pflegebedürftigen oder deren Kostenträgern zu tragen. [3]Sie umfasst auch die Betreuung und, soweit bei stationärer Pflege kein Anspruch auf Krankenpflege nach § 37 des Fünften Buches besteht, die medizinische Behandlungspflege. [4]Für Unterkunft und Verpflegung bei stationärer Pflege hat der Pflegebedürftige selbst aufzukommen.

(2) In der Pflegevergütung und in den Entgelten für Unterkunft und Verpflegung dürfen keine Aufwendungen berücksichtigt werden für

1. Maßnahmen einschließlich Kapitalkosten, die dazu bestimmt sind, die für den Betrieb der Pflegeeinrichtung notwendigen Gebäude und sonstigen abschreibungsfähigen Anlagegüter herzustellen, anzuschaffen, wiederzubeschaffen, zu ergänzen, instandzuhalten oder instandzusetzen; ausgenommen sind die zum Verbrauch bestimmten Güter (Verbrauchsgüter), die der Pflegevergütung nach Absatz 1 Satz 1 Nr. 1 zuzuordnen sind,
2. den Erwerb und die Erschließung von Grundstücken,
3. Miete, Pacht, Erbbauzins, Nutzung oder Mitbenutzung von Grundstücken, Gebäuden oder sonstigen Anlagegütern,
4. den Anlauf oder die innerbetriebliche Umstellung von Pflegeeinrichtungen,
5. die Schließung von Pflegeeinrichtungen oder ihre Umstellung auf andere Aufgaben.

(3) [1]Soweit betriebsnotwendige Investitionsaufwendungen nach Absatz 2 Nr. 1 oder Aufwendungen für Miete, Pacht, Erbbauzins, Nutzung oder Mitbenutzung von Gebäuden oder sonstige abschreibungsfähige Anlagegüter nach Absatz 2 Nr. 3 durch öffentliche Förderung gemäß § 9 nicht vollständig gedeckt sind, kann die Pflegeeinrichtung diesen Teil der Aufwendungen den Pflegebedürftigen gesondert berechnen. [2]Gleiches gilt, soweit die Aufwendungen nach Satz 1 vom Land durch Darlehen oder sonstige rückzahlbare Zuschüsse gefördert werden. [3]Die gesonderte Berechnung bedarf der Zustimmung der zuständigen Landesbehörde; das Nähere hierzu, insbesondere auch zu Art, Höhe und Laufzeit sowie die Verteilung der gesondert berechenbaren Aufwendungen auf die Pflegebedürftigen einschließlich der Berücksichtigung pauschalierter Instandhaltungs- und Instandsetzungsaufwendungen sowie der zugrunde zu legenden Belegungsquote, wird durch Landesrecht bestimmt. [4]Die Pauschalen müssen in einem angemessenen Verhältnis zur tatsächlichen Höhe der Instandhaltungs- und Instandsetzungsaufwendungen stehen.

(4) [1]Pflegeeinrichtungen, die nicht nach Landesrecht gefördert werden, können ihre betriebsnotwendigen Investitionsaufwendungen den Pflegebedürftigen ohne Zustimmung der zuständigen Landesbehörde gesondert berechnen. [2]Die gesonderte Berechnung ist der zuständigen Landesbehörde mitzuteilen.

(5) Öffentliche Zuschüsse zu den laufenden Aufwendungen einer Pflegeeinrichtung (Betriebskostenzuschüsse) sind von der Pflegevergütung abzuziehen.

§ 82a Ausbildungsvergütung

(1) Die Ausbildungsvergütung im Sinne dieser Vorschrift umfasst die Vergütung, die aufgrund von Rechtsvorschriften, Tarifverträgen, entsprechenden allgemeinen Vergütungsregelungen oder aufgrund vertraglicher Vereinbarungen an Personen, die nach Bundesrecht in der Altenpflege oder nach Landesrecht in der Altenpflegehilfe ausgebildet werden, während der Dauer ihrer praktischen oder theoretischen Ausbildung zu zahlen ist, sowie die nach § 17 Abs. 1a des Altenpflegegesetzes zu erstattenden Weiterbildungskosten.

(2) [1]Soweit eine nach diesem Gesetz zugelassene Pflegeeinrichtung nach Bundesrecht zur Ausbildung in der Altenpflege oder nach Landesrecht zur Ausbildung in der Altenpflegehilfe berechtigt oder verpflichtet ist, ist die Ausbildungsvergütung der Personen, die aufgrund eines entsprechenden Ausbildungsvertrages mit der Einrichtung oder ihrem Träger zum Zwecke der Ausbildung in der Einrichtung tätig sind, während der Dauer des Ausbildungsverhältnisses in der Vergütung der allgemeinen Pflegeleistungen (§ 84 Abs. 1, § 89) berücksichtigungsfähig. [2]Betreut die Einrichtung auch Personen, die nicht pflegebedürftig im Sinne dieses Buches sind, so ist in der Pflegevergütung nach Satz 1 nur der Anteil an der Gesamtsumme der Ausbildungsvergütungen berücksichtigungsfähig, der bei einer gleichmäßigen Verteilung der Gesamtsumme auf alle betreuten Personen auf die Pflegebedürftigen im Sinne dieses Buches entfällt. [3]Soweit die Ausbildungsvergütung im Pflegesatz eines zugelassenen Pflegeheimes zu berücksichtigen ist, ist der Anteil, der auf die Pflegebedürftigen im Sinne dieses Buches entfällt, gleichmäßig auf alle pflegebedürftigen Heimbewohner zu verteilen. [4]Satz 1 gilt nicht, soweit

1. die Ausbildungsvergütung oder eine entsprechende Vergütung nach anderen Vorschriften aufgebracht wird oder
2. die Ausbildungsvergütung durch ein landesrechtliches Umlageverfahren nach Absatz 3 finanziert wird.

[5]Die Ausbildungsvergütung ist in der Vergütungsvereinbarung über die allgemeinen Pflegeleistungen gesondert auszuweisen; die §§ 84 bis 86 und 89 gelten entsprechend.

(3) Wird die Ausbildungsvergütung ganz oder teilweise durch ein landesrechtliches Umlageverfahren finanziert, so ist die Umlage in der Vergütung der allgemeinen Pflegeleistungen nur insoweit berücksichtigungsfähig, als sie auf der Grundlage nachfolgender Berechnungsgrundsätze ermittelt wird:

1. Die Kosten der Ausbildungsvergütung werden nach einheitlichen Grundsätzen gleichmäßig auf alle zugelassenen ambulanten, teilstationären und stationären Pflegeeinrichtungen und die Altenheime im Land verteilt. Bei der Bemessung und Verteilung der Umlage ist sicherzustellen, daß der Verteilungsmaßstab nicht einseitig zu Lasten der zugelassenen Pflegeeinrichtungen gewichtet ist. Im übrigen gilt Absatz 2 Satz 2 und 3 entsprechend.

2. Die Gesamthöhe der Umlage darf den voraussichtlichen Mittelbedarf zur Finanzierung eines angemessenen Angebots an Ausbildungsplätzen nicht überschreiten.
3. Aufwendungen für die Vorhaltung, Instandsetzung oder Instandhaltung von Ausbildungsstätten (§§ 9, 82 Abs. 2 bis 4), für deren laufende Betriebskosten (Personal- und Sachkosten) sowie für die Verwaltungskosten der nach Landesrecht für das Umlageverfahren zuständigen Stelle bleiben unberücksichtigt.

(4) [1]Die Höhe der Umlage nach Absatz 3 sowie ihre Berechnungsfaktoren sind von der dafür nach Landesrecht zuständigen Stelle den Landesverbänden der Pflegekassen rechtzeitig vor Beginn der Pflegesatzverhandlungen mitzuteilen. [2]Es genügt die Mitteilung an einen Landesverband; dieser leitet die Mitteilung unverzüglich an die übrigen Landesverbände und an die zuständigen Träger der Sozialhilfe weiter. [3]Bei Meinungsverschiedenheiten zwischen den nach Satz 1 Beteiligten über die ordnungsgemäße Bemessung und die Höhe des von den zugelassenen Pflegeeinrichtungen zu zahlenden Anteils an der Umlage entscheidet die Schiedsstelle nach § 76 unter Ausschluß des Rechtsweges. [4]Die Entscheidung ist für alle Beteiligten nach Satz 1 sowie für die Parteien der Vergütungsvereinbarungen nach dem Achten Kapitel verbindlich; § 85 Abs. 5 Satz 1 und 2, erster Halbsatz, sowie Abs. 6 gilt entsprechend.

§ 82b Ehrenamtliche Unterstützung

(1) [1]Soweit und solange einer nach diesem Gesetz zugelassenen Pflegeeinrichtung, insbesondere

1. für die vorbereitende und begleitende Schulung,
2. für die Planung und Organisation des Einsatzes oder
3. für den Ersatz des angemessenen Aufwands

der Mitglieder von Selbsthilfegruppen sowie der ehrenamtlichen und sonstigen zum bürgerschaftlichen Engagement bereiten Personen und Organisationen, für von der Pflegeversicherung versorgte Leistungsempfänger nicht anderweitig gedeckte Aufwendungen entstehen, sind diese bei stationären Pflegeeinrichtungen in den Pflegesätzen (§ 84 Abs. 1) und bei ambulanten Pflegeeinrichtungen in den Vergütungen (§ 89) berücksichtigungsfähig. [2]Die Aufwendungen können in der

Vergütungsvereinbarung über die allgemeinen Pflegeleistungen gesondert ausgewiesen werden.

(2) [1]Stationäre Pflegeeinrichtungen können für ehrenamtliche Unterstützung als ergänzendes Engagement bei allgemeinen Pflegeleistungen Aufwandsentschädigungen zahlen. [2]Absatz 1 gilt entsprechend.

§ 83 Verordnung zur Regelung der Pflegevergütung

(1) [1]Die Bundesregierung wird ermächtigt, durch Rechtsverordnung mit Zustimmung des Bundesrates Vorschriften zu erlassen über

1. die Pflegevergütung der Pflegeeinrichtungen einschließlich der Verfahrensregelungen zu ihrer Vereinbarung nach diesem Kapitel,
2. den Inhalt der Pflegeleistungen sowie bei stationärer Pflege die Abgrenzung zwischen den allgemeinen Pflegeleistungen (§ 84 Abs. 4), den Leistungen bei Unterkunft und Verpflegung (§ 87) und den Zusatzleistungen (§ 88),
3. die Rechnungs- und Buchführungsvorschriften der Pflegeeinrichtungen einschließlich einer Kosten- und Leistungsrechnung; bei zugelassenen Pflegeeinrichtungen, die neben den Leistungen nach diesem Buch auch andere Sozialleistungen im Sinne des Ersten Buches (gemischte Einrichtung) erbringen, kann der Anwendungsbereich der Verordnung auf den Gesamtbetrieb erstreckt werden,
4. Maßstäbe und Grundsätze für eine wirtschaftliche und leistungsbezogene, am Versorgungsauftrag (§ 72 Abs. 1) orientierte personelle Ausstattung der Pflegeeinrichtungen,
5. die nähere Abgrenzung der Leistungsaufwendungen nach Nummer 2 von den Investitionsaufwendungen und sonstigen Aufwendungen nach § 82 Abs. 2.

[2]§ 90 bleibt unberührt.

(2) Nach Erlass der Rechtsverordnung sind Rahmenverträge und Schiedsstellenregelungen nach § 75 zu den von der Verordnung erfassten Regelungsbereichen nicht mehr zulässig.

Zweiter Abschnitt.
Vergütung der stationären Pflegeleistungen

§ 84 Bemessungsgrundsätze

(1) [1]Pflegesätze sind die Entgelte der Heimbewohner oder ihrer Kostenträger für die teil- oder vollstationären Pflegeleistungen des Pflegeheims sowie für die Betreuung und, soweit kein Anspruch auf Krankenpflege nach § 37 des Fünften Buches besteht, für die medizinische Behandlungspflege. [2]In den Pflegesätzen dürfen keine Aufwendungen berücksichtigt werden, die nicht der Finanzierungszuständigkeit der sozialen Pflegeversicherung unterliegen.

(2) [1]Die Pflegesätze müssen leistungsgerecht sein. [2]Sie sind nach dem Versorgungsaufwand, den der Pflegebedürftige nach Art und Schwere seiner Pflegebedürftigkeit benötigt, entsprechend den fünf Pflegegraden einzuteilen. [3]Davon ausgehend sind bei vollstationärer Pflege nach § 43 für die Pflegegrade 2 bis 5 einrichtungseinheitliche Eigenanteile zu ermitteln; dies gilt auch bei Änderungen der Leistungsbeträge. [4]Die Pflegesätze müssen einem Pflegeheim bei wirtschaftlicher Betriebsführung ermöglichen, seine Aufwendungen zu finanzieren und seinen Versorgungsauftrag zu erfüllen unter Berücksichtigung einer angemessenen Vergütung ihres Unternehmerrisikos. [5]Die Bezahlung von Gehältern bis zur Höhe tarifvertraglich vereinbarter Vergütungen sowie entsprechender Vergütungen nach kirchlichen Arbeitsrechtsregelungen kann dabei nicht als unwirtschaftlich abgelehnt werden. [6]Für eine darüber hinausgehende Bezahlung bedarf es eines sachlichen Grundes. [7]Überschüsse verbleiben dem Pflegeheim; Verluste sind von ihm zu tragen. [8]Der Grundsatz der Beitragssatzstabilität ist zu beachten. [9]Bei der Bemessung der Pflegesätze einer Pflegeeinrichtung können die Pflegesätze derjenigen Pflegeeinrichtungen, die nach Art und Größe sowie hinsichtlich der in Absatz 5 genannten Leistungs- und Qualitätsmerkmale im Wesentlichen gleichartig sind, angemessen berücksichtigt werden.

(3) Die Pflegesätze sind für alle Heimbewohner des Pflegeheimes nach einheitlichen Grundsätzen zu bemessen; eine Differenzierung nach Kostenträgern ist unzulässig.

(4) [1]Mit den Pflegesätzen sind alle für die Versorgung der Pflegebedürftigen nach Art und Schwere ihrer Pflegebedürftigkeit erforderlichen

Pflegeleistungen der Pflegeeinrichtung (allgemeine Pflegeleistungen) abgegolten. [2]Für die allgemeinen Pflegeleistungen dürfen, soweit nichts anderes bestimmt ist, ausschließlich die nach § 85 oder § 86 vereinbarten oder nach § 85 Abs. 5 festgesetzten Pflegesätze berechnet werden, ohne Rücksicht darauf, wer zu ihrer Zahlung verpflichtet ist.

(5) [1]In der Pflegesatzvereinbarung sind die wesentlichen Leistungs- und Qualitätsmerkmale der Einrichtung festzulegen. [2]Hierzu gehören insbesondere

1. die Zuordnung des voraussichtlich zu versorgenden Personenkreises sowie Art, Inhalt und Umfang der Leistungen, die von der Einrichtung während des nächsten Pflegesatzzeitraums erwartet werden,
2. die von der Einrichtung für den voraussichtlich zu versorgenden Personenkreis individuell vorzuhaltende personelle Ausstattung, gegliedert nach Berufsgruppen sowie
3. Art und Umfang der Ausstattung der Einrichtung mit Verbrauchsgütern (§ 82 Abs. 2 Nr. 1).

(6) [1]Der Träger der Einrichtung ist verpflichtet, mit der vereinbarten personellen Ausstattung die Versorgung der Pflegebedürftigen jederzeit sicherzustellen. [2]Er hat bei Personalengpässen oder -ausfällen durch geeignete Maßnahmen sicherzustellen, dass die Versorgung der Pflegebedürftigen nicht beeinträchtigt wird. [3]Auf Verlangen einer Vertragspartei hat der Träger der Einrichtung in einem Personalabgleich nachzuweisen, dass die vereinbarte Personalausstattung tatsächlich bereitgestellt und bestimmungsgemäß eingesetzt wird. [4]Das Nähere zur Durchführung des Personalabgleichs wird in den Verträgen nach § 75 Abs. 1 und 2 geregelt.

(7) [1]Der Träger der Einrichtung ist verpflichtet, im Falle einer Vereinbarung der Pflegesätze auf Grundlage der Bezahlung von Gehältern bis zur Höhe tarifvertraglich vereinbarter Vergütungen sowie entsprechender Vergütungen nach kirchlichen Arbeitsrechtsregelungen, die entsprechende Bezahlung der Beschäftigten jederzeit einzuhalten. [2]Auf Verlangen einer Vertragspartei hat der Träger der Einrichtung dieses nachzuweisen. [3]Personenbezogene Daten sind zu anonymisieren. [4]Das Nähere zur Durchführung des Nachweises wird in den Verträgen nach § 75 Absatz 1 und 2 geregelt.

(8) [1]Vergütungszuschläge sind abweichend von Absatz 2 Satz 2 und Absatz 4 Satz 1 sowie unter entsprechender Anwendung des Absatzes 2 Satz 1 und 5, des Absatzes 7 und des § 87a zusätzliche Entgelte zur Pflegevergütung für die Leistungen nach § 43b. [2]Der Vergütungszuschlag ist von der Pflegekasse zu tragen und von dem privaten Versicherungsunternehmen im Rahmen des vereinbarten Versicherungsschutzes zu erstatten; § 28 Absatz 2 ist entsprechend anzuwenden. [3]Mit den Vergütungszuschlägen sind alle zusätzlichen Leistungen der Betreuung und Aktivierung in stationären Pflegeeinrichtungen abgegolten. [4]Pflegebedürftige dürfen mit den Vergütungszuschlägen weder ganz noch teilweise belastet werden.

§ 85 Pflegesatzverfahren

(1) Art, Höhe und Laufzeit der Pflegesätze werden zwischen dem Träger des Pflegeheimes und den Leistungsträgern nach Absatz 2 vereinbart.

(2) [1]Parteien der Pflegesatzvereinbarung (Vertragsparteien) sind der Träger des einzelnen zugelassenen Pflegeheimes sowie

1. die Pflegekassen oder sonstige Sozialversicherungsträger,
2. die für die Bewohner des Pflegeheimes zuständigen Träger der Sozialhilfe sowie
3. die Arbeitsgemeinschaften der unter Nummer 1 und 2 genannten Träger,

soweit auf den jeweiligen Kostenträger oder die Arbeitsgemeinschaft im Jahr vor Beginn der Pflegesatzverhandlungen jeweils mehr als fünf vom Hundert der Berechnungstage des Pflegeheimes entfallen. [2]Die Pflegesatzvereinbarung ist für jedes zugelassene Pflegeheim gesondert abzuschließen; § 86 Abs. 2 bleibt unberührt. [3]Die Vereinigungen der Pflegeheime im Land, die Landesverbände der Pflegekassen sowie der Verband der privaten Krankenversicherung e.V. im Land können sich am Pflegesatzverfahren beteiligen.

(3) [1]Die Pflegesatzvereinbarung ist im voraus, vor Beginn der jeweiligen Wirtschaftsperiode des Pflegeheimes, für einen zukünftigen Zeitraum (Pflegesatzzeitraum) zu treffen. [2]Das Pflegeheim hat Art, Inhalt, Umfang und Kosten der Leistungen, für die es eine Vergütung beansprucht, durch Pflegedokumentationen und andere geeignete Nachweise rechtzeitig vor Beginn der Pflegesatzverhandlungen darzulegen; es hat außerdem

die schriftliche Stellungnahme der nach heimrechtlichen Vorschriften vorgesehenen Interessenvertretung der Bewohnerinnen und Bewohner beizufügen. [3]Soweit dies zur Beurteilung seiner Wirtschaftlichkeit und Leistungsfähigkeit im Einzelfall erforderlich ist, hat das Pflegeheim auf Verlangen einer Vertragspartei zusätzliche Unterlagen vorzulegen und Auskünfte zu erteilen. [4]Hierzu gehören auch pflegesatzerhebliche Angaben zum Jahresabschluß entsprechend den Grundsätzen ordnungsgemäßer Pflegebuchführung, zur personellen und sachlichen Ausstattung des Pflegeheims einschließlich der Kosten sowie zur tatsächlichen Stellenbesetzung und Eingruppierung. [5]Dabei sind insbesondere die in der Pflegesatzverhandlung geltend gemachten, voraussichtlichen Personalkosten einschließlich entsprechender Erhöhungen im Vergleich zum bisherigen Pflegesatzzeitraum vorzuweisen. [6]Personenbezogene Daten sind zu anonymisieren.

(4) [1]Die Pflegesatzvereinbarung kommt durch Einigung zwischen dem Träger des Pflegeheimes und der Mehrheit der Kostenträger nach Absatz 2 Satz 1 zustande, die an der Pflegesatzverhandlung teilgenommen haben. [2]Sie ist schriftlich abzuschließen. [3]Soweit Vertragsparteien sich bei den Pflegesatzverhandlungen durch Dritte vertreten lassen, haben diese vor Verhandlungsbeginn den übrigen Vertragsparteien eine schriftliche Verhandlungs- und Abschlußvollmacht vorzulegen.

(5) [1]Kommt eine Pflegesatzvereinbarung innerhalb von sechs Wochen nicht zustande, nachdem eine Vertragspartei schriftlich zu Pflegesatzverhandlungen aufgefordert hat, setzt die Schiedsstelle nach § 76 auf Antrag einer Vertragspartei die Pflegesätze unverzüglich, in der Regel binnen drei Monaten, fest. [2]Satz 1 gilt auch, soweit der nach Absatz 2 Satz 1 Nr. 2 zuständige Träger der Sozialhilfe der Pflegesatzvereinbarung innerhalb von zwei Wochen nach Vertragsschluß widerspricht; der Träger der Sozialhilfe kann im voraus verlangen, daß an Stelle der gesamten Schiedsstelle nur der Vorsitzende und die beiden weiteren unparteiischen Mitglieder oder nur der Vorsitzende allein entscheiden. [3]Gegen die Festsetzung ist der Rechtsweg zu den Sozialgerichten gegeben. [4]Ein Vorverfahren findet nicht statt; die Klage hat keine aufschiebende Wirkung.

(6) [1]Pflegesatzvereinbarungen sowie Schiedsstellenentscheidungen nach Absatz 5 Satz 1 oder 2 treten zu dem darin unter angemessener Berücksichtigung der Interessen der Pflegeheimbewohner bestimmten

Zeitpunkt in Kraft; sie sind für das Pflegeheim sowie für die in dem Heim versorgten Pflegebedürftigen und deren Kostenträger unmittelbar verbindlich. [2]Ein rückwirkendes Inkrafttreten von Pflegesätzen ist nicht zulässig. [3]Nach Ablauf des Pflegesatzzeitraums gelten die vereinbarten oder festgesetzten Pflegesätze bis zum Inkrafttreten neuer Pflegesätze weiter.

(7) [1]Bei unvorhersehbaren wesentlichen Veränderungen der Annahmen, die der Vereinbarung oder Festsetzung der Pflegesätze zugrunde lagen, sind die Pflegesätze auf Verlangen einer Vertragspartei für den laufenden Pflegesatzzeitraum neu zu verhandeln. [2]Dies gilt insbesondere bei einer erheblichen Abweichung der tatsächlichen Bewohnerstruktur. [3]Die Absätze 3 bis 6 gelten entsprechend. [4]Im Fall von Satz 2 kann eine Festsetzung der Pflegesätze durch die Schiedsstelle abweichend von Satz 3 in Verbindung mit Absatz 5 Satz 1 bereits nach einem Monat beantragt werden.

(8) [1]Die Vereinbarung des Vergütungszuschlags nach § 84 Absatz 8 erfolgt auf der Grundlage, dass

1. die stationäre Pflegeeinrichtung für die zusätzliche Betreuung und Aktivierung der Pflegebedürftigen über zusätzliches Betreuungspersonal, in vollstationären Pflegeeinrichtungen in sozialversicherungspflichtiger Beschäftigung verfügt und die Aufwendungen für dieses Personal weder bei der Bemessung der Pflegesätze noch bei den Zusatzleistungen nach § 88 berücksichtigt werden,
2. in der Regel für jeden Pflegebedürftigen 5 Prozent der Personalaufwendungen für eine zusätzliche Vollzeitkraft finanziert wird und
3. die Vertragsparteien Einvernehmen erzielt haben, dass der vereinbarte Vergütungszuschlag nicht berechnet werden darf, soweit die zusätzliche Betreuung und Aktivierung für Pflegebedürftige nicht erbracht wird.

[2]Pflegebedürftige und ihre Angehörigen sind von der stationären Pflegeeinrichtung im Rahmen der Verhandlung und des Abschlusses des stationären Pflegevertrages nachprüfbar und deutlich darauf hinzuweisen, dass ein zusätzliches Betreuungsangebot besteht. [3]Im Übrigen gelten die Absätze 1 bis 7 entsprechend.

§ 86 Pflegesatzkommission

(1) [1]Die Landesverbände der Pflegekassen, der Verband der privaten Krankenversicherung e.V., die überörtlichen oder ein nach Landesrecht bestimmter Träger der Sozialhilfe und die Vereinigungen der Pflegeheimträger im Land bilden regional oder landesweit tätige Pflegesatzkommissionen, die anstelle der Vertragsparteien nach § 85 Abs. 2 die Pflegesätze mit Zustimmung der betroffenen Pflegeheimträger vereinbaren können. [2]§ 85 Abs. 3 bis 7 gilt entsprechend.

(2) [1]Für Pflegeheime, die in derselben kreisfreien Gemeinde oder in demselben Landkreis liegen, kann die Pflegesatzkommission mit Zustimmung der betroffenen Pflegeheimträger für die gleichen Leistungen einheitliche Pflegesätze vereinbaren. [2]Die beteiligten Pflegeheime sind befugt, ihre Leistungen unterhalb der nach Satz 1 vereinbarten Pflegesätze anzubieten.

(3) [1]Die Pflegesatzkommission oder die Vertragsparteien nach § 85 Abs. 2 können auch Rahmenvereinbarungen abschließen, die insbesondere ihre Rechte und Pflichten, die Vorbereitung, den Beginn und das Verfahren der Pflegesatzverhandlungen sowie Art, Umfang und Zeitpunkt der vom Pflegeheim vorzulegenden Leistungsnachweise und sonstigen Verhandlungsunterlagen näher bestimmen. [2]Satz 1 gilt nicht, soweit für das Pflegeheim verbindliche Regelungen nach § 75 getroffen worden sind.

§ 87 Unterkunft und Verpflegung

[1]Die als Pflegesatzparteien betroffenen Leistungsträger (§ 85 Abs. 2) vereinbaren mit dem Träger des Pflegeheimes die von den Pflegebedürftigen zu tragenden Entgelte für die Unterkunft und für die Verpflegung jeweils getrennt. [2]Die Entgelte müssen in einem angemessenen Verhältnis zu den Leistungen stehen. [3]§ 84 Abs. 3 und 4 und die §§ 85 und 86 gelten entsprechend; § 88 bleibt unberührt.

§ 87a Berechnung und Zahlung des Heimentgelts

(1) [1]Die Pflegesätze, die Entgelte für Unterkunft und Verpflegung sowie die gesondert berechenbaren Investitionskosten (Gesamtheimentgelt) werden für den Tag der Aufnahme des Pflegebedürftigen in das Pflegeheim sowie für jeden weiteren Tag des Heimaufenthalts berechnet (Berechnungstag). [2]Die Zahlungspflicht der Heimbewohner oder ihrer Kostenträger endet mit

dem Tag, an dem der Heimbewohner aus dem Heim entlassen wird oder verstirbt. [3]Zieht ein Pflegebedürftiger in ein anderes Heim um, darf nur das aufnehmende Pflegeheim ein Gesamtheimentgelt für den Verlegungstag berechnen. [4]Von den Sätzen 1 bis 3 abweichende Vereinbarungen zwischen dem Pflegeheim und dem Heimbewohner oder dessen Kostenträger sind nichtig. [5]Der Pflegeplatz ist im Fall vorübergehender Abwesenheit vom Pflegeheim für einen Abwesenheitszeitraum von bis zu 42 Tagen im Kalenderjahr für den Pflegebedürftigen freizuhalten. [6]Abweichend hiervon verlängert sich der Abwesenheitszeitraum bei Krankenhausaufenthalten und bei Aufenthalten in Rehabilitationseinrichtungen für die Dauer dieser Aufenthalte. [7]In den Rahmenverträgen nach § 75 sind für die nach den Sätzen 5 und 6 bestimmten Abwesenheitszeiträume, soweit drei Kalendertage überschritten werden, Abschläge von mindestens 25 vom Hundert der Pflegevergütung, der Entgelte für Unterkunft und Verpflegung und der Zuschläge nach § 92b vorzusehen.

(2) [1]Bestehen Anhaltspunkte dafür, dass der pflegebedürftige Heimbewohner auf Grund der Entwicklung seines Zustands einem höheren Pflegegrad zuzuordnen ist, so ist er auf schriftliche Aufforderung des Heimträgers verpflichtet, bei seiner Pflegekasse die Zuordnung zu einer höheren Pflegestufe zu beantragen. [2]Die Aufforderung ist zu begründen und auch der Pflegekasse sowie bei Sozialhilfeempfängern dem zuständigen Träger der Sozialhilfe zuzuleiten. [3]Weigert sich der Heimbewohner, den Antrag zu stellen, kann der Heimträger ihm oder seinem Kostenträger ab dem ersten Tag des zweiten Monats nach der Aufforderung vorläufig den Pflegesatz nach dem nächsthöheren Pflegegrad berechnen. [4]Werden die Voraussetzungen für einen höheren Pflegegrad vom Medizinischen Dienst nicht bestätigt und lehnt die Pflegekasse eine Höherstufung deswegen ab, hat das Pflegeheim dem Pflegebedürftigen den überzahlten Betrag unverzüglich zurückzuzahlen; der Rückzahlungsbetrag ist rückwirkend ab dem in Satz 3 genannten Zeitpunkt mit wenigstens 5 vom Hundert zu verzinsen.

(3) [1]Die dem pflegebedürftigen Heimbewohner nach den §§ 41 bis 43 zustehenden Leistungsbeträge sind von seiner Pflegekasse mit befreiender Wirkung unmittelbar an das Pflegeheim zu zahlen. [2]Maßgebend für die Höhe des zu zahlenden Leistungsbetrags ist der Leistungsbescheid der Pflegekasse, unabhängig davon, ob der Bescheid bestandskräftig ist oder nicht. [3]Die von den Pflegekassen zu zahlenden Leistungsbeträge werden bei vollstationärer Pflege (§ 43) zum 15. eines jeden Monats fällig.

(4) [1]Pflegeeinrichtungen, die Leistungen im Sinne des § 43 erbringen, erhalten von der Pflegekasse zusätzlich den Betrag von 2.952 Euro, wenn der Pflegebedürftige nach der Durchführung aktivierender oder rehabilitativer Maßnahmen in einen niedrigeren Pflegegrad zurückgestuft wurde oder festgestellt wurde, dass er nicht mehr pflegebedürftig im Sinne der §§ 14 und 15 ist. [2]Der Betrag wird entsprechend § 30 angepasst. [3]Der von der Pflegekasse gezahlte Betrag ist von der Pflegeeinrichtung zurückzuzahlen, wenn der Pflegebedürftige innerhalb von sechs Monaten in einen höheren Pflegegrad oder wieder als pflegebedürftig im Sinne der §§ 14 und 15 eingestuft wird.

§ 88 Zusatzleistungen

(1) [1]Neben den Pflegesätzen nach § 85 und den Entgelten nach § 87 darf das Pflegeheim mit den Pflegebedürftigen über die im Versorgungsvertrag vereinbarten notwendigen Leistungen hinaus (§ 72 Abs. 1 Satz 2) gesondert ausgewiesene Zuschläge für

1. besondere Komfortleistungen bei Unterkunft und Verpflegung sowie
2. zusätzliche pflegerisch-betreuende Leistungen

vereinbaren (Zusatzleistungen). [2]Der Inhalt der notwendigen Leistungen und deren Abgrenzung von den Zusatzleistungen werden in den Rahmenverträgen nach § 75 festgelegt.

(2) Die Gewährung und Berechnung von Zusatzleistungen ist nur zulässig, wenn:

1. dadurch die notwendigen stationären oder teilstationären Leistungen des Pflegeheimes (§ 84 Abs. 4 und § 87) nicht beeinträchtigt werden,
2. die angebotenen Zusatzleistungen nach Art, Umfang, Dauer und Zeitabfolge sowie die Höhe der Zuschläge und die Zahlungsbedingungen vorher schriftlich zwischen dem Pflegeheim und dem Pflegebedürftigen vereinbart worden sind,
3. das Leistungsangebot und die Leistungsbedingungen den Landesverbänden der Pflegekassen und den überörtlichen Trägern der Sozialhilfe im Land vor Leistungsbeginn schriftlich mitgeteilt worden sind.

Dritter Abschnitt. Vergütung der ambulanten Pflegeleistungen

§ 89 Grundsätze für die Vergütungsregelung

(1) [1]Die Vergütung der ambulanten Leistungen der häuslichen Pflegehilfe wird, soweit nicht die Gebührenordnung nach § 90 Anwendung findet, zwischen dem Träger des Pflegedienstes und den Leistungsträgern nach Absatz 2 für alle Pflegebedürftigen nach einheitlichen Grundsätzen vereinbart. [2]Sie muß leistungsgerecht sein. [3]Die Vergütung muss einem Pflegedienst bei wirtschaftlicher Betriebsführung ermöglichen, seine Aufwendungen zu finanzieren und seinen Versorgungsauftrag zu erfüllen unter Berücksichtigung einer angemessenen Vergütung ihres Unternehmerrisikos. [4]Die Bezahlung von Gehältern bis zur Höhe tarifvertraglich vereinbarter Vergütungen sowie entsprechender Vergütungen nach kirchlichen Arbeitsrechtsregelungen kann dabei nicht als unwirtschaftlich abgelehnt werden. [5]Für eine darüber hinausgehende Bezahlung bedarf es eines sachlichen Grundes. [6]Eine Differenzierung in der Vergütung nach Kostenträgern ist unzulässig.

(2) [1]Vertragsparteien der Vergütungsvereinbarung sind die Träger des Pflegedienstes sowie

1. die Pflegekassen oder sonstige Sozialversicherungsträger,
2. die Träger der Sozialhilfe, die für die durch den Pflegedienst versorgten Pflegebedürftigen zuständig sind, sowie
3. die Arbeitsgemeinschaften der unter Nummer 1 und 2 genannten Träger,

soweit auf den jeweiligen Kostenträger oder die Arbeitsgemeinschaft im Jahr vor Beginn der Vergütungsverhandlungen jeweils mehr als 5 vom Hundert der vom Pflegedienst betreuten Pflegebedürftigen entfallen. [2]Die Vergütungsvereinbarung ist für jeden Pflegedienst gesondert abzuschließen und gilt für den nach § 72 Abs. 3 Satz 3 vereinbarten Einzugsbereich, soweit nicht ausdrücklich etwas Abweichendes vereinbart wird.

(3) [1]Die Vergütungen können, je nach Art und Umfang der Pflegeleistung, nach dem dafür erforderlichen Zeitaufwand oder unabhängig vom Zeitaufwand nach dem Leistungsinhalt des jeweiligen Pflegeeinsatzes, nach Komplexleistungen oder in Ausnahmefällen auch nach Einzelleistungen

bemessen werden; sonstige Leistungen wie hauswirtschaftliche Versorgung, Behördengänge oder Fahrkosten können auch mit Pauschalen vergütet werden. [2]Die Vergütungen haben zu berücksichtigen, dass Leistungen von mehreren Pflegebedürftigen gemeinsam abgerufen und in Anspruch genommen werden können; die sich aus einer gemeinsamen Leistungsinanspruchnahme ergebenden Zeit- und Kostenersparnisse kommen den Pflegebedürftigen zugute. [3]Bei der Vereinbarung der Vergütung sind die Grundsätze für die Vergütung von längeren Wegezeiten, insbesondere in ländlichen Räumen, die in den Rahmenempfehlungen nach § 132a Absatz 1 Satz 4 Nummer 5 des Fünften Buches vorzusehen sind, zu berücksichtigen. [4]§ 84 Absatz 4 Satz 2 und Absatz 7, § 85 Absatz 3 bis 7 und § 86 gelten entsprechend.

§ 90 Gebührenordnung für ambulante Pflegeleistungen

(1) [1]Das Bundesministerium für Gesundheit wird ermächtigt, im Einvernehmen mit dem Bundesministerium für Familie, Senioren, Frauen und Jugend und dem Bundesministerium für Arbeit und Soziales durch Rechtsverordnung mit Zustimmung des Bundesrates eine Gebührenordnung für die Vergütung der ambulanten Leistungen der häuslichen Pflegehilfe zu erlassen, soweit die Versorgung von der Leistungspflicht der Pflegeversicherung umfaßt ist. [2]Die Vergütung muß leistungsgerecht sein, den Bemessungsgrundsätzen nach § 89 entsprechen und hinsichtlich ihrer Höhe regionale Unterschiede berücksichtigen. [3]§ 82 Abs. 2 gilt entsprechend. [4]In der Verordnung ist auch das Nähere zur Abrechnung der Vergütung zwischen den Pflegekassen und den Pflegediensten zu regeln.

(2) [1]Die Gebührenordnung gilt nicht für die Vergütung von ambulanten Leistungen der häuslichen Pflegehilfe durch Familienangehörige und sonstige Personen, die mit dem Pflegebedürftigen in häuslicher Gemeinschaft leben. [2]Soweit die Gebührenordnung Anwendung findet, sind die davon betroffenen Pflegeeinrichtungen und Pflegepersonen nicht berechtigt, über die Berechnung der Gebühren hinaus weitergehende Ansprüche an die Pflegebedürftigen oder deren Kostenträger zu stellen.

Vierter Abschnitt.
Kostenerstattung, Pflegeheimvergleich

§ 91 Kostenerstattung

(1) Zugelassene Pflegeeinrichtungen, die auf eine vertragliche Regelung der Pflegevergütung nach den §§ 85 und 89 verzichten oder mit denen eine solche Regelung nicht zustande kommt, können den Preis für ihre ambulanten oder stationären Leistungen unmittelbar mit den Pflegebedürftigen vereinbaren.

(2) [1]Den Pflegebedürftigen werden die ihnen von den Einrichtungen nach Absatz 1 berechneten Kosten für die pflegebedingten Aufwendungen erstattet. [2]Die Erstattung darf jedoch 80 vom Hundert des Betrages nicht überschreiten, den die Pflegekasse für den einzelnen Pflegebedürftigen nach Art und Schwere seiner Pflegebedürftigkeit nach dem Dritten Abschnitt des Vierten Kapitels zu leisten hat. [3]Eine weitergehende Kostenerstattung durch einen Träger der Sozialhilfe ist unzulässig.

(3) Die Absätze 1 und 2 gelten entsprechend für Pflegebedürftige, die nach Maßgabe dieses Buches bei einem privaten Versicherungsunternehmen versichert sind.

(4) Die Pflegebedürftigen und ihre Angehörigen sind von der Pflegekasse und der Pflegeeinrichtung rechtzeitig auf die Rechtsfolgen der Absätze 2 und 3 hinzuweisen.

§ 92 (weggefallen)

§ 92a Pflegeheimvergleich

(1) [1]Die Bundesregierung wird ermächtigt, durch Rechtsverordnung mit Zustimmung des Bundesrates einen Pflegeheimvergleich anzuordnen, insbesondere mit dem Ziel,

1. die Landesverbände der Pflegekassen bei der Durchführung von Wirtschaftlichkeits- und Qualitätsprüfungen (§ 79, Elftes Kapitel),
2. die Vertragsparteien nach § 85 Abs. 2 bei der Bemessung der Vergütungen und Entgelte sowie

3. die Pflegekassen bei der Erstellung der Leistungs- und Preisvergleichslisten (§ 7 Abs. 3)

zu unterstützen. [2]Die Pflegeheime sind länderbezogen, Einrichtung für Einrichtung, insbesondere hinsichtlich ihrer Leistungs- und Belegungsstrukturen, ihrer Pflegesätze und Entgelte sowie ihrer gesondert berechenbaren Investitionskosten miteinander zu vergleichen.

(2) In der Verordnung nach Absatz 1 sind insbesondere zu regeln:

1. die Organisation und Durchführung des Pflegeheimvergleichs durch eine oder mehrere von dem Spitzenverband Bund der Pflegekassen oder den Landesverbänden der Pflegekassen gemeinsam beauftragte Stellen,
2. die Finanzierung des Pflegeheimvergleichs aus Verwaltungsmitteln der Pflegekassen,
3. die Erhebung der vergleichsnotwendigen Daten einschließlich ihrer Verarbeitung.

(3) [1]Zur Ermittlung der Vergleichsdaten ist vorrangig auf die verfügbaren Daten aus den Versorgungsverträgen sowie den Pflegesatz- und Entgeltvereinbarungen über

1. die Versorgungsstrukturen einschließlich der personellen und sächlichen Ausstattung,
2. die Leistungen, Pflegesätze und sonstigen Entgelte der Pflegeheime

und auf die Daten aus den Vereinbarungen über Zusatzleistungen zurückzugreifen. [2]Soweit dies für die Zwecke des Pflegeheimvergleichs erforderlich ist, haben die Pflegeheime der mit der Durchführung des Pflegeheimvergleichs beauftragten Stelle auf Verlangen zusätzliche Unterlagen vorzulegen und Auskünfte zu erteilen, insbesondere auch über die von ihnen gesondert berechneten Investitionskosten (§ 82 Abs. 3 und 4).

(4) [1]Durch die Verordnung nach Absatz 1 ist sicherzustellen, dass die Vergleichsdaten

1. den zuständigen Landesbehörden,
2. den Vereinigungen der Pflegeheimträger im Land,
3. den Landesverbänden der Pflegekassen,
4. dem Medizinischen Dienst der Krankenversicherung,
5. dem Verband der privaten Krankenversicherung e.V. im Land sowie

6. den nach Landesrecht zuständigen Trägern der Sozialhilfe

zugänglich gemacht werden. [2]Die Beteiligten nach Satz 1 sind befugt, die Vergleichsdaten ihren Verbänden oder Vereinigungen auf Bundesebene zu übermitteln; die Landesverbände der Pflegekassen sind verpflichtet, die für Prüfzwecke erforderlichen Vergleichsdaten den von ihnen zur Durchführung von Wirtschaftlichkeits- und Qualitätsprüfungen bestellten Sachverständigen zugänglich zu machen.

(5) [1]Vor Erlass der Rechtsverordnung nach Absatz 1 sind der Spitzenverband Bund der Pflegekassen, der Verband der privaten Krankenversicherung e.V., die Bundesarbeitsgemeinschaft der überörtlichen Träger der Sozialhilfe, die Bundesvereinigung der kommunalen Spitzenverbände und die Vereinigungen der Träger der Pflegeheime auf Bundesebene anzuhören. [2]Im Rahmen der Anhörung können diese auch Vorschläge für eine Rechtsverordnung nach Absatz 1 oder für einzelne Regelungen einer solchen Rechtsverordnung vorlegen.

(6) Der Spitzenverband Bund der Pflegekassen oder die Landesverbände der Pflegekassen sind berechtigt, jährlich Verzeichnisse der Pflegeheime mit den im Pflegeheimvergleich ermittelten Leistungs-, Belegungs- und Vergütungsdaten zu veröffentlichen.

(7) Personenbezogene Daten sind vor der Datenübermittlung oder der Erteilung von Auskünften zu anonymisieren.

(8) Die Bundesregierung wird ermächtigt, durch Rechtsverordnung mit Zustimmung des Bundesrates einen länderbezogenen Vergleich über die zugelassenen Pflegedienste (Pflegedienstvergleich) in entsprechender Anwendung der vorstehenden Absätze anzuordnen.

Fünfter Abschnitt.
Integrierte Versorgung

§ 92b Integrierte Versorgung

(1) Die Pflegekassen können mit zugelassenen Pflegeeinrichtungen und den weiteren Vertragspartnern nach § 140a Absatz 3 Satz 1 des Fünften Bu-

ches Verträge zur integrierten Versorgung schließen oder derartigen Verträgen mit Zustimmung der Vertragspartner beitreten.

(2) [1]In den Verträgen nach Absatz 1 ist das Nähere über Art, Inhalt und Umfang der zu erbringenden Leistungen der integrierten Versorgung sowie deren Vergütung zu regeln. [2]Diese Verträge können von den Vorschriften der §§ 75, 85 und 89 abweichende Regelungen treffen, wenn sie dem Sinn und der Eigenart der integrierten Versorgung entsprechen, die Qualität, die Wirksamkeit und die Wirtschaftlichkeit der Versorgung durch die Pflegeeinrichtungen verbessern oder aus sonstigen Gründen zur Durchführung der integrierten Versorgung erforderlich sind. [3]In den Pflegevergütungen dürfen keine Aufwendungen berücksichtigt werden, die nicht der Finanzierungszuständigkeit der sozialen Pflegeversicherung unterliegen. [4]Soweit Pflegeeinrichtungen durch die integrierte Versorgung Mehraufwendungen für Pflegeleistungen entstehen, vereinbaren die Beteiligten leistungsgerechte Zuschläge zu den Pflegevergütungen (§§ 85 und 89). [5]§ 140a Absatz 2 Satz 1 bis 3 des Fünften Buches gilt für Leistungsansprüche der Pflegeversicherten gegenüber ihrer Pflegekasse entsprechend.

(3) § 140a Absatz 4 des Fünften Buches gilt für die Teilnahme der Pflegeversicherten an den integrierten Versorgungsformen entsprechend.

Sechster Abschnitt (weggefallen)

§ 92c bis § 92f (weggefallen)

Neuntes Kapitel.
Datenschutz und Statistik
Erster Abschnitt.
Informationsgrundlagen
Erster Titel.
Grundsätze der Datenverwendung

§ 93 Anzuwendende Vorschriften

Für den Schutz personenbezogener Daten bei der Erhebung, Verarbeitung und Nutzung in der Pflegeversicherung gelten der § 35 des Ersten Buches, die §§ 67 bis 85 des Zehnten Buches sowie die Vorschriften dieses Buches.

§ 94 Personenbezogene Daten bei den Pflegekassen

(1) Die Pflegekassen dürfen personenbezogene Daten für Zwecke der Pflegeversicherung nur erheben, verarbeiten und nutzen, soweit dies für:

1. die Feststellung des Versicherungsverhältnisses (§§ 20 bis 26) und der Mitgliedschaft (§ 49),
2. die Feststellung der Beitragspflicht und der Beiträge, deren Tragung und Zahlung (§§ 54 bis 61),
3. die Prüfung der Leistungspflicht und die Gewährung von Leistungen an Versicherte (§§ 4, 28 und 28a) sowie die Durchführung von Erstattungs- und Ersatzansprüchen,
4. die Beteiligung des Medizinischen Dienstes (§§ 18 und 40),
5. die Abrechnung mit den Leistungserbringern und die Kostenerstattung (§§ 84 bis 91 und 105),
6. die Überwachung der Wirtschaftlichkeit, der Abrechnung und der Qualität der Leistungserbringung (§§ 79, 112, 113, 114, 114a, 115 und 117),

6a. den Abschluss und die Durchführung von Pflegesatzvereinbarungen (§§ 85, 86), Vergütungsvereinbarungen (§ 89) sowie Verträgen zur integrierten Versorgung (§ 92b),

7. die Aufklärung und Auskunft (§ 7),

8. die Koordinierung pflegerischer Hilfen (§ 12), die Pflegeberatung (§ 7a), das Ausstellen von Beratungsgutscheinen (§ 7b) sowie die Wahrnehmung der Aufgaben in den Pflegestützpunkten (§ 7c),
9. die Abrechnung mit anderen Leistungsträgern,
10. statistische Zwecke (§ 109),
11. die Unterstützung der Versicherten bei der Verfolgung von Schadensersatzansprüchen (§ 115 Abs. 3 Satz 7)

erforderlich ist.

(2) [1]Die nach Absatz 1 erhobenen und gespeicherten personenbezogenen Daten dürfen für andere Zwecke nur verarbeitet oder genutzt werden, soweit dies durch Rechtsvorschriften des Sozialgesetzbuches angeordnet oder erlaubt ist. [2]Auf Ersuchen des Betreuungsgerichts hat die Pflegekasse diesem zu dem in § 282 Abs. 1 des Gesetzes über das Verfahren in Familiensachen und in den Angelegenheiten der freiwilligen Gerichtsbarkeit genannten Zweck das nach § 18 zur Feststellung der Pflegebedürftigkeit erstellte Gutachten einschließlich der Befunde des Medizinischen Dienstes der Krankenversicherung zu übermitteln.

(3) Versicherungs- und Leistungsdaten der für Aufgaben der Pflegekasse eingesetzten Beschäftigten einschließlich der Daten ihrer mitversicherten Angehörigen dürfen Personen, die kasseninterne Personalentscheidungen treffen oder daran mitwirken können, weder zugänglich sein noch diesen Personen von Zugriffsberechtigten offenbart werden.

§ 95 Personenbezogene Daten bei den Verbänden der Pflegekassen

(1) Die Verbände der Pflegekassen dürfen personenbezogene Daten für Zwecke der Pflegeversicherung nur erheben, verarbeiten und nutzen, soweit diese für:

1. die Überwachung der Wirtschaftlichkeit, der Abrechnung und der Qualitätssicherung der Leistungserbringung (§§ 79, 112, 113, 114, 114a, 115 und 117),
1a. die Information über die Erbringer von Leistungen der Prävention, Teilhabe sowie von Leistungen und Hilfen zur Pflege (§ 7),
2. den Abschluss und die Durchführung von Versorgungsverträgen (§§ 72 bis 74), Pflegesatzvereinbarungen (§§ 85, 86), Vergütungsvereinbarungen (§ 89) sowie Verträgen zur integrierten Versorgung (§ 92b),

3. die Wahrnehmung der ihnen nach §§ 52 und 53 zugewiesenen Aufgaben,
4. die Unterstützung der Versicherten bei der Verfolgung von Schadensersatzansprüchen (§ 115 Abs. 3 Satz 7)

erforderlich sind.

(2) § 94 Abs. 2 und 3 gilt entsprechend.

§ 96 Gemeinsame Verarbeitung und Nutzung personenbezogener Daten

(1) [1]Die Pflegekassen und die Krankenkassen dürfen personenbezogene Daten, die zur Erfüllung gesetzlicher Aufgaben jeder Stelle erforderlich sind, gemeinsam verarbeiten und nutzen. [2]Insoweit findet § 76 des Zehnten Buches im Verhältnis zwischen der Pflegekasse und der Krankenkasse, bei der sie errichtet ist (§ 46), keine Anwendung.

(2) § 286 des Fünften Buches gilt für die Pflegekassen entsprechend.

(3) Die Absätze 1 und 2 gelten entsprechend für die Verbände der Pflege- und Krankenkassen.

§ 97 Personenbezogene Daten beim Medizinischen Dienst

(1) [1]Der Medizinische Dienst darf personenbezogene Daten für Zwecke der Pflegeversicherung nur erheben, verarbeiten und nutzen, soweit dies für die Prüfungen, Beratungen und gutachtlichen Stellungnahmen nach den §§ 18, 38a, 40, 112, 113, 114, 114a, 115 und 117 erforderlich ist. [2]Die Daten dürfen für andere Zwecke nur verarbeitet und genutzt werden, soweit dies durch Rechtsvorschriften des Sozialgesetzbuches angeordnet oder erlaubt ist.

(2) Der Medizinische Dienst darf personenbezogene Daten, die er für die Aufgabenerfüllung nach dem Fünften oder Elften Buch erhebt, verarbeitet oder nutzt, auch für die Aufgaben des jeweils anderen Buches verarbeiten oder nutzen, wenn ohne die vorhandenen Daten diese Aufgaben nicht ordnungsgemäß erfüllt werden können.

(3) [1]Die personenbezogenen Daten sind nach fünf Jahren zu löschen. [2]§ 96 Abs. 2, § 98 und § 107 Abs. 1 Satz 2 und 3 und Abs. 2 gelten für den Medizinischen Dienst entsprechend. [3]Der Medizinische Dienst hat Sozialdaten

zur Identifikation des Versicherten getrennt von den medizinischen Sozialdaten des Versicherten zu speichern. [4]Durch technische und organisatorische Maßnahmen ist sicherzustellen, dass die Sozialdaten nur den Personen zugänglich sind, die sie zur Erfüllung ihrer Aufgaben benötigen. [5]Der Schlüssel für die Zusammenführung der Daten ist vom Beauftragten für den Datenschutz des Medizinischen Dienstes aufzubewahren und darf anderen Personen nicht zugänglich gemacht werden. [6]Jede Zusammenführung ist zu protokollieren.

(4) Für das Akteneinsichtsrecht des Versicherten gilt § 25 des Zehnten Buches entsprechend.

§ 97a Qualitätssicherung durch Sachverständige

(1) [1]Von den Landesverbänden der Pflegekassen bestellte sonstige Sachverständige (§ 114 Abs. 1 Satz 1) sind berechtigt, für Zwecke der Qualitätssicherung und -prüfung Daten nach den §§ 112, 113, 114, 114a, 115 und 117 zu erheben, zu verarbeiten und zu nutzen; sie dürfen die Daten an die Pflegekassen und deren Verbände sowie an die in den §§ 112, 114, 114a, 115 und 117 genannten Stellen übermitteln, soweit dies zur Erfüllung der gesetzlichen Aufgaben auf dem Gebiet der Qualitätssicherung und Qualitätsprüfung dieser Stellen erforderlich ist. [2]Die Daten sind vertraulich zu behandeln.

(2) § 107 gilt entsprechend.

§ 97b Personenbezogene Daten bei den nach heimrechtlichen Vorschriften zuständigen Aufsichtsbehörden und den Trägern der Sozialhilfe

Die nach heimrechtlichen Vorschriften zuständigen Aufsichtsbehörden und die zuständigen Träger der Sozialhilfe sind berechtigt, die für Zwecke der Pflegeversicherung nach den §§ 112, 113, 114, 114a, 115 und 117 erhobenen personenbezogenen Daten zu verarbeiten und zu nutzen, soweit dies zur Erfüllung ihrer gesetzlichen Aufgaben erforderlich ist; § 107 findet entsprechende Anwendung.

§ 97c Qualitätssicherung durch den Prüfdienst des Verbandes der privaten Krankenversicherung e.V.

[1]Bei Wahrnehmung der Aufgaben auf dem Gebiet der Qualitätssicherung und Qualitätsprüfung im Sinne dieses Buches durch den Prüfdienst des Verbandes der privaten Krankenversicherung e.V. gilt der Prüfdienst als Stelle im Sinne des § 35 Absatz 1 Satz 1 des Ersten Buches. [2]Die §§ 97 und 97a gelten entsprechend.

§ 97d Begutachtung durch unabhängige Gutachter

(1) [1]Von den Pflegekassen gemäß § 18 Absatz 1 Satz 1 beauftragte unabhängige Gutachter sind berechtigt, personenbezogene Daten des Antragstellers zu erheben, zu verarbeiten und zu nutzen, soweit dies für die Zwecke der Begutachtung gemäß § 18 erforderlich ist. [2]Die Daten sind vertraulich zu behandeln. [3]Durch technische und organisatorische Maßnahmen ist sicherzustellen, dass die Daten nur den Personen zugänglich sind, die sie zur Erfüllung des dem Gutachter von den Pflegekassen nach § 18 Absatz 1 Satz 1 erteilten Auftrags benötigen.

(2) [1]Die unabhängigen Gutachter dürfen das Ergebnis der Prüfung zur Feststellung der Pflegebedürftigkeit sowie die Präventions- und Rehabilitationsempfehlung gemäß § 18 an die sie beauftragende Pflegekasse übermitteln, soweit dies zur Erfüllung der gesetzlichen Aufgaben der Pflegekasse erforderlich ist; § 35 des Ersten Buches gilt entsprechend. [2]Dabei ist sicherzustellen, dass das Ergebnis der Prüfung zur Feststellung der Pflegebedürftigkeit sowie die Präventions- und Rehabilitationsempfehlung nur den Personen zugänglich gemacht werden, die sie zur Erfüllung ihrer Aufgaben benötigen.

(3) [1]Die personenbezogenen Daten sind nach fünf Jahren zu löschen. [2]§ 107 Absatz 1 Satz 2 gilt entsprechend.

§ 98 Forschungsvorhaben

(1) Die Pflegekassen dürfen mit der Erlaubnis der Aufsichtsbehörde die Datenbestände leistungserbringer- und fallbeziehbar für zeitlich befristete und im Umfang begrenzte Forschungsvorhaben selbst auswerten und zur Durchführung eines Forschungsvorhabens über die sich aus § 107 ergebenden Fristen hinaus aufbewahren.

(2) Personenbezogene Daten sind zu anonymisieren.

Zweiter Titel. Informationsgrundlagen der Pflegekassen

§ 99 Versichertenverzeichnis

[1]Die Pflegekasse hat ein Versichertenverzeichnis zu führen. [2]Sie hat in das Versichertenverzeichnis alle Angaben einzutragen, die zur Feststellung der Versicherungspflicht oder -berechtigung und des Anspruchs auf Familienversicherung, zur Bemessung und Einziehung der Beiträge sowie zur Feststellung des Leistungsanspruchs erforderlich sind.

§ 100 Nachweispflicht bei Familienversicherung

Die Pflegekasse kann die für den Nachweis einer Familienversicherung (§ 25) erforderlichen Daten vom Angehörigen oder mit dessen Zustimmung vom Mitglied erheben.

§ 101 Pflegeversichertennummer

[1]Die Pflegekasse verwendet für jeden Versicherten eine Versichertennummer, die mit der Krankenversichertennummer ganz oder teilweise übereinstimmen darf. [2]Bei der Vergabe der Nummer für Versicherte nach § 25 ist sicherzustellen, daß der Bezug zu dem Angehörigen, der Mitglied ist, hergestellt werden kann.

§ 102 Angaben über Leistungsvoraussetzungen

[1]Die Pflegekasse hat Angaben über Leistungen, die zur Prüfung der Voraussetzungen späterer Leistungsgewährung erforderlich sind, aufzuzeichnen. [2]Hierzu gehören insbesondere Angaben zur Feststellung der Voraussetzungen von Leistungsansprüchen und zur Leistung von Zuschüssen.

§ 103 Kennzeichen für Leistungsträger und Leistungserbringer

(1) Die Pflegekassen, die anderen Träger der Sozialversicherung und die Vertragspartner der Pflegekassen einschließlich deren Mitglieder verwenden im Schriftverkehr und für Abrechnungszwecke untereinander bundeseinheitliche Kennzeichen.

(2) § 293 Abs. 2 und 3 des Fünften Buches gilt entsprechend.

Zweiter Abschnitt. Übermittlung von Leistungsdaten

§ 104 Pflichten der Leistungserbringer

(1) Die Leistungserbringer sind berechtigt und verpflichtet:

1. im Falle der Überprüfung der Notwendigkeit von Pflegehilfsmitteln (§ 40 Abs. 1),
2. im Falle eines Prüfverfahrens, soweit die Wirtschaftlichkeit oder die Qualität der Leistungen im Einzelfall zu beurteilen sind (§§ 79, 112, 113, 114, 114a, 115 und 117),

2a. im Falle des Abschlusses und der Durchführung von Versorgungsverträgen (§§ 72 bis 74), Pflegesatzvereinbarungen (§§ 85, 86), Vergütungsvereinbarungen (§ 89) sowie Verträgen zur integrierten Versorgung (§ 92b),

3. im Falle der Abrechnung pflegerischer Leistungen (§ 105)

die für die Erfüllung der Aufgaben der Pflegekassen und ihrer Verbände erforderlichen Angaben aufzuzeichnen und den Pflegekassen sowie den Verbänden oder den mit der Datenverarbeitung beauftragten Stellen zu übermitteln.

(2) Soweit dies für die in Absatz 1 Nr. 2 und 2a genannten Zwecke erforderlich ist, sind die Leistungserbringer berechtigt, die personenbezogenen Daten auch an die Medizinischen Dienste und die in den §§ 112, 113, 114, 114a, 115 und 117 genannten Stellen zu übermitteln.

(3) Trägervereinigungen dürfen personenbezogene Daten verarbeiten und nutzen, soweit dies für ihre Beteiligung an Qualitätsprüfungen oder Maßnahmen der Qualitätssicherung nach diesem Buch erforderlich ist.

§ 105 Abrechnung pflegerischer Leistungen

(1) [1]Die an der Pflegeversorgung teilnehmenden Leistungserbringer sind verpflichtet,

1. in den Abrechnungsunterlagen die von ihnen erbrachten Leistungen nach Art, Menge und Preis einschließlich des Tages und der Zeit der Leistungserbringung aufzuzeichnen,
2. in den Abrechnungsunterlagen ihr Kennzeichen (§ 103) sowie die Versichertennummer des Pflegebedürftigen anzugeben,
3. bei der Abrechnung über die Abgabe von Hilfsmitteln die Bezeichnungen des Hilfsmittelverzeichnisses nach § 78 zu verwenden.

[2]Vom 1. Januar 1996 an sind maschinenlesbare Abrechnungsunterlagen zu verwenden.

(2) [1]Das Nähere über Form und Inhalt der Abrechnungsunterlagen sowie Einzelheiten des Datenträgeraustausches werden vom Spitzenverband Bund der Pflegekassen im Einvernehmen mit den Verbänden der Leistungserbringer festgelegt. [2]Der Spitzenverband Bund der Pflegekassen und die Verbände der Leistungserbringer legen bis zum 1. Januar 2018 die Einzelheiten für eine elektronische Datenübertragung aller Angaben und Nachweise fest, die für die Abrechnung pflegerischer Leistungen in der Form elektronischer Dokumente erforderlich sind. [3]Für die elektronische Datenübertragung elektronischer Dokumente ist neben der qualifizierten elektronischen Signatur auch ein anderes sicheres Verfahren vorzusehen, das den Absender der Daten authentifiziert und die Integrität des elektronisch übermittelten Datensatzes gewährleistet. [4]Zur Authentifizierung des Absenders der Daten können auch der elektronische Heilberufs- oder Berufsausweis nach § 291a Absatz 5 Satz 5 des Fünften Buches, die elektronische Gesundheitskarte nach § 291 des Fünften Buches sowie der elektronische Identitätsnachweis des Personalausweises genutzt werden; die zur Authentifizierung des Absenders der Daten erforderlichen Daten dürfen zusammen mit den übrigen übermittelten Daten gespeichert und verwendet werden. [5]§ 302 Absatz 2 Satz 2 und 3 des Fünften Buches gilt entsprechend.

§ 106 Abweichende Vereinbarungen

Die Landesverbände der Pflegekassen (§ 52) können mit den Leistungserbringern oder ihren Verbänden vereinbaren, daß

1. der Umfang der zu übermittelnden Abrechnungsbelege eingeschränkt,
2. bei der Abrechnung von Leistungen von einzelnen Angaben ganz oder teilweise abgesehen

wird, wenn dadurch eine ordnungsgemäße Abrechnung und die Erfüllung der gesetzlichen Aufgaben der Pflegekassen nicht gefährdet werden.

§ 106a Mitteilungspflichten

[1]Zugelassene Pflegedienste, anerkannte Beratungsstellen, beauftragte Pflegefachkräfte sowie Beratungspersonen der kommunalen Gebietskörperschaften, die Beratungseinsätze nach § 37 Absatz 3 durchführen, sind mit Einwilligung des Versicherten berechtigt und verpflichtet, die für die Erfüllung der Aufgaben der Pflegekassen, der privaten Versicherungsunternehmen sowie der Beihilfefestsetzungsstellen erforderlichen Angaben zur Qualität der Pflegesituation und zur Notwendigkeit einer Verbesserung der zuständigen Pflegekasse, dem zuständigen privaten Versicherungsunternehmen und der zuständigen Beihilfefestsetzungsstelle zu übermitteln. [2]Das Formular nach § 37 Abs. 4 Satz 2 wird unter Beteiligung des Bundesbeauftragten für den Datenschutz und die Informationsfreiheit und des Bundesministeriums für Gesundheit erstellt. [3]Erteilt die pflegebedürftige Person die Einwilligung nicht, ist jedoch nach Überzeugung der Beratungsperson eine weitergehende Beratung angezeigt, übermittelt die jeweilige Beratungsstelle diese Einschätzung über die Erforderlichkeit einer weitergehenden Beratung der zuständigen Pflegekasse oder dem zuständigen privaten Versicherungsunternehmen.

Dritter Abschnitt.
Datenlöschung, Auskunftspflicht

§ 107 Löschen von Daten

(1) [1]Für das Löschen der für Aufgaben der Pflegekassen und ihrer Verbände gespeicherten personenbezogenen Daten gilt § 84 des Zehnten Buches entsprechend mit der Maßgabe, daß

1. die Daten nach § 102 spätestens nach Ablauf von zehn Jahren,
2. sonstige Daten aus der Abrechnung pflegerischer Leistungen (§ 105), aus Wirtschaftlichkeitsprüfungen (§ 79), aus Prüfungen zur Qualitätssicherung (§§ 112, 113, 114, 114a, 115 und 117) und aus dem Abschluss oder der Durchführung von Verträgen (§§ 72 bis 74, 85, 86 oder 89) spätestens nach zwei Jahren

zu löschen sind. [2]Die Fristen beginnen mit dem Ende des Geschäftsjahres, in dem die Leistungen gewährt oder abgerechnet wurden. [3]Die Pflegekassen können für Zwecke der Pflegeversicherung Leistungsdaten länger aufbewahren, wenn sichergestellt ist, daß ein Bezug zu natürlichen Personen nicht mehr herstellbar ist.

(2) Im Falle des Wechsels der Pflegekasse ist die bisher zuständige Pflegekasse verpflichtet, auf Verlangen die für die Fortführung der Versicherung erforderlichen Angaben nach den §§ 99 und 102 der neuen Pflegekasse mitzuteilen.

§ 108 Auskünfte an Versicherte

[1]Die Pflegekassen unterrichten die Versicherten auf deren Antrag über die in einem Zeitraum von mindestens 18 Monaten vor Antragstellung in Anspruch genommenen Leistungen und deren Kosten. [2]Eine Mitteilung an die Leistungserbringer über die Unterrichtung des Versicherten ist nicht zulässig. [3]Die Pflegekassen können in ihren Satzungen das Nähere über das Verfahren der Unterrichtung regeln.

Vierter Abschnitt.
Statistik

§ 109 Pflegestatistiken

(1) [1]Die Bundesregierung wird ermächtigt, für Zwecke dieses Buches durch Rechtsverordnung mit Zustimmung des Bundesrates jährliche Erhebungen über ambulante und stationäre Pflegeeinrichtungen sowie über die häusliche Pflege als Bundesstatistik anzuordnen. [2]Die Bundesstatistik kann folgende Sachverhalte umfassen:

1. Art der Pflegeeinrichtung und der Trägerschaft,
2. Art des Leistungsträgers und des privaten Versicherungsunternehmens,
3. in der ambulanten und stationären Pflege tätige Personen nach Geschlecht, Geburtsjahr, Beschäftigungsverhältnis, Tätigkeitsbereich, Dienststellung, Berufsabschluß auf Grund einer Ausbildung, Weiterbildung oder Umschulung, zusätzlich bei Auszubildenden und Umschülern Art der Ausbildung und Ausbildungsjahr, Beginn und Ende der Pflegetätigkeit,
4. sachliche Ausstattung und organisatorische Einheiten der Pflegeeinrichtung, Ausbildungsstätten an Pflegeeinrichtungen,
5. Pflegebedürftige nach Geschlecht, Geburtsjahr, Wohnort, Postleitzahl des Wohnorts vor dem Einzug in eine vollstationäre Pflegeeinrichtung, Art, Ursache, Grad und Dauer der Pflegebedürftigkeit, Art des Versicherungsverhältnisses,
6. in Anspruch genommene Pflegeleistungen nach Art, Dauer und Häufigkeit sowie nach Art des Kostenträgers,
7. Kosten der Pflegeeinrichtungen nach Kostenarten sowie Erlöse nach Art, Höhe und Kostenträgern.

[3]Auskunftspflichtig sind die Träger der Pflegeeinrichtungen, die Träger der Pflegeversicherung sowie die privaten Versicherungsunternehmen gegenüber den statistischen Ämtern der Länder; die Rechtsverordnung kann Ausnahmen von der Auskunftspflicht vorsehen.

(2) [1]Die Bundesregierung wird ermächtigt, für Zwecke dieses Buches durch Rechtsverordnung mit Zustimmung des Bundesrates jährliche Erhebungen über die Situation Pflegebedürftiger und ehrenamtlich Pflegender als Bun-

desstatistik anzuordnen. [2]Die Bundesstatistik kann folgende Sachverhalte umfassen:

1. Ursachen von Pflegebedürftigkeit,
2. Pflege- und Betreuungsbedarf der Pflegebedürftigen,
3. Pflege- und Betreuungsleistungen durch Pflegefachkräfte, Angehörige und ehrenamtliche Helfer sowie Angebote zur Unterstützung im Alltag,
4. Leistungen zur Prävention und Teilhabe,
5. Maßnahmen zur Erhaltung und Verbesserung der Pflegequalität,
6. Bedarf an Pflegehilfsmitteln und technischen Hilfen,
7. Maßnahmen zur Verbesserung des Wohnumfeldes.

[3]Auskunftspflichtig ist der Medizinische Dienst gegenüber den statistischen Ämtern der Länder; Absatz 1 Satz 3 zweiter Halbsatz gilt entsprechend.

(3) [1]Die nach Absatz 1 Satz 3 und Absatz 2 Satz 3 Auskunftspflichtigen teilen die von der jeweiligen Statistik umfaßten Sachverhalte gleichzeitig den für die Planung und Investitionsfinanzierung der Pflegeeinrichtungen zuständigen Landesbehörden mit. [2]Die Befugnis der Länder, zusätzliche, von den Absätzen 1 und 2 nicht erfaßte Erhebungen über Sachverhalte des Pflegewesens als Landesstatistik anzuordnen, bleibt unberührt. [3]Die Verordnung nach Absatz 1 Satz 1 hat sicherzustellen, dass die Pflegeeinrichtungen diesen Auskunftsverpflichtungen gemeinsam mit der Auskunftsverpflichtung nach Absatz 1 durch eine einheitliche Auskunftserteilung nachkommen können.

(4) Daten der Pflegebedürftigen, der in der Pflege tätigen Personen, der Angehörigen und ehrenamtlichen Helfer dürfen für Zwecke der Bundesstatistik nur in anonymisierter Form an die statistischen Ämter der Länder übermittelt werden.

(5) Die Statistiken nach den Absätzen 1 und 2 sind für die Bereiche der ambulanten Pflege und der Kurzzeitpflege erstmals im Jahr 1996 für das Jahr 1995 vorzulegen, für den Bereich der stationären Pflege im Jahr 1998 für das Jahr 1997.

Zehntes Kapitel.
Private Pflegeversicherung

§ 110 Regelungen für die private Pflegeversicherung

(1) Um sicherzustellen, daß die Belange der Personen, die nach § 23 zum Abschluß eines Pflegeversicherungsvertrages bei einem privaten Krankenversicherungsunternehmen verpflichtet sind, ausreichend gewahrt werden und daß die Verträge auf Dauer erfüllbar bleiben, ohne die Interessen der Versicherten anderer Tarife zu vernachlässigen, werden die im Geltungsbereich dieses Gesetzes zum Betrieb der Pflegeversicherung befugten privaten Krankenversicherungsunternehmen verpflichtet,

1. mit allen in § 22 und § 23 Abs. 1, 3 und 4 genannten versicherungspflichtigen Personen auf Antrag einen Versicherungsvertrag abzuschließen, der einen Versicherungsschutz in dem in § 23 Abs. 1 und 3 festgelegten Umfang vorsieht (Kontrahierungszwang); dies gilt auch für das nach § 23 Abs. 2 gewählte Versicherungsunternehmen,
2. in den Verträgen, die Versicherungspflichtige in dem nach § 23 Abs. 1 und 3 vorgeschriebenen Umfang abschließen,
   a) keinen Ausschluß von Vorerkrankungen der Versicherten,
   b) keinen Ausschluß bereits pflegebedürftiger Personen,
   c) keine längeren Wartezeiten als in der sozialen Pflegeversicherung (§ 33 Abs. 2),
   d) keine Staffelung der Prämien nach Geschlecht und Gesundheitszustand der Versicherten,
   e) keine Prämienhöhe, die den Höchstbeitrag der sozialen Pflegeversicherung übersteigt, bei Personen, die nach § 23 Abs. 3 einen Teilkostentarif abgeschlossen haben, keine Prämienhöhe, die 50 vom Hundert des Höchstbeitrages der sozialen Pflegeversicherung übersteigt,
   f) die beitragsfreie Mitversicherung der Kinder des Versicherungsnehmers unter denselben Voraussetzungen, wie in § 25 festgelegt,
   g) für Ehegatten oder Lebenspartner ab dem Zeitpunkt des Nachweises der zur Inanspruchnahme der Beitragsermäßigung berechtigenden Umstände keine Prämie in Höhe von mehr als 150 vom Hundert des Höchstbeitrages der sozialen Pflegeversicherung, wenn ein Ehegatte oder ein Lebenspartner kein Gesamteinkom-

men hat, das die in § 25 Abs. 1 Satz 1 Nr. 5 genannten Einkommensgrenzen überschreitet,

vorzusehen.

(2) [1]Die in Absatz 1 genannten Bedingungen gelten für Versicherungsverträge, die mit Personen abgeschlossen werden, die zum Zeitpunkt des Inkrafttretens dieses Gesetzes Mitglied bei einem privaten Krankenversicherungsunternehmen mit Anspruch auf allgemeine Krankenhausleistungen sind oder sich nach Artikel 41 des Pflege-Versicherungsgesetzes innerhalb von sechs Monaten nach Inkrafttreten dieses Gesetzes von der Versicherungspflicht in der sozialen Pflegeversicherung befreien lassen. [2]Die in Absatz 1 Nr. 1 und 2 Buchstabe a bis f genannten Bedingungen gelten auch für Verträge mit Personen, die im Basistarif nach § 152 des Versicherungsaufsichtsgesetzes versichert sind. [3]Für Personen, die im Basistarif nach § 152 des Versicherungsaufsichtsgesetzes versichert sind und deren Beitrag zur Krankenversicherung sich nach § 152 Absatz 4 des Versicherungsaufsichtsgesetzes vermindert, darf der Beitrag 50 vom Hundert des sich nach Absatz 1 Nr. 2 Buchstabe e ergebenden Beitrags nicht übersteigen; die Beitragsbegrenzung für Ehegatten oder Lebenspartner nach Absatz 1 Nr. 2 Buchstabe g gilt für diese Versicherten nicht. [4]Würde allein durch die Zahlung des Beitrags zur Pflegeversicherung nach Satz 2 Hilfebedürftigkeit im Sinne des Zweiten oder Zwölften Buches entstehen, gilt Satz 3 entsprechend; die Hilfebedürftigkeit ist vom zuständigen Träger nach dem Zweiten oder Zwölften Buch auf Antrag des Versicherten zu prüfen und zu bescheinigen.

(3) Für Versicherungsverträge, die mit Personen abgeschlossen werden, die erst nach Inkrafttreten dieses Gesetzes Mitglied eines privaten Krankenversicherungsunternehmens mit Anspruch auf allgemeine Krankenhausleistungen werden oder die der Versicherungspflicht nach § 193 Abs. 3 des Versicherungsvertragsgesetzes genügen, gelten, sofern sie in Erfüllung der Vorsorgepflicht nach § 22 Abs. 1 und § 23 Abs. 1, 3 und 4 geschlossen werden und Vertragsleistungen in dem in § 23 Abs. 1 und 3 festgelegten Umfang vorsehen, folgende Bedingungen:

1. Kontrahierungszwang,
2. kein Ausschluß von Vorerkrankungen der Versicherten,
3. keine Staffelung der Prämien nach Geschlecht,
4. keine längeren Wartezeiten als in der sozialen Pflegeversicherung,

5. für Versicherungsnehmer, die über eine Vorversicherungszeit von mindestens fünf Jahren in ihrer privaten Pflegeversicherung oder privaten Krankenversicherung verfügen, keine Prämienhöhe, die den Höchstbeitrag der sozialen Pflegeversicherung übersteigt; Absatz 1 Nr. 2 Buchstabe e gilt,
6. beitragsfreie Mitversicherung der Kinder des Versicherungsnehmers unter denselben Voraussetzungen, wie in § 25 festgelegt.

(4) Rücktritts- und Kündigungsrechte der Versicherungsunternehmen sind ausgeschlossen, solange der Kontrahierungszwang besteht.

(5) [1]Die Versicherungsunternehmen haben den Versicherten Akteneinsicht zu gewähren. [2]Sie haben die Berechtigten über das Recht auf Akteneinsicht zu informieren, wenn sie das Ergebnis einer Prüfung auf Pflegebedürftigkeit mitteilen. [3]§ 25 des Zehnten Buches gilt entsprechend.

§ 111 Risikoausgleich

(1) [1]Die Versicherungsunternehmen, die eine private Pflegeversicherung im Sinne dieses Buches betreiben, müssen sich zur dauerhaften Gewährleistung der Regelungen für die private Pflegeversicherung nach § 110 sowie zur Aufbringung der Fördermittel nach § 45c und der Mittel nach § 8 Absatz 9 Satz 1 und 2 am Ausgleich der Versicherungsrisiken beteiligen und dazu ein Ausgleichssystem schaffen und erhalten, dem sie angehören. [2]Das Ausgleichssystem muß einen dauerhaften, wirksamen Ausgleich der unterschiedlichen Belastungen gewährleisten; es darf den Marktzugang neuer Anbieter der privaten Pflegeversicherung nicht erschweren und muß diesen eine Beteiligung an dem Ausgleichssystem zu gleichen Bedingungen ermöglichen. [3]In diesem System werden die Beiträge ohne die Kosten auf der Basis gemeinsamer Kalkulationsgrundlagen einheitlich für alle Unternehmen, die eine private Pflegeversicherung betreiben, ermittelt.

(2) Die Errichtung, die Ausgestaltung, die Änderung und die Durchführung des Ausgleichs unterliegen der Aufsicht der Bundesanstalt für Finanzdienstleistungsaufsicht.

Elftes Kapitel.
Qualitätssicherung, Sonstige Regelungen zum Schutz der Pflegebedürftigen

§ 112 Qualitätsverantwortung

(1) [1]Die Träger der Pflegeeinrichtungen bleiben, unbeschadet des Sicherstellungsauftrags der Pflegekassen (§ 69), für die Qualität der Leistungen ihrer Einrichtungen einschließlich der Sicherung und Weiterentwicklung der Pflegequalität verantwortlich. [2]Maßstäbe für die Beurteilung der Leistungsfähigkeit einer Pflegeeinrichtung und die Qualität ihrer Leistungen sind die für sie verbindlichen Anforderungen in den Vereinbarungen nach § 113 sowie die vereinbarten Leistungs- und Qualitätsmerkmale (§ 84 Abs. 5).

(2) [1]Die zugelassenen Pflegeeinrichtungen sind verpflichtet, Maßnahmen der Qualitätssicherung sowie ein Qualitätsmanagement nach Maßgabe der Vereinbarungen nach § 113 durchzuführen, Expertenstandards nach § 113a anzuwenden sowie bei Qualitätsprüfungen nach § 114 mitzuwirken. [2]Bei stationärer Pflege erstreckt sich die Qualitätssicherung neben den allgemeinen Pflegeleistungen auch auf die medizinische Behandlungspflege, die Betreuung, die Leistungen bei Unterkunft und Verpflegung (§ 87) sowie auf die Zusatzleistungen (§ 88).

(3) Der Medizinische Dienst der Krankenversicherung und der Prüfdienst des Verbandes der privaten Krankenversicherung e.V. beraten die Pflegeeinrichtungen in Fragen der Qualitätssicherung mit dem Ziel, Qualitätsmängeln rechtzeitig vorzubeugen und die Eigenverantwortung der Pflegeeinrichtungen und ihrer Träger für die Sicherung und Weiterentwicklung der Pflegequalität zu stärken.

§ 113 Maßstäbe und Grundsätze zur Sicherung und Weiterentwicklung der Pflegequalität

(1) [1]Der Spitzenverband Bund der Pflegekassen, die Bundesarbeitsgemeinschaft der überörtlichen Träger der Sozialhilfe, die kommunalen Spitzenverbände auf Bundesebene und die Vereinigungen der Träger der Pflegeeinrichtungen auf Bundesebene vereinbaren unter Beteiligung des Medizinischen Dienstes des Spitzenverbandes Bund der Krankenkassen, des Verbandes der privaten Krankenversicherung e. V., der Verbände der

Pflegeberufe auf Bundesebene, der maßgeblichen Organisationen für die Wahrnehmung der Interessen und der Selbsthilfe der pflegebedürftigen und behinderten Menschen nach Maßgabe von § 118 sowie unabhängiger Sachverständiger Maßstäbe und Grundsätze für die Qualität, Qualitätssicherung und Qualitätsdarstellung in der ambulanten und stationären Pflege sowie für die Entwicklung eines einrichtungsinternen Qualitätsmanagements, das auf eine stetige Sicherung und Weiterentwicklung der Pflegequalität ausgerichtet ist. [2]In den Vereinbarungen sind insbesondere auch Anforderungen an eine praxistaugliche, den Pflegeprozess unterstützende und die Pflegequalität fördernde Pflegedokumentation zu regeln. [3]Die Anforderungen dürfen über ein für die Pflegeeinrichtungen vertretbares und wirtschaftliches Maß nicht hinausgehen und sollen den Aufwand für Pflegedokumentation in ein angemessenes Verhältnis zu den Aufgaben der pflegerischen Versorgung setzen. [4]Die Maßstäbe und Grundsätze für die stationäre Pflege sind bis zum 30. Juni 2017, die Maßstäbe und Grundsätze für die ambulante Pflege bis zum 30. Juni 2018 zu vereinbaren. [5]Sie sind in regelmäßigen Abständen an den medizinisch-pflegefachlichen Fortschritt anzupassen. [6]Soweit sich in den Pflegeeinrichtungen zeitliche Einsparungen ergeben, die Ergebnis der Weiterentwicklung der Pflegedokumentation auf Grundlage des pflegefachlichen Fortschritts durch neue, den Anforderungen nach Satz 3 entsprechende Pflegedokumentationsmodelle sind, führen diese nicht zu einer Absenkung der Pflegevergütung, sondern wirken der Arbeitsverdichtung entgegen. [7]Die Vereinbarungen sind im Bundesanzeiger zu veröffentlichen und gelten vom ersten Tag des auf die Veröffentlichung folgenden Monats. [8]Sie sind für alle Pflegekassen und deren Verbände sowie für die zugelassenen Pflegeeinrichtungen unmittelbar verbindlich.

(1a) [1]In den Maßstäben und Grundsätzen für die stationäre Pflege nach Absatz 1 ist insbesondere das indikatorengestützte Verfahren zur vergleichenden Messung und Darstellung von Ergebnisqualität im stationären Bereich, das auf der Grundlage einer strukturierten Datenerhebung im Rahmen des internen Qualitätsmanagements eine Qualitätsberichterstattung und die externe Qualitätsprüfung ermöglicht, zu beschreiben. [2]Insbesondere sind die Indikatoren, das Datenerhebungsinstrument sowie die bundesweiten Verfahren für die Übermittlung, Auswertung und Bewertung der Daten sowie die von Externen durchzuführende Prüfung der Daten festzulegen. [3]Die datenschutzrechtlichen Bestimmungen sind zu beachten, insbesondere sind personenbezogene Daten von Versicherten vor der Übermittlung an die fachlich unabhängige Institution nach Absatz 1b zu pseudonymisieren. [4]Eine Wiederherstellung des Personenbezugs durch die fachlich unabhängige Institution nach Absatz 1b ist ausgeschlossen. [5]Ein Datenschutzkonzept ist mit den zuständigen Datenschutzaufsichtsbehörden abzustimmen. [6]Zur Sicherstellung der Wissenschaftlichkeit beschließen die Vertragsparteien nach Absatz 1 Satz 1 unverzüglich die Vergabe der Aufträge nach § 113b Absatz 4 Satz 2 Nummer 1 und 2.

(1b) [1]Die Vertragsparteien nach Absatz 1 Satz 1 beauftragen im Rahmen eines Vergabeverfahrens eine fachlich unabhängige Institution, die entsprechend den Festlegungen nach Absatz 1a erhobenen Daten zusammenzuführen sowie leistungserbringerbeziehbar und fallbeziehbar nach Maßgabe von Absatz 1a auszuwerten. [2]Das Vergabeverfahren ist spätestens bis zum 15. Januar 2018 einzuleiten und es ist sicherzustellen, dass ein Zuschlag unter Beachtung der vergaberechtlichen Vorgaben zum frühestmöglichen Zeitpunkt erfolgt. [3]Zum Zweck der Prüfung der von den Pflegeeinrichtungen erbrachten Leistungen und deren Qualität nach den §§ 114 und 114a sowie zum Zweck der Qualitätsdarstellung nach § 115 Absatz 1a leitet die beauftragte Institution die Ergebnisse der nach Absatz 1a ausgewerteten Daten an die Landesverbände der Pflegekassen und die von ihnen beauftragten Prüfinstitutionen und Sachverständigen weiter; diese dürfen die übermittelten Daten zu den genannten Zwecken verarbeiten und nutzen. [4]Die Vertragsparteien nach Absatz 1 Satz 1 vereinbaren diesbezüglich entsprechende Verfahren zur Weiterleitung der Daten. [5]Die datenschutzrechtlichen Bestimmungen sind jeweils zu beachten. [6]Die Vertragsparteien nach Absatz 1 Satz 1 sind verpflichtet, dem Bundesministerium für Gesundheit auf Verlangen unverzüglich Auskunft über den Stand der Bearbeitung ihrer Aufgaben zu geben. [7]Die Vertragsparteien nach Absatz 1 Satz 1 legen dem Bundesministerium für Gesundheit spätestens bis zum 31. Januar 2018 einen konkreten Zeitplan für die Bearbeitung ihrer Aufgaben vor, aus dem einzelne Umsetzungsschritte erkennbar sind. [8]§ 113b Absatz 8 Satz 3 bis 5 gilt entsprechend.

(2) [1]Die Vereinbarungen nach Absatz 1 können von jeder Partei mit einer Frist von einem Jahr ganz oder teilweise gekündigt werden. [2]Nach Ablauf des Vereinbarungszeitraums oder der Kündigungsfrist gilt die Vereinbarung bis zum Abschluss einer neuen Vereinbarung weiter. [3]Die am 1. Januar 2016 bestehenden Maßstäbe und Grundsätze zur Sicherung und Weiter-

entwicklung der Pflege gelten bis zum Abschluss der Vereinbarungen nach Absatz 1 fort.

(3) (weggefallen)

§ 113a Expertenstandards zur Sicherung und Weiterentwicklung der Qualität in der Pflege

(1) [1]Die Vertragsparteien nach § 113 stellen die Entwicklung und Aktualisierung wissenschaftlich fundierter und fachlich abgestimmter Expertenstandards zur Sicherung und Weiterentwicklung der Qualität in der Pflege sicher. [2]Expertenstandards tragen für ihren Themenbereich zur Konkretisierung des allgemein anerkannten Standes der medizinisch-pflegerischen Erkenntnisse bei. [3]Dabei ist das Ziel, auch nach Eintritt der Pflegebedürftigkeit Leistungen zur Prävention und zur medizinischen Rehabilitation einzusetzen, zu berücksichtigen. [4]Der Medizinische Dienst des Spitzenverbandes Bund der Krankenkassen, der Verband der privaten Krankenversicherung e. V., die Verbände der Pflegeberufe auf Bundesebene sowie unabhängige Sachverständige sind zu beteiligen. [5]Sie und die nach § 118 zu beteiligenden Organisationen für die Wahrnehmung der Interessen und der Selbsthilfe der pflegebedürftigen und behinderten Menschen können vorschlagen, zu welchen Themen Expertenstandards entwickelt werden sollen. [6]Der Auftrag zur Entwicklung oder Aktualisierung und die Einführung von Expertenstandards erfolgen jeweils durch einen Beschluss der Vertragsparteien.

(2) [1]Die Vertragsparteien stellen die methodische und pflegefachliche Qualität des Verfahrens der Entwicklung und Aktualisierung von Expertenstandards und die Transparenz des Verfahrens sicher. [2]Die Anforderungen an die Entwicklung von Expertenstandards sind in einer Verfahrensordnung zu regeln. [3]In der Verfahrensordnung ist das Vorgehen auf anerkannter methodischer Grundlage, insbesondere die wissenschaftliche Fundierung und Unabhängigkeit, die Schrittfolge der Entwicklung, der fachlichen Abstimmung, der Praxiserprobung und der modellhaften Umsetzung eines Expertenstandards sowie die Transparenz des Verfahrens festzulegen. [4]Die Verfahrensordnung ist durch das Bundesministerium für Gesundheit im Benehmen mit dem Bundesministerium für Familie, Senioren, Frauen und Jugend zu genehmigen.

(3) [1]Die Expertenstandards sind im Bundesanzeiger zu veröffentlichen. [2]Sie sind für alle Pflegekassen und deren Verbände sowie für die zugelassenen Pflegeeinrichtungen unmittelbar verbindlich. [3]Die Vertragsparteien unterstützen die Einführung der Expertenstandards in die Praxis.

(4) [1]Die Kosten für die Entwicklung und Aktualisierung von Expertenstandards, mit Ausnahme der Kosten für die qualifizierte Geschäftsstelle nach § 113b Absatz 6, sind Verwaltungskosten, die vom Spitzenverband Bund der Pflegekassen getragen werden. [2]Die privaten Versicherungsunternehmen, die die private Pflege-Pflichtversicherung durchführen, beteiligen sich mit einem Anteil von 10 vom Hundert an den Aufwendungen nach Satz 1. [3]Der Finanzierungsanteil, der auf die privaten Versicherungsunternehmen entfällt, kann von dem Verband der privaten Krankenversicherung e. V. unmittelbar an den Spitzenverband Bund der Pflegekassen geleistet werden.

§ 113b Qualitätsausschuss

(1) [1]Die von den Vertragsparteien nach § 113 im Jahr 2008 eingerichtete Schiedsstelle Qualitätssicherung entscheidet als Qualitätsausschuss nach Maßgabe der Absätze 2 bis 8. [2]Die Vertragsparteien nach § 113 treffen die Vereinbarungen und erlassen die Beschlüsse nach § 37 Absatz 5, den §§ 113, 113a, 115 Absatz 1a, 1c und 3b sowie § 115a Absatz 1 und 2 durch diesen Qualitätsausschuss. [3]Die Vertragsparteien nach § 113 treffen auch die zur Wahrnehmung ihrer Aufgaben und Pflichten nach den Absätzen 4 und 8 sowie nach § 8 Absatz 5 Satz 2 notwendigen Entscheidungen durch den Qualitätsausschuss.

(2) [1]Der Qualitätsausschuss besteht aus Vertretern des Spitzenverbandes Bund der Pflegekassen (Leistungsträger) und aus Vertretern der Vereinigungen der Träger der Pflegeeinrichtungen auf Bundesebene (Leistungserbringer) in gleicher Zahl; Leistungsträger und Leistungserbringer können jeweils höchstens zehn Mitglieder entsenden. [2]Dem Qualitätsausschuss gehören auch ein Vertreter der Bundesarbeitsgemeinschaft der überörtlichen Träger der Sozialhilfe und ein Vertreter der kommunalen Spitzenverbände auf Bundesebene an; sie werden auf die Zahl der Leistungsträger angerechnet. [3]Dem Qualitätsausschuss kann auch ein Vertreter des Verbandes der privaten Krankenversicherung e.V. angehören; die Entscheidung hierüber obliegt dem Verband der privaten Krankenversicherung e.V. [4]Sofern der Verband der privaten Krankenversicherung e.V. ein Mitglied entsendet,

wird dieses Mitglied auf die Zahl der Leistungsträger angerechnet. [5]Dem Qualitätsausschuss soll auch ein Vertreter der Verbände der Pflegeberufe angehören; er wird auf die Zahl der Leistungserbringer angerechnet. [6]Eine Organisation kann nicht gleichzeitig der Leistungsträgerseite und der Leistungserbringerseite zugerechnet werden. [7]Jedes Mitglied erhält eine Stimme; die Stimmen sind gleich zu gewichten. [8]Der Medizinische Dienst des Spitzenverbandes Bund der Krankenkassen wirkt in den Sitzungen und an den Beschlussfassungen im Qualitätsausschuss, auch in seiner erweiterten Form nach Absatz 3, beratend mit. [9]Die auf Bundesebene maßgeblichen Organisationen für die Wahrnehmung der Interessen und der Selbsthilfe pflegebedürftiger und behinderter Menschen wirken in den Sitzungen und an den Beschlussfassungen im Qualitätsausschuss, auch in seiner erweiterten Form nach Absatz 3, nach Maßgabe von § 118 mit.

(3) [1]Kommt im Qualitätsausschuss eine Vereinbarung, ein Beschluss oder eine Entscheidung nach Absatz 1 Satz 2 und 3 ganz oder teilweise nicht durch einvernehmliche Einigung zustande, so wird der Qualitätsausschuss auf Verlangen von mindestens einer Vertragspartei nach § 113, eines Mitglieds des Qualitätsausschusses oder des Bundesministeriums für Gesundheit um einen unparteiischen Vorsitzenden und zwei weitere unparteiische Mitglieder erweitert (erweiterter Qualitätsausschuss). [2]Sofern die Organisationen, die Mitglieder in den Qualitätsausschuss entsenden, nicht bis zum 31. März 2016 die Mitglieder nach Maßgabe von Absatz 2 Satz 1 benannt haben, wird der Qualitätsausschuss durch die drei unparteiischen Mitglieder gebildet. [3]Der unparteiische Vorsitzende und die weiteren unparteiischen Mitglieder sowie deren Stellvertreter führen ihr Amt als Ehrenamt. [4]Der unparteiische Vorsitzende wird vom Bundesministerium für Gesundheit benannt; der Stellvertreter des unparteiischen Vorsitzenden und die weiteren unparteiischen Mitglieder sowie deren Stellvertreter werden von den Vertragsparteien nach § 113 gemeinsam benannt. [5]Mitglieder des Qualitätsausschusses können nicht als Stellvertreter des unparteiischen Vorsitzenden oder der weiteren unparteiischen Mitglieder benannt werden. [6]Kommt eine Einigung über die Benennung der unparteiischen Mitglieder nicht innerhalb einer vom Bundesministerium für Gesundheit gesetzten Frist zustande, erfolgt die Benennung durch das Bundesministerium für Gesundheit. [7]Der erweiterte Qualitätsausschuss setzt mit der Mehrheit seiner Mitglieder den Inhalt der Vereinbarungen oder der Beschlüsse der Vertragsparteien nach § 113 fest. [8]Die Festsetzungen des erweiterten

Qualitätsausschusses haben die Rechtswirkung einer vertraglichen Vereinbarung, Beschlussfassung oder Entscheidung im Sinne der Absätze 4 und 8, des § 8 Absatz 5 Satz 2, des § 37 Absatz 5, der §§ 113, 113a und 115 Absatz 1a, 1c und 3b.

(4) [1]Die Vertragsparteien nach § 113 beauftragen zur Sicherstellung der Wissenschaftlichkeit bei der Wahrnehmung ihrer Aufgaben mit Unterstützung der qualifizierten Geschäftsstelle nach Absatz 6 fachlich unabhängige wissenschaftliche Einrichtungen oder Sachverständige. [2]Diese wissenschaftlichen Einrichtungen oder Sachverständigen werden beauftragt, insbesondere

1. bis zum 31. März 2017 die Instrumente für die Prüfung der Qualität der Leistungen, die von den stationären Pflegeeinrichtungen erbracht werden, und für die Qualitätsberichterstattung in der stationären Pflege zu entwickeln, wobei
   a) insbesondere die 2011 vorgelegten Ergebnisse des vom Bundesministerium für Gesundheit und vom Bundesministerium für Familie, Senioren, Frauen und Jugend geförderten Projektes „Entwicklung und Erprobung von Instrumenten zur Beurteilung der Ergebnisqualität in der stationären Altenhilfe" und die Ergebnisse der dazu durchgeführten Umsetzungsprojekte einzubeziehen sind und
   b) Aspekte der Prozess- und Strukturqualität zu berücksichtigen sind;
2. bis zum 31. März 2017 auf der Grundlage der Ergebnisse nach Nummer 1 unter Beachtung des Prinzips der Datensparsamkeit ein bundesweites Datenerhebungsinstrument, bundesweite Verfahren für die Übermittlung und Auswertung der Daten einschließlich einer Bewertungssystematik sowie für die von Externen durchzuführende Prüfung der Daten zu entwickeln;
3. bis zum 30. Juni 2017 die Instrumente für die Prüfung der Qualität der von den ambulanten Pflegeeinrichtungen erbrachten Leistungen und für die Qualitätsberichterstattung in der ambulanten Pflege zu entwickeln, eine anschließende Pilotierung durchzuführen und einen Abschlussbericht bis zum 31. März 2018 vorzulegen;
4. ergänzende Instrumente für die Ermittlung und Bewertung von Lebensqualität zu entwickeln;
5. die Umsetzung der nach den Nummern 1 bis 3 entwickelten Verfahren zur Qualitätsmessung und Qualitätsdarstellung wissenschaftlich zu evaluieren und den Vertragsparteien nach § 113 Vorschläge zur An-

passung der Verfahren an den neuesten Stand der wissenschaftlichen Erkenntnisse zu unterbreiten sowie

6. bis zum 31. März 2018 ein Konzept für eine Qualitätssicherung in neuen Wohnformen zu entwickeln und zu erproben, insbesondere Instrumente zur internen und externen Qualitätssicherung sowie für eine angemessene Qualitätsberichterstattung zu entwickeln und ihre Eignung zu erproben.

[3]Das Bundesministerium für Gesundheit sowie das Bundesministerium für Familie, Senioren, Frauen und Jugend in Abstimmung mit dem Bundesministerium für Gesundheit können den Vertragsparteien nach § 113 weitere Themen zur wissenschaftlichen Bearbeitung vorschlagen.

(5) [1]Die Finanzierung der Aufträge nach Absatz 4 erfolgt aus Mitteln des Ausgleichsfonds der Pflegeversicherung nach § 8 Absatz 4. [2]Bei der Bearbeitung der Aufträge nach Absatz 4 Satz 2 ist zu gewährleisten, dass die Arbeitsergebnisse umsetzbar sind. [3]Der jeweilige Auftragnehmer hat darzulegen, zu welchen finanziellen Auswirkungen die Umsetzung der Arbeitsergebnisse führen wird. [4]Den Arbeitsergebnissen ist diesbezüglich eine Praktikabilitäts- und Kostenanalyse beizufügen. [5]Die Ergebnisse der Arbeiten nach Absatz 4 Satz 2 sind dem Bundesministerium für Gesundheit zur Kenntnisnahme vor der Veröffentlichung vorzulegen.

(6) [1]Die Vertragsparteien nach § 113 richten gemeinsam bis zum 31. März 2016 eine unabhängige qualifizierte Geschäftsstelle des Qualitätsausschusses für die Dauer von fünf Jahren ein. [2]Die Geschäftsstelle nimmt auch die Aufgaben einer wissenschaftlichen Beratungs- und Koordinierungsstelle wahr. [3]Sie soll insbesondere den Qualitätsausschuss und seine Mitglieder fachwissenschaftlich beraten, die Auftragsverfahren nach Absatz 4 koordinieren und die wissenschaftlichen Arbeitsergebnisse für die Entscheidungen im Qualitätsausschuss aufbereiten. [4]Näheres zur Zusammensetzung und Arbeitsweise der qualifizierten Geschäftsstelle regeln die Vertragsparteien nach § 113 in der Geschäftsordnung nach Absatz 7.

(7) [1]Die Vertragsparteien nach § 113 vereinbaren in einer Geschäftsordnung mit dem Verband der privaten Krankenversicherung e.V., mit den Verbänden der Pflegeberufe auf Bundesebene und mit den auf Bundesebene maßgeblichen Organisationen für die Wahrnehmung der Interessen und der Selbsthilfe pflegebedürftiger und behinderter Menschen das Nähere zur Arbeitsweise des Qualitätsausschusses, insbesondere

1. zur Benennung der Mitglieder und der unparteiischen Mitglieder,
2. zur Amtsdauer, Amtsführung und Entschädigung für den Zeitaufwand der unparteiischen Mitglieder,
3. zum Vorsitz,
4. zu den Beschlussverfahren,
5. zur Errichtung einer qualifizierten Geschäftsstelle auch mit der Aufgabe als wissenschaftliche Beratungs- und Koordinierungsstelle nach Absatz 6,
6. zur Sicherstellung der jeweiligen Auftragserteilung nach Absatz 4,
7. zur Einbeziehung weiterer Sachverständiger oder Gutachter,
8. zur Bildung von Arbeitsgruppen,
9. zur Gewährleistung der Beteiligungs- und Mitberatungsrechte nach diesem Gesetz einschließlich der Erstattung von Reisekosten nach § 118 Absatz 1 Satz 6 sowie
10. zur Verteilung der Kosten für die Entschädigung der unparteiischen Mitglieder und der einbezogenen weiteren Sachverständigen und Gutachter sowie für die Erstattung von Reisekosten nach § 118 Absatz 1 Satz 6; die Kosten können auch den Kosten der qualifizierten Geschäftsstelle nach Absatz 6 zugerechnet werden.

[2]Die Geschäftsordnung und die Änderung der Geschäftsordnung sind durch das Bundesministerium für Gesundheit im Benehmen mit dem Bundesministerium für Familie, Senioren, Frauen und Jugend zu genehmigen. [3]Kommt die Geschäftsordnung nicht bis zum 29. Februar 2016 zustande, wird ihr Inhalt durch das Bundesministerium für Gesundheit im Benehmen mit dem Bundesministerium für Familie, Senioren, Frauen und Jugend bestimmt.

(8) [1]Die Vertragsparteien nach § 113 sind verpflichtet, dem Bundesministerium für Gesundheit auf Verlangen unverzüglich Auskunft über den Stand der Bearbeitung der mit gesetzlichen Fristen versehenen Aufgaben nach Absatz 1 Satz 2 und über den Stand der Auftragserteilung und Bearbeitung der nach Absatz 4 zu erteilenden Aufträge sowie über erforderliche besondere Maßnahmen zur Einhaltung der gesetzlichen Fristen zu geben. [2]Die Vertragsparteien legen dem Bundesministerium für Gesundheit bis zum 15. Januar 2017 einen konkreten Zeitplan für die Bearbeitung der mit gesetzlichen Fristen versehenen Aufgaben nach Absatz 1 Satz 2 und der Aufträge nach Absatz 4 vor, aus dem einzelne Umsetzungsschritte erkennbar sind. [3]Der Zeitplan ist durch das Bundesministerium für Gesundheit im

Benehmen mit dem Bundesministerium für Familie, Senioren, Frauen und Jugend zu genehmigen. [4]Die Vertragsparteien nach § 113 sind verpflichtet, das Bundesministerium für Gesundheit unverzüglich zu informieren, wenn absehbar ist, dass ein Zeitziel des Zeitplans nicht eingehalten werden kann. [5]In diesem Fall kann das Bundesministerium für Gesundheit im Benehmen mit dem Bundesministerium für Familie, Senioren, Frauen und Jugend einzelne Umsetzungsschritte im Wege der Ersatzvornahme selbst vornehmen.

(9) [1]Die durch den Qualitätsausschuss getroffenen Entscheidungen sind dem Bundesministerium für Gesundheit vorzulegen, ausgenommen sind die zur Wahrnehmung der Aufgabe nach § 8 Absatz 5 Satz 2 getroffenen Entscheidungen. [2]Es kann die Entscheidungen innerhalb von zwei Monaten beanstanden. [3]Das Bundesministerium für Gesundheit kann im Rahmen der Prüfung vom Qualitätsausschuss zusätzliche Informationen und ergänzende Stellungnahmen anfordern; bis zu deren Eingang ist der Lauf der Frist nach Satz 2 unterbrochen. [4]Beanstandungen des Bundesministeriums für Gesundheit sind innerhalb der von ihm gesetzten Frist zu beheben. [5]Die Nichtbeanstandung von Entscheidungen kann vom Bundesministerium für Gesundheit mit Auflagen verbunden werden. [6]Kommen Entscheidungen des Qualitätsausschusses ganz oder teilweise nicht fristgerecht zustande oder werden die Beanstandungen des Bundesministeriums für Gesundheit nicht innerhalb der von ihm gesetzten Frist behoben, kann das Bundesministerium für Gesundheit den Inhalt der Vereinbarungen und der Beschlüsse nach Absatz 1 Satz 2 festsetzen. [7]Bei den Verfahren nach den Sätzen 1 bis 6 setzt sich das Bundesministerium für Gesundheit mit dem Bundesministerium für Familie, Senioren, Frauen und Jugend ins Benehmen. [8]Bezüglich der Vereinbarungen nach § 115 Absatz 3b setzt sich das Bundesministerium für Gesundheit bei den Verfahren nach den Sätzen 1 bis 6 darüber hinaus mit dem Bundesministerium für Arbeit und Soziales ins Benehmen.

§ 113c Personalbemessung in Pflegeeinrichtungen

(1) [1]Die Vertragsparteien nach § 113 stellen im Einvernehmen mit dem Bundesministerium für Gesundheit und dem Bundesministerium für Familie, Senioren, Frauen und Jugend die Entwicklung und Erprobung eines wissenschaftlich fundierten Verfahrens zur einheitlichen Bemessung des Personalbedarfs in Pflegeeinrichtungen nach qualitativen und quantitativen Maßstäben sicher. [2]Die Entwicklung und Erprobung ist bis zum 30. Juni

2020 abzuschließen. [3]Es ist ein strukturiertes, empirisch abgesichertes und valides Verfahren für die Personalbemessung in Pflegeeinrichtungen auf der Basis des durchschnittlichen Versorgungsaufwands für direkte und indirekte pflegerische Maßnahmen sowie für Hilfen bei der Haushaltsführung unter Berücksichtigung der fachlichen Ziele und Konzeption des ab dem 1. Januar 2017 geltenden Pflegebedürftigkeitsbegriffs zu erstellen. [4]Hierzu sind einheitliche Maßstäbe zu ermitteln, die insbesondere Qualifikationsanforderungen, quantitative Bedarfe und die fachliche Angemessenheit der Maßnahmen berücksichtigen. [5]Die Vertragsparteien beauftragen zur Sicherstellung der Wissenschaftlichkeit des Verfahrens fachlich unabhängige wissenschaftliche Einrichtungen oder Sachverständige. [6]Soweit bei der Entwicklung und Erprobung des Verfahrens eine modellhafte Vorgehensweise erforderlich ist, kann im Einzelfall von den Regelungen des Siebten Kapitels sowie von § 36 und zur Entwicklung besonders pauschalierter Pflegesätze von § 84 Absatz 2 Satz 2 abgewichen werden. [7]Bei den Aufgaben nach den Sätzen 1 bis 6 sollen die Vertragsparteien von der unabhängigen qualifizierten Geschäftsstelle nach § 113b Absatz 6 unterstützt werden.

(2) [1]Der Medizinische Dienst des Spitzenverbandes Bund der Krankenkassen, der Verband der privaten Krankenversicherung e. V. und die Verbände der Pflegeberufe auf Bundesebene wirken beratend mit. [2]Die auf Bundesebene maßgeblichen Organisationen für die Wahrnehmung der Interessen und der Selbsthilfe pflegebedürftiger und behinderter Menschen wirken nach Maßgabe von § 118 mit. [3]Für die Arbeitsweise der Vertragsparteien soll im Übrigen die Geschäftsordnung nach § 113b Absatz 7 entsprechende Anwendung finden.

(3) [1]Das Bundesministerium für Gesundheit legt im Einvernehmen mit dem Bundesministerium für Familie, Senioren, Frauen und Jugend unter Beteiligung der Vertragsparteien nach § 113 unverzüglich in einem Zeitplan konkrete Zeitziele für die Entwicklung, Erprobung und die Auftragsvergabe fest. [2]Die Vertragsparteien nach § 113 sind verpflichtet, dem Bundesministerium für Gesundheit auf Verlangen unverzüglich Auskunft über den Bearbeitungsstand der Entwicklung, Erprobung und der Auftragsvergabe sowie über Problembereiche und mögliche Lösungen zu geben.

(4) [1]Wird ein Zeitziel nach Absatz 3 nicht fristgerecht erreicht und ist deshalb die fristgerechte Entwicklung, Erprobung oder Auftragsvergabe gefährdet, kann das Bundesministerium für Gesundheit im Einvernehmen mit

dem Bundesministerium für Familie, Senioren, Frauen und Jugend einzelne Verfahrensschritte im Wege der Ersatzvornahme selbst durchführen. [2]Haben die Vertragsparteien nach § 113 sich bis zum 31. Dezember 2016 nicht über die Beauftragung gemäß Absatz 1 Satz 2 geeinigt, bestimmen das Bundesministerium für Gesundheit und das Bundesministerium für Familie, Senioren, Frauen und Jugend innerhalb von vier Monaten das Verfahren und die Inhalte der Beauftragung.

§ 114 Qualitätsprüfungen

(1) [1]Zur Durchführung einer Qualitätsprüfung erteilen die Landesverbände der Pflegekassen dem Medizinischen Dienst der Krankenversicherung, dem Prüfdienst des Verbandes der privaten Krankenversicherung e.V. im Umfang von 10 Prozent der in einem Jahr anfallenden Prüfaufträge oder den von ihnen bestellten Sachverständigen einen Prüfauftrag. [2]Der Prüfauftrag enthält Angaben zur Prüfart, zum Prüfgegenstand und zum Prüfumfang. [3]Die Prüfung erfolgt als Regelprüfung, Anlassprüfung oder Wiederholungsprüfung. [4]Die Pflegeeinrichtungen haben die ordnungsgemäße Durchführung der Prüfungen zu ermöglichen. [5]Vollstationäre Pflegeeinrichtungen sind ab dem 1. Januar 2014 verpflichtet, die Landesverbände der Pflegekassen unmittelbar nach einer Regelprüfung darüber zu informieren, wie die ärztliche, fachärztliche und zahnärztliche Versorgung sowie die Arzneimittelversorgung in den Einrichtungen geregelt sind. [6]Sie sollen insbesondere auf Folgendes hinweisen:

1. auf den Abschluss und den Inhalt von Kooperationsverträgen oder die Einbindung der Einrichtung in Ärztenetze,
2. auf den Abschluss von Vereinbarungen mit Apotheken sowie
3. ab dem 1. Juli 2016 auf die Zusammenarbeit mit einem Hospiz- und Palliativnetz.

[7]Wesentliche Änderungen hinsichtlich der ärztlichen, fachärztlichen und zahnärztlichen Versorgung, der Arzneimittelversorgung sowie der Zusammenarbeit mit einem Hospiz- und Palliativnetz sind den Landesverbänden der Pflegekassen innerhalb von vier Wochen zu melden.

(2) [1]Die Landesverbände der Pflegekassen veranlassen in zugelassenen Pflegeeinrichtungen bis zum 31. Dezember 2010 mindestens einmal und ab dem Jahre 2011 regelmäßig im Abstand von höchstens einem Jahr eine

Prüfung durch den Medizinischen Dienst der Krankenversicherung, den Prüfdienst des Verbandes der privaten Krankenversicherung e.V. oder durch von ihnen bestellte Sachverständige (Regelprüfung). [2]Abweichend von Satz 1 ist im Zeitraum vom 1. November 2019 bis zum 31. Dezember 2020 in allen zugelassenen vollstationären Pflegeeinrichtungen nur mindestens einmal eine Prüfung durchzuführen. [3]Die Richtlinien nach § 114c zur Verlängerung des Prüfrhythmus bei guter Qualität sind zu beachten. [4]Die Landesverbände der Pflegekassen erteilen die Prüfaufträge für zugelassene vollstationäre Pflegeeinrichtungen auf der Grundlage der von der Datenauswertungsstelle nach § 113 Absatz 1b Satz 3 übermittelten Ergebnisse. [5]Zu prüfen ist, ob die Qualitätsanforderungen nach diesem Buch und nach den auf dieser Grundlage abgeschlossenen vertraglichen Vereinbarungen erfüllt sind. [6]Die Regelprüfung erfasst insbesondere wesentliche Aspekte des Pflegezustandes und die Wirksamkeit der Pflege- und Betreuungsmaßnahmen (Ergebnisqualität). [7]Sie kann auch auf den Ablauf, die Durchführung und die Evaluation der Leistungserbringung (Prozessqualität) sowie die unmittelbaren Rahmenbedingungen der Leistungserbringung (Strukturqualität) erstreckt werden. [8]Die Regelprüfung bezieht sich auf die Qualität der allgemeinen Pflegeleistungen, der medizinischen Behandlungspflege, der Betreuung einschließlich der zusätzlichen Betreuung und Aktivierung im Sinne des § 43b, der Leistungen bei Unterkunft und Verpflegung (§ 87) und der Zusatzleistungen (§ 88). [9]Auch die nach § 37 des Fünften Buches erbrachten Leistungen der häuslichen Krankenpflege sind in die Regelprüfung einzubeziehen, unabhängig davon, ob von der Pflegeversicherung Leistungen nach § 36 erbracht werden. [10]Die Regelprüfung umfasst auch die Abrechnung der genannten Leistungen. [11]Zu prüfen ist auch, ob die Versorgung der Pflegebedürftigen den Empfehlungen der Kommission für Krankenhaushygiene und Infektionsprävention nach § 23 Absatz 1 des Infektionsschutzgesetzes entspricht.

(3) [1]Die Landesverbände der Pflegekassen haben im Rahmen der Zusammenarbeit mit den nach heimrechtlichen Vorschriften zuständigen Aufsichtsbehörden (§ 117) vor einer Regelprüfung insbesondere zu erfragen, ob Qualitätsanforderungen nach diesem Buch und den auf seiner Grundlage abgeschlossenen vertraglichen Vereinbarungen in einer Prüfung der nach heimrechtlichen Vorschriften zuständigen Aufsichtsbehörde oder in einem nach Landesrecht durchgeführten Prüfverfahren berücksichtigt worden sind. [2]Hierzu können auch Vereinbarungen auf Landesebene zwischen

den Landesverbänden der Pflegekassen und den nach heimrechtlichen Vorschriften zuständigen Aufsichtsbehörden sowie den für weitere Prüfverfahren zuständigen Aufsichtsbehörden getroffen werden. [3]Um Doppelprüfungen zu vermeiden, haben die Landesverbände der Pflegekassen den Prüfumfang der Regelprüfung in angemessener Weise zu verringern, wenn

1. die Prüfungen nicht länger als neun Monate zurückliegen,
2. die Prüfergebnisse nach pflegefachlichen Kriterien den Ergebnissen einer Regelprüfung gleichwertig sind und
3. die Veröffentlichung der von den Pflegeeinrichtungen erbrachten Leistungen und deren Qualität gemäß § 115 Absatz 1a gewährleistet ist.

[4]Die Pflegeeinrichtung kann verlangen, dass von einer Verringerung der Prüfpflicht abgesehen wird.

(4) [1]Bei Anlassprüfungen geht der Prüfauftrag in der Regel über den jeweiligen Prüfanlass hinaus; er umfasst eine vollständige Prüfung mit dem Schwerpunkt der Ergebnisqualität. [2]Gibt es im Rahmen einer Anlass-, Regel- oder Wiederholungsprüfung sachlich begründete Hinweise auf eine nicht fachgerechte Pflege bei Pflegebedürftigen, auf die sich die Prüfung nicht erstreckt, sind die betroffenen Pflegebedürftigen unter Beachtung der datenschutzrechtlichen Bestimmungen in die Prüfung einzubeziehen. [3]Die Prüfung ist insgesamt als Anlassprüfung durchzuführen. [4]Im Zusammenhang mit einer zuvor durchgeführten Regel- oder Anlassprüfung kann von den Landesverbänden der Pflegekassen eine Wiederholungsprüfung veranlasst werden, um zu überprüfen, ob die festgestellten Qualitätsmängel durch die nach § 115 Abs. 2 angeordneten Maßnahmen beseitigt worden sind.

§ 114a Durchführung der Qualitätsprüfungen

(1) [1]Der Medizinische Dienst der Krankenversicherung, der Prüfdienst des Verbandes der privaten Krankenversicherung e.V. und die von den Landesverbänden der Pflegekassen bestellten Sachverständigen sind im Rahmen ihres Prüfauftrags nach § 114 jeweils berechtigt und verpflichtet, an Ort und Stelle zu überprüfen, ob die zugelassenen Pflegeeinrichtungen die Leistungs- und Qualitätsanforderungen nach diesem Buch erfüllen. [2]Die Prüfungen sind grundsätzlich am Tag zuvor anzukündigen; Anlassprüfungen sollen unangemeldet erfolgen. [3]Die Prüfungen in zugelassenen voll-

stationären Pflegeeinrichtungen sollen unangekündigt erfolgen, wenn die Einrichtung ihrer Verpflichtung nach § 114b Absatz 1 gar nicht nachkommt, die Datenübermittlung unvollständig war oder von der Datenauswertungsstelle nach § 113 Absatz 1b mangelnde Plausibilität der übermittelten Daten festgestellt wurde. [4]Der Medizinische Dienst der Krankenversicherung, der Prüfdienst des Verbandes der privaten Krankenversicherung e.V. und die von den Landesverbänden der Pflegekassen bestellten Sachverständigen beraten im Rahmen der Qualitätsprüfungen die Pflegeeinrichtungen in Fragen der Qualitätssicherung. [5]§ 112 Abs. 3 gilt entsprechend.

(2) [1]Sowohl bei teil- als auch bei vollstationärer Pflege sind der Medizinische Dienst der Krankenversicherung, der Prüfdienst des Verbandes der privaten Krankenversicherung e.V. und die von den Landesverbänden der Pflegekassen bestellten Sachverständigen jeweils berechtigt, zum Zwecke der Qualitätssicherung die für das Pflegeheim benutzten Grundstücke und Räume jederzeit zu betreten, dort Prüfungen und Besichtigungen vorzunehmen, sich mit den Pflegebedürftigen, ihren Angehörigen, vertretungsberechtigten Personen und Betreuern in Verbindung zu setzen sowie die Beschäftigten und die Interessenvertretung der Bewohnerinnen und Bewohner zu befragen. [2]Prüfungen und Besichtigungen zur Nachtzeit sind nur zulässig, wenn und soweit das Ziel der Qualitätssicherung zu anderen Tageszeiten nicht erreicht werden kann. [3]Soweit Räume einem Wohnrecht der Heimbewohner unterliegen, dürfen sie ohne deren Einwilligung nur betreten werden, soweit dies zur Verhütung dringender Gefahren für die öffentliche Sicherheit und Ordnung erforderlich ist; das Grundrecht der Unverletzlichkeit der Wohnung (Artikel 13 Abs. 1 des Grundgesetzes) wird insoweit eingeschränkt. [4]Bei der ambulanten Pflege sind der Medizinische Dienst der Krankenversicherung, der Prüfdienst des Verbandes der privaten Krankenversicherung e.V. und die von den Landesverbänden der Pflegekassen bestellten Sachverständigen berechtigt, die Qualität der Leistungen des Pflegedienstes mit Einwilligung der von dem Pflegedienst versorgten Person auch in deren Wohnung zu überprüfen. [5]Der Medizinische Dienst der Krankenversicherung und der Prüfdienst des Verbandes der privaten Krankenversicherung e.V. sollen die nach heimrechtlichen Vorschriften zuständige Aufsichtsbehörde an Prüfungen beteiligen, soweit dadurch die Prüfung nicht verzögert wird.

(3) [1]Die Prüfungen beinhalten auch Inaugenscheinnahmen des gesundheitlichen und pflegerischen Zustands von durch die Pflegeeinrichtung ver-

sorgten Personen. Zum gesundheitlichen und pflegerischen Zustand der durch Inaugenscheinnahme in die Prüfung einbezogenen Personen können sowohl diese Personen selbst als auch Beschäftigte der Pflegeeinrichtungen, Betreuer und Angehörige sowie Mitglieder der heimrechtlichen Interessenvertretungen der Bewohnerinnen und Bewohner befragt werden. [2]Bei der Beurteilung der Pflegequalität sind die Pflegedokumentation, die Inaugenscheinnahme von Personen nach Satz 1 und Befragungen der Beschäftigten der Pflegeeinrichtungen sowie der durch Inaugenscheinnahme in die Prüfung einbezogenen Personen, ihrer Angehörigen und der vertretungsberechtigten Personen angemessen zu berücksichtigen. [3]Die Teilnahme an Inaugenscheinnahmen und Befragungen ist freiwillig. [4]Durch die Ablehnung dürfen keine Nachteile entstehen. Einsichtnahmen in Pflegedokumentationen, Inaugenscheinnahmen von Personen nach Satz 1 und Befragungen von Personen nach Satz 2 sowie die damit jeweils zusammenhängende Erhebung, Verarbeitung und Nutzung personenbezogener Daten von durch Inaugenscheinnahme in die Prüfung einbezogenen Personen zum Zwecke der Erstellung eines Prüfberichts bedürfen der Einwilligung der betroffenen Personen.

(3a) [1]Die Pflegeeinrichtungen haben im Rahmen ihrer Mitwirkungspflicht nach § 114 Absatz 1 Satz 4 insbesondere die Namen und Kontaktdaten der von ihnen versorgten Personen an die jeweiligen Prüfer weiterzuleiten. [2]Die Prüfer sind jeweils verpflichtet, die durch Inaugenscheinnahme nach Absatz 3 Satz 1 in die Qualitätsprüfung einzubeziehenden Personen vor der Durchführung der Qualitätsprüfung in verständlicher Weise über die für die Einwilligung in die Prüfhandlungen nach Absatz 3 Satz 6 wesentlichen Umstände aufzuklären. [3]Ergänzend kann auch auf Unterlagen Bezug genommen werden, die die durch Inaugenscheinnahme in die Prüfung einzubeziehende Person in Textform erhält. [4]Die Aufklärung muss so rechtzeitig erfolgen, dass die durch Inaugenscheinnahme in die Prüfung einzubeziehende Person ihre Entscheidung über die Einwilligung wohlüberlegt treffen kann. [5]Die Einwilligung nach Absatz 2 oder Absatz 3 kann erst nach Bekanntgabe der Einbeziehung der in Augenschein zu nehmenden Person in die Qualitätsprüfung erklärt werden und muss in einer Urkunde oder auf andere zur dauerhaften Wiedergabe in Schriftzeichen geeignete Weise gegenüber den Prüfern abgegeben werden, die Person des Erklärenden benennen und den Abschluss der Erklärung durch Nachbildung der Namensunterschrift oder anders erkennbar machen (Textform).

[6]Ist die durch Inaugenscheinnahme in die Prüfung einzubeziehende Person einwilligungsunfähig, ist die Einwilligung eines hierzu Berechtigten einzuholen, wobei dieser nach Maßgabe der Sätze 2 bis 4 aufzuklären ist. [7]Ist ein Berechtigter nicht am Ort einer unangemeldeten Prüfung anwesend und ist eine rechtzeitige Einholung der Einwilligung in Textform nicht möglich, so genügt nach einer den Maßgaben der Sätze 2 bis 4 entsprechenden Aufklärung durch die Prüfer ausnahmsweise eine mündliche Einwilligung, wenn andernfalls die Durchführung der Prüfung erschwert würde. [8]Die mündliche Einwilligung oder Nichteinwilligung des Berechtigten sowie die Gründe für ein ausnahmsweises Abweichen von der erforderlichen Textform sind schriftlich zu dokumentieren.

(4) [1]Auf Verlangen sind Vertreter der betroffenen Pflegekassen oder ihrer Verbände, des zuständigen Sozialhilfeträgers sowie des Verbandes der privaten Krankenversicherung e. V. an den Prüfungen nach den Absätzen 1 bis 3 zu beteiligen. [2]Der Träger der Pflegeeinrichtung kann verlangen, dass eine Vereinigung, deren Mitglied er ist (Trägervereinigung), an der Prüfung nach den Absätzen 1 bis 3 beteiligt wird. [3]Ausgenommen ist eine Beteiligung nach Satz 1 oder nach Satz 2, soweit dadurch die Durchführung einer Prüfung voraussichtlich verzögert wird. [4]Unabhängig von ihren eigenen Prüfungsbefugnissen nach den Absätzen 1 bis 3 sind der Medizinische Dienst der Krankenversicherung, der Prüfdienst des Verbandes der privaten Krankenversicherung e.V. und die von den Landesverbänden der Pflegekassen bestellten Sachverständigen jeweils befugt, sich an Überprüfungen von zugelassenen Pflegeeinrichtungen zu beteiligen, soweit sie von der nach heimrechtlichen Vorschriften zuständigen Aufsichtsbehörde nach Maßgabe heimrechtlicher Vorschriften durchgeführt werden. [5]Sie haben in diesem Fall ihre Mitwirkung an der Überprüfung der Pflegeeinrichtung auf den Bereich der Qualitätssicherung nach diesem Buch zu beschränken.

(5) [1]Unterschreitet der Prüfdienst des Verbandes der privaten Krankenversicherung e.V. die in § 114 Absatz 1 Satz 1 genannte, auf das Bundesgebiet bezogene Prüfquote, beteiligen sich die privaten Versicherungsunternehmen, die die private Pflege-Pflichtversicherung durchführen, anteilig bis zu einem Betrag von 10 Prozent an den Kosten der Qualitätsprüfungen der ambulanten und stationären Pflegeeinrichtungen. [2]Das Bundesversicherungsamt stellt jeweils am Ende eines Jahres die Einhaltung der Prüfquote oder die Höhe der Unter- oder Überschreitung sowie die Höhe der durchschnittlichen Kosten von Prüfungen im Wege einer Schätzung nach Anhö-

rung des Verbandes der privaten Krankenversicherung e.V. und des Spitzenverbandes Bund der Pflegekassen fest und teilt diesen jährlich die Anzahl der durchgeführten Prüfungen und bei Unterschreitung der Prüfquote den Finanzierungsanteil der privaten Versicherungsunternehmen mit; der Finanzierungsanteil ergibt sich aus der Multiplikation der Durchschnittskosten mit der Differenz zwischen der Anzahl der vom Prüfdienst des Verbandes der privaten Krankenversicherung e.V. durchgeführten Prüfungen und der in § 114 Absatz 1 Satz 1 genannten Prüfquote. [3]Der Finanzierungsanteil, der auf die privaten Versicherungsunternehmen entfällt, ist vom Verband der privaten Krankenversicherung e. V. jährlich unmittelbar an das Bundesversicherungsamt zugunsten des Ausgleichsfonds der Pflegeversicherung (§ 65) zu überweisen. [4]Der Verband der privaten Krankenversicherung e.V. muss der Zahlungsaufforderung durch das Bundesversicherungsamt keine Folge leisten, wenn er innerhalb von vier Wochen nach der Zahlungsaufforderung nachweist, dass die Unterschreitung der Prüfquote nicht von ihm oder seinem Prüfdienst zu vertreten ist.

(5a) Der Spitzenverband Bund der Pflegekassen vereinbart bis zum 31. Oktober 2011 mit dem Verband der privaten Krankenversicherung e.V. das Nähere über die Zusammenarbeit bei der Durchführung von Qualitätsprüfungen durch den Prüfdienst des Verbandes der privaten Krankenversicherung e.V., insbesondere über Maßgaben zur Prüfquote, Auswahlverfahren der zu prüfenden Pflegeeinrichtungen und Maßnahmen der Qualitätssicherung, sowie zur einheitlichen Veröffentlichung von Ergebnissen der Qualitätsprüfungen durch den Verband der privaten Krankenversicherung e.V.

(6) [1]Die Medizinischen Dienste der Krankenversicherung und der Prüfdienst des Verbandes der privaten Krankenversicherung e.V. berichten dem Medizinischen Dienst des Spitzenverbandes Bund der Krankenkassen zum 30. Juni 2011, danach in Abständen von drei Jahren, über ihre Erfahrungen mit der Anwendung der Beratungs- und Prüfvorschriften nach diesem Buch, über die Ergebnisse ihrer Qualitätsprüfungen sowie über ihre Erkenntnisse zum Stand und zur Entwicklung der Pflegequalität und der Qualitätssicherung. [2]Sie stellen unter Beteiligung des Medizinischen Dienstes des Spitzenverbandes Bund der Krankenkassen die Vergleichbarkeit der gewonnenen Daten sicher. [3]Der Medizinische Dienst des Spitzenverbandes Bund der Krankenkassen führt die Berichte der Medizinischen Dienste der Krankenversicherung, des Prüfdienstes des Verbandes der privaten Krankenversicherung e.V. und seine eigenen Erkenntnisse und Erfah-

rungen zur Entwicklung der Pflegequalität und der Qualitätssicherung zu einem Bericht zusammen und legt diesen innerhalb eines halben Jahres dem Spitzenverband Bund der Pflegekassen, dem Bundesministerium für Gesundheit, dem Bundesministerium für Familie, Senioren, Frauen und Jugend sowie dem Bundesministerium für Arbeit und Soziales und den zuständigen Länderministerien vor.

(7) [1]Der Spitzenverband Bund der Pflegekassen beschließt unter Beteiligung des Medizinischen Dienstes des Spitzenverbandes Bund der Krankenkassen und des Prüfdienstes des Verbandes der privaten Krankenversicherung e.V. zur verfahrensrechtlichen Konkretisierung Richtlinien über die Durchführung der Prüfung der in Pflegeeinrichtungen erbrachten Leistungen und deren Qualität nach § 114 sowohl für den ambulanten als auch für den stationären Bereich. [2]In den Richtlinien sind die Maßstäbe und Grundsätze zur Sicherung und Weiterentwicklung der Pflegequalität nach § 113 zu berücksichtigen. [3]Die Richtlinien für den stationären Bereich sind bis zum 31. Oktober 2017, die Richtlinien für den ambulanten Bereich bis zum 31. Oktober 2018 zu beschließen. [4]Sie treten jeweils gleichzeitig mit der entsprechenden Qualitätsdarstellungsvereinbarung nach § 115 Absatz 1a in Kraft. [5]Die maßgeblichen Organisationen für die Wahrnehmung der Interessen und der Selbsthilfe der pflegebedürftigen und behinderten Menschen wirken nach Maßgabe von § 118 mit. [6]Der Spitzenverband Bund der Pflegekassen hat die Vereinigungen der Träger der Pflegeeinrichtungen auf Bundesebene, die Verbände der Pflegeberufe auf Bundesebene, den Verband der privaten Krankenversicherung e.V. sowie die Bundesarbeitsgemeinschaft der überörtlichen Träger der Sozialhilfe und die kommunalen Spitzenverbände auf Bundesebene zu beteiligen. [7]Ihnen ist unter Übermittlung der hierfür erforderlichen Informationen innerhalb einer angemessenen Frist vor der Entscheidung Gelegenheit zur Stellungnahme zu geben; die Stellungnahmen sind in die Entscheidung einzubeziehen. [8]Die Richtlinien sind in regelmäßigen Abständen an den medizinisch-pflegefachlichen Fortschritt anzupassen. [9]Sie sind durch das Bundesministerium für Gesundheit im Benehmen mit dem Bundesministerium für Familie, Senioren, Frauen und Jugend zu genehmigen. [10]Beanstandungen des Bundesministeriums für Gesundheit sind innerhalb der von ihm gesetzten Frist zu beheben. [11]Die Richtlinien über die Durchführung der Qualitätsprüfung sind für den Medizinischen Dienst der Krankenversicherung und den Prüfdienst des Verbandes der privaten Krankenversicherung e.V. verbindlich.

§ 114b Erhebung und Übermittlung von indikatorenbezogenen Daten zur vergleichenden Messung und Darstellung von Ergebnisqualität in vollstationären Pflegeeinrichtungen

(1) [1]Die zugelassenen vollstationären Pflegeeinrichtungen sind verpflichtet, ab dem 1. Oktober 2019 bis zum 30. Juni 2020 einmal und ab dem 1. Juli 2020 halbjährlich zu einem bestimmten Stichtag indikatorenbezogene Daten zur vergleichenden Messung und Darstellung von Ergebnisqualität im vollstationären Bereich zu erheben und an die Datenauswertungsstelle nach § 113 Absatz 1b zu übermitteln. [2]Die indikatorenbezogenen Daten sind auf der Grundlage einer strukturierten Datenerhebung im Rahmen des internen Qualitätsmanagements zu erfassen. [3]Wenn die Datenauswertungsstelle nach § 113 Absatz 1b bis zum 15. September 2019 nicht eingerichtet ist, haben die Landesverbände der Pflegekassen die Erfüllung der Aufgaben nach § 113 Absatz 1b sicherzustellen.

(2) Die von den Einrichtungen gemäß Absatz 1 Satz 1 übermittelten indikatorenbezogenen Daten werden entsprechend den Qualitätsdarstellungsvereinbarungen nach § 115 Absatz 1a mit Ausnahme der zwischen dem 1. Oktober 2019 und dem 30. Juni 2020 erstmals erhobenen und übermittelten Daten veröffentlicht.

(3) [1]Aus den Mitteln des Ausgleichsfonds der Pflegeversicherung wird im Jahr 2019 ein einmaliger Förderbetrag in Höhe von 1.000 Euro für jede zugelassene vollstationäre Pflegeeinrichtung bereitgestellt, um die für die Erhebung von indikatorenbezogenen Daten zur vergleichenden Messung und Darstellung von Ergebnisqualität notwendigen Schulungen in den Einrichtungen zu unterstützen. [2]Die Modalitäten der Auszahlung der Fördermittel durch eine Pflegekasse werden von den Landesverbänden der Pflegekassen festgelegt. [3]Die privaten Versicherungsunternehmen, die die private Pflege-Pflichtversicherung durchführen, beteiligen sich mit einem Anteil von 7 Prozent an den Kosten. [4]Der jeweilige Finanzierungsanteil, der auf die privaten Versicherungsunternehmen entfällt, kann von dem Verband der privaten Krankenversicherung e. V. unmittelbar an das Bundesversicherungsamt zugunsten des Ausgleichsfonds der Pflegeversicherung nach § 65 geleistet werden. [5]Der Spitzenverband Bund der Pflegekassen, der Verband der privaten Krankenversicherung e. V. und das Bundesversicherungsamt regeln das Nähere über das Verfahren zur Bereitstellung der notwendigen Finanzmittel aus dem Ausgleichsfonds der Pflegeversicherung sowie zur Feststellung und Erhebung der

Beträge der privaten Versicherungsunternehmen, die die private Pflege-Pflichtversicherung durchführen, durch Vereinbarung.

§ 114c Richtlinien zur Verlängerung des Prüfrhythmus in vollstationären Einrichtungen bei guter Qualität und zur Veranlassung unangemeldeter Prüfungen; Berichtspflicht

(1) [1]Abweichend von § 114 Absatz 2 kann eine Prüfung in einer zugelassenen vollstationären Pflegeeinrichtung ab dem 1. Januar 2021 regelmäßig im Abstand von höchstens zwei Jahren stattfinden, wenn durch die jeweilige Einrichtung ein hohes Qualitätsniveau sichergestellt ist. [2]Der Spitzenverband Bund der Pflegekassen legt unter Beteiligung des Medizinischen Dienstes des Spitzenverbandes Bund der Krankenkassen und des Prüfdienstes des Verbandes der privaten Krankenversicherung e.V. bis zum 30. September 2019 in Richtlinien Kriterien zur Feststellung eines hohen Qualitätsniveaus sowie Kriterien für die Veranlassung unangemeldeter Prüfungen nach § 114a Absatz 1 Satz 3 fest. [3]Bei der Erstellung der Richtlinien sind die Empfehlungen heranzuziehen, die in dem Abschlussbericht des wissenschaftlichen Verfahrens zur Entwicklung der Instrumente und Verfahren für Qualitätsprüfungen nach den §§ 114 bis 114b und die Qualitätsdarstellung nach § 115 Absatz 1a in der stationären Pflege „Darstellung der Konzeption für das neue Prüfverfahren und die Qualitätsdarstellung" in der vom Qualitätsausschuss Pflege am 17. September 2018 abgenommenen Fassung zum indikatorengestützten Verfahren dargelegt wurden. [4]Die Feststellung, ob ein hohes Qualitätsniveau durch eine Einrichtung sichergestellt ist, soll von den Landesverbänden der Pflegekassen auf der Grundlage der durch die Datenauswertungsstelle nach § 113 Absatz 1b Satz 3 übermittelten Daten und der Ergebnisse der nach § 114 durchgeführten Qualitätsprüfungen erfolgen. [5]Die auf Bundesebene maßgeblichen Organisationen für die Wahrnehmung der Interessen und der Selbsthilfe pflegebedürftiger und behinderter Menschen wirken nach Maßgabe von § 118 an der Erstellung und Änderung der Richtlinien mit. [6]Der Spitzenverband Bund der Pflegekassen hat die Vereinigungen der Träger der Pflegeeinrichtungen auf Bundesebene, die Verbände der Pflegeberufe auf Bundesebene, den Verband der privaten Krankenversicherung e.V., die Bundesarbeitsgemeinschaft der überörtlichen Träger der Sozialhilfe und die kommunalen Spitzenverbände auf Bundesebene zu beteiligen. [7]Ihnen ist unter Übermittlung der hierfür erforderlichen Informationen innerhalb einer

angemessenen Frist vor der Entscheidung Gelegenheit zur Stellungnahme zu geben; die Stellungnahmen sind in die Entscheidung einzubeziehen. [8]Die Kriterien nach Satz 2 sind auf der Basis der empirischen Erkenntnisse der Datenauswertungsstelle nach § 113 Absatz 1b zur Messung und Bewertung der Qualität der Pflege in den Einrichtungen sowie des allgemein anerkannten Standes der medizinisch-pflegerischen Erkenntnisse regelmäßig, erstmals nach zwei Jahren, zu überprüfen.

(2) [1]Die Richtlinien werden erst wirksam, wenn das Bundesministerium für Gesundheit sie genehmigt. [2]Die Genehmigung gilt als erteilt, wenn die Richtlinien nicht innerhalb eines Monats, nachdem sie dem Bundesministerium für Gesundheit vorgelegt worden sind, beanstandet werden. [3]Beanstandungen des Bundesministeriums für Gesundheit sind innerhalb der von ihm gesetzten Frist zu beheben.

(3) [1]Der Spitzenverband Bund der Pflegekassen berichtet dem Bundesministerium für Gesundheit zum 30. September 2020, zum 31. März 2021 und danach jährlich über die Erfahrungen der Pflegekassen mit

1. der Erhebung und Übermittlung von indikatorenbezogenen Daten zur vergleichenden Messung und Darstellung von Ergebnisqualität in vollstationären Pflegeeinrichtungen nach § 114b Absatz 1 und
2. Qualitätsprüfungen, die ab dem 1. November 2019 nach § 114 in vollstationären Pflegeeinrichtungen durchgeführt werden.

[2]Für die Berichterstattung zum 31. März 2021 beauftragt der Spitzenverband Bund der Pflegekassen eine unabhängige wissenschaftliche Einrichtung oder einen unabhängigen Sachverständigen mit der Evaluation der in den Qualitätsdarstellungsvereinbarungen festgelegten Bewertungssystematik für die Ergebnisse der Qualitätsprüfungen.

§ 115 Ergebnisse von Qualitätsprüfungen, Qualitätsdarstellung, Vergütungskürzung

(1) [1]Die Medizinischen Dienste der Krankenversicherung, der Prüfdienst des Verbandes der privaten Krankenversicherung e.V sowie die von den Landesverbänden der Pflegekassen für Qualitätsprüfungen bestellten Sachverständigen haben das Ergebnis einer jeden Qualitätsprüfung sowie die dabei gewonnenen Daten und Informationen den Landesverbänden der Pflegekassen und den zuständigen Trägern der Sozialhilfe sowie den

nach heimrechtlichen Vorschriften zuständigen Aufsichtsbehörden im Rahmen ihrer Zuständigkeit und bei häuslicher Pflege den zuständigen Pflegekassen zum Zwecke der Erfüllung ihrer gesetzlichen Aufgaben sowie der betroffenen Pflegeeinrichtung mitzuteilen. [2]Die Landesverbände der Pflegekassen sind befugt und auf Anforderung verpflichtet, die ihnen nach Satz 1 bekannt gewordenen Daten und Informationen mit Zustimmung des Trägers der Pflegeeinrichtung auch seiner Trägervereinigung zu übermitteln, soweit deren Kenntnis für die Anhörung oder eine Stellungnahme der Pflegeeinrichtung zu einem Bescheid nach Absatz 2 erforderlich ist. [3]Gegenüber Dritten sind die Prüfer und die Empfänger der Daten zur Verschwiegenheit verpflichtet; dies gilt nicht für die zur Veröffentlichung der Ergebnisse von Qualitätsprüfungen nach Absatz 1a erforderlichen Daten und Informationen.

(1a) [1]Die Landesverbände der Pflegekassen stellen sicher, dass die von Pflegeeinrichtungen erbrachten Leistungen und deren Qualität für die Pflegebedürftigen und ihre Angehörigen verständlich, übersichtlich und vergleichbar sowohl im Internet als auch in anderer geeigneter Form kostenfrei veröffentlicht werden. [2]Die Vertragsparteien nach § 113 vereinbaren insbesondere auf der Grundlage der Maßstäbe und Grundsätze nach § 113 und der Richtlinien zur Durchführung der Prüfung der in Pflegeeinrichtungen erbrachten Leistungen und deren Qualität nach § 114a Absatz 7, welche Ergebnisse bei der Darstellung der Qualität für den ambulanten und den stationären Bereich zugrunde zu legen sind und inwieweit die Ergebnisse durch weitere Informationen ergänzt werden. [3]In den Vereinbarungen sind die Ergebnisse der nach § 113b Absatz 4 Satz 2 Nummer 1 bis 4 vergebenen Aufträge zu berücksichtigen. [4]Die Vereinbarungen umfassen auch die Form der Darstellung einschließlich einer Bewertungssystematik (Qualitätsdarstellungsvereinbarungen). [5]Bei Anlassprüfungen nach § 114 Absatz 5 bilden die Prüfergebnisse aller in die Prüfung einbezogenen Pflegebedürftigen die Grundlage für die Bewertung und Darstellung der Qualität. [6]Personenbezogene Daten sind zu anonymisieren. [7]Ergebnisse von Wiederholungsprüfungen sind zeitnah zu berücksichtigen. [8]Bei der Darstellung der Qualität ist die Art der Prüfung als Anlass-, Regel- oder Wiederholungsprüfung kenntlich zu machen. [9]Das Datum der letzten Prüfung durch den Medizinischen Dienst der Krankenversicherung oder durch den Prüfdienst des Verbandes der privaten Krankenversicherung e.V., eine Einordnung des Prüfergebnisses nach einer Bewertungssystematik sowie eine Zusammenfassung der Prüfergebnisse sind an gut sichtbarer Stelle in jeder Pflegeeinrichtung auszuhängen. [10]Die Qualitätsdarstellungsvereinbarungen für den stationären Bereich sind bis zum 31. Dezember 2017 und für den ambulanten Bereich bis zum 31. Dezember 2018 jeweils unter Beteiligung des Medizinischen Dienstes des Spitzenverbandes Bund der Krankenkassen, des Verbandes der privaten Krankenversicherung e.V. und der Verbände der Pflegeberufe auf Bundesebene zu schließen. [11]Die auf Bundesebene maßgeblichen Organisationen für die Wahrnehmung der Interessen und der Selbsthilfe der pflegebedürftigen und behinderten Menschen wirken nach Maßgabe von § 118 mit. [12]Die Qualitätsdarstellungsvereinbarungen sind an den medizinisch-pflegefachlichen Fortschritt anzupassen. [13]Bestehende Vereinbarungen gelten bis zum Abschluss einer neuen Vereinbarung fort; dies gilt entsprechend auch für die bestehenden Vereinbarungen über die Kriterien der Veröffentlichung einschließlich der Bewertungssystematik (Pflege-Transparenzvereinbarungen).

(1b) [1]Die Landesverbände der Pflegekassen stellen sicher, dass ab dem 1. Januar 2014 die Informationen gemäß § 114 Absatz 1 über die Regelungen zur ärztlichen, fachärztlichen und zahnärztlichen Versorgung sowie zur Arzneimittelversorgung und ab dem 1. Juli 2016 die Informationen gemäß § 114 Absatz 1 zur Zusammenarbeit mit einem Hospiz- und Palliativnetz in vollstationären Einrichtungen für die Pflegebedürftigen und ihre Angehörigen verständlich, übersichtlich und vergleichbar sowohl im Internet als auch in anderer geeigneter Form kostenfrei zur Verfügung gestellt werden. [2]Die Pflegeeinrichtungen sind verpflichtet, die Informationen nach Satz 1 an gut sichtbarer Stelle in der Pflegeeinrichtung auszuhängen. [3]Die Landesverbände der Pflegekassen übermitteln die Informationen nach Satz 1 an den Verband der privaten Krankenversicherung e.V. zum Zweck der einheitlichen Veröffentlichung.

(1c) [1]Die Landesverbände der Pflegekassen haben Dritten für eine zweckgerechte, nicht gewerbliche Nutzung die Daten, die nach den Qualitätsdarstellungsvereinbarungen nach Absatz 1a der Darstellung der Qualität zu Grunde liegen, sowie rückwirkend zum 1. Januar 2017 ab dem 1. April 2017 die Daten, die nach den nach § 115a übergeleiteten Pflege-Transparenzvereinbarungen der Darstellung der Qualität bis zum Inkrafttreten der Qualitätsdarstellungsvereinbarungen zu Grunde liegen, auf Antrag in maschinen- und menschenlesbarer sowie plattformunabhängiger Form zur Verarbeitung und Veröffentlichung zur Verfügung zu stellen. [2]Das Nähere zu der Übermittlung der Daten an Dritte, insbesondere zum Datenformat, zum Datennutzungsvertrag, zu den Nutzungsrechten und den Pflichten des Nutzers bei der Verwendung der Daten, bestimmen die Vertragsparteien nach § 113 bis zum 31. März 2017 in Nutzungsbedingungen, die dem Datennutzungsvertrag unabdingbar zu Grunde zu legen sind. [3]Mit den Nutzungsbedingungen ist eine nicht missbräuchliche, nicht wettbewerbsverzerrende und manipulationsfreie Verwendung der Daten sicherzustellen. [4]Der Dritte hat zu gewährleisten, dass die Herkunft der Daten für die Endverbraucherin oder den Endverbraucher transparent bleibt. [5]Dies gilt insbesondere, wenn eine Verwendung der Daten in Zusammenhang mit anderen Daten erfolgt. [6]Für die Informationen nach Absatz 1b gelten die Sätze 1 bis 4 entsprechend. [7]Die Übermittlung der Daten erfolgt gegen Ersatz der entstehenden Verwaltungskosten, es sei denn, es handelt sich bei den Dritten um öffentlich-rechtliche Stellen. [8]Die entsprechenden Aufwendungen sind von den Landesverbänden der Pflegekassen nachzuweisen.

(2) [1]Soweit bei einer Prüfung nach diesem Buch Qualitätsmängel festgestellt werden, entscheiden die Landesverbände der Pflegekassen nach Anhörung des Trägers der Pflegeeinrichtung und der beteiligten Trägervereinigung unter Beteiligung des zuständigen Trägers der Sozialhilfe, welche Maßnahmen zu treffen sind, erteilen dem Träger der Einrichtung hierüber einen Bescheid und setzen ihm darin zugleich eine angemessene Frist zur Beseitigung der festgestellten Mängel. [2]Werden nach Satz 1 festgestellte Mängel nicht fristgerecht beseitigt, können die Landesverbände der Pflegekassen gemeinsam den Versorgungsvertrag gemäß § 74 Abs. 1, in schwerwiegenden Fällen nach § 74 Abs. 2, kündigen. § 73 Abs. 2 gilt entsprechend.

(3) [1]Hält die Pflegeeinrichtung ihre gesetzlichen oder vertraglichen Verpflichtungen, insbesondere ihre Verpflichtungen zu einer qualitätsgerechten Leistungserbringung aus dem Versorgungsvertrag (§ 72) ganz oder teilweise nicht ein, sind die nach dem Achten Kapitel vereinbarten Pflegevergütungen für die Dauer der Pflichtverletzung entsprechend zu kürzen. [2]Über die Höhe des Kürzungsbetrags ist zwischen den Vertragsparteien nach § 85 Abs. 2 Einvernehmen anzustreben. [3]Kommt eine Einigung nicht zustande, entscheidet auf Antrag einer Vertragspartei die Schiedsstelle nach § 76 in der Besetzung des Vorsitzenden und der beiden weiteren unparteiischen Mitglieder. [4]Gegen die Entscheidung nach Satz 3 ist der Rechtsweg zu den Sozialgerichten gegeben; ein Vorverfahren findet nicht statt, die Klage hat aufschiebende Wirkung. [5]Der vereinbarte oder festgesetzte Kür-

zungsbetrag ist von der Pflegeeinrichtung bis zur Höhe ihres Eigenanteils an die betroffenen Pflegebedürftigen und im Weiteren an die Pflegekassen zurückzuzahlen; soweit die Pflegevergütung als nachrangige Sachleistung von einem anderen Leistungsträger übernommen wurde, ist der Kürzungsbetrag an diesen zurückzuzahlen. [6]Der Kürzungsbetrag kann nicht über die Vergütungen oder Entgelte nach dem Achten Kapitel refinanziert werden. [7]Schadensersatzansprüche der betroffenen Pflegebedürftigen nach anderen Vorschriften bleiben unberührt; § 66 des Fünften Buches gilt entsprechend.

(3a) [1]Eine Verletzung der Verpflichtungen zu einer qualitätsgerechten Leistungserbringung im Sinne des Absatzes 3 Satz 1 wird unwiderlegbar vermutet

1. bei einem planmäßigen und zielgerichteten Verstoß des Trägers der Einrichtung gegen seine Verpflichtung zur Einhaltung der nach § 84 Absatz 5 Satz 2 Nummer 2 vereinbarten Personalausstattung oder
2. bei nicht nur vorübergehenden Unterschreitungen der nach § 84 Absatz 5 Satz 2 Nummer 2 vereinbarten Personalausstattung.

[2]Entsprechendes gilt bei Nichtbezahlung der nach § 84 Absatz 2 Satz 5 beziehungsweise nach § 89 Absatz 1 Satz 4 zu Grunde gelegten Gehälter. [3]Abweichend von Absatz 3 Satz 2 und 3 ist das Einvernehmen über den Kürzungsbetrag unverzüglich herbeizuführen und die Schiedsstelle hat in der Regel binnen drei Monaten zu entscheiden. [4]Bei Verstößen im Sinne von Satz 1 Nummer 1 können die Landesverbände der Pflegekassen gemeinsam den Versorgungsvertrag gemäß § 74 Absatz 1, in schwerwiegenden Fällen nach § 74 Absatz 2, kündigen; § 73 Absatz 2 gilt entsprechend.

(3b) [1]Die Vertragsparteien nach § 113 vereinbaren durch den Qualitätsausschuss gemäß § 113b bis zum 1. Januar 2018 das Verfahren zur Kürzung der Pflegevergütung nach den Absätzen 3 und 3a. [2]Die Vereinbarungen sind im Bundesanzeiger zu veröffentlichen und gelten vom ersten Tag des auf die Veröffentlichung folgenden Monats. [3]Sie sind für alle Pflegekassen und deren Verbände sowie für die zugelassenen Pflegeeinrichtungen unmittelbar verbindlich.

(4) [1]Bei Feststellung schwerwiegender, kurzfristig nicht behebbarer Mängel in der stationären Pflege sind die Pflegekassen verpflichtet, den betroffenen Heimbewohnern auf deren Antrag eine andere geeignete Pflegeeinrichtung zu vermitteln, welche die Pflege, Versorgung und Betreuung nahtlos

übernimmt. [2]Bei Sozialhilfeempfängern ist der zuständige Träger der Sozialhilfe zu beteiligen.

(5) [1]Stellen der Medizinische Dienst der Krankenversicherung oder der Prüfdienst des Verbandes der privaten Krankenversicherung e.V. schwerwiegende Mängel in der ambulanten Pflege fest, kann die zuständige Pflegekasse dem Pflegedienst auf Empfehlung des Medizinischen Dienstes der Krankenversicherung oder des Prüfdienstes des Verbandes der privaten Krankenversicherung e.V. die weitere Versorgung des Pflegebedürftigen vorläufig untersagen; § 73 Absatz 2 gilt entsprechend. [2]Die Pflegekasse hat dem Pflegebedürftigen in diesem Fall einen anderen geeigneten Pflegedienst zu vermitteln, der die Pflege nahtlos übernimmt; dabei ist so weit wie möglich das Wahlrecht des Pflegebedürftigen nach § 2 Abs. 2 zu beachten. [3]Absatz 4 Satz 2 gilt entsprechend.

(6) [1]In den Fällen der Absätze 4 und 5 haftet der Träger der Pflegeeinrichtung gegenüber den betroffenen Pflegebedürftigen und deren Kostenträgern für die Kosten der Vermittlung einer anderen ambulanten oder stationären Pflegeeinrichtung, soweit er die Mängel in entsprechender Anwendung des § 276 des Bürgerlichen Gesetzbuches zu vertreten hat. [2]Absatz 3 Satz 7 bleibt unberührt.

§ 115a Übergangsregelung für Pflege-Transparenzvereinbarungen und Qualitätsprüfungs-Richtlinien

(1) [1]Die Vertragsparteien nach § 113 passen unter Beteiligung des Medizinischen Dienstes des Spitzenverbandes Bund der Krankenkassen, des Verbandes der privaten Krankenversicherung e.V. und der Verbände der Pflegeberufe auf Bundesebene die Pflege-Transparenzvereinbarungen an dieses Gesetz in der am 1. Januar 2017 geltenden Fassung an (übergeleitete Pflege-Transparenzvereinbarungen). [2]Die auf Bundesebene maßgeblichen Organisationen für die Wahrnehmung der Interessen und der Selbsthilfe der pflegebedürftigen und behinderten Menschen wirken nach Maßgabe von § 118 mit. [3]Kommt bis zum 30. April 2016 keine einvernehmliche Einigung zustande, entscheidet der erweiterte Qualitätsausschuss nach § 113b Absatz 3 bis zum 30. Juni 2016. [4]Die übergeleiteten Pflege-Transparenzvereinbarungen gelten ab 1. Januar 2017 bis zum Inkrafttreten der in § 115 Absatz 1a vorgesehenen Qualitätsdarstellungsvereinbarungen.

(2) Schiedsstellenverfahren zu den Pflege-Transparenzvereinbarungen, die am 1. Januar 2016 anhängig sind, werden nach Maßgabe des § 113b Absatz 2, 3 und 8 durch den Qualitätsausschuss entschieden; die Verfahren sind bis zum 30. Juni 2016 abzuschließen.

(3) Die Richtlinien über die Prüfung der in Pflegeeinrichtungen erbrachten Leistungen und deren Qualität nach § 114 (Qualitätsprüfungs-Richtlinien) in der am 31. Dezember 2015 geltenden Fassung gelten nach Maßgabe der Absätze 4 und 5 bis zum Inkrafttreten der Richtlinien über die Durchführung der Prüfung der in Pflegeeinrichtungen erbrachten Leistungen und deren Qualität nach § 114a Absatz 7 fort und sind für den Medizinischen Dienst der Krankenversicherung und den Prüfdienst des Verbandes der privaten Krankenversicherung e.V. verbindlich.

(4) [1]Der Spitzenverband Bund der Pflegekassen passt unter Beteiligung des Medizinischen Dienstes des Spitzenverbandes Bund der Krankenkassen und des Prüfdienstes des Verbandes der privaten Krankenversicherung e.V. die Qualitätsprüfungs-Richtlinien unverzüglich an dieses Gesetz in der am 1. Januar 2016 geltenden Fassung an. [2]Die auf Bundesebene maßgeblichen Organisationen für die Wahrnehmung der Interessen und der Selbsthilfe der pflegebedürftigen und behinderten Menschen wirken nach Maßgabe von § 118 mit. [3]Der Spitzenverband Bund der Pflegekassen hat die Vereinigungen der Träger der Pflegeeinrichtungen auf Bundesebene, die Verbände der Pflegeberufe auf Bundesebene, den Verband der privaten Krankenversicherung e.V. sowie die Bundesarbeitsgemeinschaft der überörtlichen Träger der Sozialhilfe und die kommunalen Spitzenverbände auf Bundesebene zu beteiligen. [4]Ihnen ist unter Übermittlung der hierfür erforderlichen Informationen innerhalb einer angemessenen Frist vor der Entscheidung Gelegenheit zur Stellungnahme zu geben; die Stellungnahmen sind in die Entscheidung einzubeziehen. [5]Die angepassten Qualitätsprüfungs-Richtlinien bedürfen der Genehmigung des Bundesministeriums für Gesundheit.

(5) [1]Der Spitzenverband Bund der Pflegekassen passt unter Beteiligung des Medizinischen Dienstes des Spitzenverbandes Bund der Krankenkassen und des Prüfdienstes des Verbandes der privaten Krankenversicherung e.V. die nach Absatz 4 angepassten Qualitätsprüfungs-Richtlinien bis zum 30. September 2016 an die nach Absatz 1 übergeleiteten und gegebenenfalls nach Absatz 2 geänderten Pflege-Transparenzvereinbarungen an. [2]Die

auf Bundesebene maßgeblichen Organisationen für die Wahrnehmung der Interessen und der Selbsthilfe der pflegebedürftigen und behinderten Menschen wirken nach Maßgabe von § 118 mit. [3]Der Spitzenverband Bund der Pflegekassen hat die Vereinigungen der Träger der Pflegeeinrichtungen auf Bundesebene, die Verbände der Pflegeberufe auf Bundesebene, den Verband der privaten Krankenversicherung e.V. sowie die Bundesarbeitsgemeinschaft der überörtlichen Träger der Sozialhilfe und die kommunalen Spitzenverbände auf Bundesebene zu beteiligen. [4]Ihnen ist unter Übermittlung der hierfür erforderlichen Informationen innerhalb einer angemessenen Frist vor der Entscheidung Gelegenheit zur Stellungnahme zu geben; die Stellungnahmen sind in die Entscheidung einzubeziehen. [5]Die angepassten Qualitätsprüfungs-Richtlinien bedürfen der Genehmigung des Bundesministeriums für Gesundheit und treten zum 1. Januar 2017 in Kraft.

§ 116 Kostenregelungen

(1) Die Prüfkosten bei Wirksamkeits- und Wirtschaftlichkeitsprüfungen nach § 79 sind als Aufwand in der nächstmöglichen Vergütungsvereinbarung nach dem Achten Kapitel zu berücksichtigen; sie können auch auf mehrere Vergütungszeiträume verteilt werden.

(2) [1]Die Kosten der Schiedsstellenentscheidung nach § 115 Abs. 3 Satz 3 trägt der Träger der Pflegeeinrichtung, soweit die Schiedsstelle eine Vergütungskürzung anordnet; andernfalls sind sie von den als Kostenträgern betroffenen Vertragsparteien gemeinsam zu tragen. [2]Setzt die Schiedsstelle einen niedrigeren Kürzungsbetrag fest als von den Kostenträgern gefordert, haben die Beteiligten die Verfahrenskosten anteilig zu zahlen.

(3) [1]Die Bundesregierung wird ermächtigt, durch Rechtsverordnung mit Zustimmung des Bundesrates die Entgelte für die Durchführung von Wirtschaftlichkeitsprüfungen zu regeln. [2]In der Rechtsverordnung können auch Mindest- und Höchstsätze festgelegt werden; dabei ist den berechtigten Interessen der Wirtschaftlichkeitsprüfer (§ 79) sowie der zur Zahlung der Entgelte verpflichteten Pflegeeinrichtungen Rechnung zu tragen.

§ 117 Zusammenarbeit mit den nach heimrechtlichen Vorschriften zuständigen Aufsichtsbehörden

(1) [1]Die Landesverbände der Pflegekassen sowie der Medizinische Dienst der Krankenversicherung und der Prüfdienst des Verbandes der privaten Krankenversicherung e.V. arbeiten mit den nach heimrechtlichen Vorschriften zuständigen Aufsichtsbehörden bei der Zulassung und der Überprüfung der Pflegeeinrichtungen eng zusammen, um ihre wechselseitigen Aufgaben nach diesem Buch und nach den heimrechtlichen Vorschriften insbesondere durch

1. regelmäßige gegenseitige Information und Beratung
2. Terminabsprachen für eine gemeinsame oder arbeitsteilige Überprüfung von Pflegeeinrichtungen und
3. Verständigung über die im Einzelfall notwendigen Maßnahmen

wirksam aufeinander abzustimmen. [2]Dabei ist sicherzustellen, dass Doppelprüfungen nach Möglichkeit vermieden werden. [3]Zur Erfüllung dieser Aufgaben sind die Landesverbände der Pflegekassen sowie der Medizinische Dienst und der Prüfdienst des Verbandes der privaten Krankenversicherung e.V. verpflichtet, in den Arbeitsgemeinschaften nach den heimrechtlichen Vorschriften mitzuwirken und sich an entsprechenden Vereinbarungen zu beteiligen.

(2) [1]Die Landesverbände der Pflegekassen sowie der Medizinische Dienst und der Prüfdienst des Verbandes der privaten Krankenversicherung e.V. können mit den nach heimrechtlichen Vorschriften zuständigen Aufsichtsbehörden oder den obersten Landesbehörden ein Modellvorhaben vereinbaren, das darauf zielt, eine abgestimmte Vorgehensweise bei der Prüfung der Qualität von Pflegeeinrichtungen nach diesem Buch und nach heimrechtlichen Vorschriften zu erarbeiten. [2]Von den Richtlinien nach § 114a Absatz 7 und den nach § 115 Absatz 1a bundesweit getroffenen Vereinbarungen kann dabei für die Zwecke und die Dauer des Modellvorhabens abgewichen werden. [3]Die Verantwortung der Pflegekassen und ihrer Verbände für die inhaltliche Bestimmung, Sicherung und Prüfung der Pflege-, Versorgungs- und Betreuungsqualität nach diesem Buch kann durch eine Zusammenarbeit mit den nach heimrechtlichen Vorschriften zuständigen Aufsichtsbehörden oder den obersten Landesbehörden weder eingeschränkt noch erweitert werden.

(3) [1]Zur Verwirklichung der engen Zusammenarbeit sind die Landesverbände der Pflegekassen sowie der Medizinische Dienst der Krankenversicherung und der Prüfdienst des Verbandes der privaten Krankenversicherung e.V. berechtigt und auf Anforderung verpflichtet, der nach heimrechtlichen Vorschriften zuständigen Aufsichtsbehörde die ihnen nach diesem Buch zugänglichen Daten über die Pflegeeinrichtungen, insbesondere über die Zahl und Art der Pflegeplätze und der betreuten Personen (Belegung), über die personelle und sächliche Ausstattung sowie über die Leistungen und Vergütungen der Pflegeeinrichtungen, mitzuteilen. [2]Personenbezogene Daten sind vor der Datenübermittlung zu anonymisieren.

(4) [1]Erkenntnisse aus der Prüfung von Pflegeeinrichtungen sind vom Medizinischen Dienst der Krankenversicherung, dem Prüfdienst des Verbandes der privaten Krankenversicherung e.V. oder von den sonstigen Sachverständigen oder Stellen, die Qualitätsprüfungen nach diesem Buch durchführen, unverzüglich der nach heimrechtlichen Vorschriften zuständigen Aufsichtsbehörde mitzuteilen, soweit sie zur Vorbereitung und Durchführung von aufsichtsrechtlichen Maßnahmen nach den heimrechtlichen Vorschriften erforderlich sind. [2]§ 115 Abs. 1 Satz 1 bleibt hiervon unberührt.

(5) [1]Die Pflegekassen und ihre Verbände sowie der Medizinische Dienst der Krankenversicherung und der Prüfdienst des Verbandes der privaten Krankenversicherung e.V. tragen die ihnen durch die Zusammenarbeit mit den nach heimrechtlichen Vorschriften zuständigen Aufsichtsbehörden entstehenden Kosten. [2]Eine Beteiligung an den Kosten der nach heimrechtlichen Vorschriften zuständigen Aufsichtsbehörden oder anderer von nach heimrechtlichen Vorschriften zuständigen Aufsichtsbehörde beteiligter Stellen oder Gremien ist unzulässig.

(6) [1]Durch Anordnungen der nach heimrechtlichen Vorschriften zuständigen Aufsichtsbehörde bedingte Mehr- oder Minderkosten sind, soweit sie dem Grunde nach vergütungsfähig im Sinne des § 82 Abs. 1 sind, in der nächstmöglichen Pflegesatzvereinbarung zu berücksichtigen. [2]Der Widerspruch oder die Klage einer Vertragspartei oder eines Beteiligten nach § 85 Abs. 2 gegen die Anordnung hat keine aufschiebende Wirkung.

§ 118 Beteiligung von Interessenvertretungen, Verordnungsermächtigung

(1) [1]Bei Erarbeitung oder Änderung

1. der in § 17 Absatz 1, §§ 18b, 114a Absatz 7, § 114c Absatz 1 und § 115a Absatz 3 bis 5 vorgesehenen Richtlinien des Spitzenverbandes Bund der Pflegekassen sowie
2. der Vereinbarungen und Beschlüsse nach § 37 Absatz 5 in der ab dem 1. Januar 2017 geltenden Fassung, den §§ 113, 113a, 115 Absatz 1a sowie § 115a Absatz 1 Satz 3 und Absatz 2 durch den Qualitätsausschuss nach § 113b sowie der Vereinbarungen und Beschlüsse nach § 113c und der Vereinbarungen nach § 115a Absatz 1 Satz 1

wirken die auf Bundesebene maßgeblichen Organisationen für die Wahrnehmung der Interessen und der Selbsthilfe pflegebedürftiger und behinderter Menschen nach Maßgabe der Verordnung nach Absatz 2 beratend mit. [2]Das Mitberatungsrecht beinhaltet auch das Recht zur Anwesenheit bei Beschlussfassungen. [3]Bei den durch den Qualitätsausschuss nach § 113b zu treffenden Entscheidungen erhalten diese Organisationen das Recht, Anträge zu stellen. [4]Der Qualitätsausschuss nach § 113b hat über solche Anträge in der nächsten Sitzung zu beraten. [5]Wenn über einen Antrag nicht entschieden werden kann, soll in der Sitzung das Verfahren hinsichtlich der weiteren Beratung und Entscheidung festgelegt werden. [6]Ehrenamtlich Tätige, die von den auf Bundesebene maßgeblichen Organisationen nach Maßgabe einer auf Grund des Absatzes 2 erlassenen Verordnung in die Gremien des Qualitätsausschusses nach § 113b entsandt werden, damit sie dort die in den Sätzen 1 und 3 genannten Rechte dieser Organisationen wahrnehmen, haben Anspruch auf Erstattung der Reisekosten, die ihnen durch die Entsendung entstanden sind. [7]Das Nähere zur Erstattung der Reisekosten regeln die Vereinbarungspartner in der Geschäftsordnung nach § 113b Absatz 7.

(2) Das Bundesministerium für Gesundheit wird ermächtigt, durch Rechtsverordnung mit Zustimmung des Bundesrates Einzelheiten festzulegen für

1. die Voraussetzungen der Anerkennung der für die Wahrnehmung der Interessen und der Selbsthilfe der pflegebedürftigen und behinderten Menschen maßgeblichen Organisationen auf Bundesebene, insbesondere zu den Erfordernissen an die Organisationsform und die Offenlegung der Finanzierung, sowie
2. das Verfahren der Beteiligung.

§ 119 Verträge mit Pflegeheimen außerhalb des Anwendungsbereichs des Wohn- und Betreuungsvertragsgesetzes

Für den Vertrag zwischen dem Träger einer zugelassenen stationären Pflegeeinrichtung, auf die das Wohn- und Betreuungsvertragsgesetz keine Anwendung findet, und dem pflegebedürftigen Bewohner gelten die Vorschriften über die Verträge nach dem Wohn- und Betreuungsvertragsgesetz entsprechend.

§ 120 Pflegevertrag bei häuslicher Pflege

(1) [1]Bei häuslicher Pflege übernimmt der zugelassene Pflegedienst spätestens mit Beginn des ersten Pflegeeinsatzes auch gegenüber dem Pflegebedürftigen die Verpflichtung, diesen nach Art und Schwere seiner Pflegebedürftigkeit, entsprechend den von ihm in Anspruch genommenen Leistungen der häuslichen Pflegehilfe im Sinne des § 36 zu versorgen (Pflegevertrag). [2]Bei jeder wesentlichen Veränderung des Zustandes des Pflegebedürftigen hat der Pflegedienst dies der zuständigen Pflegekasse unverzüglich mitzuteilen.

(2) [1]Der Pflegedienst hat nach Aufforderung der zuständigen Pflegekasse unverzüglich eine Ausfertigung des Pflegevertrages auszuhändigen. [2]Der Pflegevertrag kann von dem Pflegebedürftigen jederzeit ohne Einhaltung einer Frist gekündigt werden.

(3) [1]In dem Pflegevertrag sind mindestens Art, Inhalt und Umfang der Leistungen einschließlich der dafür mit den Kostenträgern nach § 89 vereinbarten Vergütungen für jede Leistung oder jeden Leistungskomplex gesondert zu beschreiben. [2]Der Pflegedienst hat den Pflegebedürftigen vor Vertragsschluss und bei jeder wesentlichen Veränderung in der Regel schriftlich über die voraussichtlichen Kosten zu unterrichten.

(4) [1]Der Anspruch des Pflegedienstes auf Vergütung seiner Leistungen der häuslichen Pflegehilfe im Sinne des § 36 ist unmittelbar gegen die zuständige Pflegekasse zu richten. [2]Soweit die von dem Pflegebedürftigen abgerufenen Leistungen nach Satz 1 den von der Pflegekasse mit Bescheid festgelegten und von ihr zu zahlenden leistungsrechtlichen Höchstbetrag überschreiten, darf der Pflegedienst dem Pflegebedürftigen für die zusätzlich abgerufenen Leistungen keine höhere als die nach § 89 vereinbarte Vergütung berechnen.

Zwölftes Kapitel.
Bußgeldvorschrift

§ 121 Bußgeldvorschrift

(1) Ordnungswidrig handelt, wer vorsätzlich oder leichtfertig

1. der Verpflichtung zum Abschluß oder zur Aufrechterhaltung des privaten Pflegeversicherungsvertrages nach § 23 Abs. 1 Satz 1 und 2 oder § 23 Abs. 4 oder der Verpflichtung zur Aufrechterhaltung des privaten Pflegeversicherungsvertrages nach § 22 Abs. 1 Satz 2 nicht nachkommt,
2. entgegen § 50 Abs. 1 Satz 1, § 51 Abs. 1 Satz 1 und 2, § 51 Abs. 3 oder entgegen Artikel 42 Abs. 4 Satz 1 oder 2 des Pflege-Versicherungsgesetzes eine Meldung nicht, nicht richtig, nicht vollständig oder nicht rechtzeitig erstattet,
3. entgegen § 50 Abs. 3 Satz 1 Nr. 1 eine Auskunft nicht, nicht richtig, nicht vollständig oder nicht rechtzeitig erteilt oder entgegen § 50 Abs. 3 Satz 1 Nr. 2 eine Änderung nicht, nicht richtig, nicht vollständig oder nicht rechtzeitig mitteilt,
4. entgegen § 50 Abs. 3 Satz 2 die erforderlichen Unterlagen nicht, nicht vollständig oder nicht rechtzeitig vorlegt,
5. entgegen Artikel 42 Abs. 1 Satz 3 des Pflege-Versicherungsgesetzes den Leistungsumfang seines privaten Versicherungsvertrages nicht oder nicht rechtzeitig anpaßt,
6. mit der Entrichtung von sechs Monatsprämien zur privaten Pflegeversicherung in Verzug gerät,
7. entgegen § 128 Absatz 1 Satz 4 die dort genannten Daten nicht, nicht richtig, nicht vollständig oder nicht rechtzeitig übermittelt.

(2) Die Ordnungswidrigkeit kann mit einer Geldbuße bis zu Zweitausendfünfhundert Euro geahndet werden.

(3) Für die von privaten Versicherungsunternehmen begangenen Ordnungswidrigkeiten nach Absatz 1 Nummer 2 und 7 ist das Bundesversicherungsamt die Verwaltungsbehörde im Sinne des § 36 Abs. 1 Nr. 1 des Gesetzes über Ordnungswidrigkeiten.

(4) [1]Die für die Verfolgung und Ahndung der Ordnungswidrigkeiten nach Absatz 1 Nummer 1 und 6 zuständige Verwaltungsbehörde im Sinne des § 36 Absatz 1 Nummer 2 Buchstabe a oder Absatz 2 des Gesetzes über Ordnungswidrigkeiten kann die zur Ermittlung des Sachverhalts erforderlichen Auskünfte, auch elektronisch und als elektronisches Dokument, bei den nach § 51 Absatz 1 Satz 1 und 2 und Absatz 2 Meldepflichtigen einholen. [2]Diese sollen bei der Ermittlung des Sachverhalts mitwirken. [3]Sie sollen insbesondere ihnen bekannte Tatsachen und Beweismittel angeben. [4]Eine weitergehende Pflicht, bei der Ermittlung des Sachverhalts mitzuwirken, insbesondere eine Pflicht zum persönlichen Erscheinen oder zur Aussage, besteht nur, soweit sie durch Rechtsvorschrift besonders vorgesehen ist.

§ 122 (weggefallen)

Dreizehntes Kapitel. Befristete Modellvorhaben

§ 123 Durchführung der Modellvorhaben zur kommunalen Beratung Pflegebedürftiger und ihrer Angehörigen, Verordnungsermächtigung

(1) [1]Die für die Hilfe zur Pflege zuständigen Träger der Sozialhilfe nach dem Zwölften Buch können Modellvorhaben zur Beratung von Pflegebedürftigen und deren Angehörigen für ihren Zuständigkeitsbereich bei der zuständigen obersten Landesbehörde beantragen, sofern dies nach Maßgabe landesrechtlicher Vorschriften vorgesehen ist. [2]Ist als überörtlicher Träger für die Hilfe zur Pflege durch landesrechtliche Vorschriften das Land bestimmt, können die örtlichen Träger der Sozialhilfe, die im Auftrag des Landes die Hilfe zur Pflege durchführen, Modellvorhaben nach Satz 1 beantragen. [3]Sofern sich die Zuständigkeit des jeweiligen Trägers der Sozialhilfe nach dem Zwölften Buch auf mehrere Kreise erstreckt, soll sich das Modellvorhaben auf einen Kreis oder eine kreisfreie Stadt beschränken. [4]Für Stadtstaaten, die nur aus einer kreisfreien Stadt bestehen, ist das Modellvorhaben auf jeweils einen Stadtbezirk zu beschränken. [5]Die Modellvorhaben

umfassen insbesondere die Übernahme folgender Aufgaben durch eigene Beratungsstellen:

1. die Pflegeberatung nach den §§ 7a bis 7c,
2. die Beratung in der eigenen Häuslichkeit nach § 37 Absatz 3 und
3. Pflegekurse nach § 45.

[6]Die §§ 7a bis 7c, § 17 Absatz 1a, § 37 Absatz 3 Satz 1, 2, 3, 9, 10 erster Halbsatz und Absatz 4 sowie § 45 gelten entsprechend. [7]In den Modellvorhaben ist eine Zusammenarbeit bei der Beratung nach Satz 5 Nummer 1 und 2 insbesondere mit der Beratung zu Leistungen der Altenhilfe, der Hilfe zur Pflege nach dem Zwölften Buch und der Eingliederungshilfe nach dem Neunten Buch sowie mit der Beratung zu Leistungen des öffentlichen Gesundheitsdienstes, zur rechtlichen Betreuung, zu behindertengerechten Wohnangeboten, zum öffentlichen Nahverkehr und zur Förderung des bürgerschaftlichen Engagements sicherzustellen. [7]Abweichend von Satz 5 Nummer 1 und Absatz 6 Satz 1 kann die Pflegeberatung nach den §§ 7a bis 7c durch die Pflegekassen erfolgen, soweit die Zusammenarbeit in der Beratung für den örtlichen Geltungsbereich des Modellvorhabens in einer ergänzenden Vereinbarung nach § 7a Absatz 7 Satz 4 in Verbindung mit einer Vereinbarung nach Absatz 5 gewährleistet ist. [8]Die Landesregierungen werden ermächtigt, Schiedsstellen entsprechend § 7c Absatz 7 Satz 1 bis 5 einzurichten und eine Rechtsverordnung entsprechend § 7c Absatz 7 Satz 6 zu erlassen. [9]Absatz 5 Satz 5 bis 7 gilt entsprechend.

(2) [1]Dem Antrag nach Absatz 1 ist ein Konzept beizufügen, wie die Aufgaben durch die Beratungsstellen wahrgenommen werden und mit welchen eigenen sächlichen, personellen und finanziellen Mitteln die Beratungsstellen ausgestattet werden. [2]Eine Zusammenarbeit mit den privaten Versicherungsunternehmen, die die private Pflege-Pflichtversicherung durchführen, ist anzustreben und im Konzept nachzuweisen. [3]Das Nähere, insbesondere zu den Anforderungen an die Beratungsstellen und an die Anträge nach Absatz 1 sowie zum Widerruf einer Genehmigung nach § 124 Absatz 2 Satz 1, ist bis zum 31. Dezember 2018 durch landesrechtliche Vorschriften zu regeln.

(3) [1]Die zuständige oberste Landesbehörde kann höchstens so viele Modellvorhaben genehmigen, wie ihr nach dem Königsteiner Schlüssel, der für das Jahr 2017 im Bundesanzeiger veröffentlicht ist, bei einer Gesamtzahl von insgesamt 60 Modellvorhaben zustehen. [2]Der Antrag kann ge-

nehmigt werden, wenn die Anforderungen nach den Absätzen 1 und 2 in Verbindung mit den landesrechtlichen Vorgaben im Sinne des Absatzes 2 Satz 3 erfüllt sind. [3]Den kommunalen Spitzenverbänden auf Landesebene und den Landesverbänden der Pflegekassen ist zu jedem Antrag vor der Genehmigung Gelegenheit zur Stellungnahme zu geben. [4]Die Länder insgesamt sollen bei der Genehmigung sicherstellen, dass die Hälfte aller bewilligten Modellvorhaben durch Antragsteller nach Absatz 1 durchgeführt wird, die keine mehrjährigen Erfahrungen in strukturierter Zusammenarbeit in der Beratung aufweisen. [5]Länder, die innerhalb der in Absatz 2 Satz 3 genannten Frist keine landesrechtlichen Regelungen getroffen haben oder die die ihnen zustehenden Modellvorhaben nicht nutzen wollen, treten die ihnen zustehenden Modellvorhaben an andere Länder ab. [6]Die Verteilung der nicht in Anspruch genommenen Modellvorhaben auf die anderen Länder wird von den Ländern im Einvernehmen mit dem Bundesministerium für Gesundheit bestimmt.

(4) [1]Der Spitzenverband Bund der Pflegekassen beschließt nach Anhörung der kommunalen Spitzenverbände sowie der auf Bundesebene maßgeblichen Organisationen für die Wahrnehmung der Interessen und der Selbsthilfe der pflegebedürftigen und behinderten Menschen und ihrer Angehörigen sowie des Verbands der privaten Krankenversicherung e. V. Empfehlungen über die konkreten Voraussetzungen, Ziele, Inhalte und Durchführung der Modellvorhaben. [2]Die Empfehlungen sind bis zum 30. Juni 2017 vorzulegen und bedürfen der Zustimmung des Bundesministeriums für Gesundheit und der Länder. [3]Das Bundesministerium für Gesundheit trifft seine Entscheidung im Benehmen mit dem Bundesministerium für Familie, Senioren, Frauen und Jugend. [4]Zur Begleitung der Modellvorhaben eines Landes kann die oberste Landesbehörde einen Beirat einrichten, der insbesondere aus den kommunalen Spitzenverbänden auf Landesebene und den Landesverbänden der Pflegekassen besteht. [5]Aufgaben des Beirates sind insbesondere, die oberste Landesbehörde bei der Klärung fachlicher und verfahrensbezogener Fragen zu beraten, sowie der Austausch der Mitglieder untereinander über die Unterstützung der Modellvorhaben in eigener Zuständigkeit.

(5) [1]Ist ein Antrag nach Absatz 3 Satz 2 genehmigt, trifft der Antragsteller mit den Landesverbänden der Pflegekassen gemeinsam und einheitlich eine Vereinbarung

1. zur Zusammenarbeit,
2. zur Einbeziehung bestehender Beratungs- und Kursangebote,
3. zu Nachweis- und Berichtspflichten gegenüber den Landesverbänden der Pflegekassen,
4. zum Übergang der Beratungsaufgaben auf die Beratungsstellen nach Absatz 1 Satz 5,
5. zur Haftung für Schäden, die den Pflegekassen durch fehlerhafte Beratung entstehen, und
6. zur Beteiligung der Pflegekassen mit sächlichen, personellen und finanziellen Mitteln.

[2]Der Beitrag der Pflegekassen nach Satz 1 Nummer 6 darf den Aufwand nicht übersteigen, der entstehen würde, wenn sie die Aufgaben anstelle der Antragsteller nach Absatz 1 im selben Umfang selbst erbringen würden. [3]Grundlage hierfür sind die bisherigen Ausgaben der Pflegekassen für die Aufgabenerfüllung nach Absatz 1 Satz 5. [4]Die Landesregierungen werden ermächtigt, Schiedsstellen entsprechend § 7c Absatz 7 Satz 1 bis 5 einzurichten und eine Rechtsverordnung entsprechend § 7c Absatz 7 Satz 6 zu erlassen. [5]Abweichend von Satz 4 können die Parteien der Vereinbarung nach Satz 1 einvernehmlich eine unparteiische Schiedsperson und zwei unparteiische Mitglieder bestellen, die den Inhalt der Vereinbarung nach Satz 1 innerhalb von sechs Wochen nach ihrer Bestellung festlegen. [6]Die Kosten des Schiedsverfahrens tragen die Parteien der Vereinbarung zu gleichen Teilen. [7]Kommt eine Einigung der Landesverbände der Pflegekassen untereinander nicht zustande, erfolgt die Beschlussfassung durch die Mehrheit der in § 52 Absatz 1 Satz 1 genannten Stellen.

(6) [1]Mit dem Inkrafttreten der Vereinbarung nach Absatz 5 Satz 1 geht die Verantwortung für die Pflegeberatung nach den §§ 7a bis 7c und für die Beratung in der eigenen Häuslichkeit nach § 37 Absatz 3 von anspruchsberechtigten Pflegebedürftigen mit Wohnort im Bereich der örtlichen Zuständigkeit der Beratungsstelle und von deren Angehörigen sowie für die Pflegekurse nach § 45 auf den Antragsteller nach Absatz 1 über. [2]Die Antragsteller können sich zur Erfüllung ihrer Aufgaben Dritter bedienen. [3]Die Erfüllung der Aufgaben durch Dritte ist im Konzept nach Absatz 2 darzulegen. [4]Sofern sie sich für die Beratung in der eigenen Häuslichkeit nach § 37 Absatz 3 Dritter bedienen, ist die Leistungserbringung allen in § 37 Absatz 3 Satz 1 und Absatz 8 genannten Einrichtungen zu ermöglichen.

(7) [1]Während der Durchführung des Modellvorhabens weist der Antragsteller gegenüber der obersten Landesbehörde und den am Vertrag beteiligten Landesverbänden der Pflegekassen die Höhe der eingebrachten sächlichen und personellen Mittel je Haushaltsjahr nach. [2]Diese Mittel dürfen die durchschnittlich aufgewendeten Verwaltungsausgaben für die Hilfe zur Pflege und die Eingliederungshilfe bezogen auf den einzelnen Empfänger und für die Altenhilfe bezogen auf alte Menschen im Haushaltsjahr vor Beginn des Modellvorhabens nicht unterschreiten; Ausnahmen hiervon sind bei den sächlichen Mitteln möglich, soweit sich die Abweichung nachweislich aus Einsparungen aufgrund der Zusammenlegung von Beratungsaufgaben ergibt. [3]Die Mittel sind auf der Grundlage der Haushaltsaufstellung im Konzept nach Absatz 2 Satz 1 nachzuweisen.

§ 124 Befristung, Widerruf und Begleitung der Modellvorhaben zur kommunalen Beratung; Beirat

(1) [1]Anträge zur Durchführung von Modellvorhaben können bis zum 31. Dezember 2019 gestellt werden. [2]Modellvorhaben nach diesem Kapitel sind auf fünf Jahre zu befristen.

(2) [1]Die Genehmigung zur Durchführung eines Modellvorhabens ist zu widerrufen, wenn die in § 123 Absatz 1 Satz 5 genannten Aufgaben nicht in vollem Umfang erfüllt werden. [2]Die Genehmigung ist auch dann zu widerrufen, wenn die nach § 123 Absatz 5 Satz 1 vereinbarten oder die in § 123 Absatz 5 Satz 2 oder Absatz 7 festgelegten Anforderungen überwiegend nicht erfüllt werden. [3]Eine Klage gegen den Widerruf hat keine aufschiebende Wirkung. [4]Die zuständige oberste Landesbehörde überprüft die Erfüllung der Aufgaben nach § 123 Absatz 1 anhand der wissenschaftlichen Begleitung und Auswertung nach Absatz 3 zum Abschluss des jeweiligen Haushaltsjahres. [5]Sie überprüft die Erfüllung der Anforderungen nach § 123 Absatz 7 anhand der jeweiligen Haushaltspläne.

(3) [1]Der Spitzenverband Bund der Pflegekassen und die für die Modellvorhaben nach § 123 Absatz 1 Satz 1 zuständigen obersten Landesbehörden veranlassen gemeinsam im Einvernehmen mit dem Bundesministerium für Gesundheit und im Benehmen mit den kommunalen Spitzenverbänden eine wissenschaftliche Begleitung und Auswertung aller Modellvorhaben durch unabhängige Sachverständige. [2]Die Auswertung erfolgt nach allgemein anerkannten wissenschaftlichen Standards hinsichtlich der Wirksam-

keit, Qualität und Kosten der Beratung im Vergleich zur Beratung vor Beginn des jeweiligen Modellvorhabens und außerhalb der Modellvorhaben. [3]Die Auswertung schließt einen Vergleich mit den Beratungsangeboten der sozialen Pflegeversicherung und der privaten Pflege-Pflichtversicherung jeweils außerhalb der Modellvorhaben ein. [4]Die unabhängigen Sachverständigen haben einen Zwischenbericht und einen Abschlussbericht über die Ergebnisse der Auswertungen zu erstellen. [5]Der Zwischenbericht ist spätestens am 31. Dezember 2023 und der Abschlussbericht spätestens am 31. Juli 2026 zu veröffentlichen. [6]Die Kosten der wissenschaftlichen Begleitung und der Auswertung der Modellvorhaben tragen je zur Hälfte die für diese Modellvorhaben zuständigen obersten Landesbehörden gemeinsam und der Spitzenverband Bund der Pflegekassen, dessen Beitrag aus Mitteln des Ausgleichsfonds nach § 65 zu finanzieren ist.

(4) [1]Die nach Landesrecht zuständigen Stellen begleiten die Modellvorhaben über die gesamte Laufzeit und sorgen für einen bundesweiten Austausch der Modellvorhaben untereinander unter Beteiligung der für die Begleitung und Auswertung nach Absatz 3 zuständigen unabhängigen Sachverständigen sowie des Spitzenverbandes Bund der Pflegekassen und der kommunalen Spitzenverbände. [2]Bei der Organisation und Durchführung des Austausches können sich die nach Landesrecht zuständigen Stellen von den unabhängigen Sachverständigen unterstützen lassen, die die wissenschaftliche Begleitung und Auswertung nach Absatz 3 durchführen.

(5) [1]Der Spitzenverband Bund der Pflegekassen richtet einen Beirat zur Begleitung der Modellvorhaben im Einvernehmen mit dem Bundesministerium für Gesundheit ein. [2]Der Beirat tagt mindestens zweimal jährlich und berät den Sachstand der Modellvorhaben. [3]Ihm gehören Vertreterinnen und Vertreter der kommunalen Spitzenverbände, der Länder, der Pflegekassen, der Wissenschaft, des Bundesministeriums für Gesundheit und des Bundesministeriums für Familie, Senioren, Frauen und Jugend an.

§ 125 Modellvorhaben zur Erprobung von Leistungen der häuslichen Betreuung durch Betreuungsdienste

(1) [1]Der Spitzenverband Bund der Pflegekassen kann in den Jahren 2013 und 2014 aus Mitteln des Ausgleichsfonds der Pflegeversicherung mit bis zu 5 Millionen Euro Modellvorhaben zur Erprobung von Leistungen der häuslichen Betreuung durch Betreuungsdienste vereinbaren. [2]Dienste kön-

nen als Betreuungsdienste Vereinbarungspartner werden, die insbesondere für demenziell erkrankte Pflegebedürftige dauerhaft häusliche Betreuung und hauswirtschaftliche Versorgung erbringen.

(2) [1]Die Modellvorhaben sind darauf auszurichten, die Wirkungen des Einsatzes von Betreuungsdiensten auf die pflegerische Versorgung umfassend bezüglich Qualität, Wirtschaftlichkeit, Inhalt der erbrachten Leistungen und Akzeptanz bei den Pflegebedürftigen zu untersuchen und sind auf längstens drei Jahre zu befristen. [2]Für die Modellvorhaben ist eine wissenschaftliche Begleitung und Auswertung vorzusehen. [3]Soweit im Rahmen der Modellvorhaben personenbezogene Daten benötigt werden, können diese mit Einwilligung des Pflegebedürftigen erhoben, verarbeitet und genutzt werden. [4]Der Spitzenverband Bund der Pflegekassen bestimmt Ziele, Dauer, Inhalte und Durchführung der Modellvorhaben. [5]Die Modellvorhaben sind mit dem Bundesministerium für Gesundheit abzustimmen.

(3) [1]Auf die am Modell teilnehmenden Dienste sind die Vorschriften dieses Buches für Pflegedienste entsprechend anzuwenden. [2]Anstelle der verantwortlichen Pflegefachkraft können sie eine entsprechend qualifizierte, fachlich geeignete und zuverlässige Kraft mit praktischer Berufserfahrung im erlernten Beruf von zwei Jahren innerhalb der letzten acht Jahre als verantwortliche Kraft einsetzen; § 71 Absatz 3 Satz 4 ist entsprechend anzuwenden. [3]Die Zulassung der teilnehmenden Betreuungsdienste zur Versorgung bleibt bis zu zwei Jahre nach dem Ende des Modellprogramms gültig.

Vierzehntes Kapitel.
Zulagenförderung der privaten Pflegevorsorge

§ 126 Zulageberechtigte

[1]Personen, die nach dem Dritten Kapitel in der sozialen oder privaten Pflegeversicherung versichert sind (zulageberechtigte Personen), haben bei Vorliegen einer auf ihren Namen lautenden privaten Pflege-Zusatzversicherung unter den in § 127 Absatz 2 genannten Voraussetzungen Anspruch auf eine Pflegevorsorgezulage. [2]Davon ausgenommen sind Personen, die das 18. Lebensjahr noch nicht vollendet haben, sowie Personen, die vor Ab-

schluss der privaten Pflege-Zusatzversicherung bereits als Pflegebedürftige Leistungen nach dem Vierten Kapitel oder gleichwertige Vertragsleistungen der privaten Pflege-Pflichtversicherung beziehen oder bezogen haben.

§ 127 Pflegevorsorgezulage; Fördervoraussetzungen

(1) [1]Leistet die zulageberechtigte Person mindestens einen Beitrag von monatlich 10 Euro im jeweiligen Beitragsjahr zugunsten einer auf ihren Namen lautenden, gemäß Absatz 2 förderfähigen privaten Pflege-Zusatzversicherung, hat sie Anspruch auf eine Zulage in Höhe von monatlich 5 Euro. [2]Die Zulage wird bei dem Mindestbeitrag nach Satz 1 nicht berücksichtigt. [3]Die Zulage wird je zulageberechtigter Person für jeden Monat nur für einen Versicherungsvertrag gewährt. [4]Der Mindestbeitrag und die Zulage sind für den förderfähigen Tarif zu verwenden.

(2) [1]Eine nach diesem Kapitel förderfähige private Pflege-Zusatzversicherung liegt vor, wenn das Versicherungsunternehmen hierfür

1. die Kalkulation nach Art der Lebensversicherung gemäß § 146 Absatz 1 Nummer 1 und 2 des Versicherungsaufsichtsgesetzes vorsieht,
2. allen in § 126 genannten Personen einen Anspruch auf Versicherung gewährt,
3. auf das ordentliche Kündigungsrecht sowie auf eine Risikoprüfung und die Vereinbarung von Risikozuschlägen und Leistungsausschlüssen verzichtet,
4. bei Vorliegen von Pflegebedürftigkeit im Sinne des § 14 einen vertraglichen Anspruch auf Auszahlung von Geldleistungen für jeden der in § 15 Absatz 3 und 7 aufgeführten Pflegegrade, dabei in Höhe von mindestens 600 Euro für Pflegegrad 5, vorsieht; die tariflich vorgesehenen Geldleistungen dürfen dabei die zum Zeitpunkt des Vertragsabschlusses jeweils geltende Höhe der Leistungen dieses Buches nicht überschreiten, eine Dynamisierung bis zur Höhe der allgemeinen Inflationsrate ist jedoch zulässig; weitere Leistungen darf der förderfähige Tarif nicht vorsehen,
5. bei der Feststellung des Versicherungsfalles sowie der Festsetzung des Pflegegrades dem Ergebnis des Verfahrens zur Feststellung der Pflegebedürftigkeit gemäß § 18 folgt; bei Versicherten der privaten Pflege-Pflichtversicherung sind die entsprechenden Feststellungen des privaten Versicherungsunternehmens zugrunde zu legen,

6. die Wartezeit auf höchstens fünf Jahre beschränkt,
7. einem Versicherungsnehmer, der hilfebedürftig im Sinne des Zweiten oder Zwölften Buches ist oder allein durch Zahlung des Beitrags hilfebedürftig würde, einen Anspruch gewährt, den Vertrag ohne Aufrechterhaltung des Versicherungsschutzes für eine Dauer von mindestens drei Jahren ruhen zu lassen oder den Vertrag binnen einer Frist von drei Monaten nach Eintritt der Hilfebedürftigkeit rückwirkend zum Zeitpunkt des Eintritts zu kündigen; für den Fall der Ruhendstellung beginnt diese Frist mit dem Ende der Ruhendstellung, wenn Hilfebedürftigkeit weiterhin vorliegt,
8. die Höhe der in Ansatz gebrachten Verwaltungs- und Abschlusskosten begrenzt; das Nähere dazu wird in der Rechtsverordnung nach § 130 geregelt.

[2]Der Verband der privaten Krankenversicherung e.V. wird damit beliehen, hierfür brancheneinheitliche Vertragsmuster festzulegen, die von den Versicherungsunternehmen als Teil der Allgemeinen Versicherungsbedingungen förderfähiger Pflege-Zusatzversicherungen zu verwenden sind. [3]Die Beleihung nach Satz 2 umfasst die Befugnis, für Versicherungsunternehmen, die förderfähige private Pflege-Zusatzversicherungen anbieten, einen Ausgleich für Überschäden einzurichten; § 111 Absatz 1 Satz 1 und 2 und Absatz 2 gilt entsprechend. [4]Die Fachaufsicht über den Verband der privaten Krankenversicherung e.V. zu den in den Sätzen 2 und 3 genannten Aufgaben übt das Bundesministerium für Gesundheit aus.

(3) Der Anspruch auf die Zulage entsteht mit Ablauf des Kalenderjahres, für das die Beiträge zu einer privaten Pflege-Zusatzversicherung gemäß § 127 Absatz 1 geleistet worden sind (Beitragsjahr).

§ 128 Verfahren; Haftung des Versicherungsunternehmens

(1) [1]Die Zulage gemäß § 127 Absatz 1 wird auf Antrag gewährt. [2]Die zulageberechtigte Person bevollmächtigt das Versicherungsunternehmen mit dem Abschluss des Vertrags über eine förderfähige private Pflege-Zusatzversicherung, die Zulage für jedes Beitragsjahr zu beantragen. [3]Sofern eine Zulagenummer oder eine Versicherungsnummer nach § 147 des Sechsten Buches für die zulageberechtigte Person noch nicht vergeben ist, bevollmächtigt sie zugleich ihr Versicherungsunternehmen, eine Zulagenummer bei der zentralen Stelle zu beantragen. [4]Das Versicherungsunternehmen ist

verpflichtet, der zentralen Stelle nach amtlich vorgeschriebenem Datensatz durch amtlich bestimmte Datenfernübertragung zur Feststellung der Anspruchsberechtigung auf Auszahlung der Zulage zugleich mit dem Antrag in dem Zeitraum vom 1. Januar bis zum 31. März des Kalenderjahres, das auf das Beitragsjahr folgt, Folgendes zu übermitteln:

1. die Antragsdaten,
2. die Höhe der für die zulagefähige private Pflege-Zusatzversicherung geleisteten Beiträge,
3. die Vertragsdaten,
4. die Versicherungsnummer nach § 147 des Sechsten Buches, die Zulagenummer der zulageberechtigten Person oder einen Antrag auf Vergabe einer Zulagenummer,
5. weitere zur Auszahlung der Zulage erforderliche Angaben,
6. die Bestätigung, dass der Antragsteller eine zulageberechtigte Person im Sinne des § 126 ist, sowie
7. die Bestätigung, dass der jeweilige Versicherungsvertrag die Voraussetzungen des § 127 Absatz 2 erfüllt.

[5]Die zulageberechtigte Person ist verpflichtet, dem Versicherungsunternehmen unverzüglich eine Änderung der Verhältnisse mitzuteilen, die zu einem Wegfall des Zulageanspruchs führt. [6]Hat für das Beitragsjahr, für das das Versicherungsunternehmen bereits eine Zulage beantragt hat, kein Zulageanspruch bestanden, hat das Versicherungsunternehmen diesen Antragsdatensatz zu stornieren.

(2) [1]Die Auszahlung der Zulage erfolgt durch eine zentrale Stelle bei der Deutschen Rentenversicherung Bund; das Nähere, insbesondere die Höhe der Verwaltungskostenerstattung, wird durch Verwaltungsvereinbarung zwischen dem Bundesministerium für Gesundheit und der Deutschen Rentenversicherung Bund geregelt. [2]Die Zulage wird bei Vorliegen der Voraussetzungen an das Versicherungsunternehmen gezahlt, bei dem der Vertrag über die private Pflege-Zusatzversicherung besteht, für den die Zulage beantragt wurde. [3]Wird für eine zulageberechtigte Person die Zulage für mehr als einen privaten Pflege-Zusatzversicherungsvertrag beantragt, so wird die Zulage für den jeweiligen Monat nur für den Vertrag gewährt, für den der Antrag zuerst bei der zentralen Stelle eingegangen ist. [4]Soweit der zuständige Träger der Rentenversicherung keine Versicherungsnummer vergeben hat, vergibt die zentrale Stelle zur Erfüllung der ihr zugewiese-

nen Aufgaben eine Zulagenummer. [5]Im Fall eines Antrags nach Absatz 1 Satz 3 teilt die zentrale Stelle dem Versicherungsunternehmen die Zulagenummer mit; von dort wird sie an den Antragsteller weitergeleitet. [6]Die zentrale Stelle stellt aufgrund der ihr vorliegenden Informationen fest, ob ein Anspruch auf Zulage besteht, und veranlasst die Auszahlung an das Versicherungsunternehmen zugunsten der zulageberechtigten Person. [7]Ein gesonderter Zulagebescheid ergeht vorbehaltlich des Satzes 9 nicht. [8]Das Versicherungsunternehmen hat die erhaltenen Zulagen unverzüglich dem begünstigten Vertrag gutzuschreiben. [9]Eine Festsetzung der Zulage erfolgt nur auf besonderen Antrag der zulageberechtigten Person. [10]Der Antrag ist schriftlich innerhalb eines Jahres nach Übersendung der Information nach Absatz 3 durch das Versicherungsunternehmen vom Antragsteller an das Versicherungsunternehmen zu richten. [11]Das Versicherungsunternehmen leitet den Antrag der zentralen Stelle zur Festsetzung zu. [12]Es hat dem Antrag eine Stellungnahme und die zur Festsetzung erforderlichen Unterlagen beizufügen. [13]Die zentrale Stelle teilt die Festsetzung auch dem Versicherungsunternehmen mit. [14]Erkennt die zentrale Stelle nachträglich, dass der Zulageanspruch nicht bestanden hat oder weggefallen ist, so hat sie zu Unrecht gutgeschriebene oder ausgezahlte Zulagen zurückzufordern und dies dem Versicherungsunternehmen durch Datensatz mitzuteilen.

(3) [1]Kommt die zentrale Stelle zu dem Ergebnis, dass kein Anspruch auf Zulage besteht oder bestanden hat, teilt sie dies dem Versicherungsunternehmen mit. [2]Dieses hat die versicherte Person innerhalb eines Monats nach Eingang des entsprechenden Datensatzes darüber zu informieren.

(4) Das Versicherungsunternehmen haftet im Fall der Auszahlung einer Zulage gegenüber dem Zulageempfänger dafür, dass die in § 127 Absatz 2 genannten Voraussetzungen erfüllt sind.

(5) [1]Die von der zentralen Stelle veranlassten Auszahlungen von Pflegevorsorgezulagen sowie die entstehenden Verwaltungskosten werden vom Bundesministerium für Gesundheit getragen. [2]Zu den Verwaltungskosten gehören auch die entsprechenden Kosten für den Aufbau der technischen und organisatorischen Infrastruktur. [3]Die gesamten Verwaltungskosten werden nach Ablauf eines jeden Beitragsjahres erstattet; dabei sind die Personal- und Sachkostensätze des Bundes entsprechend anzuwenden. [4]Ab dem Jahr 2014 werden monatliche Abschläge gezahlt. [5]Soweit das Bundesversicherungsamt die Aufsicht über die zentrale Stelle ausübt, untersteht es

abweichend von § 94 Absatz 2 Satz 2 des Vierten Buches dem Bundesministerium für Gesundheit.

§ 129 Wartezeit bei förderfähigen Pflege-Zusatzversicherungen

Soweit im Vertrag über eine gemäß § 127 Absatz 2 förderfähige private Pflege-Zusatzversicherung eine Wartezeit vereinbart wird, darf diese abweichend von § 197 Absatz 1 des Versicherungsvertragsgesetzes fünf Jahre nicht überschreiten.

§ 130 Verordnungsermächtigung

Das Bundesministerium für Gesundheit wird ermächtigt, im Einvernehmen mit dem Bundesministerium der Finanzen und dem Bundesministerium für Arbeit und Soziales durch Rechtsverordnung ohne Zustimmung des Bundesrates Vorschriften zu erlassen, die Näheres regeln über

1. die zentrale Stelle gemäß § 128 Absatz 2 und ihre Aufgaben,
2. das Verfahren für die Ermittlung, Festsetzung, Auszahlung, Rückzahlung und Rückforderung der Zulage,
3. den Datenaustausch zwischen Versicherungsunternehmen und zentraler Stelle nach § 128 Absatz 1 und 2,
4. die Begrenzung der Höhe der bei förderfähigen Pflege-Zusatzversicherungen in Ansatz gebrachten Verwaltungs- und Abschlusskosten.

Fünfzehntes Kapitel. Bildung eines Pflegevorsorgefonds

§ 131 Pflegevorsorgefonds

In der sozialen Pflegeversicherung wird ein Sondervermögen unter dem Namen „Vorsorgefonds der sozialen Pflegeversicherung“ errichtet.

§ 132 Zweck des Vorsorgefonds

[1]Das Sondervermögen dient der langfristigen Stabilisierung der Beitragsentwicklung in der sozialen Pflegeversicherung. [2]Es darf nach Maßgabe des § 136 nur zur Finanzierung der Leistungsaufwendungen der sozialen Pflegeversicherung verwendet werden.

§ 133 Rechtsform und Vertretung in gerichtlichen Verfahren

[1]Das Sondervermögen ist nicht rechtsfähig. [2]Es kann unter seinem Namen im rechtsgeschäftlichen Verkehr handeln, klagen und verklagt werden. [3]Die Vertretung des Sondervermögens in gerichtlichen Verfahren erfolgt ab dem 1. Januar 2020 durch das Bundesversicherungsamt. [4]Die Entscheidung über die Einleitung eines gerichtlichen Verfahrens trifft das Bundesversicherungsamt im Einvernehmen mit dem in dem in § 134 Absatz 2 Satz 3 genannten Anlageausschuss vertretenen Bundesministerium für Gesundheit. [5]Dem Bundesversicherungsamt bezüglich der Vertretung des Sondervermögens in gerichtlichen Verfahren entstehende Kosten werden aus Mitteln des Pflegevorsorgefonds getragen. [6]Der allgemeine Gerichtsstand des Sondervermögens ist Bonn. [7]Die Vertretung des Sondervermögens in gerichtlichen Verfahren einschließlich der Entscheidung über die Einleitung gerichtlicher Verfahren erfolgt bis zum Ablauf des 31. Dezember 2019 durch das Bundesministerium für Gesundheit. [8]Für bis zum Ablauf des 31. Dezember 2019 anhängig gewordene gerichtliche Verfahren verbleibt die Vertretung bis zum Abschluss der Verfahren beim Bundesministerium für Gesundheit.

§ 134 Verwaltung und Anlage der Mittel

(1) [1]Die Verwaltung und die Anlage der Mittel des Sondervermögens werden der Deutschen Bundesbank übertragen.[2]Für die Verwaltung des Sondervermögens und seiner Mittel werden der Bundesbank entsprechend § 20 Satz 2 des Gesetzes über die Deutsche Bundesbank keine Kosten erstattet.

(2) [1]Die dem Sondervermögen zufließenden Mittel einschließlich der Erträge sind unter sinngemäßer Anwendung der Anlagerichtlinien für die Sondervermögen „Versorgungsrücklage des Bundes", „Versorgungsfonds des Bundes", Versorgungsfonds der Bundesagentur für Arbeit" und Vorsorgefonds der sozialen Pflegeversicherung" (Anlagerichtlinien Sondervermögen) zu marktüblichen Bedingungen anzulegen. [2]Dabei ist der in Aktien

oder Aktienfonds angelegte Anteil des Sondervermögens ab dem Jahr 2035 über einen Zeitraum von höchstens zehn Jahren abzubauen. [3]Das Bundesministerium für Gesundheit ist im Anlageausschuss nach § 5 der Anlagerichtlinien für die Sondervermögen „Versorgungsrücklage des Bundes", „Versorgungsfonds des Bundes", „Versorgungsfonds der Bundesagentur für Arbeit" und „Vorsorgefonds der sozialen Pflegeversicherung" (Anlagerichtlinien Sondervermögen) vertreten.

§ 135 Zuführung der Mittel

(1) [1]Das Bundesversicherungsamt führt dem Sondervermögen monatlich zum 20. des Monats zu Lasten des Ausgleichsfonds einen Betrag zu, der einem Zwölftel von 0,1 Prozent der beitragspflichtigen Einnahmen der sozialen Pflegeversicherung des Vorjahres entspricht. [2]Für die Berechnung des Abführungsbetrags wird der Beitragssatz gemäß § 55 Absatz 1 zugrunde gelegt.

(2) Die Zuführung nach Absatz 1 erfolgt erstmals zum 20. Februar 2015 und endet mit der Zahlung für Dezember 2033.

§ 136 Verwendung des Sondervermögens

[1]Ab dem Jahr 2035 kann das Sondervermögen zur Sicherung der Beitragssatzstabilität der sozialen Pflegeversicherung verwendet werden, wenn ohne eine Zuführung von Mitteln an den Ausgleichsfonds eine Beitragssatzanhebung erforderlich würde, die nicht auf über eine allgemeine Dynamisierung der Leistungen hinausgehenden Leistungsverbesserungen beruht. [2]Die Obergrenze der jährlich auf Anforderung des Bundesversicherungsamtes an den Ausgleichsfonds abführbaren Mittel ist der 20. Teil des Realwertes des zum 31. Dezember 2034 vorhandenen Mittelbestandes des Sondervermögens. [3]Erfolgt in einem Jahr kein Abruf, so können die für dieses Jahr vorgesehenen Mittel in den Folgejahren mit abgerufen werden, wenn ohne eine entsprechende Zuführung von Mitteln an den Ausgleichsfonds eine Beitragssatzanhebung erforderlich würde, die nicht auf über eine allgemeine Dynamisierung der Leistungen hinausgehenden Leistungsverbesserungen beruht.

§ 137 Vermögenstrennung

Das Vermögen ist von dem übrigen Vermögen der sozialen Pflegeversicherung sowie von seinen Rechten und Verbindlichkeiten getrennt zu halten.

§ 138 Jahresrechnung

[1]Die Deutsche Bundesbank legt dem Bundesministerium für Gesundheit jährlich einen Bericht über die Verwaltung der Mittel des Sondervermögens vor. [2]Darin sind der Bestand des Sondervermögens einschließlich der Forderungen und Verbindlichkeiten sowie die Einnahmen und Ausgaben auszuweisen.

§ 139 Auflösung

Das Sondervermögen gilt nach Auszahlung seines Vermögens als aufgelöst.

Sechzehntes Kapitel.
Überleitungs- und Übergangsrecht
Erster Abschnitt.
Regelungen zur Rechtsanwendung im Übergangszeitraum, zur Überleitung in die Pflegegrade, zum Besitzstandsschutz für Leistungen der Pflegeversicherung sowie Übergangsregelungen im Begutachtungsverfahren im Rahmen der Einführung des neuen Pflegebedürftigkeitsbegriffs

§ 140 Anzuwendendes Recht und Überleitung in die Pflegegrade

(1) [1]Die Feststellung des Vorliegens von Pflegebedürftigkeit oder einer erheblich eingeschränkten Alltagskompetenz nach § 45a in der am 31. Dezember 2016 geltenden Fassung erfolgt jeweils auf der Grundlage des zum Zeitpunkt der Antragstellung geltenden Rechts. [2]Der Erwerb einer Anspruchsberechtigung auf Leistungen der Pflegeversicherung richtet sich ebenfalls nach dem zum Zeitpunkt der Antragstellung geltenden Recht.

(2) [1]Versicherte der sozialen Pflegeversicherung und der privaten Pflege-Pflichtversicherung,

1. bei denen das Vorliegen einer Pflegestufe im Sinne der §§ 14 und 15 in der am 31. Dezember 2016 geltenden Fassung oder einer erheblich eingeschränkten Alltagskompetenz nach § 45a in der am 31. Dezember 2016 geltenden Fassung festgestellt worden ist und
2. bei denen spätestens am 31. Dezember 2016 alle Voraussetzungen für einen Anspruch auf eine regelmäßig wiederkehrende Leistung der Pflegeversicherung vorliegen,

werden mit Wirkung ab dem 1. Januar 2017 ohne erneute Antragstellung und ohne erneute Begutachtung nach Maßgabe von Satz 3 einem Pflegegrad zugeordnet. [2]Die Zuordnung ist dem Versicherten schriftlich mitzuteilen. Für die Zuordnung gelten die folgenden Kriterien:

1. Versicherte, bei denen eine Pflegestufe nach den §§ 14 und 15 in der am 31. Dezember 2016 geltenden Fassung, aber nicht zusätzlich eine erheblich eingeschränkte Alltagskompetenz nach § 45a in der am 31. Dezember 2016 geltenden Fassung festgestellt wurde, werden übergeleitet
   a) von Pflegestufe I in den Pflegegrad 2,
   b) von Pflegestufe II in den Pflegegrad 3,
   c) von Pflegestufe III in den Pflegegrad 4 oder
   d) von Pflegestufe III in den Pflegegrad 5, soweit die Voraussetzungen für Leistungen nach § 36 Absatz 4 oder § 43 Absatz 3 in der am 31. Dezember 2016 geltenden Fassung festgestellt wurden;
2. Versicherte, bei denen eine erheblich eingeschränkte Alltagskompetenz nach § 45a in der am 31. Dezember 2016 geltenden Fassung festgestellt wurde, werden übergeleitet
   a) bei nicht gleichzeitigem Vorliegen einer Pflegestufe nach den §§ 14 und 15 in der am 31. Dezember 2016 geltenden Fassung in den Pflegegrad 2,
   b) bei gleichzeitigem Vorliegen der Pflegestufe I nach den §§ 14 und 15 in der am 31. Dezember 2016 geltenden Fassung in den Pflegegrad 3,
   c) bei gleichzeitigem Vorliegen der Pflegestufe II nach den §§ 14 und 15 in der am 31. Dezember 2016 geltenden Fassung in den Pflegegrad 4,

d) bei gleichzeitigem Vorliegen der Pflegestufe III nach den §§ 14 und 15 in der am 31. Dezember 2016 geltenden Fassung, auch soweit zusätzlich die Voraussetzungen für Leistungen nach § 36 Absatz 4 oder § 43 Absatz 3 in der am 31. Dezember 2016 geltenden Fassung festgestellt wurden, in den Pflegegrad 5.

(3) [1]Die Zuordnung zu dem Pflegegrad, in den der Versicherte gemäß Absatz 2 übergeleitet worden ist, bleibt auch bei einer Begutachtung nach dem ab dem 1. Januar 2017 geltenden Recht erhalten, es sei denn, die Begutachtung führt zu einer Anhebung des Pflegegrades oder zu der Feststellung, dass keine Pflegebedürftigkeit im Sinne der §§ 14 und 15 in der ab dem 1. Januar 2017 geltenden Fassung mehr vorliegt. [2]Satz 1 gilt auch bei einem Erlöschen der Mitgliedschaft im Sinne von § 35 ab dem 1. Januar 2017, wenn die neue Mitgliedschaft unmittelbar im Anschluss begründet wird. [3]Die Pflegekasse, bei der die Mitgliedschaft beendet wird, ist verpflichtet, der Pflegekasse, bei der die neue Mitgliedschaft begründet wird, die bisherige Einstufung des Versicherten rechtzeitig schriftlich mitzuteilen. [4]Entsprechendes gilt bei einem Wechsel zwischen privaten Krankenversicherungsunternehmen und einem Wechsel von sozialer zu privater sowie von privater zu sozialer Pflegeversicherung.

(4) [1]Stellt ein Versicherter, bei dem das Vorliegen einer Pflegebedürftigkeit oder einer erheblich eingeschränkten Alltagskompetenz nach § 45a in der am 31. Dezember 2016 geltenden Fassung festgestellt wurde, ab dem 1. Januar 2017 einen erneuten Antrag auf Feststellung von Pflegebedürftigkeit und lagen die tatsächlichen Voraussetzungen für einen höheren als durch die Überleitung erreichten Pflegegrad bereits vor dem 1. Januar 2017 vor, richten sich die ab dem Zeitpunkt der Änderung der tatsächlichen Verhältnisse zu erbringenden Leistungen im Zeitraum vom 1. November 2016 bis 31. Dezember 2016 nach dem ab 1. Januar 2017 geltenden Recht. [2]Entsprechendes gilt für Versicherte bei einem privaten Pflegeversicherungsunternehmen.

§ 141 Besitzstandsschutz und Übergangsrecht zur sozialen Sicherung von Pflegepersonen

(1) [1]Versicherte der sozialen Pflegeversicherung und der privaten Pflege-Pflichtversicherung sowie Pflegepersonen, die am 31. Dezember 2016 Anspruch auf Leistungen der Pflegeversicherung haben, erhalten Besitzstands-

schutz auf die ihnen unmittelbar vor dem 1. Januar 2017 zustehenden, regelmäßig wiederkehrenden Leistungen nach den §§ 36, 37, 38, 38a, 40 Absatz 2, den §§ 41, 44a, 45b, 123 und 124 in der am 31. Dezember 2016 geltenden Fassung. [2]Hinsichtlich eines Anspruchs auf den erhöhten Betrag nach § 45b in der am 31. Dezember 2016 geltenden Fassung richtet sich die Gewährung von Besitzstandsschutz abweichend von Satz 1 nach Absatz 2. [3]Für Versicherte, die am 31. Dezember 2016 Leistungen nach § 43 bezogen haben, richtet sich der Besitzstandsschutz nach Absatz 3. [4]Kurzfristige Unterbrechungen im Leistungsbezug lassen den Besitzstandsschutz jeweils unberührt.

(2) [1]Versicherte,

1. die am 31. Dezember 2016 einen Anspruch auf den erhöhten Betrag nach § 45b Absatz 1 in der am 31. Dezember 2016 geltenden Fassung haben und
2. deren Höchstleistungsansprüche, die ihnen nach den §§ 36, 37 und 41 unter Berücksichtigung des § 140 Absatz 2 und 3 ab dem 1. Januar 2017 zustehen, nicht um jeweils mindestens 83 Euro monatlich höher sind als die entsprechenden Höchstleistungsansprüche, die ihnen nach den §§ 36, 37 und 41 unter Berücksichtigung des § 123 in der am 31. Dezember 2016 geltenden Fassung am 31. Dezember 2016 zustanden,

haben ab dem 1. Januar 2017 Anspruch auf einen Zuschlag auf den Entlastungsbetrag nach § 45b in der ab dem 1. Januar 2017 jeweils geltenden Fassung. [2]Die Höhe des monatlichen Zuschlags ergibt sich aus der Differenz zwischen 208 Euro und dem Leistungsbetrag, der in § 45b Absatz 1 Satz 1 in der ab dem 1. Januar 2017 jeweils geltenden Fassung festgelegt ist. [3]Das Bestehen eines Anspruchs auf diesen Zuschlag ist den Versicherten schriftlich mitzuteilen und zu erläutern. [4]Für den Zuschlag auf den Entlastungsbetrag gilt § 45b Absatz 3 entsprechend. [5]Bei Versicherten, die keinen Anspruch auf einen Zuschlag haben und deren Ansprüche nach § 45b zum 1. Januar 2017 von 208 Euro auf 125 Euro monatlich abgesenkt werden, sind zur Sicherstellung des Besitzstandsschutzes monatlich Leistungen der Pflegeversicherung in Höhe von bis zu 83 Euro nicht auf Fürsorgeleistungen zur Pflege anzurechnen.

(3) [1]Ist bei Pflegebedürftigen der Pflegegrade 2 bis 5 in der vollstationären Pflege der einrichtungseinheitliche Eigenanteil nach § 92e oder nach

§ 84 Absatz 2 Satz 3 im ersten Monat nach der Einführung des neuen Pflegebedürftigkeitsbegriffs höher als der jeweilige individuelle Eigenanteil im Vormonat, so ist zum Leistungsbetrag nach § 43 von Amts wegen ein monatlicher Zuschlag in Höhe der Differenz von der Pflegekasse an die Pflegeeinrichtung zu zahlen. [2]In der Vergleichsberechnung nach Satz 1 sind für beide Monate jeweils die vollen Pflegesätze und Leistungsbeträge zugrunde zu legen. [3]Die Sätze 1 und 2 gelten entsprechend, wenn der Leistungsbetrag nach § 43 Absatz 2 Satz 2 die in § 43 Absatz 2 Satz 1 genannten Aufwendungen übersteigt und zur Finanzierung von Aufwendungen für Unterkunft und Verpflegung eingesetzt worden ist. [4]Verringert sich die Differenz zwischen Pflegesatz und Leistungsbetrag in der Folgezeit, ist der Zuschlag entsprechend zu kürzen. [5]Die Pflegekassen teilen die Höhe des monatlichen Zuschlages nach Satz 1 sowie jede Änderung der Zuschlagshöhe den Pflegebedürftigen schriftlich mit. [6]Die Sätze 1 bis 5 gelten entsprechend für Versicherte der privaten Pflege-Pflichtversicherung.

(3a) [1]Für Pflegebedürftige, die am 31. Dezember 2016 Leistungen der Kurzzeitpflege nach § 42 Absatz 1 und 2 in Anspruch nehmen, gilt der am 31. Dezember 2016 gezahlte Pflegesatz für die Dauer der Kurzzeitpflege fort. [2]Nehmen Pflegebedürftige am 31. Dezember 2016 Leistungen der Kurzzeitpflege nach § 42 und nach dem Ende der Kurzzeitpflege ohne Unterbrechung des Heimaufenthalts auch Sachleistungen der vollstationären Pflege nach § 43 in derselben Einrichtung in Anspruch, so ermittelt sich der von der Pflegekasse an die Pflegeeinrichtung nach Absatz 3 Satz 1 von Amts wegen ab dem Zeitpunkt der Inanspruchnahme von vollstationärer Pflege nach § 43 zu zahlende monatliche Zuschlag aus der Differenz zwischen dem einrichtungseinheitlichen Eigenanteil nach § 92e oder nach § 84 Absatz 2 Satz 3 und dem individuellen Eigenanteil, den die Pflegebedürftigen im Monat Dezember 2016 in der Einrichtung zu tragen gehabt hätten. Absatz 3 Satz 4 bis 6 gilt entsprechend.

(3b) [1]Wechseln Pflegebedürftige im Sinne der Absätze 3 und 3a zwischen dem 1. Januar 2017 und dem 31. Dezember 2021 die vollstationäre Pflegeeinrichtung, so ermittelt sich der von der Pflegekasse an die neue Pflegeeinrichtung nach Absatz 3 Satz 1 von Amts wegen ab dem Zeitpunkt des Wechsels zu zahlende monatliche Zuschlag aus der Differenz zwischen dem einrichtungseinheitlichen Eigenanteil nach § 92e oder nach § 84 Absatz 2 Satz 3, den die Pflegebedürftigen im Monat Januar 2017 in der neuen Einrichtung zu tragen haben oder zu tragen gehabt hätten, und dem individuellen Eigenanteil, den die Pflegebedürftigen im Monat Dezember 2016 in der neuen Einrichtung zu tragen gehabt hätten. [2]Bei einem Wechsel in eine neu zugelassene vollstationäre Pflegeeinrichtung, die erstmalig ab 1. Januar 2017 oder später eine Pflegesatzvereinbarung abgeschlossen hat, behalten Pflegebedürftige mit ihrem Wechsel ihren nach Absatz 3 ermittelten monatlichen Zuschlagsbetrag. Absatz 3 Satz 2 bis 6 gilt entsprechend.

(3c) [1]Erhöht sich der einrichtungseinheitliche Eigenanteil nach § 92e oder nach § 84 Absatz 2 Satz 3 für Pflegebedürftige im Sinne der Absätze 3, 3a und 3b im Zeitraum vom 1. Februar 2017 bis 31. Dezember 2017, findet Absatz 3 entsprechende Anwendung, sofern sich die Erhöhung aus der erstmaligen Vereinbarung der neuen Pflegesätze im Rahmen der Überleitung, Einführung und Umsetzung des neuen Pflegebedürftigkeitsbegriffs ergibt. [2]Dies gilt auch für Pflegebedürftige, die im Dezember 2016 in einer vollstationären Pflegeeinrichtung versorgt wurden, und die durch die Erhöhung erstmals einen höheren einrichtungseinheitlichen Eigenanteil zu tragen hätten im Vergleich zum jeweiligen individuellen Eigenanteil im Dezember 2016. [3]Der Vergleichsberechnung ist neben dem Monat Dezember 2016 der Monat im Zeitraum vom 1. Februar 2017 bis 31. Dezember 2017 zugrunde zu legen, in dem der einrichtungseinheitliche Eigenanteil erstmalig höher als der jeweilige individuelle Eigenanteil im Monat Dezember 2016 ist oder in den Fällen des Absatzes 3a gewesen wäre.

(4) [1]Für Personen, die am 31. Dezember 2016 wegen nicht erwerbsmäßiger Pflege rentenversicherungspflichtig waren und Anspruch auf die Zahlung von Beiträgen zur gesetzlichen Rentenversicherung nach § 44 in der am 31. Dezember 2016 geltenden Fassung hatten, besteht die Versicherungspflicht für die Dauer dieser Pflegetätigkeit fort. [2]Die beitragspflichtigen Einnahmen ab dem 1. Januar 2017 bestimmen sich in den Fällen des Satzes 1 nach Maßgabe des § 166 Absatz 2 und 3 des Sechsten Buches in der am 31. Dezember 2016 geltenden Fassung, wenn sie höher sind als die beitragspflichtigen Einnahmen, die sich aus dem ab dem 1. Januar 2017 geltenden Recht ergeben.

(4a) [1]In den Fällen des § 140 Absatz 4 richten sich die Versicherungspflicht als Pflegeperson in der Rentenversicherung und die Bestimmung der beitragspflichtigen Einnahmen für Zeiten vor dem 1. Januar 2017 nach den §§ 3 und 166 des Sechsten Buches in der bis zum 31. Dezember 2016 geltenden Fassung. [2]Die dabei anzusetzende Pflegestufe erhöht sich entsprechend dem Anstieg des Pflegegrades gegenüber dem durch die Überleitung erreichten Pflegegrad.

(5) [1]Absatz 4 ist ab dem Zeitpunkt nicht mehr anwendbar, zu dem nach dem ab dem 1. Januar 2017 geltenden Recht festgestellt wird, dass

1. bei der versorgten Person keine Pflegebedürftigkeit im Sinne der §§ 14 und 15 in der ab dem 1. Januar 2017 geltenden Fassung vorliegt oder
2. die pflegende Person keine Pflegeperson im Sinne des § 19 in der ab dem 1. Januar 2017 geltenden Fassung ist.

[2]Absatz 4 ist auch nicht mehr anwendbar, wenn sich nach dem 31. Dezember 2016 eine Änderung in den Pflegeverhältnissen ergibt, die zu einer Änderung der beitragspflichtigen Einnahmen nach § 166 Absatz 2 des Sechsten Buches in der ab dem 1. Januar 2017 geltenden Fassung führt oder ein Ausschlussgrund nach § 3 Satz 2 oder 3 des Sechsten Buches eintritt.

(6) Für Pflegepersonen im Sinne des § 44 Absatz 2 gelten die Absätze 4, 4a und 5 entsprechend.

(7) [1]Für Personen, die am 31. Dezember 2016 wegen nicht erwerbsmäßiger Pflege in der gesetzlichen Unfallversicherung versicherungspflichtig waren, besteht die Versicherungspflicht für die Dauer dieser Pflegetätigkeit fort. [2]Satz 1 gilt, soweit und solange sich aus dem ab dem 1. Januar 2017 geltenden Recht keine günstigeren Ansprüche ergeben. [3]Satz 1 ist ab dem Zeitpunkt nicht mehr anwendbar, zu dem nach dem ab dem 1. Januar 2017 geltenden Recht festgestellt wird, dass bei der versorgten Person keine Pflegebedürftigkeit im Sinne der §§ 14 und 15 in der ab dem 1. Januar 2017 geltenden Fassung vorliegt.

(8) [1]Pflegebedürftige, die am 31. Dezember 2016 von zugelassenen Pflegeeinrichtungen ohne Vergütungsvereinbarung versorgt werden, haben ab dem 1. Januar 2017 Anspruch auf Erstattung der Kosten für die pflegebedingten Aufwendungen gemäß § 91 Absatz 2 in Höhe des ihnen für den Monat Dezember 2016 zustehenden Leistungsbetrages, wenn dieser höher ist als der ihnen für Januar 2017 zustehende Leistungsbetrag. [2]Dies gilt entsprechend für Versicherte der privaten Pflege-Pflichtversicherung.

§ 142 Übergangsregelungen im Begutachtungsverfahren

(1) [1]Bei Versicherten, die nach § 140 von einer Pflegestufe in einen Pflegegrad übergeleitet wurden, werden bis zum 1. Januar 2019 keine Wiederholungsbegutachtungen nach § 18 Absatz 2 Satz 5 durchgeführt; auch dann nicht, wenn die Wiederholungsbegutachtung vor diesem Zeitpunkt vom Medizinischen Dienst der Krankenversicherung oder anderen unabhängigen Gutachtern empfohlen wurde. [2]Abweichend von Satz 1 können Wiederholungsbegutachtungen durchgeführt werden, wenn eine Verbesserung der gesundheitlich bedingten Beeinträchtigungen der Selbständigkeit oder der Fähigkeiten, insbesondere aufgrund von durchgeführten Operationen oder Rehabilitationsmaßnahmen, zu erwarten ist.

(2) [1]Die Frist nach § 18 Absatz 3 Satz 2 ist vom 1. Januar 2017 bis zum 31. Dezember 2017 unbeachtlich. [2]Abweichend davon ist denjenigen, die ab dem 1. Januar 2017 einen Antrag auf Leistungen der Pflegeversicherung stellen und bei denen ein besonders dringlicher Entscheidungsbedarf vorliegt, spätestens 25 Arbeitstage nach Eingang des Antrags bei der zuständigen Pflegekasse die Entscheidung der Pflegekasse schriftlich mitzuteilen. [3]Der Spitzenverband Bund der Pflegekassen entwickelt bundesweit einheitliche Kriterien für das Vorliegen, die Gewichtung und die Feststellung eines besonders dringlichen Entscheidungsbedarfs. [4]Die Pflegekassen und die privaten Versicherungsunternehmen berichten in der nach § 18 Absatz 3b Satz 4 zu veröffentlichenden Statistik auch über die Anwendung der Kriterien zum Vorliegen und zur Feststellung eines besonders dringlichen Entscheidungsbedarfs.

(3) Abweichend von § 18 Absatz 3a Satz 1 Nummer 2 ist die Pflegekasse vom 1. Januar 2017 bis zum 31. Dezember 2017 nur bei Vorliegen eines besonders dringlichen Entscheidungsbedarfs gemäß Absatz 2 dazu verpflichtet, dem Antragsteller mindestens drei unabhängige Gutachter zur Auswahl zu benennen, wenn innerhalb von 20 Arbeitstagen nach Antragstellung keine Begutachtung erfolgt ist.

§ 143 Sonderanpassungsrecht für die Allgemeinen Versicherungsbedingungen und die technischen Berechnungsgrundlagen privater Pflegeversicherungsverträge

(1) Bei einer Pflegeversicherung, bei der die Prämie nach Art der Lebensversicherung berechnet wird und bei der das ordentliche Kündigungsrecht des

Versicherers gesetzlich oder vertraglich ausgeschlossen ist, kann der Versicherer seine Allgemeinen Versicherungsbedingungen auch für bestehende Versicherungsverhältnisse entsprechend den Vorgaben nach § 140 ändern, soweit der Versicherungsfall durch den Pflegebedürftigkeitsbegriff nach den §§ 14 und 15 bestimmt wird.

(2) Der Versicherer ist zudem berechtigt, auch für bestehende Versicherungsverhältnisse die technischen Berechnungsgrundlagen insoweit zu ändern, als die Leistungen an die Pflegegrade nach § 140 Absatz 2 und die Prämien daran angepasst werden. § 12b Absatz 1 und 1a des Versicherungsaufsichtsgesetzes findet Anwendung.

(3) [1]Dem Versicherungsnehmer sind die geänderten Versicherungsbedingungen nach Absatz 1 und die Neufestsetzung der Prämie nach Absatz 2 unter Kenntlichmachung der Unterschiede sowie unter Hinweis auf die hierfür maßgeblichen Gründe in Textform mitzuteilen. [2]Anpassungen nach den Absätzen 1 und 2 werden zu Beginn des zweiten Monats wirksam, der auf die Benachrichtigung des Versicherungsnehmers folgt.

(4) Gesetzlich oder vertraglich vorgesehene Sonderkündigungsrechte des Versicherungsnehmers bleiben hiervon unberührt.

Zweiter Abschnitt.
Sonstige Überleitungs-, Übergangs- und Besitzstandsschutzregelungen

§ 144 Überleitungs- und Übergangsregelungen, Verordnungsermächtigung

(1) Für Personen, die am 31. Dezember 2014 einen Anspruch auf einen Wohngruppenzuschlag nach § 38a in der am 31. Dezember 2014 geltenden Fassung haben, wird diese Leistung weiter erbracht, wenn sich an den tatsächlichen Verhältnissen nichts geändert hat.

(2) [1]Am 31. Dezember 2016 nach Landesrecht anerkannte niedrigschwellige Betreuungsangebote und niedrigschwellige Entlastungsangebote im Sinne der §§ 45b und 45c in der zu diesem Zeitpunkt geltenden Fassung gelten auch ohne neues Anerkennungsverfahren als nach Landesrecht anerkannte

Angebote zur Unterstützung im Alltag im Sinne des § 45a in der ab dem 1. Januar 2017 geltenden Fassung. [2]Die Landesregierungen werden ermächtigt, durch Rechtsverordnung hiervon abweichende Regelungen zu treffen.

(3) [1]Soweit Versicherte im Zeitraum vom 1. Januar 2015 bis zum 31. Dezember 2016 die Anspruchsvoraussetzungen nach § 45b Absatz 1 oder Absatz 1a in der bis zum 31. Dezember 2016 geltenden Fassung erfüllt haben und ab dem 1. Januar 2017 die Anspruchsvoraussetzungen nach § 45b Absatz 1 Satz 1 in der ab dem 1. Januar 2017 geltenden Fassung erfüllen, können sie Leistungsbeträge nach § 45b, die sie in der Zeit vom 1. Januar 2015 bis zum 31. Dezember 2016 nicht zum Bezug von Leistungen nach § 45b Absatz 1 Satz 6 in der bis zum 31. Dezember 2016 geltenden Fassung genutzt haben, bis zum 31. Dezember 2018 zum Bezug von Leistungen nach § 45b Absatz 1 Satz 3 in der ab dem 1. Januar 2017 geltenden Fassung einsetzen. [2]Die in Satz 1 genannten Mittel können ebenfalls zur nachträglichen Kostenerstattung für Leistungen nach § 45b Absatz 1 Satz 6 in der bis zum 31. Dezember 2016 geltenden Fassung genutzt werden, die von den Anspruchsberechtigten in der Zeit vom 1. Januar 2015 bis zum 31. Dezember 2016 bezogen worden sind. [3]Die Kostenerstattung nach Satz 2 ist bis zum Ablauf des 31. Dezember 2018 zu beantragen. [4]Dem Antrag sind entsprechende Belege über entstandene Eigenbelastungen im Zusammenhang mit der Inanspruchnahme der bezogenen Leistungen beizufügen.

(4) Die im Jahr 2015 gemäß § 45c zur Verfügung gestellten Fördermittel, die nach § 45c Absatz 5 Satz 2 in der bis zum 31. Dezember 2016 geltenden Fassung auf das Folgejahr 2016 übertragen und bis zum Ende des Jahres 2016 in den Ländern nicht in Anspruch genommen worden sind, können im Jahr 2017 gemäß § 45c Absatz 6 Satz 3 bis 9 in der ab dem 1. Januar 2017 geltenden Fassung von den Ländern beantragt werden, die im Jahr 2015 mindestens 80 Prozent der auf sie gemäß § 45c Absatz 5 Satz 1 in der bis zum 31. Dezember 2016 geltenden Fassung nach dem Königsteiner Schlüssel entfallenden Mittel ausgeschöpft haben.

(5) [1]In Fällen, in denen am 31. Dezember 2016 der Bezug von Leistungen der Pflegeversicherung mit Leistungen der Eingliederungshilfe für Menschen mit Behinderungen nach dem Zwölften Buch, dem Bundesversorgungsgesetz oder dem Achten Buch bereits zusammentrifft, muss eine Vereinbarung nach § 13 Absatz 4 in der ab dem 1. Januar 2017 geltenden Fassung nur dann abgeschlossen werden, wenn einer der beteiligten Träger

oder der Leistungsbezieher dies verlangt. [2]Trifft der Bezug von Leistungen der Pflegeversicherung außerdem mit Leistungen der Hilfe zur Pflege nach dem Zwölften Buch oder dem Bundesversorgungsgesetz zusammen, gilt Satz 1 entsprechend.

§ 145 Besitzstandsschutz für pflegebedürftige Menschen mit Behinderungen in häuslicher Pflege

Für pflegebedürftige Menschen mit Behinderungen, die am 1. Januar 2017 Anspruch auf Leistungen der Pflegeversicherung bei häuslicher Pflege haben und in einer Wohnform leben, auf die § 43a in der am 1. Januar 2017 geltenden Fassung keine Anwendung findet, findet § 43a auch in der ab dem 1. Januar 2020 geltenden Fassung keine Anwendung. Wechseln diese pflegebedürftigen Menschen mit Behinderungen nach dem 1. Januar 2017 die Wohnform, findet Satz 1 keine Anwendung, solange sie in einer Wohnform leben, auf die § 43a in der am 1. Januar 2017 geltenden Fassung Anwendung gefunden hätte, wenn sie am 1. Januar 2017 in einer solchen Wohnform gelebt hätten.

§ 146 Übergangs- und Überleitungsregelung zur Beratung nach § 37 Absatz 3

(1) Für die jeweilige beratende Stelle gelten die Vergütungssätze nach § 37 Absatz 3 Satz 5 und 6 in der am 31. Dezember 2018 geltenden Fassung so lange, bis die Vergütung für Beratungseinsätze erstmals für die jeweilige beratende Stelle vereinbart oder durch die Landesverbände der Pflegekassen festgelegt wird.

(2) Zugelassene stationäre Pflegeeinrichtungen im Sinne des § 71 Absatz 2, die Beratungseinsätze nach § 37 Absatz 3 in der bis zum 31. Dezember 2018 geltenden Fassung durchgeführt haben, gelten ab dem 1. Januar 2019 als nach § 37 Absatz 7 anerkannte Beratungsstellen.

Anlage 1 (zu § 15)

Einzelpunkte der Module 1 bis 6; Bildung der Summe der Einzelpunkte in jedem Modul

Modul 1: Einzelpunkte im Bereich der Mobilität

Das Modul umfasst fünf Kriterien, deren Ausprägungen in den folgenden Kategorien mit den nachstehenden Einzelpunkten gewertet werden:

Ziffer	Kriterien	selbständig	überwiegend selbständig	überwiegend unselbständig	unselbständig
1.1	Positionswechsel im Bett	0	1	2	3
1.2	Halten einer stabilen Sitzposition	0	1	2	3
1.3	Umsetzen	0	1	2	3
1.4	Fortbewegen innerhalb des Wohnbereichs	0	1	2	3
1.5	Treppensteigen	0	1	2	3

Modul 2: Einzelpunkte im Bereich der kognitiven und kommunikativen Fähigkeiten

Das Modul umfasst elf Kriterien, deren Ausprägungen in den folgenden Kategorien mit den nachstehenden Einzelpunkten gewertet werden:

Ziffer	Kriterien	Fähigkeit vorhanden/ unbeeinträchtigt	Fähigkeit größtenteils vorhanden	Fähigkeit in geringem Maße vorhanden	Fähigkeit nicht vorhanden
2.1	Erkennen von Personen aus dem näheren Umfeld	0	1	2	3
2.2	Örtliche Orientierung	0	1	2	3
2.3	Zeitliche Orientierung	0	1	2	3
2.4	Erinnern an wesentliche Ereignisse oder Beobachtungen	0	1	2	3
2.5	Steuern von mehrschrittigen Alltagshandlungen	0	1	2	3
2.6	Treffen von Entscheidungen im Alltag	0	1	2	3
2.7	Verstehen von Sachverhalten und Informationen	0	1	2	3
2.8	Erkennen von Risiken und Gefahren	0	1	2	3

2.9	Mitteilen von elementaren Bedürfnissen	0	1	2	3
2.10	Verstehen von Aufforderungen	0	1	2	3
2.11	Beteiligen an einem Gespräch	0	1	2	3

Modul 3: Einzelpunkte im Bereich der Verhaltensweisen und psychische Problemlagen

Das Modul umfasst dreizehn Kriterien, deren Häufigkeit des Auftretens in den folgenden Kategorien mit den nachstehenden Einzelpunkten gewertet wird:

Ziffer	**Kriterien**	**nie oder sehr sel-ten**	**selten (ein- bis dreimal innerhalb von zwei Wochen)**	**häufig (zweimal bis mehr-mals wö-chentlich, aber nicht täglich)**	**täg-lich**
3.1	Motorisch geprägte Verhaltensauffällig-keiten	0	1	3	5
3.2	Nächtliche Unruhe	0	1	3	5
3.3	Selbstschädigendes und autoaggressives Verhalten	0	1	3	5
3.4	Beschädigen von Ge-genständen	0	1	3	5

3.5	Physisch aggressives Verhalten gegenüber anderen Personen	0	1	3	5
3.6	Verbale Aggression	0	1	3	5
3.7	Andere pflegerelevante vokale Auffälligkeiten	0	1	3	5
3.8	Abwehr pflegerischer und anderer unterstützender Maßnahmen	0	1	3	5
3.9	Wahnvorstellungen	0	1	3	5
3.10	Ängste	0	1	3	5
3.11	Antriebslosigkeit bei depressiver Stimmungslage	0	1	3	5
3.12	Sozial inadäquate Verhaltensweisen	0	1	3	5
3.13	Sonstige pflegerelevante inadäquate Handlungen	0	1	3	5

Modul 4: Einzelpunkte im Bereich der Selbstversorgung

Das Modul umfasst dreizehn Kriterien:

Einzelpunkte für die Kriterien der Ziffern 4.1 bis 4.12

Die Ausprägungen der Kriterien 4.1 bis 4.12 werden in den folgenden Kategorien mit den nachstehenden Punkten gewertet:

Ziffer	**Kriterien**	**selbständig**	**überwiegend selbständig**	**überwiegend unselbständig**	**unselbständig**
4.1	Waschen des vorderen Oberkörpers	0	1	2	3
4.2	Körperpflege im Bereich des Kopfes (Kämmen, Zahnpflege/ Prothesenreinigung, Rasieren)	0	1	2	3
4.3	Waschen des Intimbereichs	0	1	2	3
4.4	Duschen und Baden einschließlich Waschen der Haare	0	1	2	3
4.5	An- und Auskleiden des Oberkörpers	0	1	2	3
4.6	An- und Auskleiden des Unterkörpers	0	1	2	3

4.7	Mundgerechtes Zubereiten der Nahrung und Eingießen von Getränken	0	1	2	3
4.8	Essen	0	3	6	9
4.9	Trinken	0	2	4	6
4.10	Benutzen einer Toilette oder eines Toilettenstuhls	0	2	4	6
4.11	Bewältigen der Folgen einer Harninkon-tinenz und Umgang mit Dauerkatheter und Urostoma	0	1	2	3
4.12	Bewältigen der Folgen einer Stuhlinkon-tinenz und Umgang mit Stoma	0	1	2	3

Die Ausprägungen des Kriteriums der Ziffer 4.8 sowie die Ausprägung der Kriterien der Ziffern 4.9 und 4.10 werden wegen ihrer besonderen Bedeutung für die pflegerische Versorgung stärker gewichtet.

Die Einzelpunkte für die Kriterien der Ziffern 4.11 und 4.12 gehen in die Berechnung nur ein, wenn bei der Begutachtung beim Versicherten darüber hinaus die Feststellung „überwiegend inkontinent" oder „vollständig inkontinent" getroffen wird oder eine künstliche Ableitung von Stuhl oder Harn erfolgt.

Einzelpunkte für das Kriterium der Ziffer 4.13

Die Ausprägungen des Kriteriums der Ziffer 4.13 werden in den folgenden Kategorien mit den nachstehenden Einzelpunkten gewertet:

Ziffer	**Kriterium**	**entfällt**	**teil-weise**	**voll-ständig**
4.13	Ernährung parental oder über Sonde	0	6	3

Das Kriterium ist mit „entfällt" (0 Punkte) zu bewerten, wenn eine regelmäßige und tägliche parenterale Ernährung oder Sondenernährung auf Dauer, voraussichtlich für mindestens sechs Monate, nicht erforderlich ist. Kann die parenterale Ernährung oder Sondenernährung ohne Hilfe durch andere selbständig durchgeführt werden, werden ebenfalls keine Punkte vergeben.

Das Kriterium ist mit „teilweise" (6 Punkte) zu bewerten, wenn eine parenterale Ernährung oder Sondenernährung zur Vermeidung von Mangelernährung mit Hilfe täglich und zusätzlich zur oralen Aufnahme von Nahrung oder Flüssigkeit erfolgt.

Das Kriterium ist mit „vollständig" (3 Punkte) zu bewerten, wenn die Aufnahme von Nahrung oder Flüssigkeit ausschließlich oder nahezu ausschließlich parenteral oder über eine Sonde erfolgt.

Bei einer vollständigen parenteralen Ernährung oder Sondenernährung werden weniger Punkte vergeben als bei einer teilweisen parenteralen Ernährung oder Sondenernährung, da der oft hohe Aufwand zur Unterstützung bei der oralen Nahrungsaufnahme im Fall ausschließlich parenteraler oder Sondenernährung weitgehend entfällt.

Einzelpunkte für das Kriterium der Ziffer 4.K

Bei Kindern im Alter bis 18 Monate werden die Kriterien der Ziffern 4.1 bis 4.13 durch das Kriterium 4.K ersetzt und wie folgt gewertet:

Ziffer	Kriterium	Einzelpunkte
4.K	Bestehen gravierender Probleme bei der Nahrungsaufnahme bei Kindern bis zu 18 Monaten, die einen außergewöhnlich pflegeintensiven Hilfebedarf auslösen	20

Modul 5: Einzelpunkte im Bereich der Bewältigung von und des selbständigen Umgangs mit krankheits- oder therapiebedingten Anforderungen und Belastungen

Das Modul umfasst sechzehn Kriterien.

<u>Einzelpunkte für die Kriterien der Ziffern 5.1 bis 5.7</u>

Die durchschnittliche Häufigkeit der Maßnahmen pro Tag bei den Kriterien der Ziffern 5.1 bis 5.7 wird in den folgenden Kategorien mit den nachstehenden Einzelpunkten gewertet:

Ziffer	Kriterien in Bezug auf	entfällt oder selbständig	Anzahl pro Maßnahmen		
			pro Tag	pro Woche	pro Monat
5.1	Medikation	0			
5.2	Injektionen (subcutan oder intramuskulär)	0			
5.3	Versorgung intravenöser Zugänge (Port)	0			
5.4	Absaugen und Sauerstoffgabe	0			
5.5	Einreibungen oder Kälte- und Wärmeanwendungen	0			
5.6	Messung und Deutung von Körperzuständen	0			

5.7	Körpernahe Hilfsmittel	0			
Summe der Maßnahmen aus 5.1 bis 5.7		0			
Umrechnung in Maßnahmen pro Tag		0			

Einzelpunkte für die Kriterien der Ziffern 5.1 bis 5.7				
Maßnahme pro Tag	keine oder seltener als einmal täglich	mindestens einmal bis maximal dreimal täglich	mehr als dreimal bis maximal achtmal täglich	mehr als achtmal täglich
Einzelpunkte	0	1	2	3

Für jedes der Kriterien 5.1 bis 5.7 wird zunächst die Anzahl der durchschnittlich durchgeführten Maßnahmen, die täglich und auf Dauer, voraussichtlich für mindestens sechs Monate, vorkommen, in der Spalte pro Tag, die Maßnahmen, die wöchentlich und auf Dauer, voraussichtlich für mindestens sechs Monate, vorkommen, in der Spalte pro Woche und die Maßnahmen, die monatlich und auf Dauer, voraussichtlich für mindestens sechs Monate, vorkommen, in der Spalte pro Monat erfasst. Berücksichtigt werden nur Maßnahmen, die vom Versicherten nicht selbständig durchgeführt werden können.

Die Zahl der durchschnittlich durchgeführten täglichen, wöchentlichen und monatlichen Maßnahmen wird für die Kriterien 5.1 bis 5.7 summiert (erfolgt zum Beispiel täglich dreimal eine Medikamentengabe – Kriterium 5.1 – und einmal Blutzuckermessen – Kriterium 5.6 –, entspricht dies vier Maßnahmen pro Tag). Diese Häufigkeit wird umgerechnet in einen Durchschnittswert pro Tag. Für die Umrechnung der Maßnahmen pro Monat in Maßnahmen pro Tag wird die Summe der Maßnahmen pro Monat durch 30 geteilt. Für die Umrechnung der Maßnahmen pro Woche in Maßnahmen pro Tag wird die Summe der Maßnahmen pro Woche durch 7 geteilt.

Einzelpunkte für die Kriterien der Ziffern 5.8 bis 5.11

Die durchschnittliche Häufigkeit der Maßnahmen pro Tag bei den Kriterien der Ziffern 5.8 bis 5.11 wird in den folgenden Kategorien mit den nachstehenden Einzelpunkten gewertet:

Ziffer	**Kriterien in Bezug auf**	**entfällt oder selbständig**	**Anzahl pro Maßnahmen**		
			pro Tag	**pro Woche**	**pro Monat**
5.8	Verbandswechsel und Wundversorgung	0			
5.9	Versorgung mit Stoma	0			
5.10	Regelmäßige Einmalkatheterisierung und Nutzung von Abführmethoden	0			
5.11	Therapiemaßnahmen in häuslicher Umgebung	0			
Summe der Maßnahmen aus 5.8 bis 5.11		0			
Umrechnung in Maßnahmen pro Tag		0			

Einzelpunkte für die Kriterien der Ziffern 5.8 bis 5.11				
Maßnahme pro Tag	keine oder seltener als einmal wöchentlich	ein- bis mehrmals wöchentlich	ein- bis unter dreimal täglich	mindestens dreimal täglich
Einzelpunkte	0	1	2	3

Für jedes der Kriterien 5.8 bis 5.11 wird zunächst die Anzahl der durchschnittlich durchgeführten Maßnahmen, die täglich und auf Dauer, voraussichtlich für mindestens sechs Monate, vorkommen, in der Spalte pro Tag, die Maßnahmen, die wöchentlich und auf Dauer, voraussichtlich für mindestens sechs Monate, vorkommen, in der Spalte pro Woche und die Maßnahmen, die monatlich und auf Dauer, voraussichtlich für mindestens sechs Monate, vorkommen, in der Spalte pro Monat erfasst. Berücksichtigt werden nur Maßnahmen, die vom Versicherten nicht selbständig durchgeführt werden können.

Die Zahl der durchschnittlich durchgeführten täglichen, wöchentlichen und monatlichen Maßnahmen wird für die Kriterien 5.8 bis 5.11 summiert. Diese Häufigkeit wird umgerechnet in einen Durchschnittswert pro Tag. Für die Umrechnung der Maßnahmen pro Monat in Maßnahmen pro Tag wird die Summe der Maßnahmen pro Monat durch 30 geteilt. Für die Umrechnung der Maßnahmen pro Woche in Maßnahmen pro Tag wird die Summe der Maßnahmen pro Woche durch 7 geteilt.

Einzelpunkte für die Kriterien der Ziffern 5.12 bis 5.K

Die durchschnittliche wöchentliche oder monatliche Häufigkeit von zeit- und technikintensiven Maßnahmen in häuslicher Umgebung, die auf Dauer, voraussichtlich für mindestens sechs Monate, vorkommen, wird in den folgenden Kategorien mit den nachstehenden Einzelpunkten gewertet:

Ziffer	Kriterium in Bezug auf	entfällt oder selbständig	täglich	wöchentliche Häufigkeit multipliziert mit	monatliche Häufigkeit multipliziert mit
5.12	Zeit- und technikintensive Maßnahmen in häuslicher Umgebung	0	60	8,6	2

Für das Kriterium der Ziffer 5.12 wird zunächst die Anzahl der regelmäßig und mit durchschnittlicher Häufigkeit durchgeführten Maßnahmen, die wöchentlich vorkommen, und die Anzahl der regelmäßig und mit durchschnittlicher Häufigkeit durchgeführten Maßnahmen, die monatlich vorkommen, erfasst. Kommen Maßnahmen regelmäßig täglich vor, werden 60 Punkte vergeben.

Jede regelmäßige wöchentliche Maßnahme wird mit 8,6 Punkten gewertet. Jede regelmäßige monatliche Maßnahme wird mit zwei Punkten gewertet.

Die durchschnittliche wöchentliche oder monatliche Häufigkeit der Kriterien der Ziffern 5.13 bis 5.K wird wie folgt erhoben und mit den nachstehenden Punkten gewertet:

Ziffer	Kriterien	entfällt oder selbständig	wöchentliche Häufigkeit multipliziert mit	monatliche Häufigkeit multipliziert mit
5.13	Arztbesuche	0	4,3	1
5.14	Besuch anderer medizinischer oder therapeutischer Einrichtungen (bis zu drei Stunden)	0	4,3	1

5.15	Zeitlich ausgedehnte Besuche anderer medizinischer oder therapeutischer Einrichtungen (länger als drei Stunden)	0	8,6	2
5.K	Besuche von Einrichtungen zur Frühförderung bei Kindern	0	4,3	1

Für jedes der Kriterien der Ziffern 5.13 bis 5.K wird zunächst die Anzahl der regelmäßig und mit durchschnittlicher Häufigkeit durchgeführten Besuche, die wöchentlich und auf Dauer, voraussichtlich für mindestens sechs Monate, vorkommen, und die Anzahl der regelmäßig und mit durchschnittlicher Häufigkeit durchgeführten Besuche, die monatlich und auf Dauer, voraussichtlich für mindestens sechs Monate, vorkommen, erfasst. Jeder regelmäßige monatliche Besuch wird mit einem Punkt gewertet. Jeder regelmäßige wöchentliche Besuch wird mit 4,3 Punkten gewertet. Handelt es sich um zeitlich ausgedehnte Arztbesuche oder Besuche von anderen medizinischen oder therapeutischen Einrichtungen, werden sie doppelt gewertet.

Die Punkte der Kriterien 5.12 bis 5.15 – bei Kindern bis 5.K – werden addiert. Die Kriterien der Ziffern 5.12 bis 5.15 – bei Kindern bis 5.K – werden anhand der Summe der so erreichten Punkte mit den nachstehenden Einzelpunkten gewertet:

Summe			**Einzelpunkte**
0	bis unter	4,3	0
4,3	bis unter	8,6	1
8,6	bis unter	12,9	2
12,9	bis unter	60	3
60 und	mehr		6

Einzelpunkte für das Kriterium der Ziffer 5.16

Die Ausprägungen des Kriteriums der Ziffer 5.16 werden in den folgenden Kategorien mit den nachstehenden Einzelpunkten gewertet:

Ziffer	**Kriterien**	**entfällt oder selbständig**	**überwiegend selbständig**	**überwiegend unselbständig**	**unselbständig**
5.16	Einhaltung einer Diät und anderer krankheits- oder therapiebedingter Verhaltensvorschriften	0	1	2	3

Modul 6: Einzelpunkte im Bereich der Gestaltung des Alltagslebens und sozialer Kontakte

Das Modul umfasst sechs Kriterien, deren Ausprägungen in den folgenden Kategorien mit den nachstehenden Punkten gewertet werden:

Ziffer	**Kriterien**	**selbständig**	**überwiegend selbständig**	**überwiegend unselbständig**	**unselbständig**
6.1	Gestaltung des Tagesablaufs und Anpassung an Veränderungen	0	1	2	3
6.2	Ruhen und Schlafen	0	1	2	3
6.3	Sichbeschäftigen	0	1	2	3

6.4	Vornehmen von in die Zukunft gerichteten Planungen	0	1	2	3
6.5	Interaktion mit Personen im direkten Kontakt	0	1	2	3
6.6	Kontaktpflege zu Personen außerhalb des direkten Umfelds	0	1	2	3

Anlage 2 (zu § 15)

(siehe nächste Seite)

Anlage 2 (zu § 15)

Bewertungssystematik (Summe der Punkte und gewichtete Punkte)

Module	**Gewichtung**	**0 Keine**	**1 Geringe**	**2 Erhebliche**	**3 Schwere**	**4 Schwerste**	
1 Mobilität	**10%**	0–1	2–3	4–5	6–9	10–15	Summe der Einzelpunkte im Modul 1
		0	**2,5**	**5**	**7,5**	**10**	**Gewichtete Punkte im Modul 1**
2 Kognitive und kommunikative Fähigkeiten	**15%**	0–1	2–5	6–10	11–16	17–33	Summe der Einzelpunkte im Modul 2
3 Verhaltensweisen und psychische Problemlagen		0	1–2	3–4	5–6	7–65	Summe der Einzelpunkte im Modul 3
Höchster Wert aus Modul 2 oder Modul 3		**0**	**3,75**	**7,5**	**11,25**	**15**	**Gewichtete Punkte für die Module 2 und 3**

Module	Gewichtung	0 Keine	1 Geringe	2 Erhebliche	3 Schwere	4 Schwerste	
4 Selbstversorgung	**40%**	0–2	3–7	8–18	19–36	37–54	Summe der Einzelpunkte im Modul 4
		0	**10**	**20**	**30**	**40**	**Gewichtete Punkte im Modul 4**
5 Bewältigung von und selbständiger Umgang mit krankheits- oder therapiebedingten Anforderungen und Belastungen	**20%**	0	1	2–3	5–5	6–15	Summe der Einzelpunkte im Modul 5
		0	**5**	**10**	**15**	**20**	**Gewichtete Punkte im im Modul 5**
6 Gestaltung des Alltagslebens und sozialer Kontakte	**15%**	0	1–3	4–6	7–11	12–18	Summe der Einzelpunkte im Modul 6
		0	**3,75**	**7,5**	**11,25**	**15**	**Gewichtete Punkte im Modul 6**
7 Außerhäusliche Aktivitäten		Die Berechnung einer Modulbewertung ist entbehrlich, da die Darstellung der qualitativen Ausprägungen bei den einzelnen Kriterien ausreichend ist, um Anhaltspunkte für eine Versorgungs- und Pflegeplanung ableiten zu können.					
8 Haushaltsführung							

II. SGB V

Sozialgesetzbuch (SGB) – Fünftes Buch (V) – Gesetzliche Krankenversicherung vom 20. Dezember 1988 (BGBl. I S. 2477), zuletzt geändert durch Art. 7 des Gesetzes zur Stärkung des Pflegepersonals (Pflegepersonal-Stärkungsgesetz) vom 11. Dezember 2018 (BGBl. I S. 2394)

– Auszüge –

Inhaltsübersicht

Dritter Abschnitt.
Leistungen zur Verhütung von Krankheiten, betriebliche Gesundheitsförderung und Prävention arbeitsbedingter Gesundheitsgefahren, Förderung der Selbsthilfe sowie Leistungen bei Schwangerschaft und Mutterschaft

§ 20 Primäre Prävention und Gesundheitsförderung
§ 20a Leistungen zur Gesundheitsförderung und Prävention in Lebenswelten
§ 20b Betriebliche Gesundheitsförderung
§ 20c Prävention arbeitsbedingter Gesundheitsgefahren
§ 20d Nationale Präventionsstrategie
§ 20e Nationale Präventionskonferenz
§ 20f Landesrahmenvereinbarungen zur Umsetzung der nationalen Präventionsstrategie
§ 20g Modellvorhaben
§ 20h Förderung der Selbsthilfe
...
§ 23 Medizinische Vorsorgeleistungen
§ 33 Hilfsmittel
...
§ 37 Häusliche Krankenpflege
...

Neunter Abschnitt.
Zuzahlungen, Belastungsgrenze

§ 61 Zuzahlungen
§ 62 Belastungsgrenze
...
§ 107 Krankenhäuser, Vorsorge- oder Rehabilitationseinrichtungen
§ 119b Ambulante Behandlung in stationären Pflegeeinrichtungen
...
§ 140a Besondere Versorgung
...
§ 275 Begutachtung und Beratung
...

...

§ 4 Krankenkassen

(1) Die Krankenkassen sind rechtsfähige Körperschaften des öffentlichen Rechts mit Selbstverwaltung.

(2) Die Krankenversicherung ist in folgende Kassenarten gegliedert:

Allgemeine Ortskrankenkassen,
Betriebskrankenkassen,
Innungskrankenkassen,
Sozialversicherung für Landwirtschaft, Forsten und Gartenbau als Träger der Krankenversicherung der Landwirte,
die Deutsche Rentenversicherung Knappschaft-Bahn-See als Träger der Krankenversicherung (Deutsche Rentenversicherung Knappschaft-Bahn-See),
Ersatzkassen.

(3) [1]Im Interesse der Leistungsfähigkeit und Wirtschaftlichkeit der gesetzlichen Krankenversicherung arbeiten die Krankenkassen und ihre Verbände sowohl innerhalb einer Kassenart als auch kassenartenübergreifend miteinander und mit allen anderen Einrichtungen des Gesundheitswesens eng zusammen. [2]Krankenkassen können die Unterlassung unzulässiger Werbemaßnahmen von anderen Krankenkassen verlangen; § 12 Absatz 1 bis 3 des Gesetzes gegen den unlauteren Wettbewerb gilt entsprechend.

(4) [1]Die Krankenkassen haben bei der Durchführung ihrer Aufgaben und in ihren Verwaltungsangelegenheiten sparsam und wirtschaftlich zu verfahren und dabei ihre Ausgaben so auszurichten, dass Beitragserhöhungen ausgeschlossen werden, es sei denn, die notwendige medizinische Versorgung ist auch nach Ausschöpfung von Wirtschaftlichkeitsreserven nicht zu gewährleisten. [2]Die Verwaltungsausgaben der einzelnen Krankenkasse dürfen sich in den Jahren 2011 und 2012 gegenüber dem Jahr 2010 nicht erhöhen. [3]Zu den Verwaltungsausgaben zählen auch die Kosten der Krankenkasse für die Durchführung ihrer Verwaltungsaufgaben durch Dritte. [4]Abweichend von Satz 2 sind

1. Veränderungen der für die Zuweisung nach § 270 Absatz 1 Satz 1 Buchstabe c maßgeblichen Bestimmungsgrößen sowie
2. Erhöhungen der Verwaltungsausgaben, die auf der Durchführung der Sozialversicherungswahlen beruhen, es sei denn, dass das Wahlverfahren nach § 46 Absatz 2 des Vierten Buches durchgeführt wird,

zu berücksichtigen. [5]In Fällen unabweisbaren personellen Mehrbedarfs durch gesetzlich neu zugewiesene Aufgaben kann die Aufsichtsbehörde eine Ausnahme von Satz 2 zulassen, soweit die Krankenkasse nachweist, dass der Mehrbedarf nicht durch Ausschöpfung von Wirtschaftlichkeitsreserven gedeckt werden kann. [6]Die Sätze 2 und 3, Satz 4 Nummer 2 und Satz 5 gelten für die Verbände der Krankenkassen entsprechend.

(5) In den Verwaltungsvorschriften nach § 78 Satz 1 und § 77 Absatz 1a des Vierten Buches ist sicherzustellen, dass Verwaltungsausgaben, die der Werbung neuer Mitglieder dienen, nach für alle Krankenkassen gleichen Grundsätzen gebucht werden.

(6) [1]Bei Krankenkassen, die bis zum 31. Dezember 2011 nicht an mindestens 10 Prozent ihrer Versicherten elektronische Gesundheitskarten nach § 291a ausgegeben haben, reduzieren sich abweichend von Absatz 4 Satz 2 die Verwaltungsausgaben im Jahr 2012 gegenüber dem Jahr 2010 um 2 Prozent. [2]Bei Krankenkassen, die bis zum 31. Dezember 2012 nicht an mindestens 70 Prozent ihrer Versicherten elektronische Gesundheitskarten nach § 291a ausgegeben haben, dürfen sich die Verwaltungsausgaben im Jahr 2013 gegenüber dem Jahr 2012 nicht erhöhen. [3]Absatz 4 Satz 4 Nummer 1 und Satz 5 sowie § 291a Absatz 7 Satz 7 gelten entsprechend. [4]Für die Bestimmung des Versichertenanteils ist die Zahl der Versicherten am 1. Juli 2011 maßgeblich.

...

Drittes Kapitel.
Leistungen der Krankenversicherung
Erster Abschnitt.
Übersicht über die Leistungen

§ 11 Leistungsarten

(1) Versicherte haben nach den folgenden Vorschriften Anspruch auf Leistungen

1. bei Schwangerschaft und Mutterschaft (§§ 24c bis 24i),
2. zur Verhütung von Krankheiten und von deren Verschlimmerung sowie zur Empfängnisverhütung, bei Sterilisation und bei Schwangerschaftsabbruch (§§ 20 bis 24b),
3. zur Erfassung von gesundheitlichen Risiken und Früherkennung von Krankheiten (§§ 25 und 26),
4. zur Behandlung einer Krankheit (§§ 27 bis 52),
5. des Persönlichen Budgets nach § 29 des Neunten Buches.

(2) [1]Versicherte haben auch Anspruch auf Leistungen zur medizinischen Rehabilitation sowie auf unterhaltssichernde und andere ergänzende Leistungen, die notwendig sind, um eine Behinderung oder Pflegebedürftigkeit abzuwenden, zu beseitigen, zu mindern, auszugleichen, ihre Verschlimmerung zu verhüten oder ihre Folgen zu mildern. [2]Leistungen der aktivierenden Pflege nach Eintritt von Pflegebedürftigkeit werden von den Pflegekassen erbracht. [3]Die Leistungen nach Satz 1 werden unter Beachtung des Neunten Buches erbracht, soweit in diesem Buch nichts anderes bestimmt ist.

(3) [1]Bei stationärer Behandlung umfassen die Leistungen auch die aus medizinischen Gründen notwendige Mitaufnahme einer Begleitperson des Versicherten oder bei stationärer Behandlung in einem Krankenhaus nach § 108 oder einer Vorsorge- oder Rehabilitationseinrichtung nach § 107 Absatz 2 die Mitaufnahme einer Pflegekraft, soweit Versicherte ihre Pflege nach § 63b Absatz 6 Satz 1 des Zwölften Buches durch von ihnen beschäftigte besondere Pflegekräfte sicherstellen. [2]Ist bei stationärer Behandlung die Anwesenheit einer Begleitperson aus medizinischen Gründen notwendig, eine Mitaufnahme in die stationäre Einrichtung jedoch nicht möglich, kann die Unterbringung der Begleitperson auch außerhalb des Krankenhauses oder der Vorsorge- oder Rehabilitationseinrichtung erfolgen. [3]Die Krankenkasse bestimmt nach den medizinischen Erfordernissen des Einzelfalls Art und Dauer der Leistungen für eine Unterbringung nach Satz 2 nach pflichtgemäßem Ermessen; die Kosten dieser Leistungen dürfen nicht höher sein als die für eine Mitaufnahme der Begleitperson in die stationäre Einrichtung nach Satz 1 anfallenden Kosten.

(4) [1]Versicherte haben Anspruch auf ein Versorgungsmanagement insbesondere zur Lösung von Problemen beim Übergang in die verschiedenen Versorgungsbereiche; dies umfasst auch die fachärztliche Anschlussver-

sorgung. [2]Die betroffenen Leistungserbringer sorgen für eine sachgerechte Anschlussversorgung des Versicherten und übermitteln sich gegenseitig die erforderlichen Informationen. [3]Sie sind zur Erfüllung dieser Aufgabe von den Krankenkassen zu unterstützen. [4]In das Versorgungsmanagement sind die Pflegeeinrichtungen einzubeziehen; dabei ist eine enge Zusammenarbeit mit Pflegeberatern und Pflegeberaterinnen nach § 7a des Elften Buches zu gewährleisten. [5]Das Versorgungsmanagement und eine dazu erforderliche Übermittlung von Daten darf nur mit Einwilligung und nach vorheriger Information des Versicherten erfolgen. [6]Soweit in Verträgen nach § 140a nicht bereits entsprechende Regelungen vereinbart sind, ist das Nähere im Rahmen von Verträgen mit sonstigen Leistungserbringern der gesetzlichen Krankenversicherung und mit Leistungserbringern nach dem Elften Buch sowie mit den Pflegekassen zu regeln.

(5) [1]Auf Leistungen besteht kein Anspruch, wenn sie als Folge eines Arbeitsunfalls oder einer Berufskrankheit im Sinne der gesetzlichen Unfallversicherung zu erbringen sind. [2]Dies gilt auch in Fällen des § 12a des Siebten Buches.

(6) [1]Die Krankenkasse kann in ihrer Satzung zusätzliche vom Gemeinsamen Bundesausschuss nicht ausgeschlossene Leistungen in der fachlich gebotenen Qualität im Bereich der medizinischen Vorsorge und Rehabilitation (§§ 23, 40), der Leistungen von Hebammen bei Schwangerschaft und Mutterschaft (§ 24d), der künstlichen Befruchtung (§ 27a), der zahnärztlichen Behandlung ohne die Versorgung mit Zahnersatz (§ 28 Absatz 2), bei der Versorgung mit nicht verschreibungspflichtigen apothekenpflichtigen Arzneimitteln (§ 34 Absatz 1 Satz 1), mit Heilmitteln (§ 32) und Hilfsmitteln (§ 33), im Bereich der häuslichen Krankenpflege (§ 37) und der Haushaltshilfe (§ 38) sowie Leistungen von nicht zugelassenen Leistungserbringern vorsehen. [2]Die Satzung muss insbesondere die Art, die Dauer und den Umfang der Leistung bestimmen; sie hat hinreichende Anforderungen an die Qualität der Leistungserbringung zu regeln. [3]Die zusätzlichen Leistungen sind von den Krankenkassen in ihrer Rechnungslegung gesondert auszuweisen.

Zweiter Abschnitt. Gemeinsame Vorschriften

§ 12 Wirtschaftlichkeitsgebot

(1) [1]Die Leistungen müssen ausreichend, zweckmäßig und wirtschaftlich sein; sie dürfen das Maß des Notwendigen nicht überschreiten. [2]Leistungen, die nicht notwendig oder unwirtschaftlich sind, können Versicherte nicht beanspruchen, dürfen die Leistungserbringer nicht bewirken und die Krankenkassen nicht bewilligen.

(2) Ist für eine Leistung ein Festbetrag festgesetzt, erfüllt die Krankenkasse ihre Leistungspflicht mit dem Festbetrag.

(3) Hat die Krankenkasse Leistungen ohne Rechtsgrundlage oder entgegen geltendem Recht erbracht und hat ein Vorstandsmitglied hiervon gewußt oder hätte es hiervon wissen müssen, hat die zuständige Aufsichtsbehörde nach Anhörung des Vorstandsmitglieds den Verwaltungsrat zu veranlassen, das Vorstandsmitglied auf Ersatz des aus der Pflichtverletzung entstandenen Schadens in Anspruch zu nehmen, falls der Verwaltungsrat das Regreßverfahren nicht bereits von sich aus eingeleitet hat.

§ 13 Kostenerstattung

(1) Die Krankenkasse darf anstelle der Sach- oder Dienstleistung (§ 2 Abs. 2) Kosten nur erstatten, soweit es dieses oder das Neunte Buch vorsieht.

(2) [1]Versicherte können anstelle der Sach- oder Dienstleistungen Kostenerstattung wählen. [2]Hierüber haben sie ihre Krankenkasse vor Inanspruchnahme der Leistung in Kenntnis zu setzen. [3]Der Leistungserbringer hat die Versicherten vor Inanspruchnahme der Leistung darüber zu informieren, dass Kosten, die nicht von der Krankenkasse übernommen werden, von dem Versicherten zu tragen sind. [4]Eine Einschränkung der Wahl auf den Bereich der ärztlichen Versorgung, der zahnärztlichen Versorgung, den stationären Bereich oder auf veranlasste Leistungen ist möglich. [5]Nicht im Vierten Kapitel genannte Leistungserbringer dürfen nur nach vorheriger Zustimmung der Krankenkasse in Anspruch genommen werden. [6]Eine Zustimmung kann erteilt werden, wenn medizinische oder soziale Gründe eine Inanspruchnahme dieser Leistungserbringer rechtfertigen und eine zu-

mindest gleichwertige Versorgung gewährleistet ist. [7]Die Inanspruchnahme von Leistungserbringern nach § 95b Absatz 3 Satz 1 im Wege der Kostenerstattung ist ausgeschlossen. [8]Anspruch auf Erstattung besteht höchstens in Höhe der Vergütung, die die Krankenkasse bei Erbringung als Sachleistung zu tragen hätte. [9]Die Satzung hat das Verfahren der Kostenerstattung zu regeln. [10]Sie kann dabei Abschläge vom Erstattungsbetrag für Verwaltungskosten in Höhe von höchstens 5 Prozent in Abzug bringen. [11]Im Falle der Kostenerstattung nach § 129 Absatz 1 Satz 5 sind die der Krankenkasse entgangenen Rabatte nach § 130a Absatz 8 sowie die Mehrkosten im Vergleich zur Abgabe eines Arzneimittels nach § 129 Absatz 1 Satz 3 und 4 zu berücksichtigen; die Abschläge sollen pauschaliert werden. [12]Die Versicherten sind an ihre Wahl der Kostenerstattung mindestens ein Kalendervierteljahr gebunden.

(3) [1]Konnte die Krankenkasse eine unaufschiebbare Leistung nicht rechtzeitig erbringen oder hat sie eine Leistung zu Unrecht abgelehnt und sind dadurch Versicherten für die selbstbeschaffte Leistung Kosten entstanden, sind diese von der Krankenkasse in der entstandenen Höhe zu erstatten, soweit die Leistung notwendig war. [2]Die Kosten für selbstbeschaffte Leistungen zur medizinischen Rehabilitation nach dem Neunten Buch werden nach § 18 des Neunten Buches erstattet.

(3a) [1]Die Krankenkasse hat über einen Antrag auf Leistungen zügig, spätestens bis zum Ablauf von drei Wochen nach Antragseingang oder in Fällen, in denen eine gutachtliche Stellungnahme, insbesondere des Medizinischen Dienstes der Krankenversicherung (Medizinischer Dienst), eingeholt wird, innerhalb von fünf Wochen nach Antragseingang zu entscheiden. [2]Wenn die Krankenkasse eine gutachtliche Stellungnahme für erforderlich hält, hat sie diese unverzüglich einzuholen und die Leistungsberechtigten hierüber zu unterrichten. [3]Der Medizinische Dienst nimmt innerhalb von drei Wochen gutachtlich Stellung. [4]Wird ein im Bundesmantelvertrag für Zahnärzte vorgesehenes Gutachterverfahren durchgeführt, hat die Krankenkasse ab Antragseingang innerhalb von sechs Wochen zu entscheiden; der Gutachter nimmt innerhalb von vier Wochen Stellung. [5]Kann die Krankenkasse Fristen nach Satz 1 oder Satz 4 nicht einhalten, teilt sie dies den Leistungsberechtigten unter Darlegung der Gründe rechtzeitig schriftlich mit. [6]Erfolgt keine Mitteilung eines hinreichenden Grundes, gilt die Leistung nach Ablauf der Frist als genehmigt. [7]Beschaffen sich Leistungsberechtigte nach Ablauf der Frist eine erforderliche Leistung selbst, ist die Krankenkasse zur Erstattung der hierdurch entstandenen Kosten verpflichtet. [8]Die Krankenkasse berichtet dem Spitzenverband Bund der Krankenkassen jährlich über die Anzahl der Fälle, in denen Fristen nicht eingehalten oder Kostenerstattungen vorgenommen wurden. [9]Für Leistungen zur medizinischen Rehabilitation gelten die §§ 14 bis 24 des Neunten Buches zur Koordinierung der Leistungen und zur Erstattung selbst beschaffter Leistungen.

(4) [1]Versicherte sind berechtigt, auch Leistungserbringer in einem anderen Mitgliedstaat der Europäischen Union, einem anderen Vertragsstaat des Abkommens über den Europäischen Wirtschaftsraum oder der Schweiz anstelle der Sach- oder Dienstleistung im Wege der Kostenerstattung in Anspruch zu nehmen, es sei denn, Behandlungen für diesen Personenkreis im anderen Staat sind auf der Grundlage eines Pauschbetrages zu erstatten oder unterliegen auf Grund eines vereinbarten Erstattungsverzichts nicht der Erstattung. [2]Es dürfen nur solche Leistungserbringer in Anspruch genommen werden, bei denen die Bedingungen des Zugangs und der Ausübung des Berufes Gegenstand einer Richtlinie der Europäischen Gemeinschaft sind oder die im jeweiligen nationalen System der Krankenversicherung des Aufenthaltsstaates zur Versorgung der Versicherten berechtigt sind. [3]Der Anspruch auf Erstattung besteht höchstens in Höhe der Vergütung, die die Krankenkasse bei Erbringung als Sachleistung im Inland zu tragen hätte. [4]Die Satzung hat das Verfahren der Kostenerstattung zu regeln. [5]Sie hat dabei ausreichende Abschläge vom Erstattungsbetrag für Verwaltungskosten und fehlende Wirtschaftlichkeitsprüfungen vorzusehen sowie vorgesehene Zuzahlungen in Abzug zu bringen. [6]Ist eine dem allgemein anerkannten Stand der medizinischen Erkenntnisse entsprechende Behandlung einer Krankheit nur in einem anderen Mitgliedstaat der Europäischen Union oder einem anderen Vertragsstaat des Abkommens über den Europäischen Wirtschaftsraum möglich, kann die Krankenkasse die Kosten der erforderlichen Behandlung auch ganz übernehmen.

(5) [1]Abweichend von Absatz 4 können in einem anderen Mitgliedstaat der Europäischen Union, einem anderen Vertragsstaat des Abkommens über den Europäischen Wirtschaftsraum oder der Schweiz Krankenhausleistungen nach § 39 nur nach vorheriger Zustimmung durch die Krankenkassen in Anspruch genommen werden. [2]Die Zustimmung darf nur versagt werden, wenn die gleiche oder eine für den Versicherten ebenso wirksame, dem allgemein anerkannten Stand der medizinischen Erkenntnisse entspre-

chende Behandlung einer Krankheit rechtzeitig bei einem Vertragspartner der Krankenkasse im Inland erlangt werden kann.

(6) § 18 Abs. 1 Satz 2 und Abs. 2 gilt in den Fällen der Absätze 4 und 5 entsprechend.

§ 14 Teilkostenerstattung

(1) [1]Die Satzung kann für Angestellte der Krankenkassen und ihrer Verbände, für die eine Dienstordnung nach § 351 der Reichsversicherungsordnung gilt, und für Beamte, die in einer Betriebskrankenkasse oder in der knappschaftlichen Krankenversicherung tätig sind, bestimmen, daß an die Stelle der nach diesem Buch vorgesehenen Leistungen ein Anspruch auf Teilkostenerstattung tritt. [2]Sie hat die Höhe des Erstattungsanspruchs in Vomhundertsätzen festzulegen und das Nähere über die Durchführung des Erstattungsverfahrens zu regeln.

(2) [1]Die in Absatz 1 genannten Versicherten können sich jeweils im voraus für die Dauer von zwei Jahren für die Teilkostenerstattung nach Absatz 1 entscheiden. [2]Die Entscheidung wirkt auch für ihre nach § 10 versicherten Angehörigen.

§ 15 Ärztliche Behandlung, elektronische Gesundheitskarte

(1) [1]Ärztliche oder zahnärztliche Behandlung wird von Ärzten oder Zahnärzten erbracht, soweit nicht in Modellvorhaben nach § 63 Abs. 3c etwas anderes bestimmt ist. [2]Sind Hilfeleistungen anderer Personen erforderlich, dürfen sie nur erbracht werden, wenn sie vom Arzt (Zahnarzt) angeordnet und von ihm verantwortet werden.

(2) Versicherte, die ärztliche, zahnärztliche oder psychotherapeutische Behandlung in Anspruch nehmen, haben dem Arzt, Zahnarzt oder Psychotherapeuten vor Beginn der Behandlung ihre elektronische Gesundheitskarte zum Nachweis der Berechtigung zur Inanspruchnahme von Leistungen auszuhändigen.

(3) [1]Für die Inanspruchnahme anderer Leistungen stellt die Krankenkasse den Versicherten Berechtigungsscheine aus, soweit es zweckmäßig ist. [2]Der Berechtigungsschein ist vor der Inanspruchnahme der Leistung dem Leistungserbringer auszuhändigen.

(4) [1]In den Berechtigungsscheinen sind die Angaben nach § 291 Abs. 2 Satz 1 Nr. 1 bis 9, bei befristeter Gültigkeit das Datum des Fristablaufs, aufzunehmen. [2]Weitere Angaben dürfen nicht aufgenommen werden.

(5) In dringenden Fällen kann die elektronische Gesundheitskarte oder der Berechtigungsschein nachgereicht werden.

(6) [1]Jeder Versicherte erhält die elektronische Gesundheitskarte bei der erstmaligen Ausgabe und bei Beginn der Versicherung bei einer Krankenkasse sowie bei jeder weiteren, nicht vom Versicherten verschuldeten erneuten Ausgabe gebührenfrei. [2]Die Krankenkassen haben einem Missbrauch der Karten durch geeignete Maßnahmen entgegenzuwirken. [3]Muß die Karte auf Grund von vom Versicherten verschuldeten Gründen neu ausgestellt werden, kann eine Gebühr von 5 Euro erhoben werden; diese Gebühr ist auch von den nach § 10 Versicherten zu zahlen. [4]Satz 3 gilt entsprechend, wenn die Karte aus vom Versicherten verschuldeten Gründen nicht ausgestellt werden kann und von der Krankenkasse eine zur Überbrückung von Übergangszeiten befristete Ersatzbescheinigung zum Nachweis der Berechtigung zur Inanspruchnahme von Leistungen ausgestellt wird. [5]Die wiederholte Ausstellung einer Bescheinigung nach Satz 4 kommt nur in Betracht, wenn der Versicherte bei der Ausstellung der elektronischen Gesundheitskarte mitwirkt; hierauf ist der Versicherte bei der erstmaligen Ausstellung einer Ersatzbescheinigung hinzuweisen. [6]Die Krankenkasse kann die Aushändigung der elektronischen Gesundheitskarte vom Vorliegen der Meldung nach § 10 Abs. 6 abhängig machen.

§ 16 Ruhen des Anspruchs

(1) [1]Der Anspruch auf Leistungen ruht, solange Versicherte

1. sich im Ausland aufhalten, und zwar auch dann, wenn sie dort während eines vorübergehenden Aufenthalts erkranken, soweit in diesem Gesetzbuch nichts Abweichendes bestimmt ist,
2. Dienst auf Grund einer gesetzlichen Dienstpflicht oder Dienstleistungen und Übungen nach dem Vierten Abschnitt des Soldatengesetzes leisten,

2a. in einem Wehrdienstverhältnis besonderer Art nach § 6 des Einsatz-Weiterverwendungsgesetzes stehen,

3. nach dienstrechtlichen Vorschriften Anspruch auf Heilfürsorge haben oder als Entwicklungshelfer Entwicklungsdienst leisten,
4. sich in Untersuchungshaft befinden, nach § 126a der Strafprozeßordnung einstweilen untergebracht sind oder gegen sie eine Freiheitsstrafe oder freiheitsentziehende Maßregel der Besserung und Sicherung vollzogen wird, soweit die Versicherten als Gefangene Anspruch auf Gesundheitsfürsorge nach dem Strafvollzugsgesetz haben oder sonstige Gesundheitsfürsorge erhalten.

[2]Satz 1 gilt nicht für den Anspruch auf Mutterschaftsgeld.

(2) Der Anspruch auf Leistungen ruht, soweit Versicherte gleichartige Leistungen von einem Träger der Unfallversicherung im Ausland erhalten.

(3) [1]Der Anspruch auf Leistungen ruht, soweit durch das Seearbeitsgesetz für den Fall der Erkrankung oder Verletzung Vorsorge getroffen ist. [2]Er ruht insbesondere, solange sich das Besatzungsmitglied an Bord des Schiffes oder auf der Reise befindet, es sei denn, das Besatzungsmitglied hat nach § 100 Absatz 1 des Seearbeitsgesetzes die Leistungen der Krankenkasse gewählt oder der Reeder hat das Besatzungsmitglied nach § 100 Absatz 2 des Seearbeitsgesetzes an die Krankenkasse verwiesen.

(3a) [1]Der Anspruch auf Leistungen für nach dem Künstlersozialversicherungsgesetz Versicherte, die mit einem Betrag in Höhe von Beitragsanteilen für zwei Monate im Rückstand sind und trotz Mahnung nicht zahlen, ruht nach näherer Bestimmung des § 16 Abs. 2 des Künstlersozialversicherungsgesetzes. [2]Satz 1 gilt entsprechend für Mitglieder nach den Vorschriften dieses Buches, die mit einem Betrag in Höhe von Beitragsanteilen für zwei Monate im Rückstand sind und trotz Mahnung nicht zahlen, ausgenommen sind Untersuchungen zur Früherkennung von Krankheiten nach den §§ 25 und 26 und Leistungen, die zur Behandlung akuter Erkrankungen und Schmerzzustände sowie bei Schwangerschaft und Mutterschaft erforderlich sind; das Ruhen endet, wenn alle rückständigen und die auf die Zeit des Ruhens entfallenden Beitragsanteile gezahlt sind. [3]Ist eine wirksame Ratenzahlungsvereinbarung zu Stande gekommen, hat das Mitglied ab diesem Zeitpunkt wieder Anspruch auf Leistungen, solange die Raten vertragsgemäß entrichtet werden. [4]Das Ruhen tritt nicht ein oder endet, wenn Versicherte hilfebedürftig im Sinne des Zweiten oder Zwölften Buches sind oder werden.

(4) Der Anspruch auf Krankengeld ruht nicht, solange sich Versicherte nach Eintritt der Arbeitsunfähigkeit mit Zustimmung der Krankenkasse im Ausland aufhalten.

§ 17 Leistungen bei Beschäftigung im Ausland

(1) [1]Mitglieder, die im Ausland beschäftigt sind und während dieser Beschäftigung erkranken oder bei denen Leistungen bei Schwangerschaft oder Mutterschaft erforderlich sind, erhalten die ihnen nach diesem Kapitel zustehenden Leistungen von ihrem Arbeitgeber. [2]Satz 1 gilt entsprechend für die nach § 10 versicherten Familienangehörigen, soweit sie das Mitglied für die Zeit dieser Beschäftigung begleiten oder besuchen.

(2) Die Krankenkasse hat dem Arbeitgeber die ihm nach Absatz 1 entstandenen Kosten bis zu der Höhe zu erstatten, in der sie ihr im Inland entstanden wären.

(3) Die zuständige Krankenkasse hat dem Reeder die Aufwendungen zu erstatten, die ihm nach § 104 Absatz 2 des Seearbeitsgesetzes entstanden sind.

§ 18 Kostenübernahme bei Behandlung außerhalb des Geltungsbereichs des Vertrages zur Gründung der Europäischen Gemeinschaft und des Abkommens über den Europäischen Wirtschaftsraum

(1) [1]Ist eine dem allgemein anerkannten Stand der medizinischen Erkenntnisse entsprechende Behandlung einer Krankheit nur außerhalb des Geltungsbereichs des Vertrages zur Gründung der Europäischen Gemeinschaft und des Abkommens über den Europäischen Wirtschaftsraum möglich, kann die Krankenkasse die Kosten der erforderlichen Behandlung ganz oder teilweise übernehmen. [2]Der Anspruch auf Krankengeld ruht in diesem Fall nicht.

(2) In den Fällen des Absatzes 1 kann die Krankenkasse auch weitere Kosten für den Versicherten und für eine erforderliche Begleitperson ganz oder teilweise übernehmen.

(3) [1]Ist während eines vorübergehenden Aufenthalts außerhalb des Geltungsbereichs des Vertrages zur Gründung der Europäischen Gemeinschaft und des Abkommens über den Europäischen Wirtschaftsraum eine Be-

handlung unverzüglich erforderlich, die auch im Inland möglich wäre, hat die Krankenkasse die Kosten der erforderlichen Behandlung insoweit zu übernehmen, als Versicherte sich hierfür wegen einer Vorerkrankung oder ihres Lebensalters nachweislich nicht versichern können und die Krankenkasse dies vor Beginn des Aufenthalts außerhalb des Geltungsbereichs des Vertrages zur Gründung der Europäischen Gemeinschaft und des Abkommens über den Europäischen Wirtschaftsraum festgestellt hat. [2]Die Kosten dürfen nur bis zu der Höhe, in der sie im Inland entstanden wären, und nur für längstens sechs Wochen im Kalenderjahr übernommen werden. [3]Eine Kostenübernahme ist nicht zulässig, wenn Versicherte sich zur Behandlung ins Ausland begeben. [4]Die Sätze 1 und 3 gelten entsprechend für Auslandsaufenthalte, die aus schulischen oder Studiengründen erforderlich sind; die Kosten dürfen nur bis zu der Höhe übernommen werden, in der sie im Inland entstanden wären.

§ 19 Erlöschen des Leistungsanspruchs

(1) Der Anspruch auf Leistungen erlischt mit dem Ende der Mitgliedschaft, soweit in diesem Gesetzbuch nichts Abweichendes bestimmt ist.

(1a) [1]Endet die Mitgliedschaft durch die Schließung oder Insolvenz einer Krankenkasse, gelten die von dieser Krankenkasse getroffenen Leistungsentscheidungen mit Wirkung für die aufnehmende Krankenkasse fort. [2]Hiervon ausgenommen sind Leistungen aufgrund von Satzungsregelungen. [3]Beim Abschluss von Wahltarifen, die ein Mitglied zum Zeitpunkt der Schließung in vergleichbarer Form bei der bisherigen Krankenkasse abgeschlossen hatte, dürfen von der aufnehmenden Krankenkasse keine Wartezeiten geltend gemacht werden. [4]Die Vorschriften des Zehnten Buches, insbesondere zur Rücknahme von Leistungsentscheidungen, bleiben hiervon unberührt.

(2) [1]Endet die Mitgliedschaft Versicherungspflichtiger, besteht Anspruch auf Leistungen längstens für einen Monat nach dem Ende der Mitgliedschaft, solange keine Erwerbstätigkeit ausgeübt wird. [2]Eine Versicherung nach § 10 hat Vorrang vor dem Leistungsanspruch nach Satz 1.

(3) Endet die Mitgliedschaft durch Tod, erhalten die nach § 10 versicherten Angehörigen Leistungen längstens für einen Monat nach dem Tode des Mitglieds.

Dritter Abschnitt.

Leistungen zur Verhütung von Krankheiten, betriebliche Gesundheitsförderung und Prävention arbeitsbedingter Gesundheitsgefahren, Förderung der Selbsthilfe sowie Leistungen bei Schwangerschaft und Mutterschaft

§ 20 Primäre Prävention und Gesundheitsförderung

(1) [1]Die Krankenkasse sieht in der Satzung Leistungen zur Verhinderung und Verminderung von Krankheitsrisiken (primäre Prävention) sowie zur Förderung des selbstbestimmten gesundheitsorientierten Handelns der Versicherten (Gesundheitsförderung) vor. [2]Die Leistungen sollen insbesondere zur Verminderung sozial bedingter sowie geschlechtsbezogener Ungleichheit von Gesundheitschancen beitragen. [3]Die Krankenkasse legt dabei die Handlungsfelder und Kriterien nach Absatz 2 zugrunde.

(2) [1]Der Spitzenverband Bund der Krankenkassen legt unter Einbeziehung unabhängigen, insbesondere gesundheitswissenschaftlichen, ärztlichen, arbeitsmedizinischen, psychotherapeutischen, psychologischen, pflegerischen, ernährungs-, sport-, sucht-, erziehungs- und sozialwissenschaftlichen Sachverstandes sowie des Sachverstandes der Menschen mit Behinderung einheitliche Handlungsfelder und Kriterien für die Leistungen nach Absatz 1 fest, insbesondere hinsichtlich Bedarf, Zielgruppen, Zugangswegen, Inhalt, Methodik, Qualität, intersektoraler Zusammenarbeit, wissenschaftlicher Evaluation und der Messung der Erreichung der mit den Leistungen verfolgten Ziele. [2]Er bestimmt außerdem die Anforderungen und ein einheitliches Verfahren für die Zertifizierung von Leistungsangeboten durch die Krankenkassen, um insbesondere die einheitliche Qualität von Leistungen nach Absatz 4 Nummer 1 und 3 sicherzustellen. [3]Der Spitzenverband Bund der Krankenkassen stellt sicher, dass seine Festlegungen nach den Sätzen 1 und 2 sowie eine Übersicht der nach Satz 2 zertifizierten Leistungen der Krankenkassen auf seiner Internetseite veröffentlicht werden. [4]Die Krankenkassen erteilen dem Spitzenverband Bund der Krankenkassen hierfür sowie für den nach § 20d Absatz 2 Nummer 2 zu erstellenden Bericht die erforderlichen Auskünfte und übermitteln ihm nicht versichertenbezogen die erforderlichen Daten.

(3) [1]Bei der Aufgabenwahrnehmung nach Absatz 2 Satz 1 berücksichtigt der Spitzenverband Bund der Krankenkassen auch die folgenden Gesundheitsziele im Bereich der Gesundheitsförderung und Prävention:

1. Diabetes mellitus Typ 2: Erkrankungsrisiko senken, Erkrankte früh erkennen und behandeln,
2. Brustkrebs: Mortalität vermindern, Lebensqualität erhöhen,
3. Tabakkonsum reduzieren,
4. gesund aufwachsen: Lebenskompetenz, Bewegung, Ernährung,
5. gesundheitliche Kompetenz erhöhen, Souveränität der Patientinnen und Patienten stärken,
6. depressive Erkrankungen: verhindern, früh erkennen, nachhaltig behandeln,
7. gesund älter werden und
8. Alkoholkonsum reduzieren.

[2]Bei der Berücksichtigung des in Satz 1 Nummer 1 genannten Ziels werden auch die Ziele und Teilziele beachtet, die in der Bekanntmachung über die Gesundheitsziele und Teilziele im Bereich der Prävention und Gesundheitsförderung vom 21. März 2005 (BAnz. S. 5304) festgelegt sind. [3]Bei der Berücksichtigung der in Satz 1 Nummer 2, 3 und 8 genannten Ziele werden auch die Ziele und Teilziele beachtet, die in der Bekanntmachung über die Gesundheitsziele und Teilziele im Bereich der Prävention und Gesundheitsförderung vom 27. April 2015 (BAnz. AT 19.05.2015 B3) festgelegt sind. [4]Bei der Berücksichtigung der in Satz 1 Nummer 4 bis 7 genannten Ziele werden auch die Ziele und Teilziele beachtet, die in der Bekanntmachung über die Gesundheitsziele und Teilziele im Bereich der Prävention und Gesundheitsförderung vom 26. Februar 2013 (BAnz. AT 26.03.2013 B3) festgelegt sind. [5]Der Spitzenverband Bund der Krankenkassen berücksichtigt auch die von der Nationalen Arbeitsschutzkonferenz im Rahmen der gemeinsamen deutschen Arbeitsschutzstrategie nach § 20a Absatz 2 Nummer 1 des Arbeitsschutzgesetzes entwickelten Arbeitsschutzziele.

(4) Leistungen nach Absatz 1 werden erbracht als

1. Leistungen zur verhaltensbezogenen Prävention nach Absatz 5,
2. Leistungen zur Gesundheitsförderung und Prävention in Lebenswelten für in der gesetzlichen Krankenversicherung Versicherte nach § 20a und

3. Leistungen zur Gesundheitsförderung in Betrieben (betriebliche Gesundheitsförderung) nach § 20b.

(5) [1]Die Krankenkasse kann eine Leistung zur verhaltensbezogenen Prävention nach Absatz 4 Nummer 1 erbringen, wenn diese nach Absatz 2 Satz 2 von einer Krankenkasse oder von einem mit der Wahrnehmung dieser Aufgabe beauftragten Dritten in ihrem Namen zertifiziert ist. [2]Bei ihrer Entscheidung über eine Leistung zur verhaltensbezogenen Prävention berücksichtigt die Krankenkasse eine Präventionsempfehlung nach § 25 Absatz 1 Satz 2, nach § 26 Absatz 1 Satz 3 oder eine im Rahmen einer arbeitsmedizinischen Vorsorge oder einer sonstigen ärztlichen Untersuchung schriftlich abgegebene Empfehlung. [3]Die Krankenkasse darf die sich aus der Präventionsempfehlung ergebenden personenbezogenen Daten nur mit schriftlicher Einwilligung und nach vorheriger schriftlicher Information des Versicherten erheben, verarbeiten und nutzen. [4]Die Einwilligung kann jederzeit schriftlich widerrufen werden. [5]Die Krankenkassen dürfen ihre Aufgaben nach dieser Vorschrift an andere Krankenkassen, deren Verbände oder Arbeitsgemeinschaften übertragen. [6]Für Leistungen zur verhaltensbezogenen Prävention, die die Krankenkasse wegen besonderer beruflicher oder familiärer Umstände wohnortfern erbringt, gilt § 23 Absatz 2 Satz 2 entsprechend.

(6) [1]Die Ausgaben der Krankenkassen für die Wahrnehmung ihrer Aufgaben nach dieser Vorschrift und nach den §§ 20a bis 20c sollen ab dem Jahr 2019 insgesamt für jeden ihrer Versicherten einen Betrag in Höhe von 7,52 Euro umfassen. [2]Von diesem Betrag wenden die Krankenkassen für jeden ihrer Versicherten mindestens 2,15 Euro für Leistungen nach § 20a und mindestens 3,15 Euro für Leistungen nach § 20b auf. [3]Von dem Betrag für Leistungen nach § 20b wenden die Krankenkassen für Leistungen nach § 20b, die in Einrichtungen nach § 107 Absatz 1 und in Einrichtungen nach § 71 Absatz 1 und 2 des Elften Buches erbracht werden, für jeden ihrer Versicherten mindestens 1 Euro auf. [4]Die Ausgaben nach den Sätzen 1 bis 3 sind in den Folgejahren entsprechend der prozentualen Veränderung der monatlichen Bezugsgröße nach § 18 Absatz 1 des Vierten Buches anzupassen.

§ 20a Leistungen zur Gesundheitsförderung und Prävention in Lebenswelten

(1) [1]Lebenswelten im Sinne des § 20 Absatz 4 Nummer 2 sind für die Gesundheit bedeutsame, abgrenzbare soziale Systeme insbesondere des Wohnens, des Lernens, des Studierens, der medizinischen und pflegerischen Versorgung sowie der Freizeitgestaltung einschließlich des Sports. [2]Die Krankenkassen fördern unbeschadet der Aufgaben anderer auf der Grundlage von Rahmenvereinbarungen nach § 20f Absatz 1 mit Leistungen zur Gesundheitsförderung und Prävention in Lebenswelten insbesondere den Aufbau und die Stärkung gesundheitsförderlicher Strukturen. [3]Hierzu erheben sie unter Beteiligung der Versicherten und der für die Lebenswelt Verantwortlichen die gesundheitliche Situation einschließlich ihrer Risiken und Potenziale und entwickeln Vorschläge zur Verbesserung der gesundheitlichen Situation sowie zur Stärkung der gesundheitlichen Ressourcen und Fähigkeiten und unterstützen deren Umsetzung. [4]Bei der Wahrnehmung ihrer Aufgaben nach Satz 2 sollen die Krankenkassen zusammenarbeiten und kassenübergreifende Leistungen zur Gesundheitsförderung und Prävention in Lebenswelten erbringen. [5]Bei der Erbringung von Leistungen für Personen, deren berufliche Eingliederung auf Grund gesundheitlicher Einschränkungen besonderes erschwert ist, arbeiten die Krankenkassen mit der Bundesagentur für Arbeit und mit den kommunalen Trägern der Grundsicherung für Arbeitsuchende eng zusammen.

(2) Die Krankenkasse kann Leistungen zur Gesundheitsförderung und Prävention in Lebenswelten erbringen, wenn die Bereitschaft der für die Lebenswelt Verantwortlichen zur Umsetzung von Vorschlägen zur Verbesserung der gesundheitlichen Situation sowie zur Stärkung der gesundheitlichen Ressourcen und Fähigkeiten besteht und sie mit einer angemessenen Eigenleistung zur Umsetzung der Rahmenvereinbarungen nach § 20f beitragen.

(3) [1]Zur Unterstützung der Krankenkassen bei der Wahrnehmung ihrer Aufgaben zur Gesundheitsförderung und Prävention in Lebenswelten für in der gesetzlichen Krankenversicherung Versicherte, insbesondere in Kindertageseinrichtungen, in sonstigen Einrichtungen der Kinder- und Jugendhilfe, in Schulen sowie in den Lebenswelten älterer Menschen und zur Sicherung und Weiterentwicklung der Qualität der Leistungen beauftragt der Spitzenverband Bund der Krankenkassen die Bundeszentrale für gesundheitliche Aufklärung ab dem Jahr 2016 insbesondere mit der Entwicklung der Art

und der Qualität krankenkassenübergreifender Leistungen, deren Implementierung und deren wissenschaftlicher Evaluation. [2]Der Spitzenverband Bund der Krankenkassen legt dem Auftrag die nach § 20 Absatz 2 Satz 1 festgelegten Handlungsfelder und Kriterien sowie die in den Rahmenvereinbarungen nach § 20f jeweils getroffenen Festlegungen zugrunde. [3]Im Rahmen des Auftrags nach Satz 1 soll die Bundeszentrale für gesundheitliche Aufklärung geeignete Kooperationspartner heranziehen.[4]Die Bundeszentrale für gesundheitliche Aufklärung erhält für die Ausführung des Auftrags nach Satz 1 vom Spitzenverband Bund der Krankenkassen eine pauschale Vergütung in Höhe von mindestens 0,45 Euro aus dem Betrag, den die Krankenkassen nach § 20 Absatz 6 Satz 2 für Leistungen zur Gesundheitsförderung und Prävention in Lebenswelten aufzuwenden haben. [5]Die Vergütung nach Satz 4 erfolgt quartalsweise und ist am ersten Tag des jeweiligen Quartals zu leisten. [6]Sie ist nach Maßgabe von § 20 Absatz 6 Satz 5 jährlich anzupassen. [7]Die Bundeszentrale für gesundheitliche Aufklärung stellt sicher, dass die vom Spitzenverband Bund der Krankenkassen geleistete Vergütung ausschließlich zur Durchführung des Auftrags nach diesem Absatz eingesetzt wird und dokumentiert dies nach Maßgabe des Spitzenverbandes Bund der Krankenkassen.

(4) [1]Das Nähere über die Beauftragung der Bundeszentrale für gesundheitliche Aufklärung nach Absatz 3, insbesondere zum Inhalt und Umfang, zur Qualität und zur Prüfung der Wirtschaftlichkeit sowie zu den für die Durchführung notwendigen Kosten, vereinbaren der Spitzenverband Bund der Krankenkassen und die Bundeszentrale für gesundheitliche Aufklärung erstmals bis zum 30. November 2015. [2]Kommt die Vereinbarung nicht innerhalb der Frist nach Satz 1 zustande, erbringt die Bundeszentrale für gesundheitliche Aufklärung die Leistungen nach Absatz 3 Satz 1 unter Berücksichtigung der vom Spitzenverband Bund der Krankenkassen nach § 20 Absatz 2 Satz 1 festgelegten Handlungsfelder und Kriterien sowie unter Beachtung der in den Rahmenvereinbarungen nach § 20f getroffenen Festlegungen und des Wirtschaftlichkeitsgebots nach § 12. [3]Der Spitzenverband Bund der Krankenkassen regelt in seiner Satzung das Verfahren zur Aufbringung der erforderlichen Mittel durch die Krankenkassen. [4]§ 89 Absatz 3 bis 5 des Zehnten Buches gilt entsprechend.

§ 20b Betriebliche Gesundheitsförderung

(1) [1]Die Krankenkassen fördern mit Leistungen zur Gesundheitsförderung in Betrieben (betriebliche Gesundheitsförderung) insbesondere den Aufbau und die Stärkung gesundheitsförderlicher Strukturen. [2]Hierzu erheben sie unter Beteiligung der Versicherten und der Verantwortlichen für den Betrieb sowie der Betriebsärzte und der Fachkräfte für Arbeitssicherheit die gesundheitliche Situation einschließlich ihrer Risiken und Potenziale und entwickeln Vorschläge zur Verbesserung der gesundheitlichen Situation sowie zur Stärkung der gesundheitlichen Ressourcen und Fähigkeiten und unterstützen deren Umsetzung. [3]Für im Rahmen der Gesundheitsförderung in Betrieben erbrachte Leistungen zur individuellen, verhaltensbezogenen Prävention gilt § 20 Absatz 5 Satz 1 entsprechend.

(2) [1]Bei der Wahrnehmung von Aufgaben nach Absatz 1 arbeiten die Krankenkassen mit dem zuständigen Unfallversicherungsträger sowie mit den für den Arbeitsschutz zuständigen Landesbehörden zusammen. [2]Sie können Aufgaben nach Absatz 1 durch andere Krankenkassen, durch ihre Verbände oder durch zu diesem Zweck gebildete Arbeitsgemeinschaften (Beauftragte) mit deren Zustimmung wahrnehmen lassen und sollen bei der Aufgabenwahrnehmung mit anderen Krankenkassen zusammenarbeiten. [3]§ 88 Abs. 1 Satz 1 und Abs. 2 des Zehnten Buches und § 219 gelten entsprechend.

(3) [1]Die Krankenkassen bieten Unternehmen, insbesondere Einrichtungen nach § 107 Absatz 1 und Einrichtungen nach § 71 Absatz 1 und 2 des Elften Buches, unter Nutzung bestehender Strukturen in gemeinsamen regionalen Koordinierungsstellen Beratung und Unterstützung an. [2]Die Beratung und Unterstützung umfasst insbesondere die Information über Leistungen nach Absatz 1 und die Klärung, welche Krankenkasse im Einzelfall Leistungen nach Absatz 1 im Betrieb erbringt. [3]Örtliche Unternehmensorganisationen und die für die Wahrnehmung der Interessen der Einrichtungen nach § 107 Absatz 1 oder der Einrichtungen nach § 71 Absatz 1 oder 2 des Elften Buches auf Landesebene maßgeblichen Verbände sollen an der Beratung beteiligt werden. [4]Die Landesverbände der Krankenkassen und die Ersatzkassen regeln einheitlich und gemeinsam das Nähere über die Aufgaben, die Arbeitsweise und die Finanzierung der Koordinierungsstellen sowie über die Beteiligung örtlicher Unternehmensorganisationen und der für die Wahrnehmung der Interessen der Einrichtungen nach § 107 Absatz 1 oder der Einrichtungen nach § 71 Absatz 1 oder 2 des Elften Buches auf Landes-

ebene maßgeblichen Verbände durch Kooperationsvereinbarungen. [5]Auf die zum Zwecke der Vorbereitung und Umsetzung der Kooperationsvereinbarungen gebildeten Arbeitsgemeinschaften findet § 94 Absatz 1a Satz 2 und 3 des Zehnten Buches keine Anwendung.

(4) [1]Unterschreiten die jährlichen Ausgaben einer Krankenkasse den Betrag nach § 20 Absatz 6 Satz 2 für Leistungen nach Absatz 1, stellt die Krankenkasse die nicht verausgabten Mittel dem Spitzenverband Bund der Krankenkassen zur Verfügung. [2]Dieser verteilt die Mittel nach einem von ihm festzulegenden Schlüssel auf die Landesverbände der Krankenkassen und die Ersatzkassen, die Kooperationsvereinbarungen mit örtlichen Unternehmensorganisationen nach Absatz 3 Satz 4 abgeschlossen haben. [3]Die Mittel dienen der Umsetzung der Kooperationsvereinbarungen nach Absatz 3 Satz 4.

§ 20c Prävention arbeitsbedingter Gesundheitsgefahren

(1) [1]Die Krankenkassen unterstützen die Träger der gesetzlichen Unfallversicherung bei ihren Aufgaben zur Verhütung arbeitsbedingter Gesundheitsgefahren. [2]Insbesondere erbringen sie in Abstimmung mit den Trägern der gesetzlichen Unfallversicherung auf spezifische arbeitsbedingte Gesundheitsrisiken ausgerichtete Maßnahmen zur betrieblichen Gesundheitsförderung nach § 20b und informieren diese über die Erkenntnisse, die sie über Zusammenhänge zwischen Erkrankungen und Arbeitsbedingungen gewonnen haben. [3]Ist anzunehmen, dass bei einem Versicherten eine berufsbedingte gesundheitliche Gefährdung oder eine Berufskrankheit vorliegt, hat die Krankenkasse dies unverzüglich den für den Arbeitsschutz zuständigen Stellen und dem Unfallversicherungsträger mitzuteilen.

(2) [1]Zur Wahrnehmung der Aufgaben nach Absatz 1 arbeiten die Krankenkassen eng mit den Trägern der gesetzlichen Unfallversicherung sowie mit den für den Arbeitsschutz zuständigen Landesbehörden zusammen. [2]Dazu sollen sie und ihre Verbände insbesondere regionale Arbeitsgemeinschaften bilden. [3]§ 88 Abs. 1 Satz 1 und Abs. 2 des Zehnten Buches und § 219 gelten entsprechend.

§ 20d Nationale Präventionsstrategie

(1) Die Krankenkassen entwickeln im Interesse einer wirksamen und zielgerichteten Gesundheitsförderung und Prävention mit den Trägern der gesetzlichen Rentenversicherung, der gesetzlichen Unfallversicherung und den Pflegekassen eine gemeinsame nationale Präventionsstrategie und gewährleisten ihre Umsetzung und Fortschreibung im Rahmen der Nationalen Präventionskonferenz nach § 20e.

(2) Die Nationale Präventionsstrategie umfasst insbesondere

1. die Vereinbarung bundeseinheitlicher, trägerübergreifender Rahmenempfehlungen zur Gesundheitsförderung und Prävention nach Absatz 3,
2. die Erstellung eines Berichts über die Entwicklung der Gesundheitsförderung und Prävention (Präventionsbericht) nach Absatz 4.

(3) [1]Zur Sicherung und Weiterentwicklung der Qualität von Gesundheitsförderung und Prävention sowie der Zusammenarbeit der für die Erbringung von Leistungen zur Prävention in Lebenswelten und in Betrieben zuständigen Träger und Stellen vereinbaren die Träger nach Absatz 1 bundeseinheitliche, trägerübergreifende Rahmenempfehlungen, insbesondere durch Festlegung gemeinsamer Ziele, vorrangiger Handlungsfelder und Zielgruppen, der zu beteiligenden Organisationen und Einrichtungen sowie zu Dokumentations- und Berichtspflichten. [2]Die Träger nach Absatz 1 vereinbaren auch gemeinsame Ziele zur Erhaltung und zur Förderung der Gesundheit und der Beschäftigungsfähigkeit der Beschäftigten in Einrichtungen nach § 107 Absatz 1 und Einrichtungen nach § 71 Absatz 1 und 2 des Elften Buches. [3]Bei der Festlegung gemeinsamer Ziele werden auch die Ziele der gemeinsamen deutschen Arbeitsschutzstrategie sowie die von der Ständigen Impfkommission gemäß § 20 Absatz 2 des Infektionsschutzgesetzes empfohlenen Schutzimpfungen berücksichtigt. [4]Die Rahmenempfehlungen werden im Benehmen mit dem Bundesministerium für Gesundheit, dem Bundesministerium für Arbeit und Soziales, dem Bundesministerium für Ernährung und Landwirtschaft, dem Bundesministerium für Familie, Senioren, Frauen und Jugend, dem Bundesministerium des Innern und den Ländern vereinbart. [5]Das Bundesministerium für Gesundheit beteiligt weitere Bundesministerien, soweit die Rahmenempfehlungen ihre Zuständigkeit berühren. [6]An der Vorbereitung der Rahmenempfehlungen werden die Bundesagentur für Arbeit, die kommunalen Träger der Grundsicherung für

Arbeitsuchende über ihre Spitzenverbände auf Bundesebene, die für den Arbeitsschutz zuständigen obersten Landesbehörden sowie die Träger der öffentlichen Jugendhilfe über die obersten Landesjugendbehörden beteiligt.

(4) [1]Die Nationale Präventionskonferenz erstellt den Präventionsbericht alle vier Jahre, erstmals zum 1. Juli 2019, und leitet ihn dem Bundesministerium für Gesundheit zu. [2]Das Bundesministerium für Gesundheit legt den Bericht den gesetzgebenden Körperschaften des Bundes vor und fügt eine Stellungnahme der Bundesregierung bei. [3]Der Bericht enthält insbesondere Angaben zu den Erfahrungen mit der Anwendung der §§ 20 bis 20g und zu den Ausgaben für die Leistungen der Träger nach Absatz 1 und im Fall des § 20e Absatz 1 Satz 3 bis 5 auch der Unternehmen der privaten Krankenversicherung und der Unternehmen, die die private Pflege-Pflichtversicherung durchführen, den Zugangswegen, den erreichten Personen, der Erreichung der gemeinsamen Ziele und der Zielgruppen, den Erfahrungen mit der Qualitätssicherung und der Zusammenarbeit bei der Durchführung von Leistungen sowie zu möglichen Schlussfolgerungen. [4]Der Bericht enthält auch Empfehlungen für die weitere Entwicklung des in § 20 Absatz 6 Satz 1 bestimmten Ausgabenrichtwerts für Leistungen der Krankenkassen nach den §§ 20 bis 20c und der in § 20 Absatz 6 Satz 2 bestimmten Mindestwerte für Leistungen der Krankenkassen nach den §§ 20a und 20b. [5]Die Leistungsträger nach Satz 3 erteilen der Nationalen Präventionskonferenz die für die Erstellung des Präventionsberichts erforderlichen Auskünfte. [6]Das Robert Koch-Institut liefert für den Präventionsbericht die im Rahmen des Gesundheitsmonitorings erhobenen relevanten Informationen. [7]Die Länder können regionale Erkenntnisse aus ihrer Gesundheitsberichterstattung für den Präventionsbericht zur Verfügung stellen.

§ 20e Nationale Präventionskonferenz

(1) [1]Die Aufgabe der Entwicklung und Fortschreibung der nationalen Präventionsstrategie wird von der Nationalen Präventionskonferenz als Arbeitsgemeinschaft der gesetzlichen Spitzenorganisationen der Leistungsträger nach § 20d Absatz 1 mit je zwei Sitzen wahrgenommen. [2]Die Leistungsträger nach § 20d Absatz 1 setzen die Präventionsstrategie in engem Zusammenwirken um. [3]Im Fall einer angemessenen finanziellen Beteiligung der Unternehmen der privaten Krankenversicherung und

der Unternehmen, die die private Pflege-Pflichtversicherung durchführen, an Programmen und Projekten im Sinne der Rahmenempfehlungen nach § 20d Absatz 2 Nummer 1 erhält der Verband der privaten Krankenversicherungsunternehmen e. V. ebenfalls einen Sitz. [4]Die Höhe der hierfür jährlich von den Unternehmen der privaten Krankenversicherung zur Verfügung zu stellenden Mittel bemisst sich mindestens nach dem Betrag, den die Krankenkassen nach § 20 Absatz 6 Satz 2 und 3 für Leistungen zur Gesundheitsförderung und Prävention nach § 20a aufzuwenden haben, multipliziert mit der Anzahl der in der privaten Krankenversicherung Vollversicherten. [5]Die Höhe der hierfür jährlich von den Unternehmen, die die private Pflege-Pflichtversicherung durchführen, zur Verfügung zu stellenden Mittel bemisst sich nach dem Betrag, den die Pflegekassen nach § 5 Absatz 2 des Elften Buches für Leistungen zur Prävention in Lebenswelten aufzuwenden haben, multipliziert mit der Anzahl ihrer Versicherten. [6]Bund und Länder erhalten jeweils vier Sitze mit beratender Stimme. [7]Darüber hinaus entsenden die kommunalen Spitzenverbände auf Bundesebene, die Bundesagentur für Arbeit, die repräsentativen Spitzenorganisationen der Arbeitgeber und Arbeitnehmer sowie das Präventionsforum jeweils einen Vertreter in die Nationale Präventionskonferenz, die mit beratender Stimme an den Sitzungen teilnehmen. [8]Die Nationale Präventionskonferenz gibt sich eine Geschäftsordnung; darin werden insbesondere die Arbeitsweise und das Beschlussverfahren festgelegt. [9]Die Geschäftsordnung muss einstimmig angenommen werden. [10]Die Geschäftsstelle, die die Mitglieder der Nationalen Präventionskonferenz bei der Wahrnehmung ihrer Aufgabe nach Satz 1 unterstützt, wird bei der Bundeszentrale für gesundheitliche Aufklärung angesiedelt.

(2) [1]Die Nationale Präventionskonferenz wird durch ein Präventionsforum beraten, das in der Regel einmal jährlich stattfindet. [2]Das Präventionsforum setzt sich aus Vertretern der für die Gesundheitsförderung und Prävention maßgeblichen Organisationen und Verbände sowie der stimmberechtigten und beratenden Mitglieder der Nationalen Präventionskonferenz nach Absatz 1 zusammen. [3]Die Nationale Präventionskonferenz beauftragt die Bundesvereinigung für Prävention und Gesundheitsförderung e. V. mit der Durchführung des Präventionsforums und erstattet dieser die notwendigen Aufwendungen. [4]Die Einzelheiten zur Durchführung des Präventionsforums einschließlich der für die Durchführung notwendigen Kosten werden in der Geschäftsordnung der Nationalen Präventionskonferenz geregelt.

§ 20f Landesrahmenvereinbarungen zur Umsetzung der nationalen Präventionsstrategie

(1) [1]Zur Umsetzung der nationalen Präventionsstrategie schließen die Landesverbände der Krankenkassen und die Ersatzkassen, auch für die Pflegekassen, mit den Trägern der gesetzlichen Rentenversicherung, den Trägern der gesetzlichen Unfallversicherung und mit den in den Ländern zuständigen Stellen gemeinsame Rahmenvereinbarungen auf Landesebene. [2]Die für die Rahmenvereinbarungen maßgeblichen Leistungen richten sich nach § 20 Absatz 4 Nummer 2 und 3, nach den §§ 20a bis 20c sowie nach den für die Pflegekassen, für die Träger der gesetzlichen Rentenversicherung und für die Träger der gesetzlichen Unfallversicherung jeweils geltenden Leistungsgesetzen.

(2) [1]Die an den Rahmenvereinbarungen Beteiligten nach Absatz 1 treffen Festlegungen unter Berücksichtigung der bundeseinheitlichen, trägerübergreifenden Rahmenempfehlungen nach § 20d Absatz 2 Nummer 1 und der regionalen Erfordernisse insbesondere über

1. gemeinsam und einheitlich zu verfolgende Ziele und Handlungsfelder,
2. die Koordinierung von Leistungen zwischen den Beteiligten,
3. die einvernehmliche Klärung von Zuständigkeitsfragen,
4. Möglichkeiten der gegenseitigen Beauftragung der Leistungsträger nach dem Zehnten Buch,
5. die Zusammenarbeit mit dem öffentlichen Gesundheitsdienst und den Trägern der örtlichen öffentlichen Jugendhilfe und
6. die Mitwirkung weiterer für die Gesundheitsförderung und Prävention relevanter Einrichtungen und Organisationen.

[2]An der Vorbereitung der Rahmenvereinbarungen werden die Bundesagentur für Arbeit, die für den Arbeitsschutz zuständigen obersten Landesbehörden und die kommunalen Spitzenverbände auf Landesebene beteiligt. [3]Sie können den Rahmenvereinbarungen beitreten. [4]Auf die zum Zwecke der Vorbereitung und Umsetzung der Rahmenvereinbarungen gebildeten Arbeitsgemeinschaften wird § 94 Absatz 1a Satz 2 und 3 des Zehnten Buches nicht angewendet.

§ 20g Modellvorhaben

(1) [1]Die Leistungsträger nach § 20d Absatz 1 und ihre Verbände können zur Erreichung der in den Rahmenempfehlungen nach § 20d Absatz 2 Nummer 1 festgelegten gemeinsamen Ziele einzeln oder in Kooperation mit Dritten, insbesondere den in den Ländern zuständigen Stellen nach § 20f Absatz 1, Modellvorhaben durchführen. [2]Anhand der Modellvorhaben soll die Qualität und Effizienz der Versorgung mit Leistungen zur Gesundheitsförderung und Prävention in Lebenswelten und mit Leistungen zur betrieblichen Gesundheitsförderung verbessert werden. [3]Die Modellvorhaben können auch der wissenschaftlich fundierten Auswahl geeigneter Maßnahmen der Zusammenarbeit dienen. [4]Die Aufwendungen der Krankenkassen für Modellvorhaben sind auf die Mittel nach § 20 Absatz 6 Satz 2 anzurechnen.

(2) Die Modellvorhaben sind im Regelfall auf fünf Jahre zu befristen und nach allgemein anerkannten wissenschaftlichen Standards wissenschaftlich zu begleiten und auszuwerten.

§ 20h Förderung der Selbsthilfe

(1) [1]Die Krankenkassen und ihre Verbände fördern Selbsthilfegruppen und -organisationen, die sich die gesundheitliche Prävention oder die Rehabilitation von Versicherten bei einer der im Verzeichnis nach Satz 2 aufgeführten Krankheiten zum Ziel gesetzt haben, sowie Selbsthilfekontaktstellen im Rahmen der Festlegungen des Absatzes 3. [2]Der Spitzenverband Bund der Krankenkassen beschließt ein Verzeichnis der Krankheitsbilder, bei deren gesundheitlicher Prävention oder Rehabilitation eine Förderung zulässig ist; sie haben die Kassenärztliche Bundesvereinigung und die Vertretungen der für die Wahrnehmung der Interessen der Selbsthilfe maßgeblichen Spitzenorganisationen zu beteiligen. [3]Selbsthilfekontaktstellen müssen für eine Förderung ihrer gesundheitsbezogenen Arbeit themen-, bereichs- und indikationsgruppenübergreifend tätig sein.

(2) [1]Der Spitzenverband Bund der Krankenkassen beschließt Grundsätze zu den Inhalten der Förderung der Selbsthilfe und zur Verteilung der Fördermittel auf die verschiedenen Förderebenen und Förderbereiche. [2]Die in Absatz 1 Satz 2 genannten Vertretungen der Selbsthilfe sind zu beteiligen. [3]Die Förderung kann durch pauschale Zuschüsse und als Projektförderung erfolgen.

(3) [1]Die Ausgaben der Krankenkassen und ihrer Verbände für die Wahrnehmung der Aufgaben nach Absatz 1 Satz 1 sollen insgesamt im Jahr 2016 für jeden ihrer Versicherten einen Betrag von 1,05 Euro umfassen; sie sind in den Folgejahren entsprechend der prozentualen Veränderung der monatlichen Bezugsgröße nach § 18 Abs. 1 des Vierten Buches anzupassen. [2]Für die Förderung auf der Landesebene und in den Regionen sind die Mittel entsprechend dem Wohnort der Versicherten aufzubringen. [3]Mindestens 50 vom Hundert der in Satz 1 bestimmten Mittel sind für kassenartenübergreifende Gemeinschaftsförderung aufzubringen. [4]Über die Vergabe der Fördermittel aus der Gemeinschaftsförderung beschließen die Krankenkassen oder ihre Verbände auf den jeweiligen Förderebenen gemeinsam nach Maßgabe der in Absatz 2 Satz 1 genannten Grundsätze und nach Beratung mit den zur Wahrnehmung der Interessen der Selbsthilfe jeweils maßgeblichen Vertretungen von Selbsthilfegruppen, -organisationen und -kontaktstellen. [5]Erreicht eine Krankenkasse den in Satz 1 genannten Betrag der Förderung in einem Jahr nicht, hat sie die nicht verausgabten Fördermittel im Folgejahr zusätzlich für die Gemeinschaftsförderung zur Verfügung zu stellen.

...

§ 23 Medizinische Vorsorgeleistungen

(1) Versicherte haben Anspruch auf ärztliche Behandlung und Versorgung mit Arznei-, Verband-, Heil- und Hilfsmitteln, wenn diese notwendig sind,

1. eine Schwächung der Gesundheit, die in absehbarer Zeit voraussichtlich zu einer Krankheit führen würde, zu beseitigen,
2. einer Gefährdung der gesundheitlichen Entwicklung eines Kindes entgegenzuwirken,
3. Krankheiten zu verhüten oder deren Verschlimmerung zu vermeiden oder
4. Pflegebedürftigkeit zu vermeiden.

(2) [1]Reichen bei Versicherten die Leistungen nach Absatz 1 nicht aus oder können sie wegen besonderer beruflicher oder familiärer Umstände nicht durchgeführt werden, kann die Krankenkasse aus medizinischen Gründen erforderliche ambulante Vorsorgeleistungen in anerkannten Kurorten

erbringen. [2]Die Satzung der Krankenkasse kann zu den übrigen Kosten die Versicherten im Zusammenhang mit dieser Leistung entstehen, einen Zuschuß von bis zu 16 Euro täglich vorsehen. [3]Bei ambulanten Vorsorgeleistungen für versicherte chronisch kranke Kleinkinder kann der Zuschuss nach Satz 2 auf bis zu 25 Euro erhöht werden.

(3) In den Fällen der Absätze 1 und 2 sind die §§ 31 bis 34 anzuwenden.

(4) [1]Reichen bei Versicherten die Leistungen nach Absatz 1 und 2 nicht aus, kann die Krankenkasse Behandlung mit Unterkunft und Verpflegung in einer Vorsorgeeinrichtung erbringen, mit der ein Vertrag nach § 111 besteht; für pflegende Angehörige kann die Krankenkasse unter denselben Voraussetzungen Behandlung mit Unterkunft und Verpflegung auch in einer Vorsorgeeinrichtung erbringen, mit der ein Vertrag nach § 111a besteht. [2]Die Krankenkasse führt statistische Erhebungen über Anträge auf Leistungen nach Satz 1 und Absatz 2 sowie deren Erledigung durch.

(5) [1]Die Krankenkasse bestimmt nach den medizinischen Erfordernissen des Einzelfalls unter entsprechender Anwendung des Wunsch- und Wahlrechts der Leistungsberechtigten nach § 8 des Neunten Buches Art, Dauer, Umfang, Beginn und Durchführung der Leistungen nach Absatz 4 sowie die Vorsorgeeinrichtung nach pflichtgemäßem Ermessen; die Krankenkasse berücksichtigt bei ihrer Entscheidung die besonderen Belange pflegender Angehöriger. [2]Leistungen nach Absatz 4 sollen für längstens drei Wochen erbracht werden, es sei denn, eine Verlängerung der Leistung ist aus medizinischen Gründen dringend erforderlich. [3]Satz 2 gilt nicht, soweit der Spitzenverband Bund der Krankenkassen nach Anhörung der für die Wahrnehmung der Interessen der ambulanten und stationären Vorsorgeeinrichtungen auf Bundesebene maßgeblichen Spitzenorganisationen in Leitlinien Indikationen festgelegt und diesen jeweils eine Regeldauer zugeordnet hat; von dieser Regeldauer kann nur abgewichen werden, wenn dies aus dringenden medizinischen Gründen im Einzelfall erforderlich ist. [4]Leistungen nach Absatz 2 können nicht vor Ablauf von drei, Leistungen nach Absatz 4 können nicht vor Ablauf von vier Jahren nach Durchführung solcher oder ähnlicher Leistungen erbracht werden, deren Kosten auf Grund öffentlich-rechtlicher Vorschriften getragen oder bezuschusst worden sind, es sei denn, eine vorzeitige Leistung ist aus medizinischen Gründen dringend erforderlich.

(6) [1]Versicherte, die eine Leistung nach Absatz 4 in Anspruch nehmen und das achtzehnte Lebensjahr vollendet haben, zahlen je Kalendertag den sich nach § 61 Satz 2 ergebenden Betrag an die Einrichtung. [2]Die Zahlung ist an die Krankenkasse weiterzuleiten.

(7) Medizinisch notwendige stationäre Vorsorgemaßnahmen für versicherte Kinder, die das 14. Lebensjahr noch nicht vollendet haben, sollen in der Regel für vier bis sechs Wochen erbracht werden.

§ 33 Hilfsmittel

(1) [1]Versicherte haben Anspruch auf Versorgung mit Hörhilfen, Körperersatzstücken, orthopädischen und anderen Hilfsmitteln, die im Einzelfall erforderlich sind, um den Erfolg der Krankenbehandlung zu sichern, einer drohenden Behinderung vorzubeugen oder eine Behinderung auszugleichen, soweit die Hilfsmittel nicht als allgemeine Gebrauchsgegenstände des täglichen Lebens anzusehen oder nach § 34 Abs. 4 ausgeschlossen sind. [2]Die Hilfsmittel müssen mindestens die im Hilfsmittelverzeichnis nach § 139 Absatz 2 festgelegten Anforderungen die Qualität der Versorgung und der Produkte erfüllen soweit sie im Hilfsmittelverzeichnis nach § 139 Absatz 1 gelistet oder von den dort genannten Produktgruppen erfasst sind. [3]Der Anspruch auf Versorgung mit Hilfsmitteln zum Behinderungsausgleich hängt bei stationärer Pflege nicht davon ab, in welchem Umfang eine Teilhabe am Leben in der Gemeinschaft noch möglich ist; die Pflicht der stationären Pflegeeinrichtungen zur Vorhaltung von Hilfsmitteln und Pflegehilfsmitteln, die für den üblichen Pflegebetrieb jeweils notwendig sind, bleibt hiervon unberührt. [4]Für nicht durch Satz 1 ausgeschlossene Hilfsmittel bleibt § 92 Abs. 1 unberührt. [5]Der Anspruch umfasst auch zusätzlich zur Bereitstellung des Hilfsmittels zu erbringende, notwendige Leistungen wie die notwendige Änderung, Instandsetzung und Ersatzbeschaffung von Hilfsmitteln, die Ausbildung in ihrem Gebrauch und, soweit zum Schutz der Versicherten vor unvertretbaren gesundheitlichen Risiken erforderlich, die nach dem Stand der Technik zur Erhaltung der Funktionsfähigkeit und der technischen Sicherheit notwendigen Wartungen und technischen Kontrollen. [6]Wählen Versicherte Hilfsmittel oder zusätzliche Leistungen, die über das Maß des Notwendigen hinausgehen, haben sie die Mehrkosten und dadurch bedingte höhere Folgekosten selbst zu tragen. [7]§ 18 Absatz 6a des Elften Buches ist zu beachten.

(2) [1]Versicherte haben bis zur Vollendung des 18. Lebensjahres Anspruch auf Versorgung mit Sehhilfen entsprechend den Voraussetzungen nach Absatz 1. [2]Für Versicherte, die das 18. Lebensjahr vollendet haben, besteht der Anspruch auf Sehhilfen, wenn sie

1. nach ICD 10-GM 2017 auf Grund ihrer Sehbeeinträchtigung oder Blindheit bei bestmöglicher Brillenkorrektur auf beiden Augen eine schwere Sehbeeinträchtigung mindestens der Stufe 1 oder
2. einen verordneten Fern-Korrekturausgleich für einen Refraktionsfehler von mehr als 6 Dioptrien bei Myopie oder Hyperopie oder mehr als 4 Dioptrien bei Astigmatismus

aufweisen; Anspruch auf therapeutische Sehhilfen besteht, wenn diese der Behandlung von Augenverletzungen oder Augenerkrankungen dienen.

[3]Der Gemeinsame Bundesausschuss bestimmt in Richtlinien nach § 92, bei welchen Indikationen therapeutische Sehhilfen verordnet werden. [4]Der Anspruch auf Versorgung mit Sehhilfen umfaßt nicht die Kosten des Brillengestells.

(3) [1]Anspruch auf Versorgung mit Kontaktlinsen besteht für anspruchsberechtigte Versicherte nach Absatz 2 nur in medizinisch zwingend erforderlichen Ausnahmefällen. [2]Der Gemeinsame Bundesausschuss bestimmt in den Richtlinien nach § 92, bei welchen Indikationen Kontaktlinsen verordnet werden. [3]Wählen Versicherte statt einer erforderlichen Brille Kontaktlinsen und liegen die Voraussetzungen des Satzes 1 nicht vor, zahlt die Krankenkasse als Zuschuß zu den Kosten von Kontaktlinsen höchstens den Betrag, den sie für eine erforderliche Brille aufzuwenden hätte. [4]Die Kosten für Pflegemittel werden nicht übernommen.

(4) Ein erneuter Anspruch auf Versorgung mit Sehhilfen nach Absatz 2 besteht für Versicherte, die das vierzehnte Lebensjahr vollendet haben, nur bei einer Änderung der Sehfähigkeit um mindestens 0,5 Dioptrien; für medizinisch zwingend erforderliche Fälle kann der Gemeinsame Bundesausschuss in den Richtlinien nach § 92 Ausnahmen zulassen.

(5) [1]Die Krankenkasse kann den Versicherten die erforderlichen Hilfsmittel auch leihweise überlassen. [2]Sie kann die Bewilligung von Hilfsmitteln davon abhängig machen, daß die Versicherten sich das Hilfsmittel anpassen oder sich in seinem Gebrauch ausbilden lassen.

(5a) [1]Eine vertragsärztliche Verordnung ist für die Beantragung von Leistungen nach den Absätzen 1 bis 4 nur erforderlich, soweit eine erstmalige oder erneute ärztliche Diagnose oder Therapieentscheidung medizinisch geboten ist. [2]Abweichend von Satz 1 können die Krankenkassen eine vertragsärztliche Verordnung als Voraussetzung für die Kostenübernahme verlangen, soweit sie auf die Genehmigung der beantragten Hilfsmittelversorgung verzichtet haben. [3]§ 18 Absatz 6a des Elften Buches ist zu beachten.

(5b) [1]Sofern die Krankenkassen nicht auf die Genehmigung der beantragten Hilfsmittelversorgung verzichten, haben sie den Antrag auf Bewilligung eines Hilfsmittels mit eigenem weisungsgebundenem Personal zu prüfen. [2]Sie können in geeigneten Fällen durch den Medizinischen Dienst vor Bewilligung eines Hilfsmittels nach § 275 Absatz 3 Nummer 1 prüfen lassen, ob das Hilfsmittel erforderlich ist. [3]Eine Beauftragung Dritter ist nicht zulässig.

(6) [1]Die Versicherten können alle Leistungserbringer in Anspruch nehmen, die Vertragspartner ihrer Krankenkasse sind. [2]Hat die Krankenkasse Verträge nach § 127 Abs. 1 über die Versorgung mit bestimmten Hilfsmitteln geschlossen, erfolgt die Versorgung durch einen Vertragspartner, der den Versicherten von der Krankenkasse zu benennen ist. [3]Abweichend von Satz 2 können Versicherte ausnahmsweise einen anderen Leistungserbringer wählen, wenn ein berechtigtes Interesse besteht; dadurch entstehende Mehrkosten haben sie selbst zu tragen. [4]Im Falle des § 127 Absatz 1 Satz 4 können die Versicherten einen der Leistungserbringer frei auswählen.

(7) Die Krankenkasse übernimmt die jeweils vertraglich vereinbarten Preise.

(8) [1]Versicherte, die das 18. Lebensjahr vollendet haben, leisten zu jedem zu Lasten der gesetzlichen Krankenversicherung abgegebenen Hilfsmittel als Zuzahlung den sich nach § 61 Satz 1 ergebenden Betrag zu dem von der Krankenkasse zu übernehmenden Betrag an die abgebende Stelle. [2]Der Vergütungsanspruch nach Absatz 7 verringert sich um die Zuzahlung; § 43c Abs. 1 Satz 2 findet keine Anwendung. [3]Die Zuzahlung bei zum Verbrauch bestimmten Hilfsmitteln beträgt 10 vom Hundert des insgesamt von der Krankenkasse zu übernehmenden Betrags, jedoch höchstens 10 Euro für den gesamten Monatsbedarf.

(9) Absatz 1 Satz 5 gilt entsprechend für Intraokularlinsen beschränkt auf die Kosten der Linsen.

...

§ 37 Häusliche Krankenpflege

(1) [1]Versicherte erhalten in ihrem Haushalt, ihrer Familie oder sonst an einem geeigneten Ort, insbesondere in betreuten Wohnformen, Schulen und Kindergärten, bei besonders hohem Pflegebedarf auch in Werkstätten für behinderte Menschen neben der ärztlichen Behandlung häusliche Krankenpflege durch geeignete Pflegekräfte, wenn Krankenhausbehandlung geboten, aber nicht ausführbar ist, oder wenn sie durch die häusliche Krankenpflege vermieden oder verkürzt wird. [2]§ 10 der Werkstättenverordnung bleibt unberührt. [3]Die häusliche Krankenpflege umfaßt die im Einzelfall erforderliche Grund- und Behandlungspflege sowie hauswirtschaftliche Versorgung. [4]Der Anspruch besteht bis zu vier Wochen je Krankheitsfall. [5]In begründeten Ausnahmefällen kann die Krankenkasse die häusliche Krankenpflege für einen längeren Zeitraum bewilligen, wenn der Medizinische Dienst (§ 275) festgestellt hat, daß dies aus den in Satz 1 genannten Gründen erforderlich ist.

(1a) [1]Versicherte erhalten an geeigneten Orten im Sinne von Absatz 1 Satz 1 wegen schwerer Krankheit oder wegen akuter Verschlimmerung einer Krankheit, insbesondere nach einem Krankenhausaufenthalt, nach einer ambulanten Operation oder nach einer ambulanten Krankenhausbehandlung, soweit keine Pflegebedürftigkeit mit Pflegegrad 2, 3, 4 oder 5 im Sinne des Elften Buches vorliegt, die erforderliche Grundpflege und hauswirtschaftliche Versorgung. [2]Absatz 1 Satz 4 und 5 gilt entsprechend.

(2) [1]Versicherte erhalten in ihrem Haushalt, ihrer Familie oder sonst an einem geeigneten Ort, insbesondere in betreuten Wohnformen, Schulen und Kindergärten, bei besonders hohem Pflegebedarf auch in Werkstätten für behinderte Menschen als häusliche Krankenpflege Behandlungspflege, wenn diese zur Sicherung des Ziels der ärztlichen Behandlung erforderlich ist. [2]§ 10 der Werkstättenverordnung bleibt unberührt. [3]Der Anspruch nach Satz 1 besteht über die dort genannten Fälle hinaus ausnahmsweise auch für solche Versicherte in zugelassenen Pflegeeinrichtungen im Sinne

des § 43 des Elften Buches, die auf Dauer, voraussichtlich für mindestens sechs Monate, einen besonders hohen Bedarf an medizinischer Behandlungspflege haben. [4]Die Satzung kann bestimmen, dass die Krankenkasse zusätzlich zur Behandlungspflege nach Satz 1 als häusliche Krankenpflege auch Grundpflege und hauswirtschaftliche Versorgung erbringt. [5]Die Satzung kann dabei Dauer und Umfang der Grundpflege und der hauswirtschaftlichen Versorgung nach Satz 4 bestimmen. [6]Leistungen nach den Sätzen 4 und 5 sind nach Eintritt von Pflegebedürftigkeit mit mindestens Pflegegrad 2 im Sinne des Elften Buches nicht zulässig. [7]Versicherte, die nicht auf Dauer in Einrichtungen nach § 71 Abs. 2 oder 4 des Elften Buches aufgenommen sind, erhalten Leistungen nach Satz 1 und den Sätzen 4 bis 6 auch dann, wenn ihr Haushalt nicht mehr besteht und ihnen nur zur Durchführung der Behandlungspflege vorübergehender Aufenthalt in einer Einrichtung oder in einer anderen geeigneten Unterkunft zur Verfügung gestellt wird. [8]Versicherte erhalten in stationären Einrichtungen im Sinne des § 43a des Elften Buches Leistungen nach Satz 1, wenn der Bedarf an Behandlungspflege eine ständige Überwachung und Versorgung durch eine qualifizierte Pflegefachkraft erfordert.

(2a) [1]Zur pauschalen Abgeltung der Vergütungszuschläge der Pflegekassen nach § 8 Absatz 6 des Elften Buches leisten die Krankenkassen jährlich 640 Millionen Euro an den Ausgleichsfonds der sozialen Pflegeversicherung. [2]Der Spitzenverband Bund der Krankenkassen erhebt hierzu von den Krankenkassen eine Umlage gemäß dem Anteil der Versicherten der Krankenkassen an der Gesamtzahl der Versicherten aller Krankenkassen. [3]Das Nähere zum Umlageverfahren und zur Zahlung an die Pflegeversicherung bestimmt der Spitzenverband Bund der Krankenkassen.

(2b) [1]Die häusliche Krankenpflege nach den Absätzen 1 und 2 umfasst auch die ambulante Palliativversorgung. [2]Für Leistungen der ambulanten Palliativversorgung ist regelmäßig ein begründeter Ausnahmefall im Sinne von Absatz 1 Satz 5 anzunehmen. [3]§ 37b Absatz 4 gilt für die häusliche Krankenpflege zur ambulanten Palliativversorgung entsprechend.

(3) Der Anspruch auf häusliche Krankenpflege besteht nur, soweit eine im Haushalt lebende Person den Kranken in dem erforderlichen Umfang nicht pflegen und versorgen kann.

(4) Kann die Krankenkasse keine Kraft für die häusliche Krankenpflege stellen oder besteht Grund, davon abzusehen, sind den Versicherten die Kosten für eine selbstbeschaffte Kraft in angemessener Höhe zu erstatten.

(5) Versicherte, die das 18. Lebensjahr vollendet haben, leisten als Zuzahlung den sich nach § 61 Satz 3 ergebenden Betrag, begrenzt auf die für die ersten 28 Kalendertage der Leistungsinanspruchnahme je Kalenderjahr anfallenden Kosten an die Krankenkasse.

(6) Der Gemeinsame Bundesausschuss legt in Richtlinien nach § 92 fest, an welchen Orten und in welchen Fällen Leistungen nach den Absätzen 1 und 2 auch außerhalb des Haushalts und der Familie des Versicherten erbracht werden können.

(7) [1]Der Gemeinsame Bundesausschuss regelt in Richtlinien nach § 92 unter Berücksichtigung bestehender Therapieangebote das Nähere zur Versorgung von chronischen und schwer heilenden Wunden. [2]Die Versorgung von chronischen und schwer heilenden Wunden kann auch in spezialisierten Einrichtungen an einem geeigneten Ort außerhalb der Häuslichkeit von Versicherten erfolgen.

...

Neunter Abschnitt. Zuzahlungen, Belastungsgrenze

§ 61 Zuzahlungen

[1]Zuzahlungen, die Versicherte zu leisten haben, betragen 10 vom Hundert des Abgabepreises, mindestens jedoch 5 Euro und höchstens 10 Euro; allerdings jeweils nicht mehr als die Kosten des Mittels. [2]Als Zuzahlungen zu stationären Maßnahmen werden je Kalendertag 10 Euro erhoben. [3]Bei Heilmitteln und häuslicher Krankenpflege beträgt die Zuzahlung 10 vom Hundert der Kosten sowie 10 Euro je Verordnung. [4]Geleistete Zuzahlungen sind von dem zum Einzug Verpflichteten gegenüber dem Versicherten zu quittieren; ein Vergütungsanspruch hierfür besteht nicht.

§ 62 Belastungsgrenze

(1) [1]Versicherte haben während jedes Kalenderjahres nur Zuzahlungen bis zur Belastungsgrenze zu leisten; wird die Belastungsgrenze bereits innerhalb eines Kalenderjahres erreicht, hat die Krankenkasse eine Bescheinigung darüber zu erteilen, dass für den Rest des Kalenderjahres keine Zuzahlungen mehr zu leisten sind. [2]Die Belastungsgrenze beträgt 2 vom Hundert der jährlichen Bruttoeinnahmen zum Lebensunterhalt; für chronisch Kranke, die wegen derselben schwerwiegenden Krankheit in Dauerbehandlung sind, beträgt sie 1 vom Hundert der jährlichen Bruttoeinnahmen zum Lebensunterhalt. [3]Abweichend von Satz 2 beträgt die Belastungsgrenze 2 vom Hundert der jährlichen Bruttoeinnahmen zum Lebensunterhalt für nach dem 1. April 1972 geborene chronisch kranke Versicherte, die ab dem 1. Januar 2008 die in § 25 Absatz 1 genannten Gesundheitsuntersuchungen vor der Erkrankung nicht regelmäßig in Anspruch genommen haben. [4]Für Versicherte nach Satz 3, die an einem für ihre Erkrankung bestehenden strukturierten Behandlungsprogramm teilnehmen, beträgt die Belastungsgrenze 1 vom Hundert der jährlichen Bruttoeinnahmen zum Lebensunterhalt. [5]Der Gemeinsame Bundesausschuss legt in seinen Richtlinien fest, in welchen Fällen Gesundheitsuntersuchungen ausnahmsweise nicht zwingend durchgeführt werden müssen. [6]Die weitere Dauer der in Satz 2 genannten Behandlung ist der Krankenkasse jeweils spätestens nach Ablauf eines Kalenderjahres nachzuweisen und vom Medizinischen Dienst der Krankenversicherung, soweit erforderlich, zu prüfen; die Krankenkasse kann auf den jährlichen Nachweis verzichten, wenn bereits die notwendigen Feststellungen getroffen worden sind und im Einzelfall keine Anhaltspunkte für einen Wegfall der chronischen Erkrankung vorliegen. [7]Die Krankenkassen sind verpflichtet, ihre Versicherten zu Beginn eines Kalenderjahres auf die für sie in diesem Kalenderjahr maßgeblichen Untersuchungen nach § 25 Abs. 1 hinzuweisen. [8]Das Nähere zur Definition einer schwerwiegenden chronischen Erkrankung bestimmt der Gemeinsame Bundesausschuss in den Richtlinien nach § 92.

(2) [1]Bei der Ermittlung der Belastungsgrenzen nach Absatz 1 werden die Zuzahlungen und die Bruttoeinnahmen zum Lebensunterhalt des Versicherten, seines Ehegatten oder Lebenspartners, der minderjährigen oder nach § 10 versicherten Kinder des Versicherten, seines Ehegatten oder Lebenspartners sowie der Angehörigen im Sinne des § 8 Absatz 4 des Zweiten Gesetzes über die Krankenversicherung der Landwirte jeweils zusammen-

gerechnet, soweit sie im gemeinsamen Haushalt leben. [2]Hierbei sind die jährlichen Bruttoeinnahmen für den ersten in dem gemeinsamen Haushalt lebenden Angehörigen des Versicherten um 15 vom Hundert und für jeden weiteren in dem gemeinsamen Haushalt lebenden Angehörigen des Versicherten und des Lebenspartners um 10 vom Hundert der jährlichen Bezugsgröße nach § 18 des Vierten Buches zu vermindern. [3]Für jedes Kind des Versicherten und des Lebenspartners sind die jährlichen Bruttoeinnahmen um den sich aus den Freibeträgen nach § 32 Abs. 6 Satz 1 und 2 des Einkommensteuergesetzes ergebenden Betrag zu vermindern; die nach Satz 2 bei der Ermittlung der Belastungsgrenze vorgesehene Berücksichtigung entfällt. [4]Zu den Einnahmen zum Lebensunterhalt gehören nicht Grundrenten, die Beschädigte nach dem Bundesversorgungsgesetz oder nach anderen Gesetzen in entsprechender Anwendung des Bundesversorgungsgesetzes erhalten, sowie Renten oder Beihilfen, die nach dem Bundesentschädigungsgesetz für Schäden an Körper und Gesundheit gezahlt werden, bis zur Höhe der vergleichbaren Grundrente nach dem Bundesversorgungsgesetz. [5]Abweichend von den Sätzen 1 bis 3 ist bei Versicherten,

1. die Hilfe zum Lebensunterhalt oder Grundsicherung im Alter und bei Erwerbsminderung nach dem Zwölften Buch oder die ergänzende Hilfe zum Lebensunterhalt nach dem Bundesversorgungsgesetz oder nach einem Gesetz, das dieses für anwendbar erklärt, erhalten,
2. bei denen die Kosten der Unterbringung in einem Heim oder einer ähnlichen Einrichtung von einem Träger der Sozialhilfe oder der Kriegsopferfürsorge getragen werden

sowie für den in § 264 genannten Personenkreis als Bruttoeinnahmen zum Lebensunterhalt für die gesamte Bedarfsgemeinschaft nur der Regelsatz für die Regelbedarfsstufe 1 nach der Anlage zu § 28 des Zwölften Buches maßgeblich. [6]Bei Versicherten, die Leistungen zur Sicherung des Lebensunterhalts nach dem Zweiten Buch erhalten, ist abweichend von den Sätzen 1 bis 3 als Bruttoeinnahmen zum Lebensunterhalt für die gesamte Bedarfsgemeinschaft nur der Regelbedarf nach § 20 Absatz 2 Satz 1 des Zweiten Buches maßgeblich. [7]Bei Ehegatten und Lebenspartnern ist ein gemeinsamer Haushalt im Sinne des Satzes 1 auch dann anzunehmen, wenn ein Ehegatte oder Lebenspartner dauerhaft in eine vollstationäre Einrichtung aufgenommen wurde, in der Leistungen gemäß § 43 oder § 43a des Elften Buches erbracht werden.

(3) [1]Die Krankenkasse stellt dem Versicherten eine Bescheinigung über die Befreiung nach Absatz 1 aus. [2]Diese darf keine Angaben über das Einkommen des Versicherten oder anderer zu berücksichtigender Personen enthalten.

(4) (aufgehoben)

(5) Die Spitzenverbände der Krankenkassen evaluieren für das Jahr 2006 die Ausnahmeregelungen von der Zuzahlungspflicht hinsichtlich ihrer Steuerungswirkung und legen dem Deutschen Bundestag hierzu über das Bundesministerium für Gesundheit spätestens bis zum 30. Juni 2007 einen Bericht vor.

...

§ 107 Krankenhäuser, Vorsorge- oder Rehabilitationseinrichtungen

(1) Krankenhäuser im Sinne dieses Gesetzbuchs sind Einrichtungen, die

1. der Krankenhausbehandlung oder Geburtshilfe dienen,
2. fachlich-medizinisch unter ständiger ärztlicher Leitung stehen, über ausreichende, ihrem Versorgungsauftrag entsprechende diagnostische und therapeutische Möglichkeiten verfügen und nach wissenschaftlich anerkannten Methoden arbeiten,
3. mit Hilfe von jederzeit verfügbarem ärztlichem, Pflege-, Funktions- und medizinisch-technischem Personal darauf eingerichtet sind, vorwiegend durch ärztliche und pflegerische Hilfeleistung Krankheiten der Patienten zu erkennen, zu heilen, ihre Verschlimmerung zu verhüten, Krankheitsbeschwerden zu lindern oder Geburtshilfe zu leisten,
4. die Patienten untergebracht und verpflegt werden können.

(2) Vorsorge- oder Rehabilitationseinrichtungen im Sinne dieses Gesetzbuchs sind Einrichtungen, die

1. der stationären Behandlung der Patienten dienen, um
   a) eine Schwächung der Gesundheit, die in absehbarer Zeit voraussichtlich zu einer Krankheit führen würde, zu beseitigen oder einer Gefährdung der gesundheitlichen Entwicklung eines Kindes entgegenzuwirken (Vorsorge) oder

b) eine Krankheit zu heilen, ihre Verschlimmerung zu verhüten oder Krankheitsbeschwerden zu lindern oder im Anschluß an Krankenhausbehandlung den dabei erzielten Behandlungserfolg zu sichern oder zu festigen, auch mit dem Ziel, eine drohende Behinderung oder Pflegebedürftigkeit abzuwenden, zu beseitigen, zu mindern, auszugleichen, ihre Verschlimmerung zu verhüten oder ihre Folgen zu mildern (Rehabilitation), wobei Leistungen der aktivierenden Pflege nicht von den Krankenkassen übernommen werden dürfen,

2. fachlich-medizinisch unter ständiger ärztlicher Verantwortung und unter Mitwirkung von besonders geschultem Personal darauf eingerichtet sind, den Gesundheitszustand der Patienten nach einem ärztlichen Behandlungsplan vorwiegend durch Anwendung von Heilmitteln einschließlich Krankengymnastik, Bewegungstherapie, Sprachtherapie oder Arbeits- und Beschäftigungstherapie, ferner durch andere geeignete Hilfen, auch durch geistige und seelische Einwirkungen, zu verbessern und den Patienten bei der Entwicklung eigener Abwehr- und Heilungskräfte zu helfen,
   und in denen
3. die Patienten untergebracht und verpflegt werden können.

§ 119b Ambulante Behandlung in stationären Pflegeeinrichtungen

(1) [1]Stationäre Pflegeeinrichtungen haben einzeln oder gemeinsam bei entsprechendem Bedarf unbeschadet des § 75 Abs. 1 Kooperationsverträge mit dafür geeigneten vertragsärztlichen Leistungserbringern zu schließen. [2]Auf Antrag der Pflegeeinrichtung hat die Kassenärztliche Vereinigung zur Sicherstellung einer ausreichenden ärztlichen Versorgung von pflegebedürftigen Versicherten in der Pflegeeinrichtung Verträge nach Satz 1 innerhalb von drei Monaten zu vermitteln. [3]Kommt ein Vertrag nach Satz 1 nicht innerhalb einer Frist von sechs Monaten nach Zugang des Antrags der Pflegeeinrichtung zustande, ist die Pflegeeinrichtung vom Zulassungsausschuss zur Teilnahme an der vertragsärztlichen Versorgung der pflegebedürftigen Versicherten in der Pflegeeinrichtung mit angestellten Ärzten, die in das Arztregister eingetragen sind und geriatrisch fortgebildet sein sollen, zu ermächtigen; die Anstellung bedarf der Genehmigung des Zulassungsausschusses. [4]Soll die Versorgung der pflegebedürftigen Versicherten durch einen in mehreren Pflegeeinrichtungen angestellten Arzt erfolgen,

ist der angestellte Arzt zur Teilnahme an der vertragsärztlichen Versorgung der pflegebedürftigen Versicherten in den Pflegeeinrichtungen zu ermächtigen. [5]Das Recht auf freie Arztwahl der Versicherten in der Pflegeeinrichtung bleibt unberührt. [6]Der in der Pflegeeinrichtung tätige Arzt ist bei seinen ärztlichen Entscheidungen nicht an Weisungen von Nichtärzten gebunden. [7]Er soll mit den übrigen Leistungserbringern eng zusammenarbeiten. [8]Stationäre Pflegeeinrichtungen benennen eine verantwortliche Pflegefachkraft für die Zusammenarbeit mit den vertragsärztlichen Leistungserbringern im Rahmen der Verträge nach Satz 1.

(2) Die Vertragsparteien der Verträge nach § 82 Absatz 1 und § 87 Absatz 1 vereinbaren im Benehmen mit den Vereinigungen der Träger der Pflegeeinrichtungen auf Bundesebene sowie den Verbänden der Pflegeberufe auf Bundesebene insbesondere zur Verbesserung der Qualität der Versorgung Anforderungen an eine kooperative und koordinierte ärztliche und pflegerische Versorgung von pflegebedürftigen Versicherten in stationären Pflegeeinrichtungen.

(2a) [1]Die Vertragsparteien nach Absatz 2 haben erstmals bis zum 30. Juni 2019 im Benehmen mit den Vereinigungen der Träger der Pflegeeinrichtungen auf Bundesebene verbindliche Anforderungen für die Informations- und Kommunikationstechnik zum elektronischen Datenaustausch im Rahmen der Zusammenarbeit zwischen den stationären Pflegeeinrichtungen und geeigneten vertragsärztlichen Leistungserbringern nach Absatz 1 Satz 1 zu vereinbaren. [2]In der Vereinbarung können auf Verlangen der für die Interessensvertretung maßgeblichen Verbände auf Bundesebene auch technische Anforderungen an den elektronischen Datenaustausch mit ambulanten Pflegeeinrichtungen, Krankenhäusern, Apotheken sowie mit Heil- und Hilfsmittelerbringern berücksichtigt werden. [3]Sobald die Dienste der Telematikinfrastruktur nach § 291a für den Bereich der Altenpflege zur Verfügung stehen, sollen sie in der Vereinbarung berücksichtigt werden.

(2b) Telemedizinische Dienste, insbesondere Videosprechstunden sollen im Rahmen der Zusammenarbeit zwischen den stationären Pflegeeinrichtungen und geeigneten vertragsärztlichen Leistungserbringern nach Absatz 1 Satz 1 Verwendung finden.

(3) [1]Der Bewertungsausschuss für ärztliche Leistungen evaluiert die mit der Vergütungsregelung nach § 87 Absatz 2a verbundenen Auswirkungen auf das Versorgungsgeschehen im Bereich der vertragsärztlichen Versor-

gung einschließlich der finanziellen Auswirkungen auf die Krankenkassen und berichtet der Bundesregierung bis zum 31. Dezember 2017 über die Ergebnisse. [2]Die für die Durchführung der Evaluation erforderlichen Daten sind von den Kassenärztlichen Vereinigungen, den Krankenkassen und den Pflegekassen zu erfassen und jeweils über die Kassenärztliche Bundesvereinigung und den Spitzenverband Bund der Krankenkassen an den Bewertungsausschuss nach Satz 1 zu übermitteln; § 87 Absatz 3f gilt entsprechend. [3]Die Kassenzahnärztliche Bundesvereinigung und der Spitzenverband Bund der Krankenkassen evaluieren auf Grundlage einer von ihnen zu treffenden Vereinbarung die mit den Kooperationsverträgen nach Absatz 1 verbundenen Auswirkungen auf die vertragszahnärztliche Versorgung von Versicherten in stationären Pflegeeinrichtungen. [4]Über die Ergebnisse berichten sie der Bundesregierung im Abstand von drei Jahren, erstmals bis zum 30. Juni 2019.

...

§ 140a Besondere Versorgung

(1) [1]Die Krankenkassen können Verträge mit den in Absatz 3 genannten Leistungserbringern über eine besondere Versorgung der Versicherten abschließen. [2]Sie ermöglichen eine verschiedene Leistungssektoren übergreifende oder eine interdisziplinär fachübergreifende Versorgung (integrierte Versorgung) sowie unter Beteiligung vertragsärztlicher Leistungserbringer oder deren Gemeinschaften besondere ambulante ärztliche Versorgungsaufträge. [2]Verträge, die nach den §§ 73a, 73c und 140a in der am 22. Juli 2015 geltenden Fassung geschlossen wurden, gelten fort. [3]Soweit die Versorgung der Versicherten nach diesen Verträgen durchgeführt wird, ist der Sicherstellungsauftrag nach § 75 Absatz 1 eingeschränkt. [4]Satz 4 gilt nicht für die Organisation der vertragsärztlichen Versorgung zu den sprechstundenfreien Zeiten.

(2) [1]Die Verträge können Abweichendes von den Vorschriften dieses Kapitels, des Krankenhausfinanzierungsgesetzes, des Krankenhausentgeltgesetzes sowie den nach diesen Vorschriften getroffenen Regelungen beinhalten. [2]Die Verträge können auch Abweichendes von den im Dritten Kapitel benannten Leistungen beinhalten, soweit sie die in § 11 Absatz 6 genannten Leistungen, Leistungen nach den §§ 20d, 25, 26, 27b, 37a und

37b sowie ärztliche Leistungen einschließlich neuer Untersuchungs- und Behandlungsmethoden betreffen. [3]Die Sätze 1 und 2 gelten insoweit, als über die Eignung der Vertragsinhalte als Leistung der gesetzlichen Krankenversicherung der Gemeinsame Bundesausschuss nach § 91 im Rahmen der Beschlüsse nach § 92 Absatz 1 Satz 2 Nummer 5 oder im Rahmen der Beschlüsse nach § 137c Absatz 1 keine ablehnende Entscheidung getroffen hat und die abweichende Regelung dem Sinn und der Eigenart der vereinbarten besonderen Versorgung entspricht, sie insbesondere darauf ausgerichtet ist, die Qualität, die Wirksamkeit und die Wirtschaftlichkeit der Versorgung zu verbessern. [4]Die Wirtschaftlichkeit der besonderen Versorgung muss spätestens vier Jahre nach dem Wirksamwerden der zugrunde liegenden Verträge nachweisbar sein; § 88 Absatz 2 des Vierten Buches gilt entsprechend. [5]Für die Qualitätsanforderungen zur Durchführung der Verträge gelten die vom Gemeinsamen Bundesausschuss sowie die in den Bundesmantelverträgen für die Leistungserbringung in der vertragsärztlichen Versorgung beschlossenen Anforderungen als Mindestvoraussetzungen entsprechend. [6]Gegenstand der Verträge dürfen auch Vereinbarungen sein, die allein die Organisation der Versorgung betreffen. [7]Vereinbarungen über zusätzliche Vergütungen für Diagnosen können nicht Gegenstand der Verträge sein.

(3) [1]Die Krankenkassen können nach Maßgabe von Absatz 1 Satz 2 Verträge abschließen mit:

1. nach diesem Kapitel zur Versorgung der Versicherten berechtigten Leistungserbringern oder deren Gemeinschaften,
2. Trägern von Einrichtungen, die eine besondere Versorgung durch zur Versorgung der Versicherten nach dem Vierten Kapitel berechtigte Leistungserbringer anbieten,
3. Pflegekassen und zugelassenen Pflegeeinrichtungen auf der Grundlage des § 92b des Elften Buches,
4. Praxiskliniken nach § 115 Absatz 2 Satz 1 Nummer 1,
5. pharmazeutischen Unternehmern,
6. Herstellern von Medizinprodukten im Sinne des Gesetzes über Medizinprodukte,
7. Kassenärztlichen Vereinigungen zur Unterstützung von Mitgliedern, die an der besonderen Versorgung teilnehmen.

[2]Die Partner eines Vertrages über eine besondere Versorgung nach Absatz 1 können sich auf der Grundlage ihres jeweiligen Zulassungsstatus für die Durchführung der besonderen Versorgung darauf verständigen, dass Leistungen auch dann erbracht werden können, wenn die Erbringung dieser Leistungen vom Zulassungs-, Ermächtigungs- oder Berechtigungsstatus des jeweiligen Leistungserbringers nicht gedeckt ist.

(4) [1]Die Versicherten erklären ihre freiwillige Teilnahme an der besonderen Versorgung schriftlich gegenüber ihrer Krankenkasse. [2]Die Versicherten können die Teilnahmeerklärung innerhalb von zwei Wochen nach deren Abgabe in Textform oder zur Niederschrift bei der Krankenkasse ohne Angabe von Gründen widerrufen. [3]Zur Fristwahrung genügt die rechtzeitige Absendung der Widerrufserklärung an die Krankenkasse. [4]Die Widerrufsfrist beginnt, wenn die Krankenkasse dem Versicherten eine Belehrung über sein Widerrufsrecht in Textform mitgeteilt hat, frühestens jedoch mit der Abgabe der Teilnahmeerklärung. [5]Das Nähere zur Durchführung der Teilnahme der Versicherten, insbesondere zur zeitlichen Bindung an die Teilnahmeerklärung, zur Bindung an die vertraglich gebundenen Leistungserbringer und zu den Folgen bei Pflichtverstößen der Versicherten, regeln die Krankenkassen in den Teilnahmeerklärungen. [6]Die Satzung der Krankenkasse hat Regelungen zur Abgabe der Teilnahmeerklärungen zu enthalten. [7]Die Regelungen sind auf der Grundlage der Richtlinie nach § 217f Absatz 4a zu treffen.

(5) Die Erhebung, Verarbeitung und Nutzung der für die Durchführung der Verträge nach Absatz 1 erforderlichen personenbezogenen Daten durch die Vertragspartner nach Absatz 1 darf nur mit Einwilligung und nach vorheriger Information der Versicherten erfolgen.

(6) [1]Für die Bereinigung des Behandlungsbedarfs nach § 87a Absatz 3 Satz 2 gilt § 73b Absatz 7 entsprechend; falls eine Vorabeinschreibung der teilnehmenden Versicherten nicht möglich ist, kann eine rückwirkende Bereinigung vereinbart werden. [2]Die Krankenkasse kann bei Verträgen nach Absatz 1 auf die Bereinigung verzichten, wenn das voraussichtliche Bereinigungsvolumen einer Krankenkasse für einen Vertrag nach Absatz 1 geringer ist als der Aufwand für die Durchführung dieser Bereinigung. [3]Der Bewertungsausschuss hat in seinen Vorgaben gemäß § 87a Absatz 5 Satz 7 zur Bereinigung und zur Ermittlung der kassenspezifischen Aufsatzwerte des Behandlungsbedarfs auch Vorgaben zur Höhe des Schwellenwertes

für das voraussichtliche Bereinigungsvolumen, unterhalb dessen von einer basiswirksamen Bereinigung abgesehen werden kann, zu der pauschalen Ermittlung und Übermittlung des voraussichtlichen Bereinigungsvolumens an die Vertragspartner nach § 73b Absatz 7 Satz 1 sowie zu dessen Anrechnung beim Aufsatzwert der betroffenen Krankenkasse zu machen.

...

§ 275 Begutachtung und Beratung

(1) Die Krankenkassen sind in den gesetzlich bestimmten Fällen oder wenn es nach Art, Schwere, Dauer oder Häufigkeit der Erkrankung oder nach dem Krankheitsverlauf erforderlich ist, verpflichtet,

1. bei Erbringung von Leistungen, insbesondere zur Prüfung von Voraussetzungen, Art und Umfang der Leistung, sowie bei Auffälligkeiten zur Prüfung der ordnungsgemäßen Abrechnung,
2. zur Einleitung von Leistungen zur Teilhabe, insbesondere zur Koordinierung der Leistungen nach den §§ 14 bis 24 des Neunten Buches, im Benehmen mit dem behandelnden Arzt,
3. bei Arbeitsunfähigkeit
   a) zur Sicherung des Behandlungserfolgs, insbesondere zur Einleitung von Maßnahmen der Leistungsträger für die Wiederherstellung der Arbeitsfähigkeit, oder
   b) zur Beseitigung von Zweifeln an der Arbeitsunfähigkeit

eine gutachtliche Stellungnahme des Medizinischen Dienstes der Krankenversicherung (Medizinischer Dienst) einzuholen.

(1a) [1]Zweifel an der Arbeitsunfähigkeit nach Absatz 1 Nr. 3 Buchstabe b sind insbesondere in Fällen anzunehmen, in denen

a) Versicherte auffällig häufig oder auffällig häufig nur für kurze Dauer arbeitsunfähig sind oder der Beginn der Arbeitsunfähigkeit häufig auf einen Arbeitstag am Beginn oder am Ende einer Woche fällt oder
b) die Arbeitsunfähigkeit von einem Arzt festgestellt worden ist, der durch die Häufigkeit der von ihm ausgestellten Bescheinigungen über Arbeitsunfähigkeit auffällig geworden ist.

[2]Die Prüfung hat unverzüglich nach Vorlage der ärztlichen Feststellung über die Arbeitsunfähigkeit zu erfolgen. [3]Der Arbeitgeber kann verlangen, daß die Krankenkasse eine gutachtliche Stellungnahme des Medizinischen Dienstes zur Überprüfung der Arbeitsunfähigkeit einholt. [4]Die Krankenkasse kann von einer Beauftragung des Medizinischen Dienstes absehen, wenn sich die medizinischen Voraussetzungen der Arbeitsunfähigkeit eindeutig aus den der Krankenkasse vorliegenden ärztlichen Unterlagen ergeben.

(1b) [1]Der Medizinische Dienst überprüft bei Vertragsärzten, die nach § 106a Absatz 1 geprüft werden, stichprobenartig und zeitnah Feststellungen der Arbeitsunfähigkeit. [2]Die in § 106 Absatz 1 Satz 2 genannten Vertragspartner vereinbaren das Nähere.

(1c) [1]Bei Krankenhausbehandlung nach § 39 ist eine Prüfung nach Absatz 1 Nr. 1 zeitnah durchzuführen. [2]Die Prüfung nach Satz 1 ist spätestens sechs Wochen nach Eingang der Abrechnung bei der Krankenkasse einzuleiten und durch den Medizinischen Dienst dem Krankenhaus anzuzeigen. [3]Falls die Prüfung nicht zu einer Minderung des Abrechnungsbetrags führt, hat die Krankenkasse dem Krankenhaus eine Aufwandspauschale in Höhe von 300 Euro zu entrichten. [4]Als Prüfung nach Satz 1 ist jede Prüfung der Abrechnung eines Krankenhauses anzusehen, mit der die Krankenkasse den Medizinischen Dienst beauftragt und die eine Datenerhebung durch den Medizinischen Dienst beim Krankenhaus erfordert.

(2) Die Krankenkassen haben durch den Medizinischen Dienst prüfen zu lassen

1. die Notwendigkeit der Leistungen nach den §§ 23, 24, 40 und 41 unter Zugrundelegung eines ärztlichen Behandlungsplans in Stichproben vor Bewilligung und regelmäßig bei beantragter Verlängerung; der Spitzenverband Bund der Krankenkassen regelt in Richtlinien den Umfang und die Auswahl der Stichprobe und kann Ausnahmen zulassen, wenn Prüfungen nach Indikation und Personenkreis nicht notwendig erscheinen; dies gilt insbesondere für Leistungen zur medizinischen Rehabilitation im Anschluß an eine Krankenhausbehandlung (Anschlußheilbehandlung),
2. (entfällt),
3. bei Kostenübernahme einer Behandlung im Ausland, ob die Behandlung einer Krankheit nur im Ausland möglich ist (§ 18),

4. ob und für welchen Zeitraum häusliche Krankenpflege länger als vier Wochen erforderlich ist (§ 37 Abs. 1),
5. ob Versorgung mit Zahnersatz aus medizinischen Gründen ausnahmsweise unaufschiebbar ist (§ 27 Abs. 2).

(3) Die Krankenkassen können in geeigneten Fällen durch den Medizinischen Dienst prüfen lassen

1. vor Bewilligung eines Hilfsmittels, ob das Hilfsmittel erforderlich ist (§ 33); der Medizinische Dienst hat hierbei den Versicherten zu beraten; er hat mit den Orthopädischen Versorgungsstellen zusammenzuarbeiten,
2. bei Dialysebehandlung, welche Form der ambulanten Dialysebehandlung unter Berücksichtigung des Einzelfalls notwendig und wirtschaftlich ist,
3. die Evaluation durchgeführter Hilfsmittelversorgungen,
4. ob Versicherten bei der Inanspruchnahme von Versicherungsleistungen aus Behandlungsfehlern ein Schaden entstanden ist (§ 66).

(3a) Ergeben sich bei der Auswertung der Unterlagen über die Zuordnung von Patienten zu den Behandlungsbereichen nach § 4 der Psychiatrie-Personalverordnung in vergleichbaren Gruppen Abweichungen, so können die Landesverbände der Krankenkassen und die Verbände der Ersatzkassen die Zuordnungen durch den Medizinischen Dienst überprüfen lassen; das zu übermittelnde Ergebnis der Überprüfung darf keine Sozialdaten enthalten.

(4) [1]Die Krankenkassen und ihre Verbände sollen bei der Erfüllung anderer als der in Absatz 1 bis 3 genannten Aufgaben im notwendigen Umfang den Medizinischen Dienst oder andere Gutachterdienste zu Rate ziehen, insbesondere für allgemeine medizinische Fragen der gesundheitlichen Versorgung und Beratung der Versicherten, für Fragen der Qualitätssicherung, für Vertragsverhandlungen mit den Leistungserbringern und für Beratungen der gemeinsamen Ausschüsse von Ärzten und Krankenkassen, insbesondere der Prüfungsausschüsse. [2]Der Medizinische Dienst führt die Aufgaben nach § 116b Absatz 2 durch, wenn der erweiterte Landesausschuss ihn hiermit nach § 116b Absatz 3 Satz 8 ganz oder teilweise beauftragt.

(4a) [1]Soweit die Erfüllung der sonstigen dem Medizinischen Dienst obliegenden Aufgaben nicht beeinträchtigt wird, kann er Beamte nach den

§§ 44 bis 49 des Bundesbeamtengesetzes ärztlich untersuchen und ärztliche Gutachten fertigen. [2]Die hierdurch entstehenden Kosten sind von der Behörde, die den Auftrag erteilt hat, zu erstatten. [3]§ 281 Absatz 1a Satz 2 gilt entsprechend. [4]Der Medizinische Dienst des Spitzenverbandes Bund der Krankenkassen und das Bundesministerium des Innern vereinbaren unter Beteiligung der Medizinischen Dienste, die ihre grundsätzliche Bereitschaft zur Durchführung von Untersuchungen und zur Fertigung von Gutachten nach Satz 1 erklärt haben, das Nähere über das Verfahren und die Höhe der Kostenerstattung. [5]Die Medizinischen Dienste legen die Vereinbarung ihrer Aufsichtsbehörde vor, die der Vereinbarung innerhalb von drei Monaten nach Vorlage widersprechen kann, wenn die Erfüllung der sonstigen Aufgaben des Medizinischen Dienstes gefährdet wäre.

(5) [1]Die Ärzte des Medizinischen Dienstes sind bei der Wahrnehmung ihrer medizinischen Aufgaben nur ihrem ärztlichen Gewissen unterworfen. [2]Sie sind nicht berechtigt, in die ärztliche Behandlung einzugreifen.

...

III. SGB XII

Sozialgesetzbuch (SGB) Zwölftes Buch (XII) – Sozialhilfe – vom 27. Dezember 2003 (BGBl. I S. 3022), zuletzt geändert durch § 2 der Regelbedarfsstufen-Fortschreibungsverordnung 2019 vom 19. Oktober 2018 (BGBl. I S. 1766)

– Auszüge –

Inhaltsübersicht

§ 64i Entlastungsbetrag bei den Pflegegraden 2, 3, 4 oder 5
§ 65 Stationäre Pflege
§ 66 Entlastungsbetrag bei Pflegegrad 1
§ 66a Sonderregelungen zum Einsatz von Vermögen
...

...

Siebtes Kapitel.
Hilfe zur Pflege

§ 61 Leistungsberechtigte

[1]Personen, die pflegebedürftig im Sinne des § 61a sind, haben Anspruch auf Hilfe zur Pflege, soweit ihnen und ihren nicht getrennt lebenden Ehegatten oder Lebenspartnern nicht zuzumuten ist, dass sie die für die Hilfe zur Pflege benötigten Mittel aus dem Einkommen und Vermögen nach den Vorschriften des Elften Kapitels aufbringen. [2]Sind die Personen minderjährig und unverheiratet, so sind auch das Einkommen und das Vermögen ihrer Eltern oder eines Elternteils zu berücksichtigen.

§ 61a Begriff der Pflegebedürftigkeit

(1) Pflegebedürftig sind Personen, die gesundheitlich bedingte Beeinträchtigungen der Selbständigkeit oder der Fähigkeiten aufweisen und deshalb der Hilfe durch andere bedürfen. Pflegebedürftige Personen im Sinne des Satzes 1 können körperliche, kognitive oder psychische Beeinträchtigungen oder gesundheitlich bedingte Belastungen oder Anforderungen nicht selbständig kompensieren oder bewältigen.

(2) Maßgeblich für die Beurteilung der Beeinträchtigungen der Selbständigkeit oder Fähigkeiten sind die folgenden Bereiche mit folgenden Kriterien:

1. Mobilität mit den Kriterien
   a) Positionswechsel im Bett,
   b) Halten einer stabilen Sitzposition,
   c) Umsetzen,
   d) Fortbewegen innerhalb des Wohnbereichs,

   e) Treppensteigen;
2. kognitive und kommunikative Fähigkeiten mit den Kriterien
   a) Erkennen von Personen aus dem näheren Umfeld,
   b) örtliche Orientierung,
   c) zeitliche Orientierung,
   d) Erinnern an wesentliche Ereignisse oder Beobachtungen,
   e) Steuern von mehrschrittigen Alltagshandlungen,
   f) Treffen von Entscheidungen im Alltagsleben,
   g) Verstehen von Sachverhalten und Informationen,
   h) Erkennen von Risiken und Gefahren,
   i) Mitteilen von elementaren Bedürfnissen,
   j) Verstehen von Aufforderungen,
   k) Beteiligen an einem Gespräch;
3. Verhaltensweisen und psychische Problemlagen mit den Kriterien
   a) motorisch geprägte Verhaltensauffälligkeiten,
   b) nächtliche Unruhe,
   c) selbstschädigendes und autoaggressives Verhalten,
   d) Beschädigen von Gegenständen,
   e) physisch aggressives Verhalten gegenüber anderen Personen,
   f) verbale Aggression,
   g) andere pflegerelevante vokale Auffälligkeiten,
   h) Abwehr pflegerischer und anderer unterstützender Maßnahmen,
   i) Wahnvorstellungen,
   j) Ängste,
   k) Antriebslosigkeit bei depressiver Stimmungslage,
   l) sozial inadäquate Verhaltensweisen,
   m) sonstige pflegerelevante inadäquate Handlungen;
4. Selbstversorgung mit den Kriterien
   a) Waschen des vorderen Oberkörpers,
   b) Körperpflege im Bereich des Kopfes,
   c) Waschen des Intimbereichs,
   d) Duschen und Baden einschließlich Waschen der Haare,
   e) An- und Auskleiden des Oberkörpers,
   f) An- und Auskleiden des Unterkörpers,
   g) mundgerechtes Zubereiten der Nahrung und Eingießen von Getränken,
   h) Essen,
   i) Trinken,

j) Benutzen einer Toilette oder eines Toilettenstuhls,
k) Bewältigen der Folgen einer Harninkontinenz und Umgang mit Dauerkatheter und Urostoma,
l) Bewältigen der Folgen einer Stuhlinkontinenz und Umgang mit Stoma,
m) Ernährung parenteral oder über Sonde,
n) Bestehen gravierender Probleme bei der Nahrungsaufnahme bei Kindern bis zu 18 Monaten, die einen außergewöhnlich pflegeintensiven Hilfebedarf auslösen;

5. Bewältigung von und selbständiger Umgang mit krankheits- oder therapiebedingten Anforderungen und Belastungen in Bezug auf
a) Medikation,
b) Injektionen,
c) Versorgung intravenöser Zugänge,
d) Absaugen und Sauerstoffgabe,
e) Einreibungen sowie Kälte- und Wärmeanwendungen,
f) Messung und Deutung von Körperzuständen,
g) körpernahe Hilfsmittel,
h) Verbandswechsel und Wundversorgung,
i) Versorgung mit Stoma,
j) regelmäßige Einmalkatheterisierung und Nutzung von Abführmethoden,
k) Therapiemaßnahmen in häuslicher Umgebung,
l) zeit- und technikintensive Maßnahmen in häuslicher Umgebung,
m) Arztbesuche,
n) Besuch anderer medizinischer oder therapeutischer Einrichtungen,
o) zeitlich ausgedehnte Besuche medizinischer oder therapeutischer Einrichtungen,
p) Besuche von Einrichtungen zur Frühförderung bei Kindern,
q) Einhalten einer Diät oder anderer krankheits- oder therapiebedingter Verhaltensvorschriften;

6. Gestaltung des Alltagslebens und sozialer Kontakte mit den Kriterien
a) Gestaltung des Tagesablaufs und Anpassung an Veränderungen,
b) Ruhen und Schlafen,
c) Sichbeschäftigen,
d) Vornehmen von in die Zukunft gerichteten Planungen,
e) Interaktion mit Personen im direkten Kontakt,

f) Kontaktpflege zu Personen außerhalb des direkten Umfelds.

§ 61b Pflegegrade

(1) Für die Gewährung von Leistungen der Hilfe zur Pflege sind pflegebedürftige Personen entsprechend den im Begutachtungsverfahren nach § 62 ermittelten Gesamtpunkten in einen der Schwere der Beeinträchtigungen der Selbständigkeit oder der Fähigkeiten entsprechenden Pflegegrad einzuordnen:

1. Pflegegrad 1: geringe Beeinträchtigungen der Selbständigkeit oder der Fähigkeiten (ab 12,5 bis unter 27 Gesamtpunkte),
2. Pflegegrad 2: erhebliche Beeinträchtigungen der Selbständigkeit oder der Fähigkeiten (ab 27 bis unter 47,5 Gesamtpunkte),
3. Pflegegrad 3: schwere Beeinträchtigungen der Selbständigkeit oder der Fähigkeiten (ab 47,5 bis unter 70 Gesamtpunkte),
4. Pflegegrad 4: schwerste Beeinträchtigungen der Selbständigkeit oder der Fähigkeiten (ab 70 bis unter 90 Gesamtpunkte),
5. Pflegegrad 5: schwerste Beeinträchtigungen der Selbständigkeit oder Fähigkeiten mit besonderen Anforderungen an die pflegerische Versorgung (ab 90 bis 100 Gesamtpunkte).

(2) Pflegebedürftige mit besonderen Bedarfskonstellationen, die einen spezifischen, außergewöhnlich hohen Hilfebedarf mit besonderen Anforderungen an die pflegerische Versorgung aufweisen, können aus pflegefachlichen Gründen dem Pflegegrad 5 zugeordnet werden, auch wenn ihre Gesamtpunkte unter 90 liegen.

§ 61c Pflegegrade bei Kindern

(1) Bei pflegebedürftigen Kindern, die 18 Monate oder älter sind, ist für die Einordnung in einen Pflegegrad nach § 61b der gesundheitlich bedingte Grad der Beeinträchtigungen ihrer Selbständigkeit und ihrer Fähigkeiten im Verhältnis zu altersentsprechend entwickelten Kindern maßgebend.

(2) Pflegebedürftige Kinder im Alter bis zu 18 Monaten sind in einen der nachfolgenden Pflegegrade einzuordnen:

1. Pflegegrad 2: ab 12,5 bis unter 27 Gesamtpunkte,
2. Pflegegrad 3: ab 27 bis unter 47,5 Gesamtpunkte,

3. Pflegegrad 4: ab 47,5 bis unter 70 Gesamtpunkte,
4. Pflegegrad 5: ab 70 bis 100 Gesamtpunkte.

§ 62 Ermittlung des Grades der Pflegebedürftigkeit

[1]Die Ermittlung des Pflegegrades erfolgt durch ein Begutachtungsinstrument nach Maßgabe des § 15 des Elften Buches. [2]Die auf Grund des § 16 des Elften Buches erlassene Verordnung sowie die auf Grund des § 17 des Elften Buches erlassenen Richtlinien der Pflegekassen finden entsprechende Anwendung.

§ 62a Bindungswirkung

[1]Die Entscheidung der Pflegekasse über den Pflegegrad ist für den Träger der Sozialhilfe bindend, soweit sie auf Tatsachen beruht, die bei beiden Entscheidungen zu berücksichtigen sind. [2]Bei seiner Entscheidung kann sich der Träger der Sozialhilfe der Hilfe sachverständiger Dritter bedienen. Auf Anforderung unterstützt der Medizinische Dienst der Krankenversicherung den Träger der Sozialhilfe bei seiner Entscheidung und erhält hierfür Kostenersatz, der zu vereinbaren ist.

§ 63 Leistungen für Pflegebedürftige

(1) [1]Die Hilfe zur Pflege umfasst für Pflegebedürftige der Pflegegrade 2, 3, 4 oder 5

1. häusliche Pflege in Form von
   a) Pflegegeld (§ 64a),
   b) häuslicher Pflegehilfe (§ 64b),
   c) Verhinderungspflege (§ 64c),
   d) Pflegehilfsmitteln (§ 64d),
   e) Maßnahmen zur Verbesserung des Wohnumfeldes (§ 64e),
   f) anderen Leistungen (§ 64f),
2. teilstationäre Pflege (§ 64g),
3. Kurzzeitpflege (§ 64h),
4. einen Entlastungsbetrag (§ 64i) und
5. stationäre Pflege (§ 65).

[2]Die Hilfe zur Pflege schließt Sterbebegleitung mit ein.

(2) Die Hilfe zur Pflege umfasst für Pflegebedürftige des Pflegegrades 1

1. Pflegehilfsmittel (§ 64d),
2. Maßnahmen zur Verbesserung des Wohnumfeldes (§ 64e) und
3. einen Entlastungsbetrag (§ 66).

(3) Die Leistungen der Hilfe zur Pflege werden auf Antrag auch als Teil eines Persönlichen Budgets ausgeführt. § 29 des Neunten Buches ist insoweit anzuwenden.

§ 63a Notwendiger pflegerischer Bedarf

Die Träger der Sozialhilfe haben den notwendigen pflegerischen Bedarf zu ermitteln und festzustellen.

§ 63b Leistungskonkurrenz

(1) Leistungen der Hilfe zur Pflege werden nicht erbracht, soweit Pflegebedürftige gleichartige Leistungen nach anderen Rechtsvorschriften erhalten.

(2) Abweichend von Absatz 1 sind Leistungen nach § 72 oder gleichartige Leistungen nach anderen Rechtsvorschriften mit 70 Prozent auf das Pflegegeld nach § 64a anzurechnen. Leistungen nach § 45b des Elften Buches gehen den Leistungen nach den §§ 64i und 66 vor; auf die übrigen Leistungen der Hilfe zur Pflege werden sie nicht angerechnet.

(3) [1]Pflegebedürftige haben während ihres Aufenthalts in einer teilstationären oder vollstationären Einrichtung dort keinen Anspruch auf häusliche Pflege. [2]Abweichend von Satz 1 kann das Pflegegeld nach § 64a während einer teilstationären Pflege nach § 64g oder einer vergleichbaren nicht nach diesem Buch durchgeführten Maßnahme angemessen gekürzt werden.

(4) [1]Absatz 3 Satz 1 gilt nicht für vorübergehende Aufenthalte in einem Krankenhaus nach § 108 des Fünften Buches oder in einer Vorsorge- oder Rehabilitationseinrichtung nach § 107 Absatz 2 des Fünften Buches, soweit Pflegebedürftige ihre Pflege durch von ihnen selbst beschäftigte besondere Pflegekräfte (Arbeitgebermodell) sicherstellen. Die vorrangigen Leistungen des Pflegegeldes für selbst beschaffte Pflegehilfen nach den §§ 37 und 38 des Elften Buches sind anzurechnen. § 39 des Fünften Buches bleibt unberührt.

(5) Das Pflegegeld kann um bis zu zwei Drittel gekürzt werden, soweit die Heranziehung einer besonderen Pflegekraft erforderlich ist, Pflegebedürftige Leistungen der Verhinderungspflege nach § 64c oder gleichartige Leistungen nach anderen Rechtsvorschriften erhalten.

(6) Pflegebedürftige, die ihre Pflege im Rahmen des Arbeitgebermodells sicherstellen, können nicht auf die Inanspruchnahme von Sachleistungen nach dem Elften Buch verwiesen werden. In diesen Fällen ist das geleistete Pflegegeld nach § 37 des Elften Buches auf die der Hilfe zur Pflege anzurechnen.

(7) Leistungen der stationären Pflege nach § 65 werden auch bei einer vorübergehenden Abwesenheit von Pflegebedürftigen aus der stationären Einrichtung erbracht, solange die Voraussetzungen des § 87a Absatz 1 Satz 5 und 6 des Elften Buches vorliegen.

§ 64 Vorrang

Soweit häusliche Pflege ausreicht, soll der Träger der Sozialhilfe darauf hinwirken, dass die häusliche Pflege durch Personen, die dem Pflegebedürftigen nahestehen, oder als Nachbarschaftshilfe übernommen wird.

§ 64a Pflegegeld

(1) [1]Pflegebedürftige der Pflegegrade 2, 3, 4 oder 5 haben bei häuslicher Pflege Anspruch auf Pflegegeld in Höhe des Pflegegeldes nach § 37 Absatz 1 des Elften Buches. [2]Der Anspruch auf Pflegegeld setzt voraus, dass die Pflegebedürftigen und die Sorgeberechtigten bei pflegebedürftigen Kindern die erforderliche Pflege mit dem Pflegegeld in geeigneter Weise selbst sicherstellen.

(2) Besteht der Anspruch nach Absatz 1 nicht für den vollen Kalendermonat, ist das Pflegegeld entsprechend zu kürzen. Bei der Kürzung ist der Kalendermonat mit 30 Tagen anzusetzen. Das Pflegegeld wird bis zum Ende des Kalendermonats geleistet, in dem die pflegebedürftige Person gestorben ist.

(3) Stellt die Pflegekasse ihre Leistungen nach § 37 Absatz 6 des Elften Buches ganz oder teilweise ein, entfällt insoweit die Leistungspflicht nach Absatz 1.

§ 64b Häusliche Pflegehilfe

(1) [1]Pflegebedürftige der Pflegegrade 2, 3, 4 oder 5 haben Anspruch auf körperbezogene Pflegemaßnahmen und pflegerische Betreuungsmaßnahmen sowie auf Hilfen bei der Haushaltsführung als Pflegesachleistung (häusliche Pflegehilfe), soweit die häusliche Pflege nach § 64 nicht sichergestellt werden kann. [2]Der Anspruch auf häusliche Pflegehilfe umfasst auch die pflegefachliche Anleitung von Pflegebedürftigen und Pflegepersonen. [3]Mehrere Pflegebedürftige der Pflegegrade 2, 3, 4 oder 5 können die häusliche Pflege gemeinsam in Anspruch nehmen. [4]Häusliche Pflegehilfe kann auch Betreuungs- und Entlastungsleistungen durch Unterstützungsangebote im Sinne des § 45a des Elften Buches umfassen; § 64i bleibt unberührt.

(2) Pflegerische Betreuungsmaßnahmen umfassen Unterstützungsleistungen zur Bewältigung und Gestaltung des alltäglichen Lebens im häuslichen Umfeld, insbesondere

1. bei der Bewältigung psychosozialer Problemlagen oder von Gefährdungen,
2. bei der Orientierung, bei der Tagesstrukturierung, bei der Kommunikation, bei der Aufrechterhaltung sozialer Kontakte und bei bedürfnisgerechten Beschäftigungen im Alltag sowie
3. durch Maßnahmen zur kognitiven Aktivierung.

§ 64c Verhinderungspflege

Ist eine Pflegeperson im Sinne von § 64 wegen Erholungsurlaubs, Krankheit oder aus sonstigen Gründen an der häuslichen Pflege gehindert, sind die angemessenen Kosten einer notwendigen Ersatzpflege zu übernehmen.

§ 64d Pflegehilfsmittel

(1) [1]Pflegebedürftige haben Anspruch auf Versorgung mit Pflegehilfsmitteln, die

1. zur Erleichterung der Pflege der Pflegebedürftigen beitragen,
2. zur Linderung der Beschwerden der Pflegebedürftigen beitragen oder
3. den Pflegebedürftigen eine selbständigere Lebensführung ermöglichen.

[2]Der Anspruch umfasst die notwendige Änderung, Instandsetzung und Ersatzbeschaffung von Pflegehilfsmitteln sowie die Ausbildung in ihrem Gebrauch.

(2) Technische Pflegehilfsmittel sollen den Pflegebedürftigen in geeigneten Fällen leihweise zur Verfügung gestellt werden.

§ 64e Maßnahmen zur Verbesserung des Wohnumfeldes

Maßnahmen zur Verbesserung des Wohnumfeldes der Pflegebedürftigen können gewährt werden,

1. soweit sie angemessen sind und
2. durch sie
   a) die häusliche Pflege ermöglicht oder erheblich erleichtert werden kann oder
   b) eine möglichst selbständige Lebensführung der Pflegebedürftigen wiederhergestellt werden kann.

§ 64f Andere Leistungen

(1) Zusätzlich zum Pflegegeld nach § 64a Absatz 1 sind die Aufwendungen für die Beiträge einer Pflegeperson oder einer besonderen Pflegekraft für eine angemessene Alterssicherung zu erstatten, soweit diese nicht anderweitig sichergestellt ist.

(2) Ist neben der häuslichen Pflege nach § 64 eine Beratung der Pflegeperson geboten, sind die angemessenen Kosten zu übernehmen.

(3) Soweit die Sicherstellung der häuslichen Pflege für Pflegebedürftige der Pflegegrade 2, 3, 4 oder 5 im Rahmen des Arbeitgebermodells erfolgt, sollen die angemessenen Kosten übernommen werden.

§ 64g Teilstationäre Pflege

[1]Pflegebedürftige der Pflegegrade 2, 3, 4 oder 5 haben Anspruch auf teilstationäre Pflege in Einrichtungen der Tages- oder Nachtpflege, soweit die häusliche Pflege nicht in ausreichendem Umfang sichergestellt werden kann oder die teilstationäre Pflege zur Ergänzung oder Stärkung der häuslichen Pflege erforderlich ist. [2]Der Anspruch umfasst auch die notwendige

Beförderung des Pflegebedürftigen von der Wohnung zur Einrichtung der Tages- oder Nachtpflege und zurück.

§ 64h Kurzzeitpflege

(1) Pflegebedürftige der Pflegegrade 2, 3, 4 oder 5 haben Anspruch auf Kurzzeitpflege in einer stationären Pflegeeinrichtung, soweit die häusliche Pflege zeitweise nicht, noch nicht oder nicht im erforderlichen Umfang erbracht werden kann und die teilstationäre Pflege nach § 64g nicht ausreicht.

(2) Wenn die Pflege in einer zur Kurzzeitpflege zugelassenen Pflegeeinrichtung nach den §§ 71 und 72 des Elften Buches nicht möglich ist oder nicht zumutbar erscheint, kann die Kurzzeitpflege auch erbracht werden

1. durch geeignete Erbringer von Leistungen nach dem Sechsten Kapitel oder
2. in geeigneten Einrichtungen, die nicht als Einrichtung zur Kurzzeitpflege zugelassen sind.

(3) Soweit während einer Maßnahme der medizinischen Vorsorge oder Rehabilitation für eine Pflegeperson eine gleichzeitige Unterbringung und Pflege der Pflegebedürftigen erforderlich ist, kann Kurzzeitpflege auch in Vorsorge- oder Rehabilitationseinrichtungen nach § 107 Absatz 2 des Fünften Buches erbracht werden.

§ 64i Entlastungsbetrag bei den Pflegegraden 2, 3, 4 oder 5

[1]Pflegebedürftige der Pflegegrade 2, 3, 4 oder 5 haben Anspruch auf einen Entlastungsbetrag in Höhe von bis zu 125 Euro monatlich. [2]Der Entlastungsbetrag ist zweckgebunden einzusetzen zur

1. Entlastung pflegender Angehöriger oder nahestehender Pflegepersonen,
2. Förderung der Selbständigkeit und Selbstbestimmung der Pflegebedürftigen bei der Gestaltung ihres Alltags oder
3. Inanspruchnahme von Unterstützungsangeboten im Sinne des § 45a des Elften Buches.

§ 65 Stationäre Pflege

Pflegebedürftige der Pflegegrade 2, 3, 4 oder 5 haben Anspruch auf Pflege in stationären Einrichtungen, wenn häusliche oder teilstationäre Pflege nicht möglich ist oder wegen der Besonderheit des Einzelfalls nicht in Betracht kommt. Der Anspruch auf stationäre Pflege umfasst auch Betreuungsmaßnahmen; § 64b Absatz 2 findet entsprechende Anwendung.

§ 66 Entlastungsbetrag bei Pflegegrad 1

Pflegebedürftige des Pflegegrades 1 haben Anspruch auf einen Entlastungsbetrag in Höhe von bis zu 125 Euro monatlich. Der Entlastungsbetrag ist zweckgebunden einzusetzen zur

1. Entlastung pflegender Angehöriger oder nahestehender Pflegepersonen,
2. Förderung der Selbständigkeit und Selbstbestimmung der Pflegebedürftigen bei der Gestaltung ihres Alltags,
3. Inanspruchnahme von
   a) Leistungen der häuslichen Pflegehilfe im Sinne des § 64b,
   b) Maßnahmen zur Verbesserung des Wohnumfeldes nach § 64e,
   c) anderen Leistungen nach § 64f,
   d) Leistungen zur teilstationären Pflege im Sinne des § 64g,
4. Inanspruchnahme von Unterstützungsangeboten im Sinne des § 45a des Elften Buches.

§ 66a Sonderregelungen zum Einsatz von Vermögen

Für Personen, die Leistungen nach diesem Kapitel erhalten, gilt ein zusätzlicher Betrag von bis zu 25.000 Euro für die Lebensführung und die Alterssicherung im Sinne von § 90 Absatz 3 Satz 2 als angemessen, sofern dieser Betrag ganz oder überwiegend als Einkommen aus selbständiger und nichtselbständiger Tätigkeit der Leistungsberechtigten während des Leistungsbezugs erworben wird; § 90 Absatz 3 Satz 1 bleibt unberührt.

…

IV. PflegeZG

Gesetz über die Pflegezeit (Pflegezeitgesetz – PflegeZG) vom 28. Mai 2008 (BGBl. I S. 874), zuletzt geändert durch Art. 7 des Zweiten Gesetzes zur Stärkung der pflegerischen Versorgung und zur Änderung weiterer Vorschriften (Zweites Pflegestärkungsgesetz – PSG II) vom 21. Dezember 2015 (BGBl. 2424)

Inhaltsverzeichnis

§ 1 Ziel des Gesetzes

Ziel des Gesetzes ist, Beschäftigten die Möglichkeit zu eröffnen, pflegebedürftige nahe Angehörige in häuslicher Umgebung zu pflegen und damit die Vereinbarkeit von Beruf und familiärer Pflege zu verbessern.

§ 2 Kurzzeitige Arbeitsverhinderung

(1) Beschäftigte haben das Recht, bis zu zehn Arbeitstage der Arbeit fernzubleiben, wenn dies erforderlich ist, um für einen pflegebedürftigen nahen Angehörigen in einer akut aufgetretenen Pflegesituation eine bedarfsgerechte Pflege zu organisieren oder eine pflegerische Versorgung in dieser Zeit sicherzustellen.

(2) [1]Beschäftigte sind verpflichtet, dem Arbeitgeber ihre Verhinderung an der Arbeitsleistung und deren voraussichtliche Dauer unverzüglich mitzu-

teilen. [2]Dem Arbeitgeber ist auf Verlangen eine ärztliche Bescheinigung über die Pflegebedürftigkeit des nahen Angehörigen und die Erforderlichkeit der in Absatz 1 genannten Maßnahmen vorzulegen.

(3) [1]Der Arbeitgeber ist zur Fortzahlung der Vergütung nur verpflichtet, soweit sich eine solche Verpflichtung aus anderen gesetzlichen Vorschriften oder auf Grund einer Vereinbarung ergibt. [2]Ein Anspruch der Beschäftigten auf Zahlung von Pflegeunterstützungsgeld richtet sich nach § 44a Absatz 3 des Elften Buches Sozialgesetzbuch.

§ 3 Pflegezeit und sonstige Freistellungen

(1) [1]Beschäftigte sind von der Arbeitsleistung vollständig oder teilweise freizustellen, wenn sie einen pflegebedürftigen nahen Angehörigen in häuslicher Umgebung pflegen (Pflegezeit). [2]Der Anspruch nach Satz 1 besteht nicht gegenüber Arbeitgebern mit in der Regel 15 oder weniger Beschäftigten.

(2) [1]Die Beschäftigten haben die Pflegebedürftigkeit des nahen Angehörigen durch Vorlage einer Bescheinigung der Pflegekasse oder des Medizinischen Dienstes der Krankenversicherung nachzuweisen. [2]Bei in der privaten Pflege-Pflichtversicherung versicherten Pflegebedürftigen ist ein entsprechender Nachweis zu erbringen.

(3) [1]Wer Pflegezeit beanspruchen will, muss dies dem Arbeitgeber spätestens zehn Arbeitstage vor Beginn schriftlich ankündigen und gleichzeitig erklären, für welchen Zeitraum und in welchem Umfang die Freistellung von der Arbeitsleistung in Anspruch genommen werden soll. [2]Wenn nur teilweise Freistellung in Anspruch genommen wird, ist auch die gewünschte Verteilung der Arbeitszeit anzugeben. [3]Enthält die Ankündigung keine eindeutige Festlegung, ob die oder der Beschäftigte Pflegezeit oder Familienpflegezeit nach § 2 des Familienpflegezeitgesetzes in Anspruch nehmen will, und liegen die Voraussetzungen beider Freistellungsansprüche vor, gilt die Erklärung als Ankündigung von Pflegezeit. [4]Beansprucht die oder der Beschäftigte nach der Pflegezeit Familienpflegezeit oder eine Freistellung nach § 2 Absatz 5 des Familienpflegezeitgesetzes zur Pflege oder Betreuung desselben pflegebedürftigen Angehörigen, muss sich die Familienpflegezeit oder die Freistellung nach § 2 Absatz 5 des Familienpflegezeitgesetzes unmittelbar an die Pflegezeit anschließen. [5]In diesem Fall soll die oder der

Beschäftigte möglichst frühzeitig erklären, ob sie oder er Familienpflegezeit oder eine Freistellung nach § 2 Absatz 5 des Familienpflegezeitgesetzes in Anspruch nehmen wird; abweichend von § 2a Absatz 1 Satz 1 des Familienpflegezeitgesetzes muss die Ankündigung spätestens drei Monate vor Beginn der Familienpflegezeit erfolgen. [6]Wird Pflegezeit nach einer Familienpflegezeit oder einer Freistellung nach § 2 Absatz 5 des Familienpflegezeitgesetzes in Anspruch genommen, ist die Pflegezeit in unmittelbarem Anschluss an die Familienpflegezeit oder die Freistellung nach § 2 Absatz 5 des Familienpflegezeitgesetzes zu beanspruchen und abweichend von Satz 1 dem Arbeitgeber spätestens acht Wochen vor Beginn der Pflegezeit schriftlich anzukündigen.

(4) [1]Wenn nur teilweise Freistellung in Anspruch genommen wird, haben Arbeitgeber und Beschäftigte über die Verringerung und die Verteilung der Arbeitszeit eine schriftliche Vereinbarung zu treffen. [2]Hierbei hat der Arbeitgeber den Wünschen der Beschäftigten zu entsprechen, es sei denn, dass dringende betriebliche Gründe entgegenstehen.

(5) [1]Beschäftigte sind von der Arbeitsleistung vollständig oder teilweise freizustellen, wenn sie einen minderjährigen pflegebedürftigen nahen Angehörigen in häuslicher oder außerhäuslicher Umgebung betreuen. [2]Die Inanspruchnahme dieser Freistellung ist jederzeit im Wechsel mit der Freistellung nach Absatz 1 im Rahmen der Gesamtdauer nach § 4 Absatz 1 Satz 4 möglich. [3]Absatz 1 Satz 2 und die Absätze 2 bis 4 gelten entsprechend. [4]Beschäftigte können diesen Anspruch wahlweise statt des Anspruchs auf Pflegezeit nach Absatz 1 geltend machen.

(6) [1]Beschäftigte sind zur Begleitung eines nahen Angehörigen von der Arbeitsleistung vollständig oder teilweise freizustellen, wenn dieser an einer Erkrankung leidet, die progredient verläuft und bereits ein weit fortgeschrittenes Stadium erreicht hat, bei der eine Heilung ausgeschlossen und eine palliativmedizinische Behandlung notwendig ist und die lediglich eine begrenzte Lebenserwartung von Wochen oder wenigen Monaten erwarten lässt. [2]Beschäftigte haben diese gegenüber dem Arbeitgeber durch ein ärztliches Zeugnis nachzuweisen. [3]Absatz 1 Satz 2, Absatz 3 Satz 1 und 2 und Absatz 4 gelten entsprechend. [4]§ 45 des Fünften Buches Sozialgesetzbuch bleibt unberührt.

(7) Ein Anspruch auf Förderung richtet sich nach den §§ 3, 4, 5 Absatz 1 Satz 1 und Absatz 2 sowie den §§ 6 bis 10 des Familienpflegezeitgesetzes.

§ 4 Dauer der Inanspruchnahme

(1) [1]Die Pflegezeit nach § 3 beträgt für jeden pflegebedürftigen nahen Angehörigen längstens sechs Monate (Höchstdauer). [2]Für einen kürzeren Zeitraum in Anspruch genommene Pflegezeit kann bis zur Höchstdauer verlängert werden, wenn der Arbeitgeber zustimmt. [3]Eine Verlängerung bis zur Höchstdauer kann verlangt werden, wenn ein vorgesehener Wechsel in der Person des Pflegenden aus einem wichtigen Grund nicht erfolgen kann. [4]Pflegezeit und Familienpflegezeit nach § 2 des Familienpflegezeitgesetzes dürfen gemeinsam die Gesamtdauer von 24 Monaten je pflegebedürftigem nahen Angehörigen nicht überschreiten. [5]Die Pflegezeit wird auf Berufsbildungszeiten nicht angerechnet.

(2) [1]Ist der nahe Angehörige nicht mehr pflegebedürftig oder die häusliche Pflege des nahen Angehörigen unmöglich oder unzumutbar, endet die Pflegezeit vier Wochen nach Eintritt der veränderten Umstände. [2]Der Arbeitgeber ist über die veränderten Umstände unverzüglich zu unterrichten. [3]Im Übrigen kann die Pflegezeit nur vorzeitig beendet werden, wenn der Arbeitgeber zustimmt.

(3) [1]Für die Betreuung nach § 3 Absatz 5 gelten die Absätze 1 und 2 entsprechend. [2]Für die Freistellung nach § 3 Absatz 6 gilt eine Höchstdauer von drei Monaten je nahem Angehörigen. [3]Für die Freistellung nach § 3 Absatz 6 gelten Absatz 1 Satz 2, 3 und 5 sowie Absatz 2 entsprechend; bei zusätzlicher Inanspruchnahme von Pflegezeit oder einer Freistellung nach § 3 Absatz 5 oder Familienpflegezeit oder einer Freistellung nach § 2 Absatz 5 des Familienpflegezeitgesetzes dürfen die Freistellungen insgesamt 24 Monate je nahem Angehörigen nicht überschreiten.

(4) Der Arbeitgeber kann den Erholungsurlaub, der der oder dem Beschäftigten für das Urlaubsjahr zusteht, für jeden vollen Kalendermonat der vollständigen Freistellung von der Arbeitsleistung um ein Zwölftel kürzen.

§ 5 Kündigungsschutz

(1) Der Arbeitgeber darf das Beschäftigungsverhältnis von der Ankündigung, höchstens jedoch zwölf Wochen vor dem angekündigten Beginn, bis zur Beendigung der kurzzeitigen Arbeitsverhinderung nach § 2 oder der Freistellung nach § 3 nicht kündigen.

(2) [1]In besonderen Fällen kann eine Kündigung von der für den Arbeitsschutz zuständigen obersten Landesbehörde oder der von ihr bestimmten Stelle ausnahmsweise für zulässig erklärt werden. [2]Die Bundesregierung kann hierzu mit Zustimmung des Bundesrates allgemeine Verwaltungsvorschriften erlassen.

§ 6 Befristete Verträge

(1) [1]Wenn zur Vertretung einer Beschäftigten oder eines Beschäftigten für die Dauer der kurzzeitigen Arbeitsverhinderung nach § 2 oder der Freistellung nach § 3 eine Arbeitnehmerin oder ein Arbeitnehmer eingestellt wird, liegt hierin ein sachlicher Grund für die Befristung des Arbeitsverhältnisses. [2]Über die Dauer der Vertretung nach Satz 1 hinaus ist die Befristung für notwendige Zeiten einer Einarbeitung zulässig.

(2) Die Dauer der Befristung des Arbeitsvertrages muss kalendermäßig bestimmt oder bestimmbar sein oder den in Absatz 1 genannten Zwecken zu entnehmen sein.

(3) [1]Der Arbeitgeber kann den befristeten Arbeitsvertrag unter Einhaltung einer Frist von zwei Wochen kündigen, wenn die Freistellung nach § 4 Abs. 2 Satz 1 vorzeitig endet. [2]Das Kündigungsschutzgesetz ist in diesen Fällen nicht anzuwenden. [3]Satz 1 gilt nicht, soweit seine Anwendung vertraglich ausgeschlossen ist.

(4) [1]Wird im Rahmen arbeitsrechtlicher Gesetze oder Verordnungen auf die Zahl der beschäftigten Arbeitnehmerinnen und Arbeitnehmer abgestellt, sind bei der Ermittlung dieser Zahl Arbeitnehmerinnen und Arbeitnehmer, die nach § 2 kurzzeitig an der Arbeitsleistung verhindert oder nach § 3 freigestellt sind, nicht mitzuzählen, solange für sie auf Grund von Absatz 1 eine Vertreterin oder ein Vertreter eingestellt ist. [2]Dies gilt nicht, wenn die Vertreterin oder der Vertreter nicht mitzuzählen ist. [3]Die Sätze 1 und 2 gelten entsprechend, wenn im Rahmen arbeitsrechtlicher Gesetze oder Verordnungen auf die Zahl der Arbeitsplätze abgestellt wird.

§ 7 Begriffsbestimmungen

(1) Beschäftigte im Sinne dieses Gesetzes sind

1. Arbeitnehmerinnen und Arbeitnehmer,

2. die zu ihrer Berufsbildung Beschäftigten,
3. Personen, die wegen ihrer wirtschaftlichen Unselbständigkeit als arbeitnehmerähnliche Personen anzusehen sind; zu diesen gehören auch die in Heimarbeit Beschäftigten und die ihnen Gleichgestellten.

(2) [1]Arbeitgeber im Sinne dieses Gesetzes sind natürliche und juristische Personen sowie rechtsfähige Personengesellschaften, die Personen nach Absatz 1 beschäftigen. [2]Für die arbeitnehmerähnlichen Personen, insbesondere für die in Heimarbeit Beschäftigten und die ihnen Gleichgestellten, tritt an die Stelle des Arbeitgebers der Auftraggeber oder Zwischenmeister.

(3) Nahe Angehörige im Sinne dieses Gesetzes sind

1. Großeltern, Eltern, Schwiegereltern, Stiefeltern,
2. Ehegatten, Lebenspartner, Partner einer eheähnlichen oder lebenspartnerschaftsähnlichen Gemeinschaft, Geschwister, Ehegatten der Geschwister und Geschwister der Ehegatten, Lebenspartner der Geschwister und Geschwister der Lebenspartner,
3. Kinder, Adoptiv- oder Pflegekinder, die Kinder, Adoptiv- oder Pflegekinder des Ehegatten oder Lebenspartners, Schwiegerkinder und Enkelkinder.

(4) [1]Pflegebedürftig im Sinne dieses Gesetzes sind Personen, die die Voraussetzungen nach den §§ 14 und 15 des Elften Buches Sozialgesetzbuch erfüllen. [2]Pflegebedürftig im Sinne von § 2 sind auch Personen, die die Voraussetzungen nach den §§ 14 und 15 des Elften Buches Sozialgesetzbuch voraussichtlich erfüllen.

§ 8 Unabdingbarkeit

Von den Vorschriften dieses Gesetzes kann nicht zuungunsten der Beschäftigten abgewichen werden.

V. FPfZG

Gesetz über die Familienpflegezeit (Familienpflegezeitgesetz – FPflZG) vom 6. Dezember 2011 (BGBl. I S. 2564), zuletzt geändert durch Art. 1 des Gesetzes zur besseren Vereinbarkeit von Familie, Pflege und Beruf vom 23. Dezember 2014 (BGBl. I S. 2462)

Inhaltsverzeichnis

§ 1 Ziel des Gesetzes

Durch die Einführung der Familienpflegezeit werden die Möglichkeiten zur Vereinbarkeit von Beruf und familiärer Pflege verbessert.

§ 2 Familienpflegezeit

(1) [1]Beschäftigte sind von der Arbeitsleistung für längstens 24 Monate (Höchstdauer) teilweise freizustellen, wenn sie einen pflegebedürftigen nahen Angehörigen in häuslicher Umgebung pflegen (Familienpflegezeit).

[2]Während der Familienpflegezeit muss die verringerte Arbeitszeit wöchentlich mindestens 15 Stunden betragen. [3]Bei unterschiedlichen wöchentlichen Arbeitszeiten oder einer unterschiedlichen Verteilung der wöchentlichen Arbeitszeit darf die wöchentliche Arbeitszeit im Durchschnitt eines Zeitraums von bis zu einem Jahr 15 Stunden nicht unterschreiten (Mindestarbeitszeit). [4]Der Anspruch nach Satz 1 besteht nicht gegenüber Arbeitgebern mit in der Regel 25 oder weniger Beschäftigten ausschließlich der zu ihrer Berufsbildung Beschäftigten.

(2) Pflegezeit und Familienpflegezeit dürfen gemeinsam 24 Monate je pflegebedürftigem nahen Angehörigen nicht überschreiten (Gesamtdauer).

(3) Die §§ 5 bis 8 des Pflegezeitgesetzes gelten entsprechend.

(4) Die Familienpflegezeit wird auf Berufsbildungszeiten nicht angerechnet.

(5) [1]Beschäftigte sind von der Arbeitsleistung für längstens 24 Monate (Höchstdauer) teilweise freizustellen, wenn sie einen minderjährigen pflegebedürftigen nahen Angehörigen in häuslicher oder außerhäuslicher Umgebung betreuen. [2]Die Inanspruchnahme dieser Freistellung ist jederzeit im Wechsel mit der Freistellung nach Absatz 1 im Rahmen der Gesamtdauer nach Absatz 2 möglich. [3]Absatz 1 Satz 2 bis 4 und die Absätze 2 bis 4 gelten entsprechend. [4]Beschäftigte können diesen Anspruch wahlweise statt des Anspruchs auf Familienpflegezeit nach Absatz 1 geltend machen.

§ 2a Inanspruchnahme der Familienpflegezeit

(1) [1]Wer Familienpflegezeit nach § 2 beanspruchen will, muss dies dem Arbeitgeber spätestens acht Wochen vor dem gewünschten Beginn schriftlich ankündigen und gleichzeitig erklären, für welchen Zeitraum und in welchem Umfang innerhalb der Gesamtdauer nach § 2 Absatz 2 die Freistellung von der Arbeitsleistung in Anspruch genommen werden soll. [2]Dabei ist auch die gewünschte Verteilung der Arbeitszeit anzugeben. [3]Enthält die Ankündigung keine eindeutige Festlegung, ob die oder der Beschäftigte Pflegezeit nach § 3 des Pflegezeitgesetzes oder Familienpflegezeit in Anspruch nehmen will, und liegen die Voraussetzungen beider Freistellungsansprüche vor, gilt die Erklärung als Ankündigung von Pflegezeit. [4]Wird die Familienpflegezeit nach einer Freistellung nach § 3 Absatz 1 oder Absatz 5 des Pflegezeitgesetzes zur Pflege oder Betreuung desselben pflegebedürftigen Angehörigen in Anspruch genommen, muss sich die Familienpflegezeit

unmittelbar an die Freistellung nach § 3 Absatz 1 oder Absatz 5 des Pflegezeitgesetzes anschließen. [5]In diesem Fall soll die oder der Beschäftigte möglichst frühzeitig erklären, ob sie oder er Familienpflegezeit in Anspruch nehmen wird; abweichend von Satz 1 muss die Ankündigung spätestens drei Monate vor Beginn der Familienpflegezeit erfolgen. [6]Wird eine Freistellung nach § 3 Absatz 1 oder Absatz 5 des Pflegezeitgesetzes nach einer Familienpflegezeit in Anspruch genommen, ist die Freistellung nach § 3 Absatz 1 oder Absatz 5 des Pflegezeitgesetzes in unmittelbarem Anschluss an die Familienpflegezeit zu beanspruchen und dem Arbeitgeber spätestens acht Wochen vor Beginn der Freistellung nach § 3 Absatz 1 oder Absatz 5 des Pflegezeitgesetzes schriftlich anzukündigen.

(2) [1]Arbeitgeber und Beschäftigte haben über die Verringerung und Verteilung der Arbeitszeit eine schriftliche Vereinbarung zu treffen. [2]Hierbei hat der Arbeitgeber den Wünschen der Beschäftigten zu entsprechen, es sei denn, dass dringende betriebliche Gründe entgegenstehen.

(3) [1]Für einen kürzeren Zeitraum in Anspruch genommene Familienpflegezeit kann bis zur Gesamtdauer nach § 2 Absatz 2 verlängert werden, wenn der Arbeitgeber zustimmt. [2]Eine Verlängerung bis zur Gesamtdauer kann verlangt werden, wenn ein vorgesehener Wechsel in der Person der oder des Pflegenden aus einem wichtigen Grund nicht erfolgen kann.

(4) [1]Die Beschäftigten haben die Pflegebedürftigkeit der oder des nahen Angehörigen durch Vorlage einer Bescheinigung der Pflegekasse oder des Medizinischen Dienstes der Krankenversicherung nachzuweisen. [2]Bei in der privaten Pflege-Pflichtversicherung versicherten Pflegebedürftigen ist ein entsprechender Nachweis zu erbringen.

(5) [1]Ist die oder der nahe Angehörige nicht mehr pflegebedürftig oder die häusliche Pflege der oder des nahen Angehörigen unmöglich oder unzumutbar, endet die Familienpflegezeit vier Wochen nach Eintritt der veränderten Umstände. [2]Der Arbeitgeber ist hierüber unverzüglich zu unterrichten. [3]Im Übrigen kann die Familienpflegezeit nur vorzeitig beendet werden, wenn der Arbeitgeber zustimmt.

(6) Die Absätze 1 bis 5 gelten entsprechend für die Freistellung von der Arbeitsleistung nach § 2 Absatz 5.

§ 3 Förderung der pflegebedingten Freistellung von der Arbeitsleistung

(1) [1]Für die Dauer der Freistellungen nach § 2 dieses Gesetzes oder nach § 3 des Pflegezeitgesetzes gewährt das Bundesamt für Familie und zivilgesellschaftliche Aufgaben Beschäftigten auf Antrag ein in monatlichen Raten zu zahlendes zinsloses Darlehen nach Maßgabe der Absätze 2 bis 5. [2]Der Anspruch gilt auch für alle Vereinbarungen über Freistellungen von der Arbeitsleistung, die die Voraussetzungen von § 2 Absatz 1 Satz 1 bis 3 dieses Gesetzes oder des § 3 Absatz 1 Satz 1, Absatz 5 Satz 1 oder Absatz 6 Satz 1 des Pflegezeitgesetzes erfüllen.

(2) Die monatlichen Darlehensraten werden in Höhe der Hälfte der Differenz zwischen den pauschalierten monatlichen Nettoentgelten vor und während der Freistellung nach Absatz 1 gewährt.

(3) [1]Das pauschalierte monatliche Nettoentgelt vor der Freistellung nach Absatz 1 ist das nach der im jeweiligen Kalenderjahr geltenden Verordnung über die pauschalierten Nettoentgelte für das Kurzarbeitergeld maßgebliche Entgelt, bezogen auf das auf den nächsten durch zwanzig teilbaren Eurobetrag gerundete regelmäßige durchschnittliche monatliche Bruttoarbeitsentgelt ausschließlich der Sachbezüge der letzten zwölf Kalendermonate vor Beginn der Freistellung. [2]Das pauschalierte monatliche Nettoentgelt während der Freistellung ist das nach der im jeweiligen Kalenderjahr geltenden Verordnung über die pauschalierten Nettoentgelte für das Kurzarbeitergeld maßgebliche Entgelt, bezogen auf das auf den nächsten durch zwanzig teilbaren Eurobetrag gerundete Produkt aus der vereinbarten durchschnittlichen monatlichen Stundenzahl während der Freistellung und dem durchschnittlichen Entgelt je Arbeitsstunde. Durchschnittliches[3]Durchschnittliches Entgelt je Arbeitsstunde ist das Verhältnis des regelmäßigen gesamten Bruttoarbeitsentgelts ausschließlich der Sachbezüge der letzten zwölf Kalendermonate vor Beginn der Freistellung zur arbeitsvertraglichen Gesamtstundenzahl der letzten zwölf Kalendermonate vor Beginn der Freistellung. [4]Bei einem weniger als zwölf Monate vor Beginn der Freistellung bestehenden Beschäftigungsverhältnis verkürzt sich der der Berechnung zugrunde zu legende Zeitraum entsprechend. [5]Für die Berechnung des durchschnittlichen Entgelts je Arbeitsstunde bleiben Mutterschutzfristen, kurzzeitige Arbeitsverhinderungen nach § 2 des Pflegezeitgesetzes und Freistellungen nach § 3 des Pflegezeitgesetzes sowie die Einbringung von Arbeitsentgelt in und die Entnahme von Arbeitsentgelt

aus Wertguthaben nach § 7b des Vierten Buches Sozialgesetzbuch außer Betracht.

(4) In den Fällen der Freistellung nach § 3 des Pflegezeitgesetzes ist die monatliche Darlehensrate auf den Betrag begrenzt, der bei einer durchschnittlichen Arbeitszeit während der Familienpflegezeit von 15 Wochenstunden zu gewähren ist.

(5) Abweichend von Absatz 2 können Beschäftigte auch einen geringeren Darlehensbetrag in Anspruch nehmen, wobei die monatliche Darlehensrate mindestens 50 Euro betragen muss.

(6) Das Darlehen ist in der in Absatz 2 genannten Höhe, in den Fällen der Pflegezeit in der in Absatz 4 genannten Höhe, vorrangig vor dem Bezug von bedürftigkeitsabhängigen Sozialleistungen in Anspruch zu nehmen und von den Beschäftigten zu beantragen; Absatz 5 ist insoweit nicht anzuwenden. Bei der Berechnung von Sozialleistungen nach Satz 1 sind die Zuflüsse aus dem Darlehen als Einkommen zu berücksichtigen.

§ 4 Mitwirkungspflicht des Arbeitgebers

Der Arbeitgeber hat dem Bundesamt für Familie und zivilgesellschaftliche Aufgaben für bei ihm Beschäftigte den Arbeitsumfang sowie das Arbeitsentgelt vor der Freistellung nach § 3 Absatz 1 zu bescheinigen, soweit dies zum Nachweis des Einkommens aus Erwerbstätigkeit oder der wöchentlichen Arbeitszeit der die Förderung beantragenden Beschäftigten erforderlich ist. Für die in Heimarbeit Beschäftigten und die ihnen Gleichgestellten tritt an die Stelle des Arbeitgebers der Auftraggeber oder Zwischenmeister.

§ 5 Ende der Förderfähigkeit

(1) [1]Die Förderfähigkeit endet mit dem Ende der Freistellung nach § 3 Absatz 1. [2]Die Förderfähigkeit endet auch dann, wenn die oder der Beschäftigte während der Freistellung nach § 2 den Mindestumfang der wöchentlichen Arbeitszeit aufgrund gesetzlicher oder kollektivvertraglicher Bestimmungen oder aufgrund von Bestimmungen, die in Arbeitsrechtsregelungen der Kirchen enthalten sind, unterschreitet. [3]Die Unterschreitung der Mindestarbeitszeit aufgrund von Kurzarbeit oder eines Beschäftigungsverbotes lässt die Förderfähigkeit unberührt.

(2) Die Darlehensnehmerin oder der Darlehensnehmer hat dem Bundesamt für Familie und zivilgesellschaftliche Aufgaben unverzüglich jede Änderung in den Verhältnissen, die für den Anspruch nach § 3 Absatz 1 erheblich sind, mitzuteilen, insbesondere die Beendigung der häuslichen Pflege der oder des nahen Angehörigen, die Beendigung der Betreuung nach § 2 Absatz 5 dieses Gesetzes oder § 3 Absatz 5 des Pflegezeitgesetzes, die Beendigung der Freistellung nach § 3 Absatz 6 des Pflegezeitgesetzes, die vorzeitige Beendigung der Freistellung nach § 3 Absatz 1 sowie die Unterschreitung des Mindestumfangs der wöchentlichen Arbeitszeit während der Freistellung nach § 2 aus anderen als den in Absatz 1 Satz 2 genannten Gründen.

§ 6 Rückzahlung des Darlehens

(1) [1]Im Anschluss an die Freistellung nach § 3 Absatz 1 ist die Darlehensnehmerin oder der Darlehensnehmer verpflichtet, das Darlehen innerhalb von 48 Monaten nach Beginn der Freistellung nach § 3 Absatz 1 zurückzuzahlen. [2]Die Rückzahlung erfolgt in möglichst gleichbleibenden monatlichen Raten in Höhe des im Bescheid nach § 9 festgesetzten monatlichen Betrags jeweils spätestens zum letzten Bankarbeitstag des laufenden Monats. [3]Für die Rückzahlung gelten alle nach § 3 an die Darlehensnehmerin oder den Darlehensnehmer geleisteten Darlehensbeträge als ein Darlehen.

(2) [1]Die Rückzahlung beginnt in dem Monat, der auf das Ende der Förderung der Freistellung nach § 3 Absatz 1 folgt. [2]Das Bundesamt für Familie und zivilgesellschaftliche Aufgaben kann auf Antrag der Darlehensnehmerin oder des Darlehensnehmers den Beginn der Rückzahlung auf einen späteren Zeitpunkt, spätestens jedoch auf den 25. Monat nach Beginn der Förderung festsetzen, wenn die übrigen Voraussetzungen für den Anspruch nach den §§ 2 und 3 weiterhin vorliegen. [3]Befindet sich die Darlehensnehmerin oder der Darlehensnehmer während des Rückzahlungszeitraums in einer Freistellung nach § 3 Absatz 1, setzt das Bundesamt für Familie und zivilgesellschaftliche Aufgaben auf Antrag der oder des Beschäftigten die monatlichen Rückzahlungsraten bis zur Beendigung der Freistellung von der Arbeitsleistung aus. [4]Der Rückzahlungszeitraum verlängert sich um den Zeitraum der Aussetzung.

§ 7 Härtefallregelung

(1) [1]Zur Vermeidung einer besonderen Härte stundet das Bundesamt für Familie und zivilgesellschaftliche Aufgaben der Darlehensnehmerin oder dem Darlehensnehmer auf Antrag die Rückzahlung des Darlehens, ohne dass hierfür Zinsen anfallen. [2]Als besondere Härte gelten insbesondere der Bezug von Entgeltersatzleistungen nach dem Dritten und dem Fünften Buch Sozialgesetzbuch, Leistungen zur Sicherung des Lebensunterhalts nach dem Zweiten Buch Sozialgesetzbuch und Leistungen nach dem Dritten und Vierten Kapitel des Zwölften Buches Sozialgesetzbuch oder eine mehr als 180 Tage ununterbrochene Arbeitsunfähigkeit. [3]Eine besondere Härte liegt auch vor, wenn sich die Darlehensnehmerin oder der Darlehensnehmer wegen unverschuldeter finanzieller Belastungen vorübergehend in ernsthaften Zahlungsschwierigkeiten befindet oder zu erwarten ist, dass sie oder er durch die Rückzahlung des Darlehens in der vorgesehenen Form in solche Schwierigkeiten gerät.

(2) Für den über die Gesamtdauer der Freistellungen nach § 2 dieses Gesetzes oder nach § 3 Absatz 1 oder 5 des Pflegezeitgesetzes hinausgehenden Zeitraum, in dem die Pflegebedürftigkeit desselben nahen Angehörigen fortbesteht, die Pflege durch die oder den Beschäftigten in häuslicher Umgebung andauert und die Freistellung von der Arbeitsleistung fortgeführt wird, sind auf Antrag die fälligen Rückzahlungsraten zu einem Viertel zu erlassen (Teildarlehenserlass) und die restliche Darlehensschuld für diesen Zeitraum bis zur Beendigung der häuslichen Pflege auf Antrag zu stunden, ohne dass hierfür Zinsen anfallen, sofern eine besondere Härte im Sinne von Absatz 1 Satz 3 vorliegt.

(3) Die Darlehensschuld erlischt, soweit sie noch nicht fällig ist, wenn die Darlehensnehmerin oder der Darlehensnehmer

1. Leistungen nach dem Dritten und Vierten Kapitel des Zwölften Buches Sozialgesetzbuch oder Leistungen zur Sicherung des Lebensunterhalts nach dem Zweiten Buch Sozialgesetzbuch ununterbrochen seit mindestens zwei Jahren nach dem Ende der Freistellung bezieht oder
2. verstirbt.

(4) Der Abschluss von Vergleichen sowie die Stundung, Niederschlagung und der Erlass von Ansprüchen richten sich, sofern in diesem Gesetz nicht abweichende Regelungen getroffen werden, nach den §§ 58 und 59 der Bundeshaushaltsordnung.

§ 8 Antrag auf Förderung

(1) Das Bundesamt für Familie und zivilgesellschaftliche Aufgaben entscheidet auf schriftlichen Antrag über das Darlehen nach § 3 und dessen Rückzahlung nach § 6.

(2) Der Antrag wirkt vom Zeitpunkt des Vorliegens der Anspruchsvoraussetzungen, wenn er innerhalb von drei Monaten nach deren Vorliegen gestellt wird, andernfalls wirkt er vom Beginn des Monats der Antragstellung.

(3) Der Antrag muss enthalten:

1. Name und Anschrift der oder des das Darlehen beantragenden Beschäftigten,
2. Name, Anschrift und Angehörigenstatus der gepflegten Person,
3. Bescheinigung über die Pflegebedürftigkeit oder im Fall des § 3 Absatz 6 des Pflegezeitgesetzes das dort genannte ärztliche Zeugnis über die Erkrankung des oder der nahen Angehörigen,
4. Dauer der Freistellung nach § 3 Absatz 1 sowie Mitteilung, ob zuvor eine Freistellung nach § 3 Absatz 1 in Anspruch genommen wurde, sowie
5. Höhe, Dauer und Angabe der Zeitabschnitte des beantragten Darlehens.

(4) Dem Antrag sind beizufügen:

1. Entgeltbescheinigungen mit Angabe der arbeitsvertraglichen Wochenstunden der letzten zwölf Monate vor Beginn der Freistellung nach § 3 Absatz 1,
2. in den Fällen der vollständigen Freistellung nach § 3 des Pflegezeitgesetzes eine Bescheinigung des Arbeitgebers über die Freistellung und in den Fällen der teilweisen Freistellung die hierüber getroffene schriftliche Vereinbarung zwischen dem Arbeitgeber und der oder dem Beschäftigten.

§ 9 Darlehensbescheid und Zahlweise

(1) [1]In dem Bescheid nach § 8 Absatz 1 sind anzugeben:

1. Höhe des Darlehens,
2. Höhe der monatlichen Darlehensraten sowie Dauer der Leistung der Darlehensraten,

3. Höhe und Dauer der Rückzahlungsraten und
4. Fälligkeit der ersten Rückzahlungsrate.

[2]Wurde dem Antragsteller für eine vor dem Antrag liegende Freistellung nach § 3 Absatz 1 ein Darlehen gewährt, sind für die Ermittlung der Beträge nach Satz 1 Nummer 3 und 4 das zurückliegende und das aktuell gewährte Darlehen wie ein Darlehen zu behandeln. [3]Der das erste Darlehen betreffende Bescheid nach Satz 1 wird hinsichtlich Höhe, Dauer und Fälligkeit der Rückzahlungsraten geändert.

(2) Die Höhe der Darlehensraten wird zu Beginn der Leistungsgewährung in monatlichen Festbeträgen für die gesamte Förderdauer festgelegt.

(3) [1]Die Darlehensraten werden unbar zu Beginn jeweils für den Kalendermonat ausgezahlt, in dem die Anspruchsvoraussetzungen vorliegen. [2]Monatliche Förderungsbeträge, die nicht volle Euro ergeben, sind bei Restbeträgen bis zu 0,49 Euro abzurunden und von 0,50 Euro an aufzurunden.

§ 10 Antrag und Nachweis in weiteren Fällen

(1) Das Bundesamt für Familie und zivilgesellschaftliche Aufgaben entscheidet auch in den Fällen des § 7 auf schriftlichen Antrag, der Name und Anschrift der Darlehensnehmerin oder des Darlehensnehmers enthalten muss.

(2) Die Voraussetzungen des § 7 sind nachzuweisen

1. in den Fällen des Absatzes 1 durch Glaubhaftmachung der dort genannten Voraussetzungen, insbesondere durch Darlegung der persönlichen wirtschaftlichen Verhältnisse oder bei Arbeitsunfähigkeit durch Vorlage einer Arbeitsunfähigkeitsbescheinigung der Darlehensnehmerin oder des Darlehensnehmers,
2. in den Fällen des Absatzes 2 durch Vorlage einer Bescheinigung über die fortbestehende Pflegebedürftigkeit der oder des nahen Angehörigen und die Fortdauer der Freistellung von der Arbeitsleistung sowie Glaubhaftmachung der dort genannten Voraussetzungen, insbesondere durch Darlegung der persönlichen wirtschaftlichen Verhältnisse,
3. in den Fällen des Absatzes 3 durch Vorlage der entsprechenden Leistungsbescheide der Darlehensnehmerin oder des Darlehensnehmers oder durch Vorlage einer Sterbeurkunde durch die Rechtsnachfolger.

(3) Anträge auf Teildarlehenserlass nach § 7 Absatz 2 sind bis spätestens 48 Monate nach Beginn der Freistellungen nach § 2 dieses Gesetzes oder nach § 3 Absatz 1 oder 5 des Pflegezeitgesetzes zu stellen.

§ 11 Allgemeine Verwaltungsvorschriften

Zur Durchführung des Verfahrens nach den §§ 8 und 10 kann das Bundesministerium für Familie, Senioren, Frauen und Jugend allgemeine Verwaltungsvorschriften erlassen.

§ 12 Bußgeldvorschriften

(1) Ordnungswidrig handelt, wer vorsätzlich oder fahrlässig

1. entgegen § 4 Satz 1 eine dort genannte Bescheinigung nicht, nicht richtig, nicht vollständig oder nicht rechtzeitig erstellt,
2. entgegen § 5 Absatz 2 eine Mitteilung nicht, nicht richtig, nicht vollständig oder nicht rechtzeitig macht oder
3. entgegen § 8 Absatz 3 Nummer 4 eine Mitteilung nicht, nicht richtig, nicht vollständig oder nicht rechtzeitig macht.

(2) Verwaltungsbehörde im Sinne des § 36 Absatz 1 Nummer 1 des Gesetzes über Ordnungswidrigkeiten ist das Bundesamt für Familie und zivilgesellschaftliche Aufgaben.

(3) Die Ordnungswidrigkeit kann in den Fällen des Absatzes 1 Nummer 1 mit einer Geldbuße bis zu fünftausend Euro und in den Fällen des Absatzes 1 Nummer 2 mit einer Geldbuße bis zu tausend Euro geahndet werden.

(4) [1]Die Geldbußen fließen in die Kasse des Bundesamtes für Familie und zivilgesellschaftliche Aufgaben. [2]Diese trägt abweichend von § 105 Absatz 2 des Gesetzes über Ordnungswidrigkeiten die notwendigen Auslagen. [3]Sie ist auch ersatzpflichtig im Sinne des § 110 Absatz 4 des Gesetzes über Ordnungswidrigkeiten.

§ 13 Aufbringung der Mittel

Die für die Ausführung dieses Gesetzes erforderlichen Mittel trägt der Bund.

§ 14 Beirat

(1) Das Bundesministerium für Familie, Senioren, Frauen und Jugend setzt einen unabhängigen Beirat für die Vereinbarkeit von Pflege und Beruf ein.

(2) [1]Der Beirat befasst sich mit Fragen zur Vereinbarkeit von Pflege und Beruf, er begleitet die Umsetzung der einschlägigen gesetzlichen Regelungen und berät über deren Auswirkungen. [2]Das Bundesministerium für Familie, Senioren, Frauen und Jugend kann dem Beirat Themenstellungen zur Beratung vorgeben.

(3) Der Beirat legt dem Bundesministerium für Familie, Senioren, Frauen und Jugend alle vier Jahre, erstmals zum 1. Juni 2019, einen Bericht vor und kann hierin Handlungsempfehlungen aussprechen.

(4) [1]Der Beirat besteht aus einundzwanzig Mitgliedern, die vom Bundesministerium für Familie, Senioren, Frauen und Jugend im Einvernehmen mit dem Bundesministerium für Arbeit und Soziales und dem Bundesministerium für Gesundheit berufen werden. Stellvertretung ist zulässig. [2]Die oder der Vorsitzende und die oder der stellvertretende Vorsitzende werden vom Bundesministerium für Familie, Senioren, Frauen und Jugend ernannt. [3]Der Beirat setzt sich zusammen aus sechs Vertreterinnen oder Vertretern von fachlich betroffenen Interessenverbänden, je zwei Vertreterinnen oder Vertretern der Gewerkschaften, der Arbeitgeber, der Wohlfahrtsverbände und der Seniorenorganisationen sowie aus je einer Vertreterin oder einem Vertreter der sozialen und der privaten Pflege-Pflichtversicherung. [4]Des Weiteren gehören dem Beirat zwei Wissenschaftlerinnen oder Wissenschaftler mit Schwerpunkt in der Forschung der Vereinbarkeit von Pflege und Beruf sowie je eine Vertreterin oder ein Vertreter der Konferenz der Ministerinnen und Minister, Senatorinnen und Senatoren für Jugend und Familie, der Konferenz der Ministerinnen und Minister, Senatorinnen und Senatoren für Arbeit und Soziales sowie der kommunalen Spitzenverbände an. [5]Die Besetzung des Beirats muss geschlechterparitätisch erfolgen.

(5) Die Amtszeit der Mitglieder des Beirats und ihrer Stellvertreterinnen oder Stellvertreter beträgt fünf Jahre und kann einmalig um fünf Jahre verlängert werden. Scheidet ein Mitglied oder dessen Stellvertreterin oder Stellvertreter vorzeitig aus, wird für den Rest der Amtszeit eine Nachfolgerin oder ein Nachfolger berufen.

(6) Die Mitglieder des Beirats sind ehrenamtlich tätig. Sie haben Anspruch auf Erstattung ihrer notwendigen Auslagen.

(7) Der Beirat arbeitet auf der Grundlage einer durch das Bundesministerium für Familie, Senioren, Frauen und Jugend zu erlassenden Geschäftsordnung.

§ 15 Übergangsvorschrift

Die Vorschriften des Familienpflegezeitgesetzes in der Fassung vom 6. Dezember 2011 gelten in den Fällen fort, in denen die Voraussetzungen für die Gewährung eines Darlehens nach § 3 Absatz 1 in Verbindung mit § 12 Absatz 1 Satz 1 bis einschließlich 31. Dezember 2014 vorlagen.

VI. Verordnungen

1. PBV

Verordnung über die Rechnungs- und Buchführungspflichten der Pflegeeinrichtungen (Pflege-Buchführungsverordnung – PBV) vom 22. November 1995 (BGBl. I S. 1528), zuletzt geändert durch Art 2 der Zweiten Verordnung zur Änderung der Rechnungslegungsverordnungen vom 21. Dezember 2016 (BGBl. I S. 3076)

Inhaltsverzeichnis

§ 1 Anwendungsbereich

(1) [1]Die Rechnungs- und Buchführungspflichten der Pflegeeinrichtungen richten sich nach dieser Verordnung, unabhängig davon, ob die Pflegeeinrichtung Kaufmann im Sinne des Handelsgesetzbuchs ist, und unabhängig von der Rechtsform der Pflegeeinrichtung. [2]Rechnungs-, Buchführungs- und Aufzeichnungspflichten nach anderen Vorschriften bleiben unberührt.

(2) [1]Pflegeeinrichtungen im Sinne dieser Verordnung sind

1. ambulante Pflegeeinrichtungen (Pflegedienste),
2. teilstationäre und vollstationäre Pflegeeinrichtungen (Pflegeheime),

mit denen ein Versorgungsvertrag nach dem Elften Buch Sozialgesetzbuch besteht (zugelassene Pflegeeinrichtungen). [2]Erbringt eine zugelassene Pflegeeinrichtung neben Leistungen nach dem Elften Buch Sozialgesetzbuch andere Sozialleistungen im Sinne des Ersten Buches Sozialgesetzbuch (gemischte Einrichtung), so sind ihre Rechnungs- und Buchführungspflichten nach dieser Verordnung auf die Leistungen beschränkt, für die sie nach dem Elften Buch Sozialgesetzbuch als Pflegeeinrichtungen zugelassen ist.

§ 2 Geschäftsjahr

Das Geschäftsjahr ist das Kalenderjahr.

§ 3 Buchführung, Inventar

(1) [1]Die Pflegeeinrichtungen führen ihre Bücher nach den Regeln der kaufmännischen doppelten Buchführung. [2]Für Buchführung und Inventar gelten die §§ 238 bis 241 des Handelsgesetzbuchs.

(2) [1]Die Konten sind nach dem Kontenrahmen der Anlage 4 einzurichten. [2]Bei Verwendung eines hiervon abweichenden Kontenplanes hat die Pflegeeinrichtung durch ein ordnungsmäßiges Überleitungsverfahren die Umschlüsselung auf den Kontenrahmen nach Satz 1 zu gewährleisten.

§ 4 Jahresabschluß

(1) Der Jahresabschluß der Pflegeeinrichtung besteht aus:

1. der Bilanz, gegliedert nach Anlage 1,
2. der Gewinn- und Verlustrechnung, gegliedert nach Anlage 2, sowie
3. dem Anhang einschließlich des nach den Anlagen 3a und 3b gegliederten Anlagen- und Fördernachweises.

Der Jahresabschluß ist innerhalb von sechs Monaten nach Ablauf des Geschäftsjahres aufzustellen. Für die Aufstellung und den Inhalt des Jahresabschlusses gelten § 242, § 243 Abs. 1 und 2, die §§ 244 bis 256a, 264 Absatz 1a und 2, § 265 Abs. 2, 5 und 8, § 268 Abs. 3, die §§ 272, 274, 275 Absatz 4, § 277 Absatz 1 und 3 Satz 1, § 284 Absatz 2 Nummer 1 und 2 des Handelsgesetzbuchs sowie Artikel 28, 42 bis 44 des Einführungsgesetzes zum Handelsgesetzbuch.

(2) [1]Soweit ein Träger mehrere Pflegeeinrichtungen betreibt, die keine Vollkaufleute im Sinne des Handelsgesetzbuchs sind, kann er diese in einem Jahresabschluß zusammenfassen. [2]Dabei ist der Anlagen- und Fördernachweis nach den Anlagen 3a und 3b für jede Pflegeeinrichtung gesondert zu erstellen. [3]§ 7 bleibt unberührt.

(3) Bei gemischten Einrichtungen im Sinne des § 1 Abs. 2 Satz 2 kann der Träger

1. einen auf die Leistungen nach dem Elften Buch Sozialgesetzbuch begrenzten Jahresabschluß (Teil-Jahresabschluß) erstellen oder
2. unter Verwendung der Anlagen 3a und 3b die Erträge und Aufwendungen seiner Pflegeeinrichtungen in einer nach Anlage 2 gegliederten Teil-Gewinn- und Verlustrechnung so zusammenfassen, daß sie von den anderen Leistungsbereichen der Einrichtung getrennt sind. Ist eine Abgrenzung nicht möglich, haben die erforderlichen Zuordnungen zu den verschiedenen Leistungsbereichen auf der Grundlage von vorsichtigen und wirklichkeitsnahen Schätzungen zu erfolgen. § 7 bleibt unberührt.

§ 5 Einzelvorschriften zur Bilanz

(1) [1]Vermögensgegenstände des Anlagevermögens, deren Nutzung zeitlich begrenzt ist, sind in der Bilanz höchstens zu den Anschaffungs- oder Herstellungskosten, vermindert um Abschreibungen, anzusetzen. [2]Kann eine zugelassene Pflegeeinrichtung, die erstmals nach den Grundsätzen dieser Verordnung eine Bewertung des Anlagevermögens vornimmt, zum Stichtag der Eröffnungsbilanz die tatsächlichen Anschaffungs- oder Herstellungskosten nicht ohne unvertretbaren Aufwand ermitteln, so sind den Preisverhältnissen des vermutlichen Anschaffungs- oder Herstellungszeitpunkts entsprechende Erfahrungswerte als Anschaffungs- oder Herstellungskosten anzusetzen. [3]Vermögensgegenstände des Anlagevermögens, die bei Pflegeheimen am 1. Januar 1997, bei Pflegediensten am 1. Januar 1998 bis auf einen Erinnerungsposten abgeschrieben sind, können mit diesem Restbuchwert angesetzt werden.

(2) [1]Vermögensgegenstände des Anlagevermögens, die mit öffentlichen Fördermitteln oder sonstigen Zuwendungen Dritter angeschafft oder hergestellt worden sind, sind auf der Aktivseite der Bilanz mit dem Bruttowert

anzusetzen. [2]Auf der Passivseite der Bilanz sind die bereits zweckentsprechend verwendeten Fördermittel oder Zuwendungen als Sonderposten gesondert auszuweisen, vermindert um den Betrag der bis zum jeweiligen Bilanzstichtag angefallenen Abschreibungen auf die mit diesen Mitteln finanzierten Vermögensgegenstände des Anlagevermögens.

(3) [1]Bei Pflegeeinrichtungen ohne eigene Rechtspersönlichkeit oder in einer anderen Rechtsform als der Kapitalgesellschaft sind in der Bilanz unter dem Eigenkapital als „gewährtes Kapital" die Beträge auszuweisen, die der Einrichtung für die Erfüllung ihres Versorgungsauftrags nach dem Elften Buch Sozialgesetzbuch vom Rechtsträger auf Dauer zur Verfügung gestellt werden. [2]Sonstige Einlagen des Rechtsträgers sind als Kapitalrücklagen auszuweisen. [3]Für Gewinnrücklagen gilt § 272 Abs. 3 des Handelsgesetzbuchs entsprechend.

(4) [1]Sind der Pflegeeinrichtung vor Aufnahme in den Landespflegeplan für Lasten aus Darlehen Fördermittel bewilligt worden, so ist in Höhe des Teils der jährlichen Abschreibungen auf die mit diesen Mitteln finanzierten Vermögensgegenstände des Anlagevermögens, der nicht durch den Tilgungsanteil der Fördermittel gedeckt ist, in der Bilanz auf der Aktivseite ein „Ausgleichsposten aus Darlehensförderung" zu bilden. [2]Ist der Tilgungsanteil der Fördermittel aus der Darlehensförderung höher als die jährlichen Abschreibungen auf die mit diesen Mitteln finanzierten Vermögensgegenstände des Anlagevermögens, so ist in der Bilanz in Höhe des überschießenden Betrages auf der Passivseite ein „Ausgleichsposten aus Darlehensförderung" zu bilden.

(5) In Höhe der Abschreibungen auf die aus Eigenmitteln des Trägers der Pflegeeinrichtung vor Beginn der Förderung beschafften Vermögensgegenstände des Anlagevermögens, für die ein Ausgleich für die Abnutzung in der Zeit ab Beginn der Förderung verlangt werden kann, ist in der Bilanz auf der Aktivseite ein „Ausgleichsposten für Eigenmittelförderung" zu bilden.

§ 6 Aufbewahrung und Vorlegung von Unterlagen

Für die Aufbewahrung von Unterlagen, die Aufbewahrungsfristen und die Vorlegung von Unterlagen gelten die §§ 257 und 261 des Handelsgesetzbuchs.

§ 7 Kosten- und Leistungsrechnung

[1]Die zugelassenen Pflegeeinrichtungen haben eine Kosten- und Leistungsrechnung zu führen, die eine betriebsinterne Steuerung sowie eine Beurteilung der Wirtschaftlichkeit und Leistungsfähigkeit ermöglicht. [2]Die Kosten- und Leistungsrechnung muß die Ermittlung und Abgrenzung der Kosten der jeweiligen Betriebszweige sowie die Erstellung der Leistungsnachweise nach den Vorschriften des Achten Kapitels des Elften Buches Sozialgesetzbuch ermöglichen. [3]Dazu gehören folgende Mindestanforderungen:

1. Die Pflegeeinrichtungen haben die auf Grund ihrer Aufgaben und Strukturen erforderlichen Kostenstellen zu bilden; dabei kann der Kostenstellenrahmen nach dem Muster der Anlage 5 angewendet werden.
2. Die Kosten sind aus der Buchführung nachprüfbar herzuleiten.
3. Die Kosten und Leistungen sind verursachungsgerecht nach Kostenstellen zu erfassen; sie sind darüber hinaus den anfordernden Kostenstellen zuzuordnen, soweit dies für die in Satz 1 genannten Zwecke erforderlich ist.
4. Die Kosten und Leistungen sind verursachungsgerecht den Kostenträgern zuzuordnen; dabei kann die Kostenträgerübersicht nach dem Muster der Anlage 6 angewendet werden.
5. Bei Einrichtungen nach § 4 Abs. 2 oder 3 muß eine verursachungsgerechte Abgrenzung der Kosten und Erträge mit anteiliger Zuordnung auf die verschiedenen Einrichtungen erfolgen; § 4 Abs. 3 Nr. 2 Satz 2 gilt entsprechend.

§ 8 Wahlrecht für Kapitalgesellschaften

(1) [1]Pflegeeinrichtungen, die Kapitalgesellschaften im Sinne des Zweiten Abschnitts des Dritten Buches des Handelsgesetzbuchs sind, brauchen auch für Zwecke des Handelsrechts bei der Aufstellung, Feststellung und Offenlegung ihres Jahresabschlusses nach dem Handelsgesetzbuch die Gliederungsvorschriften der §§ 266 und 275 des Handelsgesetzbuchs nicht anzuwenden. [2]Nehmen die Pflegeeinrichtungen nach Satz 1 das Wahlrecht nach Satz 1 in Anspruch, so haben sie bei der Aufstellung, Feststellung und Offenlegung die Bilanz nach Anlage 1, die Gewinn- und Verlustrechnung nach Anlage 2 und den Anlagennachweis nach Anlage 3a zu gliedern. [3]Nehmen die Pflegeeinrichtungen nach Satz 1 das Wahlrecht nach Satz 1 nicht in Anspruch, haben sie außerhalb des handelsrechtlichen Jahresab-

schlusses zusätzlich gesonderte Dokumente bestehend aus den in Satz 2 näher bezeichneten Unterlagen zu erstellen. [3]Die im Anlagennachweis vorgeschriebenen Angaben sind auch für den Posten „Immaterielle Vermögensgegenstände" und jeweils für die Posten des Finanzanlagevermögens zu machen.

(2) Bei Inanspruchnahme des Wahlrechts nach Absatz 1 Satz 1 für Zwecke des Handelsrechts gelten die Erleichterungen für kleine und mittelgroße Kapitalgesellschaften nach § 266 Abs. 1 Satz 3 und § 276 des Handelsgesetzbuchs bei der Aufstellung und Feststellung nicht; bei der Offenlegung nach den §§ 325 bis 328 des Handelsgesetzbuchs dürfen § 266 Abs. 1 Satz 3 und § 276 des Handelsgesetzbuchs mit der Maßgabe angewendet werden, daß in der Bilanz nach Anlage 1 und im Anlagennachweis nach Anlage 3a nur die mit Buchstaben und römischen Zahlen bezeichneten Posten ausgewiesen werden müssen und daß in der Gewinn- und Verlustrechnung nach Anlage 2 die Posten 1 bis 8 und 10 zu dem Posten „Rohergebnis" zusammengefaßt werden dürfen.

§ 9 Befreiungen

(1) Von den Vorschriften dieser Verordnung sind befreit:

1. Pflegedienste mit bis zu sechs Vollzeitkräften; Teilzeitkräfte sind auf Vollzeitkräfte umzurechnen,
2. teilstationäre Pflegeeinrichtungen und Einrichtungen der Kurzzeitpflege mit bis zu acht Pflegeplätzen,
3. vollstationäre Pflegeeinrichtungen mit bis zu zwanzig Pflegeplätzen.

[2]Für die Ermittlung der Vollzeitkräfte und der Pflegeplätze sind die Durchschnittswerte im abgelaufenen Geschäftsjahr maßgebend. [3]Satz 1 gilt nicht für Pflegeeinrichtungen, deren Umsätze aus der Erfüllung ihres Versorgungsauftrages nach dem Elften Buch des Sozialgesetzbuchs (ohne Investitionsaufwendungen) bei Pflegeheimen 500.000 Euro, bei Pflegediensten 250.000 Euro im abgelaufenen Geschäftsjahr übersteigen.

(2) [1]Von den Vorschriften dieser Verordnung können ganz oder teilweise befreit werden:

1. Pflegedienste mit sieben bis zu zehn Vollzeitkräften; Teilzeitkräfte sind auf Vollzeitkräfte umzurechnen,

2. teilstationäre Pflegeeinrichtungen und Einrichtungen der Kurzzeitpflege mit neun bis zu fünfzehn Pflegeplätzen,
3. vollstationäre Pflegeeinrichtungen mit einundzwanzig bis zu dreißig Pflegeplätzen.

[2]Absatz 1 Satz 2 gilt entsprechend. [3]Über eine Befreiung und ihre Versagung entscheiden auf Antrag des Trägers der Pflegeeinrichtung die Landesverbände der Pflegekassen gemeinsam im Einvernehmen mit der zuständigen Landesbehörde nach pflichtgemäßem Ermessen. [4]Maßstab für diese Ermessensentscheidung ist insbesondere die Frage, ob die mit der Anwendung der Verordnung verbundenen Kosten in einem angemessenen Verhältnis zu dem erreichbaren Nutzen stehen oder ob die in § 7 gestellten Anforderungen nicht auch auf andere Weise erreicht werden können.

(3) [1]Pflegeeinrichtungen, die nach Absatz 1 oder 2 von den Vorschriften dieser Verordnung befreit sind, haben eine vereinfachte Einnahmen- und Ausgabenrechnung zu führen, die den Grundsätzen ordnungsmäßiger Buchführung entspricht; als Mindestanforderung gelten die in § 259 Abs. 1 des Bürgerlichen Gesetzbuchs aufgeführten Rechenschaftspflichten entsprechend. [2]Die Auskunfts- und Nachweispflichten der Pflegeeinrichtungen nach dem Siebten und Achten Kapitel des Elften Buches Sozialgesetzbuch bleiben unberührt.

§ 10 Ordnungswidrigkeiten

Ordnungswidrig im Sinne des § 334 Abs. 1 Nr. 6 des Handelsgesetzbuchs handelt, wer als Mitglied des vertretungsberechtigten Organs oder des Aufsichtsrats einer Pflegeeinrichtung, die Kapitalgesellschaft ist, bei der Aufstellung oder Feststellung des Jahresabschlusses

1. entgegen § 8 Abs. 1 Satz 2
   a) die Bilanz nicht nach Anlage 1,
   b) die Gewinn- und Verlustrechnung nicht nach Anlage 2,
   c) den Anlagennachweis nicht nach Anlage 3a

   gliedert oder
2. entgegen § 8 Abs. 1 Satz 4 die dort bezeichneten zusätzlichen Angaben im Anlagennachweis nicht, nicht in der vorgeschriebenen Form oder nicht mit dem vorgeschriebenen Inhalt macht.

§ 11 Inkrafttreten und Übergangsvorschriften

(1) Diese Verordnung tritt am 1. Januar 1996 in Kraft.

(2) [1]§ 279 des Handelsgesetzbuchs ist letztmals auf einen Jahresabschluss anzuwenden, der für ein Geschäftsjahr aufzustellen ist, das vor dem 1. Januar 2010 beginnt. [2]Die Anlagen 1 und 4 mit den Änderungen, die durch das Bilanzrechtsmodernisierungsgesetz vom 25. Mai 2009 (BGBl. I S. 1102) und durch Artikel 6 Nummer 3 bis 5 der Verordnung zur Änderung von Rechnungslegungsverordnungen vom 9. Juni 2011 (BGBl. I S. 1041) erfolgt sind, sind erstmals auf Jahresabschlüsse für Geschäftsjahre anzuwenden, die nach dem 31. Dezember 2009, im Fall des Artikels 66 Absatz 3 Satz 6 des Einführungsgesetzes zum Handelsgesetzbuch nach dem 31. Dezember 2008 beginnen. [3]Die Anlagen 1 und 4 in der bis zum 28. Mai 2009 geltenden Fassung sind letztmals auf einen Jahresabschluss anzuwenden, der für ein Geschäftsjahr aufzustellen ist, das vor dem 1. Januar 2010 beginnt. [4]Soweit im Übrigen in dieser Verordnung auf Bestimmungen des Handelsgesetzbuchs in der Fassung des Bilanzrechtsmodernisierungsgesetzes vom 25. Mai 2009 (BGBl. I S. 1102) verwiesen wird, gelten die in den Artikeln 66 und 67 des Einführungsgesetzes zum Handelsgesetzbuch enthaltenen Übergangsregelungen entsprechend. [5]Artikel 66 Abs. 3 Satz 6 des Einführungsgesetzes zum Handelsgesetzbuch gilt entsprechend.

(3) Die §§ 4, 8 und 10, das Formblatt für die Bilanz (Anlage 1)[1], die Gliederung der Gewinn- und Verlustrechnung (Anlage 2) sowie die Kontenrahmen für die Buchführung in der Fassung des Bilanzrichtlinie-Umsetzungsgesetzes vom 17. Juli 2015 (BGBl. I S. 1245) sind erstmals auf Jahresabschlüsse für nach dem 31. Dezember 2015 beginnende Geschäftsjahre und die gegebenenfalls hierauf bezogenen Dokumente nach § 8 Absatz 1 Satz 3 anzuwenden.

(4) § 4 Absatz 1 Satz 3 und die Nummern 4a, 8, 22 und 28 der Gliederung der Gewinn- und Verlustrechnung (Anlage 2) in der Fassung der Zweiten Verordnung zur Änderung von Rechnungslegungsverordnungen vom 21. Dezember 2016 (BGBl. I S. 3076) sind erstmals auf Jahresabschlüsse für nach dem 31. Dezember 2015 beginnende Geschäftsjahre und die gegebenenfalls hierauf bezogenen Dokumente nach § 8 Absatz 1 Satz 3 anzuwenden.

1 Anm. der Redaktion: Die Anlagen werden nicht abgedruckt.

(5) Die Nummern 1 bis 3 der Gliederung der Gewinn- und Verlustrechnung (Anlage 2), der Kontenrahmen für die Buchführung (Anlage 4) sowie die Anlagen 5 und 6 in der Fassung der Zweiten Verordnung zur Änderung von Rechnungslegungsverordnungen vom 21. Dezember 2016 (BGBl. I S. 3076) sind erstmals auf Jahresabschlüsse für nach dem 31. Dezember 2016 beginnende Geschäftsjahre und die gegebenenfalls hierauf bezogenen Dokumente nach § 8 Absatz 1 Satz 3 anzuwenden.

2. PflegeStatV

Verordnung zur Durchführung einer Bundesstatistik über Pflegeeinrichtungen sowie die häusliche Pflege (Pflegestatistik-Verordnung – PflegeStatV) vom 24. November 1999 (BGBl. I S. 2282), zuletzt geändert durch Art. 15 des Dritten Gesetzes zur Stärkung der pflegerischen Versorgung und zur Änderung weiterer Vorschriften (Drittes Pflegestärkungsgesetz PSG III) vom 23. Dezember 2016 (BGBl. I S. 3191)

Auf Grund des § 109 Abs. 1 des Elften Buches Sozialgesetzbuch – Soziale Pflegeversicherung – (Artikel 1 des Gesetzes vom 26. Mai 1994, BGBl. I S. 1014, 1015, 2797) verordnet die Bundesregierung:

Inhaltsverzeichnis

§ 1 Umfang der Erhebungen, Begriffsbestimmungen

(1) Erhebungen als Bundesstatistik werden durchgeführt über

1. die Pflegeeinrichtungen,
2. die Pflegegeldleistungen.

(2) Pflegeeinrichtungen im Sinne dieser Verordnung sind ambulante Pflegeeinrichtungen (Pflegedienste) sowie teilstationäre und vollstationäre Pflegeeinrichtungen (Pflegeheime), mit denen ein Versorgungsvertrag nach dem Elften Buch Sozialgesetzbuch besteht (zugelassene Pflegeeinrichtungen).

§ 2 Erhebungsmerkmale

(1) Erhebungsmerkmale bei den Erhebungen nach § 1 Abs. 1 Nr. 1 sind für die Pflegeeinrichtung

1. Art der Pflegeeinrichtung und der Trägerschaft,
2. in der Pflegeeinrichtung tätige Personen nach Geschlecht, Geburtsjahr, Beschäftigungsverhältnis, Tätigkeitsbereich (einschließlich Beschäftigungsumfang in der Pflege) und Berufsabschluss und zusätzlich bei Auszubildenden und Umschülern Art der Ausbildung und Ausbildungsjahr,
3. Zahl und Art der Pflegeplätze,
4. betreute Pflegebedürftige
   a) nach Geschlecht, Geburtsjahr, Grad der Pflegebedürftigkeit,
   b) bei stationär betreuten Pflegebedürftigen auch die Art der in Anspruch genommenen Pflegeleistung,
   c) bei ambulant betreuten Pflegebedürftigen die Postleitzahl des Wohnorts sowie
   d) bei vollstationär betreuten Pflegebedürftigen die Postleitzahl des Wohnorts vor Einzug in das Pflegeheim,
5. an die Pflegeeinrichtung nach Art und Höhe der Pflegeleistung zu zahlende Entgelte für
   a) allgemeine Pflegeleistungen nach Pflegegraden und
   b) Unterkunft und Verpflegung.

(2) Erhebungsmerkmale bei den Erhebungen nach § 1 Abs. 1 Nr. 2 sind

1. Art des Leistungsträgers und des privaten Versicherungsunternehmens,
2. Empfänger von Pflegegeldleistungen nach § 37 oder § 38 des Elften Buches Sozialgesetzbuch sowie Empfänger von Leistungen der nach Landesrecht anerkannten Angebote zur Unterstützung im Alltag im Sinne des § 45a des Elften Buches Sozialgesetzbuch, die dem Pflegegrad 1 zugeordnet sind, und Pflegebedürftige mit Pflegegrad 1, die keine Leistungen der Pflegeversicherung im Kostenerstattungsverfahren nach § 45b des Elften Buches Sozialgesetzbuch in Anspruch nehmen, nach Geschlecht, Geburtsjahr, Postleitzahl des Wohnortes und Grad der Pflegebedürftigkeit.

§ 3 Hilfsmerkmale

Hilfsmerkmale sind:

1. Name und Anschrift des Auskunftspflichtigen,
2. für die Erhebungen nach § 1 Abs. 1 Nr. 1 Name und Anschrift der Pflegeeinrichtung,
3. für die Erhebungen nach § 1 Abs. 1 Nr. 2 das Kennzeichen für den Leistungsträger,
4. Name, Kontaktdaten der für Rückfragen zur Verfügung stehenden Person.

§ 4 Periodizität und Berichtszeit

(1) Die Erhebungen werden zweijährlich, erstmalig für das Jahr 1999, erhoben.

(2) Die Angaben nach § 2 Abs. 1 werden jeweils nach dem Stand vom 15. Dezember und die Angaben nach § 2 Abs. 2 jeweils nach dem Stand vom 31. Dezember erhoben.

(3) [1]Die Angaben nach den §§ 2 und 3 sind bis zum 15. Februar des Folgejahres dem zuständigen Statistischen Landesamt zu melden. [2]Abweichend davon gilt für die Träger der Pflegeversicherung und die privaten Versicherungsunternehmen der 1. April des Folgejahres.

§ 5 Auskunftspflicht

(1) [1]Für die Erhebungen besteht Auskunftspflicht. [2]Die Angaben zu § 3 Nr. 4 sind freiwillig.

(2) [1]Für die Erhebungen nach § 1 Abs. 1 Nr. 1 sind die Träger der Pflegedienste und Pflegeheime, für die Erhebungen nach § 1 Abs. 1 Nr. 2 die Träger der Pflegeversicherung und die privaten Versicherungsunternehmen auskunftspflichtig. [2]Die Träger der Pflegedienste haben Angaben zu den Erhebungsmerkmalen nach § 2 Abs. 1 Nr. 1, 2 und 4, die Träger der Pflegeheime Angaben nach § 2 Abs. 1 Nr. 1 bis 5, die Träger der Pflegeversicherung und die privaten Versicherungsunternehmen Angaben nach § 2 Abs. 2 zu machen. [3]Die Träger der Pflegeversicherung können Dritte beauftragen, die Auskunftspflicht zu erfüllen.

(3) Die Auskunftspflichtigen übermitteln die Angaben nach § 2 in maschinenlesbarer Form, soweit die notwendigen technischen Voraussetzungen gegeben sind.

§ 6 Übermittlung

(1) [1]An die fachlich zuständigen obersten Bundes- und Landesbehörden dürfen für die Verwendung gegenüber den gesetzgebenden Körperschaften und für Zwecke der Planung, jedoch nicht für die Regelung von Einzelfällen vom Statistischen Bundesamt und den statistischen Ämtern der Länder Tabellen mit statistischen Daten übermittelt werden, auch soweit Tabellenfelder nur einen einzigen Fall ausweisen. [2]Tabellen, deren Tabellenfelder nur einen einzigen Fall ausweisen, dürfen nur dann übermittelt werden, wenn sie nicht differenzierter als auf Ebene der Landkreise oder der kreisfreien Städte, im Falle der Stadtstaaten auf Bezirksebene, aufbereitet sind.

(2) Zur Vorbereitung und Durchführung der Erhebungen nach § 1 Abs. 1 Nr. 1 übermitteln die Träger der Pflegeversicherung den statistischen Ämtern der Länder auf Anforderung die Namen und Anschriften der Pflegeeinrichtungen.

§ 7 Veröffentlichung

Die statistischen Ämter der Länder sind berechtigt, mit Zustimmung der Betroffenen zweijährlich ein Verzeichnis mit Namen, Anschrift, Kontaktdaten, Träger und Art der Pflegeeinrichtung sowie Zahl und Art der Pflegeplätze eines Pflegeheimes zu veröffentlichen.

§ 8 Inkrafttreten

Diese Verordnung tritt am Tag nach der Verkündung in Kraft.

VII. Richtlinien

1. BRi

Richtlinien zum Verfahren der Feststellung von Pflegebedürftigkeit sowie zur pflegefachlichen Konkretisierung der Inhalte des Begutachtungsinstruments nach dem Elften Buch des Sozialgesetzbuches (Begutachtungs-Richtlinien – BRi) vom 15. April 2016 geändert durch Beschluss vom 31. März 2017[1]

Der GKV-Spitzenverband[2] hat unter Beteiligung des Medizinischen Dienstes des Spitzenverbandes Bund der Krankenkassen, der Kassenärztlichen Bundesvereinigung, der Bundesverbände der Pflegeberufe, der Bundesarbeitsgemeinschaft der Freien Wohlfahrtspflege, der Bundesarbeitsgemeinschaft der überörtlichen Träger der Sozialhilfe, der kommunalen Spitzenverbände auf Bundesebene, der Bundesverbände privater Alten- und Pflegeheime sowie der Verbände der privaten ambulanten Dienste und unter beratender Mitwirkung der auf Bundesebene maßgeblichen Organisationen für die Wahrnehmung der Interessen und der Selbsthilfe der pflegebedürftigen und behinderten Menschen aufgrund der §§ 17, 15 Abs. 4, 18 Abs. 3 Satz 11, Abs. 5a, 18 Abs. 6 und 6a, 53a SGB XI (alle in der Fassung ab 01.01.2017) sowie § 17 a SGB XI (i.d.F. bis 31.12.2016) am 15.04.2016 die nachstehenden Richtlinien zum Verfahren der Feststellung der Pflegebedürftigkeit sowie zur pflegefachlichen Konkretisierung der Inhalte des Begutachtungsinstruments nach dem Elften Buch des Sozialgesetzbuches (Begutachtungs-Richtlinien – BRi) beschlossen. Diese Richtlinien gelten für alle Anträge auf Leistungen der Pflegeversicherung, die ab 01.01.2017 gestellt werden.

Die Begutachtungs-Richtlinien dienen der Zielsetzung, bundesweit eine Begutachtung nach einheitlichen Kriterien zu gewährleisten und eine hohe Qualität der für die Feststellung der Pflegebedürftigkeit maßgebenden Gutachten der Medizinischen Dienste sicherzustellen.

---

1 Die Genehmigung des Bundesministeriums für Gesundheit gilt gemäß § 17 Abs. 2 Satz 2 SGB IX als erteilt.

2 Der GKV-Spitzenverband ist der Spitzenverband Bund der Pflegekassen gemäß § 53 SGB XI.

Die Regelungen der Begutachtungs-Richtlinien werden auch in Zukunft unter Berücksichtigung von Erkenntnissen, insbesondere der Pflegewissenschaft, der Medizin und der Rechtsprechung weiter zu entwickeln sein.

1 Allgemeines

Die vorliegenden Begutachtungs-Richtlinien sind in einen Teil für die Begutachtung von Erwachsenen und einen – farblich gekennzeichneten – Abschnitt, der sich mit der Begutachtung von Kindern und Jugendlichen befasst, untergliedert. Beide Bereiche haben unterschiedliche Schwerpunkte und wurden inhaltlich abgestimmt. Wenn nicht anders vermerkt, gelten die Regelungen für die Begutachtung von Erwachsenen auch für die Begutachtung von Kindern und Jugendlichen. Für die Begutachtung von Kindern und Jugendlichen gelten allerdings einige Besonderheiten, die in den entsprechenden Abschnitten dargestellt werden. Um dies auch im Gutachten abzubilden, enthalten die Begutachtungs-Richtlinien auch zwei unterschiedliche Formulargutachten, eines für die Begutachtung von Erwachsenen und eines für die Begutachtung von Kindern und Jugendlichen.

Nach der allgemeinen Einführung in Kapitel 1 werden im zweiten Kapitel die Aufgaben des Medizinischen Dienstes der Krankenversicherung dargestellt. Die Kapitel 3 und 4 beschreiben das Verfahren zur Feststellung der Pflegebedürftigkeit und das dabei eingesetzte Begutachtungsinstrument mit den sechs Modulen (Kapitel 4.9), aus denen der Pflegegrad abgeleitet wird. Dabei beziehen sich die Überschriften mit der Bezeichnung „F" auf die entsprechenden Punkte des Formulargutachtens. Um die Berechnung des Pflegegrades transparent und nachvollziehbar darzustellen, wird im Kapitel 4.10.1 detailliert der Weg der Berechnung beschrieben und die Bewertungssystematik erläutert. Kapitel 4.11 beschreibt die Erhebung weiterer versorgungsrelevanter Informationen, bevor ab Kapitel 4.12 die auf der Grundlage der Begutachtung abgeleiteten Empfehlungen dargestellt werden.

Kapitel 5 stellt die Begutachtung von Kindern und Jugendlichen dar. Im Einführungsteil zu diesem Kapitel werden die Besonderheiten gegenüber der Begutachtung von Erwachsenen sowie die Sonderregelungen bei pflegebedürftigen Kindern im Alter bis zu 18 Monaten erläutert. Des Weiteren sind hier die Tabellen zur Berechnung des altersentsprechenden Selbständigkeitsgrades bzw. der altersentsprechenden Ausprägung von Fähigkeiten für Kinder bis zum vollendeten elften Lebensjahr abgebildet, deren Anwendung anhand verschiedener Beispiele veranschaulicht wird. Anschließend folgt – analog zum Erwachsenenteil – die Beschreibung des Begutachtungsverfahrens. Die Module des Begutachtungsinstruments werden ab Kapitel 5.5 erläutert. Die Überschriftbezeichnungen „KF" beziehen sich dabei auf die entsprechenden Abschnitte des Formulargutachtens für Kinder und Jugendliche.

Kapitel 6 beinhaltet die Formulargutachten für Erwachsene sowie für Kinder und Jugendliche. Unter 6.4 findet sich eine tabellarische Zusammenfassung der Berechnungs- und Bewertungssystematik. Zum Schluss wird dann im Anhang (Kapitel 7) die gesonderte Präventions- und Rehabilitationsempfehlung jeweils für Erwachsene und für Kinder und Jugendliche abgebildet.

Zum 01.01.1995 ist das Gesetz zur sozialen Absicherung des Risikos der Pflegebedürftigkeit in Kraft getreten. Leistungen bei häuslicher Pflege erhalten die Versicherten seit dem 01.04.1995, bei stationärer Pflege seit dem 01.07.1996. Seitdem wurde das Pflege-Versicherungsgesetz mehrfach geändert.

Mit dem Zweiten Pflegestärkungsgesetz (PSG II) wurde zum 01.01.2017 die Pflegeversicherung und die pflegerische Versorgung durch einen neuen Pflegebedürftigkeitsbegriff und ein neues Begutachtungsinstrument auf eine neue pflegefachliche Grundlage gestellt. Erstmals sollen damit alle für die Feststellung von Pflegebedürftigkeit relevanten Kriterien in einer für alle Pflegebedürftigen einheitlichen Systematik erfasst werden, unabhängig davon, ob diese auf körperlichen, psychischen oder kognitiven Beeinträchtigungen beruhen. Die Pflegebedürftigkeit orientiert sich allein daran, wie stark die Selbständigkeit beziehungsweise die Fähigkeiten eines Menschen bei der Bewältigung des Alltags beeinträchtigt sind und er deshalb der Hilfe durch andere bedarf.

Im Ersten Pflegestärkungsgesetz (PSG I) sind dazu bereits wichtige Vorarbeiten erfolgt, z. B. durch die Ausweitung des Zugangs zu Pflege-, Betreuungs- und Entlastungsleistungen auf alle Pflegebedürftigen und auf Personen mit erheblich eingeschränkter Alltagskompetenz. Seit dem 01.01.2015 sind die Leistungen für Pflegebedürftige und ihre Angehörigen deutlich flexibilisiert und ausgeweitet worden. Die Finanzmittel für die zusätzliche Betreuung und Aktivierung im ambulanten Bereich sowie in voll- und teilstationären Pflegeeinrichtungen wurden erhöht. Die Leistungen gehen von den Grundsätzen „Vorrang der häuslichen Pflege" und „Vorrang von Prävention und medizinischer Rehabilitation" aus (§§ 3 und 5 SGB XI). Den Pflegebedürftigen soll es dadurch ermöglicht werden, möglichst lange in ihrer häuslichen Umgebung zu bleiben. Diesem Ziel entsprechend gehen auch die Leistungen der teilstationären Pflege und der Kurzzeitpflege denen der vollstationären Pflege vor.

Ein weiteres wichtiges gesundheitspolitisches Ziel kommt in dem Vorrang von Prävention, Krankenbehandlung und medizinischer Rehabilitation zum Ausdruck. Der MDK ist gehalten, im Rahmen der Begutachtung von Pflegebedürftigkeit auf der Grundlage eines bundeseinheitlichen Verfahrens zu prüfen, ob und ggf. welche Maßnahmen der Prävention und der medizinischen Rehabilitation geeignet, notwendig und zumutbar sind, und einen individuellen Pflegeplan zu empfehlen (§ 18 Abs. 6 SGB XI). Da die Pflegekassen selbst nicht Träger dieser Leistungen sind, wirken sie bei den zuständigen Leistungsträgern darauf hin, dass frühzeitig alle geeigneten Maßnahmen der Prävention, Krankenbehandlung und der medizinischen Rehabilitation eingeleitet werden, um den Eintritt von Pflegebedürftigkeit zu vermeiden. Die Leistungsträger haben im Rahmen ihres Leistungsrechts auch nach Eintritt der Pflegebedürftigkeit ihre Leistungen zur medizinischen Rehabilitation und ergänzenden Leistungen in vollem Umfang einzusetzen und darauf hinzuwirken, die Pflegebedürftigkeit zu überwinden, zu mindern sowie eine Verschlimmerung zu verhindern (§ 5 SGB XI). Die Pflegekasse erbringt vorläufige Leistungen zur medizinischen Rehabilitation, wenn eine sofortige Leistungserbringung erforderlich ist und sonst die sofortige Einleitung der Leistungen gefährdet wäre (vgl. § 32 SGB XI).

Die Leistungen der Pflegeversicherung tragen dazu bei, der oder dem Pflegebedürftigen ein möglichst selbstbestimmtes und selbständiges Leben zu ermöglichen. Die Pflegebedürftigen können im Rahmen von Notwendigkeit und Wirtschaftlichkeit zwischen den aufgrund eines Versorgungsvertrages mit den Pflegekassen zugelassenen ambulanten und stationären Pflegeeinrichtungen wählen. Auch religiösen Bedürfnissen und den Bedürfnissen nach einer kultursensiblen Pflege ist Rechnung zu tragen; Wünsche nach gleichgeschlechtlicher Pflege sind nach Möglichkeit zu berücksichtigen (§§ 1, 2 SGB XI).

Ein weiteres erklärtes Ziel der Pflegeversicherung ist die Stärkung der Kompetenz und der Pflegebereitschaft von Angehörigen und Nachbarn durch Pflegeberatung (§ 7a SGB XI), durch die bei Bezug von Pflegegeld abzurufenden Beratungseinsätze (§ 37 Abs. 3 SGB XI) und die Durchführung von Pflegekursen (§ 45 SGB XI).

Die Pflege und Betreuung ist darauf auszurichten, die körperlichen, geistigen und seelischen Kräfte der Pflegebedürftigen auch in Form der aktivierenden Pflege wiederzugewinnen oder zu erhalten (§ 2 Abs. 1 Satz 2 SGB XI).

Bei den Leistungen der Pflegeversicherung wird unterschieden zwischen Dienst-, Sach- und Geldleistungen für den Bedarf an körperbezogenen Pflegemaßnahmen, pflegerischen Betreuungsmaßnahmen und Hilfen bei der Haushaltsführung sowie Kostenerstattung, soweit sie im SGB XI vorgesehen ist (§ 4 SGB XI). Hinzu kommen bei teilstationärer Pflege, Kurzzeitpflege und vollstationärer Pflege die Leistungen der medizinischen Behandlungspflege. Im Rahmen der gesetzlich vorgegebenen Höchstgrenzen erhalten die pflegebedürftigen Versicherten (mit Pflegegrad 2, 3, 4 oder 5) und deren Pflegepersonen folgende Leistungen (§ 28 SGB XI):

1. Pflegesachleistung (§ 36 SGB XI)
2. Pflegegeld für selbst beschaffte Pflegehilfen (§ 37 SGB XI)
3. Kombination von Geld- und Sachleistung (§ 38 SGB XI)
4. Häusliche Pflege bei Verhinderung der Pflegeperson (§ 39 SGB XI)
5. Pflegehilfsmittel und wohnumfeldverbessernde Maßnahmen (§ 40 SGB XI)
6. Tages- und Nachtpflege (§ 41 SGB XI)
7. Kurzzeitpflege (§ 42 SGB XI)
8. Vollstationäre Pflege (§ 43 SGB XI)
9. Pflege in vollstationären Einrichtungen der Hilfe für behinderte Menschen (§ 43a SGB XI)

9a. Zusätzliche Betreuung und Aktivierung in stationären Pflegeeinrichtungen (§ 43b SGB XI)

10. Leistungen zur sozialen Sicherung der Pflegepersonen (§ 44 SGB XI)
11. Zusätzliche Leistungen bei Pflegezeit und kurzzeitiger Arbeitsverhinderung (§ 44a SGB XI)
12. Pflegekurse für Angehörige und ehrenamtliche Pflegepersonen (§ 45 SGB XI)

12a. Umwandlungsanspruch (§ 45a SGB XI)
13. Entlastungsbetrag (§ 45b SGB XI)
14. Leistungen des Persönlichen Budgets nach § 17 Abs. 2 bis 4 SGB IX (§ 35a SGB XI)
15. Zusätzliche Leistungen für Pflegebedürftige in ambulant betreuten Wohngruppen (§ 38a SGB XI)
16. Pflegeberatung (§ 7a SGB XI)
17. Anschubfinanzierung zur Gründung von ambulanten Wohngruppen (§ 45e SGB XI)

Leistungen bei Pflegegrad 1 (§ 28a SGB XI)

Abweichend von den in § 28 Abs. 1 und 1a SGB XI beschriebenen Leistungen gewährt die Pflegeversicherung bei Pflegegrad 1 folgende Leistungen:

1. Pflegeberatung (§§ 7a und 7b SGB XI)
2. Beratung in der eigenen Häuslichkeit (§ 37 Abs. 3 SGB XI)
3. Zusätzliche Leistungen für Pflegebedürftige in ambulant betreuten Wohngruppen (§ 38a SGB XI)
4. Versorgung mit Pflegehilfsmitteln (§ 40 Abs. 1 bis 3 und Abs. 5 SGB XI)
5. Finanzielle Zuschüsse für Maßnahmen zur Verbesserung des individuellen oder gemeinsamen Wohnumfeldes (§ 40 Abs. 4 SGB XI)
6. Zusätzliche Betreuung und Aktivierung in stationären Pflegeeinrichtungen (§ 43b SGB XI)
7. Pflegekurse für Angehörige und ehrenamtliche Pflegepersonen § 45 SGB XI)
8. Entlastungsbetrag (§ 45b SGB XI)
9. Zuschuss bei vollstationärer Pflege (§ 43 Abs. 3 SGB XI)

2 Aufgaben des Medizinischen Dienstes der Krankenversicherung (MDK)

2.1 Verantwortung des MDK für eine qualifizierte Begutachtung

Die Begutachtungen sind durch geschulte und qualifizierte Gutachter durchzuführen. Sie erfolgen durch Pflegefachkräfte und Ärztinnen oder Ärzte, die der Medizinische Dienst für die Bewältigung des laufenden Arbeitsanfalls vorhält. Der Medizinische Dienst kann zur Bewältigung von Antragsspitzen und zu speziellen gutachterlichen Fragestellungen Pflegefachkräfte und Ärztinnen bzw. Ärzte bei der Erstellung des Gutachtens als externe Kräfte beteiligen. Macht der Medizinische Dienst von dieser Möglichkeit Gebrauch, trägt er die Verantwortung für die Begutachtung.

Wenn externe Kräfte beauftragt werden, ist sicherzustellen, dass keine Interessenkonflikte entstehen (vgl. Richtlinien zur Dienstleistungsorientierung im Begutachtungsverfahren – Die-RiLi).

2.2 Verantwortung der Pflegekassen für eine qualifizierte Begutachtung durch unabhängige Gutachter nach § 18 Abs. 3a SGB XI

Die Pflegekassen haben die Möglichkeit, Aufträge, insbesondere in den Fällen drohender Fristüberschreitungen, auch an andere unabhängige Gutachter zu vergeben. Die Anforderungen an die Qualifikation und Unabhängigkeit der Gutachter, das Verfahren zur Sicherstellung der Einheitlichkeit des Begutachtungsverfahrens sowie der Qualitätssicherung ist in den Richtlinien des GKV-Spitzenverbandes zur Zusammenarbeit der Pflegekassen mit anderen unabhängigen Gutachtern (Unabhängige Gutachter-Richtlinien – UGu-RiLi) geregelt. Die Pflegekassen stellen die Qualifikation der unabhängigen Gutachter sicher, indem sie Rahmenverträge mit geeigneten Gutachtern schließen.

2.3 Begutachtung zur Feststellung von Pflegebedürftigkeit

Die zentrale Aufgabe des Medizinischen Dienstes im Rahmen des SGB XI ist die Prüfung, ob die Voraussetzungen der Pflegebedürftigkeit erfüllt sind und welcher Grad der Pflegebedürftigkeit vorliegt (§ 18 Abs. 1 S. 1 SGB XI). Im Rahmen dieser Prüfungen hat die Gutachterin bzw. der Gutachter durch eine Untersuchung der antragstellenden Person die Beeinträchtigungen der Selbständigkeit oder der Fähigkeiten und die voraussichtliche Dauer der Pflegebedürftigkeit zu ermitteln (§ 18 Abs. 1 Satz 2 SGB XI). Dazu ist eine Begutachtung der antragstellenden Person in ihrem Wohnbereich durchzuführen (§ 18 Abs. 2 Satz 1 SGB XI). Insbesondere sind körperliche, kognitive oder psychische Beeinträchtigungen oder gesundheitlich bedingte Belastungen oder Anforderungen, die nicht selbständig kompensiert oder bewältigt werden können und deshalb zu einem Hilfebedarf durch andere führen, zu erheben. Die Pflegebedürftigkeit muss auf Dauer, voraussichtlich für mindestens sechs Monate, bestehen (§ 14 Abs. 1 Satz 3 SGB XI).

Grundlagen der Begutachtung sind das SGB XI und diese Begutachtungs-Richtlinien.

Im abschließenden Gutachten sind Angaben zu folgenden Sachverhalten zu machen:

- zum Vorliegen eines Pflegegrades und ggf. zum Zeitpunkt des Vorliegens der Voraussetzungen für den Pflegegrad,
- zum Mindestumfang der Pflegetätigkeit der jeweiligen Pflegeperson(en) (§ 44 SGB XI, § 166 Abs. 2 SGB VI).

Darüber hinaus hat der MDK einen individuellen Pflegeplan im Sinne von Empfehlungen zur Förderung und zum Erhalt der Selbständigkeit oder der Fähigkeiten zu unterbreiten. Der individuelle Pflegeplan beinhaltet Empfehlungen insbesondere im Hinblick auf

- die konkrete Hilfsmittel- und Pflegehilfsmittelversorgung (§ 18 Abs. 6a SGB XI),
- notwendige und zumutbare Maßnahmen der Prävention und der medizinischen Rehabilitation (§ 18 Abs. 6 SGB XI),
- die Beratung zu Leistungen zur verhaltensbezogenen Primärprävention nach § 20 Abs. 5 SGB V (§ 18 Abs. 1 Satz 4 SGB XI).

Darüber hinaus hat die Gutachterin/der Gutachter im individuellen Pflegeplan Empfehlungen zur Veränderung der Pflegesituation insbesondere durch

- therapeutische Maßnahmen, z. B. Heilmittel,[3]
- Maßnahmen zur Verbesserung der räumlichen Umgebung, z. B. Maßnahmen zur Verbesserung des individuellen Wohnumfeldes (§ 40 Abs. 4 SGB XI),
- edukative Maßnahmen[4]

zu unterbreiten.

Die Stellungnahme des MDK hat sich auch darauf zu erstrecken, ob die Pflege in geeigneter Weise sichergestellt ist.

3 Therapeutische Maßnahmen umfassen ausschließlich die Maßnahmen zur Behandlung einer Krankheit, die gemäß § 27 Abs. 1 SGB V unter 1., 2., 3., 4. Und 5. benannt sind und somit neben den bereits aufgeführten Leistungen in Frage kommen können.

4 Unter edukativen Maßnahmen werden Lern- und Bildungsmaßnahmen verstanden, die in vier Kernaktivitäten zusammengefasst werden: Information, Schulung, Beratung und Anleitung.

Diese Anforderungen verlangen vom MDK die angemessene Einbindung unterschiedlicher Fachkompetenzen in das Verfahren der Begutachtung (§ 18 Abs. 7 SGB XI). Unabhängig davon, ob bei der Begutachtung interne oder externe Kräfte tätig werden, erfordert dies eine große Kooperationsbereitschaft aller am Begutachtungsverfahren Beteiligten der unterschiedlichen Professionen.

3 Verfahren zur Feststellung der Pflegebedürftigkeit

Diese Begutachtungs-Richtlinien erläutern die Begutachtungskriterien und das Begutachtungsverfahren auf der Basis des SGB XI. Sie sichern bundesweit einheitliche Maßstäbe für die Begutachtung. Nach dem Gesetz sind regionale Abweichungen nicht zulässig.

3.1 Pflegekasse

Die Leistungen nach dem SGB XI sind bei der Pflegekasse zu beantragen.

Die Entscheidung über den Antrag trifft die Pflegekasse unter maßgeblicher Berücksichtigung des Gutachtens des MDK. Weicht die Pflegekasse von der Empfehlung des MDK zum Vorliegen von Pflegebedürftigkeit und zum Pflegegrad ab, teilt sie dies dem MDK unter Angabe der Gründe mit.

Zur gutachterlichen Prüfung der Voraussetzungen der Pflegebedürftigkeit und der Zuordnung zu einem Pflegegrad übermittelt die Pflegekasse dem MDK die Antragsinformationen[5] und, soweit vorhanden, weitere für die Begutachtung erforderliche Unterlagen bzw. Informationen

- über Vorerkrankungen,
- über Klinikaufenthalte und Leistungen zur medizinischen Rehabilitation,
- zur Heilmittelversorgung,
- zur Hilfsmittel- und Pflegehilfsmittelversorgung,
- zur behandelnden Ärztin bzw. zum behandelnden Arzt,
- zur häuslichen Krankenpflege nach § 37 SGB V,
- hinsichtlich einer bevollmächtigten Person oder Betreuerin bzw. eines Betreuers mit entsprechendem Aufgabenkreis.

5 Die Stammdaten zum Antrag auf Pflegebedürftigkeit sind als Anlage 1 der BRi angefügt.

Im Hinblick auf ggf. verkürzte Bearbeitungs-Begutachtungsfristen (siehe Punkt 3.3) informiert die Pflegekasse den MDK, soweit bekannt, darüber hinaus über folgende Sachverhalte:

- aktueller Aufenthalt der antragstellenden Person im Krankenhaus oder einer Rehabilitationseinrichtung und vorliegende Hinweise auf Dringlichkeit der Begutachtung zur Sicherstellung der ambulanten oder stationären Weiterversorgung,
- aktueller Aufenthalt der antragstellenden Person in einem stationären Hospiz,
- Ankündigung der Inanspruchnahme von Pflegezeit nach dem Pflegezeitgesetz gegenüber dem Arbeitgeber der pflegenden Person, Vereinbarung einer Familienpflegezeit nach § 2 Abs. 1 des Familienpflegezeitgesetzes mit dem Arbeitgeber der pflegenden Person, – ambulante palliative Versorgung der antragstellenden Person.

Bei erneuter Beauftragung[6] gibt die Pflegekasse außerdem Hinweise auf vorhergehende Begutachtungen, zum Pflegegrad sowie zu den Ergebnissen der Beratungseinsätze gemäß § 37 Abs. 3 SGB XI, sofern sich daraus Hinweise ergeben, dass die Pflege nicht sichergestellt ist.

Die Pflegekasse klärt die antragstellende bzw. bevollmächtigte Person oder die Betreuerin bzw. den Betreuer über die Mitwirkungspflichten sowie die Folgen fehlender Mitwirkung auf und fordert sie oder ihn auf, dem zuständigen MDK eine Einwilligung zur Einholung von Auskünften – soweit diese für die Begutachtung erforderlich sind – bei der behandelnden Ärztin bzw. dem behandelnden Arzt, den Pflegepersonen, sonstigen Personen, insbesondere Pflegekräften, und Pflegeeinrichtungen, die an der Pflege des Versicherten beteiligt sind, zu erteilen (vgl. § 18 Abs. 4 SGB XI). Darüber hinaus informiert sie die antragstellende Person darüber, dass im Rahmen der Begutachtung von Pflegebedürftigkeit auch geprüft wird, ob und ggf. welche Maßnahmen der Prävention und medizinischen Rehabilitation geeignet, notwendig und zumutbar sind. In diesem Kontext sollte die antragstellende Person gebeten werden, ihr vorliegende Befunde und Entlassungsberichte aus Krankenhäusern oder Rehabilitationseinrichtungen für die Begutachtung bereitzuhalten.

6 Unter „erneute Beantragung" zählen Höherstufungs- und Rückstufungsanträge, Widerspruchgutachten und Wiederholungsbegutachtungen.

Die Pflege- und Krankenkassen sowie die Leistungserbringer sind verpflichtet, dem MDK oder den von den Pflegekassen beauftragten Gutachtern die für die Begutachtung erforderlichen Unterlagen vorzulegen und Auskünfte zu erteilen (§ 18 Abs. 5 SGB XI).

3.2 Medizinischer Dienst der Krankenversicherung

3.2.1 Vorbereitung der Begutachtung

Der MDK sichtet die Unterlagen der Pflegekasse und prüft, ob Auskünfte seitens der behandelnden Ärztin bzw. des behandelnden Arztes der antragstellenden Person, insbesondere ihrer Hausärztin oder ihres Hausarztes, der die antragstellende Person Pflegenden, des Krankenhauses bzw. der Pflegeeinrichtung benötigt werden. Hierbei geht es vor allem darum, relevante und aktuelle Informationen, insbesondere zu den pflegebegründenden Erkrankungen und gesundheitlich bedingten Beeinträchtigungen der Selbständigkeit oder der Fähigkeiten, zu deren Verlauf und zu durchgeführten Behandlungen und Rehabilitationsleistungen sowie zu Art, Umfang und Dauer der Hilfebedürftigkeit zu erhalten (vgl. § 18 Abs. 4 SGB XI). Mit Einwilligung der versicherten Person werden notwendige Auskünfte und Unterlagen eingeholt. Zu den Auskunftspflichten der Vertragsärzte bestehen Vereinbarungen zwischen den MDK und den Kassenärztlichen Vereinigungen. Soweit die angeforderten Unterlagen nicht vorgelegt werden, ist dies im Formulargutachten unter Punkt F 1.1 „Pflegerelevante Fremdbefunde" zu dokumentieren. Gleichwohl hat die Gutachterin bzw. der Gutachter eigene Erhebungen anzustellen.

3.2.2 Festlegung der den Besuch durchführenden Person(en)

Auf der Grundlage der bereits vorhandenen oder von der Pflegekasse übergebenen und ggf. von behandelnden Ärztinnen und Ärzten sowie Pflegepersonen oder anderen Personen des Krankenhauses, der sonstigen Einrichtungen oder der Pflegeeinrichtungen eingeholten Informationen und des zu erwartenden Schwerpunktes der Begutachtung wird entschieden, welche Gutachter (Pflegefachkraft oder Ärztin/Arzt, spezielles Fachgebiet, speziell geschulte Gutachterin oder speziell geschulter Gutachter) den Besuch durchführen. Zur umfassenden Beurteilung der Pflegesituation, insbesondere auch bei der Beurteilung von behinderten oder psychisch kranken Menschen und deren Hilfebedarf, kann die Beteiligung anderer Fachkräfte erforderlich sein, z. B. aus dem Bereich der Hilfe für behinderte Menschen oder der Psychiatrie. Die Begutachtung der Pflegebedürftigkeit von Kindern ist in der Regel durch besonders geschulte Gutachterinnen oder Gutachter mit einer Qualifikation in der Gesundheits- und Kinderkrankenpflege oder als Kinderärztin bzw. Kinderarzt vorzunehmen.

In der Regel ist es ausreichend, dass der Besuch von einer Gutachterin oder einem Gutachter durchgeführt wird. Ein gemeinsamer Besuch von Pflegefachkraft und Ärztin bzw. Arzt kann dann sinnvoll sein, wenn mit einer besonders schwierigen Begutachtungssituation zu rechnen ist.

3.2.2.1 Ankündigung des Besuchs

Der Besuch wird rechtzeitig angekündigt oder vereinbart. Der antragstellenden Person sind das vorgesehene Datum der Begutachtung mit einem Zeitfenster von max. zwei Stunden, die voraussichtliche Dauer der Begutachtung, der Name und die berufliche Qualifikation der Gutachterin oder des Gutachters sowie Grund und Art der Begutachtung mitzuteilen. Mit dieser Ankündigung/Vereinbarung wird die antragstellende Person gleichzeitig gebeten, eventuell vorhandene Berichte von betreuenden Diensten, Pflegetagebücher[7] und vergleichbare eigene Aufzeichnungen des Versicherten, ärztliche Unterlagen, derzeitige Medikamente sowie Gutachten und Bescheide anderer Sozialleistungsträger – soweit sie für die Begutachtung erforderlich sind – bereitzulegen. Die antragstellende Person ist vorab durch den MDK zu informieren, dass sie sich bei Verständigungsschwierigkeiten in der Amtssprache Unterstützung durch Angehörige, Bekannte mit ausreichenden Sprachkenntnissen oder durch eine Übersetzerin bzw. einen Übersetzer für den Zeitraum der Begutachtung heranziehen sollte. Dies kann z. B. im Rahmen der Terminankündigung durch Übersendung eines Flyers mit Informationen zur Begutachtung erfolgen. Die antragstellende Person hat sicherzustellen, dass eine Verständigung in der Amtssprache möglich ist. Dessen ungeachtet ist das Recht der antragstellenden Person auf barrierefreie Kommunikation zu gewährleisten. Die Pflegeperson sollte beim Hausbesuch zugegen sein.

Falls eine bevollmächtigte Person oder eine Betreuerin bzw. ein Betreuer bekannt ist, muss auch diese Person benachrichtigt werden.

7 Ein Pflegetagebuch dient insbesondere der Aufzeichnung von häuslichen Pflegeleistungen, die für eine pflegebedürftige Person erbracht werden.

Die Übermittlung der Daten einer bevollmächtigten Person oder einer Betreuerin bzw. eines Betreuers an den MDK obliegt der Pflegekasse.

3.2.2.2 Fehlende Einwilligung der antragstellenden Person

Verweigert eine antragstellende Person, die bevollmächtigte Person oder die Betreuerin bzw. der Betreuer eine Begutachtung im Wohnbereich, die jedoch für die Feststellung der Pflegebedürftigkeit erforderlich ist, reicht der MDK die Unterlagen mit einem entsprechenden Vermerk an die Pflegekasse zurück, es sei denn, dass in diesen Fällen die Informationsgrundlage für eine Begutachtung nach Aktenlage (siehe unten) ausreicht.

3.2.2.3 Der Besuch

Die Erst- und Folgebegutachtung hat der MDK in der Regel im Wohnbereich der antragstellenden Person vorzunehmen. Dies gilt für Anträge auf häusliche und vollstationäre Pflege gleichermaßen. Die antragstellende Person hat das Recht, sich während des Besuchs des Beistandes dritter Personen zu bedienen. Die antragstellende Person hat sich in Ausnahmefällen und bei begründeten Zweifeln mit einem Identifikationsausweis auszuweisen. Ausnahmefälle und begründete Zweifel müssen im Formulargutachten hinreichend erläutert werden. Mit Einverständnis der antragstellenden Person sollen auch Pflegepersonen, Lebenspartner oder sonstige Personen oder Dienste, die an der Pflege der antragstellenden Person beteiligt sind, befragt werden. Sofern die Begutachtung wegen Verständigungsschwierigkeiten abgebrochen werden muss, wird ein neuer zeitnaher Begutachtungstermin vereinbart. Die Gutachter müssen sich gegenüber der antragstellenden Person mit einem gültigen Identifikationsausweis mit aktuellem Lichtbild ausweisen können.

Bei Anträgen auf Leistungen in vollstationären Pflegeeinrichtungen gelten die unter Punkt 3.2.3 „Begutachtung der antragstellenden Personen im Krankenhaus, in einer stationären Rehabilitationseinrichtung oder in einem Hospiz“ beschriebenen Besonderheiten.

Wenn ausnahmsweise bereits aufgrund einer eindeutigen Aktenlage feststeht (siehe Kapitel 6.1.2),

- ob die Voraussetzungen der Pflegebedürftigkeit erfüllt sind,
- welcher Pflegegrad vorliegt und

- ob und in welchem Umfang geeignete primärpräventive therapeutische bzw. rehabilitative Leistungen in Betracht kommen,

kann die Begutachtung der antragstellenden Person bzw. der oder des Pflegebedürftigen im Wohnbereich unterbleiben.

3.2.3 Begutachtung der antragstellenden Personen im Krankenhaus, in einer stationären Rehabilitationseinrichtung oder in einem Hospiz

Befindet sich die antragstellende Person im Krankenhaus oder in einer stationären Rehabilitationseinrichtung, ist die Begutachtung in der Einrichtung durchzuführen, wenn Hinweise vorliegen, dass dies zur Sicherstellung der ambulanten oder stationären Weiterversorgung und Betreuung (z. B. Kurzzeitpflege, wohnumfeldverbessernde Maßnahmen) erforderlich ist oder die Inanspruchnahme von Pflegezeit nach dem Pflegezeitgesetz gegenüber dem Arbeitgeber der pflegenden Person angekündigt wurde oder mit dem Arbeitgeber der pflegenden Person eine Familienpflegezeit nach § 2 Abs. 1 des Familienpflegezeitgesetzes vereinbart wurde. Gleiches gilt für antragstellende Personen, die sich in einem Hospiz befinden. In diesen Fällen ist festzustellen, ob Pflegebedürftigkeit nach den §§ 14 und 15 SGB XI vorliegt. Liegt Pflegebedürftigkeit vor, ist darüber hinaus festzustellen, ob die Voraussetzungen mindestens des Pflegegrades 2 erfüllt sind. Die abschließende Begutachtung – insbesondere zum Pflegegrad – ist dann unverzüglich nachzuholen.

Die Grundsätze

- Vorrang von Rehabilitation vor Pflege und
- Vorrang von ambulanter vor stationärer Pflege

sind zu beachten.

Bei Antragstellenden, die palliativ versorgt werden, ist das Recht auf Selbstbestimmung in besonderem Maße zu berücksichtigen.

3.2.4 Fehlende oder unzureichende Sicherstellung der Pflege und Versorgung

Wird beim Besuch eine defizitäre Pflege- und Versorgungssituation der antragstellenden Person festgestellt, ist die Situation – soweit möglich – sowohl mit ihr als auch mit der Pflegeperson, der leitenden Pflegefachkraft und der Heimleitung der vollstationären Pflegeeinrichtung bzw. Einrichtung der Hilfe für behinderte Menschen eingehend zu erörtern und unter Punkt F 5.3 „Ist die Pflege in geeigneter Weise sichergestellt?" des Formulargutachtens zu dokumentieren. Der Pflegekasse sind konkrete Vorschläge zur Verbesserung der Pflege und Versorgung der antragstellenden Person zu unterbreiten. Bei nicht sichergestellter Pflege ist die Gutachterin bzw. der Gutachter angehalten, der Pflegekasse die Einleitung von Sofortmaßnahmen zu empfehlen.

3.2.5 Gutachtenabschluss

Die Gutachterin bzw. der Gutachter wertet die beim o. g. Besuch erhobenen Befunde und die sonstigen Informationen aus und entscheidet, ob eine weitere Gutachterin bzw. ein weiterer Gutachter (Pflegefachkraft oder Ärztin bzw. Arzt) mit eingebunden wird.

Ergibt sich bei der Begutachtung durch eine Pflegefachkraft eine nicht abschließend zu klärende rein medizinische Fragestellung, z. B. zu therapeutischen Defiziten oder zur medizinischen Rehabilitation, zu Hilfsmitteln, zur Prognose, ist eine zusätzliche Abklärung durch eine Ärztin oder einen Arzt erforderlich. Dies gilt analog, wenn sich in der aktuellen Begutachtungssituation durch eine Ärztin bzw. einen Arzt eine nicht abschließend zu klärende rein pflegerische Fragestellung ergibt, z. B. zur aktivierenden Pflege.

Sollte ausnahmsweise im Rahmen dieser Auswertung eine abschließende Beurteilung nicht möglich sein, muss der Sachverhalt weiter aufgeklärt werden. Dazu ist zu entscheiden, ob das Hinzuziehen von weiteren sachdienlichen Informationen erforderlich ist. Auch bei der Auswertung des Besuchs, insbesondere bei der Begutachtung von Kindern, behinderten oder psychisch kranken Menschen und deren gesundheitlich bedingten Beeinträchtigungen der Selbständigkeit oder der Fähigkeiten, kann die Beteiligung anderer Fachkräfte erforderlich sein, z. B. aus dem Bereich der Kinderheilkunde, der Hilfe für behinderte Menschen oder der Psychiatrie (siehe auch Punkt 3.2.2 „Festlegung der den Besuch durchführenden Person/-en").

Der MDK teilt der Pflegekasse das Ergebnis seiner Prüfung durch Übersendung des Gutachtens und der gesonderten Präventions- und Rehabilitationsempfehlung mit. Diese entscheidet unter maßgeblicher Berücksichtigung des Gutachtens über das Vorliegen von Pflegebedürftigkeit und den

Pflegegrad und übersendet – soweit der Versicherte nicht widersprochen hat – dem Versicherten das Gutachten.

Die Gutachterin bzw. der Gutachter weist während des Hausbesuchs auf die Bedeutung des Gutachtens für eine umfassende Beratung, das Erstellen eines individuellen Versorgungsplans nach § 7a SGB XI und das Versorgungsmanagement nach § 11 Abs. 4 SGB V sowie für die individuelle Hilfe- und Pflegeplanung hin. Die Gutachterin bzw. der Gutachter klärt den Versicherten bei der Begutachtung darüber auf, dass das Gutachten zusammen mit dem Bescheid von der Pflegekasse übermittelt wird, sofern der Versicherte der Übersendung nicht widersprochen hat. Ein eventueller Widerspruch ist im Gutachten zu vermerken.

Zur Stärkung der Souveränität der Versicherten ist das Ergebnis des Gutachtens dem Versicherten transparent darzustellen und verständlich zu erläutern (§ 18 Abs. 3 Satz 10 SGB XI). Hierzu dienen zum einen die ausführlichen Darstellungen des Verfahrens und der Bewertungskriterien für die Begutachtung im Rahmen dieser Begutachtungs-Richtlinien. Darüber hinaus ist das Ergebnis des Gutachtens dem Versicherten auch personenbezogen bei der Übersendung des Leistungsbescheids zu erläutern, unabhängig davon, ob das Gutachten mit übersandt wird oder er der Übersendung des Gutachtens widersprochen hat. Dies kann im Wege einer standardisierten Information erfolgen. Dabei sind auch bestehende wissenschaftliche Erkenntnisse über die patientenorientierte Darstellung von medizinischen und pflegerischen Sachverhalten mit einzubeziehen. Kriterien für eine transparente und verständliche Darstellung des Gutachtens für die Versicherten sind insbesondere:

- Verwendung allgemeinverständlicher Begriffe und Erläuterung von Fachbegriffen
- Verwendung einer einfachen Sprache mit kurzen Sätzen
- Verwendung einer übersichtlichen Strukturierung der Information
- Adressatengerechte Gestaltung der Information (Beschränkung auf für die jeweiligen Zielgruppen, z. B. Kinder oder Jugendliche, relevanten Informationen; Verwendung einer adressatengerechten Sprache, ggf. Verwendung von „leichter Sprache")
- Barrierefreie Gestaltung (z. B. Schriftgröße, Layout)
- Hinweis auf Ansprechpartner für weitergehende Fragen.

3.2.6 Verfahren bei bereits vorliegenden MDK-Gutachten zur Pflegebedürftigkeit

Bei Gutachten aufgrund von Höherstufungs- oder Rückstufungsanträgen, Widerspruchsgutachten oder Wiederholungsbegutachtungen sind die beim MDK vorliegenden Gutachten beizuziehen. In dem neuen Gutachten ist die zwischenzeitliche Entwicklung zu würdigen und eingehend zu dokumentieren. Wird ein niedrigerer Pflegegrad empfohlen, so ist zusätzlich darzulegen, inwiefern und ggf. wodurch sich die Beeinträchtigungen der Selbständigkeit oder der Fähigkeiten verringert haben (siehe Punkt 4.10 „Ergebnis").

Wird im Rahmen eines Widerspruchsverfahrens nach Auffassung der Pflegekasse eine erneute Begutachtung erforderlich, ist der entsprechende Auftrag zusammen mit der von der Pflegekasse zur Verfügung gestellten Kopie des Widerspruchsschreibens den Erstgutachtern vorzulegen. Diese prüfen, ob sie aufgrund neuer Aspekte zu einem anderen Ergebnis als im Erstgutachten kommen.

Revidieren die Erstgutachter ihre Entscheidung nicht, ist das Widerspruchsgutachten von einer bei der Vorbegutachtung nicht beteiligten Gutachterin bzw. einem nicht beteiligten Gutachter zu erstellen. Die Widerspruchsbegutachtung hat grundsätzlich ebenfalls in häuslicher Umgebung bzw. in der vollstationären Pflegeeinrichtung stattzufinden. Eine Begutachtung nach Aktenlage kommt ausnahmsweise dann in Betracht, wenn in dem Vorgutachten die Pflegesituation ausreichend dargestellt wurde und durch eine erneute persönliche Begutachtung keine zusätzlichen Erkenntnisse zu erwarten sind. Dies ist im Gutachten unter Würdigung des Widerspruchs detailliert zu begründen. Bei der Widerspruchsbegutachtung ist die zwischenzeitliche Entwicklung zu würdigen, der Zeitpunkt eventueller Änderungen der Pflegesituation gegenüber dem Erstgutachten zu benennen und auf die jeweilige Begründung des Widerspruchs einzugehen.

3.3 Bearbeitungs- und Begutachtungsfristen

Im Regelfall ist der antragstellenden Person spätestens 25 Arbeitstage[8] nach Eingang des Antrags bei der zuständigen Pflegekasse die Entscheidung der Pflegekasse schriftlich mitzuteilen. Dadurch sollen pflegebedürftige Men-

8 Arbeitstage sind Werktage von Montag bis Freitag.

schen und ihre Angehörigen eine schnelle Entscheidung über die von ihnen beantragten Leistungen erhalten, um die Pflege zeitnah organisieren zu können. Dies stellt hohe Anforderungen an die Zusammenarbeit zwischen Pflegekasse und MDK sowie die Termin- und Ablaufplanung des MDK dar und erfordert die Mitwirkung der antragstellenden Person.

Die Frist ist vom 1. November 2016 bis zum 31. Dezember 2017 unbeachtlich. Abweichend davon ist denjenigen, die ab dem 1. November 2016 einen Antrag auf Leistungen der Pflegeversicherung stellen und bei denen ein besonders dringlicher Entscheidungsbedarf vorliegt, spätestens 25 Arbeitstage nach Eingang des Antrags bei der zuständigen Pflegekasse die Entscheidung der Pflegekasse schriftlich mitzuteilen. Der Spitzenverband Bund der Pflegekassen entwickelt bundeseinheitliche Kriterien für das Vorliegen, die Gewichtung und die Feststellung eines besonders dringlichen Entscheidungsbedarfs (siehe § 142 Abs. 2 Satz 1 bis 3 SGB XI).

Für bestimmte Fallgestaltungen gelten verkürzte Begutachtungsfristen:

Eine unverzügliche Begutachtung, spätestens **innerhalb einer Woche** nach Eingang des Antrages bei der zuständigen Pflegekasse, ist erforderlich, wenn sich die antragstellende Person im Krankenhaus oder in einer stationären Rehabilitationseinrichtung befindet und

- Hinweise vorliegen, dass zur Sicherstellung der ambulanten oder stationären Weiterversorgung und Betreuung eine Begutachtung in der Einrichtung erforderlich ist oder
- die Inanspruchnahme von Pflegezeit nach dem Pflegezeitgesetz gegenüber dem Arbeitgeber der pflegenden Person angekündigt wurde oder
- mit dem Arbeitgeber der pflegenden Person eine Familienpflegezeit nach § 2 Abs. 1 des Familienpflegezeitgesetzes vereinbart wurde.

Die Wochenfrist gilt auch, wenn

- sich die antragstellende Person in einem Hospiz befindet oder
- die antragstellende Person ambulant palliativ versorgt wird.

Die Frist kann durch regionale Vereinbarungen verkürzt werden (siehe § 18 Abs. 3 SGB XI).

Eine Begutachtung **innerhalb von zwei Wochen** nach Eingang des Antrages bei der zuständigen Pflegekasse ist erforderlich, wenn sich die antragstellende Person in häuslicher Umgebung befindet, ohne palliativ versorgt zu werden, und die Inanspruchnahme von Pflegezeit nach dem Pflegezeitgesetz gegenüber dem Arbeitgeber der pflegenden Person angekündigt wurde oder mit dem Arbeitgeber der pflegenden Person eine Familienpflegezeit nach § 2 Abs. 1 des Familienpflegezeitgesetzes vereinbart wurde.

In diesen Fällen hat der MDK die antragstellende Person unverzüglich schriftlich darüber zu informieren, welche Empfehlung im Hinblick auf das Vorliegen von Pflegebedürftigkeit er an die Pflegekasse weiterleitet. Für die Information können die in den Anlagen 4 und 5 beigefügten Formulare verwendet werden.

In diesen Fällen ist festzustellen, ob Pflegebedürftigkeit nach den §§ 14 und 15 SGB XI vorliegt. Liegt Pflegebedürftigkeit vor, ist darüber hinaus festzustellen, ob die Voraussetzungen mindestens des Pflegegrades 2 erfüllt sind. Die abschließende Begutachtung – insbesondere zum Pflegegrad – ist dann unverzüglich nachzuholen.

Sofern sich im Verfahren eine Verzögerung ergibt, ist der Grund im Gutachten auszuweisen (vgl. Kapitel 4.4).

4 Erläuterungen zum Gutachten zur Feststellung der Pflegebedürftigkeit von Erwachsenen

4.1 Anforderungen an das Formulargutachten

Das Formulargutachten ist die Grundlage des Gutachtens. Das Gutachten enthält alle für die Begutachtung zur Feststellung der Pflegebedürftigkeit relevanten Angaben (siehe 2.3) und im Anhang die gesonderte Präventions- und Rehabilitationsempfehlung. Aus dem Formulargutachten werden nur die für die antragstellende Person zutreffenden Angaben in das spätere Gutachten übernommen.

4.2 Gliederung des Formulargutachtens

Das Formulargutachten (abgedruckt in Kapitel 6 „Formulargutachten") gliedert sich in drei Abschnitte, die inhaltlich aufeinander aufbauen.

- Im ersten Abschnitt findet die gutachterliche Erhebung der Versorgungssituation und der pflegebegründenden Vorgeschichte sowie der Befunde (Ist-Situation) statt. Dieser Erhebungsteil beinhaltet die Angaben aus der Sicht der antragstellenden Person, der Pflegeperson, der Angehörigen oder der zuständigen Pflegefachkraft zur Situation im häuslichen Bereich bzw. zur Situation in einer vollstationären Einrichtung, in einer vollstationären Einrichtung der Hilfe für behinderte Menschen und die Dokumentation der Fremdbefunde. Unter den Punkten 2 und 3 werden die von der Gutachterin bzw. vom Gutachter erhobenen Befunde und Diagnosen dokumentiert.
- Im zweiten Abschnitt (Punkt 4 bis 6) findet die gutachterliche Wertung auf der Grundlage der erhobenen Befunde und erhaltenen Informationen statt.
- Im abschließenden empfehlenden Abschnitt (Punkte 7 bis 9), der auf den Informationen und Befunden sowie Wertungen der vorherigen Abschnitte aufbaut, werden Vorschläge zur Gestaltung der erforderlichen Leistungen unterbreitet und Angaben zur Prognose gemacht und ggf. ein Termin der Wiederholungsbegutachtung empfohlen.

Die Gutachterin bzw. der Gutachter hat eine Plausibilitätsprüfung innerhalb der Abschnitte sowie zwischen diesen durchzuführen, indem er überprüft, ob sich sein Ergebnis nachvollziehbar aus den dokumentierten Informationen und Befunden ableiten lässt.

4.3 Definitionen: Pflege durchführende Personen/Einrichtungen

Pflegepersonen sind Personen, die nicht erwerbsmäßig eine Pflegebedürftige oder einen Pflegebedürftigen im Sinne des § 14 SGB XI in ihrer/seiner häuslichen Umgebung pflegen. Leistungen zur sozialen Sicherung nach §§ 19 und 44 SGB XI erhält eine Pflegeperson nur dann, wenn sie eine oder mehrere pflegebedürftige Personen mindestens des Pflegegrades 2 wenigstens zehn Stunden wöchentlich, verteilt auf regelmäßig mindestens zwei Tage in der Woche, pflegt.

Als **Pflegekräfte** werden in diesen BRi Personen bezeichnet, die erwerbsmäßig pflegen.

Pflegeeinrichtungen sind selbständig wirtschaftende Einrichtungen, die auf der Grundlage eines Versorgungsvertrages nach dem SGB XI Pflegebedürftige versorgen. Sie bieten vollstationäre Langzeit- und Kurzzeitpflege sowie teilstationäre Tages- und Nachtpflege und häusliche Pflege an und stehen unter ständiger Verantwortung einer ausgebildeten Pflegefachkraft.

Ambulante Pflegeeinrichtungen (Pflegedienste) sind selbständig wirtschaftende Einrichtungen, die unter ständiger Verantwortung einer ausgebildeten Pflegefachkraft Pflegebedürftige in ihrer eigenen Häuslichkeit (Wohnung, Wohngemeinschaft, betreutes Wohnen) mit Leistungen der häuslichen Pflegehilfe (körperbezogene Pflegemaßnahmen, pflegerische Betreuungsmaßnahmen, Hilfen bei der Haushaltsführung) im Sinne des § 36 SGB XI versorgen (vgl. § 71 Abs. 1 SGB XI).

Stationäre Pflegeeinrichtungen sind selbständig wirtschaftende Einrichtungen, in denen Pflegebedürftige unter ständiger Verantwortung einer ausgebildeten Pflegefachkraft gepflegt werden und ganztägig (vollstationär) oder tagsüber oder nachts (teilstationär) oder vorübergehend (Kurzzeitpflege) untergebracht und verpflegt werden können (vgl. § 71 Abs. 2 SGB XI). Stationäre Einrichtungen, in denen die Leistungen zur medizinischen Vorsorge, zur medizinischen Rehabilitation, zur Teilhabe am Arbeitsleben oder am Leben in der Gemeinschaft, die schulische Ausbildung oder die Erziehung kranker oder behinderter Menschen im Vordergrund des Zwecks der Einrichtung stehen, sowie Krankenhäuser sind keine Pflegeeinrichtungen im Sinne des § 71 Abs. 2 SGB XI.

4.4 Angaben im Gutachten zur antragstellenden Person, zur Untersuchung und zur beantragten Leistung

Die Stammdaten der antragstellenden Person und die weiteren Informationen zum Antrag sind den Unterlagen der Pflegekasse zu entnehmen (siehe Abschnitt 3.1).

Eine Verzögerung des Begutachtungsverfahrens oder der Abbruch eines Hausbesuchs ist der Pflegekasse mitzuteilen und zu erläutern.

Als Verzögerungsgründe werden erfasst:

- Aufenthalt in Krankenhaus, Rehabilitationseinrichtung der Antragstellerin/des Antragstellers
- Wichtiger Behandlungstermin
- Terminabsage (sonstige Gründe)
- Umzug der Antragstellerin/des Antragstellers
- Wohnsitz der Antragstellerin/des Antragstellers im Ausland
- Tod der Antragstellerin/des Antragstellers
- Beim angekündigten Hausbesuch nicht angetroffen
- Hausbesuch musste abgebrochen werden wegen Gewaltandrohung oder ähnlich schwerwiegender Gründe
- Hausbesuch musste abgebrochen werden wegen Verständigungsschwierigkeiten (z. B. Muttersprache)

Bei einem Abbruch des Hausbesuchs sind die Gründe zu erläutern.

Bei tatsächlich erfolgter Durchführung der Begutachtung sind der Untersuchungstag, der Untersuchungsort sowie die Uhrzeit anzugeben.

Die nach den Stammdaten und den Informationen zum Hausbesuch folgenden Abschnitte entsprechen in ihrer Reihenfolge und Nummerierung denen des Formulargutachtens (F 1 bis F 9).

4.5 F 1 Pflegerelevante Vorgeschichte und derzeitige Versorgungssituation

Das Gespräch mit der antragstellenden Person bzw. der/den Pflegeperson/en sowie die Ermittlung zur bestehenden Versorgung und Betreuung erlauben einen guten Einstieg in den weiteren Verlauf der Begutachtung. Die Pflegesituation aus der Sicht der antragstellenden Person und der Pflegeperson bzw. der Pflegefachkraft ist hier aufzunehmen.

Im Formulargutachten wird angegeben, welche Personen zur pflegebegründenden Vorgeschichte Angaben machen und ob beim Besuch die Pflegeperson bzw. Pflegefachkraft oder weitere Personen wie Freunde, Familienangehörige, Lebenspartner oder Nachbarn anwesend sind.

Mit Einverständnis des bzw. der Versicherten oder seiner Betreuerin bzw. seines Betreuers, gesetzlichen Vertreters oder Bevollmächtigten sollen auch Pflegepersonen oder sonstige Personen oder Dienste, die an der Pflege des Versicherten beteiligt sind, befragt werden (§ 18 Abs. 4 Satz 2 SGB XI). Das Einverständnis ist im Formulargutachten zu dokumentieren. Es kann erforderlich sein, sowohl die Pflegeperson bzw. Pflegefachkraft als auch die antragstellende Person allein zu befragen. Die Möglichkeit eines getrennten Gesprächs ist ggf. anzubieten. Auf Wunsch der antragstellenden Person soll ein getrenntes Gespräch erfolgen.

Weichen die Angaben der antragstellenden Person und der Pflegeperson bzw. Pflegefachkraft voneinander ab, ist dies im Formulargutachten zu dokumentieren.

4.5.1 F 1.1 Pflegerelevante Fremdbefunde

Vorliegende Befundberichte sind zu prüfen und auszuwerten, soweit sie Angaben über Schädigungen und Beeinträchtigungen der körperlichen, kognitiven oder psychischen Funktionen, die zu gesundheitlichen Beeinträchtigungen der Selbständigkeit oder der Fähigkeiten führen können sowie zu gesundheitlich bedingten Belastungen und Anforderungen oder zu vorhandenen Ressourcen enthalten.

Zu den Befundberichten gehören zum Beispiel

- Pflegedokumentationen,
- Krankenhaus-, Rehabilitations- und Arztberichte,
- Berichte, z. B. von Werkstätten für behinderte Menschen und von Therapeuten,
- Pflegeberichte, z. B. Überleitungsberichte von ambulanten und stationären Einrichtungen,
- bereits vorliegende sozialmedizinische Gutachten, z. B. zur Feststellung von Pflegebedürftigkeit, Rehabilitationsgutachten,
- eventuell von der antragstellenden Person vorgelegte Aufzeichnungen über den Pflegeverlauf, z. B. Pflegetagebuch[9], Anfallskalender, Entwicklungsbericht für Rehabilitationsträger.

4.5.2 F 1.2 Pflegerelevante Vorgeschichte (Anamnese), medizinische und pflegerische Angaben unter Berücksichtigung der Auswirkungen auf die Selbständigkeit oder die Fähigkeiten

Die persönliche Einschätzung der Betroffenen zu ihren derzeitigen gesundheitlichen und pflegerischen Problemen, Bedürfnissen und Veränderungswünschen ist zu erfassen. Es ist nach den pflegerelevanten Erkrankungen und Beschwerden zu fragen. Auch Tagesformschwankungen oder beson-

9 Ein Pflegetagebuch dient der Aufzeichnung von häuslichen Pflegeleistungen, die für eine pflegebedürftige Person erbracht werden.

dere Belastungen für die Pflegenden sind aufzunehmen. Anamnestische Angaben zu kognitiven Fähigkeiten oder herausforderndem Verhalten sind im Hinblick auf die Bewertung der Module 2 und 3 zu erfragen und hier aufzunehmen. Besonders bei Erkrankungen mit wechselnder Symptomatik erleichtert dieses Vorgehen die nachfolgende gutachterliche Beurteilung der Selbständigkeit.

Im Anschluss sind Beginn und Verlauf der Erkrankungen, die ursächlich für die gesundheitlich bedingten Beeinträchtigungen der Selbständigkeit oder der Fähigkeiten sind, zu schildern. Die Gutachterin bzw. der Gutachter kann sich hier auf die pflegebegründenden Gesundheitsprobleme beschränken. Das alleinige Aufzählen von Diagnosen ist nicht ausreichend.

Andere Erkrankungen sind nur anzugeben, wenn sie für die Gesamteinschätzung der Situation, z. B. im Hinblick auf Präventions- oder Rehabilitationsmöglichkeiten, von Bedeutung sind.

Sofern innerhalb der letzten vier Jahre eine Leistung zur medizinischen Rehabilitation stattgefunden hat, ist soweit möglich die Rehabilitationsform (ambulant, mobil, stationär), die Rehabilitationsart (geriatrisch bzw. indikationsspezifisch) und der subjektive Erfolg zu erfragen. Rehabilitationsleistungen im letzten Jahr vor der Begutachtung sind gesondert auszuweisen. Hier ist auch anzugeben, ob bereits ein Antrag auf rehabilitative Leistungen gestellt wurde oder bereits eine Genehmigung vorliegt.

Bei Gutachten aufgrund von Höherstufungs- oder Rückstufungsanträgen, Widerspruchsgutachten oder Wiederholungsbegutachtungen reicht ein Verweis auf das Vorgutachten nicht aus.

Auch aus jedem Folgegutachten muss hervorgehen, seit wann und wegen welcher Erkrankungen Pflegebedürftigkeit besteht. In der Zwischenanamnese sind der Verlauf der Erkrankungen und die Veränderungen in Bezug auf die Module seit der letzten Begutachtung aufzunehmen. Die Verbesserung bzw. Verschlechterung ist zu beschreiben. Es ist darzulegen, worauf Veränderungen der Selbständigkeit zurückgeführt werden. In vollstationären Pflegeeinrichtungen ist bei einer Zunahme der Selbständigkeit mit dem daraus resultierenden niedrigeren Pflegegrad auch anzugeben, ob die oder der Pflegebedürftige an zusätzlichen aktivierenden oder rehabilitativen Maßnahmen der Einrichtung teilgenommen hat.

4.5.3 F 1.3 Vorhandene Hilfsmittel, Pflegehilfsmittel, Nutzung

Alle Hilfsmittel, Pflegehilfsmittel oder technischen Hilfen der antragstellenden Person, ungeachtet der Kostenträgerschaft, einschließlich der zum Verbrauch bestimmten Hilfsmittel sind aufzuführen. Es ist anzugeben, welche Hilfsmittel und Pflegehilfsmittel nicht genutzt werden. Ggf. ist unter Punkt F 7 bzw. F 8 ein Hinweis zu geben, wenn ein Wiedereinsatz durch Schulung und Training des Hilfsmittel-/ Pflegehilfsmittelgebrauchs erreicht werden kann. Im Laufe der Begutachtung ist zu prüfen, ob durch den Hilfs- bzw. Pflegehilfsmitteleinsatz die Selbständigkeit erhöht oder die Pflege erleichtert werden kann oder ob er zur Linderung dient (Punkt F 8 des Formulargutachtens).

4.5.4 F 1.4 Pflegerelevante Aspekte der Versorgungs- und Wohnsituation

Es ist anzugeben, ob die antragstellende Person in einer vollstationären Einrichtung, in einer Wohnung allein, mit anderen Personen oder in einer ambulant betreuten Wohngruppe mit mindestens zwei anderen Pflegebedürftigen lebt.

Lebt die Person in einer vollstationären Einrichtung der Hilfe für behinderte Menschen nach § 43a SGB XI, ist zu erfragen, ob sie teilweise zu Hause versorgt wird.

Des Weiteren ist unter 1.4 anzugeben, ob und ggf. für welche Zeit eine Pflege und bzw. oder Betreuung in tagesstrukturierenden Einrichtungen (z. B. Schule, Werkstatt oder vollstationäre Einrichtung der Hilfe für behinderte Menschen) stattfindet.

Nach Angaben der an der Pflege Beteiligten ist die Versorgungssituation einschließlich der Präsenzzeiten und der nächtlichen Hilfeleistungen stichpunktartig zu dokumentieren. Dies umfasst Angaben zur Verteilung der Pflegetätigkeiten auf Leistungserbringer oder Pflegepersonen, unabhängig von der Kostenträgerschaft, nach Art, Häufigkeit, Zeitpunkt und ggf. Dauer. Als Pflegetätigkeiten gelten alle körperbezogenen Pflegemaßnahmen, behandlungspflegerischen Maßnahmen, pflegerischen Betreuungsmaßnahmen sowie Hilfen bei der Haushaltsführung.

Präsenz der Pflegeperson(-en) in Rufnähe am Tage

Es ist zu erfragen, in welchem Umfang auch zwischen den (planbaren) pflegerischen Tätigkeiten die Präsenz einer Pflegeperson/Pflegekraft im

Wohnbereich/in Rufnähe erforderlich ist, um ggf. kurzfristig eingreifen zu können. Für die Versorgungssituation und Belastung der Pflegeperson ist entscheidend, ob und wie lange die antragstellende Person in der gewohnten Umgebung alleine gelassen werden kann, z. B. um außerhäusliche Besorgungen machen zu können. Dabei ist unerheblich, aus welchem Grund die Präsenz erforderlich ist, z. B. wegen kognitiver Beeinträchtigungen mit psychischen Problemlagen oder nicht planbarer Unterstützungsmaßnahmen z. B. beim Toilettengang oder krankheitsbedingten Anforderungen und Risiken.

Nein:
Es besteht keine Notwendigkeit der Präsenz außerhalb der pflegerischen Hilfen. Die Person ist in der Lage, sich selbst zu helfen oder eigene Bedürfnisse zurückzustellen, bis Hilfe eintrifft, oder per Telefon Hilfe zu mobilisieren.

Mehrmals täglich:
Die Person bedarf mehrmals täglich der Beobachtung, um zu erkennen, wann ein Eingreifen erforderlich ist. Sie ist aber noch in der Lage, im gewohnten Umfeld über einige Stunden alleine zurechtzukommen. Sie wäre allerdings mit außergewöhnlichen Situationen überfordert.

Überwiegend:
Präsenz einer Pflegeperson in Rufnähe ist überwiegend erforderlich. Die Person kann zwischen den pflegerischen Handlungen auch mal für ca. eine Stunde alleine gelassen werden.

Durchgehend:
Präsenz einer Pflegeperson in Rufnähe ist durchgehend erforderlich.

Nächtliche Unterstützung

Die Häufigkeit der nächtlichen Unterstützung wird angegeben in den Ausprägungen:

- nie oder max. einmal wöchentlich
- mehrmals wöchentlich
- einmal pro Nacht
- mehrmals pro Nacht

Angaben zum Pflegeaufwand durch die antragstellende Person oder Pflegepersonen

In der Tabelle sind die beteiligten Pflegepersonen namentlich zu erfassen, soweit möglich mit den Stammdaten. Es ist zu erfragen, an wie vielen Tagen pro Woche und in welchem zeitlichen Umfang (Stunden pro Woche) die jeweilige Pflegeperson pflegt.

Bei Pflegepersonen, die an weniger als zwei Tagen oder weniger als zehn Stunden pro Woche pflegen, ist anzugeben, ob sie weitere Pflegebedürftige versorgen.

Beschreibung der Wohnsituation

Die Gutachterin bzw. der Gutachter hat sich ein umfassendes Bild von der Wohnsituation der antragstellenden Person zu machen und diese zu beschreiben. Insbesondere sind Gegebenheiten des Wohnumfeldes zu dokumentieren, die die Selbständigkeit hemmen, die Versorgung erschweren oder unmöglich machen. Diese Beschreibungen werden bei der Erhebung der Selbständigkeit in den Modulen 1–6 nicht berücksichtigt. Sie dienen aber zur Begründung von Empfehlungen zu wohnumfeldverbessernden oder anderen Maßnahmen (siehe Punkt F 8 des Formulargutachtens). Im vollstationären Bereich ist keine Beschreibung der Wohnsituation erforderlich.

Zu dokumentieren sind z. B.

- Stufen oder Treppen in oder vor der Wohnung,
- Zugänglichkeit des Bades, der Waschmöglichkeit und der Toilette,
- Erschwernisse (z. B. Türbreite, Schwellen, Art des Bettes, Art der Heizungsanlage).

4.6 F 2 Gutachterlicher Befund

Die Angaben der antragstellenden Person oder ihrer Bezugsperson zur pflegerischen Versorgungssituation, zur Vorgeschichte sowie Art und Ausmaß der Erkrankungen bestimmen den notwendigen Untersuchungsumfang. Vorliegende pflegerelevante Befundberichte sind zu berücksichtigen. Die Gutachterin bzw. der Gutachter muss sich selbst ein Bild von den pflegerelevanten Schädigungen und gesundheitlichen Beeinträchtigungen der Selbständigkeit und Fähigkeiten der antragstellenden Person machen und diese dokumentieren. Dies geschieht durch Befragung, Untersuchung und Inaugenscheinnahme der antragstellenden Person mit „den fünf Sinnen" ohne apparativen Aufwand. Es sind die wesentlichen Funktionen zu prüfen, die für eine selbständige Lebensführung im Hinblick auf die Bereiche des Begutachtungsinstruments erforderlich sind. Hilfreich ist es, die antragstellende Person den Tagesablauf schildern zu lassen, mit ihr die Wohnung zu begehen und sich ggf. einzelne Aktivitäten exemplarisch demonstrieren zu lassen. Aus diesem Vorgehen ergibt sich ein positives/negatives Leistungsbild[10] der antragstellenden Person hinsichtlich ihrer Selbständigkeit und ihrer Fähigkeiten, das in die Bewertung unter Punkt F 4 des Formulargutachtens einfließt. Dabei ist unter anderem Folgendes zu beachten:

- Wenn Untersuchungen nicht durchgeführt werden können, z. B. bei ausgeprägten Schmerzzuständen oder bei schweren psychischen Störungen, ist dies gutachterlich zu dokumentieren und ggf. zu begründen.
- Bei Gutachten aufgrund von Höherstufungs- oder Rückstufungsanträgen, Widerspruchsgutachten oder Wiederholungsbegutachtungen muss der Befund die Beurteilung des Erfolgs von bisherigen Rehabilitations- und Pflegemaßnahmen ermöglichen.
- Falls sich eine veränderte Bewertung der Selbständigkeit ergibt, dient dieser Befund als Beleg für die Begründung eines veränderten Pflegegrades oder auch zur Ableitung einer Empfehlung von präventiven und rehabilitativen Maßnahmen oder von Hilfsmitteln.
- Die Gutachterin bzw. der Gutachter hat ein nachvollziehbares Bild der antragstellenden Person und ihrer Selbständigkeit festzuhalten. Der Gesamteindruck ist zu beschreiben und nicht nur eine Summe von Einzelbefunden.
- Im Gutachten wird dokumentiert, wie die antragstellende Person beim Hausbesuch angetroffen wurde (z. B. selbst die Tür öffnend, im Bett liegend, vollständig bekleidet). Zudem wird beschrieben, wie die Kontaktaufnahme stattfand und ob ein sinnvolles Gespräch möglich war. Durch das Gespräch mit der antragstellenden Person verschafft sich die Gutachterin bzw. der Gutachter einen eigenen Eindruck von den kognitiven und kommunikativen Fähigkeiten, von ihrer aktuellen Stimmungslage und ggf. auffälligen Verhaltensweisen. In diesem Zu-

10 Positives/negatives Leistungsbild ist die gutachterliche Ableitung, welche Handlungen die Person ausüben kann und welche Einschränkungen bestehen.

sammenhang ist auch zu prüfen, inwieweit die antragstellende Person eigene Angaben machen kann, ob sie sich am Gespräch beteiligt und Aufforderungen erfassen sowie umsetzen kann.

- Es sind Aussagen zum Ernährungs- (Größe, Gewicht), Kräfte- (z. B. Händedruck, Gangbild) sowie zum Pflegezustand zu treffen.
- Weitere Besonderheiten und Auffälligkeiten, die die Selbständigkeit einschränken und die im Rahmen des Gesamteindrucks nicht wiedergegeben werden, sind zu dokumentieren. Dabei können folgende Sachverhalte leitend sein:
- Beeinträchtigungen im Bereich der Extremitäten und des Rumpfes, z. B. Spastiken, Gangstörungen oder Tremor,
- Beeinträchtigungen der Selbständigkeit durch z. B. Luftnot, Ödeme, Schluckstörungen, Wunden, Hautveränderungen, Hör- und Sehstörungen,
- Beeinträchtigungen im Bereich der mentalen Funktionen, z. B. Stimmungslage, Antrieb.
- Ressourcen der antragstellenden Person zur Kompensation von Beeinträchtigungen der Selbständigkeit oder der Fähigkeiten, z. B. durch Hilfs- oder Pflegehilfsmittel, sind zu beschreiben.
- Angaben zur parenteralen Ernährung oder zur Sondenernährung, zur Blasenkontrolle/Harnkontinenz oder zur Darmkontrolle/Stuhlkontinenz werden nicht an dieser Stelle, sondern im Formulargutachten bei Modul 4 unter F 4.4 erfasst.
- Werden „freiheitsentziehende" Maßnahmen (z. B. Einschließen, Fixieren im Bett, Sessel, Rollstuhl, Sedieren) festgestellt oder geschildert, sind diese zu dokumentieren. Sofern die Maßnahmen aus dem Wunsch einsichtsfähiger Antragstellender nach Sicherung (z. B. Bettgitter, Therapietisch) resultieren, ist dies zu dokumentieren.

4.7 F 3 Pflegebegründende Diagnose(n)

Eine oder zwei Diagnosen, die im Wesentlichen die Pflegebedürftigkeit begründen, sind anzugeben und nach ICD-10 zu verschlüsseln. Weitere Diagnosen sollten in der Reihenfolge ihrer Wertigkeit bezüglich des personellen Unterstützungsbedarfs angegeben werden.

Es sollten auch Diagnosen angegeben werden, die keinen personellen Unterstützungsbedarf im Bereich der Pflege und Betreuung begründen, jedoch bei eventuellen Therapie- und Rehabilitationsleistungen von Bedeutung sind.

4.8 Pflegebedürftigkeit

4.8.1 Grundsätze bei der Feststellung der Pflegebedürftigkeit

Als pflegebedürftig im Sinne des SGB XI gelten Personen, die gesundheitliche Beeinträchtigungen der Selbständigkeit oder der Fähigkeiten aufweisen und deshalb der Hilfe durch andere bedürfen. Es muss sich um Personen handeln, die körperliche, kognitive oder psychische Beeinträchtigungen oder gesundheitlich bedingte Belastungen oder Anforderungen nicht selbständig kompensieren oder bewältigen können. Die Pflegebedürftigkeit muss auf Dauer, voraussichtlich für mindestens sechs Monate, und mit mindestens der in § 15 SGB XI festgelegten Schwere bestehen.

Der Anspruch nach dem SGB XI setzt voraus, dass die Beeinträchtigungen der Selbständigkeit und der Fähigkeiten der antragstellenden Person auf Dauer, voraussichtlich für mindestens sechs Monate, bestehen. Zum einen wird damit festgelegt, dass nur Zeiträume von mindestens sechs Monaten die Voraussetzung „auf Dauer" erfüllen. Zum anderen wird verdeutlicht, dass bereits vor Ablauf von sechs Monaten eine Entscheidung über das Vorliegen von Pflegebedürftigkeit getroffen werden kann, wenn vorhersehbar ist, dass der Zustand der Pflegebedürftigkeit mindestens sechs Monate andauern wird. Pflegebedürftigkeit auf Dauer ist auch gegeben, wenn der personelle Unterstützungsbedarf nur deshalb nicht sechs Monate andauert, weil die verbleibende Lebensspanne voraussichtlich weniger als sechs Monate beträgt.

Bei der Beurteilung der Sechsmonatsfrist ist vom Eintritt der Hilfebedürftigkeit und nicht vom Zeitpunkt der Begutachtung oder der Antragstellung auszugehen.

Der Zeitpunkt der Antragstellung hat in diesem Zusammenhang lediglich leistungsrechtliche Auswirkungen und ist für die Bemessung des Zeitraumes „auf Dauer" nicht maßgebend. Die Festlegung des Leistungsbeginns ist Aufgabe der Pflegekasse.

Liegen die Voraussetzungen für die Zuordnung zu einem Pflegegrad für mindestens sechs Monate vor und ist mit großer Wahrscheinlichkeit zu erwarten, dass sich gesundheitlich bedingte Beeinträchtigungen der Selbständigkeit oder der Fähigkeiten der antragstellenden Person, z. B. durch therapeutische oder rehabilitative Maßnahmen pflegegradrelevant verringern, ist der Pflegekasse mit entsprechender Begründung eine befristete Leistungszusage nach § 33 Abs. 1 Sätze 4 bis 8 SGB XI zu empfehlen.

Es ist bei der Begutachtung zu berücksichtigen, dass nicht die Schwere der Erkrankung oder Behinderung, sondern allein die Schwere der gesundheitlichen Beeinträchtigungen der Selbständigkeit oder der Fähigkeiten Grundlage der Bestimmung der Pflegebedürftigkeit sind. Daher begründen z. B. eine Blindheit oder eine Lähmung der unteren Extremitäten allein noch nicht die Pflegebedürftigkeit im Sinne des SGB XI. Entscheidungen in einem anderen Sozialleistungsbereich über das Vorliegen einer Behinderung oder den Anspruch auf Leistung einer Rente sind ebenfalls kein Maßstab für die Feststellung der Pflegebedürftigkeit. So sagen die Minderung der Erwerbsfähigkeit oder der Grad der Behinderung nichts darüber aus, ob die Voraussetzungen der Pflegebedürftigkeit nach dem SGB XI gegeben sind.

Maßgeblich für das Vorliegen von Pflegebedürftigkeit bei Erwachsenen sind gesundheitliche Beeinträchtigungen der Selbständigkeit oder der Fähigkeiten in den nachfolgenden sechs Bereichen, die sich auf die in den Bereichen angegebenen Aktivitäten und Fähigkeiten beziehen (§ 14 Abs. 2 SGB XI):

1. Mobilität: Positionswechsel im Bett, Halten einer stabilen Sitzposition, Umsetzen, Fortbewegen innerhalb des Wohnbereiches, Treppensteigen
2. Kognitive und kommunikative Fähigkeiten: Erkennen von Personen aus dem näheren Umfeld, örtliche Orientierung, zeitliche Orientierung, Erinnern an wesentliche Ereignisse oder Beobachtungen, Steuern von mehrschrittigen Alltagshandlungen, Treffen von Entscheidungen im Alltagsleben, Verstehen von Sachverhalten und Informationen, Erkennen von Risiken und Gefahren, Mitteilen von elementaren Bedürfnissen, Verstehen von Aufforderungen, Beteiligen an einem Gespräch
3. Verhaltensweisen und psychische Problemlagen: Motorisch geprägte Verhaltensauffälligkeiten, nächtliche Unruhe, selbstschädigendes und autoaggressives Verhalten, Beschädigung von Gegenständen, physisch aggressives Verhalten gegenüber anderen Personen, verbale Aggres-

sion, andere pflegerelevante vokale Auffälligkeiten, Abwehr pflegerischer und anderer unterstützender Maßnahmen, Wahnvorstellungen, Ängste, Antriebslosigkeit bei depressiver Stimmungslage, sozial inadäquate Verhaltensweisen, sonstige pflegerelevante inadäquate Handlungen

4. Selbstversorgung: Waschen des vorderen Oberkörpers, Körperpflege im Bereich des Kopfes (Kämmen, Zahnpflege/Prothesenreinigung, Rasieren), Waschen des Intimbereichs, Duschen und Baden einschließlich Waschen der Haare, An- und Auskleiden des Oberkörpers, An- und Auskleiden des Unterkörpers, mundgerechtes Zubereiten der Nahrung und Eingießen von Getränken, Essen, Trinken, Benutzen einer Toilette oder eines Toilettenstuhls, Bewältigen der Folgen einer Harninkontinenz und Umgang mit Dauerkatheter und Urostoma, Bewältigen der Folgen einer Stuhlinkontinenz und Umgang mit Stoma, Ernährung parenteral oder über Sonde
5. Bewältigung von und selbständiger Umgang mit krankheits- oder therapiebedingten Anforderungen und Belastungen in Bezug auf:
   - Medikation, Injektionen, Versorgung intravenöser Zugänge, Absaugen und Sauerstoffgabe, Einreibungen sowie Kälte- und Wärmeanwendungen, Messung und Deutung von Körperzuständen, körpernahe Hilfsmittel,
   - Verbandswechsel und Wundversorgung, Versorgung bei Stoma, regelmäßige Einmalkatheterisierung und Nutzung von Abführmethoden, Therapiemaßnahmen in häuslicher Umgebung,
   - zeit- und technikintensive Maßnahmen in häuslicher Umgebung, Arztbesuche, Besuch anderer medizinischer oder therapeutischer Einrichtungen, zeitlich ausgedehnte Besuche medizinischer oder therapeutischer Einrichtungen,
   - das Einhalten einer Diät oder anderer krankheits- oder therapiebedingter Verhaltensvorschriften
6. Gestaltung des Alltagslebens und sozialer Kontakte: Gestaltung des Tagesablaufs und Anpassung an Veränderungen, Ruhen und Schlafen, Sichbeschäftigen, Vornehmen von in die Zukunft gerichteten Planungen, Interaktion mit Personen im direkten Kontakt, Kontaktpflege zu Personen außerhalb des direkten Umfelds

Beeinträchtigungen der Selbständigkeit oder der Fähigkeiten, die dazu führen, dass die Haushaltsführung und außerhäusliche Aktivitäten nicht mehr ohne Hilfe bewältigt werden können, werden im Formulargutachten unter F 6 „Erhebung weiterer versorgungsrelevanter Informationen“ erfasst. Diese Informationen fließen nicht mit in die Ermittlung des Pflegegrads ein. Mit diesen Informationen soll eine umfassende Beratung und das Erstellen eines individuellen Versorgungsplans nach § 7a SGB XI und das Versorgungsmanagement nach § 11 Abs. 4 SGB V sowie eine individuelle Pflege- und Hilfeplanung und eine sachgerechte Erbringung von Hilfen bei der Haushaltsführung ermöglicht werden (§ 18 Abs. 5a SGB XI).

4.8.2 Feststellung der gesundheitlich bedingten Beeinträchtigungen der Selbständigkeit oder der Fähigkeiten

Nach der strukturierten Anamnese- und Befunderhebung erfolgt die Anwendung der sechs Module des Begutachtungsinstruments. Dabei muss die Gutachterin oder der Gutachter sowohl die eigenen Befunde als auch anamnestische Angaben von Betroffenen, Pflegepersonen, Pflegekräften oder anderen Stellen (z. B. behandelnden Ärzten) bei der Feststellung der Pflegebedürftigkeit berücksichtigen.

Im Mittelpunkt steht die Beurteilung der Selbständigkeit eines Menschen in sechs Lebensbereichen, die jeden Menschen jeden Tag betreffen. Selbständig ist eine Person, die eine Handlung bzw. Aktivität alleine, d. h. ohne Unterstützung durch andere Personen oder unter Nutzung von Hilfsmitteln, durchführen kann. Die Selbständigkeit einer Person bei der Ausführung bestimmter Handlungen bzw. Aktivitäten wird unter der Annahme bewertet, dass sie diese ausführen möchte. Es ist unerheblich, welche Hilfeleistungen tatsächlich erbracht werden. Die Beurteilung der Selbständigkeit erfolgt auch dann, wenn die Person die betreffende Handlung bzw. Aktivität in ihrem Lebensalltag nicht (mehr) durchführt. So ist beispielsweise die Selbständigkeit beim Treppensteigen auch dann zu beurteilen, wenn die Wohnung im Erdgeschoss liegt und in der Wohnung gar keine Treppen vorhanden sind. Für die Beurteilung der Selbständigkeit ist unerheblich, welche personelle Unterstützung die Person bei einer Handlung bzw. Aktivität tatsächlich erhält.

In den meisten Modulen ist gutachterlich zu beurteilen, inwieweit die Person wesentliche Handlungen bzw. Aktivitäten aus dem jeweiligen Lebensbereich selbständig durchführen kann. Die Beurteilung im Modul 2 „Kognitive und kommunikative Fähigkeiten“ bezieht sich darauf, ob die jeweilige Fähigkeit hierfür vorhanden bzw. nicht vorhanden ist, im Modul

3 „Verhaltensweisen und psychische Problemlagen" bezieht sie sich auf die Häufigkeit von Ereignissen mit personellem Unterstützungsbedarf und im Modul 5 auf die Häufigkeit des personellen Unterstützungsbedarfs.

Grundsätzlich gilt, dass vorübergehende (voraussichtlich weniger als sechs Monate) oder vereinzelt (weniger als einmal pro Woche) auftretende Beeinträchtigungen der Selbständigkeit oder der Fähigkeiten nicht zu berücksichtigen sind.

4.8.3 Beurteilung von Selbständigkeit

Für die Zwecke der Beurteilung ist eine Person selbständig, die eine Handlung bzw. Aktivität alleine, d. h. ohne Unterstützung durch andere Personen oder unter Nutzung von Hilfsmitteln, durchführen kann.

Dementsprechend liegt eine Beeinträchtigung von Selbständigkeit nur vor, wenn personelle Hilfe erforderlich ist. Unter personeller Hilfe versteht man alle unterstützenden Handlungen, die eine Person benötigt, um die betreffenden Aktivitäten durchzuführen. Ob personelle Hilfe durch Pflegepersonen oder Pflegekräfte erbracht wird, ist für die Bewertung nicht relevant. Diese Frage spielt allerdings für die Pflege- und Hilfeplanung eine Rolle.

Zu bewerten ist, ob die Person die jeweilige Handlung bzw. Aktivität praktisch durchführen kann. In der Regel sind dazu sowohl somatische als auch mentale Fähigkeiten erforderlich.

Selbständigkeit wird in den Modulen 1, 4 und 6 mittels einer vierstufigen Skala mit folgenden Ausprägungen bewertet:

0 = selbständig

Die Person kann die Handlung bzw. Aktivität in der Regel selbständig durchführen. Möglicherweise ist die Durchführung erschwert oder verlangsamt oder nur unter Nutzung von Hilfs-/ Pflegehilfsmitteln möglich. Entscheidend ist jedoch, dass die Person keine personelle Hilfe benötigt. Vorübergehende oder nur vereinzelt auftretende Beeinträchtigungen sind nicht zu berücksichtigen.

1 = überwiegend selbständig

Die Person kann den größten Teil der Aktivität selbständig durchführen. Dementsprechend entsteht nur ein geringer, mäßiger Aufwand für die Pflegeperson. Überwiegend selbständig ist eine Person also dann, wenn lediglich folgende Hilfestellungen erforderlich sind:

- Unmittelbares **Zurechtlegen, Richten** von Gegenständen meint die Vorbereitung einer Aktivität durch Bereitstellung sächlicher Hilfen, damit die Person die Aktivität dann selbständig durchführen kann. Dabei wird vorausgesetzt, dass die Umgebung der antragstellenden Person so eingerichtet wird, dass die Person so weit wie möglich selbständig an alle notwendigen Utensilien herankommt und diese nicht jedes Mal angereicht werden müssen. Wenn dies aber nicht ausreicht (z. B. die Seife nicht von der Ablage am Waschbecken genommen werden kann, sondern direkt in die Hand gegeben werden muss), führt diese Beeinträchtigung zur Bewertung überwiegend selbständig.
- **Aufforderung** bedeutet, dass die Pflegeperson (ggf. auch mehrfach) einen Anstoß geben muss, damit die oder der Betroffene die jeweilige Tätigkeit allein durchführt. Auch wenn nur einzelne Handreichungen erforderlich sind, ist die Person als überwiegend selbständig zu beurteilen (punktueller Hilfebedarf, der lediglich an einzelnen Stellen des Handlungsablaufs auftritt). Einzelne Hinweise zur Abfolge der Einzelschritte meinen, dass zwischenzeitlich immer wieder ein Anstoß gegeben werden muss, dann aber Teilverrichtungen selbst ausgeführt werden können.
- **Unterstützung bei der Entscheidungsfindung** bedeutet, dass z. B. verschiedene Optionen zur Auswahl angeboten werden, die Person danach aber selbständig handelt.
- **Partielle Beaufsichtigung und Kontrolle** meint die Überprüfung, ob die Abfolge einer Handlung eingehalten wird (ggf. unter Hinführung zu weiteren Teilschritten oder zur Vervollständigung) sowie die Kontrolle der korrekten und sicheren Durchführung. Hierzu gehört auch die Überprüfung, ob Absprachen eingehalten werden.
- **Punktuelle Übernahme von Teilhandlungen** der Aktivität bedeutet, dass nur einzelne Handreichungen erforderlich sind, die Person den überwiegenden Teil der Aktivität aber selbständig durchführt.

- **Anwesenheit aus Sicherheitsgründen:** Wenn eine Person eine Aktivität selbständig ausführen kann, aber aus nachvollziehbaren Sicherheitsgründen (z. B. Sturzgefahr, Krampfanfälle) die Anwesenheit einer anderen Person benötigt, trifft die Bewertung „überwiegend selbständig" zu.

2 = überwiegend unselbständig

Die Person kann die Aktivität nur zu einem geringen Anteil selbständig durchführen. Es sind aber Ressourcen vorhanden, so dass sie sich beteiligen kann. Dies setzt ggf. ständige Anleitung oder aufwendige Motivation auch während der Aktivität voraus oder Teilschritte der Handlung müssen übernommen werden. Zurechtlegen und Richten von Gegenständen, wiederholte Aufforderungen oder punktuelle Unterstützungen reichen nicht aus.

Alle der oben genannten Hilfen können auch hier von Bedeutung sein, reichen allerdings alleine nicht aus. Weitergehende Unterstützung umfasst vor allem:

- **Ständige Motivation** im Sinne der motivierenden Begleitung einer Aktivität (notwendig vor allem bei psychischen Erkrankungen mit Antriebsminderung).
- **Ständige Anleitung** bedeutet, dass die Pflegeperson den Handlungsablauf nicht nur anstoßen, sondern die Handlung demonstrieren oder lenkend begleiten muss. Dies kann insbesondere dann erforderlich sein, wenn die oder der Betroffene trotz vorhandener motorischer Fähigkeiten eine konkrete Aktivität nicht in einem sinnvollen Ablauf durchführen kann.
- **Ständige Beaufsichtigung und Kontrolle** unterscheidet sich von der oben genannten „partiellen Beaufsichtigung und Kontrolle" nur durch das Ausmaß der erforderlichen Hilfe. Es ist ständige und unmittelbare Eingreifbereitschaft in die Handlung erforderlich.
- **Übernahme von Teilhandlungen** der Aktivität bedeutet, dass ein erheblicher Teil der Handlungsschritte durch die Pflegeperson übernommen wird.

3 = unselbständig

Die Person kann die Aktivität in der Regel nicht selbständig durchführen bzw. steuern, auch nicht in Teilen. Es sind kaum oder keine Ressourcen vorhanden. Ständige Motivation, Anleitung und Beaufsichtigung reichen auf keinen Fall aus. Die Pflegeperson muss alle oder nahezu alle Teilhandlungen anstelle der betroffenen Person durchführen. Eine minimale Beteiligung ist nicht zu berücksichtigen (z. B. wenn sich die antragstellende Person im sehr geringen Umfang mit Teilhandlungen beteiligt).

Das Einschätzungsinstrument beinhaltet in den Modulen 2, 3 und 5 abgewandelte Formen dieser Skala, die an den entsprechenden Stellen erläutert werden. Durchgängig gilt bei diesen Skalen, dass der Grad der Beeinträchtigung mit dem jeweiligen Punktwert steigt. „0" bedeutet stets, dass keine Beeinträchtigungen der Selbständigkeit oder der Fähigkeiten bzw. sonstigen Probleme bestehen.

4.9 Pflegefachliche Konkretisierung der Module und der Abstufungen der Selbständigkeit

In Ziffer 4.9 werden die Module und die Kriterien pflegefachlich konkretisiert und erläutert, wie die Schweregrade der Beeinträchtigungen der Selbständigkeit oder der Fähigkeiten zu beurteilen sind. Bei der Feststellung der Pflegebedürftigkeit und des Pflegegrades werden die gesundheitlich bedingten Beeinträchtigungen der Selbständigkeit oder der Fähigkeiten in den Modulen 1 bis 6 berücksichtigt. Im Rahmen der Begutachtung sind darüber hinaus die Beeinträchtigungen der Selbständigkeit oder der Fähigkeiten in den Bereichen außerhäusliche Aktivitäten (Punkt F 6.1) und Haushaltsführung (Punkt F 6.2) festzustellen.

Die Kriterien in den Modulen 1, 2, 4, 5 und 6 sind abschließend definiert. Diese Definitionen finden sich fettgedruckt unter jedem Kriterium. Eine Ausnahme bildet nur das Modul 3.
Zu den Abstufungen der Selbständigkeit finden sich Hinweise zu Besonderheiten bei den einzelnen Kriterien sowie weitere Erläuterungen, die nur Beispiele, aber keine abschließende Auflistung aller möglichen Phänomene darstellen.

4.9.1 F 4.1 Modul 1: Mobilität

Die Einschätzung richtet sich ausschließlich danach, ob die Person in der Lage ist, ohne personelle Unterstützung eine Körperhaltung einzunehmen/zu wechseln und sich fortzubewegen. Zu beurteilen sind hier lediglich Aspekte wie Körperkraft, Balance, Bewegungskoordination etc. und nicht die zielgerichtete Fortbewegung. Hier werden nicht die Folgen kognitiver Beeinträchtigungen auf Planung, Steuerung und Durchführung motorischer Handlungen abgebildet.

F 4.1.1 Positionswechsel im Bett

Einnehmen von verschiedenen Positionen im Bett, Drehen um die Längsachse, Aufrichten aus dem Liegen

Selbständig:
Selbständig ist auch eine Person, die ihre Position unter Nutzung von Hilfsmitteln (Aufrichthilfe, Bettseitenteil, Strickleiter, elektrisch verstellbares Bett) allein verändern kann.

Überwiegend selbständig:
Die Person kann beispielsweise nach Anreichen eines Hilfsmittels oder Reichen der Hand ihre Lage im Bett verändern.

Überwiegend unselbständig:
Die Person kann beim Positionswechsel nur wenig mithelfen, z. B. auf den Rücken rollen, am Bettgestell festhalten, Aufforderungen folgen wie z. B. „Bitte die Arme vor der Brust verschränken und den Kopf auf die Brust legen."

Unselbständig:
Die Person kann sich beim Positionswechsel nicht oder nur minimal beteiligen.

F 4.1.2 Halten einer stabilen Sitzposition

Sich auf einem Bett, Stuhl oder Sessel aufrecht halten

Selbständig:
Selbständig ist eine Person auch dann, wenn sie beim Sitzen gelegentlich ihre Sitzposition korrigieren muss.

Überwiegend selbständig:
Die Person kann sich nur kurz, z. B. für die Dauer einer Mahlzeit oder eines Waschvorgangs, selbständig in der Sitzposition halten, darüber hinaus benötigt sie aber personelle Unterstützung zur Positionskorrektur.

Überwiegend unselbständig:
Die Person kann sich wegen eingeschränkter Rumpfkontrolle auch mit Rücken- und Seitenstütze nicht in aufrechter Position halten und benötigt auch während der Dauer einer Mahlzeit oder eines Waschvorgangs personelle Unterstützung zur Positionskorrektur.

Unselbständig:
Die Person kann sich nicht in Sitzposition halten. Bei fehlender Rumpf- und Kopfkontrolle kann die Person nur im Bett oder Lagerungsstuhl liegend gelagert werden.

F 4.1.3 Umsetzen

Von einer erhöhten Sitzfläche, Bettkante, Stuhl, Sessel, Bank, Toilette etc. aufstehen und sich auf einen Rollstuhl, Toilettenstuhl, Sessel o. Ä. umsetzen

Selbständig:
Selbständig ist jemand auch dann, wenn er keine Personenhilfe benötigt, aber ein Hilfsmittel oder einen anderen Gegenstand zum Festhalten oder Hochziehen (z. B. Griffstangen) benutzt oder sich auf Tisch, Armlehnen oder sonstigen Gegenständen abstützen muss, um aufzustehen. Als selbständig ist auch zu bewerten, wer zwar nicht stehen kann, aber sich mit Armkraft ohne personelle Hilfe umsetzen kann (z. B. Bett – Rollstuhl, Rollstuhl – Toilette).

Überwiegend selbständig:
Die Person kann aus eigener Kraft aufstehen oder sich umsetzen, wenn sie eine Hand oder einen Arm gereicht bekommt.
Überwiegend unselbständig:

Die Pflegeperson muss beim Aufstehen, Umsetzen (erheblichen) Kraftaufwand aufbringen (hochziehen, halten, stützen, heben). Die beeinträchtigte Person hilft jedoch in geringem Maße mit, kann z. B. kurzzeitig stehen.

Unselbständig:
Die Person muss gehoben oder getragen werden, Mithilfe ist nicht möglich.

F 4.1.4 Fortbewegen innerhalb des Wohnbereichs

Sich innerhalb einer Wohnung oder im Wohnbereich einer Einrichtung zwischen den Zimmern sicher bewegen

Als Anhaltsgröße für übliche Gehstrecken innerhalb einer Wohnung werden mindestens acht Meter festgelegt.

Die Fähigkeiten zur räumlichen Orientierung und zum Treppensteigen sind unter Punkt F 4.2.2 bzw. Punkt F 4.1.5 zu berücksichtigen.

Selbständig:
Die Person kann sich ohne Hilfe durch andere Personen fortbewegen. Dies kann ggf. unter Nutzung von Hilfsmitteln, z. B. Rollator, Rollstuhl oder sonstigen Gegenständen, z. B. Stock oder Möbelstück, geschehen.

Überwiegend selbständig:
Die Person kann die Aktivität überwiegend selbständig durchführen. Personelle Hilfe ist beispielsweise erforderlich im Sinne von Bereitstellen von Hilfsmitteln (z. B. Rollator oder Gehstock), Beobachtung aus Sicherheitsgründen oder gelegentlichem Stützen, Unterhaken.

Überwiegend unselbständig:
Die Person kann nur wenige Schritte gehen oder sich mit dem Rollstuhl nur wenige Meter fortbewegen oder kann nur mit Stützung oder Festhalten einer Pflegeperson gehen.
Auch wenn sich die Person darüber hinaus aus eigenem Willen in ihrer Wohnung krabbelnd oder robbend fortbewegen kann, ändert dies nichts an der Beurteilung als „überwiegend unselbständig".

Unselbständig:
Die Person muss getragen oder vollständig im Rollstuhl geschoben werden.

F 4.1.5 Treppensteigen

Überwinden von Treppen zwischen zwei Etagen

Treppensteigen ist unabhängig von der individuellen Wohnsituation zu bewerten.

Selbständig:
Die Person kann ohne Hilfe durch andere Personen in aufrechter Position eine Treppe steigen.

Überwiegend selbständig:
Die Person kann eine Treppe alleine steigen, benötigt aber Begleitung wegen eines Sturzrisikos.

Überwiegend unselbständig:
Treppensteigen ist nur mit Stützen oder Festhalten der Person möglich.

Unselbständig:
Person muss getragen oder mit Hilfsmitteln transportiert werden, keine Eigenbeteiligung.

F 4.1.6 Besondere Bedarfskonstellation: Gebrauchsunfähigkeit beider Arme und beider Beine

Gemäß § 15 Abs. 4 SGB XI können Pflegebedürftige mit besonderen Bedarfskonstellationen, die einen spezifischen, außergewöhnlich hohen Hilfebedarf mit besonderen Anforderungen an die pflegerische Versorgung aufweisen, aus pflegefachlichen Gründen dem Pflegegrad 5 zugeordnet werden, auch wenn ihre Gesamtpunkte unter 90 liegen.

In Betracht kommen Pflegebedürftige, die rein nach Punkten den Pflegegrad 5 nicht erreichen würden, dieser aber aufgrund der Schwere der Beeinträchtigung angemessen wäre. Als besondere Bedarfskonstellation ist nur die Gebrauchsunfähigkeit beider Arme und beider Beine festgelegt. Hintergrund ist, dass die jeweiligen gesundheitlichen Probleme sich einer pflegefachlichen Systematisierung im neuen Begutachtungsinstrument entziehen. Trotz vollständiger Abhängigkeit von personeller Hilfe ist es möglich, dass bei diesem Personenkreis im Bereich der Module 2 und 3 keine und im Bereich des Moduls 6 Beeinträchtigungen nur im geringen Maß vorliegen, so dass die Gesamtpunkte unter 90 liegen.

Vollständiger Verlust der Greif-, Steh- und Gehfunktionen

Das Kriterium der „Gebrauchsunfähigkeit beider Arme und beider Beine" umfasst nicht zwingend die Bewegungsunfähigkeit der Arme und Beine, die durch Lähmungen aller Extremitäten hervorgerufen werden kann. Ein vollständiger Verlust der Greif-, Steh- und Gehfunktion ist unabhängig von der Ursache zu bewerten. Dies kann z. B. auch bei Menschen im Wachkoma vorkommen oder durch hochgradige Kontrakturen, Versteifungen, hochgradigen Tremor und Rigor oder Athetose bedingt sein. Eine Gebrauchsunfähigkeit beider Arme und beider Beine liegt auch vor, wenn eine minimale Restbeweglichkeit der Arme noch vorhanden ist, z. B. die Person mit dem Ellenbogen noch den Joystick eines Rollstuhls bedienen kann, oder nur noch unkontrollierbare Greifreflexe bestehen.

4.9.2 F 4.2 Modul 2: Kognitive und kommunikative Fähigkeiten

Die Einschätzung bezieht sich bei den Merkmalen 4.2.1 bis 4.2.8 ausschließlich auf die kognitiven Funktionen und Aktivitäten. Zu beurteilen sind hier lediglich Aspekte wie Erkennen, Entscheiden oder Steuern etc. und nicht die motorische Umsetzung.

Bei den Kriterien zur Kommunikation 4.2.9 bis 4.2.11 sind auch die Auswirkungen von Hör-, Sprech- oder Sprachstörungen zu berücksichtigen.

Für diesen Bereich gilt eine ähnliche Graduierung wie im Falle der Selbständigkeit (vierstufige Skala). Der Unterschied liegt darin, dass hier keine Aktivität, sondern eine geistige Funktion beurteilt wird. Für die Bewertung ist unerheblich, ob ein zuvor selbständiger Erwachsener eine Fähigkeit verloren hat oder nie ausgebildet hat. Die Bewertungsskala umfasst folgende Ausprägungen:

0 = Fähigkeit vorhanden, unbeeinträchtigt
Die Fähigkeit ist (nahezu) vollständig vorhanden

1 = Fähigkeit größtenteils vorhanden
Die Fähigkeit ist überwiegend (die meiste Zeit über, in den meisten Situationen), aber nicht durchgängig vorhanden. Die Person hat Schwierigkeiten, höhere oder komplexere Anforderungen zu bewältigen.

2 = Fähigkeit in geringem Maße vorhanden
Die Fähigkeit ist stark beeinträchtigt, aber erkennbar vorhanden. Die Person hat häufig oder in vielen Situationen Schwierigkeiten. Sie kann nur geringe Anforderungen bewältigen. Es sind Ressourcen vorhanden.

3 = Fähigkeit nicht vorhanden
Die Fähigkeit ist nicht oder nur in sehr geringem Maße (sehr selten) vorhanden.

F 4.2.1 Erkennen von Personen aus dem näheren Umfeld

Fähigkeit, Personen aus dem näheren Umfeld wiederzuerkennen, d. h. Menschen, zu denen im Alltag regelmäßig ein direkter Kontakt besteht

Dazu gehören z. B. Familienmitglieder, Nachbarn, aber auch Pflegekräfte eines ambulanten Dienstes oder einer stationären Pflegeeinrichtung.

Fähigkeit vorhanden:
Die Person erkennt andere Personen aus ihrem näheren Umfeld unmittelbar.

Fähigkeit größtenteils vorhanden:
Die Person erkennt bekannte Personen beispielsweise erst nach einer längeren Zeit des Kontaktes in einem Gespräch oder sie hat Schwierigkeiten, wenn auch nicht täglich, aber doch in regelmäßigen Abständen, vertraute Personen zu erkennen.
Fähigkeit in geringem Maße vorhanden:
Die aus dem näheren Umfeld stammenden Personen werden nur selten erkannt oder die Fähigkeit hängt ggf. von der Tagesform ab, d. h. die Fähigkeit unterliegt im Zeitverlauf erheblichen Schwankungen.

Fähigkeit nicht vorhanden:
Auch Familienmitglieder werden nicht oder nur ausnahmsweise erkannt.
F 4.2.2 Örtliche Orientierung

Fähigkeit, sich in der räumlichen Umgebung zurechtzufinden, andere Orte gezielt anzusteuern und zu wissen, wo man sich befindet

Fähigkeit vorhanden:
Die Person weiß, in welcher Stadt, auf welchem Stockwerk und ggf. in welcher Einrichtung sie sich befindet. Sie kennt sich in den regelmäßig genutzten Räumlichkeiten aus.

Ein Verirren in den Räumlichkeiten der eigenen Wohnung oder unmittelbar im Wohnbereich einer Einrichtung kommt nicht vor und die Person findet sich auch in der näheren außerhäuslichen Umgebung zurecht. Sie weiß beispielsweise, wie sie zu benachbarten Geschäften, zu einer Bushaltestelle oder zu einer anderen nahe gelegenen Örtlichkeit gelangt.

Fähigkeit größtenteils vorhanden:
Es bestehen Schwierigkeiten, sich in der außerhäuslichen Umgebung zu orientieren, beispielsweise nach Verlassen des Hauses wieder den Weg zu-

rückzufinden. In den eigenen Wohnräumen existieren solche Schwierigkeiten hingegen nicht.

Fähigkeit in geringem Maße vorhanden:
Die Person hat auch in einer gewohnten Wohnumgebung Schwierigkeiten, sich zurechtzufinden. Regelmäßig genutzte Räumlichkeiten und Wege in der Wohnumgebung werden nicht immer erkannt.

Fähigkeit nicht vorhanden:
Selbst in der eigenen Wohnumgebung ist die Person regelmäßig auf Unterstützung angewiesen, um sich zurechtzufinden.

F 4.2.3 Zeitliche Orientierung

Fähigkeit, zeitliche Strukturen zu erkennen

Dazu gehören Uhrzeit, Tagesabschnitte (Vormittag, Nachmittag, Abend etc.), Jahreszeiten und die zeitliche Abfolge des eigenen Lebens. Aufschluss über die Fähigkeit zur zeitlichen Orientierung geben Antworten auf die *Frage nach der Jahreszeit, dem Jahr, dem Wochentag, dem Monat oder der Tageszeit.*

Fähigkeit vorhanden:
Die zeitliche Orientierung ist ohne nennenswerte Beeinträchtigungen vorhanden.

Fähigkeit größtenteils vorhanden:
Die Person ist die meiste Zeit über zeitlich orientiert, aber nicht durchgängig. Sie hat z. B. Schwierigkeiten, ohne äußere Orientierungshilfen (Uhr, Dunkelheit etc.) den Tagesabschnitt zu bestimmen.

Fähigkeit in geringem Maße vorhanden:
Die zeitliche Orientierung ist die meiste Zeit nur in Ansätzen vorhanden. Die Person ist auch unter Nutzung äußerer Orientierungshilfen zumeist nicht in der Lage, Tageszeiten zu erkennen, zu denen regelmäßig bestimmte Ereignisse stattfinden (z. B. Mittagessen).

Fähigkeit nicht vorhanden:
Das Verständnis für zeitliche Strukturen und Abläufe ist kaum oder nicht vorhanden.

F 4.2.4 Erinnern an wesentliche Ereignisse oder Beobachtungen

Fähigkeit, sich an kurz und auch länger zurückliegende Ereignisse oder Beobachtungen zu erinnern

Dazu gehört, dass die Person z. B. weiß, was sie zum Frühstück gegessen hat oder mit welchen Tätigkeiten sie den Vormittag verbracht hat. Im Hinblick auf das Langzeitgedächtnis geht es bei Erwachsenen z. B. um die Kenntnis des Geburtsjahres, des Geburtsorts oder wichtiger Bestandteile des Lebensverlaufs wie Eheschließung und Berufstätigkeit.

Fähigkeit vorhanden:

Die Person kann über kurz zurückliegende Ereignisse Auskunft geben oder durch Handlungen und Gesten signalisieren, dass sie sich erinnert.

Fähigkeit größtenteils vorhanden:
Die Person hat Schwierigkeiten, sich an manche kurz zurückliegende vorhanden: Ereignisse zu erinnern, oder muss hierzu länger nachdenken, sie hat aber keine nennenswerten Probleme, sich an Ereignisse aus der eigenen Lebensgeschichte zu erinnern.

Fähigkeit in geringem Maße vorhanden:
Die Person vergisst kurz zurückliegende Ereignisse häufig. Nicht alle, aber wichtige Ereignisse aus der eigenen Lebensgeschichte sind (noch) präsent.

Fähigkeit nicht vorhanden:
Die Person ist nicht (oder nur selten) in der Lage, sich an Ereignisse, Dinge oder Personen aus der eigenen Lebensgeschichte zu erinnern.

F 4.2.5 Steuern von mehrschrittigen Alltagshandlungen

Fähigkeit, zielgerichtete Handlungen des Lebensalltags, die eine Abfolge von Teilschritten umfassen, zu steuern

Die Betonung liegt in diesem Fall auf dem Begriff Alltagshandlungen. Gemeint sind zielgerichtete Handlungen, die diese Person täglich oder nahezu täglich im Lebensalltag durchführt oder durchgeführt hat, wie z. B. das komplette Ankleiden, Kaffeekochen oder Tischdecken.

Fähigkeit vorhanden:
Die Person ist in der Lage, die erforderlichen Handlungsschritte selbständig in der richtigen Reihenfolge auszuführen oder zu steuern, so dass das angestrebte Ergebnis der Handlung erreicht wird.

Fähigkeit größtenteils vorhanden:
Die Person verliert manchmal den Faden und vergisst, welcher Handlungsschritt der nächste ist. Erhält sie dabei eine Erinnerungshilfe, kann sie die Handlung aber selbständig fortsetzen.

Fähigkeit in geringem Maße vorhanden:
Die Person hat erhebliche Schwierigkeiten. Sie verwechselt regelmäßig die Reihenfolge der einzelnen Handlungsschritte oder vergisst einzelne, notwendige Handlungsschritte.

Fähigkeit nicht vorhanden:
Mehrschrittige Alltagshandlungen werden erst gar nicht begonnen oder nach den ersten Versuchen aufgegeben.

F 4.2.6 Treffen von Entscheidungen im Alltag

Fähigkeit, folgerichtige und geeignete Entscheidungen im Alltag zu treffen

Dazu gehört z. B. die dem Wetter angepasste Auswahl von Kleidung, die Entscheidung über die Durchführung von Aktivitäten wie Einkaufen, Familienangehörige oder Freunde anrufen, einer Freizeitbeschäftigung nachgehen.

Zu klären ist hier die Frage, ob die Entscheidungen folgerichtig sind, d. h. geeignet sind, das angestrebte Ziel zu erreichen oder ein gewisses Maß an Sicherheit und Wohlbefinden oder Bedürfnisbefriedigung zu gewährleisten, z. B. warme Kleidung.

Fähigkeit vorhanden:
Die Person kann auch in unbekannten Situationen folgerichtige Entscheidungen treffen, beispielsweise beim Umgang mit unbekannten Personen, die an der Haustür klingeln.

Fähigkeit größtenteils vorhanden:
Im Rahmen der Alltagsroutinen oder in zuvor besprochenen Situationen können Entscheidungen getroffen werden, die Person hat aber Schwierigkeiten in unbekannten Situationen.

Fähigkeit in geringem Maße vorhanden:
Die Person trifft zwar Entscheidungen, diese Entscheidungen sind jedoch in der Regel nicht geeignet, ein bestimmtes Ziel zu erreichen. Dies ist beispielsweise der Fall, wenn die Person mit nur leichter Bekleidung bei win-

terlichen Temperaturen im Freien spazieren gehen will. Weiterhin liegt eine schwere Beeinträchtigung vor, wenn die Person nur mit Unterstützung in Form von Anleitung, Aufforderung, Aufzeigen von Handlungsalternativen in der Lage ist, Entscheidungen zu treffen.

Fähigkeit nicht vorhanden:
Die Person kann Entscheidungen auch mit Unterstützung nicht mehr oder nur selten treffen. Sie zeigt keine deutbare Reaktion auf das Angebot mehrerer Entscheidungsalternativen.

F 4.2.7 Verstehen von Sachverhalten und Informationen

Fähigkeit, Sachverhalte zu verstehen und Informationen inhaltlich einordnen zu können

Hier geht es um Ereignisse und Inhalte, die Bestandteil des Alltagslebens der meisten Menschen sind. Gemeint ist etwa die Fähigkeit, zu erkennen, dass man sich in einer bestimmten Situation befindet, z. B. gemeinschaftliche Aktivitäten mit anderen Menschen, Versorgung durch eine Pflegekraft, MDK-Begutachtung sowie die Fähigkeit, Informationen zum Tagesgeschehen aus den Medien, z. B. Fernsehgerät, Tageszeitung, aufzunehmen und inhaltlich zu verstehen. Gleiches gilt für mündlich von anderen Personen übermittelte Informationen.

Fähigkeit vorhanden:
Die Person kann Sachverhalte und Informationen aus dem Alltagsleben ohne nennenswerte Probleme verstehen.

Fähigkeit größtenteils vorhanden:
Die Person kann einfache Sachverhalte und Informationen nachvollziehen, hat bei komplizierteren jedoch Schwierigkeiten.

Fähigkeit in geringem Maße vorhanden:
Die Person kann auch einfache Informationen häufig nur nachvollziehen, wenn sie wiederholt erklärt werden. Eine schwere Beeinträchtigung liegt auch dann vor, wenn das Verständnis sehr stark von der Tagesform abhängt.

Fähigkeit nicht vorhanden:
Die Person gibt weder verbal noch nonverbal zu erkennen, dass sie Situationen und übermittelte Informationen verstehen kann.

F 4.2.8 Erkennen von Risiken und Gefahren

Fähigkeit, Risiken und Gefahren zu erkennen

Dazu gehören Gefahren wie Strom- und Feuerquellen, Barrieren und Hindernisse auf dem Fußboden bzw. auf Fußwegen, eine problematische Beschaffenheit des Bodens (z. B. Glätte) oder Gefahrenzonen in der außerhäuslichen Umgebung (z. B. verkehrsreiche Straßen, Baustellen).

Fähigkeit vorhanden:
Die Person kann solche Risiken und Gefahrenquellen im Alltagsleben ohne weiteres erkennen, auch wenn sie ihnen aus anderen Gründen (z. B. aufgrund von somatischen Beeinträchtigungen) nicht aus dem Weg gehen kann.

Fähigkeit größtenteils vorhanden:
Die Person erkennt meist nur solche Risiken und Gefahren, die sich in der vertrauten innerhäuslichen Wohnumgebung wiederfinden. Es bestehen aber beispielsweise Schwierigkeiten, Risiken im Straßenverkehr an gemessen einzuschätzen oder Gefährdungen in ungewohnter Umgebung zu erkennen.

Fähigkeit in geringem Maße vorhanden:
Die Person kann auch Risiken und Gefahren, denen sie häufig auch in der Wohnumgebung begegnet, oft nicht als solche erkennen.

Fähigkeit nicht vorhanden:
Die Person kann Risiken und Gefahren so gut wie gar nicht erkennen.

F 4.2.9 Mitteilen von elementaren Bedürfnissen

Fähigkeit, elementare Bedürfnisse verbal oder nonverbal mitzuteilen

Das beinhaltet, sich bei Hunger oder Durst, Schmerzen oder Frieren bemerkbar zu machen. Bei Sprachstörungen kann dies ggf. durch Laute, Mimik oder Gestik bzw. unter Nutzung von Hilfsmitteln erfolgen.

Fähigkeit vorhanden:
Die Person kann Bedürfnisse äußern.

Fähigkeit größtenteils vorhanden:
Die Person kann auf Nachfrage elementare Bedürfnisse äußern. Die Person äußert Bedürfnisse aber nicht immer von sich aus.

Fähigkeit in geringem Maße vorhanden:
Elementare Bedürfnisse sind nur aus nonverbalen Reaktionen (Mimik, Gestik, Lautäußerungen) ableitbar, ggf. nach oder durch entsprechende(r) Stimulation; oder die Person äußert von sich aus keine elementaren Bedürfnisse, muss dazu ständig angeleitet werden, kann aber Zustimmung oder Ablehnung deutlich machen.

Fähigkeit nicht vorhanden:
Die Person äußert nicht oder nur sehr selten Bedürfnisse, auch nicht in nonverbaler Form. Sie kann weder Zustimmung noch Ablehnung deutlich machen.

F 4.2.10 Verstehen von Aufforderungen

Fähigkeit, Aufforderungen in Hinblick auf alltägliche Grundbedürfnisse zu verstehen

Zu den alltäglichen Grundbedürfnissen gehören z. B. Essen, Trinken, sich kleiden, sich beschäftigen.

Fähigkeit vorhanden:
Aufforderungen und Bitten zu alltäglichen Grundbedürfnissen werden ohne weiteres verstanden.

Fähigkeit größtenteils vorhanden:
Einfache Bitten und Aufforderungen, wie z. B. „Setz dich bitte an den Tisch!“, „Zieh dir die Jacke über!“, „Komm zum Essen!“, „Prosit!“ werden verstanden, Aufforderungen in nicht alltäglichen Situationen müssen erklärt werden. Ggf. sind besonders deutliche Ansprache, Wiederholungen, Zeichensprache, Gebärdensprache oder Schrift erforderlich, um Aufforderungen verständlich zu machen.

Fähigkeit in geringem Maße vorhanden:
Die Person kann Aufforderungen und Bitten meist nicht verstehen, wenn diese nicht wiederholt geäußert und erläutert werden. Das Verständnis ist sehr von der Tagesform abhängig. Sie zeigt aber Zustimmung oder Ablehnung gegenüber nonverbalen Aufforderungen, z. B. Berührungen oder Geleiten an den Esstisch.

Fähigkeit nicht vorhanden:
Die Person kann Anleitungen und Aufforderungen kaum oder nicht verstehen.

F 4.2.11 Beteiligen an einem Gespräch

Fähigkeit, in einem Gespräch Gesprächsinhalte aufzunehmen, sinngerecht zu antworten und zur Weiterführung des Gesprächs Inhalte einzubringen

Fähigkeit vorhanden:

Die Person kommt sowohl in Einzel- als auch in Gesprächen kleiner Gruppen gut zurecht. Sie zeigt im Gespräch Eigeninitiative, Interesse und beteiligt sich, wenn vielleicht auch nur auf direkte Ansprache hin. Ihre Äußerungen passen zu den Inhalten des Gesprächs.

Fähigkeit größtenteils vorhanden:
Die Person kommt in Gesprächen mit einer Person gut zurecht, in Gruppen ist sie jedoch meist überfordert und verliert den Faden. Wortfindungsstörungen treten ggf. regelmäßig auf. Die Person ist häufig auf besonders deutliche Ansprache oder Wiederholung von Worten, Sätzen angewiesen.

Fähigkeit in geringem Maße vorhanden:
Die Person kann auch einem Gespräch nur mit einer Person kaum folgen oder sie kann sich nur wenig oder mit einzelnen Worten beteiligen. Die Person zeigt nur wenig Eigeninitiative, reagiert aber auf Ansprache oder Fragen mit wenigen Worten, z. B. mit ja oder nein; die Person beteiligt sich am Gespräch, weicht aber in aller Regel vom Gesprächsinhalt ab (führt mehr ein Selbstgespräch) oder es besteht leichte Ablenkbarkeit durch Umgebungseinflüsse.

Fähigkeit nicht vorhanden:
Ein Gespräch mit der Person, das über einfache Mitteilungen hinausgeht, ist auch unter Einsatz nonverbaler Kommunikation kaum oder nicht möglich.

4.9.3 F 4.3 Modul 3: Verhaltensweisen und psychische Problemlagen

In diesem Modul geht es um Verhaltensweisen und psychische Problemlagen als Folge von Gesundheitsproblemen, die immer wieder auftreten und personelle Unterstützung erforderlich machen. Es geht hier um Unterstützung des pflegebedürftigen Menschen

- bei der Bewältigung von belastenden Emotionen (wie z. B. Panikattacken),
- beim Abbau psychischer Spannungen,

- bei der Impulssteuerung,
- bei der Förderung positiver Emotionen durch Ansprache oder körperliche Berührung,
- bei der Vermeidung von Gefährdungen im Lebensalltag,
- bei Tendenz zu selbstschädigendem Verhalten.

Im Mittelpunkt dieses Moduls steht die Frage, inwieweit die Person ihr Verhalten ohne personelle Unterstützung steuern kann. Von fehlender Selbststeuerung ist auch dann auszugehen, wenn ein Verhalten zwar nach Aufforderung abgestellt wird, aber danach immer wieder aufs Neue auftritt, weil das Verbot nicht verstanden wird oder die Person sich nicht erinnern kann.

Abzugrenzen sind hier gezielte herausfordernde Verhaltensweisen, z. B. im Rahmen von Beziehungsproblemen, die nicht zu berücksichtigen sind.

Anders als in den übrigen Modulen sind die Kriterien nicht abschließend definiert, sondern beispielhaft erläutert. Manche Verhaltensweisen lassen sich nicht eindeutig nur einem Kriterium zuordnen, z. B. Beschimpfungen zu verbaler Aggression (F 4.3.6) oder zu anderen pflegerelevanten vokalen Auffälligkeiten (F 4.3.7), oder treten in Kombination auf. Ausschlaggebend ist, ob und wie oft die Verhaltensweisen eine personelle Unterstützung notwendig machen. Bei Kombination verschiedener Verhaltensweisen wird die Häufigkeit von Ereignissen mit personellem Unterstützungsbedarf nur einmal erfasst, z. B. wird nächtliche Unruhe bei Angstzuständen entweder unter Punkt F 4. 3.2 oder unter Punkt F 4.3.10 bewertet.

Es werden folgende Häufigkeiten erfasst:

0 = nie oder sehr selten

1 = selten, d.h. ein- bis dreimal innerhalb von zwei Wochen

3 = häufig, d.h. zweimal bis mehrmals wöchentlich, aber nicht täglich

5 = täglich

F 4.3.1 Motorisch geprägte Verhaltensauffälligkeiten

Dieses Kriterium fasst verschiedene Verhaltensweisen zusammen. Dazu gehören vor allem das (scheinbar) ziellose Umhergehen in der Wohnung oder der Einrichtung und der Versuch desorientierter Personen, ohne Begleitung die Wohnung, Einrichtung zu verlassen oder Orte aufzusuchen, die für diese Person unzugänglich sein sollten, z. B. Treppenhaus, Zimmer anderer Bewohner. Ebenso zu berücksichtigen ist allgemeine Rastlosigkeit in Form von ständigem Aufstehen und Hinsetzen oder Hin- und Herrutschen auf dem Sitzplatz oder im und aus dem Bett.

F 4.3.2 Nächtliche Unruhe

Gemeint sind hier nächtliches Umherirren oder nächtliche Unruhephasen bis hin zur Umkehr des Tag-Nacht-Rhythmus im Sinne von aktiv sein in der Nacht und schlafen während des Tages. Zu bewerten ist, wie häufig Anlass für personelle Unterstützung zur Steuerung des Schlaf-Wach-Rhythmus besteht, z. B. wieder ins Bett bringen und beruhigen. Schlafstörungen wie Einschlafschwierigkeiten am Abend oder Wachphasen während der Nacht sind nicht zu werten. Andere nächtliche Hilfen, z. B. Aufstehen, zu Bett bringen bei Nykturie oder Lagerungen sind nur unter F 4.6.2. zu werten.

F 4.3.3 Selbstschädigendes und autoaggressives Verhalten

Selbstschädigendes und autoaggressives Verhalten kann z. B. darin bestehen, sich selbst durch Gegenstände zu verletzen, ungenießbare Substanzen zu essen und zu trinken, sich selbst zu schlagen und sich selbst mit den Fingernägeln oder Zähnen zu verletzen.

F 4.3.4 Beschädigen von Gegenständen

Gemeint sind hier aggressive auf Gegenstände gerichtete Handlungen wie Gegenstände wegstoßen oder wegschieben, gegen Gegenstände schlagen, das Zerstören von Dingen sowie das Treten nach Gegenständen.

F 4.3.5 Physisch aggressives Verhalten gegenüber anderen Personen

Physisch aggressives Verhalten gegenüber anderen Personen kann z. B. darin bestehen, nach Personen zu schlagen oder zu treten, andere mit Zähnen oder Fingernägeln zu verletzen, andere zu stoßen oder wegzudrängen, oder in Verletzungsversuchen gegenüber anderen Personen mit Gegenständen.

F 4.3.6 Verbale Aggression

Verbale Aggression kann sich z. B. in verbalen Beschimpfungen oder in der Bedrohung anderer Personen ausdrücken.

F 4.3.7 Andere pflegerelevante vokale Auffälligkeiten

Andere pflegerelevante vokale Auffälligkeiten können sein: Lautes Rufen, Schreien, Klagen ohne nachvollziehbaren Grund, vor sich hin schimpfen, fluchen, seltsame Laute von sich geben, ständiges Wiederholen von Sätzen und Fragen.

F 4.3.8 Abwehr pflegerischer oder anderer unterstützender Maßnahmen

Hier ist die Abwehr von Unterstützung, z. B. bei der Körperpflege, die Verweigerung der Nahrungsaufnahme, der Medikamenteneinnahme oder anderer notwendiger Verrichtungen sowie die Manipulation an Vorrichtungen wie z. B. an Kathetern, Infusionen oder Sondenernährung gemeint. Dazu gehört nicht die willentliche (selbstbestimmte) Ablehnung bestimmter Maßnahmen.

F 4.3.9 Wahnvorstellungen

Wahnvorstellungen beziehen sich z. B. auf die Vorstellung, mit Verstorbenen oder imaginären Personen in Kontakt zu stehen, oder auf die Vorstellung, verfolgt, bedroht oder bestohlen zu werden.

F 4.3.10 Ängste

Die Person hat starke Ängste oder Sorgen, sie erlebt Angstattacken unabhängig von der Ursache.

F 4.3.11 Antriebslosigkeit bei depressiver Stimmungslage

Antriebslosigkeit bei depressiver Stimmungslage zeigt sich z. B. daran, dass die Person kaum Interesse an der Umgebung hat, kaum Eigeninitiative aufbringt und Motivierung durch andere benötigt, um etwas zu tun. Sie wirkt traurig oder apathisch, möchte am liebsten das Bett nicht verlassen. Hier ist nicht gemeint, dass Menschen mit rein kognitiven Beeinträchtigungen, z. B. bei Demenz, Impulse benötigen, um eine Handlung zu beginnen oder fortzuführen.

F 4.3.12 Sozial inadäquate Verhaltensweisen

Sozial inadäquate Verhaltensweisen sind z. B. distanzloses Verhalten, auffälliges Einfordern von Aufmerksamkeit, sich vor anderen in unpassenden Situationen auszukleiden, unangemessenes Greifen nach Personen oder unangemessene körperliche oder verbale sexuelle Annäherungsversuche.

F 4.3.13 Sonstige pflegerelevante inadäquate Handlungen

Sonstige pflegerelevante inadäquate Handlungen sind z. B. Nesteln an der Kleidung, ständiges Wiederholen der gleichen Handlung (Stereotypien), planlose Aktivitäten, Verstecken oder Horten von Gegenständen, Kotschmieren, Urinieren in die Wohnung.

4.9.4 F 4.4 Modul 4: Selbstversorgung

Angaben zur Versorgung

Zu diesem Modul werden zunächst besondere Bedarfsaspekte erfasst. Dazu gehören die parenterale Ernährung oder die Ernährung über eine Sonde, die künstliche Harn- oder Stuhlableitung sowie Störungen der Blasen- und Darmkontrolle in ihren Ausprägungsgraden.

Ernährung parenteral oder über Sonde

Es ist anzugeben, ob die Ernährung parenteral z. B. über einen Port, über eine perkutane endoskopische Gastrostomie (PEG), eine perkutane endoskopische Jejunostomie (PEJ) oder eine nasale Magensonde, sowie ob sie über Pumpe, Schwerkraft oder als Bolusgabe erfolgt.

Blasenkontrolle/Harnkontinenz

Gemeint ist hier, Harndrang zu verspüren und so rechtzeitig zu äußern, dass die Blasenentleerung geregelt werden kann. Jegliche Art von unwillkürlichem Harnabgang ist zu berücksichtigen, unabhängig von der Ursache. Zu erfassen ist hier vorrangig die Kontrolle der Blasenentleerung, die Steuerung der Blasenentleerung, die Vermeidung unwillkürlicher Harnabgänge, ggf. mit personeller Hilfe.

Es sind folgende Merkmalsausprägungen vorgesehen:

Ständig kontinent:
Keine unwillkürlichen Harnabgänge.

Überwiegend kontinent:
Maximal einmal täglich unwillkürlicher Harnabgang oder Tröpfcheninkontinenz.

Überwiegend inkontinent:
Mehrmals täglich unwillkürliche Harnabgänge, aber gesteuerte Blasenentleerung ist noch teilweise möglich.

Komplett inkontinent:
Die Person ist komplett harninkontinent. Gesteuerte Blasenentleerung ist nicht möglich.

Alternativ anzugeben ist, ob ein suprapubischer oder transurethraler Dauerkatheter oder Urostoma vorhanden ist. Einmalkatheterisieren ist nicht hier, sondern unter Punkt F 4.5.10 zu berücksichtigen, hier ist anzugeben, ob und in welchem Umfang daneben eine Inkontinenz besteht.

Darmkontrolle, Stuhlkontinenz

Gemeint ist, Stuhldrang zu verspüren und so rechtzeitig zu äußern, dass die Darmentleerung geregelt werden kann. Zu bewerten ist hier die Vermeidung unwillkürlicher Stuhlabgänge, ggf. mit personeller Hilfe.

Es sind folgende Merkmalsausprägungen vorgesehen:

Ständig kontinent:
Keine unwillkürlichen Stuhlabgänge.

Überwiegend kontinent:
Die Person ist überwiegend stuhlkontinent, gelegentlich unwillkürliche Stuhlabgänge oder nur geringe Stuhlmengen, sogenannte Schmierstühle.

Überwiegend inkontinent:
Die Person ist überwiegend stuhlinkontinent, selten gesteuerte Darmentleerung möglich.

Komplett inkontinent:
Die Person ist komplett stuhlinkontinent, gesteuerte Darmentleerung ist nicht möglich.

Alternativ anzugeben ist, ob ein Colo-, Ileostoma vorhanden ist.

Bewertung der Selbständigkeit

Zu bewerten ist, ob die untersuchte Person die jeweilige Aktivität praktisch durchführen kann. Es ist unerheblich, ob die Beeinträchtigungen der Selbständigkeit aufgrund von Schädigungen somatischer oder mentaler Funktionen bestehen oder ob Teilaspekte bereits in anderen Modulen berücksichtigt worden sind.

F 4.4.1 Waschen des vorderen Oberkörpers

Sich die Hände, das Gesicht, den Hals, die Arme, die Achselhöhlen und den vorderen Brustbereich waschen und abtrocknen

Selbständig:
Die Person kann die beschriebene Aktivität ohne personelle Hilfe durchführen.

Überwiegend selbständig:
Die Person kann die Aktivität selbständig durchführen, wenn benötigte Gegenstände, z. B. Seife, Waschlappen, bereitgelegt werden oder sie Aufforderung bzw. punktuelle Teilhilfen, z. B. Waschen unter den Achseln oder der Brust, erhält.

Überwiegend unselbständig:
Die Person kann nur geringe Anteile der Aktivität selbständig durchführen, sich z. B. nur Hände oder Gesicht waschen, oder benötigt umfassende Anleitung.

Unselbständig:
Die Person kann sich an der Aktivität nicht oder nur minimal beteiligen.

F 4.4.2 Körperpflege im Bereich des Kopfes

Kämmen, Zahnpflege, Prothesenreinigung, Rasieren

Selbständig:
Die Person kann die beschriebenen Aktivitäten ohne personelle Hilfe durchführen.

Überwiegend selbständig:
Die Person kann die Aktivitäten selbständig durchführen, wenn benötigte Gegenstände bereitgelegt oder gerichtet werden, z. B. Aufdrehen der Zahnpastatube, Auftragen der Zahnpasta auf die Bürste, Aufbringen von Haftcreme auf die Prothese, Anreichen oder Säubern des Rasierapparates. Alternativ sind Aufforderungen oder punktuelle Teilhilfen erforderlich wie Korrekturen nach dem Kämmen oder nur das Kämmen des Hinterkopfes, das Reinigen der hinteren Backenzähne bei der Zahn-, Mundpflege bzw. die Nachrasur bei sonst selbständigem Rasieren.

Überwiegend unselbständig:
Die Person kann nur geringe Anteile der Aktivität selbständig leisten, so

beginnt sie z. B. mit dem Zähneputzen oder der Rasur, ohne die Aktivität zu Ende zu führen.

Unselbständig:
Die Person kann sich an den Aktivitäten nicht oder nur minimal beteiligen.

F 4.4.3 Waschen des Intimbereichs

Den Intimbereich waschen und abtrocknen

Selbständig:
Die Person kann die beschriebene Aktivität ohne personelle Hilfe durchführen.

Überwiegend selbständig:
Die Person kann die Aktivität selbständig durchführen, wenn benötigte Utensilien, z. B. Seife, Waschlappen, bereitgelegt werden oder sie Aufforderung bzw. punktuelle Teilhilfen erhält.

Überwiegend unselbständig:
Die Person kann nur geringe Anteile der Aktivität selbständig durchführen, sich z. B. nur den vorderen Intimbereich waschen.

Unselbständig:
Die Person kann sich an der Aktivität nicht oder nur minimal beteiligen.

F 4.4.4 Duschen und Baden einschließlich Waschen der Haare

Durchführung des Dusch- oder Wannenbades einschließlich des Waschens der Haare

Dabei sind neben der Fähigkeit, den Körper waschen zu können, auch Sicherheitsaspekte zu berücksichtigen. (Teil-)Hilfen beim Waschen in der Wanne, Dusche sind hier ebenso zu berücksichtigen wie die Hilfe beim Ein- und Aussteigen oder eine notwendige Überwachung während des Bades. Dazu gehört auch das Abtrocknen, Haare waschen und föhnen.

Selbständig:
Die Person kann die beschriebene Aktivität ohne personelle Hilfe durchführen.

Überwiegend selbständig:
Die Person kann die Aktivität selbständig durchführen, wenn Utensilien vorbereitet bzw. bereitgestellt werden, einzelne Handreichungen geleistet

werden, z. B. Stützen beim Ein-, Aussteigen, Bedienung eines Badewannenlifters, Hilfe beim Haarewaschen oder Föhnen, beim Abtrocknen, oder wenn während des (Dusch-)Bades aus nachvollziehbaren Sicherheitsgründen Anwesenheit erforderlich ist.

Überwiegend unselbständig:
Die Person kann nur einen begrenzten Teil der Aktivität selbständig durchführen, z. B. das Waschen des vorderen Oberkörpers.

Unselbständig:
Die Person kann sich an der Aktivität nicht oder nur minimal beteiligen.

F 4.4.5 An- und Auskleiden des Oberkörpers

Bereitliegende Kleidungsstücke, z. B. Unterhemd, T-Shirt, Hemd, Bluse, Pullover, Jacke, BH, Schlafanzugoberteil oder Nachthemd, an- und ausziehen

Die Beurteilung ist unabhängig davon vorzunehmen, ob solche Kleidungsstücke derzeit getragen werden. Die situationsgerechte Auswahl der Kleidung ist nicht hier, sondern unter Punkt F 4.2.6 zu berücksichtigen. Das An- und Ablegen von körpernahen Hilfsmitteln ist unter Punkt F 4.5.7 zu berücksichtigen.

Selbständig:
Die Person kann die beschriebene Aktivität ohne personelle Hilfe durchführen.

Überwiegend selbständig:
Die Person kann die Aktivität beispielsweise selbständig durchführen, wenn Kleidungsstücke passend angereicht oder gehalten werden beim Anziehen eines Hemdes etc. Auch wenn Hilfe nur bei Verschlüssen erforderlich ist, trifft die Bewertung „überwiegend selbständig" zu, ebenso wenn nur Kontrolle des Sitzes der Kleidung und Aufforderungen zur Vervollständigung der Handlung erforderlich sind.

Überwiegend unselbständig:
Die Person kann nur bei einem begrenzten Teil der Aktivität mithelfen, beispielsweise die Hände in die Ärmel eines bereitgehaltenen T-Shirts schieben.

Unselbständig:
Die Person kann sich an der Aktivität nicht oder nur minimal beteiligen.

F 4.4.6 An- und Auskleiden des Unterkörpers

Bereitliegende Kleidungsstücke, z. B. Unterwäsche, Hose, Rock, Strümpfe und Schuhe, an- und ausziehen

Die Beurteilung ist unabhängig davon vorzunehmen, ob solche Kleidungsstücke derzeit getragen werden. Die situationsgerechte Auswahl der Kleidung ist unter Punkt F 4.2.6 zu berücksichtigen. Das An- und Ablegen von körpernahen Hilfsmitteln ist unter Punkt F 4.5.7 zu berücksichtigen, z. B. Kompressionsstrümpfe.

Selbständig:
Die Person kann die beschriebene Aktivität ohne personelle Hilfe durchführen.

Überwiegend selbständig:
Die Person kann die Aktivität beispielsweise selbständig durchführen, wenn Kleidungsstücke angereicht oder gehalten werden (Einstiegshilfe). Auch wenn Hilfe nur bei Verschlüssen, z. B. Schnürsenkel binden, Knöpfe schließen oder Kontrolle des Sitzes der Kleidung, und Aufforderungen zur Vervollständigung der Handlung erforderlich sind, trifft die Bewertung „überwiegend selbständig" zu.

Überwiegend unselbständig:
Die Person kann die Aktivität zu einem geringen Teil selbständig durchführen. Beispielsweise gelingt das Hochziehen von Hose, Rock zur Taille selbständig, zuvor muss das Kleidungsstück jedoch von der Pflegeperson über die Füße gezogen werden.

Unselbständig:
Die Person kann sich an der Aktivität nicht oder nur minimal beteiligen.

F 4.4.7 Mundgerechtes Zubereiten der Nahrung und Eingießen von Getränken Zerteilen von Nahrung in mundgerechte Stücke und Eingießen von Getränken

Dazu gehört das Zerteilen von belegten Brotscheiben, Obst oder anderen Speisen in mundgerechte Stücke, z. B. das Kleinschneiden von Fleisch, das Zerdrücken von Kartoffeln, Pürieren der Nahrung, Verschlüsse von Getränkeflaschen öffnen, Getränke aus einer Flasche oder Kanne in ein Glas bzw. eine Tasse eingießen, ggf. unter Nutzung von Hilfsmitteln wie Antirutschbrett oder sonstigen Gegenständen wie Spezialbesteck.

Selbständig:
Die Person kann die beschriebene Aktivität ohne personelle Hilfe durchführen.

Überwiegend selbständig:
Es ist punktuelle Hilfe erforderlich, z. B. beim Öffnen einer Flasche oder beim Schneiden von harten Nahrungsmitteln.

Überwiegend unselbständig:
Die Person kann die Aktivität zu einem geringen Teil selbständig durchführen, beispielsweise schneidet sie zwar belegte Brotscheiben, schafft es aber nicht, mundgerechte Stücke herzustellen. Oder sie gießt aus einer Flasche Wasser ins Glas, verschüttet das Wasser dabei jedoch regelmäßig.

Unselbständig:
Die Person kann sich an der Aktivität nicht oder nur minimal beteiligen.

F 4.4.8 Essen

Bereitgestellte, mundgerecht zubereitete Speisen essen

Dies beinhaltet das Aufnehmen, Zum-Mund-Führen, ggf. Abbeißen, Kauen und Schlucken von mundgerecht zubereiteten Speisen, die üblicherweise mit den Fingern gegessen werden, z. B. Brot, Kekse, Obst oder das Essen mit Gabel oder Löffel, ggf. mit speziellen Hilfsmitteln wie adaptiertem Besteck.

Zu berücksichtigen ist auch, inwieweit die Notwendigkeit der ausreichenden Nahrungsaufnahme (auch ohne Hungergefühl oder Appetit) erkannt und die empfohlene, gewohnte Menge tatsächlich gegessen wird.

Das Einhalten von Diäten ist nicht hier, sondern unter Punkt F 4.5.16 zu bewerten.

Die Beurteilung ist auch dann vorzunehmen, wenn die Nahrungsaufnahme über eine Sonde bzw. parenteral erfolgt.

Selbständig:
Die Person kann die beschriebene Aktivität ohne personelle Hilfe durchführen.

Überwiegend selbständig:
Die Person kann überwiegend selbständig essen, benötigt aber punktuelle Anleitung, muss beispielsweise aufgefordert werden, mit dem Essen zu beginnen oder weiterzuessen. Es sind punktuelle Hilfen erforderlich, z. B. Zurücklegen aus der Hand gerutschter Speisen oder Besteck in die Hand geben.

Überwiegend unselbständig:
Es muss ständig zur Nahrungsaufnahme motiviert werden oder die Nahrung muss größtenteils gereicht werden oder es ist ständige und unmittelbare Eingreifbereitschaft der Pflegeperson erforderlich, aufgrund von Aspirationsgefahr.

Unselbständig:
Die Nahrung muss (nahezu) komplett gereicht werden.

F 4.4.9 Trinken

Bereitstehende Getränke aufnehmen, ggf. mit Gegenständen wie Strohhalm, Spezialbecher mit Trinkaufsatz

Zu berücksichtigen ist auch, inwieweit die Notwendigkeit der Flüssigkeitsaufnahme (auch ohne ausreichendes Durstgefühl) erkannt und die empfohlene oder gewohnte Menge tatsächlich getrunken wird.

Die Beurteilung der Selbständigkeit ist auch dann vorzunehmen, wenn die Flüssigkeitsaufnahme über eine Sonde bzw. parenteral erfolgt.

Selbständig:
Die Person kann die beschriebene Aktivität ohne personelle Hilfe durchführen.

Überwiegend selbständig:
Die Person kann selbständig trinken, wenn ein Glas, eine Tasse unmittelbar in den Aktionsradius der Person positioniert oder sie ans Trinken erinnert wird.

Überwiegend unselbständig:
Das Trinkgefäß muss beispielsweise in die Hand gegeben werden, das Trinken erfolgt jedoch selbständig, oder die Person muss zu fast jedem Schluck

motiviert werden oder es ist ständige und unmittelbare Eingreifbereitschaft der Pflegeperson erforderlich, aufgrund von Aspirationsgefahr.

Unselbständig:
Getränke müssen (nahezu) komplett gereicht werden.

F 4.4.10 Benutzen einer Toilette oder eines Toilettenstuhls

Gehen zur Toilette, Hinsetzen und Aufstehen, Sitzen während der Blasen- oder Darmentleerung, Intimhygiene und Richten der Kleidung

Die Beurteilung ist auch dann vorzunehmen, wenn anstelle der Toilettenbenutzung eine Versorgung mit Hilfsmitteln erfolgt, z. B. Inkontinenzmaterial, Katheter, Urostoma, Ileo- oder Colostoma.

Selbständig:
Die Person kann die Aktivität ohne personelle Hilfe durchführen.

Überwiegend selbständig:
Die Person kann die Aktivität überwiegend selbständig durchführen. Personelle Hilfe kann sich beispielsweise beschränken auf einzelne Handlungsschritte wie:

- nur Bereitstellen und Leeren des Toilettenstuhls (alternativ Urinflasche oder anderer Behälter),
- nur Aufforderung oder Orientierungshinweise zum Auffinden der Toilette oder Begleitung auf dem Weg zur Toilette,
- nur Anreichen von Toilettenpapier oder Waschlappen, Intimhygiene nur nach Stuhlgang,
- nur Unterstützung beim Hinsetzen, Aufstehen von der Toilette,
- nur punktuelle Hilfe beim Richten der Bekleidung.

Überwiegend unselbständig:
Die Person kann nur einzelne Handlungsschritte selbst ausführen, z. B. nur Richten der Bekleidung oder Intimhygiene nur nach Wasserlassen.

Unselbständig:
Die Person kann sich nicht oder nur minimal an der Aktivität beteiligen.

F 4.4.11 Bewältigen der Folgen einer Harninkontinenz und Umgang mit Dauerkatheter und Urostoma

Inkontinenz- und Stomasysteme sachgerecht verwenden, nach Bedarf wechseln und entsorgen

Dazu gehört auch das Entleeren eines Urinbeutels bei Dauerkatheter, Urostoma oder die Anwendung eines Urinalkondoms.

Die regelmäßige Einmalkatheterisierung ist nicht hier, sondern unter Punkt F 4.5.10 zu erfassen.

Selbständig:
Die Person kann Hilfsmittel selbständig benutzen.

Überwiegend selbständig:
Die Person kann die Aktivität überwiegend selbständig durchführen, wenn Inkontinenzsysteme angereicht oder entsorgt werden oder die Person an den Wechsel erinnert wird.

Überwiegend unselbständig:
Die Person kann sich am Wechsel der Inkontinenzsysteme beteiligen, z. B. nur Vorlagen einlegen oder Inkontinenzhosen nur entfernen.

Unselbständig:
Beteiligung ist nicht oder nur minimal möglich.

F 4.4.12 Bewältigen der Folgen einer Stuhlinkontinenz und Umgang mit Stoma Inkontinenz- und Stomasysteme sachgerecht verwenden, nach Bedarf wechseln und entsorgen

Dazu gehört, Inkontinenzsysteme, z. B. große Vorlagen mit Netzhose, Inkontinenzhose mit Klebestreifen oder Pants, sachgerecht verwenden, nach Bedarf wechseln und entsorgen. Dazu gehört auch die Anwendung eines Analtampons oder das Entleeren oder Wechseln eines Stomabeutels bei Enterostoma. Die Pflege des Stomas und der Wechsel einer Basisplatte sind unter F 4.5.9 zu berücksichtigen.

Selbständig:
Die Person kann Hilfsmittel selbständig benutzen.

Überwiegend selbständig:
Die Person kann die Aktivität überwiegend selbständig durchführen, wenn Inkontinenzsysteme bereitgelegt und entsorgt werden oder die Person an den Wechsel erinnert wird.

Überwiegend unselbständig:
Die Person kann sich am Wechsel der Inkontinenzsysteme beteiligen, z. B. Mithilfe beim Wechsel eines Stomabeutels. Bei Vorliegen einer Stuhlinkontinenz sind Ressourcen beim Wechsel des Inkontinenzmaterials eher selten.

Unselbständig:
Beteiligung ist nicht (oder nur minimal) möglich.

F 4.4.13 Ernährung parenteral oder über Sonde Ernährung über einen parenteralen Zugang (z. B. einen Port) oder über einen Zugang in Magen oder Dünndarm (PEG/PEJ)

Selbständig:
Die Person führt die Versorgung ohne Fremdhilfe durch.

Wenn die Versorgung mit Hilfe erfolgt, werden folgende Ausprägungen unterschieden:

Nicht täglich:
Die Person erhält zusätzlich zur oralen Nahrungsaufnahme Nahrung oder

Nicht auf Dauer:
Flüssigkeit parenteral oder über Sonde, aber nur gelegentlich oder vorübergehend.

Täglich:
Die Person erhält in der Regel täglich Nahrung

Zusätzlich zu oraler Ernährung:
oder Flüssigkeit parenteral oder über Sonde und täglich oral Nahrung. Sie wird zum Teil, aber nicht ausreichend über die orale Nahrungsaufnahme ernährt und benötigt zur Nahrungsergänzung bzw. zur Vermeidung von Mangelernährung täglich Sondenkost.

Ausschließlich oder nahezu ausschließlich:
Die Person erhält ausschließlich oder nahezu ausschließlich: Nahrung und Flüssigkeit parenteral oder über Sonde. Eine orale Nahrungsaufnahme erfolgt nicht oder nur in geringem Maße zur Förderung der Sinneswahrnehmung.

4.9.5 F 4.5 Modul 5: Bewältigung von und selbständiger Umgang mit krankheits- oder therapiebedingten Anforderungen und Belastungen

Der Bereich „Bewältigung von und selbständiger Umgang mit krankheits- oder therapiebedingten Anforderungen und Belastungen“ erfasst im Rahmen der Begutachtung vom bisherigen Pflegebedürftigkeitsbegriff nicht berücksichtigte Aktivitäten und Fähigkeiten. Sie sind dem Themenkreis der selbständigen Krankheitsbewältigung zuzuordnen, und zwar insbesondere der „krankheitsbezogenen Arbeit“, die direkt auf die Kontrolle von Erkrankungen und Symptomen sowie auf die Durchführung therapeutischer Interventionen bezogen ist. Hierbei geht es ausdrücklich nicht darum, den Bedarf an Maßnahmen der häuslichen Krankenpflege bzw. Behandlungspflege nach dem Fünften Buch einzuschätzen. Insoweit gilt § 13 Absatz 2 SGB XI. Diese Leistungen werden auch weiterhin in der häuslichen Versorgung von der gesetzlichen Krankenversicherung erbracht; in der vollstationären Versorgung im Rahmen des § 43 SGB XI von der Pflegeversicherung. Ein Großteil der hier aufgeführten Maßnahmen und Handlungen kann von erkrankten Personen eigenständig durchgeführt werden, sofern sie über die dazu nötigen Ressourcen verfügen, d. h. über körperliche und kognitive Fähigkeiten, spezifische Fertigkeiten, Motivation, Kenntnisse u. a. m. Dies gilt auch für Maßnahmen, die nur selten von den Erkrankten selbst durchgeführt werden, wie z. B. das Absaugen von Sekret oder die regelmäßige Einmalkatheterisierung. Mit dem Bereich ist daher häufig ein Hilfebedarf bei der Anleitung und Motivation oder Schulung verknüpft.

Angaben zur Versorgung
Zu diesem Modul werden zunächst die Bedarfsaspekte erfasst. Hier sind alle ärztlich angeordneten Maßnahmen nach Art und Häufigkeit aufzunehmen, auch wenn sie nur vorübergehend, d. h. für weniger als sechs Monate, erforderlich sind und deshalb nicht in die Bewertung eingehen.

Angaben zur ärztlichen und medikamentösen Versorgung
Dazu gehören Angaben zur ärztlichen und fachärztlichen Versorgung. Dabei sind die Art des Arztkontaktes (Haus- oder Praxisbesuch) und die Häufigkeit zu dokumentieren, auch wenn diese seltener als einmal monatlich erforderlich sind. Bei Praxisbesuchen ist anzugeben, ob die Person die Praxis selbständig oder in Begleitung aufsucht.

Es ist auch die aktuelle medikamentöse Therapie zu erfragen. Aus der Sichtung der Medikamente können ggf. Informationen zu Art und Schwere der Erkrankung abgeleitet werden. Ausreichend ist die Dokumentation der

Häufigkeit der Einnahme und der Art der Verabreichung, z. B. selbständig, Richten erforderlich.

Angaben zur laufenden Heilmitteltherapie
Anzugeben sind Art (physikalische Therapie, Ergotherapie, Stimm-, Sprech- und Sprachtherapie, podologische Therapie), Häufigkeit (wie oft pro Woche oder – wenn seltener – pro Monat) sowie ggf. die Dauer der Heilmittelversorgung. Es ist anzugeben, ob die Person die therapeutische Praxis selbständig oder in Begleitung aufsucht oder ob die Therapeutin bzw. der Therapeut zur Behandlung ins Haus kommt.

Angaben zur behandlungspflegerischen und zu anderen therapeutischen Maßnahmen
Ärztlich angeordnete behandlungspflegerische und therapeutische Maßnahmen sind nach Art, Häufigkeit und Dauer anzugeben, unabhängig davon, wer diese Leistungen erbringt. Insbesondere ist anzugeben, ob spezielle Krankenbeobachtung (Position 24 der Richtlinie des Gemeinsamen Bundesausschusses über die Verordnung von häuslicher Krankenpflege – HKP-Richtlinie) durch einen ambulanten Pflegedienst oder gemäß § 37 Abs. 2 Satz 3 SGB V in einer zugelassenen Pflegeeinrichtung erbracht wird.

Bewertung
In die Bewertung gehen nur die ärztlich angeordneten Maßnahmen ein, die gezielt auf eine bestehende Erkrankung ausgerichtet und für voraussichtlich mindestens sechs Monate erforderlich sind. Die ärztliche Anordnung kann sich auch auf nicht verschreibungspflichtige Medikamente oder äußerliche Anwendungen oder Übungsbehandlungen beziehen.

Zu bewerten ist, ob die Person die jeweilige Aktivität praktisch durchführen kann. Ist dies nicht der Fall, wird die Häufigkeit der erforderlichen Hilfe durch andere Personen dokumentiert (Anzahl pro Tag/pro Woche/pro Monat). Es ist unerheblich, ob die personelle Unterstützung durch Pflegepersonen oder Pflege(fach-)kräfte erfolgt, und auch, ob sie gemäß § 37 SGB V verordnet und abgerechnet wird.

Zu jedem Kriterium ist nur ein Eintrag möglich:

Entfällt oder selbständig oder Häufigkeit der Hilfe mit einer vollen Zahl pro Tag, pro Woche oder pro Monat. Ggf. ist von Tag auf Woche oder auf Monat umzurechnen. Zur Umrechnung von Woche auf Monat werden wöchentliche Maßnahmen mit vier multipliziert.

Erfolgt eine Medikation z. B. jeden zweiten Tag, so kann man diese Frequenz nur mit 15 x pro Monat darstellen.

Werden zweimal täglich Insulin-Injektionen gegeben und zweimal wöchentlich zusätzlich andere Injektionen, ist umzurechnen auf die Woche. Es erfolgt der Eintrag 16 x pro Woche.

F 4.5.1 Medikation

Orale Medikation, Augen- oder Ohrentropfen, Zäpfchen und Medikamentenpflaster

Das Ausmaß der Hilfestellung kann von einmal wöchentlichem Stellen der Medikamente im Wochendispenser bis zu mehrfach täglicher Einzelgabe differieren. Werden Medikamente verabreicht, ist das Stellen nicht gesondert zu berücksichtigen.

F 4.5.2 Injektionen

Subkutane und intramuskuläre Injektionen und subkutane Infusionen

Dazu gehören z. B. Insulin-Injektionen oder auch die Versorgung mit Medikamentenpumpen über einen subkutanen Zugang.

F 4.5.3 Versorgung intravenöser Zugänge (z. B. Port)

Hierunter fällt hauptsächlich die Port-Versorgung. Sie ist oft fachpflegerisch erforderlich. In Bezug auf den Umgang mit intravenösen Zugängen ist auch die Kontrolle zur Vermeidung von Komplikationen wie Verstopfung des Katheters zu berücksichtigen. Analog ist auch die Versorgung intrathekaler Zugänge hier zu erfassen. Das Anhängen von Nährlösungen zur parenteralen Ernährung ist nicht hier, sondern unter Punkt F 4.4.13 zu erfassen.

F 4.5.4 Absaugen und Sauerstoffgabe

Absaugen kann z. B. bei beatmeten oder tracheotomierten Patienten in sehr unterschiedlicher und wechselnder Häufigkeit notwendig sein. Es ist der durchschnittliche Bedarf anzugeben. Ebenso ist hier das An- und Ablegen von Sauerstoffbrillen oder analog auch von Atemmasken zur nächtlichen Druckbeatmung zu erfassen sowie das Bereitstellen eines Inhalationsgerätes (inkl. deren Reinigung). Jede Maßnahme ist auch einzeln zu berücksichtigen.

F 4.5.5 Einreibungen oder Kälte- und Wärmeanwendungen

Hier sind alle externen Anwendungen mit ärztlich angeordneten Salben, Cremes, Emulsionen etc. abzubilden, außerdem Kälte- und Wärmeanwendungen, die z. B. bei rheumatischen Erkrankungen angeordnet werden. Jede Maßnahme ist auch einzeln zu berücksichtigen.

F 4.5.6 Messung und Deutung von Körperzuständen

Die Aktivität umfasst Messungen wie z. B. Blutdruck, Puls, Blutzucker, Temperatur, Körpergewicht, Flüssigkeitshaushalt, soweit diese auf ärztliche Anordnung erfolgen. Dabei geht es nicht nur darum, die Messung durchzuführen, sondern auch notwendige Schlüsse zu ziehen, etwa zur Festlegung der erforderlichen Insulindosis oder zur Notwendigkeit anderer Maßnahmen, wie das Umstellen der Ernährung oder auch das Aufsuchen einer Ärztin oder eines Arztes. Dies gilt beispielsweise auch für Menschen mit erhöhtem Blutdruck, die zur Ergänzung der medikamentösen Therapie und einer Umstellung ihres Lebensstils regelmäßig Blutdruck und Puls kontrollieren.

F 4.5.7 Körpernahe Hilfsmittel

Hierunter versteht man beispielsweise das An- und Ablegen von Prothesen, kieferorthopädischen Apparaturen; Orthesen, Brille, Hörgerät oder Kompressionsstrümpfen (inkl. deren Reinigung). Der Umgang mit Zahnprothesen ist unter Punkt F 4.4.2 zu erfassen.

F 4.5.8 Verbandswechsel und Wundversorgung

Die Aktivität beinhaltet die Versorgung chronischer Wunden, wie z. B. Ulcus cruris oder Dekubitus.

F 4.5.9 Versorgung mit Stoma

Gemeint ist hier die Pflege künstlicher Körperöffnungen wie Tracheostoma, PEG, suprapubischer Blasenkatheter, Urostoma, Colo- oder Ileostoma. Hierbei ist auch das Reinigen des Katheters, die Desinfektion der Einstichstelle der PEG und falls notwendig auch der Verbandswechsel zu bewerten. Die Pflege eines Urostoma, Colo-oder Ileostoma ist in der Regel mit dem Wechsel der Basisplatte oder dem Wechsel eines einteiligen Systems verbunden. Der einfache Wechsel oder das Entleeren eines Stoma- oder Katheterbeutels oder das Anhängen von Sondennahrung sind unter den Punkten F 4.4.11 ff. zu werten.

F 4.5.10 Regelmäßige Einmalkatheterisierung und Nutzung von Abführmethoden

Regelmäßige Einmalkatheterisierungen kommen insbesondere bei neurogenen Blasenentleerungsstörungen vor. Mit Abführmethoden sind Anwendungen von Klistier, Einlauf, digitale Ausräumung gemeint.

F 4.5.11 Therapiemaßnahmen in häuslicher Umgebung

Bei vielen Erkrankungen werden aus einer Heilmitteltherapie heraus Anweisungen zu einem Eigenübungsprogramm gegeben, welches dauerhaft und regelmäßig durchgeführt werden soll, z. B. krankengymnastische Übungen, Atemübungen oder logopädische Übungen. Des Weiteren sind Maßnahmen zur Sekretelimination (ausgenommen Absaugen) zu nennen oder die Durchführung spezifischer Therapien nach Bobath oder Vojta oder die Durchführung ambulanter Peritonealdialyse (CAPD).

F 4.5.12 Zeit- und technikintensive Maßnahmen in häuslicher Umgebung

Gemeint sind hier spezielle Therapiemaßnahmen wie Hämodialyse oder Beatmung, die im häuslichen Umfeld durchgeführt werden können, wenn ständige Überwachung während der Maßnahme durch geschulte Pflegepersonen gewährleistet wird.

Spezielle Krankenbeobachtung (gemäß Pos. 24 HKP-Richtlinie) ist meist rund um die Uhr erforderlich, z. B. bei maschineller Beatmung, und ist mit einmal täglich einzutragen.

F 4.5.13 Arztbesuche

Hierunter fallen regelmäßige Besuche bei der niedergelassenen Hausärztin bzw. beim niedergelassenen Hausarzt oder Fachärztin bzw. Facharzt zu diagnostischen oder therapeutischen Zwecken. Wenn eine Unterstützung auf dem Weg zu oder bei Arztbesuchen erforderlich ist, ist diese in durchschnittlicher Häufigkeit zu erfassen.

F 4.5.14 Besuche anderer medizinischer oder therapeutischer Einrichtungen (bis zu drei Stunden)

Hier ist das Aufsuchen anderer Therapeuten, z. B. Physiotherapeuten/Krankengymnasten, Ergotherapeuten, Logopäden, Psychotherapeuten, von Krankenhäusern zur ambulanten Behandlung oder Diagnostik oder anderer Einrichtungen des Gesundheitswesens zu berücksichtigen.

Sollte der Gesamtzeitaufwand bei der Nutzung dieser Einrichtungen einschließlich der Fahrtzeiten für die Pflegeperson mehr als drei Stunden umfassen, so ist dies unter Punkt F 4.5.15 zu berücksichtigen.

F 4.5.15 Zeitlich ausgedehnte Besuche anderer medizinischer oder therapeutischer Einrichtungen (länger als drei Stunden)

Bei manchen Erkrankungen kann es notwendig sein, spezialisierte Einrichtungen aufzusuchen, wodurch erhebliche Fahrtzeiten anfallen können. Auch kann es erforderlich sein, sich zeitaufwendiger diagnostischer oder therapeutischer Maßnahmen zu unterziehen, z. B. onkologische Behandlung oder Dialyse. Der dafür erforderliche Zeitaufwand für die Pflegeperson muss pro Termin mehr als drei Stunden betragen.

Sollte der Zeitaufwand bei der Nutzung dieser Einrichtungen (einschl. Fahrtzeiten) unter drei Stunden liegen, so ist dies unter Punkt F 4.5.13 oder F 4.5.14 zu berücksichtigen.

F 4.5.16 Einhaltung einer Diät und anderer krankheits- oder therapiebedingter Verhaltensvorschriften

Bei manchen Erkrankungen werden bestimmte Diäten[11] oder Essvorschriften oder andere Verhaltensvorschriften von der Ärztin oder vom Arzt angeordnet. Dazu gehören auch die ärztlich angeordnete Nahrungs- und Flüssigkeitszufuhr, in der sowohl die Art und Menge der Lebensmittel wie auch die Art und der Zeitpunkt der Aufnahme aus therapeutischen Gründen geregelt sind, z. B. bei Stoffwechselstörungen, Nahrungsmittelallergien, bei Essstörungen wie Anorexie oder Prader-Willi-Syndrom. Andere Verhaltensvorschriften können sich auf vitale Funktionen beziehen, z. B. Sicherstellung einer Langzeit-Sauerstoff-Therapie bei unruhigen Personen.

Diese Vorschriften sind im Einzelnen zu benennen. Im Weiteren sind der Grad der Selbständigkeit bei der Einhaltung dieser Vorschriften und der daraus resultierende Bedarf an personeller Unterstützung zu beurteilen. Es geht hier um die Einsichtsfähigkeit der Person zur Einhaltung der Vorschrif-

11 Eine Diät (Syn.: modifizierte Kostform) ist definiert als angeordnete Nahrungs- und Flüssigkeitszufuhr, in der sowohl die Art und Menge der Lebensmittel wie auch Art und Zeitpunkt der Aufnahme aus therapeutischen Gründen geregelt sind. Eine Diät wird als Teil der Behandlung oder Prävention einer Erkrankung oder klinischen Kondition eingesetzt, um bestimmte Substanzen in Nahrungsmitteln zu eliminieren, zu vermindern, oder zu erhöhen. Beispiele für Diäten sind die glutenfreie oder laktosefreie Diät. (Valentini L et al., Leitlinie der Deutschen Gesellschaft für Ernährungsmedizin (DGEM) – DGEM-Terminologie in der Klinischen Ernährung, Aktuell Ernährungsmed 2013; 38: 97–111).

ten und nicht um die Zubereitung einer Diät oder das An- und Ablegen einer Sauerstoffmaske. Nicht gemeint ist die selbstbestimmte Ablehnung von ärztlichen Vorschriften bei erhaltenen mentalen Funktionen.

Liegen keine Vorschriften vor, ist das Feld „entfällt, nicht erforderlich" anzukreuzen.

Selbständig:
Die Person kann die Vorschriften selbständig einhalten. Das Bereitstellen einer Diät reicht aus.

Überwiegend selbständig:
Die Person benötigt Erinnerung, Anleitung. In der Regel reicht das maximal einmal täglich erforderlich.

Überwiegend unselbständig:
Die Person benötigt meistens Anleitung, Beaufsichtigung. Das Bereitstellen der Diät reicht nicht aus. Darüber hinausgehendes Eingreifen ist mehrmals täglich erforderlich.

Unselbständig:
Die Person benötigt immer Anleitung, Beaufsichtigung. Das Bereitstellen der Diät reicht nicht aus. Darüber hinausgehendes Eingreifen ist (fast) durchgehend erforderlich.

4.9.6 F 4.6 Modul 6: Gestaltung des Alltagslebens und sozialer Kontakte

Zu bewerten ist, ob die Person die jeweilige Aktivität praktisch durchführen kann. Es ist unerheblich, ob die Beeinträchtigungen der Selbständigkeit aufgrund von Schädigungen somatischer oder mentaler Funktionen bestehen oder ob Teilaspekte bereits in anderen Modulen berücksichtigt worden sind.

F 4.6.1 Gestaltung des Tagesablaufs und Anpassung an Veränderungen

Den Tagesablauf nach individuellen Gewohnheiten und Vorlieben einteilen und bewusst gestalten und ggf. an äußere Veränderungen anpassen

Dies erfordert planerische Fähigkeiten zur Umsetzung von Alltagsroutinen. Zu beurteilen ist, ob die Person von sich aus festlegen kann, ob und welche Aktivitäten sie im Laufe des Tages durchführen möchte, z. B. wann sie baden, essen oder zu Bett gehen oder wann sie fernsehen oder spazieren gehen möchte. Solche Festlegungen setzen voraus, dass die zeitliche Orientierung zumindest teilweise erhalten ist. Die Gutachterin bzw. der Gutachter kann dies prüfen, indem er sich z. B. den bisherigen oder künftigen Tagesablauf schildern lässt.

Selbständig:
Die Person kann die beschriebene Aktivität ohne personelle Hilfe durchführen.

Überwiegend selbständig:
Die Routineabläufe können weitgehend selbständig gestaltet werden, bei ungewohnten Veränderungen ist Unterstützung notwendig. Es reichen z. B. Erinnerungshilfen an einzelne vereinbarte Termine. Überwiegend selbständig ist eine Person beispielsweise auch dann, wenn ihre Kommunikationsfähigkeit oder Sinneswahrnehmung stark beeinträchtigt ist und sie daher Hilfe benötigt, um den Tagesablauf mit anderen Menschen abzustimmen.

Überwiegend unselbständig:
Die Person benötigt Hilfe beim Planen des Routinetagesablaufs. Sie ist aber in der Lage, Zustimmung oder Ablehnung zu Strukturierungsangeboten zu signalisieren. Sie kann eigene Planungen häufig nicht einhalten, da diese wieder vergessen werden. Deshalb ist über den ganzen Tag hinweg eine Erinnerung bzw. Aufforderung erforderlich. Überwiegend unselbständig ist auch eine Person, die zwar selbst planen und entscheiden kann, aber für jegliche Umsetzung personelle Hilfe benötigt.

Unselbständig:
Mitwirkung an der Tagesstrukturierung oder Orientierung an vorgegebenen Strukturen ist nicht oder nur minimal möglich.

F 4.6.2 Ruhen und Schlafen

Nach individuellen Gewohnheiten einen Tag-Nacht-Rhythmus einhalten und für ausreichende Ruhe- und Schlafphasen sorgen

Dazu gehört die Fähigkeit, die Notwendigkeit von Ruhephasen zu erkennen, sich auszuruhen und mit Phasen der Schlaflosigkeit umzugehen, aber auch die körperliche Fähigkeit, ins Bett zu kommen und die Ruhephasen insbesondere nachts einzuhalten zu können.

Selbständig:
Die Person kann die beschriebene Aktivität ohne personelle Hilfe durchführen.

Überwiegend selbständig:
Die Person benötigt personelle Hilfe beim Aufstehen oder Zu-Bett-Gehen, z. B. Transferhilfen oder zeitliche Orientierungshilfen beim Wecken oder Aufforderung, schlafen zu gehen, oder einzelne Hilfen wie z. B. Abdunkeln des Schlafraumes. Die Nachtruhe ist meist ungestört, nur gelegentlich entsteht nachts ein Hilfebedarf.

Überwiegend unselbständig:
Es treten regelmäßig Einschlafprobleme oder nächtliche Unruhe auf, die die Person größtenteils nicht allein bewältigen kann. Deshalb sind regelmäßige Einschlafrituale und beruhigende Ansprache in der Nacht erforderlich. Überwiegend unselbständig ist auch eine Person, die wegen hochgradiger motorischer Beeinträchtigung regelmäßig in der Nacht personeller Hilfe bedarf, um weiterschlafen zu können, z. B. bei Lagewechsel oder Toilettengängen in der Nacht.

Unselbständig:
Die Person verfügt über keinen oder einen gestörten Schlaf-Wach-Rhythmus. Dies gilt u. a. für mobile gerontopsychiatrisch erkrankte Personen und auch für Menschen, die keinerlei Aktivitäten ausüben (z. B. Wachkoma-Patienten) oder Personen, die regelmäßig mindestens dreimal in der Nacht personelle Unterstützung benötigen.

F 4.6.3 Sichbeschäftigen

Die verfügbare Zeit nutzen, um Aktivitäten durchzuführen, die den eigenen Vorlieben und Interessen entsprechen

„Verfügbare Zeit" ist in diesem Zusammenhang definiert als Zeit, die nicht durch Notwendigkeiten wie Ruhen, Schlafen, Essen, Mahlzeitenzubereitung, Körperpflege, Arbeit etc. gebunden ist („freie" Zeit).

Bei der Beurteilung geht es vorrangig um die Fähigkeit, nach individuellen kognitiven, manuellen, visuellen oder auditiven Fähigkeiten und Bedürfnissen geeignete Aktivitäten der Freizeitbeschäftigung auszuwählen und auch praktisch durchzuführen, z. B. Handarbeiten, Basteln, Bücher oder Zeitschriften lesen, Sendungen im Radio oder Fernsehen verfolgen, Computer nutzen. Dies gilt auch für Personen, die Angebote auswählen und steuern können, aber aufgrund somatischer Einschränkungen für die praktische Durchführung personelle Unterstützung benötigen.

Selbständig:
Die Person kann die beschriebene Aktivität ohne personelle Hilfe durchführen.

Überwiegend selbständig:
Es ist nur in geringem Maße Hilfe erforderlich, z. B. Zurechtlegen und Richten von Gegenständen, z. B. Utensilien wie Bastelmaterial, Fernbedienung, Kopfhörer o. Ä. oder Erinnerung an gewohnte Aktivitäten, Motivation oder Unterstützung bei der Entscheidungsfindung (Vorschläge unterbreiten).

Überwiegend unselbständig:
Die Person kann sich an Beschäftigungen beteiligen, aber nur mit (kontinuierlicher) Anleitung, Begleitung oder motorischer Unterstützung.

Unselbständig:
Die Person kann an der Entscheidung oder Durchführung nicht nennenswert mitwirken. Sie zeigt keine Eigeninitiative, kann Anleitungen und Aufforderungen nicht kognitiv umsetzen, beteiligt sich nicht oder nur minimal an angebotenen Beschäftigungen.

F 4.6.4 Vornehmen von in die Zukunft gerichteten Planungen

Längere Zeitabschnitte überschauend über den Tag hinausplanen

Dies kann beispielsweise anhand der Frage beurteilt werden, ob Vorstellungen oder Wünsche zu anstehenden Festlichkeiten wie Geburtstag oder Jahresfeste bestehen, ob die Zeitabläufe eingeschätzt werden können, z. B. vorgegebene Strukturen wie regelmäßige Termine nachvollzogen werden können, oder ob die körperlichen Fähigkeiten vorhanden sind, um eigene Zukunftsplanungen mit anderen Menschen kommunizieren zu können. Es ist auch zu berücksichtigen, wenn stark ausgeprägte psychische Problemlagen (z. B. Ängste) es verhindern, sich mit Fragen des zukünftigen Handelns auseinanderzusetzen.

Selbständig:
Die Person kann die beschriebene Aktivität ohne personelle Hilfe durchführen.

Überwiegend selbständig:
Die Person nimmt sich etwas vor, muss aber erinnert werden, dies auch durchzuführen. Oder sie benötigt infolge körperlicher Beeinträchtigungen

regelmäßig Hilfe im Bereich der Kommunikation, um sich mit anderen Menschen verabreden zu können.

Überwiegend unselbständig:
Die Person plant von sich aus nicht, entscheidet aber mit Unterstützung durch andere Personen. Sie muss an die Umsetzung der eigenen Entscheidungen erinnert werden oder benötigt bei der Umsetzung emotionale oder körperliche Unterstützung. Überwiegend unselbständig ist daher auch eine Person, die zwar kognitiv in der Lage ist, selbständig zu planen und zu entscheiden, aber so stark somatisch beeinträchtigt ist, dass sie für alle Umsetzungsschritte personelle Hilfe benötigt.

Unselbständig:
Die Person verfügt nicht über Zeitvorstellungen für Planungen über den Tag hinaus, auch bei Vorgabe von Auswahloptionen wird weder Zustimmung noch Ablehnung signalisiert.

F 4.6.5 Interaktion mit Personen im direkten Kontakt

Im direkten Kontakt mit Angehörigen, Pflegepersonen, Mitbewohnern oder Besuchern umgehen, Kontakt aufnehmen, Personen ansprechen, auf Ansprache reagieren

Selbständig:
Die Person kann die beschriebene Aktivität ohne personelle Hilfe durchführen.

Überwiegend selbständig:
Umgang mit bekannten Personen erfolgt selbständig, zur Kontaktaufnahme mit Fremden ist Unterstützung erforderlich, z. B. Anregung, zu einer neuen Mitbewohnerin oder einem neuen Mitbewohner Kontakt aufzunehmen oder punktuelle Unterstützung bei der Überwindung von Sprech-, Sprach- und Hörproblemen.

Überwiegend unselbständig:
Die Person ergreift von sich aus kaum Initiative. Sie muss angesprochen oder motiviert werden, reagiert aber verbal oder deutlich erkennbar durch andere Formen der Kommunikation (Blickkontakt, Mimik, Gestik). Überwiegend unselbständig ist auch eine Person, die auf weitgehende Unterstützung bei der Überwindung von Sprech-, Sprach- oder Hörproblemen angewiesen ist.

Unselbständig:
Die Person reagiert nicht auf Ansprache. Auch nonverbale Kontaktversuche, z. B. Berührungen, führen zu keiner nennenswerten Reaktion.

F 4.6.6 Kontaktpflege zu Personen außerhalb des direkten Umfelds

Bestehende Kontakte zu Freunden, Bekannten, Nachbarn aufrechterhalten, beenden oder zeitweise ablehnen

Dazu gehört auch die Fähigkeit, mit technischen Kommunikationsmitteln wie Telefon umgehen zu können, z. B. Besuche verabreden oder Telefon- oder Brief- oder Mail-Kontakte.

Selbständig:
Die Person kann die beschriebene Aktivität ohne personelle Hilfe durchführen.

Überwiegend selbständig:
Die Person kann planen, braucht aber Hilfe beim Umsetzen wie z. B. Erinnerungszettel bereitlegen oder Telefonnummern mit Namen oder mit Bild versehen, Erinnern und Nachfragen, ob Kontakt hergestellt wurde, oder Erinnern an Terminabsprachen. Pflegeperson wählt die Telefonnummer, die Person führt dann das Gespräch; oder die Person beauftragt die Pflegeperson, ein Treffen mit Freunden, Bekannten zu verabreden.

Überwiegend unselbständig:
Die Kontaktgestaltung der Person ist eher reaktiv. Sie sucht von sich aus kaum Kontakt, wirkt aber mit, wenn beispielsweise die Pflegeperson die Initiative ergreift. Überwiegend unselbständig ist auch, wer aufgrund von somatischen Beeinträchtigungen während der Kontaktaufnahme personelle Unterstützung durch die Bezugsperson, z. B. bei der Nutzung von Kommunikationshilfen (Telefon halten) oder bei der Überwindung von Sprech-, Sprach- oder Hörproblemen, benötigt.

Unselbständig:
Die Person nimmt keinen Kontakt außerhalb des direkten Umfeldes auf und reagiert nicht auf Anregungen zur Kontaktaufnahme.

4.10 F 5 Ergebnis der Begutachtung

4.10.1 Pflegegrad

Zur Feststellung von Pflegebedürftigkeit hat die Gutachterin bzw. der Gutachter einzuschätzen, ob gesundheitlich bedingte Beeinträchtigungen der Selbständigkeit oder der Fähigkeiten vorliegen und deshalb Hilfe durch andere notwendig ist. Hierbei ist zu prüfen, ob körperliche, kognitive oder psychische Beeinträchtigungen oder gesundheitlich bedingte Belastungen bestehen, die nicht selbständig kompensiert oder bewältigt werden können.

Die Einschätzung gründet sich auf der Bewertung der Beeinträchtigungen der Selbständigkeit und der Fähigkeiten in den Bereichen Mobilität, kognitive und kommunikative Fähigkeiten, Verhaltensweisen und psychische Problemlagen, Selbstversorgung, Bewältigung von und selbständiger Umgang mit krankheits- oder therapiebedingten Anforderungen sowie Gestaltung des Alltagslebens und sozialer Kontakte, dem Vorliegen einer besonderen Bedarfskonstellation und der Bewertung der Dauer des aus Modul 1 bis 6 resultierenden notwendigen personellen Unterstützungsbedarfs über mindestens sechs Monate.

Die Einschätzung gründet sich auf der Bewertung der Beeinträchtigungen der Selbständigkeit und der Fähigkeiten in den Bereichen Mobilität, kognitive und kommunikative Fähigkeiten, Verhaltensweisen und psychische Problemlagen, Selbstversorgung, Bewältigung von und selbständiger Umgang mit krankheits- oder therapiebedingten Anforderungen sowie Gestaltung des Alltagslebens und sozialer Kontakte, dem Vorliegen einer besonderen Bedarfskonstellation und der Bewertung der Dauer des aus Modul 1 bis 6 resultierenden notwendigen personellen Unterstützungsbedarfs über mindestens sechs Monate.

Die Einzelergebnisse der gutachterlichen Einschätzung werden gemäß den in § 15 SGB XI festgelegten Berechnungsregeln zusammengeführt. Dabei wird für jedes Modul sowohl ein Summenwert als auch ein gewichteter Punktwert ermittelt.

Der gewichtete Punktwert ergibt sich gemäß § 15 SGB XI aus der Überführung des Summenwertes pro Modul in eine fünfstufige Skala, die das Ausmaß der Beeinträchtigung in dem jeweiligen Modul widerspiegelt, und der Gewichtung, mit der jedes Modul in die Gesamtbewertung eingeht:

- Modul 1: Mobilität = 10 Prozent

- Modul 2: Kognitive und kommunikative Fähigkeiten/Modul 3: Verhaltensweisen und psychische Problemlagen = 15 Prozent[12]
- Modul 4: Selbstversorgung = 40 Prozent
- Modul 5: Bewältigung von und selbständiger Umgang mit krankheits- oder therapiebedingten Anforderungen und Belastungen = 20 Prozent
- Modul 6: Gestaltung des Alltagslebens und sozialer Kontakte = 15 Prozent.

Gemäß § 15 SGB XI gelten die folgenden Berechnungsregeln für die Überführung des Summenwertes pro Modul in die jeweiligen gewichteten Punktwerte pro Modul:

Gemäß § 15 SGB XI gelten die folgenden Berechnungsregeln für die Überführung des Summenwertes pro Modul in die jeweiligen gewichteten Punktwerte pro Modul:

12 Den Modulen 2 und 3 ist ein gemeinsamer gewichteter Punkt zuzuordnen, der aus den höchsten gewichteten Punkten entweder des Moduls 2 oder des Moduls 3 besteht (§ 15 Abs. 3 Satz 2 SGB XI).

Module und Gewichtung	**Schweregrad der Beeinträchtigung der Selbständigkeit oder der Fähigkeiten**					
	keine	**geringe**	**erhebliche**	**schwere**	**schwerste**	
Mobilität (10 Prozent)	0 – 1	2 – 3	4 – 5	6 – 9	10 – 15	Summe der Produkte im Modul 1
	0	**2,5**	**5**	**7,5**	**10**	Gewichtete Punkte im Modul 1
Kognitive und kommunikative Fähigkeiten	0 – 1	2 – 5	6 – 10	11 – 16	17 – 33	Summe der Punkte im Modul 2
Verhaltensweisen und psychische Problemlagen	0	1 – 2	3 – 4	5 – 6	7 – 65	Summe der Punkte im Modul 3

Höchster Wert aus Modul 2 oder Modul 3 (15 Prozent)	**0**	**3,75**	**7,5**	**11,25**	**15**	**Gewichtete Punkte für das Modul 2 oder 3**
Selbstversorgung (40 Prozent)	0 – 2	3 – 7	8 – 18	19 – 36	37 – 54	Summe der Punkte im Modul 4
	0	**10**	**20**	**30**	**40**	Gewichtete Punkte im Modul 4

Bewältigung von und selbständiger Umgang mit krankheits- oder therapiebedingten Anforderungen und Belastungen (20 Prozent)	0	1	2 – 3	4 – 5	6 – 15	Summe der Punkte im Modul 5
	0	**5**	**10**	**15**	**20**	Gewichtete Punkte im Modul 5
Gestaltung des Alltagslebens und sozialer Kontakte (15 Prozente)	0	1 – 3	4 – 6	7 – 11	12 – 18	Summe der Punkte im Modul 6
	0	**3,75**	**7,5**	**11,25**	**15**	**Gewichtete Punkte im Modul 6**

Aus der Zusammenführung aller gewichteten Punktwerte pro Modul ergibt sich der Gesamtpunktwert, der das Ausmaß der Pflegebedürftigkeit bestimmt und auf dessen Grundlage sich der Pflegegrad ableitet. Eine Besonderheit besteht darin, dass nicht beide Werte der Module 2 und

3, sondern nur der höchste der beiden gewichteten Punktwerte in die Berechnung eingeht.

Pflegebedürftigkeit liegt vor, wenn der Gesamtpunktwert mindestens 12,5 Punkte beträgt. Der Grad der Pflegebedürftigkeit bestimmt sich folgendermaßen:

Pflegegrad 1:
geringe Beeinträchtigungen der Selbständigkeit oder der Fähigkeiten (ab 12,5 bis unter 27 Gesamtpunkte)

Pflegegrad 2:
erhebliche Beeinträchtigungen der Selbständigkeit oder der Fähigkeiten (ab 27 bis unter 47,5 Gesamtpunkte)

Pflegegrad 3:
schwere Beeinträchtigungen der Selbständigkeit oder der Fähigkeiten (ab 47,5 bis unter 70 Gesamtpunkte)

Pflegegrad 4:
schwerste Beeinträchtigungen der Selbständigkeit oder der Fähigkeiten (ab 70 bis unter 90 Gesamtpunkte)

Pflegegrad 5:
schwerste Beeinträchtigungen der Selbständigkeit oder der Fähigkeiten mit besonderen Anforderungen an die pflegerische Versorgung (ab 90 bis 100 Gesamtpunkte)

Pflegebedürftige mit einer besonderen Bedarfskonstellation (Kriterium F 4.1.6), die einen spezifischen, außergewöhnlich hohen personellen Unterstützungsbedarf mit besonderen Anforderungen an die pflegerische Versorgung aufweisen, werden ebenfalls, auch wenn ihre Gesamtpunkte unter 90 Punkten liegen, dem Pflegegrad 5 zugeordnet.

Weiterhin ist zu dokumentieren, **seit wann** Pflegebedürftigkeit in der aktuell festgestellten Ausprägung vorliegt. Dies ist ohne Schwierigkeiten möglich, wenn die Pflegebedürftigkeit durch eindeutig zuzuordnende Ereignisse ausgelöst worden ist. Es ist jedoch auch bei chronischen Verläufen hierzu eine begründete Abschätzung notwendig. Ein bloßes Abstellen auf das Datum der Antragstellung bzw. Beginn des Antragsmonats ist nicht zulässig.

Liegen die Voraussetzungen für die Zuordnung zu einem Pflegegrad für mindestens 6 Monate vor und ist mit großer Wahrscheinlichkeit zu erwarten, dass sich die Selbständigkeit und Fähigkeiten z. B. durch therapeutische oder rehabilitative Maßnahmen pflegegradrelevant verbessern, ist der Pflegekasse unter Nennung eines konkreten Datums eine befristete Leistungszusage zu empfehlen.

Bei Gutachten aufgrund von Höherstufungs- oder Rückstufungsanträgen, Widerspruchsgutachten oder Wiederholungsbegutachtungen muss an dieser Stelle dokumentiert werden, ob und ggf. ab wann welche Änderung der Selbständigkeit und Fähigkeiten im Vergleich zur Voruntersuchung gegeben ist. Insbesondere sind Veränderungen zu begründen, die zu einer Verringerung des Pflegegrades führen.

Die Bewertungsregeln werden nachfolgend genauer erläutert:
Modul 1: Mobilität

Das Modul umfasst fünf Kriterien, deren Ausprägungen in den folgenden Kategorien mit den nachstehenden Einzelpunkten gewertet werden:

Ziffer	Kriterien	Selbständig	überwiegend selbständig	überwiegend unselbständig	unselbständig
4.1.1	Positionswechsel im Bett	0	1	2	3
4.1.2	Halten einer stabilen Sitzposition	0	1	2	3
4.1.3	Umsetzen	0	1	2	3
4.1.4	Fortbewegen innerhalb des Wohnbereichs	0	1	2	3
4.1.5	Treppensteigen	0	1	2	3

Jedes Kriterium wird je nach gutachterlicher Einschätzung der Selbständigkeit mit 0, 1, 2 oder 3 Punkten berücksichtigt (0 = selbständig; 1 = überwiegend selbständig; 2 = überwiegend unselbständig; 3 = unselbständig). Die

Punkte werden zu einem Gesamtwert addiert und in einen gewichteten Punktwert überführt, der das Ausmaß der Beeinträchtigung der Selbständigkeit der Mobilität widerspiegelt. Der maximale Wert, der einer völligen Unselbständigkeit bei allen aufgeführten Kriterien entspricht, beläuft sich auf 15 Punkte. Das Modul geht mit einer Gewichtung von 10 Prozent in die Berechnung des Gesamtpunktwertes ein. Dem Summenwert für das Modul Mobilität wird der gewichtete Punktwert entsprechend wie folgt zugeordnet:

0 bis 1 Punkte: gewichtete Punkte = 0

2 bis 3 Punkte: gewichtete Punkte = 2,5

4 bis 5 Punkte: gewichtete Punkte = 5

6 bis 9 Punkte: gewichtete Punkte = 7,5

10 bis 15 Punkte: gewichtete Punkte = 10

Modul 2: Kognitive und kommunikative Fähigkeiten

Das Modul umfasst elf Kriterien, deren Ausprägungen in den folgenden Kategorien mit den nachstehenden Einzelpunkten gewertet werden:

Ziffer	**Kriterien**	**Fähigkeit vorhanden/ unbeeinträchtigt**	**Fähigkeit größtenteils vorhanden**	**Fähigkeit in geringem Maß vorhanden**	Fähigkeit nicht vorhanden
4.2.1	Erkennen von Personen aus dem näheren Umfeld	0	1	2	3
4.2.2	Örtliche Orientierung	0	1	2	3
4.2.3	Zeitliche Orientierung	0	1	2	3

4.2.4	Erinnern an wesentliche Ereignisse oder Beobachtungen	0	1	2	3
4.2.5	Steuern von mehrschrittigen Alltagshandlungen	0	1	2	3
4.2.6	Treffen von Entscheidungen im Alltag	0	1	2	3
4.2.7	Verstehen von Sachverhalten und Informationen	0	1	2	3
4.2.8	Erkennen von Risiken und Gefahren	0	1	2	3
4.2.9	Mitteilungen von elementaren Bedürfnissen	0	1	2	3
4.2.10	Verstehen von Aufforderungen	0	1	2	3
4.2.11	Beteiligen an einem Gespräch	0	1	2	3

Jedes Kriterium wird je nach Ausmaß der gutachterlich ermittelten Beeinträchtigung mit 0, 1, 2 oder 3 Punkten berücksichtigt (0 = die Fähigkeit ist vorhanden bzw. unbeeinträchtigt; 1 = die Fähigkeit ist größtenteils vorhanden; 2 = die Fähigkeit ist in einem geringen Maße vorhanden und 3 = die Fähigkeit ist nicht vorhanden).

Die Punkte werden zu einem Gesamtwert aufsummiert und in einen gewichteten Punktwert überführt, der das Ausmaß der Beeinträchtigung kognitiver und kommunikativer Fähigkeiten widerspiegelt. Der maximale Wert, der einem vollständigen Verlust kognitiver und kommunikativer Fähigkeiten entspricht, beläuft sich auf 33 Punkte.

Das Modul fließt in die Berechnung des Gesamtpunktwertes mit einer Gewichtung von 15 Prozent ein, sofern der in Modul 3 ermittelte gewichtete Punktwert nicht höher ausfällt. Aus den Modulen 2 und 3 fließt immer nur der jeweils höhere gewichtete Punktwert in die Berechnung des Gesamtwertes ein.

Dem Summenwert für das Modul „Kognitive und kommunikative Fähigkeiten" wird der gewichtete Punktwert demgemäß folgendermaßen zugeordnet:

0 bis 1 Punkte: gewichtete Punkte = 0

2 bis 5 Punkte: gewichtete Punkte = 3,75

6 bis 10 Punkte: gewichtete Punkte = 7,5

11 bis 16 Punkte: gewichtete Punkte = 11,25

17 bis 33 Punkte: gewichtete Punkte = 15

Modul 3: Verhaltensweisen und psychische Problemlagen

Das Modul umfasst dreizehn Kriterien, deren Häufigkeit des Auftretens in den folgenden Kategorien mit den nachstehenden Einzelpunkten gewertet werden:

Ziffer	**Kriterien**	**nie oder selten**	**selten (ein- bis dreimal innerhalb von zwei Wochen)**	**häufig (zweimal bis mehrmals wöchentlich, aber nicht täglich)**	**täglich**
4.3.1	Motorisch geprägte Verhaltensauffälligkeiten	0	1	3	5
4.3.2	Nächtliche Unruhe	0	1	3	5
4.3.3	Selbstbeschädigendes und autoaggressives Verhalten	0	1	3	5
4.3.4	Beschädigen von Gegenständen	0	1	3	5
4.3.5	Physisch aggressives Verhalten gegenüber anderen Personen	0	1	3	5
4.3.6	Verbale Aggression	0	1	3	5
4.3.7	Andere pflegerelevante vokale Auffälligkeiten	0	1	3	5
4.3.8	Abwehr pflegerischer und anderer unterstützender Maßnahmen	0	1	3	5
4.3.9	Wahnvorstellungen	0	1	3	5
4.3.10	Ängste	0	1	3	5
4.3.11	Antriebslosigkeit bei depressiver Stimmungslage	0	1	3	5
4.3.12	Sozial inadäquate Verhaltensweisen	0	1	3	5
4.3.13	Sonstige pflegerelevante inadäquate Handlungen	0	1	3	5

Jede Verhaltensweise wird je nach Häufigkeit ihres Auftretens mit 0, 1, 3 und 5 Einzelpunkten berücksichtigt (0 = tritt nie auf oder sehr selten auf; 1 = tritt selten auf [ein- bis dreimal innerhalb von zwei Wochen]; 3 = tritt häufig auf [zweimal bis mehrmals wöchentlich, aber nicht täglich]; 5 = tritt täglich auf). Die Einzelpunkte werden zu einem Gesamtwert aufsummiert und in einen gewichteten Punktwert überführt, der das Ausmaß der Beeinträchtigung der Selbststeuerungskompetenz widerspiegelt. Das Modul fließt in die Berechnung des Gesamtwertes mit einer Gewichtung von 15 Prozent ein, sofern der in Modul 2 ermittelte gewichtete Punktwert nicht höher ausfällt. Aus den Modulen 2 und 3 fließt immer nur der jeweils höhere gewichtete Punktwert in die Berechnung des Gesamtwertes ein.

Dem Summenwert für das Modul Verhaltensweisen und psychische Problemlagen wird der modulgewichtete Punktwert entsprechend folgendermaßen zugeordnet:

keine Punkte:	gewichtete Punkte = 0
1 bis 2 Punkte:	gewichtete Punkte = 3,75
3 bis 4 Punkte:	gewichtete Punkte = 7,5
5 bis 6 Punkte:	gewichtete Punkte = 11,25
7 bis 65 Punkte:	gewichtete Punkte = 15

Modul 4: Selbstversorgung

Für die Ermittlung der Einzelpunkte auf Kriterienebene in diesem Modul gelten einige Besonderheiten:

Die Kriterien F 4.4.1 bis F 4.4.7 und F 4.4.11 bis F 4.4.12 werden je nach gutachterlicher Einschätzung der Selbständigkeit mit 0, 1, 2 oder 3 Punkten berücksichtigt (0 = selbständig; 1 = überwiegend selbständig; 2 = überwiegend unselbständig; 3 = unselbständig). Die Ausprägungen des Kriteriums der Ziffer 4.4.8 sowie die Ausprägungen der Kriterien F 4.4.9 und F 4.4.10 werden wegen ihrer besonderen Bedeutung für die pflegerische Versorgung stärker gewichtet. Die Kriterien F 4.4.9 und F 4.4.10 werden doppelt gewichtet (0 = selbständig; 2 = überwiegend selbständig; 4 = überwiegend unselbständig; 6 = unselbständig), das Kriterium F 4.4.8 dreifach (0 = selbständig; 3 = überwiegend selbständig; 6 = überwiegend unselbständig; 9 = unselbständig):

Ziffer	Kriterien	selbständig	überwiegend selbständig	überwiegend unselbständig	unselbständig
4.4.1	Waschen des vorderen Oberkörpers	0	1	2	3
4.4.2	Körperpflege im Bereich des Kopfes (Kämmen, Zahnpflege/Prothesenreinigung, Rasieren)	0	1	2	3
4.4.3	Waschen des Intimbereichs	0	1	2	3
4.4.4	Duschen und Baden einschließlich Wasser der Haare	0	1	2	3
4.4.5	An- und Auskleiden des Oberkörpers	0	1	2	3
4.4.6	An- und Auskleiden des Unterkörpers	0	1	2	3
4.4.7	Mundgerechtes Zubereiten der Nahrung und Eingießen von Getränken	0	1	2	3
4.4.8	Essen	0	3	6	9
4.4.9	Trinken	0	2	4	6
4.4.10	Benutzen einer Toilette oder eines Toilettenstuhls	0	2	4	6
4.4.11	Bewältigen die Folgen einer Harninkontinenz und Umgang mit Dauerkatheter und Urostoma	0	1	2	3
4.4.12	Bewältigen der Folgen einer Stuhlinkontinenz und Umgang mit Stoma	0	1	2	3

Bei Ernährung parenteral oder über Sonde (Kriterium F 4.4.13) werden in Abhängigkeit vom Anteil der künstlichen Ernährung an der Nahrungsaufnahme die Einzelpunkte wie folgt vergeben:

Ziffer		**Keine, nicht täglich oder nicht auf Dauer**	**Täglich, zusätzlich zu oraler Nahrung**	**ausschließlich oder nahezu ausschließlich**
4.4.13	Ernährung parenteral oder über Sonde	0	6	3

Kann die künstliche Ernährung ohne Hilfe durch andere selbständig durchgeführt werden, werden keine Punkte berücksichtigt.

Die Einzelpunkte werden abschließend zu einem Gesamtwert für das Modul 4 summiert und in einen gewichteten Punktwert überführt, der das Ausmaß der Beeinträchtigung der Selbständigkeit im Bereich der Selbstversorgung widerspiegelt. Dabei ist zu beachten, dass die Einzelpunkte für die Kriterien F 4.4.11 und F 4.4.12 in die Ermittlung des Summenwertes für Modul 4 nur eingehen, wenn laut gutachterlicher Einschätzung die antragstellende Person „überwiegend inkontinent" oder „komplett inkontinent" ist oder eine künstliche Ableitung von Stuhl bzw. Harn erfolgt.

Der für die Gesamtheit aller Kriterien (F 4.4.1 bis F 4.4.13) maximal zu erreichende Summenwert beträgt 54 Punkte. Das Modul geht mit einer Gewichtung von 40 Prozent in die Berechnung des Gesamtwertes ein.

Entsprechend dieser Gewichtung wird dem Summenwert für das Modul 4 der gewichtete Punktwert folgendermaßen zugeordnet:

0 bis 2 Punkte:	gewichtete Punkte = 0
3 bis 7 Punkte:	gewichtete Punkte = 10
8 bis 18 Punkte:	gewichtete Punkte = 20
19 bis 36 Punkte:	gewichtete Punkte = 30
37 bis 54 Punkte:	gewichtete Punkte = 40

Modul 5: Bewältigung von und selbständiger Umgang mit krankheits- oder therapiebedingten Anforderungen und Belastungen

Das Modul umfasst sechzehn Kriterien:

Ziffer	Kriterien in Bezug auf	Entfällt oder selbständig	Anzahl der Maßnahmen		
			pro Tag	pro Woche	pro Monat
4.5.1	Medikation	0			
4.5.2	Injektionen (subcutan oder intramuskulär)	0			
4.5.3	Versorgung intravenöser Zugänge (z.B. Port)	0			
4.5.4	Absaugen und Sauerstoffgabe	0			
4.5.5	Einreibungen oder Kälte- und Wärmeanwendungen	0			
4.5.6	Messung und Deutung von Körperzuständen	0			
4.5.7	Körpernahe Hilfsmittel	0			
Summe der Maßnahmen aus 4.5.1 – 4.5.7		0			
Umrechnung in Maßnahmen pro Tag		0			

	Einzelpunkte für die Kriterien der Ziffern 4.5.1 bis 4.5.7			
Maßnahme pro Tag	**keine oder seltener als einmal täglich**	**mindestens einmal bis maximal dreimal täglich**	**mehr als dreimal bis maximal achtmal täglich**	**mehr als achtmal täglich**
Einzelpunkte	0	1	2	3

Ziffer	Kriterien in Bezug auf	Entfällt oder selbständig	Anzahl der Maßnahmen		
			pro Tag	pro Woche	pro Monat
4.5.8	Verbandswechsel und Wundversorgung	0			
4.5.9	Versorgung mit Stoma	0			
4.5.10	Regelmäßige Einmalkatheterisierung und Nutzung von Abführmethoden	0			
4.5.11	Therapiemaßnahmen in häuslicher Umgebung	0			
Summe der Maßnahmen aus 4.5.8 – 4.5.11		0			
Umrechnung in Maßnahmen pro Tag		0			

Einzelpunkte für die Kriterien der Ziffern 4.5.8 bis 4.5.11				
Maßnahme pro Tag	**keine oder seltener als einmal wöchentlich**	**ein- bis mehrmals wöchentlich**	**ein- bis zweimal täglich**	**mindestens dreimal täglich**
Einzelpunkte	0	1	2	3

Ziffer	Kriterien in Bezug auf	entfällt oder selbständig	täglich	wöchentliche Häufigkeit multipliziert mit	monatliche Häufigkeit multipliziert mit
4.5.12	Zeit- und technikintensive Maßnahmen in häuslicher Umgebung	0	60	8,6	2

Ziffer	Kriterien in Bezug auf	entfällt oder selbständig	wöchentliche Häufigkeit multipliziert mit	monatliche Häufigkeit multipliziert mit
4.5.13	Arztbesuche	0	4,3	1
4.5.14	Besuche anderer medizinischer oder therapeutische Einrichtungen (bis zu 3 Stunden)	0	4,3	1
4.5.15	Zeitlich ausgedehnte Besuche anderer medizinischer oder therapeutischer Einrichtungen (länger als 3 Stunden)	0	8,6	2
4.5.K	Besuche von Einrichtungen zur Frühförderung von Kindern	0	4,3	1

Ziffer	Kriterien	selbständig	überwiegend selbständig	überwiegend unselbständig	unselbständig
4.5.16	Einhalten einer Diät und anderer krankheits- oder therapiebedingter Verhaltensvorschriften	0	1	2	3

Je nach Komplexität der unter Modul 5 erfassten Maßnahmen gelten unterschiedliche Regeln für die Berechnung des Summenwertes in diesem Modul:

Zunächst werden die unter den Kriterien F 4.5.1 bis F 4.5.7 angegebenen Häufigkeiten summiert und in einen Durchschnittswert pro Tag umgerechnet.[13] Erfolgt zum Beispiel täglich dreimal eine Medikamentengabe – Kriterium F 4.5.1 – und einmal Blutzuckermessen – Kriterium F 4.5.6 –, entspricht dies vier Maßnahmen pro Tag. Für die Umrechnung der Maßnahmen, die monatlich vorkommen, in einen Durchschnittswert pro Tag wird die Summe der Maßnahmen pro Monat durch 30 geteilt. Für die Umrechnung der Maßnahmen, die wöchentlich erfolgen, in einen Durchschnittswert pro Tag wird die Summe der Maßnahmen pro Woche durch sieben geteilt. Das Zwischenergebnis für die Kriterien F 4.5.1 bis F 4.5.7 wird wie folgt gewertet:

Maßnahmen pro Tag

keine oder seltener als einmal täglich	= 0 Punkte
mindestens ein- bis maximal dreimal täglich	= 1 Punkt
mehr als dreimal bis maximal achtmal täglich	= 2 Punkte
mehr als achtmal täglich	= 3 Punkte

Zwei Punkte werden beispielsweise vergeben, wenn die Maßnahmen immer dreimal täglich, an manchen Tagen aber auch viermal vorkommen; d. h. erfolgt zum Beispiel täglich dreimal eine Medikamentengabe, dreimal monatlich eine Injektion und zweimal wöchentlich eine Wärmeanwendung, beträgt der Durchschnittswert 3,4 Maßnahmen pro Tag. Hieraus resultiert ein Wert von zwei Punkten für das Zwischenergebnis für die Kriterien F 4.5.1 bis F 4.5.7.

Die unter den Kriterien F 4.5.8 bis F 4.5.11 angegebenen Häufigkeiten werden zusammengefasst und in einen Durchschnittswert pro Tag umgerechnet. Für die Umrechnung der Maßnahmen, die monatlich vorkommen, in einen Durchschnittswert pro Tag wird die Summe der Maßnahmen pro Monat durch 30 geteilt. Für die Umrechnung der Maßnahmen, die wöchentlich erfolgen, in einen Durchschnittswert pro Tag wird die Summe der Maßnahmen pro Woche durch sieben geteilt. Das Zwischenergebnis für die Kriterien F 4.5.8 bis F 4.5.11 wird wie folgt gewertet:

die Maßnahmen kommen nie oder seltener als einmal wöchentlich vor = 0 Punkte

die Maßnahmen kommen ein- bis mehrmals wöchentlich vor = 1 Punkt

die Maßnahmen kommen ein- bis unter dreimal täglich vor = 2 Punkte

13 Bei allen Rechenschritten wird auf die 4. Stelle nach dem Komma gerundet.

die Maßnahmen kommen mindestens dreimal täglich vor = 3 Punkte

Erfolgt zum Beispiel einmal täglich eine Einmalkatheterisierung, zweimal wöchentlich ein Verbandswechsel und zweimal monatlich eine Nutzung von Abführmethoden, beträgt der Durchschnittswert 1,4 Maßnahmen pro Tag. Hieraus resultiert ein Wert von zwei Punkten für das Zwischenergebnis für die Kriterien F 4.5.8 bis F 4.5.11.

Für die Kriterien der F 4.5.13 und F 4.5.14 gilt Folgendes: Jede Maßnahme, die monatlich erfolgt, wird mit einem Wert von einem Punkt berücksichtigt. Für jede regelmäßige wöchentliche Maßnahme ergeben sich 4,3 Punkte (= vier Maßnahmen zu jeweils einem Punkt in vier Wochen [= 28 Tage], hochgerechnet auf einen Monat mit 30 Tagen).

Für die Kriterien der F 4.5.12 und F 4.5.15 gilt Folgendes: Jede Maßnahme, die monatlich erfolgt, wird mit einem Wert von zwei Punkten berücksichtigt. Für jede regelmäßige wöchentliche Maßnahme ergeben sich 8,6 Punkte (= vier Maßnahmen zu jeweils zwei Punkten in 28 Tagen, hochgerechnet auf einen Monat mit 30 Tagen). [14]

Nur das Kriterium F 4.5.12 (zeit- und technikintensive Maßnahmen) kann regelmäßig täglich vorkommen, z. B. bei invasiver Beatmung. In diesem Fall werden 60 Punkte berücksichtigt. Anschließend werden die so ermittelten Punkte der Kriterien F 4.5.12 bis F 4.5.15 zu einem Zwischenergebnis addiert und den nachstehenden Einzelpunkten zugewiesen:

0 bis unter 4,3	= 0 Punkte
4,3 bis unter 8,6	= 1 Punkt
8,6 bis unter 12,9	= 2 Punkte
12,9 bis unter 60	= 3 Punkte
60 und mehr	= 6 Punkte

Erfolgt zum Beispiel einmal monatlich ein zeitlich ausgedehnter Besuch in einer therapeutischen Einrichtung (= 2 Punkte) und einmal wöchentlich ein Arztbesuch (= 4,3 Punkte), beträgt die Summe 6,3 Punkte. Hieraus resultiert ein Wert von 1 Punkt für das Zwischenergebnis für die Kriterien F 4.5.12 bis F 4.5.15.

14 Die Hochrechnung von Wochen- auf Monatswerte ist nur für die Kriterien 5.12 bis 5.15 relevant. In den sehr seltenen Fällen, in denen bei einzelnen Kriterien aus 5.1 bis 5.7 oder 5.8.bis 5.11 von Wochenwerten auf Monatswerte umgerechnet werden muss, ist die Differenz im Durchschnittswert pro Tag so gering, dass sie in keinem Fall zu einem anderen Punktwert führen kann.

Das Kriterium F 4.5.16 wird je nach Ausmaß der Beeinträchtigung der Selbständigkeit mit 0, 1, 2 oder 3 Punkten berücksichtigt (0 = entfällt, nicht erforderlich oder selbständig; 1 = überwiegend selbständig; 2 = überwiegend unselbständig; 3 = unselbständig).

Abschließend wird der Summenwert für das Modul 5 ermittelt. Dieser ergibt sich aus der Addition der Zwischenergebnisse zu den Kriterien F 4.5.1 bis F 4.5.7, F 4.5.8 bis F 4.5.11, F 4.5.12 bis F 4.5.15 sowie dem Punktwert für das Kriterium F 4.5.16. Das Modul geht mit einer Gewichtung von 20 Prozent in die Berechnung des Gesamtwertes ein. Dem Summenwert für Modul 5 werden die gewichteten Punkte folgendermaßen zugeordnet:

keine Punkte: gewichtete Punkte = 0
1 Punkt: gewichtete Punkte = 5
2 bis 3 Punkte: gewichtete Punkte = 10
4 bis 5 Punkte: gewichtete Punkte = 15
6 bis 15 Punkte: gewichtete Punkte = 20

Modul 6: Gestaltung des Alltagslebens und sozialer Kontakte

Das Modul umfasst sechs Kriterien, deren Ausprägungen in den folgenden Kategorien mit den nachstehenden Einzelpunkten gewertet werden:

Ziffer	**Kriterien**	**selbständig**	**überwiegend selbständig**	**überwiegend unselbständig**	**unselbständig**
4.6.1	Gestaltung des Tagesablaufs und Anpassung an Veränderungen	0	1	2	3
4.6.2	Ruhen und Schlafen	0	1	2	3
4.6.3	Sichbeschäftigen	0	1	2	3

4.6.4	Vornehmen von in die Zukunft gerichteten Planungen	0	1	2	3
4.6.5	Interaktion mit Personen im direkten Kontakt	0	1	2	3
4.6.6	Kontaktpflege zu Personen außerhalb des direkten Umfeldes	0	1	2	3

Jedes Kriterium wird je nach Ausmaß der Beeinträchtigung der Selbständigkeit mit 0, 1, 2 oder 3 Punkten berücksichtigt (0 = selbständig; 1 = überwiegend selbständig; 2 = überwiegend unselbständig; 3 = unselbständig). Die Punkte werden zu einem Gesamtwert summiert und je nach Schwere der Beeinträchtigungen einem gewichteten Punktwert zugeordnet, der das Ausmaß der Beeinträchtigung der Selbständigkeit bei der Gestaltung des Alltagslebens und sozialer Kontakte widerspiegelt.

Das Modul fließt in die Berechnung des Gesamtpunktwertes mit einer Gewichtung von 15 Prozent ein. Dem Summenwert für das Modul 6 wird der gewichtete Punktwert folgendermaßen zugeordnet:

keine Punkte:	gewichtete Punkte = 0
1 bis 3 Punkte:	gewichtete Punkte = 3,75
4 bis 6 Punkte:	gewichtete Punkte = 7,5
7 bis 11 Punkte:	gewichtete Punkte = 11,25
12 bis 18 Punkte:	gewichtete Punkte = 15

Widerspruchsbegutachtung

Bei Widerspruchsbegutachtungen ist hier anzugeben, ob das Ergebnis des Vorgutachtens bestätigt wird und ob durch eine zwischenzeitliche Veränderung der Selbständigkeit oder der Fähigkeiten aktuell ein anderer Pflegegrad empfohlen wird oder ob die Voraussetzungen für den aktuell empfohlenen Pflegegrad bereits zum Zeitpunkt der Vorbegutachtung bestanden haben.

4.10.2 F 5.2 Pflegeaufwand der Pflegepersonen

Die Gutachterin bzw. der Gutachter prüft, ob der Pflegeaufwand der einzelnen Pflegeperson nachvollziehbar bei wenigstens zehn Stunden wöchentlich, verteilt auf regelmäßig mindestens zwei Tage pro Woche, liegt. Ist dies nicht der Fall oder weicht der Gutachter von den Angaben der Pflegeperson ab, ist die Einschätzung zu begründen.

Wird die Pflege einer pflegebedürftigen Person von mehreren Pflegepersonen erbracht (Mehrfachpflege), wird zudem der Umfang der jeweiligen Pflegetätigkeit je Pflegeperson im Verhältnis zum Umfang der von den Pflegepersonen zu leistenden Pflegetätigkeit insgesamt (Gesamtpflegeaufwand) ermittelt. Bezüglich der Verteilung der Pflegeleistungen auf die beteiligten Pflegepersonen werden die Angaben der Pflegepersonen zugrunde gelegt. Es ist im Freitextfeld zu erläutern, wenn diese Angaben nicht übereinstimmen. Werden keine oder keine übereinstimmenden Angaben gemacht, versucht die Gutachterin oder der Gutachter durch eine Vermittlung zu einer Einigung beizutragen. Kommt es trotz Vermittlungsbemühen nicht zu übereinstimmenden Angaben des Gesamtpflegeaufwands, erfolgt eine gleichmäßige Aufteilung des Gesamtpflegeaufwands auf die beteiligten Pflegepersonen.

Auch bei Pflegepersonen, die die Mindestanzahl von zehn Stunden verteilt auf regelmäßig mindestens zwei Tage in der Woche nicht erreichen, ist zu prüfen, ob die Stundenangaben zum Pflegeaufwand nachvollziehbar sind. Abweichungen sind zu begründen.

4.10.3 F 5.3 Ist die Pflege in geeigneter Weise sichergestellt

Werden in der Häuslichkeit der antragstellenden Person gravierende Probleme in der Versorgungssituation festgestellt, die auch bei der Realisierung der im Gutachten unter den Punkten 7 „Empfehlungen zur Prävention und Rehabilitation“ und 8 „Weitere Empfehlungen und Hinweise für die Pflegekasse“ gegebenen Empfehlungen nicht ausreichen, um die häusliche Pflege sicherzustellen, ist dies hier zu dokumentieren.

Das Gutachten orientiert sich

- an der gesundheitlichen Situation der antragstellenden Person,
- an den Belastungen und der Belastbarkeit der Pflegeperson,
- am sozialen Umfeld der konkreten Pflegesituation und
- an der Wohnsituation der antragstellenden Person einschließlich möglicher wohnumfeldverbessernder Maßnahmen.

Der Gutachterin bzw. dem Gutachter ist bewusst, dass die Feststellung einer nicht sichergestellten Pflege tiefgreifend in familiäre Strukturen eingreifen kann. Grundsätzlich hat die häusliche Pflege Vorrang vor stationärer Pflege. Der Vorrang häuslicher Pflege hat dort seine Grenzen, wo bedingt durch die familiären und sozialen Verhältnisse eine angemessene Versorgung und Betreuung im häuslichen Bereich nicht sichergestellt ist.

Wird festgestellt, dass die häusliche Pflege nicht in geeigneter Weise sichergestellt werden kann, ist zu empfehlen, dass – bei Laienpflege – ggf. professionelle häusliche Pflege in Anspruch genommen wird. Hierbei kommen entweder die kombinierte Geld- und Sachleistung oder die alleinige Sachleistung in Betracht. Wenn dies nicht ausreicht, ist eine teilstationäre oder vollstationäre Pflege oder eine andere betreute Wohnform zu erwägen. Dies kann insbesondere erforderlich sein bei:

- Fehlen einer Pflegeperson,
- fehlender Pflegebereitschaft möglicher Pflegepersonen,
- drohender oder bereits eingetretener Überforderung von Pflegepersonen,
- drohenden oder bereits eingetretenen Versorgungsdefiziten der oder des Pflegebedürftigen,
- Selbst- oder Fremdgefährdungstendenzen der oder des Pflegebedürftigen,
- räumlichen Gegebenheiten im häuslichen Bereich, die keine häusliche Pflege ermöglichen und durch Maßnahmen zur Verbesserung des individuellen Wohnumfeldes (§ 40 Abs. 4 SGB XI) nicht verbessert werden können.

Sofern eine akute Gefahrensituation abzuwenden ist, muss die Gutachterin bzw. der Gutachter selbst unmittelbar Kontakt z. B. mit behandelnden Ärzten, Pflegediensten, Sozialdiensten, Gesundheitsämtern oder den zuständigen Ordnungsbehörden aufnehmen. Dies gebietet die Pflicht zur Hilfeleistung im Sinne des § 323c Strafgesetzbuch. Hinweise auf drittverursachte Gesundheitsschäden, die Folge einer Misshandlung, eines sexuellen Missbrauchs oder einer Vernachlässigung von Kindern und Jugendlichen sein können, sind nicht in das Gutachten aufzunehmen (§ 294a Abs. 1 Satz 2 SGB V in analoger Anwendung). Die Umsetzung der weitergehenden Empfehlungen des Gutachtens liegt in der Verantwortung der Pflegekasse.

Stellt die Gutachterin bzw. der Gutachter im vollstationären Bereich oder in der ambulanten Pflege durch einen professionellen Pflegedienst eine nicht sichergestellte Pflege oder andere gravierende fachliche Defizite, wie z. B. unzureichende Hygiene, ungewollter Gewichtsverlust, unbehandelte Wunden, fest, wird der Pflegekasse empfohlen, die Informationen an die für das Land zuständige Stelle für die Qualitätsprüfung nach den §§ 114 ff. SGB XI weiterzugeben. Gemeint sind hier ausschließlich gravierende gesundheitliche Probleme oder Versorgungsdefizite bei der antragstellenden Person und nicht z. B. Mängel bei der Pflegedokumentation.

4.10.4 F 5.4 Liegen Hinweise auf folgende Ursachen der Pflegebedürftigkeit vor?

Liegen Hinweise dafür vor, dass die Pflegebedürftigkeit durch Unfallfolgen, Berufserkrankungen, Arbeitsunfälle oder Versorgungsleiden, z. B. Kriegs-, Wehrdienst- oder Impfschaden, hervorgerufen oder wesentlich mit bedingt wurde, ist dies anzugeben.

4.11 F 6 Erhebung weiterer versorgungsrelevanter Informationen

4.11.1 F 6.1 Außerhäusliche Aktivitäten

Dieser Bereich geht nicht in die Ermittlung eines Pflegegrades ein. Die Einschätzung der Selbständigkeit bei außerhäuslichen Aktivitäten kann aber für die individuelle Versorgungsplanung oder Beratung wichtig sein.

Zu bewerten ist, ob die Person die jeweilige Aktivität praktisch durchführen kann. Es ist unerheblich, ob die Beeinträchtigungen der Selbständigkeit aufgrund von Schädigungen somatischer oder mentaler Funktionen bestehen.

Fortbewegen im außerhäuslichen Bereich

Hier sind auch die örtliche Orientierungsfähigkeit sowie Sicherheitsaspekte zu berücksichtigen.

F 6.1.1 Verlassen des Bereichs der Wohnung oder der Einrichtung

Fähigkeit, den konkreten individuellen Wohnbereich verlassen zu können, also von den Wohnräumen bis vor das Haus gelangen zu können

Unterschieden werden die Ausprägungen:

- Selbständig (ohne Begleitung)
- Überwiegend selbständig (mit Unterstützung, aber auch mit Eigenaktivität der Person)
- Überwiegend/völlig unselbständig, Hilfe durch eine Person reicht jedoch aus
- Überwiegend/völlig unselbständig, Hilfe durch zwei Personen erforderlich

F 6.1.2 Fortbewegen außerhalb der Wohnung oder Einrichtung

Fähigkeit, sich in einem Bewegungsradius von ca. 500 m sicher und zielgerichtet zu bewegen

Gemeint ist der Umkreis der von den meisten Menschen üblicherweise zu Fuß bewältigt wird, z. B. für kurze Spaziergänge an der frischen Luft oder um Nachbarn oder naheliegende Geschäfte aufzusuchen. Die Person kann dabei ein Hilfsmittel, z. B. einen Rollator, Rollstuhl oder sonstigen Gegenstand, z. B. einen Stock, benutzen.

Unterschieden werden die Ausprägungen:

- Selbständig (ohne Begleitung)
- Nur auf gewohnten Wegen selbständig
- Auf allen Wegen nur mit personeller Hilfe möglich
- Auch mit personeller Hilfe nicht möglich

F 6.1.3 Nutzung öffentlicher Verkehrsmittel im Nahverkehr

Fähigkeit, in einen Bus oder eine Straßenbahn einzusteigen und an der richtigen Haltestelle wieder auszusteigen

Unterschieden werden die Ausprägungen:

- Selbständig (ohne Begleitung)
- Nur auf gewohnten Strecken selbständig
- Auf allen Strecken nur mit personeller Hilfe möglich
- Auch mit personeller Hilfe nicht möglich

F 6.1.4 Mitfahren in einem Kraftfahrzeug

Fähigkeit, in einen PKW ein- und auszusteigen und Selbständigkeit während der Fahrt

Die Beaufsichtigungsnotwendigkeit während der Fahrt aus Sicherheitsgründen ist zu berücksichtigen. Unterschieden werden die Ausprägungen:

- Selbständig
- Benötigt nur Hilfe beim Ein- und Aussteigen (Hilfsperson zusätzlich zum Fahrer während der Fahrt ist nicht erforderlich)
- Benötigt Hilfsperson (auch) während der Fahrt mit dem PKW, Taxi (zusätzlich zum Fahrer)
- Fahren in einem PKW, Taxi ist nicht möglich, Liegendtransport oder Transport im Rollstuhl (Spezialfahrzeuge) sind notwendig

Teilnahme an Aktivitäten (Beurteilung ohne Berücksichtigung von Wegstrecken)

Hier ist nur die selbständige Teilnahme an außerhäuslichen Aktivitäten zu berücksichtigen. Zur Einschätzung wird eine modifizierte und vereinfachte Fassung der Selbständigkeitsskala verwendet.

In der/den Erläuterung(en) können besondere Wünsche erfasst werden.

F 6.1.5 Teilnahme an kulturellen, religiösen oder sportlichen Veranstaltungen

Hier geht es um die Teilnahme an Veranstaltungen, bei denen in der Regel eine größere Anzahl an Personen versammelt ist. Dazu gehören beispielsweise Veranstaltungen wie Theater, Konzert, Gottesdienst oder Sportveranstaltungen. Zur Teilnahme gehört die Fähigkeit, sich über die Dauer der Veranstaltung selbständig in einer größeren Ansammlung von Menschen aufhalten zu können.

Teilnahme selbständig möglich:
Die Person kann ohne Begleitung an außerhäuslichen Aktivitäten teilnehmen.

Nicht selbständig:
Teilnahme ist nur mit unterstützender Begleitung möglich. Die Person benötigt zur Teilnahme eine Begleitperson während der Aktivität.

Teilnahme ist auch mit unterstützender Begleitung nicht möglich.

F 6.1.6 Besuch von Arbeitsplatz, einer Werkstatt für behinderte Menschen oder einer Einrichtung der Tages- und Nachtpflege oder eines Tagesbetreuungsangebotes

Hierbei geht es um Lebensbereiche, die der Bildung, Arbeit und Beschäftigung dienen. Bei einigen dieser Aktivitäten übernehmen in der Regel andere Betreuungspersonen (in der Regel geschultes Personal) in den entsprechenden Einrichtungen beaufsichtigende und ggf. steuernde Funktionen.

Solche Aktivitäten kommen nur bei bestimmten Personen vor. Wenn die Gutachterin oder der Gutachter den Besuch in Betracht zieht, dann sollte er dies ankreuzen und die Teilnahmefähigkeit bewerten.

Bei Mehrfachauswahl ist eine Bewertung zu jeder Aktivität vorzunehmen.

Teilnahme selbständig möglich:
Die Person kann ohne Begleitung an außerhäuslichen Aktivitäten teilnehmen.

Nicht selbständig:
Teilnahme ist nur mit unterstützender Begleitung möglich. Die Person benötigt zur Teilnahme eine Begleitperson während der Aktivität.

Teilnahme ist auch mit unterstützender Begleitung nicht möglich.

F 6.1.7 Teilnahme an sonstigen Aktivitäten mit anderen Menschen

Damit sind soziale Aktivitäten außerhalb des engeren Familienkreises in kleineren Gruppen mit bekannten Personen gemeint. Hierunter fallen Besuche bei Freunden, Bekannten oder Verwandten sowie die Teilnahme an Sitzungen in Vereinen oder Selbsthilfegruppen.

Teilnahme selbständig möglich:
Die Person kann ohne Begleitung an außerhäuslichen Aktivitäten teilnehmen.

Nicht selbständig:
Teilnahme ist nur mit unterstützender Begleitung möglich. Die Person benötigt zur Teilnahme eine Begleitperson während der Aktivität.

Teilnahme ist auch mit unterstützender Begleitung nicht möglich.

4.11.2 F 6.2 Haushaltsführung

Zu bewerten ist, ob die untersuchte Person die jeweilige Aktivität praktisch durchführen kann. Es ist unerheblich, ob die Beeinträchtigungen der Selbständigkeit aufgrund von Schädigungen somatischer oder mentaler Funktionen bestehen.

F 6.2.1 Einkaufen für den täglichen Bedarf

Einkäufe für den täglichen Bedarf, z. B. Lebensmittel, Hygieneartikel, Zeitung, tätigen.

Selbständig:
Die Person kann die beschriebene Aktivität ohne personelle Hilfe durchführen.

Überwiegend selbständig:
Die Person kann Einkäufe noch überwiegend selbständig durchführen, wenn z. B. ein Einkaufszettel erstellt oder bei der Erstellung geholfen wird. Überwiegend selbständig ist auch eine Person, die lediglich Hilfe beim Tragen schwerer Einkäufe in die Wohnung benötigt.

Überwiegend unselbständig:
Es ist beispielsweise Begleitung und Beratung bei Einkäufen erforderlich oder größere Einkäufe müssen übernommen werden. Einzelne Produkte wie Brötchen, Zeitung können noch selbst besorgt werden. Oder die Person kann zwar selber nichts aus den Regalen nehmen, gibt aber Anweisungen, was eingekauft werden soll.

Unselbständig:
Die Person kann sich an der Aktivität nicht oder nur minimal beteiligen.

F 6.2.2 Zubereitung einfacher Mahlzeiten

Vorbereitete Speisen erwärmen, je nach individuellen Gegebenheiten auf dem Herd, im Backofen oder in der Mikrowelle, oder einfache Mahlzeiten zubereiten.

Dies umfasst die Zubereitung eines Heißgetränkes oder kleiner Speisen wie z. B. eines Spiegeleies. Ebenso sind das Entnehmen der Speisen aus Aufbewahrungsort und -behältnis sowie das Belegen von Brotscheiben oder Brötchen, Öffnen von Konserven zu berücksichtigen.

Selbständig:
Die Person kann die beschriebene Aktivität ohne personelle Hilfe durchführen.

Überwiegend selbständig:
Die Person kann die Aktivität noch überwiegend selbständig durchführen, benötigt lediglich punktuelle Hilfen, Anleitung oder zeitliche Orientierungshilfen oder es muss aus Sicherheitsgründen beobachtet werden, ob z. B. der Herd wieder ausgeschaltet oder korrekt mit der Kaffeemaschine umgegangen wird.

Überwiegend unselbständig:
Personelle Hilfe ist z. B. erforderlich bei der Zubereitung aller heißen Speisen und Getränke, die Person kann aber noch ein Brot belegen.

Unselbständig:
Die Person kann sich an der Aktivität nicht oder nur minimal beteiligen.

F 6.2.3 Einfache Aufräum- und Reinigungsarbeiten

Einfache und körperlich leichte Haushaltstätigkeiten ausführen

Darunter fallen z. B. Tisch decken, abräumen, spülen, Spülmaschine nutzen, Wäsche falten, Staub wischen.

Selbständig:
Die Person kann die beschriebene Aktivität ohne personelle Hilfe durchführen.

Überwiegend selbständig:
Die Person muss z. B. erinnert werden bzw. es muss kontrolliert werden, ob die genannten Tätigkeiten auch wirklich durchgeführt wurden, und ggf. muss eine Aufforderung zur Vervollständigung gegeben werden oder es muss nur bei wenigen Aktivitäten geholfen werden.

Überwiegend unselbständig:
Die Person kann sich beteiligen. Einzelne Tätigkeiten wie beispielsweise Tisch decken oder das Ausräumen der Spülmaschine können ggf. unter ständiger Anleitung noch durchgeführt werden.

Unselbständig:
Die Person kann sich an der Aktivität nicht oder nur minimal beteiligen.

F 6.2.4 Aufwendige Aufräum- und Reinigungsarbeiten einschließlich Wäschepflege

Aufwendige und körperlich schwere Haushaltstätigkeiten ausführen

Darunter fallen z. B. Böden wischen, Staub saugen, Fenster putzen, Wäsche waschen, Bett beziehen.

Selbständig:
Die Person kann die beschriebene Aktivität ohne personelle Hilfe durchführen.

Überwiegend selbständig:
Die Person muss z. B. erinnert werden bzw. es muss kontrolliert werden, ob die genannten Tätigkeiten auch wirklich durchgeführt wurden, und ggf. muss eine Aufforderung zur Vervollständigung oder Teilhilfe gegeben werden.

Überwiegend unselbständig:
Die Person kann nur bei einzelnen Tätigkeiten mithelfen oder benötigt ggf. ständige Anleitung.

Unselbständig:
Die Person kann sich an der Aktivität nicht oder nur minimal beteiligen.

F 6.2.5 Nutzung von Dienstleistungen

Pflegerische oder haushaltsnahe Dienstleistungen organisieren und steuern

Darunter fallen z. B. Pflegedienst, Haushaltshilfen, Essen auf Rädern, Wäscherei, Handwerker, Friseur oder Fußpflege.

Selbständig:
Die Person kann die beschriebene Aktivität ohne personelle Hilfe durchführen.

Überwiegend selbständig:
Die Person kann die Aktivität noch überwiegend selbständig durchführen, sie muss aber gelegentlich erinnert werden bzw. es muss kontrolliert werden, ob z. B. geplante Telefonate auch durchgeführt wurden.

Überwiegend unselbständig:
Die Person kann sich beispielsweise an Entscheidungen beteiligen, die Umsetzung aber nicht mehr selbst organisieren.

Unselbständig:
Die Person kann sich an der Aktivität nicht oder nur minimal beteiligen.

F 6.2.6 Umgang mit finanziellen Angelegenheiten

Alltägliche finanzielle Angelegenheiten erledigen

Darunter fallen z. B. Führen eines Girokontos, Überweisungen vornehmen oder entscheiden, ob genügend Bargeld im Hause ist, eine Rechnung bezahlt werden muss und ggf. die dazu notwendigen Schritte einzuleiten oder durchzuführen.

Selbständig:
Die Person kann die beschriebene Aktivität ohne personelle Hilfe durchführen.

Überwiegend selbständig:
Die Person ist in der Lage, über finanzielle Angelegenheiten zu entscheiden, muss aber andere mit der Ausführung beauftragen oder sie benötigt punktuelle Hilfe beim Ausfüllen von Formularen oder vermehrt Erklärungen, entscheidet danach aber selbst.

Überwiegend unselbständig:
Die Person entscheidet nur auf Nachfrage, muss weitgehend angeleitet werden oder sie entscheidet zwar selbst, benötigt aber aus somatischen Gründen bei jeglicher Umsetzung personelle Hilfe.

Unselbständig:
Die Person kann sich an der Aktivität nicht oder nur minimal beteiligen.

F 6.2.7 Umgang mit Behördenangelegenheiten

Umgang mit staatlichen und kommunalen Behörden sowie Sozialversicherungsträgern

Darunter fallen z. B. die Entscheidung, ob ein Antrag gestellt oder ein Behördenbrief beantwortet werden muss, und ggf. die dazu notwendigen Schritte einzuleiten oder durchzuführen.

Selbständig:
Die Person kann die beschriebene Aktivität ohne personelle Hilfe durchführen.

Überwiegend selbständig:
Die Person ist in der Lage, über Behördenangelegenheiten zu entscheiden, benötigt aber Hilfe z. B. beim Ausfüllen von Dokumenten oder sie benötigt Erinnerung oder Erklärungen, entscheidet danach aber selbst.

Überwiegend unselbständig:
Die Person entscheidet nur auf Nachfrage oder muss weitgehend angeleitet werden oder sie entscheidet zwar selbst, benötigt aber aus somatischen Gründen bei jeglicher Umsetzung personelle Hilfe.

Unselbständig:
Die Person kann sich an der Aktivität nicht oder nur minimal beteiligen.

4.12 F 7 Empfehlungen zur Förderung oder zum Erhalt der Selbständigkeit oder der Fähigkeiten, Prävention und Rehabilitation (über die bisherige Versorgung hinaus)

Pflegebedürftigkeit ist in der Regel kein unveränderbarer Zustand, sondern ein Prozess, der durch Maßnahmen der Pflege, der Krankenbehandlung, Einzelleistungen mit präventiver und rehabilitativer Zielsetzung oder durch Leistungen zur medizinischen Rehabilitation beeinflussbar ist. Hier hat die Gutachterin bzw. der Gutachter unter Würdigung der Ergebnisse der Begutachtung von Pflegebedürftigkeit für den häuslichen und stationären Bereich Stellung zu nehmen, ob über die derzeitige Versorgungssituation hinaus

- Leistungen zur medizinischen Rehabilitation,
- Hilfsmittel/Pflegehilfsmittel,
- Heilmittel und andere therapeutische Maßnahmen,
- wohnumfeldverbessernde Maßnahmen,
- edukative Maßnahmen/Beratung/Anleitung,
- präventive Maßnahmen,
- eine Beratung zu Leistungen zur verhaltensbezogenen Primärprävention nach § 20 Abs. 5 SGB V und
- sonstige Empfehlungen

erforderlich und erfolgversprechend sind. Darüber hinaus sind hier Vorschläge zur Verbesserung/Veränderung der Pflegesituation zu dokumentieren und ggf. eine Pflegeberatung anzuregen.

4.12.1 Leistungen zur medizinischen Rehabilitation

Der Vorrang von Leistungen zur medizinischen Rehabilitation und Teilhabe ist im SGB IX (Rehabilitation und Teilhabe behinderter Menschen) festgelegt. Im SGB XI ist geregelt, dass im Falle drohender oder bestehender Pflegebedürftigkeit regelmäßig die Notwendigkeit präventiver oder rehabilitativer Leistungen, insbesondere die Notwendigkeit von Leistungen zur medizinischen Rehabilitation, zu prüfen ist. Durch das Pflege-Weiterentwicklungsgesetz aus dem Jahr 2008 wurde der Grundsatz „Rehabilitation vor Pflege" gestärkt. Es ist in jedem Einzelfall im Rahmen der Begutachtung von Pflegebedürftigkeit zu prüfen, ob eine Indikation für diese Leistung besteht, um Pflegebedürftigkeit zu vermeiden, eine bestehende Pflegebedürftigkeit zu beseitigen oder zu mindern oder eine Verschlimmerung zu verhüten (§ 18 Abs. 1 und 6 SGB XI, § 8 Abs. 1 und 3 SGB IX). Der MDK hat eine gesonderte Präventions- und Rehabilitationsempfehlung zu erstellen und an die Pflegekasse zu übersenden. Die Pflegekasse informiert unverzüglich die versicherte Person und mit deren Einwilligung die behandelnde Ärztin bzw. den behandelnden Arzt und leitet mit Einwilligung der antragstellenden Person die entsprechende Mitteilung dem zuständigen Reha-Träger zu (§ 31 Abs. 3 SGB XI). In diesen Fällen ist ein gesonderter Antrag der antragstellenden Person oder eine Verordnung durch die Vertragsärztin bzw. den Vertragsarzt mit Muster 61 im Weiteren nicht erforderlich (§ 31 Abs. 3 SGB XI).

Leistungen zur medizinischen Rehabilitation werden in ambulanter oder stationärer Form als komplexe, interdisziplinäre Leistung nach § 26 SGB IX erbracht.

Zuständig können entweder die gesetzliche Krankenversicherung, die gesetzliche Rentenversicherung, die gesetzliche Unfallversicherung oder andere Sozialleistungsträger sein. Bei der hier infrage kommenden Patientengruppe wird überwiegend die gesetzliche Krankenversicherung zuständig sein und Leistungen nach § 40 SGB V erbringen.

Den Leistungen zur medizinischen Rehabilitation der GKV stehen Einzelleistungen, z. B. Heilmittel, die auch eine rehabilitative Zielsetzung haben können, gegenüber.

Das konzeptionelle und begriffliche Bezugssystem bei der Begutachtung zur Indikation und Allokation einer Leistung zur medizinischen Rehabilitation ist das bio-psychosoziale Modell der WHO, das auch der Internationalen Klassifikation der Funktionsfähigkeit, Behinderung und Gesundheit

(ICF) zugrunde liegt. Im Sinne der ICF ist Behinderung vor allem eine Beeinträchtigung der Teilhabe.

Für Personen, die einen Antrag auf Pflegeeinstufung oder Höherstufung gestellt haben, ist in einem hohen Anteil davon auszugehen, dass nicht nur vorübergehende alltagsrelevante Beeinträchtigungen der Aktivitäten vorliegen. Vielmehr ist anzunehmen, dass dieser Personenkreis häufig längerfristige Beeinträchtigungen aufweist.

4.12.1.1 Indikationsstellung zur medizinischen Rehabilitation

Die Indikation für eine Leistung zur medizinischen Rehabilitation im Sinne des SGB IX liegt vor,

wenn

- Rehabilitationsbedürftigkeit,
- Rehabilitationsfähigkeit,
- realistische, für die antragstellende Person alltagsrelevante Rehabilitationsziele und
- eine positive Rehabilitationsprognose

bestehen.

Nur bei Vorliegen aller vier Kriterien ist die Indikation zu einer Leistung der medizinischen Rehabilitation gegeben.

4.12.1.2 Rehabilitationsbedürftigkeit

Rehabilitationsbedürftigkeit besteht, wenn aufgrund einer körperlichen, geistigen oder seelischen Schädigung

- voraussichtlich nicht nur vorübergehende alltagsrelevante Beeinträchtigungen der Aktivitäten vorliegen, durch die in absehbarer Zeit Beeinträchtigungen der Teilhabe drohen

oder

- Beeinträchtigungen der Teilhabe bereits bestehen

und

- über die kurative Versorgung hinaus der mehrdimensionale und interdisziplinäre Ansatz der medizinischen Rehabilitation erforderlich ist.

Bei der Beurteilung sind die umwelt- und personenbezogenen Kontextfaktoren zu berücksichtigen.

Bei der Prüfung der Rehabilitationsbedürftigkeit sind insbesondere folgende Ausprägungen alltagsrelevanter Beeinträchtigungen zu berücksichtigen:

- die Selbstversorgung, z. B. Ernährung, Körperpflege, Ausscheidung, deren Beeinträchtigung zu personellem Unterstützungsbedarf (Pflegebedürftigkeit) führen kann,
- die Mobilität, deren Beeinträchtigung ein Leben der Person außerhalb ihrer Wohnung verhindern und so zu deren sozialer Isolation führen kann,
- die Kommunikation, z. B. Sprachverständnis, Sprachvermögen, Hören, Sehen, mit der Folge der Beeinträchtigung der örtlichen Orientierung,
- manuelle Aktivitäten, deren Einschränkung z. B. zu Beeinträchtigungen der Beschäftigung oder Haushaltsführung führen kann,
- die Strukturierung des Tagesablaufes, die zu vielfältiger Beeinträchtigung der Teilhabe führen kann.

Rehabilitationsbedürftigkeit ist nicht gegeben, wenn kurative oder pflegerische bzw. andere Maßnahmen zur Sicherstellung bzw. Gewährleistung der Selbständigkeit ausreichend und erfolgversprechend sind.

4.12.1.3 Rehabilitationsfähigkeit

Rehabilitationsfähig sind Versicherte, wenn sie aufgrund ihrer somatischen und psychischen Verfassung die für die Durchführung und Mitwirkung bei der Leistung zur medizinischen Rehabilitation notwendige Belastbarkeit besitzen.

Bei Antragstellenden der Pflegeversicherung handelt es sich überwiegend um ältere und multimorbide Personen. Für diesen Personenkreis kann entweder eine indikationsspezifische oder eine geriatrische Rehabilitation in Betracht kommen. Häufig wird bei diesen Versicherten die Voraussetzung für eine geriatrische Rehabilitation gegeben sein. Daher sind bei der Prüfung der Rehabilitationsfähigkeit insbesondere die nachstehenden niedrigschwelligeren Kriterien für die geriatrische Rehabilitation zu berücksichtigen.

Rehabilitationsfähigkeit für eine geriatrische Rehabilitation ist dann gegeben, wenn alle nachfolgend genannten Kriterien erfüllt sind:

- die vitalen Parameter (Herzfrequenz, Blutdruck, Körpertemperatur, Atemfrequenz) sind stabil,
- die bestehenden Begleiterkrankungen, Schädigungen der Körperfunktionen und -strukturen und typischen Komplikationen können vom ärztlichen, pflegerischen und therapeutischen Personal der geriatrischen Einrichtung behandelt werden sowie
- die Stabilität des Kreislaufs und die allgemeine psychische und physische Belastbarkeit des Patienten erlauben, dass er mehrmals täglich aktiv an rehabilitativen Maßnahmen teilnehmen kann.

Ausschlusskriterien für eine (geriatrische) Rehabilitation können sein:

- fehlende Zustimmung der antragstellenden Person zur Rehabilitation,
- fehlende oder nicht ausreichende körperliche Belastbarkeit, die die aktive Teilnahme verhindert. Für die mobile geriatrische Rehabilitation sind das mindestens zwei nichtärztliche therapeutische Leistungen am Tag von 45 Minuten. Für die geriatrische Rehabilitation sind das drei bis vier nichtärztliche therapeutische Leistungen am Tag.
- Begleiterkrankungen bzw. Komplikationen, die eine aktive Teilnahme an der Rehabilitation verhindern, z. B.
- schwere Orientierungsstörungen, z. B. mit Wanderungstendenz,
- ausgeprägte psychische Störungen, wie schwere Depression mit Antriebsstörung oder akute Wahnsymptomatik,
- massiv eingeschränkte kognitive Fähigkeiten, z. B. bei hochgradiger Demenz, – ausgeprägte Wundheilungsstörungen, Lage und Größe eines Dekubitus,
- Darminkontinenz, wenn diese Ausdruck einer weit fortgeschrittenen geistigen und körperlichen Erkrankung ist.

4.12.1.4 Rehabilitationsziele

Die Rehabilitationsziele bestehen darin, möglichst frühzeitig voraussichtlich nicht nur vorübergehende alltagsrelevante Beeinträchtigungen der Aktivitäten zu beseitigen, zu vermindern oder eine Verschlimmerung zu verhüten oder drohende Beeinträchtigungen der Teilhabe abzuwenden bzw. eine bereits eingetretene Beeinträchtigung der Teilhabe zu beseitigen, zu vermindern oder deren Verschlimmerung zu verhüten. Zu den Beeinträchtigungen der Teilhabe gehört auch der Zustand der Pflegebedürftigkeit.

Realistische, für die antragstellende Person alltagsrelevante Rehabilitationsziele leiten sich aus den Beeinträchtigungen der Aktivitäten oder der Teilhabe ab. Bei der Formulierung der Rehabilitationsziele ist die antragstellende Person zu beteiligen und sind ihre Wünsche zu berücksichtigen.

Ziele der Rehabilitation können sein:

- vollständige Wiederherstellung des ursprünglichen Niveaus der Aktivitäten/Teilhabe,
- größtmögliche Wiederherstellung des Ausgangsniveaus der Aktivitäten/Teilhabe,
- Ersatzstrategien bzw. Nutzung verbliebener Funktionen und Aktivitäten/Teilhabe,
- Anpassung der Umweltbedingungen an die bestehenden Beeinträchtigungen der Aktivitäten oder der Teilhabe der antragstellenden Person.

Konkrete alltagsrelevante Rehabilitationsziele können z. B. sein:

- Erlernen eines selbständigen Bett-Rollstuhl-Transfers,
- Verbesserung der Rollstuhlfähigkeit, z. B. durch Ausdauersteigerung der Sitzfähigkeit,
- Erreichen des Toilettenganges/persönliche Hygiene,
- selbständige Nahrungsaufnahme,
- selbständiges An- und Auskleiden,
- Erreichen der Stehfähigkeit,
- Verbesserung der Gehfähigkeit innerhalb und außerhalb der Wohnung,
- Gehfähigkeit über mehrere Treppenstufen,
- Tagesstrukturierung.

Im Rahmen der Begutachtung kommt diesen konkreten und ggf. nur kleinschrittigen Zielen eine besondere Bedeutung im Hinblick darauf zu, die festgestellten Beeinträchtigungen der Selbständigkeit und der Fähigkeiten zu beeinflussen und damit eine drohende Pflegebedürftigkeit zu vermeiden, eine bestehende Pflegebedürftigkeit zu beseitigen oder zu mindern oder eine Verschlimmerung zu verhüten. Dabei kann es sowohl um die Reduktion des Unterstützungsbedarfs innerhalb des festgestellten Pflegegrades als auch um eine Verringerung des personellen Unterstützungsbedarfs von einem höheren zu einem niedrigeren Pflegegrad gehen.

4.12.1.5 Rehabilitationsprognose

Die Rehabilitationsprognose ist eine medizinisch begründete Wahrscheinlichkeitsaussage für den Erfolg der Leistung zur medizinischen Rehabilitation

- auf der Basis der Erkrankung oder Behinderung, des bisherigen Verlaufs, des Kompensationspotenzials oder der Rückbildungsfähigkeit unter Beachtung und Förderung individueller positiver Kontextfaktoren, insbesondere der Motivation der Versicherten oder des Versicherten,
- über die Erreichbarkeit des/der festgelegten Rehabilitationsziele/s durch eine geeignete Leistung zur medizinischen Rehabilitation
- in einem notwendigen Zeitraum.

Eine positive Rehabilitationsprognose ist anzunehmen, wenn mindestens eines der nachfolgend genannten Kriterien zutrifft:

- Beseitigung/alltagsrelevante Verminderung der Beeinträchtigung(en) der Aktivitäten durch Verbesserung der Selbsthilfefähigkeit sind erreichbar oder
- Kompensationsmöglichkeiten zur Alltagsbewältigung sind mit nachhaltigem Erfolg anzuwenden (trainierbar) oder
- Adaptionsmöglichkeiten, welche die Beeinträchtigungen der Teilhabe vermindern, können erfolgreich eingeleitet werden.

Eine Sonderform der ambulanten Rehabilitation stellt die mobile Rehabilitation dar, bei der die rehabilitative Leistungserbringung im gewohnten Lebensumfeld der Versicherten oder des Versicherten, somit auch im Pflegeheim, erfolgt. Gerade Menschen mit kognitiven Beeinträchtigungen, bei denen realistische, alltagsrelevante Rehabilitationsziele definiert werden können, aber Rehabilitationsfähigkeit und eine positive Rehabilitationsprognose nur im gewohnten Lebensumfeld besteht, können von dieser Form der Rehabilitation profitieren. Diese Personen könnten andere rehabilitative Angebote nicht wahrnehmen. Das gilt auch für Menschen mit erheblichen Schädigungen der Sprech- und Sprach- bzw. Seh- und Hörfunktion. Hier ist für den Erfolg einer Rehabilitation wichtig, dass das vertraute und angepasste Wohnumfeld zur Unterstützung und Förderung genutzt wird oder die Anwesenheit und der aktive Einbezug der Angehörigen/Bezugs – Personen in den Rehabilitationsprozess gegeben ist.

4.12.2 Hilfsmittel und Pflegehilfsmittel

Hilfsmittel und Pflegehilfsmittel werden leistungsrechtlich unterschieden in Hilfsmittel der GKV (§ 33 SGB V) und Pflegehilfsmittel der Pflegeversicherung (§ 40 SGB XI).

4.12.2.1 Hilfsmittel

Gemäß § 33 SGB V haben Versicherte Anspruch auf Versorgung mit Hörhilfen, Körperersatzstücken, orthopädischen und anderen Hilfsmitteln, die im Einzelfall erforderlich sind, um – den Erfolg einer Krankenbehandlung zu sichern, – einer drohenden Behinderung vorzubeugen oder – eine Behinderung auszugleichen.

Dies gilt nur, soweit die Hilfsmittel nicht als allgemeine Gebrauchsgegenstände des täglichen Lebens anzusehen oder gemäß Rechtsverordnung nach § 34 SGB V ausgeschlossen sind.

Nach § 31 SGB IX sind nur solche Hilfen als Hilfsmittel (Körperersatzstücke sowie orthopädische und andere Hilfsmittel) anzusehen, die von der versicherten Person getragen oder mitgeführt oder bei einem Wohnungswechsel mitgenommen werden können.

Unter Berücksichtigung der Umstände des Einzelfalles setzt der Anspruch nach § 31 SGB IX zudem voraus, dass die Hilfen erforderlich sind, um

- einer drohenden Behinderung vorzubeugen,
- den Erfolg einer Heilbehandlung zu sichern oder
- eine Behinderung bei der Befriedigung von Grundbedürfnissen des täglichen Lebens auszugleichen, soweit sie nicht allgemeine Gebrauchsgegenstände des täglichen Lebens sind.

Zu den elementaren Grundbedürfnissen eines Menschen gehören:

- das Gehen, Stehen, Treppensteigen, Sitzen, Liegen, Greifen,
- Sehen, Hören, Sprechen,
- die Nahrungsaufnahme,
- das Ausscheiden,
- die allgemeinen Verrichtungen des täglichen Lebens, z. B. Körperpflege, An- und Auskleiden,
- das selbständige Wohnen, die Wohnung zu verlassen, Alltagsgeschäfte zu erledigen,
- das Erschließen eines gewissen körperlichen und geistigen Freiraums.

Zum Grundbedürfnis der Erschließung eines geistigen Freiraums gehören u. a. die Aufnahme von Informationen sowie das Erlernen eines lebensnotwendigen Grundwissens.

Zur Erschließung des körperlichen Freiraums gehört insbesondere die Fähigkeit, sich in der eigenen Wohnung zu bewegen und sie zu verlassen, um bei einem kurzen Spaziergang „an die frische Luft zu kommen" oder um die – üblicherweise im Nahbereich der Wohnung liegenden – Stellen zu erreichen, an denen Alltagsgeschäfte zu erledigen sind (Versorgungswege, z. B. Supermarkt, Arztpraxis, Apotheke, Geldinstitut, Post), nicht aber die Bewegung außerhalb dieses Nahbereichs.

4.12.2.2 Pflegehilfsmittel

werden unterschieden in zum Verbrauch bestimmte und technische Pflegehilfsmittel.

Die Pflegehilfsmittel müssen entweder

- zur Erleichterung der Pflege oder
- zur Linderung der Beschwerden der oder des Pflegebedürftigen beitragen oder – ihm eine selbständigere Lebensführung ermöglichen,

soweit die Hilfsmittel nicht wegen Krankheit oder Behinderung von der Krankenversicherung oder anderen zuständigen Leistungsträgern zu leisten sind.

4.12.2.3 Hilfsmittel und Pflegehilfsmittel in stationären Pflegeeinrichtungen

Stationäre Pflegeeinrichtungen haben die im Rahmen des üblichen Pflegebetriebs notwendigen Hilfsmittel und Pflegehilfsmittel bereitzustellen, weil sie aufgrund des Versorgungsauftrags (§ 71 Abs. 2 SGB XI) verpflichtet sind, die Pflegebedürftigen nach dem allgemein anerkannten Stand medizinisch-pflegerischer Erkenntnisse ausreichend und angemessen zu pflegen. Von daher sind von den vollstationären Pflegeeinrichtungen Hilfsmittel, die der Durchführung der Grundpflege, der hauswirtschaftlichen Versorgung oder allgemein der Prophylaxe dienen, vorzuhalten (Abgrenzungskatalog zur Hilfsmittelversorgung in stationären Pflegeeinrichtungen in der jeweils aktuellen Fassung). Pflegebedürftige, die in vollstationären Pflegeeinrichtungen leben, haben auch weiterhin einen Anspruch auf die individuelle Versorgung mit Hilfsmitteln nach § 33 SGB V zu Lasten der gesetzlichen Krankenversicherung, um den Erfolg der Krankenbehandlung zu sichern, einer drohenden Behinderung vorzubeugen oder eine Behinderung auszugleichen. Dies gilt für Hilfsmittel, die individuell angepasst werden oder ausschließlich von einer oder einem Pflegebedürftigen genutzt werden. Wenn das Hilfsmittel zur Behandlungspflege eingesetzt wird, ist ebenfalls eine Kostenübernahme durch die gesetzliche Krankenversicherung möglich.

4.12.2.4 Empfehlungen zur Hilfsmittel- bzw. Pflegehilfsmittelversorgung

In jedem Einzelfall ist die Möglichkeit der Verbesserung der Versorgung zu prüfen. Ausgehend von der derzeitigen Versorgung (Punkt F 1.3 „Hilfsmittel/Nutzung" des Formulargutachtens) sind konkrete Empfehlungen abzugeben.

Wird ein vorhandenes Hilfs-/Pflegehilfsmittel, das unter Punkt F 1.3 „Hilfsmittel/Nutzung" des Formulargutachtens beschrieben wurde, nicht oder nur unzureichend genutzt, ist zu prüfen, ob es die oder der Pflegebedürftige bedienen kann, und wenn nicht, ob eine erneute Anleitung im Gebrauch erforderlich ist oder eventuell Ersatz, Änderungen oder Anpassungen erforderlich sind. Wird zur Verbesserung der Versorgung eine Ausstattung mit (weiteren) Hilfs-/Pflegehilfsmitteln für erforderlich gehalten, ist dies hier zu empfehlen und zu konkretisieren:

- Produktart/Produktartnummer (Badewannenlifter, mobil mit Beinauflagefläche/04.40.01.1), wenn nicht möglich Produktgruppe (z. B. Badehilfen) oder Produktuntergruppe/Produktuntergruppennummer (z. B. Badewannenlifter/04.40.01),
- bei welchen Aktivitäten/zu welchem Zweck das vorgeschlagene empfohlene Pflege-/Hilfsmittel genutzt werden soll,
- ob die Nutzung selbstbestimmt, selbständig oder mit Hilfe durch die Pflegeperson erfolgen kann.

Die im Gutachten abgegebenen Empfehlungen zu Hilfsmitteln und Pflegehilfsmitteln werden unabhängig von der leistungsrechtlichen Zuordnung ausformuliert.

Bei Hilfsmitteln und Pflegehilfsmitteln, die den Zielen von § 40 SGB XI dienen, gelten die Empfehlungen jeweils als Antrag auf Leistungsgewährung, sofern die antragstellende Person, ihre Betreuerin bzw. ihr Betreuer oder ihre bevollmächtigte Person zustimmt.

Hilfsmittel und Pflegehilfsmittel, die den Zielen des § 40 SGB XI entsprechen, sind: Adaptionshilfen (z. B. Strumpfanziehhilfen, Greifhilfen), Badehilfen (z. B. Badewannenbretter, Badewannenlifter, Duschhocker, fahrbare Duschstühle), Gehhilfen (z. B. Gehböcke, Rollatoren, Deltaräder), Hilfsmittel gegen Dekubitus (z. B. Antidekubitussitzkissen, Antidekubitusauflagen, Antidekubitusmatratzen, aktive und passive Systeme), Inkontinenzhilfen (z. B. Inkontinenzvorlagen, Netzhosen, Inkontinenzpants, Bettschutzeinlagen), Kranken- oder Behindertenfahrzeuge (z. B. Rollstühle), Krankenpflegeartikel (z. B. behindertengerechte Betten, Stehbetten, Aufrichthilfen, Rückenstützen), Lagerungshilfen (z. B. Beinlagerungshilfen, Lagerungskeile), Mobilitätshilfen (z. B. Drehscheiben, Dreh- und Übersetzhilfen, Rutschbretter, Katapultsitze, Bettleitern), Stehhilfen, Stomaartikel, Toilettenhilfen (z. B. Toilettensitzerhöhungen, feststehende Toilettenstühle oder Toilettenstühle auf Rollen), Pflegehilfsmittel zur Erleichterung der Pflege, Pflegehilfsmittel zur Körperpflege oder Hygiene (z. B. Urinflaschen, Urinschiffchen, Steckbecken, saugende Bettschutzeinlagen, Kopfwaschsysteme), Pflegehilfsmittel zur selbständigeren Lebensführung oder zur Mobilität, Pflegehilfsmittel zur Linderung von Beschwerden, zum Verbrauch bestimmte Pflegehilfsmittel (z. B. Einmalhandschuhe, Desinfektionsmittel) sowie sonstige unmittelbar alltagsrelevante Pflegehilfsmittel.

Im Rahmen der Begutachtung erfragt die Gutachterin bzw. der Gutachter zu jedem einzelnen empfohlenen Hilfsmittel die Zustimmung und dokumentiert diese im Gutachten. Grundlage für die Empfehlungen von Hilfsmitteln und Pflegehilfsmitteln, die den Zielen von § 40 SGB XI dienen, sind die Richtlinien des GKV-Spitzenverbandes zur Festlegung der doppelfunktionalen Hilfsmittel und Pflegehilfsmittel (RidoHiMi) nach § 40 Abs. 5 SGB XI in der jeweiligen gültigen Fassung. Darüber hinaus zählen dazu alle übrigen im Verzeichnis nach § 78 SGB XI aufgeführten Pflegehilfsmittel. Es können auch Adaptionshilfen, Gehhilfen, Hilfsmittel gegen Dekubitus, aufsaugende Inkontinenzhilfen, Stehhilfen und Stomaartikel in Betracht kommen.

Bezüglich der empfohlenen Pflegehilfsmittel wird die Notwendigkeit der Versorgung vermutet.

Bezüglich der empfohlenen Hilfsmittel wird bis zum 31.12.2020 die Erforderlichkeit vermutet; insofern bedarf es keiner ärztlichen Verordnung nach § 33 Abs. 5a SGB V.

Damit ist eine weitergehende fachliche Überprüfung grundsätzlich nicht mehr geboten, es sei denn, die Kranken- oder Pflegekasse stellt die offensichtliche Unrichtigkeit der Empfehlung fest. Die Vermutung ersetzt nicht die Prüfung der Wirtschaftlichkeit durch die Krankenkasse.

Für alle anderen Hilfsmittel, die nicht den Zielen des § 40 SGB XI dienen (z. B. Kommunikationshilfen, Sehhilfen, Hörhilfen, Orthesen), gilt diese Regelung nicht. Die Versorgungsempfehlung ist in diesen Fällen nicht als Leistungsantrag zu werten.

4.12.3 Heilmittel

Grundlage der Verordnung von Heilmitteln in der vertragsärztlichen Versorgung ist die Heilmittel-Richtlinie (HeilM-RL) des Gemeinsamen Bundesausschusses (G-BA).

Heilmittel umfassen Maßnahmen der physikalischen Therapie, der podologischen Therapie, der Stimm-, Sprech- und Sprachtherapie und der Ergotherapie.

Heilmittel als Einzelleistung können auch eine rehabilitative Zielsetzung haben und somit Beeinträchtigungen der Aktivitäten und/oder der Teilhabe vermeiden oder vermindern.

4.12.4 Wohnumfeldverbessernde Maßnahmen (Verbesserung der räumlichen Umgebung)

Die Pflegekassen können bei häuslicher Pflege finanzielle Zuschüsse für Maßnahmen zur Verbesserung des individuellen Wohnumfeldes der oder des Pflegebedürftigen mindestens des Pflegegrades 1 nach § 40 Abs. 4 SGB XI gewähren, wie z. B. Umbaumaßnahmen oder technische Hilfen im Haushalt, wenn dadurch im Einzelfall

- die häusliche Pflege überhaupt erst ermöglicht wird,
- die häusliche Pflege erheblich erleichtert und damit eine Überforderung der Leistungskraft der oder des Pflegebedürftigen und der Pflegenden verhindert oder
- eine möglichst selbständige Lebensführung der oder des Pflegebedürftigen wiederhergestellt, also die Abhängigkeit von personeller Unterstützung durch Pflegepersonen und Pflegekräfte verringert wird.

Dabei sind die Maßnahmen zur Verbesserung des individuellen Wohnumfeldes nicht nur auf den Ausgleich und die Aufrechterhaltung der Selbständigkeit und den Ausgleich der Beeinträchtigungen der Fähigkeiten im Sinne des § 14 SGB XI bzw. auf die Verringerung des Bedarfs an personeller Unterstützung beschränkt.

Bei den wohnumfeldverbessernden Maßnahmen kann es sich um wesentliche Eingriffe in die Bausubstanz, um den Ein- und Umbau von Mobiliar oder um Maßnahmen, die eine Anpassung der konkreten Wohnumgebung an die Bedürfnisse des pflegebedürftigen Menschen bezwecken und deshalb in einer anderen Wohnumgebung nicht notwendigerweise benötigt werden, handeln. Im Gutachten sind alle zum Zeitpunkt der Begutachtung erforderlichen Maßnahmen zu dokumentieren. Diese Maßnahmen werden von der Pflegekasse als eine Verbesserungsmaßnahme gewertet und hierbei ist es nicht maßgeblich, ob die notwendigen Einzelmaßnahmen

- jeweils auf die Ermöglichung bzw. Erleichterung der häuslichen Pflege oder jeweils auf die Wiederherstellung einer möglichst selbständigen Lebensführung der oder des Pflegebedürftigen gerichtet sind,
- jeweils auf die Verbesserung der Lage in demselben Pflegebereich oder auf verschiedene Pflegebereiche abzielen,
- in demselben Raum der Wohnung oder in verschiedenen Räumen durchgeführt werden oder – innerhalb oder außerhalb der Wohnung bzw. des Hauses stattfinden.

Weitere Informationen sind der Anlage 2 „Auszug aus dem Gemeinsamen Rundschreiben des GKV-Spitzenverbandes und der Verbände der Pflegekassen auf Bundesebene zu den leistungsrechtlichen Vorschriften des PflegeVG zu § 40 Abs. 4 SGB XI" (in der jeweils gültigen Fassung) zu entnehmen.

4.12.5 Edukative Maßnahmen/Beratung/Anleitung

Ein pflegerelevantes Gesundheitsproblem führt auch zu einer Auseinandersetzung mit der aktuellen Lebenssituation aller Beteiligten und erfordert einen besonderen Gesprächs- und Begleitungsbedarf, weil Menschen mit chronischen Erkrankungen und ihre Angehörigen lernen müssen, mit gesundheitlichen Problemen umzugehen. Das Ziel edukativer Maßnahmen ist die Verbesserung der Lebensqualität durch Stärkung der Alltagskompetenz.

Unter Edukation werden Lern- und Bildungsmaßnahmen verstanden, die in vier Kernaktivitäten zusammengefasst werden: Information, Schulung, Beratung und Anleitung. Diese Aktivitäten können getrennt, aber auch miteinander verknüpft werden. Sie können der antragstellenden Person allein oder gemeinsam mit ihren Angehörigen angeboten werden.

Die vier Kernaktivitäten der Edukation werden wie folgt definiert:

- Information ist eine knappe mündliche, schriftliche oder mediale Weitergabe
- Beratung ist ein ergebnisoffener Dialog zur Unterstützung der Entscheidungsfindung oder der Entwicklung von Problemlösungen bzw. Handlungsstrategien im Umgang mit Krankheitsfolgen.
- Schulung ist ein zielorientierter, didaktisierter Prozess mit Ergebnissicherung
- Anleitung ist die Vermittlung oder begleitete Einübung von einzelnen Fertigkeiten oder Verhaltensweisen

4.12.6 Präventive Maßnahmen

Ein wesentliches Ziel der Prävention im Alter besteht darin, Risikofaktoren für körperliche und psychische Erkrankungen, z. B. Dekubitus- oder Sturzrisiko, Hinweise auf Fehl- oder Mangelernährung oder Suchtverhalten zu erkennen und zu beeinflussen.

Im Rahmen der Anamnese- und Befunderhebung sowie Bewertung der Module des Begutachtungsinstruments erfasst die Gutachterin oder der Gutachter auch die bestehenden Risiken. Sofern die bisherige Versorgung nicht ausreichend erscheint, empfiehlt er oder sie weitere konkrete Maßnahmen.

Durch das Gesetz zur Stärkung der Gesundheitsförderung und der Prävention (Präventionsgesetz – PrävG) wird die Prävention zur Vermeidung oder Minderung von Pflegebedürftigkeit deutlich gestärkt. Es ist eine gutachterliche Aussage darüber zu treffen, ob in der häuslichen Umgebung oder in der Einrichtung, in der die oder der Pflegebedürftige lebt, ein Beratungsbedarf hinsichtlich primärpräventiver Maßnahmen nach § 20 Abs. 5 SGB V besteht.

Grundsätzlich finden die Angebote der Primärprävention in Gruppen statt. Dieses setzt eine psychische und physische Eignung der Versicherten voraus.

Diese Maßnahmen sind nicht als Ersatz für eine ärztliche Behandlung einschließlich einer Heilmitteltherapie gedacht.

Wird eine Beratung zu Leistungen zur verhaltensbezogenen Primärprävention nach § 20 Abs. 5 SGB V empfohlen, kann sich diese ausschließlich entsprechend des Leitfadens Prävention[15] auf Maßnahmen/Kurse zu folgenden Handlungsfeldern beziehen:

- Bewegungsförderung/Sturzprävention
- Gewichtsreduktion
- Beseitigung von Mangel- und Fehlernährung
- Verbesserung der psychosozialen Gesundheit
- Verantwortungsbewusster Umgang mit Sucht-/Genussmitteln (u. a. Nikotin, Alkohol)

4.12.7 Sonstige Empfehlungen

Die Gutachterin bzw. der Gutachter kann hier weitere Empfehlungen[16] geben, z. B. zur Teilnahme am Rehabilitationssport oder Funktionstraining oder zu Maßnahmen, die nicht zu den Leistungen der Kranken- oder Pflegekasse gehören.

4.12.8 F 7.1 Möglichkeiten zur Förderung oder zum Erhalt der festgestellten Selbständigkeit oder der Fähigkeiten

Nach Anamnese, Befunderhebung und Einschätzung der gesundheitsbedingten Beeinträchtigungen der Selbständigkeit oder der Fähigkeiten hat der Gutachter einen Gesamtüberblick, der ihm ermöglicht zu bewerten, ob sich realistische Möglichkeiten zur Verbesserung oder zum Erhalt der in den Modulen 1 bis 6 und den Bereichen „Außerhäusliche Aktivitäten" und

15 Leitfaden Prävention - Handlungsfelder und Kriterien des GKV-Spitzenverbandes zur Umsetzung der §§ 20 und 20a SGB V vom 21. Juni 2011 in der jeweils geltenden Fassung

16 Sonstige Empfehlungen: Umfasst werden hier Empfehlungen und Anregungen zu Maßnahmen und Leistungen, die sowohl zu Lasten der Kranken- und Pflegeversicherung erbracht werden, wie ergänzende Leistungen der Rehabilitation gem. § 43 Abs. 1 SGB V, § 44 Abs. 1 Nr. 3 und 4 SGB IX, diagnostische Abklärung durch Fachärzte oder Hinzuziehen von Fachtherapeuten (z. B. Wundtherapeuten), aber auch Anregungen und Empfehlungen, die nicht zu den Leistungen der Kranken- und Pflegekassen gehören, wie Anschluss an Selbsthilfegruppen oder entlastende Maßnahmen (z. B. Essen auf Rädern).

„Haushaltsführung" bewerteten Funktionen, Aktivitäten und Beeinträchtigungen über die bereits laufende Versorgung hinaus ergeben.

Für die Bewertung sind die Bereiche in drei Gruppen zusammengefasst:

F 7.1.1 Mobilität, Selbstversorgung und Haushaltsführung

Im Gutachten soll bezogen auf die Bereiche Mobilität, Selbstversorgung und Haushaltsführung Stellung genommen werden zu:

1. Einleitung/Optimierung therapeutischer Maßnahmen
In Betracht kommen Maßnahmen der physikalischen Therapie, der Ergotherapie und insbesondere in Hinblick auf das selbständige Essen und Trinken die Stimm-, Sprech- und Sprachtherapie.

Aus dem Bereich der physikalischen Therapie kann in erster Linie an Krankengymnastik mit dem Ziel des Erhalts oder der Verbesserung der Mobilität gedacht werden. Dazu gehören z. B. Wiedererlernen des Treppensteigens, Erhalt der Gehfähigkeit, Erhalt der Fähigkeit, einen Transfer selbständig vorzunehmen.

Mit einer Ergotherapie können physiologische Funktionen erhalten und aufgebaut werden, Grob- und Feinmotorik sowie Koordination von Bewegungsabläufen entwickelt und verbessert und die funktionelle Ausdauer gestärkt werden. Weiter dient Ergotherapie auch dazu, Ersatzfunktionen zu erlernen und die eigenständige Lebensführung z. B. unter Einbeziehung technischer Hilfen zu erhalten.

Die Ergotherapie bedient sich motorisch-funktioneller oder sensomotorisch-perzeptiver Methoden. Motorisch-funktionelle Ansätze können z. B. den Erhalt der Selbständigkeit beim Waschen und Anziehen fördern. Eine klassische Maßnahme ist Wasch- und Anziehtraining. Sensomotorisch-perzeptive Ansätze dienen z. B. dem Erhalt oder der Wiederherstellung feinmotorischer oder graphomotorischer Funktionen, die z. B. für das Zubereiten von Mahlzeiten oder das Schreiben von Einkaufslisten wichtig sind. Ein wichtiger Bestandteil der Ergotherapie ist Hilfsmitteltraining und -anpassung, z. B. kann das das Erlernen des Umgangs mit Prothesen oder einem Rollstuhl sein.

Beeinträchtigungen im Bereich der Mobilität und der Selbstversorgung können durch chronische Schmerzen verursacht sein oder damit einhergehen, z. B. bei entzündlich rheumatischen Erkrankungen. Eine Empfehlung zur Überprüfung der Schmerztherapie kann hier angezeigt sein.

Wenn es um den Erhalt oder das Wiedererlernen des selbständigen Essens und Trinkens geht, können Maßnahmen der Stimm-, Sprech-, Sprachtherapie, vorrangig Schlucktherapie, erforderlich sein.

2. Optimierung der räumlichen Umgebung
Zur Förderung der Selbständigkeit oder Erleichterung der Pflegesituation sind wohnumfeldverbessernde Maßnahmen in Betracht zu ziehen.

Infrage kommen z. B.:

Bad: unterfahrbarer Waschtisch, verstellbare Spiegel, behindertengerechte Toilette, behindertengerechter Umbau von Dusche oder Wanne.

Türen: verbreitern, Schwellen beseitigen, automatische Türöffnung anbringen. Treppen: Treppenlifter, fest installierte Rampen.

Küche: Unterfahrbarkeit der Arbeitsplatte, Höhenverstellbarkeit der Schränke.

3. Hilfs-/Pflegehilfsmitteleinsatz bzw. dessen Optimierung
Zur Förderung der selbständigen Lebensführung können Geräte und Gegenstände des täglichen Lebens, die unabdingbar mit der täglichen Lebensführung und Alltagsbewältigung zur Befriedigung der Grundbedürfnisse verbunden sind und von der versicherten Person infolge Krankheit oder Behinderung nicht mehr zweckentsprechend genutzt werden können, adaptiert oder ersetzt werden. Die infrage kommenden Hilfs-/Pflegehilfsmittel/Gegenstände des täglichen Lebens sind z. B.:

- Hilfen zur Hygiene wie Bade- oder Toilettenhilfen, Inkontinenzprodukte
- Hilfen im Alltag wie Anziehhilfen, Greifhilfen, Ess- und Trinkhilfen
- Hilfen zur Mobilität wie Gehhilfen und Rollstühle
- Hilfen zum Liegen und Positionieren wie Pflegebetten und Zubehör, Lagerungshilfen

4. Präventive Maßnahmen
Als präventive Maßnahmen können z. B. Training zur Sturzprophylaxe, Gleichgewichtstraining, Übungen zur Muskelkräftigung, Beckenbodentrai-

ning, Rückenschule oder die Mobilisierung inaktiver Personen empfohlen werden.

Eine Beratung zur Mundgesundheit und zur Verhütung von Zahnerkrankungen kann nach § 22a SGB V angeregt werden.

5. Sonstige Empfehlungen
Hierzu zählt z. B. eine Empfehlung zur Teilnahme am Rehabilitationssport/Funktionstraining.

F 7.1.2 Kognitive und kommunikative Fähigkeiten, Verhaltensweisen und psychische Problemlagen und Gestaltung des Alltagslebens und sozialer Kontakte

Die Gutachterin bzw. der Gutachter soll bezogen auf die festgestellten Beeinträchtigungen der kognitiven und kommunikativen Fähigkeiten, die Verhaltensweisen und psychischen Problemlagen und die Beeinträchtigungen der Selbständigkeit bei der Gestaltung des Alltagslebens und sozialer Kontakte Stellung nehmen zu:

1. Einleitung/Optimierung therapeutischer Maßnahmen
In Betracht kommen insbesondere Maßnahmen der Ergotherapie wie Hirnleistungstraining, neuro-psychologisch orientierte Behandlung und psychisch-funktionelle Behandlung. Stimm-, Sprech- und Sprachtherapie dient dem Erhalt und der Verbesserung kommunikativer Fähigkeiten.

Mit einem Hirnleistungstraining oder einer psychisch funktionellen Behandlung im Rahmen einer Ergotherapie können z. B. kognitive Fähigkeiten erhalten oder wieder aufgebaut werden, die zur Alltagsbewältigung erforderlich sind. Trainiert werden beispielsweise die Aufmerksamkeit, die Merkfähigkeit, die auditive und räumliche Wahrnehmung sowie die höheren Denk- und Gedächtnisfunktionen wie die Handlungsplanung, Tagesstrukturierung und das Abstraktionsvermögen.

Weiter können Strategien zur Kompensation bestehender Beeinträchtigungen erlernt werden, wie bei Störungen des autobiografischen Gedächtnisses ein Gedächtnistagebuch zu führen oder Handlungsroutinen zu erlernen (Schlüssel immer an dieselbe Stelle legen).

Die Stimm-, Sprech- und Sprachtherapie bezieht sich auf die Verbesserung und den Erhalt des Sprachverständnisses, der Sprachproduktion, der Artikulation sowie auf Erlernen von verbalen und nonverbalen Kompensationsstrategien zum Aufrechterhalten der Kommunikation und Interaktion mit dem sozialen Umfeld. Hierzu gehört z. B. auch das Training im Umgang mit Hilfsmitteln zur Kommunikation wie einem Sprachcomputer oder einem Kommunikationsbuch.

2. Optimierung der räumlichen Umgebung
Zur Förderung der Selbständigkeit oder Erleichterung der Pflegesituation sind wohnumfeldverbessernde Maßnahmen in Betracht zu ziehen. Infrage kommt zum Beispiel die Schaffung von Orientierungshilfen.

3. Hilfsmitteleinsatz bzw. dessen Optimierung
Hilfsmittel und Pflegehilfsmittel können in vielfältiger Weise die kognitiven und kommunikativen Fähigkeiten unterstützen, so z. B. Adaptionshilfen zum Schreiben und Lesen. Signalanlagen dienen vorrangig Gehörlosen oder schwerhörigen Personen zur Vermittlung von Warnsignalen und erlauben so eine selbständigere Lebensführung.

4. Präventive Maßnahmen
Hier können z. B. Hinweise zur Beschäftigung und zur Tagesstrukturierung oder Gedächtnistraining nach Anleitung gegeben werden. Des Weiteren kommen Stressbewältigungstraining oder das Erlernen eines Entspannungsverfahrens sowie Kurse zur Depressionsprävention in Betracht.

5. Sonstige Empfehlungen
An dieser Stelle kommen niedrigschwellige Maßnahmen, z. B. die Nutzung von Angeboten zur Unterstützung im Alltag, in Betracht. Zudem können Empfehlungen zur diagnostischen Abklärung und Einbeziehung von Fachärzten/Fachtherapeuten gegeben werden.

F 7.1.3 Bewältigung von und selbständiger Umgang mit krankheits- oder therapiebedingten Anforderungen und Belastungen

Die Gutachterin bzw. der Gutachter soll bezogen auf die konkreten krankheits- oder therapiebedingten Anforderungen und Belastungen Stellung nehmen zu:

1. Edukative Maßnahmen
Hierzu zählen unter anderem Diabetes-Schulungen, krankheitsbezogene Ernährungsberatung, Beratung für den Umgang mit einem Uro- oder Colostoma, Erlernen von entlastenden Atemtechniken bei COPD.

2. Einsatz, Anleitung bzw. Vermittlung von Kenntnissen und Fertigkeiten im Umgang mit Hilfs- und Pflegehilfsmitteln und medizinischen Geräten
Hierzu zählen Anleitungen zur Selbstkatheterisierung, zum Umgang mit Colostoma, zum Umgang mit unterstützenden apparativen Beatmungstechniken (z. B. CPAP). Infrage kommt auch die Empfehlung eines Blutzuckermessgerätes verbunden mit der Anleitung zur Übernahme der behandlungspflegerischen Maßnahmen Blutzuckermessen und Insulinspritzen.

3. Präventive Maßnahmen
Hierzu zählen z. B. die Anregung der Überprüfung der Medikation bei Multimedikation oder Hinweise zur Hygiene bei Verwendung von Medizinprodukten zur Infektionsprophylaxe, aber auch Hinweise auf den verantwortlichen Umgang mit Suchtmitteln, z. B. Nichtrauchertraining oder die Teilnahme an Selbsthilfegruppen. In Betracht kommen auch Hinweise zur Vermeidung von Fehl- und Mangelernährung oder zur Gewichtsreduktion.

4. Sonstige Empfehlungen
Als weitere Maßnahme kommen aus dem Bereich der Heilmittel-Versorgung die podologische Therapie beim diabetischen Fußsyndrom oder die Einbeziehung eines Wundtherapeuten in Betracht.

4.12.9 F 7.2 Empfehlungen zu therapeutischen oder weiteren Einzelmaßnahmen

Sind im Gutachten unter den Punkten F 7.1.1 bis F 7.1.3 Empfehlungen ausgesprochen worden, ist zu beurteilen, ob es des interdisziplinären, mehrdimensionalen Behandlungsansatzes einer medizinischen Rehabilitation bedarf oder ob therapeutische und/oder weitere Einzelmaßnahmen zum Erhalt oder zur Verbesserung der Selbständigkeit und Teilhabe ausreichend und erfolgversprechend sind. Kommt die Gutachterin oder der Gutachter zu der Entscheidung, dass zum Erhalt oder zur Verbesserung der Selbständigkeit und Teilhabe die aktuellen Leistungen der vertragsärztlichen Versorgung oder pflegerische Maßnahmen sowie ggf. weitere unter F 7.1.1 bis F 7.1.3 genannte Maßnahmen ausreichend und erfolgversprechend sind, entfällt die Bearbeitung des Abschnittes F 7.3 Empfehlungen zur medizinischen Rehabilitation. Es sind dann unter F 7.2.1 die entscheidungsrelevanten Empfehlungen anzugeben.

4.12.10 F 7.3 Empfehlungen zur medizinischen Rehabilitation

Ablauf der Prüfung der Notwendigkeit einer Leistung zur medizinischen Rehabilitation

Die Beurteilung rehabilitativer Bedarfe im Rahmen der Pflegebegutachtung erfolgt bundeseinheitlich in allen MDK auf der Grundlage des optimierten Begutachtungsstandards, der als Anlage 3 zur BRi beigefügt ist.

Der gemeinsamen Verantwortung von Ärztinnen und Ärzten sowie Pflegefachkräften für die Rehabilitationsempfehlung wird durch die strukturierte und durch den OBS standardisierte Kooperation der beteiligten Gutachter Rechnung getragen.

Ist die gutachterliche Entscheidung nach Bewertung der Punkte F 7.1.1 bis F 7.1.3 und der dort getroffenen Empfehlungen so ausgefallen, dass zum Erhalt oder zur Verbesserung der Selbständigkeit und Teilhabe der interdisziplinäre, mehrdimensionale Behandlungsansatz einer medizinischen Rehabilitation erforderlich ist und Maßnahmen der kurativen Versorgung nicht ausreichend oder erfolgversprechend sind, ist von Rehabilitationsbedürftigkeit auszugehen.

F 7.3.1 Rehabilitationsfähigkeit

Im nächsten Schritt ist zu prüfen, ob Hinweise auf eine Einschränkung der Rehabilitationsfähigkeit bestehen, wie erhebliche Schädigungen der mentalen Funktionen, z. B. schwere Orientierungsstörungen, fehlende Kooperations- und Einsichtsfähigkeit aufgrund psychischer oder fortgeschrittener dementieller Störungen oder eine stark eingeschränkte körperliche Belastbarkeit, die die Durchführung einer Rehabilitationsmaßnahme, einschließlich einer mobilen Rehabilitation, unmöglich machen. Auch ist abzuklären, ob eine kurzfristig geplante Operation oder Krankenhausaufnahme der Einleitung entgegensteht.

F 7.3.2 Rehabilitationsziele

Nachfolgend sind realistische, alltagsrelevante Rehabilitationsziele zu benennen, die sich an den festgestellten Beeinträchtigungen der Selbständigkeit und der Fähigkeiten und den individuellen Bedürfnissen unter Berücksichtigung relevanter Kontextfaktoren orientieren. Oft sind dies kleinschrittige Ziele, wie das Training des Bett-Stuhl-/Bett-Rollstuhl-Transfers, die aber durchaus darüber entscheiden, ob die Selbständigkeit sichergestellt bzw. gewährleistet werden kann (z. B. ein Verbleib in der Häuslichkeit, weitgehend selbstbestimmtes Leben im Pflegeheim).

Ist die begutachtende Pflegefachkraft auf der Grundlage der erhobenen Informationen zu der Einschätzung gekommen, dass eine Rehabilitationsindikation bestehen könnte, erfolgt die Weiterleitung an eine Ärztin oder einen Arzt im Gutachterdienst, der zur Notwendigkeit einer medizinischen Rehabilitation Stellung nimmt. Wenn sich die Pflegefachkraft in ihrer Einschätzung bezüglich einer Rehabilitationsindikation nicht sicher ist, wird auch eine Ärztin oder ein Arzt in die Begutachtung eingeschaltet. Im ärztlichen Gutachten wird auf der Grundlage der von der Pflegefachkraft erfassten Informationen geprüft, ob eine Rehabilitationsindikation vorliegt, und bei Bestätigung eine Allokationsempfehlung abgegeben. Dabei ist unter Würdigung des bisherigen Erkrankungsverlaufs, des Kompensationspotenzials oder der Rückbildungsfähigkeit unter Beachtung und Förderung individueller positiver Kontextfaktoren zu beurteilen, ob eine positive Rehabilitationsprognose anzunehmen ist.

F 7.3.3 Empfehlung einer Leistung zur medizinischen Rehabilitation

Bei den Zuweisungsempfehlungen ist anzugeben, ob eine geriatrische oder indikationsspezifische Rehabilitation erforderlich ist und ob diese ambulant (ggf. mobil) oder stationär durchgeführt werden kann.

Die Empfehlung zu einer Leistung zur medizinischen Rehabilitation erfolgt allein nach fachlichen Kriterien unabhängig vom regionalen Versorgungsangebot. Eine fachlich gebotene Versorgungsform ist auch dann anzugeben, wenn diese regional nicht zur Verfügung steht, z. B. stationäre oder mobile geriatrische Rehabilitation. In diesem Falle sind ggf. zusätzlich im Freitext alternative Versorgungsmöglichkeiten aufzuzeigen.

Eine Beratung der antragstellenden Person zur Umsetzung einer empfohlenen Rehabilitationsmaßnahme ist erforderlich, wenn die antragstellende Person zum Zeitpunkt der Begutachtung unsicher über die Teilnahme ist.

F 7.2.1 Anhand der dem Gutachten zur Feststellung der Pflegebedürftigkeit gemäß SGB XI zugrunde liegenden Informationen wird keine Empfehlung zur Einleitung einer Leistung zur medizinischen Rehabilitation gegeben

Die Einschaltung einer Ärztin oder eines Arztes des Gutachterdienstes zur Beurteilung der Rehabilitationsindikation ist nicht erforderlich, wenn die begutachtende Pflegefachkraft begründen kann, warum sie keine Empfehlung zur Einleitung von Leistungen zur medizinischen Rehabilitation abgibt, z. B.:

- Die aktuellen Leistungen der vertragsärztlichen Versorgung oder pflegerischen Maßnahmen erscheinen ausreichend, um Pflegebedürftigkeit zu vermeiden, zu vermindern oder eine Verschlimmerung zu verhüten.

o Diese Antwortoption kommt in Betracht, wenn unter F 7.1.1 bis F 7.1.3 keine Maßnahmen genannt werden, weil die bereits eingeleitete vertragsärztliche Behandlung und die pflegerische Versorgung ausreichend erscheinen und darüber hinaus keine weiteren Empfehlungen erforderlich sind. Aussagen zur Fortführung bereits eingeleiteter Maßnahmen sind entbehrlich.

- Es wird empfohlen, mit der behandelnden Ärztin bzw. dem behandelnden Arzt abzuklären, ob die unter 7.1.1 bis 7.1.3 genannten weiteren therapeutischen Maßnahmen eingeleitet werden können.
- Es wird empfohlen, die anderen unter 7.1.1 bis 7.1.3 genannten Empfehlungen einzuleiten
- Es werden die Einleitung/Optimierung aktivierend pflegerischer Maßnahmen empfohlen.
- Es ergeben sich zwar Hinweise für die Empfehlung einer Leistung zur medizinischen Rehabilitation, aktuell liegt jedoch keine ausreichende Rehabilitationsfähigkeit vor.

- Die Wirkung/der Erfolg einer abgeschlossenen oder derzeit stattfindenden Rehabilitationsmaßnahme soll abgewartet werden.
- Es wird keine realistische Möglichkeit gesehen, die Pflegebedürftigkeit zu vermindern oder eine Verschlimmerung zu verhüten.

o Diese Antwortoption kommt nur dann in Betracht, wenn unter F 7.1.1 bis F 7.1.3 keine Maßnahmen genannt werden, weil sich eine Zunahme der Pflegebedürftigkeit nicht verzögern lässt, z. B. bei einer weit fortgeschrittenen, metastasierenden onkologischen Erkrankung.

- Eine Rehabilitationsmaßnahme wurde bereits bewilligt, der Bewilligungsbescheid liegt vor.

Die Pflegefachkraft kann außerdem eine weitere Abklärung der Rehabilitationsindikation, z. B. durch die behandelnde Vertragsärztin oder den behandelnden Vertragsarzt empfehlen, insbesondere wenn für die Beurteilung notwendige Arzt- oder Krankenhausberichte nicht vorliegen.

Die Pflegefachkraft schaltet auch dann eine Ärztin oder einen Arzt des Gutachterdienstes ein, wenn sie Abklärungsbedarf bezüglich der Empfehlung weiterer Maßnahmen hat.

Die vorstehenden Feststellungen sind in einer gesonderten Präventions- und Rehabilitationsempfehlung zu dokumentieren und zusammen mit dem Pflegegutachten an die Pflegekasse zu senden.

4.13 F 8 Weitere Empfehlungen und Hinweise für die Pflegekasse

Die gutachterlichen Empfehlungen unter den Punkten F 7.1.1 bis F 7.1.3 werden hier zusammengeführt und aufgelistet:

F 8.1 Hilfsmittel und Pflegehilfsmittel

F 8.2 Heilmittel und sonstige therapeutische Maßnahmen

F 8.3 Wohnumfeldverbessernde Maßnahmen

F 8.4 Edukative Maßnahmen, Beratung und Anleitung

F 8.5 Präventive Maßnahmen

F 8.6 Beratung zu Leistungen der verhaltensbezogenen Primärprävention nach § 20 Abs. 5 SGB V

Die Empfehlung zur Beratung kann sich gemäß Leitfaden Prävention auf folgende Handlungsfelder beziehen:

- Bewegungsförderung
- Sturzprävention
- Gewichtsreduktion
- Beseitigung von Fehl- und Mangelernährung
- Verbesserung der psychosozialen Gesundheit
- Verantwortungsbewusster Umgang mit Sucht-/Genussmitteln

F 8.7 Verbesserung/Veränderung der Pflegesituation

Hier sind gutachterliche Empfehlungen zur Pflegesituation auszusprechen, die über die unter den Punkten F 7 ff. gegebenen Empfehlungen hinaus zu einer (weiteren) Stabilisierung der häuslichen Versorgung beitragen.

Auf der Grundlage der festgestellten Beeinträchtigungen der Selbständigkeit und der Fähigkeiten der versicherten Person in den acht Bereichen des Begutachtungsinstrumentes und der vorgefundenen Pflege- und Versorgungssituation (z. B. Belastung der Pflegeperson, soziales Umfeld) empfiehlt die Gutachterin bzw. der Gutachter konkrete Maßnahmen oder eine Pflegeberatung nach § 7a SGB XI.

Dabei hängt die Bereitschaft, konkrete Empfehlungen zu Hilfe- bzw. Unterstützungsleistungen anzunehmen, davon ab, ob sich die antragstellende Person und ihre Pflegeperson(en) bereits mit einer Veränderung der Situation auseinandergesetzt haben.

Wenn sich die antragstellende Person und ihre Pflegeperson(en) noch nicht mit einer Veränderung der Pflegesituation auseinandergesetzt haben, sind konkrete Empfehlungen allein häufig nicht zielführend. Es sollte ein Beratungsprozess durch die Empfehlung einer Pflegeberatung nach § 7a SGB XI ausgelöst werden.

Die Pflegeberatung nach § 7a SGB XI soll die Versorgungssituation der pflegebedürftigen Person verbessern, ihre Angehörigen entlasten und damit auch die häusliche Pflege stärken. Durch eine individuelle und gezielte Beratung soll eine Stabilisierung der häuslichen Pflege erreicht werden mit dem Ziel, die Versorgung in der Häuslichkeit aufrechtzuerhalten. Daher haben Versicherte, die Leistungen nach dem SGB XI beziehen oder beantragt haben, einen Anspruch auf eine umfassende Pflegeberatung im Sinne eines individuellen Fallmanagements, das von der Feststellung und systematischen Erfassung des Hilfebedarfes über die Erstellung eines individuellen Versorgungsplans mit allen erforderlichen Leistungen bis hin zur Überwachung der Durchführung des Versorgungsplans reicht.

Um Pflegepersonen wirkungsvoll zu entlasten, müssen sie über das bereits bestehende System von Unterstützungsangeboten und auch über neue Gestaltungsformen familiärer Pflege informiert werden. Durch eine qualifizierte Information und Beratung können Pflegepersonen gemeinsam mit der oder dem Pflegebedürftigen eine individuelle geeignete Pflege zusammenstellen, wodurch das häusliche Pflegesetting stabilisiert wird. Hierzu zählen u. a. Pflegekurse für ehrenamtliche Pflegepersonen, ambulante Pflegeleistungen, Tages- und Nachtpflege, Kurzzeitpflege.

Bei drohender oder bereits eingetretener Überforderung der Pflegeperson kann die Gutachterin bzw. der Gutachter diese informieren, dass auch Leistungen zur Vorsorge- oder Rehabilitation (ggf. unter Mitaufnahme der oder des Pflegebedürftigen) möglich sein können. In diesen Fällen wird der Pflegeperson empfohlen, Kontakt zu ihrer behandelnden Ärztin bzw. ihrem behandelnden Arzt aufzunehmen.

Wurde unter F 5.3 festgestellt, dass die Pflege nicht sichergestellt ist oder auf Dauer nicht sichergestellt werden kann, sind konkrete Empfehlungen zur Veränderung der Pflegesituation ebenfalls hier zu dokumentieren.

F 8.8 Beratung zur Umsetzung der empfohlenen Leistung zur medizinischen Rehabilitation

Wenn eine Empfehlung zu einer Leistung zur medizinischen Rehabilitation ausgesprochen wurde, die antragstellende Person aber noch Beratungsbedarf hat, wird der Pflegekasse hier der Hinweis gegeben, dass eine Beratung zur Umsetzung der empfohlenen Leistung erforderlich ist.

F 8.9 Die antragstellende Person widerspricht der Übersendung des Gutachtens

Regelhaft hat die Pflegekasse der antragstellenden Person mit dem Bescheid auch das Gutachten zur Verfügung stellen, es sei denn die antragstellende Person oder ihre Betreuerin bzw. ihr Betreuer widerspricht der Übersendung des Gutachtens. In diesem Fall wird die Pflegekasse von der Gutachterin bzw. vom Gutachter darüber informiert.

F 8.10 Sonstige Hinweise

Hier können ggf. weitere Hinweise an die Pflegekasse aufgenommen werden, die in der Systematik des Formulargutachtens an anderer Stelle nicht möglich sind.

4.14 F 9 Prognose/Wiederholungsbegutachtung

Hier ist die weitere voraussichtliche Entwicklung der gesundheitlich bedingten Beeinträchtigungen der Selbständigkeit oder der Fähigkeiten abzuschätzen und zu dokumentieren. Wenn durch zumutbare kurative, pflegerische oder rehabilitative Maßnahmen sowie durch den Einsatz von

Hilfsmitteln/Pflegehilfsmitteln die Selbständigkeit und Fähigkeiten relevant verändert werden können, ist dies mit anzugeben und ein angemessener Termin für eine Wiederholungsbegutachtung vorzuschlagen. Der im Einzelfall anzugebende Termin der Wiederholungsbegutachtung muss im Bezug zur angegebenen Prognose stehen. Zur Rechtfertigung einer Wiederholungsbegutachtung ist wegen des damit verbundenen Eingriffs in die Privatsphäre der antragstellenden Person erforderlich, dass zumindest die Möglichkeit besteht, dass die Voraussetzungen für eine vollständige oder teilweise Aufhebung der Leistungsbewilligung eintreten.

Ist keine Verbesserung bzw. prognostisch eher eine Verschlechterung zu erwarten, ist die Angabe eines Termins für eine Wiederholungsbegutachtung nicht erforderlich. Es kann auf einen Höherstufungsantrag hingewiesen werden, insbesondere bei einer Zunahme der Beeinträchtigungen der Selbständigkeit und der Fähigkeiten, durch einen progredienten Krankheitsverlauf.

5 Feststellung der Pflegebedürftigkeit bei Kindern und Jugendlichen bis 18 Jahre

Die Einschätzung der Pflegebedürftigkeit bei Kindern folgt grundsätzlich den Prinzipien der Erwachsenenbegutachtung, da die für die Erwachsenen relevanten Kriterien mit nur wenigen Anpassungen auch auf Kinder und Jugendliche zutreffen.

Zur Vereinfachung wird nachfolgend nur von Kindern gesprochen, dies schließt Jugendliche bis zum 18. Geburtstag mit ein. Werden im Text Eltern erwähnt, schließt dies auch andere Pflegepersonen mit ein.

Der wesentliche Unterschied besteht darin, dass bei Kindern in der Bewertung allein die Abweichung von der Selbständigkeit und den Fähigkeiten altersentsprechend entwickelter Kinder zugrunde gelegt wird. Ein wesentliches Merkmal der normalen kindlichen Entwicklung ist die Variabilität aller Entwicklungsschritte.

Zur Beantwortung der Frage, welche der im Begutachtungsinstrument enthaltenen Fähigkeiten in welchem Alter vorliegen bzw. welche Handlungen bzw. Aktivitäten selbständig durchgeführt werden können, erfolgte eine umfangreiche Literaturrecherche und Analyse, ergänzt durch Fachexpertisen[17]. Die Analyse zielte darauf ab, zu den im Begutachtungsinstrument verwendeten Kriterien eine auf empirischen Untersuchungen basierende Aussage zu treffen, ab welchem Alter die entsprechende Aktivität üblicherweise selbständig von einem Kind durchgeführt wird bzw. die entsprechende Fähigkeit ausgebildet ist. Kriterien, die entwicklungsbedingt bis zu einem bestimmten Alter auch bei gesunden Kindern als unselbständig zu beurteilen sind, werden im Formulargutachten entsprechend gekennzeichnet und müssen nicht beurteilt werden.

In den Modulen 3 „Verhaltensweisen und psychische Problemlagen" und 5 „Bewältigung von und selbständiger Umgang mit krankheits- oder therapiebedingten Anforderungen und Belastungen" gibt es keine Festlegung von Altersgrenzen, da hier krankheits- und therapiebedingte Beeinträchtigungen erfasst werden, die altersunabhängig bei jedem Kind zu bewerten sind. Ebenso ist das Kriterium hinsichtlich des Vorliegens der besonderen Bedarfskonstellation KF 4.1.6 „Gebrauchsunfähigkeit beider Arme und beider Beine" altersunabhängig immer zu bewerten.

Die altersabhängig ermittelten Grade der Selbständigkeitsentwicklung sind im Begutachtungsinstrument für Kinder hinterlegt. Die Aufgabe der Gutachterin bzw. des Gutachters ist es, analog zur Erwachsenenbegutachtung die festgestellten Beeinträchtigungen und den Grad der Selbständigkeit zu dokumentieren. Deutlich wird somit die Notwendigkeit der gründlichen Erhebung der kindspezifischen Anamnese, um dem individuellen Entwicklungsverlauf und den besonderen Versorgungssituationen gerecht zu werden. Eine eingehende Befunderhebung ist zusätzlich erforderlich. Bei der Befunderhebung hat sich die Gutachterin oder der Gutachter neben der Prüfung verfügbarer Vorbefunde oder anderer Informationen ein eigenes Bild von Schädigungen, Beeinträchtigungen der Aktivitäten und Teilhabe, sowie der Ressourcen des Kindes zu machen. Mit dem Begutachtungsinstrument werden auch die Tätigkeiten berücksichtigt, die sich aus dem Umgang mit krankheits- oder therapiebedingten Anforderungen ergeben. Nicht nur die Begleitung zu Arzt- oder Therapeutenbesuchen, sondern auch die Begleitung zur Frühförderung fließt in die Beurteilung der Pflegebedürftigkeit ein. Dies trifft ebenso auf die von den Eltern durchgeführten

17 C. Büker, V. Meintrup, Anlage E „Literaturanalyse zur altersgemäßen kindlichen Entwicklung", im Anlagenband zu K. Wingenfeld, A. Büscher, B. Gansweid, „Das neue Begutachtungsassessment zur Feststellung von Pflegebedürftigkeit" 2008.

behandlungspflegerischen Maßnahmen wie Blutzuckermessen und Insulinspritzen, den Umgang mit körpernahen Hilfsmitteln, krankengymnastische, logopädische oder atemtherapeutische Übungen zu.

Zur Begutachtung von Kindern kommt ein eigenes Formulargutachten zum Einsatz, welches den Besonderheiten von Kindern gerecht wird.

Sonderregelungen bei pflegebedürftigen Kindern im Alter bis zu 18 Monaten

Das neue Begutachtungsinstrument gilt grundsätzlich für alle Altersgruppen. Der Bezugspunkt für die Einstufung von Kindern ist der Vergleich mit einem altersentsprechend entwickelten Kind. Da das neue Begutachtungsinstrument die Selbständigkeit im Vergleich zu altersentsprechend entwickelten Kindern als Maßstab hat, könnten Kinder von 0 bis 18 Monaten ohne eine Sonderregelung regelhaft keine oder nur niedrige Pflegegrade erreichen, da Kinder in diesem Alter von Natur aus in allen Bereichen des Alltagslebens unselbständig sind. Zudem müssten sie aufgrund der häufigen Entwicklungsveränderungen, wie sie sich bei altersentsprechend entwickelten Kindern in dieser Altersstufe vollziehen, in sehr kurzen Zeitabständen neu begutachtet werden.

Für pflegebedürftige Kinder im Alter bis zu 18 Monaten (der Tag, an dem das Kind seinen 18. Lebensmonat vollendet; vgl. §§ 187, 188 BGB) wurden deshalb hinsichtlich ihrer Beurteilung und Einstufung Sonderregelungen getroffen (§ 14 Abs. 2 Nr. 4 SGB XI, § 15 Abs. 6 und Abs. 7 SGB XI).

Bei der aufgrund des Alters noch natürlichen hohen Unselbständigkeit werden bei Kindern im Alter bis zu 18 Monaten nur die altersunabhängigen Module 3 „Verhaltensweisen und psychische Problemlagen“ und 5 „Bewältigung von und selbständiger Umgang mit krankheits- oder therapiebedingten Anforderungen und Belastungen“ zur Beurteilung herangezogen. Ebenso ist das Kriterium hinsichtlich des Vorliegens der besonderen Bedarfskonstellation KF 4.1.6 „Gebrauchsunfähigkeit beider Arme und beider Beine“ altersunabhängig immer zu bewerten. Anstelle von Modul 4 „Selbstversorgung“ ist lediglich die Fragestellung KF 4.4.0 „Bestehen gravierende Probleme bei der Nahrungsaufnahme, die einen außergewöhnlich pflegeintensiven Hilfebedarf im Bereich der Ernährung auslösen?“ zu beantworten.

Kinder dieser Altersgruppe werden außerdem aufgrund von § 15 Absatz 7 SGB XI einen Pflegegrad höher eingestuft als Kinder ab dem 19. Lebensmonat oder Erwachsene mit dem gleichen Gesamtpunktwert und können in diesem Pflegegrad ohne weitere Begutachtung bis zum 18. Lebensmonat verbleiben, soweit zwischenzeitlich kein Höherstufungsantrag gestellt wird oder eine Wiederholungsbegutachtung aus fachlicher Sicht notwendig ist. Nach dem 18. Lebensmonat erfolgt eine reguläre Einstufung entsprechend § 15 Abs. 3 SGB XI, ohne dass es einer erneuten Begutachtung bedarf.

Eine erneute Begutachtung erfolgt vor Erreichen des 18. Lebensmonats daher nur, wenn relevante Änderungen zu erwarten sind (z. B. durch eine erfolgreiche Operation einer Lippen-Kiefer-Gaumenspalte oder eines angeborenen Herzfehlers).

Altersgrenze für die Begutachtung von Kindern

Ab einem Alter von elf Jahren kann ein Kind in allen Modulen des Begutachtungsinstruments, die in die Berechnung des Pflegegrads eingehen, selbständig sein, sofern es altersentsprechend entwickelt ist. Der Bewertungsalgorithmus zur Berechnung des Pflegegrads, der die altersentsprechende kindliche Entwicklung berücksichtigt, greift dann nicht mehr. Für Kinder ab elf Jahren und erwachsene antragstellende Personen gelten dann dieselben pflegegradrelevanten Berechnungsvorschriften. Gleichwohl wird bei Antragstellenden von elf bis 18 Jahren im Sinne einer altersgerechten Formulierung das Begutachtungsformular für Kinder herangezogen, da Antragsteller dieser Altersgruppe in der Regel noch keine abgeschlossene geistige und körperliche Entwicklung aufweisen.

Tabellen zur Abbildung des altersentsprechenden Selbständigkeitsgrades/ der altersentsprechenden Ausprägung von Fähigkeiten bei Kindern bezogen auf die Module 1, 2, 4 und 6

Kinder erlernen in unterschiedlichem Alter im Laufe ihrer Entwicklung Fähigkeiten und Selbständigkeit. In der folgenden Tabelle ist der altersentsprechende Selbständigkeitsgrad bezogen auf die zu beurteilenden Kriterien abgebildet.

Die Tabelle endet mit vollendetem 11. Lebensjahr. Ab diesem Alter gilt die Punktesystematik für Erwachsene. Es gilt das Alter am Tag der Begutachtung.

1	Mobilität	Altersentsprechender Selbständigkeitsgrad			
Nr.		unselbständig	überwiegend unselbständig	überwiegend selbständig	selbständig
1.1	Positionswechsel im Bett	unter 1 Monat	von 1 Monat bis unter 3 Monate	von 3 Monaten bis unter 9 Monate	ab 9 Monaten
1.2	Halten einer stabilen Sitzposition	unter 6 Monaten	von 6 Monaten bis unter 8 Monate	von 8 Monaten bis unter 9 Monate	ab 9 Monaten
1.3	Umsetzen	unter 8 Monaten	von 8 Monaten bis unter 9 Monate	von 9 Monaten bis unter 11 Monate	ab 11 Monaten
1.4	Fortbewegen innerhalb des Wohnbereichs	unter 12 Monaten	von 12 Monaten bis unter 13 Monate	von 13 Monaten bis unter 18 Monate	ab 18 Monaten
1.5	Treppensteigen	unter 15 Monaten	von 15 Monaten bis unter 18 Monate	von 18 Monaten bis unter 2 Jahre und 6 Monate	ab 2 Jahren und 6 Monaten

2	Kognitive und kommunikative Fähigkeiten	Altersentsprechende Ausprägung			
Nr.		nicht vorhanden	in geringem Maße vorhanden	größtenteils vorhanden	vorhanden/unbeeinträchtigt
2.1	Erkennen von Personen aus dem näheren Umfeld	unter 6 Wochen	von 6 Wochen bis unter 9 Monate	von 9 Monaten bis unter 15 Monate	ab 15 Monaten

2.2	Örtliche Orientierung	unter 13 Monaten	von 13 Monaten bis unter 18 Monate	von 18 Monaten bis unter 6 Jahre	ab 6 Jahren
2.3	Zeitliche Orientierung	unter 2 Jahren und 6 Monate	von 2 Jahren und 6 Monate bis unter 5 Jahre	von 5 Jahren bis unter 7 Jahre	ab 7 Jahren
2.4	Erinnern an wesentliche Ereignisse oder Beobachtungen	unter 9 Monaten	von 9 Monaten bis unter 3 Jahre	von 3 Jahren bis unter 5 Jahre und 6 Monate	ab 5 Jahren und 6 Monate
2.5	Steuern von mehrschrittigen Alltagshandlungen	unter 5 Monaten	von 5 Monaten bis unter 12 Monate	von 12 Monaten bis unter 15 Monate	ab 15 Monaten
2.6	Treffen von Entscheidungen im Alltag	unter 18 Monaten	von 18 Monaten bis unter 2 Jahre und 6 Monate	von 2 Jahren und 6 Monaten bis unter 4 Jahre und 6 Monate	ab 4 Jahren und 6 Monate
2.7	Verstehen von Sachverhalten und Informationen	unter 4 Jahren	von 4 Jahren bis unter 5 Jahre	von 5 Jahren bis unter 6 Jahre	ab 6 Jahren

2.8	Erkennen von Risiken und Gefahren	unter 2 Jahren und 6 Monate	von 2 Jahren und 6 Monate bis unter 6 Jahre und 6 Monate	von 6 Jahren und 6 Monate bis unter 10 Jahre	ab 10 Jahren
2.9	Mitteilen von elementaren Bedürfnissen	unter 3 Monaten	von 3 Monaten bis unter 13 Monate	von 13 Monaten bis unter 4 Jahren	ab 4 Jahren
2.10	Verstehen von Aufforderungen	unter 16 Monaten	von 16 Monaten bis unter 18 Monate	von 18 Monaten bis unter 2 Jahre und 6 Monate	ab 2 Jahren und 6 Monate
2.11	Beteiligen an einem Gespräch	unter 15 Monaten	von 15 Monaten bis unter 2 Jahre	von 2 Jahren bis unter 4 Jahre	ab 4 Jahren

4	**Selbstversorgung**	**Altersentsprechender Selbständigkeitsgrad**			
Nr.		**unselbständig**	**überwiegend unselbständig**	**überwiegend selbständig**	**selbständig**
4.1	Waschen des vorderen Oberkörpers	unter 2 Jahren	von 2 Jahren bis unter 4 Jahre	von 4 Jahren bis unter 6 Jahre	ab 6 Jahren
4.2	Körperpflege im Bereich des Kopfes	unter 18 Monaten	von 18 Monaten bis unter 3 Jahre und 6 Monate	von 3 Jahren und 6 Monaten bis unter 5 Jahre	ab 5 Jahren

4.3	Waschen des Intimbereichs	unter 2 Jahren	von 2 Jahren bis unter 4 Jahre	von 4 Jahren bis unter 6 Jahre	ab 6 Jahren
4.4	Duschen und Baden einschließlich Waschen der Haare	unter 3 Jahren und 6 Monate	von 3 Jahren und 6 Monate bis unter 4 Jahre	von 4 Jahren bis unter 8 Jahre	ab 8 Jahren
4.5	An- und Auskleiden des Oberkörpers	unter 18 Monaten	von 18 Monaten bis unter 3 Jahre und 6 Monate	von 3 Jahren und 6 Monate bis unter 6 Jahre	ab 6 Jahren
4.6	An- und Auskleiden des Unterkörpers	unter 18 Monaten	von 18 Monaten bis unter 3 Jahre und 6 Monate	von 3 Jahren und 6 Monate bis unter 6 Jahre	ab 6 Jahren
4.7	Mundgerechtes Zubereiten der Nahrung und Eingießen von Getränken	unter 2 Jahren	von 2 Jahren bis unter 5 Jahre und 6 Monate	von 5 Jahren und 6 Monate bis unter 8 Jahre	ab 8 Jahren
4.8	Essen (Dreifachwertung)	unter 7 Monaten	von 7 Monaten bis unter 20 Monate	von 20 Monaten bis unter 2 Jahre und 6 Monate	ab 2 Jahren und 6 Monate
4.9	Trinken (Doppelwertung)	unter 8 Monaten	von 8 Monaten bis unter 11 Monate	von 11 Monaten bis unter 2 Jahre	ab 2 Jahren
4.10	Benutzen einer Toilette oder eines Toilettenstuhls (Doppelwertung)	unter 18 Monaten	von 18 Monaten bis unter 3 Jahre und 6 Monate	von 3 Jahren und 6 Monate bis unter 6 Jahre	ab 6 Jahren

4.11	Bewältigen der Folgen einer Harninkontinenz und Umgang mit Dauerkatheter und Urostoma	unter 5 Jahren	ab 5 Jahren
4.12	Bewältigen der Folgen einer Stuhlinkontinenz und Umgang mit Stoma	unter 5 Jahren	ab 5 Jahren
4.13	Ernährung parenteral oder über Sonde	unter 18 Monaten	ab 18 Monaten

6	**Gestaltung des Alltagslebens und sozialer Kontakte**	**Altersentsprechender Selbständigkeitsgrad**			
Nr.		**unselbständig**	**überwiegend unselbständig**	**überwiegend selbständig**	**selbständig**
6.1	Gestaltung des Tagesablaufs und Anpassung an Veränderungen	unter 2 Jahren und 6 Monate	von 2 Jahren und 6 Monaten bis unter 5 Jahre	von 5 Jahren bis unter 7 Jahre	ab 7 Jahren
6.2	Ruhen und Schlafen	unter 6 Monaten	von 6 Monaten bis unter 5 Jahre	von 5 Jahren bis unter 11 Jahre	ab 11 Jahren
6.3	Sichbeschäftigen	unter 6 Monaten	von 6 Monaten bis unter 3 Jahre	von 3 Jahren bis unter 5 Jahre	ab 5 Jahren

6.4	Vornehmen von in die Zukunft gerichteten Planungen	unter 2 Jahren und 6 Monate	von 2 Jahren und 6 Monate bis unter 3 Jahren	von 3 Jahren bis unter 5 Jahre	ab 5 Jahren
6.5	Interaktion mit Personen im direkten Kontakt	unter 6 Wochen	von 6 Wochen bis unter 9 Monate	von 9 Monaten bis unter 12 Monate	ab 12 Monaten
6.6	Kontaktpflege zu Personen außerhalb des direkten Umfelds	unter 12 Monaten	von 12 Monaten bis unter 3 Jahre	von 3 Jahren bis unter 5 Jahre	ab 5 Jahren

Systematik zur Berechnung der Einzelpunkte zu den Kriterien bei Kindern unter elf Jahren im Vergleich zu altersentsprechend entwickelten Kindern

Zur Berechnung des Selbständigkeitsgrades werden gemäß dem Prinzip der nachfolgenden Tabelle in den altersabhängigen Modulen 1 „Mobilität", 2 „Kognitive und kommunikative Fähigkeiten", 4 „Selbstversorgung" und 6 „Gestaltung des Alltagslebens und sozialer Kontakte" für jedes einzelne Kriterium Punkte vergeben. Wird in der Systematik der Erwachsenen eine Doppelwertung (F 4.4.9 und F 4.4.10), eine Dreifachwertung (F 4.4.8) oder eine andere Bewertung (F 4.4.13) vorgenommen, so gilt dies für Kinder analog. Die Gewichtung der Summe der Einzelpunkte erfolgt ebenfalls analog der Beurteilung Erwachsener (Punkt F 4.10.1).

Wird bei Kindern im Alter bis zu 18 Monaten der Punkt KF 4.4.0 „Bestehen gravierende Probleme bei der Nahrungsaufnahme, die einen außergewöhnlich pflegeintensiven Hilfebedarf im Bereich der Ernährung auslösen?" bejaht, werden pauschal 20 Punkte berücksichtigt.

Tabelle zur Berechnungssystematik der Punkte bei Kindern unter elf Jahren im Vergleich zu altersentsprechend entwickelten Kindern

	altersentsprechend entwickeltes Kind „unselbständig“ bzw. „Fähigkeit nicht vorhanden“	altersentsprechend entwickeltes Kind „überwiegend unselbständig“ bzw. „Fähigkeit in geringem Maße vorhanden“	altersentsprechend entwickeltes Kind „überwiegend selbständig“ bzw. „Fähigkeit größtenteils vorhanden“	altersentsprechend entwickeltes Kind „selbständig“ bzw. „Fähigkeit vorhanden/unbeeinträchtigt“
zu beurteilendes Kind „unselbständig“ bzw. „Fähigkeit nicht vorhanden“	0	1	2	3
zu beurteilendes Kind „überwiegend unselbständig“ bzw. „Fähigkeit in geringem Maße vorhanden“		0	1	2
zu beurteilendes Kind „überwiegend selbständig“ bzw. „Fähigkeit größtenteils vorhanden“			0	1
zu beurteilendes Kind „selbständig“ bzw. „Fähigkeit vorhanden/unbeeinträchtigt“				0

Beispiele:

Wenn das zu beurteilende Kind bei einem zu beurteilenden Kriterium „unselbständig" ist, bei dem altersentsprechend entwickelte Kinder „überwiegend selbständig" sind, resultieren für dieses Kriterium zwei Punkte für die Berechnung der Summe der Einzelpunkte im jeweiligen Modul.

Wenn das Kind bei dem Kriterium Essen (KF 4.4.8) „unselbständig" ist, bei dem altersentsprechend entwickelte Kinder „überwiegend selbständig" sind, resultieren für dieses Kriterium sechs Punkte (Dreifachbewertung) für die Berechnung der Summe der Einzelpunkte im Modul 4.

Wenn das Kind bei dem Kriterium „Benutzen einer Toilette oder eines Toilettenstuhls" (KF 4.4.10) „überwiegend unselbständig" ist, bei dem altersentsprechend entwickelte Kinder „selbständig" sind, resultieren für dieses Kriterium vier Punkte (Doppelbewertung) für die Berechnung der Summe der Einzelpunkte im Modul 4.

Wenn das Kind bei einem zu beurteilenden Kriterium „überwiegend unselbständig" ist, bei dem altersentsprechend entwickelte Kinder auch „überwiegend unselbständig" sind, resultieren für dieses Kriterium null Punkte für die Berechnung der Summe der Einzelpunkte im jeweiligen Modul.

Wenn bei dem zu beurteilenden Kind die Fähigkeit „in geringem Maße vorhanden" ist, bei dem bei altersentsprechend entwickelten Kindern die Fähigkeit „größtenteils vorhanden" ist, resultiert für diese Fähigkeit ein Punkt für die Berechnung der Summe der Einzelpunkte im Modul 2.

Besonderheiten zur Modulbewertung im Modul 5 „Bewältigung von und selbständiger Umgang mit krankheits- oder therapiebedingten Anforderungen und Belastungen":

Bei der Feststellung der Zwischensumme der Kriterien KF 4.5.12 bis KF 4.5.15 ist bei Kindern zusätzlich der Wert für das Kriterium KF 4.5.K (Besuche von Einrichtungen zur Frühförderung bei Kindern) zu addieren.

5.1 KF 1 Pflegerelevante Vorgeschichte, Befunde und derzeitige Versorgungssituation

Unter diesem Punkt gelten die gleichen Ausführungen wie für Erwachsene (Punkt 4.5).

5.1.1 KF 1.1 Pflegerelevante Fremdbefunde

Unter diesem Punkt gelten die gleichen Ausführungen wie für Erwachsene (Punkt 4.5.1).

5.1.2 KF 1.2 Pflegerelevante Vorgeschichte (Anamnese) medizinisch, pflegerische Angaben unter Berücksichtigung der Auswirkungen auf die Selbständigkeit oder die Fähigkeiten

Bei der Begutachtung von Kindern sind bei der Erhebung der Anamnese auch Aussagen zu Schwangerschaft, Geburtsverlauf, Geburtsgewicht, Geburtslänge, wenn möglich zu Apgar-Werten („gelbes Vorsorgeheft") und zu aufgetretenen gravierenden Komplikationen bzw. Schädigung(en) zu dokumentieren.

Es ist eine zusammenfassende Darstellung der kindlichen Entwicklung, ggf. deren Abweichung hinsichtlich der Motorik, Ernährung, der Sauberkeitsentwicklung, der Sprache, der Kognition und des Sozialverhaltens zu geben. Insbesondere bei Kindern von 0 bis 18 Monaten können Probleme bei der Ernährung von besonderer Relevanz sein.

Die bisherigen Förderungen des Kindes (ab welchem Alter) durch Kindergarten, Bildungseinrichtungen oder sonstige Einrichtungen inklusive Integrationsmaßnahmen sind kurz anzugeben.

Die pflegerelevante Vorgeschichte sollte wesentliche Krankenhausaufenthalte, pflegerelevante Besonderheiten sowie aktuelle Erkrankungen und Beschwerden beinhalten.

Bei Gutachten aufgrund von Höherstufungs- oder Rückstufungsanträgen, Widerspruchsgutachten oder Wiederholungsbegutachtungen reicht ein Verweis auf das Vorgutachten nicht aus. Eine kurze Zusammenfassung der Vorgeschichte und die Erhebung der Zwischenanamnese sind erforderlich. Hier sind Entwicklungsfort- bzw. -rückschritte zu beschreiben. Alleiniges Aufzählen von Diagnosen ist nicht zielführend.

Leistungen der medizinischen Rehabilitation:

Sofern in den letzten vier Jahren eine Leistung zur medizinischen Rehabilitation stattgefunden hat, ist soweit möglich die Rehabilitationsart, z. B. Rehabilitation für Kinder und Jugendliche, familienorientierte Rehabilitation (FOR), Begleitkind im Rahmen einer Mutter-/Vater-Kind-Maßnahme, anzugeben und der Erfolg zu erfragen.

5.1.3 KF 1.3 Vorhandene Hilfsmittel, Pflegehilfsmittel, Nutzung

Unter diesem Punkt gelten die gleichen Ausführungen wie für Erwachsene (Punkt 4.5.3).

5.1.4 KF 1.4 Pflegerelevante Aspekte der Versorgungs- und Wohnsituation

Unter diesem Punkt gelten die gleichen Ausführungen wie für Erwachsene (Punkt 4.5.4).

5.2 KF 2 Gutachterlicher Befund

Hier sollen im Gutachten offensichtliche Elementarbefunde wiedergegeben werden, die durch einfache Untersuchung und Inaugenscheinnahme des Kindes „mit den fünf Sinnen" ohne apparativen Aufwand erhalten werden können, um ein nachvollziehbares Bild des Kindes und seines Pflegezustandes zu erhalten. Hierzu gehören auch Angaben zu Größe und Gewicht.

Erwähnt werden soll das Verhalten des Kindes, das beim Eintreffen sowie während des Gesprächs mit den Eltern beobachtet wurde (z. B. Kontaktaufnahme, psychomotorische Unruhe, Erregbarkeit).

Bei Auffälligkeiten des Allgemein- oder Pflegezustandes ist eine detaillierte Beschreibung erforderlich. Sofern sich bezüglich des Ernährungszustandes Auffälligkeiten ergeben, sind diese zu beschreiben.

- Die Erhebung der Fähigkeiten ist entsprechend der Entwicklungsstufen vorzunehmen. Die Gutachterin bzw. der Gutachter hat sich davon durch Inaugenscheinnahme selbst ein Bild zu machen. Sofern dies nicht möglich ist, ist dies zu dokumentieren. Beeinträchtigungen der Selbständigkeit und der Fähigkeiten des Kindes sind ebenfalls zu beschreiben. Dazu gehört auch die Beschreibung der Nutzung von Hilfsmitteln.
- Folgende Auffälligkeiten sind konkret zu dokumentieren, z. B.:
- Atmung: Husten, Stridor, Rasseln, Tachypnoe, angestrengte Atmung

- Haut: Zyanose, Blässe, Ikterus, Ekzeme, Ödeme, Hämatome, Kratzspuren, schweißige Haut, trockene Haut
- Ernährung: Schluckstörungen, Speicheln, Erbrechen, Mundmotorik, (PEG/PEJ sind im Modul 4 zu erfassen)
- Blasen-/Darmentleerung: Sauberkeitsentwicklung, Durchfall, Verstopfung, Blasenentleerungsstörung
- Zu Seh- und Hörvermögen ist eine Aussage zu treffen.

Hier können zusätzlich Angaben der Eltern sowie zeitnahe Ergebnisse aus den Vorsorgeuntersuchungen („gelbes Vorsorgeheft") angegeben werden, z. B. Neugeborenen-Hörscreening, Sehprüfungen.

- Sprech- und Sprachvermögen sind zu beschreiben.
- Bezüglich ZNS und Psyche ist Folgendes zu berücksichtigen:
- Muskeltonusveränderungen, Paresen oder Kontrakturen (bereits beschriebene Auffälligkeiten müssen hier nicht noch einmal aufgeführt werden).
- Zerebrale Anfallsleiden einschließlich Krampfanfälle werden nach Art, Häufigkeit und Dauer in der Regel bereits in der Anamnese erfasst.
- Es sind während der Begutachtung beobachtete Verhaltensweisen zu beschreiben in Ergänzung zu den anamnestisch angegebenen Auffälligkeiten und den Hinweisen, die sich auch aus medizinischen Unterlagen oder Schulzeugnissen ergeben.
- Zu beurteilen sind das Verhalten gegenüber fremden oder bekannten Personen, Spiel-und Lernverhalten, Antrieb und Beschäftigung.

Hier können auch Störungen der Intelligenz, der Wahrnehmung und des Denkens dokumentiert werden. Aussagen zur Kognition wie z. B. zur Orientierung (örtlich und zeitlich), zum Sprachverständnis und zum Gedächtnis sind zu tätigen.

- Autismus-Spektrumstörungen sind hier ebenfalls darzustellen.
- Emotionale Verhaltensweisen und psychische Problemlagen wie z. B. Unruhezustände (tageszeitabhängig), Ängste, Aggressivität, Autoaggression sowie mangelndes Gefahrenbewusstsein sind zu beschreiben.

5.3 KF 3 Pflegebegründende Diagnose(n)

Eine oder zwei Diagnosen, die im Wesentlichen die Pflegebedürftigkeit begründen, sind anzugeben und nach ICD-10 zu verschlüsseln. Weitere

Diagnosen sollten in der Reihenfolge ihrer Wertigkeit bezüglich der Pflegebedürftigkeit angegeben werden.

Es sollten auch Diagnosen angegeben werden, die keine Pflegebedürftigkeit begründen, jedoch bei eventuellen Therapie- und Rehabilitationsleistungen von Bedeutung sind.

5.4 Pflegebedürftigkeit

5.4.1 Grundsätze bei der Feststellung der Pflegebedürftigkeit

Es gelten die gleichen Ausführungen wie für Erwachsene (Punkt 4.8.1).

5.4.1.1 Feststellung der gesundheitlichen Beeinträchtigungen der Selbständigkeit oder Fähigkeiten

Es gelten die gleichen Ausführungen wie für Erwachsene (Punkt 4.8.2).

5.4.1.2 Beurteilung von Selbständigkeit

Es gelten die gleichen Ausführungen wie für Erwachsene (Punkt 4.8.3).

Zu beachten ist jedoch, dass bei Kindern der tatsächliche Grad der Abhängigkeit von personeller Hilfe erfasst wird, unabhängig davon, ob dieser altersentsprechend oder Folge gesundheitlich bedingter Beeinträchtigungen der Selbständigkeit oder der Fähigkeiten ist.

Im Gutachten soll der Gesundheitszustand des Kindes nur beschrieben, nicht bewertet werden. Zu einzelnen Kriterien ist angegeben, ab welchem Alter diese zu bearbeiten sind. Zu bewerten ist, ob das Kind prinzipiell in der Lage wäre, die jeweilige Aktivität praktisch durchzuführen bzw. ob die jeweilige Fähigkeit vorliegt. Es ist zugleich zu prüfen, ob körperliche, kognitive oder psychische Beeinträchtigungen oder gesundheitlich bedingte Belastungen bestehen, die nicht selbständig kompensiert oder bewältigt werden können.

Selbständigkeit wird in mehreren Modulen mittels einer vierstufigen Skala bewertet. Es gelten die gleichen Ausführungen wie für Erwachsene.

5.5 Pflegefachliche Konkretisierung der Module und der Abstufungen der Selbständigkeit

Bei der Feststellung der Pflegebedürftigkeit (des Pflegegrades) werden die gesundheitlichen Beeinträchtigungen der Selbständigkeit und der Fähigkeiten in den Modulen 1 bis 6 berücksichtigt. Im Rahmen der Begutachtung sind darüber hinaus die Beeinträchtigungen der Selbständigkeit und der Fähigkeiten im Bereich außerhäusliche Aktivitäten (Punkt KF 6.1, bei Kindern ab drei Jahren) festzustellen. Mit diesen Informationen soll eine umfassende Beratung und das Erstellen eines individuellen Versorgungsplans nach § 7a SGB XI und das Versorgungsmanagement nach § 11 Abs. 4 SGB V sowie eine individuelle Pflege- und Hilfeplanung ermöglicht werden.

Die Kriterien in den Modulen 1, 2, 4, 5 und 6 sind abschließend definiert. Diese Definitionen finden sich fettgedruckt unter jedem Kriterium und sind bindend. Eine Ausnahme bildet Modul 3.

Zu den Abstufungen der Selbständigkeit finden sich Hinweise zu Besonderheiten bei den einzelnen Kriterien sowie weitere Erläuterungen, die nur Beispiele, aber keine abschließende Auflistung aller möglichen Phänomene darstellen.

Bei Kindern im Alter bis zu 18 Monaten werden nur die Module 3 und 5 sowie die Kriterien KF 4.1.6 und KF 4.4.0 bearbeitet.

5.5.1 KF 4.1 Modul 1: Mobilität

Entfällt bei Kindern im Alter bis zu 18 Monaten, außer KF 4.1.6.

Die Einschätzung richtet sich ausschließlich danach, ob das Kind in der Lage ist, ohne personelle Unterstützung eine Körperhaltung einzunehmen, zu wechseln und sich fortzubewegen.

Zu beurteilen sind ausschließlich motorische Aspekte wie Körperkraft, Balance, Bewegungskoordination etc. und nicht die zielgerichtete Fortbewegung. Hier werden nicht die Folgen kognitiver Beeinträchtigungen auf Planung, Steuerung und Durchführung motorischer Handlungen abgebildet.

KF 4.1.1 Positionswechsel im Bett

Einnehmen von verschiedenen Positionen im Bett, Drehen um die Längsachse, Aufrichten aus dem Liegen.

Selbständig:
Das Kind ist auch selbständig, wenn es seine Position unter Nutzung von Hilfsmitteln, z. B. Aufrichter, Bettseitenteil, Strickleiter, elektrisch verstellbares Bett, ohne personelle Hilfe verändern kann.

Überwiegend selbständig:
Das Kind kann beispielsweise nach Anreichen eines Hilfsmittels oder Reichen der Hand seine Lage im Bett verändern.

Überwiegend unselbständig:
Das Kind kann beim Positionswechsel nur wenig mithelfen, z. B. auf den Rücken rollen, am Bettgestell festhalten, Aufforderungen folgen wie z. B. Arme vor der Brust verschränken, Kopf auf die Brust legen.

Unselbständig:
Das Kind kann sich beim Positionswechsel nicht oder nur minimal beteiligen.

KF 4.1.2 Halten einer stabilen Sitzposition

Sich auf einem Bett, Stuhl oder Sessel aufrecht halten

Selbständig:
Das Kind ist auch dann selbständig, wenn es beim Sitzen gelegentlich seine Sitzposition korrigieren muss.

Überwiegend selbständig:
Das Kind kann sich nur kurz, z. B. für die Dauer einer Mahlzeit oder einesWaschvorgangs, selbständig in der Sitzposition halten, darüber hinaus benötigt es aber personelle Unterstützung zur Positionskorrektur.

Überwiegend unselbständig:
Das Kind kann sich wegen eingeschränkter Rumpfkontrolle auch mit Rücken- und Seitenstütze nicht in aufrechter Position halten und benötigt auch während der Dauer einer Mahlzeit oder eines Waschvorgangs personelle Unterstützung zur Positionskorrektur.

Unselbständig:
Das Kind kann sich nicht in Sitzposition halten. Bei fehlender Rumpf- und Kopfkontrolle kann das Kind nur im Bett oder Lagerungsstuhl liegend gelagert werden.

KF 4.1.3 Umsetzen

Von einer erhöhten Sitzfläche, Bettkante, Stuhl, Bank, Toilette etc. aufstehen und sich auf einen Rollstuhl, Toilettenstuhl o. Ä. umsetzen

Bei Kleinkindern ist auch das Aufstehen vom Fußboden bzw. z. B. das Hochziehen vom Boden zum Stand zu bewerten.

Selbständig:
Das Kind ist auch dann selbständig, wenn es keine Personenhilfe benötigt, aber ein Hilfsmittel oder einen anderen Gegenstand zum Festhalten oder Hochziehen benutzt oder sich auf Tisch, Armlehnen oder sonstigen Gegenständen abstützen muss, um aufzustehen. Als selbständig ist auch zu bewerten, wer zwar nicht stehen kann, aber sich mit Armkraft ohne personelle Hilfe umsetzen kann (z. B. Bett – Rollstuhl, Rollstuhl – Toilette).

Überwiegend selbständig:
Das Kind kann aus eigener Kraft aufstehen oder sich umsetzen, wenn es eine Hand oder einen Arm gereicht bekommt.

Überwiegend unselbständig:
Die Eltern müssen beim Aufstehen, Umsetzen (erheblichen) Kraftaufwand aufbringen (hochziehen, halten, stützen, heben). Das Kind hilft jedoch in geringem Maße mit, kann z. B. kurzzeitig stehen.

Unselbständig:
Das Kind muss gehoben oder getragen werden, Mithilfe ist nicht möglich.

KF 4.1.4 Fortbewegen innerhalb des Wohnbereichs

Sich innerhalb einer Wohnung oder im Wohnbereich einer Einrichtung zwischen den Zimmern sicher bewegen.

Das kann ggf. unter Nutzung von Hilfsmitteln, z. B. Unterarmgehstützen, Rollator, Rollstuhl oder sonstiger Gegenstände, z. B. Möbelstück, geschehen. Als Anhaltsgröße für übliche Gehstrecken innerhalb einer Wohnung werden mindestens acht Meter festgelegt.

Die Fähigkeiten zur örtlichen Orientierung und zum Treppensteigen sind unter Punkt KF 4.2.2 bzw. Punkt KF 4.1.5 zu berücksichtigen.

Selbständig:
Das Kind kann sich ohne Hilfe durch andere Personen fortbewegen.

Überwiegend selbständig:
Das Kind kann die Aktivität überwiegend selbständig durchführen. Personelle Hilfe ist beispielsweise erforderlich im Sinne von Bereitstellen von Hilfsmitteln (z. B. Unterarmgehstützen oder Rollator), ausschließliche Beaufsichtigung aus Sicherheitsgründen oder gelegentlichem Stützen, Unterhaken.

Überwiegend unselbständig:
Das Kind kann nur wenige Schritte gehen oder sich mit dem Rollstuhl nur wenige Meter fortbewegen oder kann nur mit Stützung oder Festhalten der Eltern gehen. Auch wenn sich das Kind darüber hinaus in der Wohnung krabbelnd oder robbend fortbewegen dies nichts an der Bewertung als „überwiegend unselbständig".

Unselbständig:
Das Kind muss getragen oder vollständig im Rollstuhl geschoben werden.

KF 4.1.5 Treppensteigen

Überwinden von Treppen zwischen zwei Etagen

Treppensteigen ist unabhängig von der individuellen Wohnsituation zu bewerten.

Selbständig:
Das Kind kann ohne Hilfe durch andere Personen in aufrechter Position eine Treppe steigen.

Überwiegend selbständig:
Das Kind kann eine Treppe alleine steigen, benötigt aber Begleitung wegen eines Sturzrisikos.

Überwiegend unselbständig:
Treppensteigen ist nur mit Stützen oder Festhalten des Kindes möglich. Die ausschließliche Fähigkeit zur Überwindung von Stufen durch Krabbeln oder Robben ist generell als „überwiegend unselbständig" zu bewerten.

Unselbständig:
Das Kind muss getragen oder mit Hilfsmitteln transportiert werden, keine Eigenbeteiligung.

KF 4.1.6 Besondere Bedarfskonstellation:

Gebrauchsunfähigkeit beider Arme und beider Beine
Eine Beurteilung ist bei Kindern altersunabhängig immer erforderlich.
Vollständiger Verlust der Greif-, Steh- und Gehfunktionen.

Das Kriterium der „Gebrauchsunfähigkeit beider Arme und beider Beine" umfasst die Bewegungsunfähigkeit der Arme und Beine, die durch Lähmungen aller Extremitäten hervorgerufen werden kann. Ein vollständiger Verlust der Greif-, Steh- und Gehfunktion. Dies kann z. B. bei Kindern mit Missbildungssyndromen oder im Wachkoma vorkommen oder durch hochgradige Kontrakturen bzw. Spastiken bedingt sein. Eine Gebrauchsunfähigkeit beider Arme und beider Beine liegt auch vor, wenn eine minimale Restbeweglichkeit der Arme noch vorhanden ist, z. B. das Kind mit dem Ellenbogen noch den Joystick eines Rollstuhls bedienen kann.

5.5.2 KF 4.2 Modul 2: Kognitive und kommunikative Fähigkeiten

Dieses Modul entfällt bei Kindern im Alter bis zu 18 Monaten.

Die Einschätzung bezieht sich bei den Kriterien KF 4.2.1 bis KF 4.2.8 **ausschließlich auf die kognitiven** Funktionen und Aktivitäten. Zu beurteilen sind hier lediglich Aspekte wie Erkennen, Entscheiden oder Steuern etc. und nicht die motorische Umsetzung.

Bei den Kriterien zur Kommunikation KF 4.2.9 bis KF 4.2.11 sind auch die **Auswirkungen von Hör-, Sprech- oder Sprachstörungen zu berücksichtigen**.

Für diesen Bereich gilt eine ähnliche Graduierung wie im Falle der Selbständigkeit (vierstufige Skala). Der Unterschied liegt darin, dass hier keine Aktivität, sondern eine geistige Funktion beurteilt wird. Für die Bewertung ist unerheblich, ob ein zuvor selbständiges Kind eine Fähigkeit verloren hat oder nie ausgebildet hat. Die Bewertungsskala umfasst die gleichen Ausprägungen wie für Erwachsene (Punkt F 4.2).

Es gelten die gleichen Ausführungen wie für Erwachsene.

Bei den meisten Kriterien, die im Folgenden aufgeführt sind, findet sich der Hinweis:

„Bei Kindern unter ... Jahren, ... Monaten ist eine Beurteilung nicht erforderlich". Das bedeutet, dass andere Wertungen zwar zutreffen können,

aber für die Berechnung eines Grads der Selbständigkeit keine Bedeutung haben und daher nicht dokumentiert werden müssen.

KF 4.2.1 Erkennen von Personen aus dem näheren Umfeld

Fähigkeit, Personen aus dem näheren Umfeld wiederzuerkennen, d. h. Menschen, zu denen im Alltag regelmäßig direkter Kontakt besteht

Dazu gehören Familienmitglieder, Nachbarn, ggf. aber auch Pflegekräfte, Erzieherinnen und Erzieher sowie Lehrerinnen und Lehrer.

Bei Kindern, die sich nicht verbal äußern können, ist das Erkennen von Personen daran abzulesen, ob und wie das Kind Kontakt aufnimmt.

Fähigkeit vorhanden:
Das Kind erkennt andere Personen aus seinem näheren Umfeld unmittelbar.

Fähigkeit größtenteils vorhanden:
Das Kind erkennt bekannte Personen beispielsweise erst nach einer längeren Zeit des Kontaktes in einem Gespräch oder es hat Schwierigkeiten, wenn auch nicht täglich, aber doch in regelmäßigen Abständen, vertraute Personen zu erkennen.

Die Beurteilung ist auch dann zu wählen, wenn ein Kind sicher zwischen bekannten und fremden Personen unterscheiden kann, sie aber (noch) nicht namentlich zuordnen kann.

Fähigkeit in geringem Maße vorhanden:
Die aus dem näheren Umfeld stammenden Personen werden nur selten erkannt oder die Fähigkeit hängt ggf. von der Tagesform ab, d. h. die Fähigkeit unterliegt im Zeitverlauf erheblichen Schwankungen.

Fähigkeit nicht vorhanden:
Auch Familienmitglieder werden nicht oder nur ausnahmsweise erkannt.

KF 4.2.2 Örtliche Orientierung

Fähigkeit, sich in der räumlichen Umgebung zurechtzufinden, andere Orte gezielt anzusteuern und zu wissen, wo man sich befindet.

Fähigkeit vorhanden:
Das Kind findet sich in den regelmäßig genutzten Räumlichkeiten, beispielsweise Wohnzimmer oder Küche, ohne Probleme zurecht.

Ein Verirren in den Räumlichkeiten der eigenen Wohnung oder unmittelbar im Wohnbereich einer Einrichtung kommt nicht vor und das Kind findet sich auch in der näheren außerhäuslichen Umgebung zurecht.

Es kennt beispielsweise den Weg zu einer nahegelegenen Schule oder zur Wohnung eines anderen Kindes in der Nachbarschaft.

Fähigkeit größtenteils vorhanden:
Es bestehen Schwierigkeiten, sich in der außerhäuslichen Umgebung zu orientieren, beispielsweise nach Verlassen des Hauses wieder den Weg zurückzufinden. In den eigenen Wohnräumen existieren solche Schwierigkeiten hingegen nicht.

Ein Kind kann z. B. ein Spielzeug aus einem anderen Zimmer holen oder der Gutachterin bzw. dem Gutachter das Badezimmer zeigen, hat aber außerhäusliche Orientierungsprobleme.

Fähigkeit in geringem Maße vorhanden:
Das Kind hat auch in einer gewohnten Wohnumgebung Schwierigkeiten, sich zurechtzufinden. Regelmäßig genutzte Räumlichkeiten und Wege in der Wohnumgebung werden nicht immer erkannt.

Fähigkeit nicht vorhanden:
Das Kind ist selbst in der eigenen Wohnumgebung regelmäßig auf Unterstützung bei der örtlichen Orientierung angewiesen.

KF 4.2.3 Zeitliche Orientierung

Bei Kindern unter zwei Jahren und sechs Monaten ist eine Beurteilung nicht erforderlich.
Fähigkeit, zeitliche Strukturen zu erkennen

Dazu gehören Uhrzeit, Tagesabschnitte (Vormittag, Nachmittag, Abend etc.), Jahreszeiten und die zeitliche Abfolge des eigenen Lebens. Aufschluss über die Fähigkeit zur zeitlichen Orientierung geben Antworten auf die Frage nach der Jahreszeit, dem Jahr, dem Wochentag, dem Monat oder der Tageszeit.

Fähigkeit vorhanden:
Die zeitliche Orientierung ist ohne nennenswerte Beeinträchtigungen vorhanden. Das Kind kann die Uhr lesen und Jahreszeiten und Wochentage in der richtigen Reihenfolge aufzählen.

Fähigkeit größtenteils vorhanden:
Das Kind ist die meiste Zeit über zeitlich orientiert, aber nicht durchgängig. Es hat z. B. Schwierigkeiten, ohne äußere Orientierungshilfen (Uhr, Dunkelheit etc.) den Tagesabschnitt zu bestimmen. Es verbindet eine bestimmte Zeit mit speziellen Routinen oder Ereignissen, beispielsweise kennt es die Uhrzeit einer Kindersendung im Fernsehen, ohne die Uhr lesen zu können, und kann die Wochentage benennen, wenn auch nicht unbedingt in der richtigen Reihenfolge.

Fähigkeit in geringem Maße vorhanden:
Die zeitliche Orientierung ist nur in Ansätzen vorhanden. Das Kind ist auch unter Nutzung äußerer Orientierungshilfen zumeist nicht in der Lage, Tageszeiten zu erkennen, zu denen regelmäßig bestimmte Ereignisse stattfinden (z. B. Mittagessen). Es versteht nur einfache Zeitkonzepte, beispielsweise am Morgen, am Abend, in ein paar Minuten.

Fähigkeit nicht vorhanden:
Das Verständnis für zeitliche Strukturen und Abläufe ist nicht vorhanden.

KF 4.2.4 Erinnern an wesentliche Ereignisse oder Beobachtungen

Fähigkeit, sich an kurz und auch länger zurückliegende Ereignisse oder Beobachtungen zu erinnern

Dazu gehört, dass das Kind z. B. weiß, was es zum Frühstück gegessen bzw. womit es sich am Vormittag beschäftigt hat. Man kann z. B. das Kind nach Ereignissen in Schule, Kindergarten in den letzten Tagen oder nach dem letzten Geburtstagsgeschenk fragen.

Fähigkeit vorhanden:
Das Kind kann über kurz und auch länger zurückliegende Ereignisse Auskunft geben oder durch Handlungen und Gesten signalisieren, dass es sich erinnert.

Fähigkeit größtenteils vorhanden:
Das Kind hat Schwierigkeiten, sich an länger zurückliegende Ereignisse zu erinnern, oder muss hierzu länger nachdenken, hat aber keine nennenswerten Probleme, sich an kürzer zurückliegende Ereignisse zu erinnern.

Fehlt die Verbalisierungsfähigkeit, sollte das Kind korrekt bejahen oder verneinen, wenn beispielsweise die Eltern Ereignisse schildern und das Kind gefragt wird, ob es sich tatsächlich so verhält.

Fähigkeit in geringem Maße vorhanden:
Das Kind kann sich kaum an kurz zurückliegende Ereignisse erinnern. Es findet jedoch noch Spielsachen wieder, die vor seinen Augen versteckt worden sind.

Fähigkeit nicht vorhanden:
Das Kind ist nicht (oder nur selten) in der Lage, sich an Ereignisse, Dinge oder Personen aus der eigenen Lebensgeschichte zu erinnern.

KF 4.2.5 Steuern von mehrschrittigen Alltagshandlungen

Fähigkeit, zielgerichtete Handlungen des Lebensalltags, die eine Abfolge von Teilschritten umfassen, zu steuern

Die Betonung liegt in diesem Fall auch auf dem Begriff Alltagshandlungen. Gemeint sind zielgerichtete Handlungen, die das Kind täglich oder nahezu täglich im Lebensalltag durchführt oder durchgeführt hat. Zu beurteilen sind altersgerechte Alltagshandlungen, z. B. die Einhaltung der Reihenfolge altersgerechter Spiele. Dies beginnt bereits mit sechs Monaten mit dem gezielten Greifen nach Gegenständen, um damit Geräusche zu machen oder im späteren Alter einen Turm zu bauen.

Fähigkeit vorhanden:
Das Kind ist in der Lage, die erforderlichen Handlungsschritte selbständig in der richtigen Reihenfolge auszuführen oder zu steuern, so dass das angestrebte Ergebnis der Handlung erreicht wird.

Fähigkeit größtenteils vorhanden:
Das Kind lässt sich ablenken oder kann sich nicht ausreichend konzentrieren. Erhält es dabei eine Erinnerungshilfe, kann es die Handlung aber selbständig fortsetzen.

Fähigkeit in geringem Maße vorhanden:
Das Kind hat erhebliche Schwierigkeiten. Es verwechselt regelmäßig die Reihenfolge der einzelnen Handlungsschritte oder vergisst einzelne, notwendige Handlungsschritte.

Fähigkeit nicht vorhanden:
Mehrschrittige Alltagshandlungen werden erst gar nicht begonnen oder nach den ersten Versuchen trotz Unterstützung aufgegeben.

KF 4.2.6 Treffen von Entscheidungen im Alltag

Fähigkeit, folgerichtige und geeignete Entscheidungen im Alltag zu treffen

Dazu gehört beispielsweise die Entscheidung für ein bestimmtes Nahrungsmittel bei Tisch oder die Entscheidung über die Durchführung von Aktivitäten wie Spielen oder Freunde besuchen.

Zu klären ist hier die Frage, ob die Entscheidungen geeignet sind, das angestrebte Ziel zu erreichen oder ein gewisses Maß an Sicherheit und Wohlbefinden oder Bedürfnisbefriedigung zu gewährleisten, z. B. Abfordern von Einschlafritualen, Entscheidung zur Auswahl des Frühstücks für Kindergarten, Schule oder Entscheidung über bedarfsgerechte Kleidung für sportliche Aktivitäten.

Fähigkeit vorhanden:
Das Kind kann auch in unbekannten Situationen folgerichtige Entscheidungen treffen, bei älteren Kindern beispielsweise der Umgang mit fremden Personen, die an der Haustür klingeln.

Fähigkeit größtenteils vorhanden:
Im Rahmen der Alltagsroutinen oder in zuvor besprochenen Situationen können Entscheidungen getroffen werden, das Kind hat aber Schwierigkeiten in unbekannten Situationen.

Fähigkeit in geringem Maße vorhanden:
Das Kind trifft zwar Entscheidungen, diese Entscheidungen sind jedoch in der Regel nicht geeignet, ein bestimmtes Ziel zu erreichen. Dies ist beispielsweise der Fall, wenn das Kind mit nur leichter Bekleidung bei winterlichen Temperaturen im Freien spielen will. Gleiches gilt, wenn das Kind nur mit Unterstützung in Form von Anleitung, Aufforderung, Aufzeigen von Handlungsalternativen in der Lage ist, Entscheidungen zu treffen.

Fähigkeit nicht vorhanden:
Das Kind kann Entscheidungen auch mit Unterstützung noch nicht, nur selten oder nicht mehr treffen. Es zeigt keine deutbare Reaktion auf das Angebot mehrerer Entscheidungsalternativen.

KF 4.2.7 Verstehen von Sachverhalten und Informationen

Bei Kindern unter vier Jahren ist eine Beurteilung nicht erforderlich.

Fähigkeit, Sachverhalte zu verstehen und Informationen inhaltlich einordnen zu können

Hier geht es um Ereignisse und Inhalte, die Bestandteil des Alltagslebens sind. Gemeint ist etwa die Fähigkeit, zu erkennen, dass man sich in einer bestimmten Situation befindet, z. B. Spiel mit anderen Kindern, Schulbesuch, sowie die Fähigkeit, von anderen übermittelte Informationen aufzunehmen und inhaltlich zu verstehen. Beim Kind kann man sich z. B. am Regelverständnis für Spiele oder an der Fähigkeit zu komplizierteren Konstruktionen von Bauelementen mit und ohne Vorlage orientieren.

Fähigkeit vorhanden:
Das Kind kann die Sachverhalte und Informationen aus dem Alltagsleben ohne nennenswerte Probleme verstehen. Dies entspricht etwa der (mentalen) Schulfähigkeit.

Fähigkeit größtenteils vorhanden:
Das Kind kann einfache Sachverhalte und Informationen nachvollziehen, bei komplizierteren hat es jedoch Schwierigkeiten.

Fähigkeit in geringem Maße vorhanden:
Das Kind kann auch einfache Informationen häufig nur nachvollziehen, wenn sie wiederholt erklärt werden. Dies liegt auch vor, wenn das Verständnis sehr stark von der Tagesform abhängt.

Fähigkeit nicht vorhanden:
Das Kind gibt weder verbal noch nonverbal zu erkennen, dass es Situationen oder übermittelte Informationen verstehen kann.

KF 4.2.8 Erkennen von Risiken und Gefahren

Bei Kindern unter zwei Jahren und sechs Monaten ist eine Beurteilung nicht erforderlich.
Fähigkeit, Risiken und Gefahren zu erkennen

Dazu gehören Gefahren wie Strom- und Wärmequellen, Gewässer/ Schwimmbecken/Teiche, Straßenverkehr oder Baustellen.

Fähigkeit vorhanden:
Das Kind kann die Risiken und Gefahrenquellen im Alltagsleben ohne weiteres erkennen, auch wenn es ihnen aus anderen Gründen nicht aus dem Weg gehen kann.

Fähigkeit größtenteils vorhanden:
Das Kind erkennt meist nur solche Risiken und Gefahren, die sich in der vertrauten innerhäuslichen Wohnumgebung wiederfinden. Es bestehen aber beispielsweise Schwierigkeiten, Risiken im Straßenverkehr angemessen einzuschätzen oder Gefährdungen in ungewohnter Umgebung zu erkennen.

Fähigkeit in geringem Maße vorhanden:
Das Kind kann auch Risiken und Gefahren, denen es häufiger insbesondere in der Wohnung begegnet, oft nicht als solche erkennen.

Fähigkeit nicht vorhanden:
Das Kind kann Risiken und Gefahren als solche nicht erkennen.

KF 4.2.9 Mitteilen von elementaren Bedürfnissen

Fähigkeit, elementare Bedürfnisse verbal oder nonverbal mitzuteilen

Das beinhaltet, sich bei Hunger oder Durst, Schmerzen oder Frieren bemerkbar zu machen. Bei Sprachstörungen kann dies ggf. durch Laute, Mimik oder Gestik bzw. unter Nutzung von Hilfsmitteln erfolgen.

Fähigkeit vorhanden:
Das Kind kann Bedürfnisse äußern.

Fähigkeit größtenteils vorhanden:
Das Kind kann auf Nachfrage elementare Bedürfnisse äußern. Es kann Wünsche bereits ohne Schreien deutlich machen. Es äußert sich aber nicht immer von sich aus.

Fähigkeit in geringem Maße vorhanden:
Elementare Bedürfnisse sind nur aus nonverbalen Reaktionen (Mimik, Gestik, Lautäußerungen) ableitbar. Dies trifft auch zu, wenn das Kind von sich aus keine elementaren Bedürfnisse äußert, aber Zustimmung oder Ablehnung deutlich machen kann.

Fähigkeit nicht vorhanden:
Das Kind äußert nicht oder nur sehr selten Bedürfnisse, auch nicht in non-

verbaler Form. Es kann keine Zustimmung oder Ablehnung deutlich machen.

KF 4.2.10 Verstehen von Aufforderungen

Fähigkeit, Aufforderungen in Hinblick auf alltägliche Grundbedürfnisse zu verstehen

Zu alltäglichen Grundbedürfnissen gehören z. B. essen, trinken, sich kleiden, sich beschäftigen.

Fähigkeit vorhanden:
Aufforderungen und Bitten zu alltäglichen Grundbedürfnissen werden ohne weiteres verstanden.

Fähigkeit größtenteils vorhanden:
Einfache Bitten und Aufforderungen, wie z. B. „Setz dich bitte an den Tisch", „Zieh dir die Jacke über", „Komm zum Essen" werden verstanden, Aufforderungen in nicht alltäglichen Situationen müssen erklärt werden. Ggf. sind besonders deutliche Ansprache, Wiederholungen, Zeichensprache, Gebärdensprache oder Schrift erforderlich, um Aufforderungen verständlich zu machen.

Fähigkeit in geringem Maße vorhanden:
Das Kind kann Aufforderungen, Bitten meist nicht verstehen, wenn diese nicht wiederholt geäußert und erläutert werden. Das Verständnis ist sehr von der Tagesform abhängig. Das Kind zeigt aber Zustimmung oder Ablehnung gegenüber nonverbalen Aufforderungen, z. B. bei Berührungen oder Geleiten an den Esstisch.

Fähigkeit nicht vorhanden:
Das Kind kann Anleitung und Aufforderungen selbst nach wiederholten Äußerungen und Erläuterungen nicht verstehen.

KF 4.2.11 Beteiligen an einem Gespräch

Fähigkeit, in einem Gespräch Gesprächsinhalte aufzunehmen, sinngerecht zu antworten und zur Weiterführung des Gesprächs Inhalte einzubringen

Fähigkeit vorhanden:
Das Kind kommt sowohl in Einzelgesprächen als auch in Gesprächen kleiner Gruppen gut zurecht. Es zeigt im Gespräch Eigeninitiative und Interesse und beteiligt sich, wenn vielleicht auch nur auf direkte Ansprache hin. Sei-

ne Äußerungen passen zu den Inhalten des Gesprächs. Es geht dabei um die Beteiligung an altersgemäßen Gesprächen.

Fähigkeit größtenteils vorhanden:
Das Kind kommt in Gesprächen mit einer anderen Person gut zurecht, in Gruppen ist es jedoch meist überfordert und verliert das Interesse. Das Kind ist häufig auf direkte Ansprache (auch Gebärdensprache) oder Wiederholung von Worten, Sätzen angewiesen.

Das Kind kann mindestens in Zwei-Wort-Sätzen sprechen und eigene Gefühle äußern.

Fähigkeit in geringem Maße vorhanden:
Das Kind kann auch einem Gespräch mit nur einer Person kaum folgen oder es kann sich nur wenig oder mit einzelnen Worten beteiligen. Das Kind zeigt wenig Eigeninitiative, reagiert aber auf Ansprache oder Fragen mit wenigen Worten, z. B. mit ja oder nein. Dies trifft auch zu, wenn sich das Kind am Gespräch beteiligt, meist aber vom Gesprächsinhalt abweicht, es führt z. B. ein Selbstgespräch oder es lässt sich durch Umgebungseinflüsse ablenken.

Fähigkeit nicht vorhanden:
Ein Gespräch mit dem Kind, das über einfache Mitteilungen an das Kind hinausgeht, ist auch unter Einsatz nonverbaler Kommunikation kaum oder nicht möglich.

5.5.3 KF 4.3 Modul 3: Verhaltensweisen und psychische Problemlagen

Dieses Modul ist altersunabhängig.

In diesem Modul geht es um Verhaltensweisen und psychische Problemlagen als Folge von Gesundheitsproblemen, die immer wieder auftreten und personelle Unterstützung erforderlich machen. Es geht hier um Unterstützung des pflegebedürftigen Kindes

- bei der Bewältigung von belastenden Emotionen (wie z. B. Panikattacken),
- beim Abbau psychischer Spannungen,
- bei der Impulssteuerung,
- bei der Förderung positiver Emotionen durch Ansprache oder körperliche Berührung,
- bei der Vermeidung von Gefährdungen im Lebensalltag,

- bei Tendenz zu selbstschädigendem Verhalten.

Im Mittelpunkt dieses Moduls steht die Frage, inwieweit das Kind sein Verhalten ohne personelle Unterstützung steuern kann. Von fehlender „Selbststeuerung“ ist auch dann auszugehen, wenn ein Verhalten zwar nach Aufforderung abgestellt wird, aber danach immer wieder auftritt, weil das Verbot nicht verstanden wird oder das Kind sich nicht erinnern kann.

Abzugrenzen sind hier gezielte herausfordernde Verhaltensweisen, z. B. im Rahmen von Erziehungsproblemen, die nicht zu berücksichtigen sind.

Anders als in den übrigen Modulen sind die Kriterien nicht abschließend definiert, sondern beispielhaft erläutert. Manche Verhaltensweisen lassen sich nicht eindeutig nur einem Kriterium zuordnen, z. B. Beschimpfungen zu verbaler Aggression (KF 4.3.6), oder zu anderen pflegerelevanten vokalen Auffälligkeiten (KF 4.3.7), oder treten in Kombination auf. Ausschlaggebend ist, dass die Verhaltensweisen eine personelle Unterstützung notwendig machen. Bei Kombination verschiedener Verhaltensweisen wird die Häufigkeit von Ereignissen mit personellem Unterstützungsbedarf nur einmal erfasst, z. B. wird nächtliche Unruhe bei Angstzuständen entweder unter Punkt KF 4.3.2 oder unter Punkt KF 4.3.10 bewertet.

Es werden folgende Häufigkeiten erfasst:

0 = nie oder sehr selten
1 = selten, d. h. ein- bis dreimal innerhalb von zwei Wochen
3 = häufig, d. h. zweimal bis mehrmals wöchentlich, aber nicht täglich
5 = täglich

KF 4.3.1 Motorisch geprägte Verhaltensauffälligkeiten

Dieses Kriterium fasst verschiedene Verhaltensweisen zusammen. Dazu gehören vor allem das (scheinbar) ziellose Herumlaufen in der Wohnung oder der Einrichtung, das wiederholte selbstgefährdende Klettern auf Möbelstücke trotz eines Verbotes sowie der Versuch desorientierter Kinder, ohne Begleitung die Wohnung, Einrichtung zu verlassen oder Orte aufzusuchen, die für ein Kind unzugänglich sein sollten. Ebenso zu berücksichtigen ist allgemeine motorische Unruhe in Form von ständigem Aufstehen und Hinsetzen oder Hin- und Herrutschen auf dem Sitzplatz.

KF 4.3.2 Nächtliche Unruhe

Gemeint sind hier nächtliches Umherirren, Wachphasen, in denen das Kind aktiv Beschäftigung bzw. Zuwendung einfordert oder längere Schreiphasen hat, die nicht durch kurzes Beruhigen zu beenden sind.

Schlafstörungen wie Einschlafschwierigkeiten am Abend oder das bis ins Schulalter vorkommende Aufwachen in der Nacht sind nicht zu werten, wenn nur kurzes Beruhigen oder die Gabe von Getränken erforderlich ist.

Andere nächtliche Hilfen, z. B. Aufstehen, zu Bett bringen nach Toilettengängen oder Lagerungen sind nur unter Punkt KF 4.6.2 zu werten.

KF 4.3.3 Selbstschädigendes und autoaggressives Verhalten

Selbstschädigendes und autoaggressives Verhalten kann z. B. sein, sich durch Gegenstände zu verletzen, ungenießbare Substanzen zu essen und zu trinken, sich selbst zu schlagen und sich selbst mit den Fingernägeln oder Zähnen zu verletzen.

KF 4.3.4 Beschädigen von Gegenständen

Gemeint sind hier aggressive auf Gegenstände gerichtete Handlungen, z. B. Gegenstände wegstoßen, gegen Gegenstände schlagen, das Zerstören von Dingen sowie das Treten nach Gegenständen.

KF 4.3.5 Physisch aggressives Verhalten gegenüber anderen Personen

Physisch aggressives Verhalten gegenüber anderen Personen kann z. B. darin bestehen: nach Personen schlagen oder treten, beißen, kratzen, stoßen oder wegdrängen, Verletzungsversuche gegenüber anderen Personen mit Gegenständen.

KF 4.3.6 Verbale Aggression

Verbale Aggression kann sich z. B. in verbalen Beschimpfungen oder in der Bedrohung anderer Personen ausdrücken.

KF 4.3.7 Andere pflegerelevante vokale Auffälligkeiten

Andere pflegerelevante vokale Auffälligkeiten können sein: lautes Rufen, Schreien, vor sich hin schimpfen, fluchen, seltsame Laute von sich geben, ständiges Wiederholen von Sätzen, Fragen.

Bei Säuglingen und Kleinkindern ist anhaltendes Weinen bzw. Schreien zu berücksichtigen, bei dem das Kind nur mit großer Mühe zu beruhigen ist.

KF 4.3.8 Abwehr pflegerischer und anderer unterstützender Maßnahmen

Hier ist die Abwehr von Unterstützung, z. B. bei der Körperpflege, die Verweigerung der Nahrungsaufnahme oder anderer notwendiger Verrichtungen, wie z. B. Inhalation, oder die Manipulation an Vorrichtungen, wie z. B. Katheter, Infusion, Sondenernährung, gemeint. Dazu gehört nicht die willentliche (selbstbestimmte) Ablehnung bestimmter Maßnahmen.

Die gelegentliche Weigerung, sich die Zähne putzen oder sich die Haare waschen zu lassen, ist bei Kindern nicht zu werten.

KF 4.3.9 Wahnvorstellungen

Diese treten bei Kindern eher selten auf.

Wahnvorstellungen dürfen nicht mit den spielerischen Fantasien von Kindern verwechselt werden.

KF 4.3.10 Ängste

Das Kind hat starke Ängste oder Sorgen, es erlebt Angstattacken unabhängig von der Ursache.

Angst bzw. Weinen in der Nacht, wovon auch viele gesunde Kinder betroffen sind, ist nicht zu werten.

KF 4.3.11 Antriebslosigkeit bei depressiver Stimmungslage

Antriebslosigkeit bei depressiver Stimmungslage zeigt sich z. B. daran, dass das Kind kaum Interesse an der Umgebung hat, kaum Eigeninitiative aufbringt und Motivierung durch andere benötigt, um etwas zu tun. Es wirkt traurig oder apathisch. Hiervon sind eher ältere Kinder betroffen.

KF 4.3.12 Sozial inadäquate Verhaltensweisen

Sozial inadäquate Verhaltensweisen sind z. B. distanzloses Verhalten, auffälliges Einfordern von Aufmerksamkeit, sich vor anderen in unpassenden Situationen auszukleiden, unangemessenes Greifen nach Personen, unangemessene körperliche oder verbale sexuelle Annäherungsversuche.

KF 4.3.13 Sonstige pflegerelevante inadäquate Handlungen

Sonstige pflegerelevante inadäquate Handlungen sind z. B. Nesteln an der Kleidung, ständiges Wiederholen der gleichen Handlung (Stereotypien), planlose Aktivitäten, Verstecken oder Horten von Gegenständen, Kotschmieren, Urinieren in die Wohnung.

5.5.4 KF 4.4 Modul 4: Selbstversorgung

Angaben zur Versorgung
Zu diesem Modul werden zunächst besondere Bedarfsaspekte erfasst. Dazu gehören die parenterale Ernährung oder die Ernährung über eine Sonde, die künstliche Harn- oder Stuhlableitung sowie Störungen der Blasen- und Darmkontrolle in ihren Ausprägungsgraden.

Ernährung parenteral oder über Sonde
Es ist anzugeben, ob die Ernährung parenteral z. B. über Port, über eine perkutane endoskopische Gastrostomie (PEG), eine perkutane endoskopische Jejunostomie (PEJ) oder eine nasale Magensonde sowie ob sie über Pumpe, Schwerkraft oder als Bolusgabe erfolgt.

Blasenkontrolle, Harnkontinenz
Gemeint ist hier, Harndrang zu verspüren und so rechtzeitig zu äußern, dass die Blasenentleerung geregelt werden kann. Jegliche Art von unwillkürlichem Harnabgang ist zu berücksichtigen, unabhängig von der Ursache. Zu erfassen ist hier vorrangig die Kontrolle der Blasenentleerung, die Steuerung der Blasenentleerung, die Vermeidung unwillkürlicher Harnabgänge, ggf. mit personeller Hilfe.

Im Kindesalter entwickelt sich die sichere Blasenkontrolle zunächst tagsüber, dann auch in der Nacht. Eine nicht altersgemäße Sauberkeitsentwicklung bedarf ggf. der ärztlichen Abklärung.

Die Begriffe „Kontinenz" und „Inkontinenz" sind erst bei älteren Kindern gebräuchlich. Bei jüngeren Kindern entspricht „Harninkontinenz" dem Einnässen.

Es sind folgende Merkmalsausprägungen vorgesehen:

Ständig kontinent:
Keine unwillkürlichen Harnabgänge.

Überwiegend kontinent:
Maximal einmal täglich unwillkürlicher Harnabgang oder Tröpfcheninkontinenz.

Überwiegend inkontinent:
Mehrmalstäglichunwillkürliche Harnabgänge, abergesteuerte Blasenentleerung ist noch teilweise möglich.

Komplett inkontinent:
Das Kind ist komplett harninkontinent. Gesteuerte Blasenentleerung ist nicht möglich.

Alternativ anzugeben ist, ob ein suprapubischer oder transurethraler Dauerkatheter oder Urostoma vorhanden ist. Einmalkatheterisieren ist nicht hier, sondern unter KF 4.5.10 zu berücksichtigen, hier ist anzugeben, ob und in welchem Umfang eine Inkontinenz besteht.

Darmkontrolle, Stuhlkontinenz
Gemeint ist, Stuhldrang zu verspüren und ggf. so rechtzeitig zu äußern, dass die Darmentleerung geregelt werden kann. Zu bewerten ist hier die Vermeidung unwillkürlicher Stuhlabgänge, ggf. mit personeller Hilfe.

Die Begriffe „Kontinenz“ und „Inkontinenz“ sind erst bei älteren Kindern gebräuchlich. Bei jüngeren Kindern entspricht „Stuhlinkontinenz“ dem Einkoten.

Es sind folgende Merkmalsausprägungen vorgesehen:

Ständig kontinent:
Keine unwillkürlichen Stuhlabgänge.

Gelegentlich inkontinent:
Das Kind ist überwiegend stuhlkontinent, gelegentlich unwillkürliche Stuhlabgänge oder nur geringe Stuhlmengen, sogenannte Schmierstühle.

Überwiegend inkontinent:
Das Kind ist überwiegend stuhlinkontinent, selten gesteuerte Darmentleerung möglich.

Komplett inkontinent:
Das Kind ist komplett stuhlinkontinent, gesteuerte Darmentleerung ist nicht möglich.

Alternativ ist anzugeben, ob ein Colo- oder Ileostoma vorhanden ist.

5.5.5 KF 4.4 Modul 4: Selbstversorgung – Bewertung der Selbständigkeit

Bei Kindern im Alter bis zu 18 Monaten werden die Kriterien KF 4.4.1 bis KF 4.4.13 durch die Frage KF 4.4.0 ersetzt.

KF 4.4.0 Bestehen gravierende Probleme bei der Nahrungsaufnahme, die einen außergewöhnlich pflegeintensiven Hilfebedarf im Bereich der Ernährung auslösen?

Dieses Kriterium ist erfüllt, wenn der Aufwand bei der Nahrungsaufnahme das altersübliche Maß in Frequenz oder Zeitaufwand deutlich übersteigt.

Die Bedarfslage dieser Kinder ist unabhängig vom zugrunde liegenden Krankheitsbild (z. B. frühkindliche Hirnschädigung, angeborene Herzfehler) in der Regel gekennzeichnet von Trinkschwäche, „tröpfchenweiser" oder besonders häufiger Nahrungsaufnahme, Schluckstörungen, Erbrechen etc.

Einen sehr pflegeintensiven Hilfebedarf im Bereich der Ernährung haben auch Kinder mit angeborenen Lippen-Kiefer-Gaumenspalten oder anderen Fehlbildungen des Verdauungstraktes (z. B. Ösophagus-Atresie), bei denen sich der Aufwand der Ernährung nach erfolgter Operation früher oder später normalisieren kann.

Bewertung der Selbständigkeit
Zu bewerten ist, ob das Kind die jeweilige Aktivität praktisch durchführen kann. Es ist unerheblich, ob die Beeinträchtigungen der Selbständigkeit aufgrund von Schädigungen somatischer oder mentaler Ursachen bestehen oder ob Teilaspekte bereits in anderen Modulen berücksichtigt worden sind.

Bei älteren Kindern sind gerade in diesem Bereich krankheits- oder behinderungsbedingte pflegerisch unterstützende Maßnahmen wie Impulsgabe, Aufsicht und ggf. einzelne Handreichungen abzugrenzen von erzieherischen Maßnahmen. Ein Kind ist als selbständig zu bewerten, wenn es erlernt hat, eine der folgenden Tätigkeiten ohne Anleitung durchzuführen, auch wenn es manchmal erinnert werden muss.

KF 4.4.1 Waschen des vorderen Oberkörpers

Bei Kindern unter zwei Jahren ist eine Beurteilung nicht erforderlich. Sich die Hände, das Gesicht, den Hals, die Arme, die Achselhöhlen und den vorderen Brustbereich waschen und abtrocknen

Selbständig:
Das Kind kann die beschriebene Aktivität ohne personelle Hilfe durchführen.

Überwiegend selbständig:
Das Kind kann die Aktivität selbständig durchführen, wenn benötigte Gegenstände, z. B. Seife, Waschlappen, bereitgelegt werden oder es Aufforderung bzw. punktuelle Teilhilfen, z. B. Waschen unter den Achseln oder der Brust, erhält.

Überwiegend unselbständig:
Das Kind kann nur geringe Anteile der Verrichtung selbständig leisten, sich z. B. nur Hände oder Gesicht waschen, oder benötigt umfassende Anleitung.

Unselbständig:
Das Kind kann sich an der Aktivität nicht oder nur minimal beteiligen.

KF 4.4.2 Körperpflege im Bereich des Kopfes

Kämmen, Zahnpflege, Rasieren

Im Kindesalter kommt dem Erlernen des Zähneputzens eine entscheidende Bedeutung zu und dieses ist daher hier maßgeblich zu beurteilen.

Das Reinigen von kieferorthopädischen Apparaturen, z. B. Zahnspangen, Brackets, ist nicht hier, sondern unter Punkt KF 4.5.7 zu berücksichtigen.

Das Rasieren ist in der Regel erst ab der Pubertät von Bedeutung.

Selbständig:
Das Kind kann die beschriebenen Aktivitäten ohne personelle Hilfe durchführen.

Überwiegend selbständig:
Das Kind kann die Aktivitäten selbständig durchführen, wenn benötigte Gegenstände bereitgelegt oder gerichtet werden, z. B. Aufdrehen der Zahnpastatube oder Auftragen der Zahnpasta auf die Bürste. Alternativ sind Auf-

forderungen oder punktuelle Teilhilfen erforderlich wie Korrekturen nach dem Kämmen oder nur das Kämmen des Hinterkopfes.

Überwiegend unselbständig:
Das Kind kann nur geringe Anteile der Aktivität selbständig durchführen, so beginnt es z. B. mit dem Zähneputzen, ohne die Aktivität zu Ende zu führen.

Unselbständig:
Das Kind kann sich an den Aktivitäten nicht oder nur minimal beteiligen.

KF 4.4.3 Waschen des Intimbereichs

Bei Kindern unter zwei Jahren ist eine Beurteilung nicht erforderlich.
Den Intimbereich waschen und abtrocknen.

Selbständig:
Das Kind kann die beschriebene Aktivität ohne personelle Hilfe durchführen.

Überwiegend selbständig:
Das Kind kann die Aktivität selbständig durchführen, wenn benötigte Utensilien, z. B. Seife, Waschlappen bereitgelegt werden oder wenn es die Aufforderung bzw. punktuelle Teilhilfen erhält.

Überwiegend unselbständig:
Das Kind kann nur geringe Anteile der Aktivität selbständig durchführen, kann sich z. B. abtrocknen, jedoch nicht ausreichend gründlich den Intimbereich waschen oder der Handlungsablauf muss lenkend begleitet oder ständig beaufsichtigt werden.

Unselbständig:
Das Kind kann sich an der Aktivität nicht oder nur minimal beteiligen.

KF 4.4.4 Duschen und Baden einschließlich Waschen der Haare

Bei Kindern unter drei Jahren und sechs Monaten ist eine Beurteilung nicht erforderlich.
Durchführung des Dusch- oder Wannenbades einschließlich des Waschens der Haare

Dabei sind neben der Aktivität, den Körper waschen zu können, auch Sicherheitsaspekte zu beachten. (Teil-)Hilfen beim Waschen in der Wanne oder Dusche sind hier ebenso zu berücksichtigen wie die Hilfe beim Ein- und Aussteigen oder eine notwendige Überwachung während des Bades. Dazu gehört auch das Abtrocknen, Haare waschen und föhnen.

Selbständig:
Das Kind kann die beschriebene Aktivität ohne personelle Hilfe durchführen.

Überwiegend selbständig:
Das Kind kann die Aktivität selbständig durchführen, wenn Utensilien vorbereitet bzw. bereitgestellt werden, einzelne Handreichungen geleistet werden, z. B. Stützen beim Ein- und Aussteigen, Hilfe beim Haarewaschen oder Föhnen, beim Abtrocknen, oder das Kind benötigt zur Durchführung Aufforderung oder wenn während des Duschens/Badens aus nachvollziehbaren Sicherheitsgründen die Anwesenheit einer Pflegeperson erforderlich ist.

Überwiegend unselbständig:
Das Kind kann nur einen begrenzten Teil der Aktivität selbständig durchführen, z. B. das Waschen des vorderen Oberkörpers, oder es benötigt ständige Anleitung oder aufwendige Motivation. Wenn ständige Beaufsichtigung mit der Notwendigkeit des Eingreifens in die Aktivität erforderlich ist, bedeutet dies auch „überwiegend unselbständig".

Unselbständig:
Das Kind kann sich an der Aktivität nicht oder nur minimal beteiligen.

KF 4.4.5 An- und Auskleiden des Oberkörpers

Bereitliegende Kleidungsstücke, z. B. Unterhemd, T-Shirt, Sweatshirt, Pullover, Jacke, Schlafanzugoberteil, an- und ausziehen

Die Beurteilung ist unabhängig davon vorzunehmen, ob solche Kleidungsstücke derzeit getragen werden. Die situationsgerechte Auswahl der Kleidung ist nicht hier, sondern unter Punkt KF 4.2.6 zu berücksichtigen. Das An- und Ablegen von körpernahen Hilfsmitteln (z. B. Orthesen, Korsett, Kompressionskleidung nach Verbrennung) ist unter Punkt KF 4.5.7 zu berücksichtigen.

Selbständig:
Das Kind kann die beschriebene Aktivität ohne personelle Hilfe durchführen.

Überwiegend selbständig:
Das Kind kann die Aktivität selbständig durchführen, wenn Kleidungsstücke passend angereicht oder gehalten werden, z. B. Einstiegshilfe beim Anziehen eines T-Shirts. Auch wenn Hilfe nur bei Verschlüssen erforderlich ist, trifft die Bewertung „überwiegend selbständig" zu, ebenso wenn nur Kontrolle des Sitzes der Kleidung, Aufforderungen, die Handlung zu beginnen, oder zur Vervollständigung der Handlung erforderlich sind.

Überwiegend unselbständig:
Das Kind kann nur bei einem begrenzten Teil der Aktivität mithelfen, beispielsweise die Hände in die Ärmel eines bereitgehaltenen T-Shirts schieben. Wenn ein Kind sich selbständig ausziehen, aber beim Anziehen keine oder nur geringe Anteile übernehmen kann, bedeutet dies „überwiegend unselbständig". Dies gilt auch, wenn ständige Anleitung oder Motivation erforderlich ist, um einen sinnvollen Ablauf zu gewährleisten.

Unselbständig:
Das Kind kann sich an der Aktivität nicht oder nur minimal beteiligen.

KF 4.4.6 An- und Auskleiden des Unterkörpers

Bereitliegende Kleidungsstücke, z. B. Unterwäsche, Hose, Rock, Strümpfe und Schuhe, an- und ausziehen

Die Beurteilung ist unabhängig davon vorzunehmen, ob solche Kleidungsstücke derzeit getragen werden. Die situationsgerechte Auswahl der Kleidung ist unter Punkt KF 4.2.6 zu berücksichtigen. Das An- und Ablegen von körpernahen Hilfsmitteln (z. B. Orthesen, Kompressionskleidung nach Verbrennung) ist unter Punkt KF 4.5.7 zu berücksichtigen.

Selbständig:
Das Kind kann die beschriebene Aktivität ohne personelle Hilfe durchführen.

Überwiegend selbständig:
Das Kind kann die Aktivität selbständig durchführen, wenn ihm Schuhe bereitgestellt bzw. Kleidungsstücke angereicht oder gehalten werden (Einstiegshilfe). Auch wenn Hilfe nur bei Verschlüssen, z. B. Schnürsenkel binden oder Kontrolle des Sitzes der Kleidung und Aufforderungen, die Handlung zu beginnen, oder zur Vervollständigung der Handlung erforderlich sind, trifft die Bewertung „überwiegend selbständig" zu.

Überwiegend unselbständig:
Das Kind kann die Aktivität zu einem geringen Teil selbständig durchführen. Beispielsweise gelingt das Hochziehen von Hose/Rock zur Taille selbständig, zuvor muss das Kleidungsstück jedoch von der Pflegeperson über die Füße gezogen werden. Wenn ein Kind sich selbständig ausziehen, aber beim Anziehen keine oder nur geringe Anteile übernehmen kann, bedeutet dies „überwiegend unselbständig". Dies gilt auch, wenn ständige Anleitung oder Motivation erforderlich ist, um einen sinnvollen Ablauf zu gewährleisten.

Unselbständig:
Das Kind kann sich an der Aktivität nicht oder nur minimal beteiligen.

KF 4.4.7 Mundgerechtes Zubereiten der Nahrung und Eingießen von Getränken

Bei Kindern unter zwei Jahren ist eine Beurteilung nicht erforderlich. Zerteilen von Nahrung in mundgerechte Stücke und Eingießen von Getränken

Dazu gehört das Zerteilen von belegten Brotscheiben, Obst oder anderen Speisen in mundgerechte Stücke, z. B. das Kleinschneiden von Fleisch, das Zerdrücken von Kartoffeln, Pürieren der Nahrung, Verschlüsse von Getränkeflaschen öffnen, das Eingießen von Getränken aus einer Flasche oder Kanne in ein Glas bzw. eine Tasse, ggf. unter Nutzung von Hilfsmitteln wie Antirutschbrett oder sonstiger Gegenstände wie Spezialbesteck.

Selbständig:
Das Kind kann die beschriebenen Aktivitäten ohne personelle Hilfe durchführen.

Überwiegend selbständig:
Es ist punktuelle Hilfe erforderlich, z. B. beim Öffnen einer Flasche oder beim Zerteilen von Obst, Schneiden von Fleisch.

Überwiegend unselbständig:
Das Kind kann die Aktivität nur zu einem geringen Teil selbständig durchführen, beispielsweise gelingt das Zerdrücken, Zerteilen von weichen Nahrungsmitteln wie Kartoffeln, Brot ohne Kruste oder es gießt aus einer Flasche Wasser ins Glas, verschüttet das Wasser dabei jedoch regelmäßig.

Unselbständig:
Das Kind kann sich an der Aktivität nicht oder nur minimal beteiligen.

KF 4.4.8 Essen

Bereitgestellte, mundgerecht zubereitete Speisen essen

Dies beinhaltet das Aufnehmen, Zum-Mund-Führen, ggf. Abbeißen, Kauen und Schlucken von mundgerecht zubereiteten Speisen, die üblicherweise mit den Fingern gegessen werden, z. B. Brot, Kekse, Obst oder das Essen mit Gabel oder Löffel, ggf. mit speziellen Hilfsmitteln wie adaptiertem Besteck.

Zu berücksichtigen ist auch, inwieweit die Notwendigkeit der ausreichenden Nahrungsaufnahme (auch ohne Hungergefühl oder Appetit) erkannt und die empfohlene, gewohnte Menge tatsächlich gegessen wird.

Das Einhalten von Diäten ist nicht hier, sondern unter Punkt KF 4.5.16 zu bewerten.

Die Beurteilung ist auch dann vorzunehmen, wenn die Nahrungsaufnahme über eine Sonde bzw. parenteral erfolgt.

Selbständig:
Das Kind kann die beschriebene Aktivität ohne personelle Hilfe durchführen.

Überwiegend selbständig:
Das Kind kann überwiegend selbständig essen, benötigt aber Aufforderung, muss beispielsweise aufgefordert werden, mit dem Essen zu beginnen oder weiterzuessen. Es sind punktuelle Hilfen erforderlich, z. B. Zurücklegen aus der Hand gerutschter Speisen oder Reste zusammenschieben.

Überwiegend unselbständig:
Die Nahrung muss größtenteils gereicht werden oder es ist ständige Anwesenheit der Pflegeperson erforderlich, beispielsweise zum Anhalten, langsam zu essen bzw. ausreichend zu kauen, u. a. bei Aspirationsgefahr oder weil ständig zur Nahrungsaufnahme motiviert oder diese lenkend begleitet werden muss.

Unselbständig:
Die Nahrung muss (nahezu) komplett gereicht werden.

KF 4.4.9 Trinken

Bereitstehende Getränke aufnehmen, ggf. mit Gegenständen wie Strohhalm, Spezialbecher mit Trinkaufsatz

Zu berücksichtigen ist auch, inwieweit die Notwendigkeit der Flüssigkeitsaufnahme (auch ohne ausreichendes Durstgefühl) erkannt und die empfohlene Menge tatsächlich getrunken wird.

Die Beurteilung der Selbständigkeit ist auch dann vorzunehmen, wenn die Flüssigkeitsaufnahme teilweise über eine Sonde bzw. parenteral erfolgt.

Selbständig:
Das Kind kann die beschriebene Aktivität ohne personelle Hilfe durchführen.

Überwiegend selbständig:
Das Kind kann selbständig trinken, wenn ein Glas, eine Tasse/ Trinkflascheunmittelbar im Aktionsradius des Kindes positioniert oder wenn an das Trinken erinnert wird.

Überwiegend unselbständig:
Das Trinkgefäß muss immer wieder in die Hand gegeben oder es muss teilweise gehalten werden. Das Trinken erfolgt jedoch selbständig. Dies gilt auch, wenn die ständige Anwesenheit der Pflegeperson erforderlich ist, beispielsweise zum Anhalten, langsam zu trinken, u. a. bei Aspirationsgefahr oder weil das Kind zu jedem Schluck motiviert werden muss.

Unselbständig:
Getränke müssen (nahezu) komplett gereicht werden.

KF 4.4.10 Benutzen einer Toilette oder eines Toilettenstuhls

Gehen zur Toilette, Hinsetzen und Aufstehen, Sitzen während der Blasen- oder Darmentleerung, Intimhygiene und Richten der Kleidung

Die Beurteilung ist auch dann vorzunehmen, wenn anstelle der Toilettenbenutzung eine Versorgung mit Hilfsmitteln erfolgt (z. B. Inkontinenzmaterial, Katheter, Urostoma, Ileo- oder Colostoma).

Selbständig:
Das Kind kann die Aktivität ohne personelle Hilfe durchführen.

Überwiegend selbständig:
Das Kind kann die Aktivität überwiegend selbständig durchführen. Personelle Hilfe kann sich beispielsweise beschränken auf einzelne Handlungsschritte wie:

- nur Bereitstellen und Leeren des Toilettenstuhls (alternativ Urinflasche oder anderer Behälter),
- nur Orientierungshinweise zum Auffinden der Toilette, Begleitung auf dem Weg zur Toilette,
- nur Anreichen von Toilettenpapier oder Waschlappen, Intimhygiene nur nach Stuhlgang,
- nur Unterstützung beim Hinsetzen, Aufstehen von der Toilette,
- nur punktuelle Hilfe beim Richten der Bekleidung.

Überwiegend unselbständig:
Das Kind kann nur einzelne Handlungsschritte selbst ausführen, z. B. nur zur Toilette gehen oder Intimhygiene nur nach dem Wasserlassen.

Es ist ständige Anleitung oder Beaufsichtigung mit der Notwendigkeit des Eingreifens beim Aufsuchen und Benutzen der Toilette/ des Toilettenstuhls erforderlich.

Unselbständig:
Das Kind kann sich nicht oder nur minimal an der Aktivität beteiligen.

KF 4.4.11 Bewältigen der Folgen einer Harninkontinenz und Umgang mit Dauerkatheter und Urostoma

Bei Kindern unter fünf Jahren ist eine Beurteilung nicht erforderlich.

Besteht über dieses Alter hinaus noch eine relevante Inkontinenz oder Versorgung mit Dauerkatheter oder Urostoma, so ist die Beeinträchtigung der Selbständigkeit wie beim Erwachsenen zu bewerten.

Inkontinenz- und Stomasysteme sachgerecht verwenden, nach Bedarf wechseln und entsorgen

Dazu gehört z. B. Inkontinenzsysteme wie Windeln oder Pants sachgerecht zu verwenden, nach Bedarf zu wechseln und zu entsorgen. Dazu gehört auch das Entleeren, Wechseln eines Urinbeutels bei liegendem Dauerkatheter oder Urostoma.

Die regelmäßige Einmalkatheterisierung ist nicht hier, sondern unter Punkt KF 4.5.10 zu erfassen.

Selbständig:
Das Kind kann Hilfsmittel selbständig benutzen.

Überwiegend selbständig:
Das Kind kann die Aktivität überwiegend selbständig durchführen, wenn Inkontinenzsysteme gereicht oder entsorgt werden oder das Kind an den Wechsel erinnert wird.

Überwiegend unselbständig:
Das Kind kann sich am Wechsel der Inkontinenzsysteme beteiligen, z. B. diese nur entfernen.

Unselbständig:
Beteiligung ist nicht (oder nur minimal) möglich.

KF 4.4.12 Bewältigen der Folgen einer Stuhlinkontinenz und Umgang mit Stoma

Bei Kindern unter fünf Jahren ist eine Beurteilung nicht erforderlich.

Besteht über dieses Alter hinaus noch eine relevante Inkontinenz oder Versorgung eines Enterostomas, so ist die Beeinträchtigung der Selbständigkeit wie beim Erwachsenen zu bewerten.

Inkontinenz- und Stomasysteme sachgerecht verwenden, nach Bedarf wechseln und entsorgen

Dazu gehört Inkontinenzsysteme sachgerecht verwenden, nach Bedarf wechseln und entsorgen. Dazu gehört auch das Entleeren oder Wechseln eines Stomabeutels bei Enterostoma. Die Pflege des Stomas und der Wechsel einer Basisplatte ist unter KF 4.5.9 zu berücksichtigen.

Selbständig:
Das Kind kann Hilfsmittel selbständig benutzen.

Überwiegend selbständig:
Das Kind kann die Aktivität überwiegend selbständig durchführen, wenn Inkontinenzsysteme bereitgelegt und entsorgt werden oder das Kind an den Wechsel erinnert wird.

Überwiegend unselbständig:
Das Kind kann sich am Wechsel der Inkontinenzsysteme beteiligen, z. B. Mithilfe beim Wechsel eines Stomabeutels. Bei Vorliegen einer Stuhlinkontinenz sind Ressourcen beim Wechsel des Inkontinenzmaterials eher selten.

Unselbständig:
Beteiligung ist nicht (oder nur minimal) möglich.

KF 4.4.13 Ernährung parenteral oder über Sonde

Ernährung über einen parenteralen Zugang (z. B. einen Port) oder über einen Zugang in Magen oder Dünndarm (PEG/PEJ)

Selbständig:
Das Kind führt die Versorgung ohne Fremdhilfe durch.

Wenn die Versorgung mit Hilfe erfolgt, werden folgende Ausprägungen unterschieden:

Nicht täglich,
Das Kind erhält zusätzlich zur oralen Nahrungsaufnahme Nahrung oder

nicht auf Dauer:
Flüssigkeit parenteral oder über Sonde, aber nur gelegentlich oder vorübergehend.

Täglich, zusätzlich zu oraler Ernährung:
Das Kind erhält in der Regel täglich Nahrung oder Flüssigkeit parenteral oder über Sonde und täglich oral Nahrung.

Ausschließlich oder nahezu ausschließlich:
Das Kind erhält ausschließlich oder nahezu ausschließlich Nahrung und Flüssigkeit parenteral oder über Sonde. Eine orale Nahrungsaufnahme erfolgt nicht oder nur in geringem Maße zur Förderung der Sinneswahrnehmung.

5.5.6 KF 4.5 Modul 5: Bewältigung von und selbständiger Umgang mit krankheits- oder therapiebedingten Anforderungen und Belastungen

Dieses Modul ist altersunabhängig.
Angaben zur Versorgung
Zu diesem Modul werden zunächst die Bedarfsaspekte erfasst. Hier sind alle ärztlich angeordneten Maßnahmen nach Art und Häufigkeit aufzuneh-

men, auch wenn sie nur vorübergehend, d. h. für weniger als sechs Monate, erforderlich sind und deshalb nicht in die Bewertung eingehen.

Angaben zur ärztlichen und medikamentösen Versorgung
Dazu gehören Angaben zur ärztlichen und fachärztlichen Versorgung. Dabei sind die Art des Arztkontaktes (Haus- oder Praxisbesuch) und die Häufigkeit zu dokumentieren, auch wenn diese seltener als einmal monatlich erforderlich sind. Bei Praxisbesuchen ist anzugeben, ob die antragstellende Person die Praxis selbständig oder in Begleitung aufsucht.

Es ist auch die aktuelle medikamentöse Therapie zu erfragen. Aus der Sichtung der Medikamente können ggf. Informationen zu Art und Schwere der Erkrankung abgeleitet werden. Ausreichend ist die Dokumentation der Häufigkeit der Einnahme und der Art der Verabreichung, z. B. selbständig, Richten erforderlich.

Angaben zur laufenden Heilmitteltherapie
Anzugeben sind Art (physikalische Therapie, Ergotherapie, Stimm-, Sprech- und Sprachtherapie, podologische Therapie), Häufigkeit (wie oft pro Woche oder – wenn seltener – pro Monat) sowie ggf. die Dauer der Heilmittelversorgung. Es ist anzugeben, ob die antragstellende Person die therapeutische Praxis selbständig oder in Begleitung aufsucht oder ob die Therapeutin bzw. der Therapeut zur Behandlung ins Haus kommt.

Angaben zu behandlungspflegerischen und anderen therapeutischen Maßnahmen
Ärztlich angeordnete behandlungspflegerische und andere therapeutische Maßnahmen sind nach Art, Häufigkeit und Dauer anzugeben, unabhängig davon, wer diese Leistungen erbringt. Insbesondere ist anzugeben, ob spezielle Krankenbeobachtung (Position 24 HKP-Richtlinie) durch einen ambulanten Pflegedienst oder gemäß § 37 Abs. 2, Satz 3 SGB V in einer zugelassenen Pflegeeinrichtung erbracht wird.

Bewertung
In die Bewertung gehen nur die ärztlich angeordneten Maßnahmen ein, die gezielt auf eine bestehende Erkrankung ausgerichtet und für voraussichtlich mindestens sechs Monate erforderlich sind. Die ärztliche Anordnung kann sich auch auf nicht verschreibungspflichtige Medikamente oder äußerliche Anwendungen oder Übungsbehandlungen beziehen.

Zu bewerten ist, ob das Kind die jeweilige Aktivität praktisch durchführen kann. Ist dies nicht der Fall, wird die Häufigkeit der erforderlichen Hilfe durch andere Personen dokumentiert (Anzahl pro Tag/pro Woche/ pro Monat). Es ist unerheblich, ob die personelle Unterstützung durch Pflegepersonen oder durch professionelle Pflege(fach-)kräfte erfolgt und auch, ob sie gemäß § 37 Abs. 2 SGB V verordnet und abgerechnet wird. Kinder sollten mit zunehmendem Alter nach und nach selbst (in Teilen) die Verantwortung im Umgang mit krankheits- oder therapiebedingten Anforderungen übernehmen. Allerdings sind die damit verbundenen Anforderungen extrem unterschiedlich.

Zu jedem Kriterium ist nur ein Eintrag möglich:

entfällt oder selbständig oder Häufigkeit der Hilfe mit einer vollen Zahl pro Tag, pro Woche oder pro Monat. Ggf. ist von Tag auf Woche oder auf Monat umzurechnen.

Erfolgt eine Medikation z. B. jeden zweiten Tag, so kann man diese Frequenz nur mit 15 x pro Monat darstellen.

Werden 2 x täglich Insulin-Injektionen gegeben und 2 x wöchentlich zusätzlich andere Injektionen, ist umzurechnen auf die Woche. Es erfolgt der Eintrag 16 x pro Woche.

KF 4.5.1 Medikation

Orale Medikation, Augen- oder Ohrentropfen, Zäpfchen und Medikamentenpflaster

Das Ausmaß der Hilfestellung kann von einmal wöchentlichem Stellen der Medikamente im Wochendispenser bis zu mehrfach täglicher Einzelgabe differieren. Werden Medikamente verabreicht, ist das Stellen nicht gesondert zu berücksichtigen.

KF 4.5.2 Injektionen

Subkutane und intramuskuläre Injektionen und subkutane Infusionen

Dazu gehören z. B. Insulininjektionen oder auch die Versorgung mit Medikamentenpumpen über einen subkutanen Zugang.

KF 4.5.3 Versorgung intravenöser Zugänge (z. B. Port)

Hierunter fällt hauptsächlich die Port-Versorgung. In Bezug auf den Umgang mit intravenösen Zugängen ist auch die Kontrolle zur Vermeidung von Komplikationen wie Verstopfung/Infektion des Katheters zu berücksichtigen. Analog ist ggf. die Versorgung intrathekaler Zugänge hier zu erfassen. Das Anhängen von Nährlösungen zur parenteralen Ernährung ist nicht hier, sondern unter Punkt KF 4.4.13 zu erfassen.

KF 4.5.4 Absaugen und Sauerstoffgabe

Absaugen kann z. B. bei beatmeten und/oder tracheotomierten Kindern oder bei Kindern mit Schluckstörungen in sehr unterschiedlicher und wechselnder Häufigkeit notwendig sein. Es ist der durchschnittliche Bedarf anzugeben. Ebenso ist hier das An-/Ablegen von Sauerstoffbrillen oder von Atemmasken zur nächtlichen Druckbeatmung zu erfassen sowie das Bereitstellen eines Inhalationsgerätes. Jede Maßnahme ist auch einzeln zu berücksichtigen.

KF 4.5.5 Einreibungen oder Kälte- und Wärmeanwendungen

Hier sind alle externen Anwendungen mit ärztlich angeordneten Salben, Cremes, Emulsionen etc. abzubilden, außerdem Kälte- und Wärmeanwendungen, die z. B. bei rheumatischen Erkrankungen angeordnet werden. Jede Maßnahme ist auch einzeln zu berücksichtigen.

KF 4.5.6 Messung und Deutung von Körperzuständen

Die Aktivität umfasst Messungen wie z. B. Blutzucker, Temperatur, Körpergewicht, Puls, Sauerstoffsättigung, Blutdruck, soweit diese auf ärztliche Anordnung erfolgen. Dabei geht es nicht nur darum, die Messung durchzuführen, sondern auch darum, notwendige Schlüsse zu ziehen, etwa zur Festlegung der erforderlichen Insulindosis oder zur Notwendigkeit anderer Maßnahmen, wie das Umstellen der Ernährung oder auch das Aufsuchen einer Ärztin bzw. eines Arztes.

KF 4.5.7 Körpernahe Hilfsmittel

Hierunter versteht man beispielsweise das An- und Ablegen von Orthesen, Prothesen, kieferorthopädischen Apparaturen, Brille, Hörgeräten, Kompressionskleidung nach Verbrennung (inkl. deren Reinigung).

KF 4.5.8 Verbandswechsel und Wundversorgung

Die Aktivität beinhaltet die Versorgung chronischer Wunden, wie z. B. bei Myelomeningocelen oder Dekubitus.

KF 4.5.9 Versorgung mit Stoma

Gemeint ist hier die Pflege künstlicher Körperöffnungen wie Tracheostoma, Eintrittstelle der PEG-/PEJ-Sonde, Urostoma, Colo- oder Ileostoma. Hierbei ist auch das Reinigen des Katheters, die Desinfektion der Einstichstelle der PEG und falls notwendig auch der Verbandswechsel zu bewerten. Die Pflege eines Urostomas, Colo- oder Ileostoma ist in der Regel mit dem Wechsel der Basisplatte oder dem Wechsel eines einteiligen Systems verbunden. Der einfache Wechsel oder das Entleeren eines Stoma- oder Katheterbeutels oder das Anhängen von Sondennahrung sind unter den Punkten KF 4.4.11 ff. zu werten.

KF 4.5.10 Regelmäßige Einmalkatheterisierung und Nutzung von Abführmethoden

Regelmäßige Einmalkatheterisierungen kommen insbesondere bei neurogenen Blasenentleerungsstörungen vor. Mit Abführmethoden sind Anwendungen von Klistier, Einlauf, digitale Ausräumung gemeint.

KF 4.5.11 Therapiemaßnahmen in häuslicher Umgebung

Bei vielen Erkrankungen werden aus einer Heilmitteltherapie heraus Anweisungen zu einem häuslichen Übungsprogramm gegeben, welches dauerhaft und regelmäßig durchgeführt werden soll, z. B. krankengymnastische Übungen, Atemübungen oder logopädische Übungen. Des Weiteren sind Maßnahmen zur Sekretelimination (ausgenommen Absaugen) zu nennen oder die Durchführung spezifischer Therapien nach Bobath oder Vojta oder die Durchführung ambulanter Peritonealdialyse (CAPD).

KF 4.5.12 Zeit- und technikintensive Maßnahmen in häuslicher Umgebung

Gemeint sind hier spezielle Therapiemaßnahmen wie Hämodialyse oder Beatmung, die im häuslichen Umfeld durchgeführt werden können, wenn ständige Überwachung während der Maßnahme durch geschulte Pflegepersonen gewährleistet wird.

Spezielle Krankenbeobachtung (gemäß Pos. 24 HKP-Richtlinie) ist meist rund um die Uhr erforderlich, z. B. bei maschineller Beatmung, und ist mit einmal täglich einzutragen.

KF 4.5.13 Arztbesuche

Hierunter fallen regelmäßige Besuche bei der Hausärztin oder beim Hausarzt, Kinderärztin bzw. Kinderarzt oder bei der Fachärztin bzw. beim Facharzt zu diagnostischen oder therapeutischen Zwecken. Wenn Unterstützung auf dem Weg oder bei Arztbesuchen erforderlich ist, sind diese in durchschnittlicher Häufigkeit zu erfassen. Bei Kindern kann die Notwendigkeit der Begleitung zu Ärzten unterstellt werden.

KF 4.5.14 Besuche anderer medizinischer oder therapeutischer Einrichtungen (bis zu drei Stunden)

Hier ist das Aufsuchen anderer Therapeuten, z. B. Physiotherapeuten/ Krankengymnasten, Ergotherapeuten, Logopäden, Psychotherapeuten, von Krankenhäusern zur ambulanten Behandlung oder Diagnostik oder anderer Einrichtungen des Gesundheitswesens (z. B. Sozialpädiatrisches Zentrum) zu berücksichtigen.

Sollte der Zeitaufwand für die Eltern bei der Nutzung dieser Einrichtungen (einschl. Fahrtzeiten) mehr als drei Stunden umfassen, so ist dies unter Punkt KF 4.5.15 zu berücksichtigen.

KF 4.5.15 Zeitlich ausgedehnte Besuche anderer medizinischer oder therapeutischer Einrichtungen (länger als drei Stunden)

Bei manchen Erkrankungen kann es notwendig sein, spezialisierte Einrichtungen aufzusuchen, wodurch erhebliche Fahrtzeiten anfallen können. Auch kann es erforderlich sein, sich zeitaufwendiger diagnostischer oder therapeutischer Maßnahmen zu unterziehen, z. B. onkologische Behandlung oder Dialyse. Der dafür erforderliche Zeitaufwand für die Eltern muss pro Termin mehr als drei Stunden betragen.

Sollte der Zeitaufwand bei der Nutzung dieser Einrichtungen (einschl. Fahrtzeiten) unter drei Stunden liegen, so ist dies unter Punkt KF 4.5.13 oder Punkt KF 4.5.14 zu berücksichtigen.

KF 4.5. K Besuche von Einrichtungen zur Frühförderung bei Kindern

Bei Kindern mit Behinderung oder drohender Behinderung kann es erforderlich sein, Einrichtungen zur Frühförderung aufzusuchen.

KF 4.5.16 Einhaltung einer Diät und anderer krankheits- oder therapiebedingter Verhaltensvorschriften

Bei manchen Erkrankungen werden bestimmte Diäten[18] oder Essvorschriften oder andere Verhaltensvorschriften von der Ärztin oder vom Arzt angeordnet. Dazu gehören auch die ärztlich angeordnete Nahrungs- und Flüssigkeitszufuhr, in der sowohl die Art und Menge der Lebensmittel wie auch die Art und der Zeitpunkt der Aufnahme aus therapeutischen Gründen geregelt sind, z. B. bei Stoffwechselstörungen, Nahrungsmittelallergien, bei Essstörungen wie Anorexie oder Prader-Willi-Syndrom. Andere Verhaltensvorschriften können sich auf vitale Funktionen beziehen, z. B. Sicherstellung einer Langzeit-Sauerstoff-Therapie bei unruhigen Personen.

Diese Vorschriften sind im Einzelnen zu benennen. Im Weiteren sind der Grad der Selbständigkeit bei der Einhaltung dieser Vorschriften und der daraus resultierende Bedarf an personeller Unterstützung zu beurteilen. Es geht hier um die Einsichtsfähigkeit der Person zur Einhaltung der Vorschriften und nicht um die Zubereitung einer Diät oder das An- und Ablegen einer Sauerstoffmaske. Nicht gemeint ist die selbstbestimmte Ablehnung von ärztlichen Vorschriften bei erhaltenen mentalen Funktionen.

Liegen keine Vorschriften vor, ist das Feld „entfällt, nicht erforderlich" anzukreuzen.

Selbständig:
Das Kind kann die Vorschriften selbständig einhalten. Das Bereitstellen einer Diät reicht aus.

Überwiegend selbständig:
Das Kind benötigt Erinnerung, Anleitung. In der Regel reicht das Bereitstellen der Diät nicht aus. Darüber hinausgehendes Eingreifen ist maximal einmal täglich erforderlich.

Überwiegend unselbständig:
Das Kind benötigt meistens Anleitung, Beaufsichtigung. Das Bereitstellen der Diät reicht nicht aus. Darüber hinausgehendes Eingreifen ist mehrmals täglich erforderlich.

---

18 Eine Diät (Syn.: modifizierte Kostform) ist definiert als verordnete Nahrungs- und Flüssigkeitszufuhr, in der sowohl die Art und Menge der Lebensmittel wie auch Art und Zeitpunkt der Aufnahme aus therapeutischen Gründen geregelt sind. Eine Diät wird als Teil der Behandlung oder Prävention einer Erkrankung oder klinischen Kondition eingesetzt, um bestimmte Substanzen in Nahrungsmitteln zu eliminieren, vermindern oder zu erhöhen. Beispiele für Diäten sind die glutenfreie oder laktosefreie Diät. (Valentini L et al.: Leitlinie der Deutschen Gesellschaft für Ernährungsmedizin (DGEM) - DGEM-Terminologie in der Klinischen Ernährung - Aktuell Ernährungsmed 2013; 38: 97–111).

Unselbständig:
Das Kind benötigt immer Anleitung, Beaufsichtigung. Das Bereitstellen der Diät reicht nicht aus. Darüber hinausgehendes Eingreifen ist (fast) durchgehend erforderlich.

5.5.7 KF 4.6 Modul 6: Gestaltung des Alltagslebens und sozialer Kontakte

Dieses Modul entfällt bei Kindern im Alter bis zu 18 Monaten.

Zu bewerten ist, ob das Kind die jeweilige Aktivität praktisch durchführen kann. Es ist unerheblich, ob die Beeinträchtigungen der Selbständigkeit aufgrund von Schädigungen somatischer oder mentaler Funktionen bestehen oder ob Teilaspekte bereits in anderen Modulen berücksichtigt worden sind.

KF 4.6.1 Gestaltung des Tagesablaufs und Anpassung an Veränderungen

Bei Kindern unter zwei Jahren und sechs Monaten ist eine Beurteilung nicht erforderlich. Den Tagesablauf nach individuellen Gewohnheiten und Vorlieben einteilen und bewusst gestalten und ggf. an äußere Veränderungen anpassen

Dies erfordert planerische Fähigkeiten zur Umsetzung von Alltagsroutinen. Zu beurteilen ist, ob das Kind von sich aus festlegen kann, welche Aktivitäten es im Laufe der nächsten Stunden oder des Tages durchführen möchte und kann, z. B. spielen oder Freunde besuchen. Solche Festlegungen setzen voraus, dass die zeitliche Orientierung vorhanden oder zumindest teilweise erhalten ist.

Da der Tagesablauf bei Kindern in erheblichem Maße durch die Eltern und (je nach Alter) durch feste Kindergarten- oder Schulzeiten vorgegeben wird, haben sie nur eingeschränkte Möglichkeiten der eigenständigen Gestaltung. Beurteilt wird daher auch das Bewusstsein für die Tagesstrukturen und -routinen, das bereits im Kleinkind- und Vorschulalter ausgebildet wird.

Selbständig:
Das Kind kann die beschriebene Aktivität im Rahmen der Gestaltungsspielräume, die die Eltern definieren, ohne personelle Hilfe durchführen.

Überwiegend selbständig:
Die Routineabläufe können weitgehend selbständig gestaltet werden, bei

ungewohnten Veränderungen ist Unterstützung notwendig. Es reichen z. B. Erinnerungen, Erinnern an vereinbarte Termine. „Überwiegend selbständig" ist ein Kind beispielsweise auch dann, wenn seine Kommunikationsfähigkeit oder Sinneswahrnehmung stark beeinträchtigt ist und es daher Hilfe benötigt, um den Tagesablauf mit anderen Menschen abzustimmen.

Überwiegend unselbständig:
Das Kind benötigt Hilfe beim Planen des Routinetagesablaufs. Es ist aber in der Lage, Zustimmung oder Ablehnung zu Strukturierungsangeboten zu signalisieren. Es kann eigene Planungen häufig nicht einhalten, da diese wieder vergessen werden. Deshalb ist über den ganzen Tag hinweg eine Erinnerung bzw. Aufforderung erforderlich. „Überwiegend unselbständig" ist auch ein Kind, das zwar selbst planen und entscheiden kann, aber für jegliche Umsetzung personelle Hilfe benötigt.

Unselbständig:
Mitwirkung an der Tagesstrukturierung oder Orientierung an vorgegebenen Strukturen ist nicht oder nur minimal möglich.

KF 4.6.2 Ruhen und Schlafen

Nach individuellen Gewohnheiten einen Tag-Nacht-Rhythmus einhalten und für ausreichende Ruhe- und Schlafphasen sorgen

Dazu gehört die Fähigkeit, die Notwendigkeit von Ruhephasen zu erkennen, sich auszuruhen und mit Phasen der Schlaflosigkeit umzugehen, aber auch die körperliche Fähigkeit, ins Bett zu kommen und die Ruhephasen insbesondere nachts einzuhalten.

Selbständig:
Das Kind kann die beschriebene Aktivität ohne personelle Hilfe durchführen.

Überwiegend selbständig:
Das Kind benötigt personelle Hilfe beim Aufstehen oder Zu-Bett-Gehen, Transferhilfen oder zeitliche Orientierungshilfen beim Wecken oder Aufforderung, schlafen zu gehen, oder einzelne Hilfen wie z. B. Abdunkeln des Schlafraumes. Die Nachtruhe ist meist ungestört, nur gelegentlich entsteht nachts ein Hilfebedarf.

Überwiegend unselbständig:
Es treten regelmäßig Einschlafprobleme oder nächtliche Unruhe auf, die

das Kind größtenteils nicht allein bewältigen kann. Deshalb sind regelmäßige Einschlafrituale und beruhigende Ansprache in der Nacht erforderlich. „Überwiegend unselbständig" ist auch ein Kind, das wegen hochgradiger motorischer Beeinträchtigung regelmäßig in der Nacht personeller Hilfe bedarf, um weiterschlafen zu können, z. B. bei Lagewechsel oder Toilettengängen in der Nacht.

Unselbständig:
Das Kind verfügt über keinen oder einen gestörten Schlaf-Wach-Rhythmus. Dies gilt unter anderem für Kinder, die keinerlei Aktivitäten ausüben (z. B. Wachkoma-Patienten) oder die regelmäßig mindestens dreimal in der Nacht personelle Unterstützung benötigen.

KF 4.6.3 Sichbeschäftigen

Die verfügbare Zeit nutzen, um Aktivitäten durchzuführen, die den eigenen Vorlieben und Interessen entsprechen

„Verfügbare Zeit" ist in diesem Zusammenhang definiert als Zeit, die nicht durch Notwendigkeiten wie Ruhen, Schlafen, Essen, Schule, Kindergarten etc. gebunden ist („freie" Zeit).

Bei der Beurteilung geht es vorrangig um die Fähigkeit, nach individuellen kognitiven, manuellen, visuellen oder auditiven Fähigkeiten und Bedürfnissen geeignete Aktivitäten der Freizeitbeschäftigung auszuwählen und auch praktisch durchzuführen (z. B. das Spielen allein oder mit anderen Kindern, Basteln, Bücher oder Zeitschriften lesen, Sendungen im Radio oder Fernsehen verfolgen, mit einem Computer spielen). Dies gilt auch für Kinder, die Angebote auswählen und steuern können, aber aufgrund somatischer Einschränkungen für die praktische Durchführung personelle Unterstützung benötigen.

Selbständig:
Das Kind kann die beschriebene Aktivität ohne personelle Hilfe durchführen.

Überwiegend selbständig:
Es ist nur in geringem Maße Hilfe erforderlich, z. B. Zurechtlegen und Richten von Gegenständen, z. B.: Utensilien wie Bastelmaterial, Fernbedienung, Kopfhörer oder Erinnerung an gewohnte Aktivitäten, Motivation oder Unterstützung bei der Entscheidungsfindung (Vorschläge unterbreiten).

Überwiegend unselbständig:
Das Kind kann sich an Beschäftigungen beteiligen, aber nur mit (kontinuierlicher) Anleitung, Begleitung oder motorischer Unterstützung.

Unselbständig:
Das Kind kann an der Entscheidung oder Durchführung nicht nennenswert mitwirken. Es zeigt keine Eigeninitiative, kann Anleitungen und Aufforderungen nicht kognitiv umsetzen, beteiligt sich nicht oder nur minimal an angebotenen Beschäftigungen.

KF 4.6.4 Vornehmen von in die Zukunft gerichteten Planungen

Bei Kindern unter zwei Jahren und sechs Monaten ist eine Beurteilung nicht erforderlich. Längere Zeitabschnitte überschauend über den Tag hinausplanen

Dies kann beispielsweise anhand der Frage eingeschätzt werden, ob Vorstellungen oder Wünsche zu anstehenden Festlichkeiten wie Geburtstag oder Jahresfeste bestehen, ob die Zeitabläufe eingeschätzt werden können, z. B. vorgegebene Strukturen wie Wochen- oder Monatspläne (Schule) nachvollzogen werden können oder ob die körperlichen Fähigkeiten vorhanden sind, um eigene Zukunftsplanungen mit anderen Menschen kommunizieren zu können. Auch die Frage, was sich das Kind für bevorstehende Schulferien vornimmt, kann Hinweise geben. Es ist auch zu berücksichtigen, wenn stark ausgeprägte psychische Problemlagen (z. B. Ängste) es verhindern, sich mit Fragen des zukünftigen Handelns auseinanderzusetzen.

Selbständig:
Das Kind kann die beschriebene Aktivität ohne personelle Hilfe durchführen.

Überwiegend selbständig:
Das Kind nimmt sich etwas vor, muss aber erinnert werden, dies auch durchzuführen, oder es benötigt infolge körperlicher Beeinträchtigungen regelmäßig Hilfe im Bereich der Kommunikation, um sich mit anderen Menschen verabreden zu können.

Überwiegend unselbständig:
Das Kind plant von sich aus nicht, entscheidet aber mit Unterstützung durch andere Personen. Es muss an die Umsetzung der eigenen Entschei-

dungen erinnert werden oder benötigt bei der Umsetzung emotionale oder körperliche Unterstützung. „Überwiegend unselbständig" ist daher auch ein Kind, das zwar kognitiv in der Lage ist, selbständig zu planen und zu entscheiden, aber so stark somatisch beeinträchtigt ist, dass es für alle Umsetzungsschritte personelle Hilfe benötigt.

Unselbständig:
Das Kind verfügt nicht über Zeitvorstellungen für Planungen über den Tag hinaus, auch bei Vorgabe von Auswahlmöglichkeiten wird weder Zustimmung noch Ablehnung signalisiert.

KF 4.6.5 Interaktion mit Personen im direkten Kontakt

Im direkten Kontakt mit Angehörigen, Pflegepersonen, Mitbewohnern oder Besuchern umgehen, Kontakt aufnehmen, Personen ansprechen, auf Ansprache reagieren

Selbständig:
Das Kind kann die beschriebene Aktivität ohne personelle Hilfe durchführen.

Überwiegend selbständig:
Umgang mit bekannten Personen erfolgt selbständig, zur Kontaktaufnahme mit Fremden ist Unterstützung erforderlich, z. B. Anregung, zu einer neuen Mitbewohnerin oder einem neuen Mitbewohner, Besucher oder neuen Nachbarn, Nachbarskindern Kontakt aufzunehmen oder punktuelle Unterstützung bei der Überwindung von Sprech-, Sprach- und Hörproblemen.

Überwiegend unselbständig:
Das Kind ergreift von sich aus kaum Initiative. Es muss angesprochen oder motiviert werden, reagiert aber verbal oder deutlich erkennbar nonverbal durch andere Formen der Kommunikation, z. B. Blickkontakt, Mimik, Gestik. „Überwiegend unselbständig" ist auch ein Kind, das auf weitgehende Unterstützung bei der Überwindung von Sprech-, Sprach- oder Hörproblemen angewiesen ist.

Unselbständig:
Das Kind reagiert nicht auf Ansprache. Auch nonverbale Kontaktversuche, z. B. Berührungen, führen zu keiner nennenswerten Reaktion.

KF 4.6.6 Kontaktpflege zu Personen außerhalb des direkten Umfelds

Bestehende Kontakte zu Freunden, Bekannten, Nachbarn aufrechterhalten, beenden oder zeitweise ablehnen

Dazu gehört auch die Fähigkeit, mit technischen Kommunikationsmitteln wie Telefon umgehen zu können, z. B. Besuche verabreden oder Telefon- oder Brief- oder Mail-Kontakte.

Selbständig:
Das Kind kann die beschriebene Aktivität ohne personelle Hilfe durchführen.

Überwiegend selbständig:
Das Kind kann planen, braucht aber Hilfe beim Umsetzen wie z. B. Erinnerungszettel bereitlegen oder Telefonnummern mit Namen (oder mit Bild) versehen, Erinnern und Nachfragen, ob Kontakt hergestellt wurde, oder Erinnern an Terminabsprachen. Ein Elternteil wählt die Telefonnummer, das Kind führt dann das Gespräch. Oder das Kind bittet die Eltern, ein Treffen mit Freunden zu verabreden.

Überwiegend unselbständig:
Die Kontaktgestaltung des Kindes ist eher reaktiv. Es sucht von sich aus kaum Kontakt, wirkt aber mit, wenn beispielsweise die Eltern die Initiative ergreifen. „Überwiegend unselbständig" ist auch, wer aufgrund von somatischen Beeinträchtigungen während der Kontaktaufnahme personelle Unterstützung durch die Bezugsperson, z. B. bei der Nutzung von Kommunikationshilfen (Telefon halten) oder bei der Überwindung von Sprech-, Sprach- oder Hörproblemen benötigt.

Unselbständig:
Das Kind nimmt keinen Kontakt außerhalb des direkten Umfeldes auf und reagiert nicht auf Anregungen zur Kontaktaufnahme.

5.6 KF 5 Ergebnis der Begutachtung

Es gelten die gleichen Ausführungen wie für Erwachsene (Punkt 4.10).

5.6.1 KF 5.1 Pflegegrad

Unter diesem Punkt gelten bezüglich der Ausführungen zu den Modulen und Berechnungsregeln grundsätzlich die gleichen Ausführungen wie für Erwachsene (Punkt 4.10.1). Die Besonderheiten für Kinder sind im Folgenden dargestellt.

Bei pflegebedürftigen Kindern wird der Pflegegrad durch einen Vergleich der Beeinträchtigungen ihrer Selbständigkeit und ihrer Fähigkeiten mit altersentsprechend entwickelten Kindern ermittelt. Insofern kommen nicht in allen Altersgruppen alle Module bzw. alle Kriterien der Module zum Tragen.

Für die Feststellung von Pflegebedürftigkeit fließen bei Kindern im Alter **bis zu 18 Monaten** nur die folgenden Module bzw. Kriterien in die Bewertung ein:

- Modul 1 „Mobilität“, hier wird nur das Kriterium KF 4.1.6 Besondere Bedarfskonstellation „Gebrauchsunfähigkeit beider Arme und beider Beine“ beurteilt.
- Modul 3 „Verhaltensweisen und psychische Problemlagen“.
- Modul 4 „Selbstversorgung“ wird ersetzt durch das Kriterium KF 4.4.0 „Bestehen gravierende Probleme bei der Nahrungsaufnahme, die einen außergewöhnlich pflegeintensiven Hilfebedarf im Bereich der Ernährung auslösen?“.
- Modul 5 „Bewältigung von und selbständiger Umgang mit krankheits- oder therapiebedingten Anforderungen und Belastungen“.

Nachfolgend sind jeweils altersbezogen die Kriterien aufgeführt, die erst ab einem bestimmten Alter zu beurteilen sind.

Ab zwei Jahren
Im Modul 4:

- Kriterium KF 4.4.1 Waschen des vorderen Oberkörpers
- Kriterium KF 4.4.3 Waschen des Intimbereichs
- Kriterium KF 4.4.7 Mundgerechtes Zubereiten der Nahrung und Eingießen von Getränken

Ab zwei Jahren und sechs Monaten
Im Modul 2:
- Kriterium KF 4.2.3 Zeitliche Orientierung
- Kriterium KF 4.2.8 Erkennen von Risiken und Gefahren

Im Modul 6:

- Kriterium KF 4.6.1 Gestaltung des Tagesablaufs und Anpassung an Veränderungen

- Kriterium KF 4.6.4 Vornehmen von in die Zukunft gerichteten Planungen

Ab drei Jahren und sechs Monaten
Im Modul 4
- Kriterium KF 4.4.4 Duschen und Baden einschließlich Waschen der Haare

Ab vier Jahren
Im Modul 2:
- Kriterium KF 4.2.7 Verstehen von Sachverhalten und Informationen

Ab fünf Jahren
Im Modul 4
- Kriterium KF 4.4.11 Bewältigen der Folgen einer Harninkontinenz und Umgang mit Dauerkatheter und Urostoma
- Kriterium KF 4.4.12 Bewältigen der Folgen einer Stuhlinkontinenz und Umgang mit Stoma

Für die Berechnungsregeln gelten die gleichen Ausführungen wie für Erwachsene (Punkt 4.10.1).

Besonderheiten bei Kindern im Alter bis zu 18 Monaten
Abweichend zur regelhaften Einstufungssystematik bemisst sich für Kinder im Alter bis zu 18 Monaten der Grad der Pflegebedürftigkeit folgendermaßen:

Pflegegrad 2: erhebliche Beeinträchtigungen der Selbständigkeit oder der Fähigkeiten (ab 12,5 bis unter 27 Punkte)

Pflegegrad 3: schwere Beeinträchtigungen der Selbständigkeit oder der Fähigkeiten (ab 27 bis unter 47,5 Punkte)

Pflegegrad 4: schwerste Beeinträchtigungen der Selbständigkeit oder der Fähigkeiten (ab 47,5 bis unter 70 Punkte)

Pflegegrad 5: schwerste Beeinträchtigungen der Selbständigkeit oder der Fähigkeiten mit besonderen Anforderungen an die pflegerische Versorgung (ab 70 bis 100 Punkte)

Pflegebedürftige Kinder im Alter bis zu 18 Monaten mit einer besonderen Bedarfskonstellation (Kriterium KF 4.1.6), die einen spezifischen, außergewöhnlich hohen personellen Unterstützungsbedarf mit besonderen Anforderungen an die pflegerische Versorgung aufweisen, werden ebenfalls, auch wenn ihre Gesamtpunkte unter 70 Punkten liegen, dem Pflegegrad 5 zugeordnet.

Widerspruchsbegutachtung
Bei Widerspruchsbegutachtungen ist hier anzugeben, ob das Ergebnis des Vorgutachtens bestätigt wird und ob durch eine zwischenzeitliche Veränderung der Selbständigkeit und Fähigkeiten aktuell ein anderer Pflegegrad empfohlen wird oder ob die Voraussetzungen für den aktuell empfohlenen Pflegegrad bereits zum Zeitpunkt der Vorbegutachtung bestanden haben.

5.6.2 KF 5.2 Pflegeaufwand der Pflegepersonen
Es gelten die gleichen Ausführungen wie für Erwachsene (Punkt 4.10.2).

5.6.3 KF 5.3 Ist die Pflege in geeigneter Weise sichergestellt?
Es gelten die gleichen Ausführungen wie für Erwachsene (Punkt 4.10.3).

5.6.4 KF 5.4 Liegen Hinweise auf folgende Ursachen der Pflegebedürftigkeit vor?
Es gelten die gleichen Ausführungen wie für Erwachsene (Punkt 4.10.4).

6. Erhebung weiterer versorgungsrelevanter Informationen

5.6.5 KF 6.1 Außerhäusliche Aktivitäten

Entfällt bei Kindern unter drei Jahren
Dieser Bereich geht nicht in die Ermittlung eines Pflegegrades ein. Die Einschätzung der Selbständigkeit bei außerhäuslichen Aktivitäten kann aber für die individuelle Versorgungsplanung oder Beratung wichtig sein.

Zu bewerten ist, ob das Kind die jeweilige Aktivität praktisch durchführen kann. Es ist unerheblich, ob die Beeinträchtigungen der Selbständigkeit altersgemäß sind oder aufgrund von Schädigungen somatischer oder mentaler Funktionen bestehen.

Fortbewegen im außerhäuslichen Bereich
Hier sind auch die örtliche Orientierungsfähigkeit sowie Sicherheitsaspekte zu berücksichtigen.

KF 6.1.1 Verlassen des Bereichs der Wohnung oder der Einrichtung

Fähigkeit, den konkreten individuellen Wohnbereich verlassen zu können, also von den Wohnräumen bis vor das Haus gelangen zu können

Unterschieden werden die Ausprägungsgrade:

- Selbständig (ohne Begleitung)
- Überwiegend selbständig (mit Unterstützung, aber auch mit Eigenaktivität der Person)
- Überwiegend/völlig unselbständig, Hilfe durch eine Person reicht jedoch aus
- Überwiegend/völlig unselbständig, Hilfe durch zwei Personen erforderlich.

KF 6.1.2 Fortbewegen außerhalb der Wohnung oder Einrichtung

Fähigkeit, sich in einem Bewegungsradius von ca. 500 m sicher und zielgerichtet zu bewegen
Gemeint ist der Umkreis, der von den meisten Menschen üblicherweise zu Fuß bewältigt wird, z. B. für kurze Spaziergänge an der frischen Luft oder um Nachbarskinder oder naheliegende Geschäfte aufzusuchen. Das Kind kann dabei ein Hilfsmittel, z. B. Rollator, Rollstuhl, benutzen.

Unterschieden werden die Ausprägungen:

- Selbständig (ohne Begleitung)
- Nur auf gewohnten Wegen selbständig
- Auf allen Wegen nur mit personeller Hilfe möglich
- Auch mit personeller Hilfe nicht möglich

KF 6.1.3 Nutzung öffentlicher Verkehrsmittel im Nahverkehr

Fähigkeit, in einen Bus oder eine Straßenbahn einzusteigen und an der richtigen Haltestelle wieder auszusteigen
Unterschieden werden die Ausprägungen:

- Selbständig (ohne Begleitung)
- Nur auf gewohnten Strecken selbständig
- Auf allen Strecken nur mit personeller Hilfe möglich

Auch mit personeller Hilfe nicht möglich

KF 6.1.4 Mitfahren in einem Kraftfahrzeug

Fähigkeit, in einen PKW ein- und auszusteigen und Selbständigkeit während der Fahrt

Die Beaufsichtigungsnotwendigkeit während der Fahrt aus Sicherheitsgründen ist zu berücksichtigen.

Unterschieden werden die Ausprägungen:

- Selbständig
- Benötigt nur Hilfe beim Ein- und Aussteigen (Hilfsperson zusätzlich zum Fahrer während der Fahrt ist nicht erforderlich)
- Benötigt Hilfsperson (auch) während der Fahrt mit dem PKW, Taxi (zusätzlich zum Fahrer)
- Fahren in einem PKW, Taxi ist nicht möglich, Liegendtransport oder Transport im Rollstuhl (Spezialfahrzeuge) sind notwendig.

Teilnahme an Aktivitäten (Beurteilung ohne Berücksichtigung von Wegstrecken)
Hier ist nur die selbständige Teilnahme an außerhäuslichen Aktivitäten zu berücksichtigen.

Zur Einschätzung wird eine modifizierte und vereinfachte Fassung der Selbständigkeitsskala verwendet.

In den Erläuterung(en) können besondere Wünsche erfasst werden.

KF 6.1.5 Teilnahme an kulturellen, religiösen oder sportlichen Veranstaltungen

Hier geht es um die Teilnahme an Veranstaltungen, bei denen in der Regel eine größere Anzahl an Personen versammelt ist. Dazu gehören beispielsweise Veranstaltungen wie Theater, Konzert, Gottesdienst oder Schulveranstaltungen. Zur Teilnahme gehört die Fähigkeit, sich über die Dauer der Veranstaltung selbständig in einer größeren Ansammlung von Menschen aufhalten zu können.

Teilnahme selbständig möglich:
Das Kind kann ohne Begleitung an außerhäuslichen Aktivitäten teilnehmen.

Nicht selbständig:
Teilnahme ist nur mit unterstützender Begleitung möglich. Das Kind benötigt zur Teilnahme eine Begleitperson während der Aktivität.

Teilnahme ist auch mit unterstützender Begleitung nicht möglich.

KF 6.1.6 Besuch von Kindertagesstätte, Schule, Werkstatt für behinderte Menschen, Tages- oder Nachtpflege oder eines Tagesbetreuungsangebotes

Hierbei geht es um Lebensbereiche, die der Bildung, Arbeit und Beschäftigung dienen. Bei einigen dieser Aktivitäten übernehmen in der Regel andere Betreuungspersonen (in der Regel geschultes Personal) in den entsprechenden Einrichtungen beaufsichtigende und ggf. steuernde Funktionen.

Solche Aktivitäten kommen nur bei bestimmten Personen vor. Wenn die Gutachterin oder der Gutachter den Besuch in Betracht zieht, dann sollte dies angekreuzt und die Teilnahmefähigkeit bewertet werden, auch wenn die antragstellende Person dies zurzeit nicht wünscht.

Bei Mehrfachauswahl ist eine Bewertung zu jeder Aktivität vorzunehmen.
Teilnahme selbständig möglich:
Das Kind kann ohne Begleitung an außerhäuslichen Aktivitäten teilnehmen.

Nicht selbständig:
Teilnahme ist nur mit unterstützender Begleitung möglich. Das Kind benötigt zur Teilnahme eine Begleitperson während der Aktivität.

Teilnahme ist auch mit unterstützender Begleitung nicht möglich.

KF 6.1.7 Teilnahme an sonstigen Aktivitäten mit anderen Menschen

Damit sind soziale Aktivitäten außerhalb des engeren Familienkreises in kleineren Gruppen mit bekannten Personen gemeint. Hierunter fallen Besuche bei Freunden, Bekannten oder Verwandten sowie die Teilnahme an Treffen in Vereinen oder Selbsthilfegruppen.

Teilnahme selbständig möglich:
Das Kind kann ohne Begleitung an außerhäuslichen Aktivitäten teilnehmen.

Nicht selbständig:
Teilnahme ist nur mit unterstützender Begleitung möglich. Das Kind benötigt zur Teilnahme eine Begleitperson während der Aktivität.

Teilnahme ist auch mit unterstützender Begleitung nicht möglich.

5.6.6 KF 6.2 Haushaltsführung

Entfällt bei Kindern unter 18 Jahren.

5.7 KF 7 Empfehlungen zur Förderung oder zum Erhalt der Selbständigkeit oder der Fähigkeit, Prävention und Rehabilitation (über die bisherige Versorgung hinaus)

Zu den allgemeinen Ausführungen bezüglich Leistungen zur medizinischen Rehabilitation, Hilfsmittel und Pflegehilfsmittel, Heilmittel und andere therapeutische Maßnahmen, wohnumfeldverbessernde Maßnahmen, edukative Maßnahmen/Beratung/Anleitung, präventive Maßnahmen und Beratungen zu Leistungen zur verhaltensbezogenen Primärprävention nach § 20 Abs. 5 SGB V wird auf die Richtlinien für Erwachsene verwiesen (4.12).

5.7.1 Hilfsmittel

Bei Kindern bis zur Vollendung des 16. Lebensjahres ist in Bezug auf die Hilfsmittelversorgung zu beachten, dass die Integration in die Gruppe Gleichaltriger zur Vermeidung von Isolation als elementares Grundbedürfnis zu berücksichtigen ist.

5.7.2 Präventive Maßnahmen

Präventive Maßnahmen im Rahmen der Eigenverantwortung der Eltern sind in jedem Alter sinnvoll und zu empfehlen.

Bezüglich primärpräventiver Maßnahmen ergeben sich bei Kindern folgende Besonderheiten:

Gemäß den Ausführungen im „Leitfaden Prävention – Handlungsfelder und Kriterien des GKV-Spitzenverbandes zur Umsetzung der §§ 20 und 20a SGB V" ist grundsätzlich der Settingansatz zum Erreichen der Zielgruppe Kinder und Jugendliche (z. B. Gesundheitsförderung in Kindergarten und Schulen) einer Förderung von individuellen Maßnahmen vorzuziehen. Kursangebote zur Primärprävention für die Zielgruppe Kinder werden danach erst ab dem Alter von sechs Jahren gefördert. Ausnahmen bilden Maßnahmen zur Förderung von Stressbewältigung und Vermeidung/Reduktion von Übergewicht – diese sind für Kinder im Alter von acht bis achtzehn Jahren förderfähig.

Wird eine Beratung zu Leistungen zur verhaltensbezogenen Primärprävention nach § 20 Abs. 5 SGB V empfohlen, kann sich diese ausschließlich auf Maßnahmen/Kurse zu folgenden Handlungsfeldern beziehen:

- Gesundheitsförderndes Bewegungsverhalten
- Gesundheitsgerechte Ernährung
- Verbesserung der psychosozialen Gesundheit/Stressmanagement
- Umgang mit dem Thema Suchtmittelkonsum

5.7.3 KF 7.1 Möglichkeiten zur Förderung oder zum Erhalt der festgestellten Selbständigkeit oder der Fähigkeiten

Nach Anamnese, Befunderhebung und Einschätzung der gesundheitsbedingten Beeinträchtigungen der Selbständigkeit oder der Fähigkeiten hat der Gutachter einen Gesamtüberblick, der ihm ermöglicht zu bewerten, ob sich realistische Möglichkeiten zur Verbesserung oder zum Erhalt der in den Modulen 1 bis 6 und den Bereichen „Außerhäusliche Aktivitäten" und „Haushaltsführung" bewerteten Funktionen, Aktivitäten und Beeinträchtigungen über die bereits laufende Versorgung hinaus ergeben.

Für die Bewertung sind die Bereiche in drei Gruppen zusammengefasst:

KF 7.1.1 Mobilität und Selbstversorgung

Die Gutachterin bzw. der Gutachter soll bezogen auf die Bereiche Mobilität und Selbstversorgung Stellung nehmen zu:

1. Einleitung/Optimierung therapeutischer Maßnahmen
In Betracht kommen insbesondere Maßnahmen der physikalischen Therapie, wobei aus dem Bereich der Bewegungstherapie in erster Linie Krankengymnastik bzw. bei ZNS-Erkrankungen Krankengymnastik nach Bobath oder Vojta infrage kommen. Ziele der Ergotherapie können Aufbau und Erhalt physiologischer Funktionen, Entwicklung oder Verbesserung der Grob- und Feinmotorik, Entwicklung oder Verbesserung der Koordination von Bewegungsabläufen und der funktionellen Ausdauer, Erlernen von Ersatzfunktionen sein.

Wenn es um das Essen und Trinken geht, können Maßnahmen der Stimm-, Sprech-, Sprachtherapie, vorrangig Schlucktherapie, angezeigt sein.

2. Optimierung der räumlichen Umgebung
Zur Förderung der Selbständigkeit oder Erleichterung der Pflegesituation sind wohnumfeldverbessernde Maßnahmen in Betracht zu ziehen.

Infrage kommen zum Beispiel:

Bad: Höhenverstellbarer Waschtisch, verstellbare Spiegel, behindertengerechte Toilette, behindertengerechter Umbau von Dusche oder Wanne.

Türen: Verbreitern, Beseitigen von Schwellen, Tiefersetzen von Türgriffen, Anbringen einer automatischen Türöffnung.

Treppen: Treppenlifter, fest installierte Rampen.

3. Hilfs-/Pflegehilfsmitteleinsatz bzw. dessen Optimierung
Zur Förderung der Selbständigkeit oder Erleichterung der Pflegesituation können Geräte und Gegenstände des täglichen Lebens, die unabdingbar mit der täglichen Lebensführung und Alltagsbewältigung zur Befriedigung der Grundbedürfnisse verbunden sind und vom Kind noch nicht oder nicht mehr zweckentsprechend genutzt werden können, adaptiert oder eingesetzt werden. Die infrage kommenden Pflegehilfsmittel/Hilfsmittel/Gegenstände des täglichen Lebens sind z. B.

- Hilfen zur Hygiene wie Bade- oder Toilettenhilfen, Inkontinenzprodukte.
- Hilfen im Alltag wie Anziehhilfen, Greifhilfen, Ess- und Trinkhilfen.
- Hilfen zur Mobilität wie Orthesen, Gehhilfen und Rollstühle, aber auch Therapiestuhl und Stehtrainer.
- Hilfen zum Liegen und Positionieren wie Pflegebetten und Zubehör, Lagerungshilfen.

4. Präventive Maßnahmen
Präventive Maßnahmen zum gesundheitsförderlichen Bewegungsverhalten können z. B. Maßnahmen zur Reduzierung von Bewegungsmangel durch Förderung der gesundheitssportlichen Aktivität sowie verhaltens- und gesundheitsorientierte Bewegungsprogramme zur Vorbeugung und Reduzierung spezieller gesundheitlicher Risiken, z. B. Kinderrückenschule, Ganzkörpertraining sein.

Als weitere präventive Maßnahmen kommen z. B. aktivierende Pflege und Inanspruchnahme der Zahnindividualprophylaxe mit Beratung zur Mundgesundheit und zur Verhütung von Zahnerkrankungen (§ 22 SGB V) in Betracht.

5. Sonstige Empfehlungen
Hierzu zählt z. B. die Teilnahme am Rehabilitationssport/Funktionstraining.

KF 7.1.2 Kognitive und kommunikative Fähigkeiten, Verhaltensweisen und psychische Problemlagen und Gestaltung des Alltagslebens und sozialer Kontakte

Die Gutachterin bzw. der Gutachter soll bezogen auf die festgestellten Beeinträchtigungen der kognitiven und kommunikativen Fähigkeiten, der Verhaltensweisen und psychischen Problemlagen und der Beeinträchtigungen der Selbständigkeit bei der Gestaltung des Alltagslebens und sozialer Kontakte Stellung nehmen zu:

1. Einleitung/Optimierung therapeutischer Maßnahmen
In Betracht kommen insbesondere Maßnahmen der Ergotherapie. So kann im Rahmen von psychisch-funktioneller Behandlung eine Verbesserung des situationsgerechten Verhaltens und der Beziehungsfähigkeit trainiert werden. Die Stimm-, Sprech- und Sprachtherapie dient der Verbesserung bzw. Normalisierung des Sprachverständnisses, Sprachflusses und der Sprachproduktion.

Als weitere therapeutische Maßnahmen können die Einleitung einer Kinder- und Jugendlichenpsychotherapie, ggf. auch als Familientherapie, angeregt oder die Einbindung eines Sozialpädiatrischen Zentrums oder einer Spezialambulanz empfohlen werden.

2. Optimierung der räumlichen Umgebung
Zur Förderung der Selbständigkeit oder Erleichterung der Pflegesituation sind wohnumfeldverbessernde Maßnahmen in Betracht zu ziehen. Infrage kommt z. B. die Schaffung von Orientierungshilfen.

3. Hilfs-/Pflegehilfsmitteleinsatz bzw. dessen Optimierung
Hilfsmittel und Pflegehilfsmittel können in vielfältiger Weise die kognitiven und kommunikativen Fähigkeiten unterstützen, so z. B. Adaptationshilfen zum Schreiben und Lesen, Kommunikationshilfen.

4. Präventive Maßnahmen
Präventive Maßnahmen zur Förderung von Stressbewältigungskompetenzen können z. B. multimodale Programme zur Stärkung der individuellen Bewältigungskompetenzen und zur Förderung von Entspannung, z. B. autogenes Training, Yoga für Kinder, progressive Muskelentspannung, sein. Diese Maßnahmen sind für Kinder unter Einbeziehung der Familie und des sozialen Umfelds möglich.

Für Kinder und Jugendliche kommen präventive Maßnahmen, die den Einstieg in den Konsum von Tabak, Alkohol und anderen Drogen verhindern, in Betracht. Hierzu zählt auch eine Anleitung zum sinnvollen Umgang mit Medien und elektronischen Kommunikationsmitteln.

5. Sonstige Empfehlungen
Als sonstige Empfehlungen kommen Unterstützung und Entlastung der Pflegepersonen durch Wissensvermittlung, Anschluss an Selbsthilfegruppen betroffener Eltern, soziale Netzwerke und Sozialberatung in Betracht.

KF 7.1.3 Bewältigung von und selbständiger Umgang mit krankheits- oder therapiebedingten Anforderungen und Belastungen

Im Gutachten soll, bezogen auf die konkreten krankheits- oder therapiebedingten Anforderungen und Belastungen, Stellung genommen werden zu:

1. Edukative Maßnahmen
Hierzu zählen unter anderem Schulungen zu Diabetes mellitus, Asthma bronchiale, Neurodermitis, Adipositas oder krankheitsbezogene Ernährungsberatung, Maßnahmen zum Erlernen von Atemtechniken und zur Sekretelimination, z. B. bei Mukoviszidose.

2. Einsatz, Anleitung bzw. Vermittlung von Kenntnissen und Fertigkeiten im Umgang mit Hilfs- und Pflegehilfsmitteln und medizinischen Geräten
Hierzu zählen z. B. Schulungen zur Selbstkatheterisierung, Anleitung zum Umgang mit Colostoma, Anleitung von Atemtechniken und Maßnahmen zur Sekretelimination.

3. Präventive Maßnahmen
Hierzu zählen Maßnahmen zur Förderung einer gesundheitsgerechten Ernährung als Präventionskurse zur Vermeidung von Mangel- und Fehlernährung sowie Maßnahmen zur Vermeidung und Reduzierung von Übergewicht.

Für Kinder und Jugendliche kommen präventive Maßnahmen, die den Einstieg in den Konsum von Tabak, Alkohol und anderen Drogen verhindern, in Betracht.

4. Sonstige Empfehlungen
Zudem können Empfehlungen zur diagnostischen Abklärung und Einbeziehung von Fachärzten gegeben werden.

5.7.4 KF 7.2 Empfehlungen zu therapeutischen und/oder weiteren Einzelmaßnahmen

Keine Besonderheiten, auf die Ausführungen in den Richtlinien für Erwachsene wird verwiesen (Punkt 4.12.9).

5.7.5 KF 7.3 Empfehlungen zur medizinischen Rehabilitation

Ablauf der Prüfung der Notwendigkeit einer Leistung zur medizinischen Rehabilitation

Die Beurteilung rehabilitativer Bedarfe im Rahmen der Pflegebegutachtung erfolgt bundeseinheitlich auf der Grundlage des optimierten Begutachtungsstandards (OBS), der als Anlage 3 zur BRi beigefügt ist.

Der gemeinsamen Verantwortung von Ärztinnen und Ärzten sowie Pflegefachkräften für die Rehabilitationsempfehlung wird durch die strukturierte und durch den OBS standardisierte Kooperation der beteiligten Gutachter Rechnung getragen.

Ist die Gutachterin oder der Gutachter nach Bewertung der Punkte KF 7.1.1. bis KF 7.1.3 und der dort getroffenen Empfehlungen zu der Entscheidung gekommen, dass zum Erhalt oder zur Verbesserung der Selbständigkeit und Teilhabe der interdisziplinäre, mehrdimensionale Behandlungsansatz einer medizinischen Rehabilitation erforderlich ist und Maßnahmen der kurativen Versorgung nicht ausreichend oder erfolgversprechend sind, ist von Rehabilitationsbedürftigkeit auszugehen.

KF 7.3.1 Rehabilitationsfähigkeit

Im nächsten Schritt ist bei der Begutachtung zu prüfen, ob Hinweise auf eine Einschränkung der Rehabilitationsfähigkeit (Punkt KF 7.3.1) bestehen, durch fehlende Kooperations- und Einsichtsfähigkeit aufgrund ausgeprägter mentaler Störungen (z. B. schwerste geistige Behinderung), therapieresistente Krampfanfälle, Antriebsstörungen (z. B. schwer beherrschbare Hyperaktivität) oder durch hochgradige körperliche Schwäche (z. B. infolge eingreifender hämatologischer/onkologischer Therapie) oder durch stark eingeschränkte körperliche Belastbarkeit (Luftnot bereits in Ruhe), die die Durchführung unmöglich machen. Auch eine geplante Operation oder Krankenhausaufnahme ist abzuklären.

KF 7.3.2 Rehabilitationsziele

Nachfolgend sind realistische, alltagsrelevante Rehabilitationsziele (Punkt KF 7.3.2) zu benennen, die sich an den individuellen Bedürfnissen unter Berücksichtigung relevanter Kontextfaktoren orientieren, wie z. B. Erlernen, Verbesserung oder Erhalt des Gehens, Transfer, Nahrungsaufnahme, Körperpflege, Kommunikation, Krankheitsbewältigung, Stärkung des Selbstwertgefühls und des Selbstvertrauens, krankheitsspezifische Schulung unter Einbeziehung der Eltern.

Ist die begutachtende Pflegefachkraft auf der Grundlage der erhobenen Informationen zu der Einschätzung gekommen, dass eine Rehabilitationsindikation bestehen könnte, erfolgt die Weiterleitung an eine Ärztin oder einen Arzt im Gutachterdienst, der zur Notwendigkeit einer medizinischen Rehabilitation Stellung nimmt. Wenn sich die Pflegefachkraft in ihrer Einschätzung bezüglich einer Rehabilitationsindikation nicht sicher ist, wird auch eine Ärztin oder ein Arzt des Gutachterdienstes in die Begutachtung eingeschaltet. Die ärztliche Gutachterin bzw. der ärztliche Gutachter prüft auf der Grundlage der von der Pflegefachkraft erfassten Informationen, ob eine Rehabilitationsindikation vorliegt, und gibt bei Bestätigung eine Allokationsempfehlung ab. Dabei ist unter Würdigung des bisherigen Erkrankungsverlaufs, des Kompensationspotenzials oder der Rückbildungsfähigkeit unter Beachtung und Förderung individueller positiver Kontextfaktoren zu beurteilen, ob eine positive Rehabilitationsprognose anzunehmen ist.

KF 7.3.3 Empfehlung einer Leistung zur medizinischen Rehabilitation

Bei den Zuweisungsempfehlungen ist anzugeben, welche indikationsspezifische Rehabilitation, z. B. Atemwegserkrankung (Asthma bronchiale), neuropädiatrische Erkrankungen, psychische/ psychosomatische Störungen und Verhaltensauffälligkeiten (z. B. ADHS), Adipositas, Hauterkrankungen (z. B. Neurodermitis), durchgeführt werden kann.

Eine Sonderform der Rehabilitation für Kinder und Jugendliche ist die familienorientierte Rehabilitation (FOR) nach aufwendiger Krebsbehandlung, nach Organtransplantationen, nach Operationen am Herzen oder bei Mukoviszidose. Hierbei stellt die Mitaufnahme der Familienangehörigen eine notwendige Voraussetzung für den Rehabilitationserfolg des Kindes dar.

KF 7.2.1 Anhand der dem Gutachten zur Feststellung der Pflegebedürftigkeit gemäß SGB XI zugrunde liegenden Informationen wird keine Empfehlung zur Einleitung einer Leistung zur medizinischen Rehabilitation gegeben

Die Einschaltung einer Ärztin oder eines Arztes des Gutachterdienstes zur Beurteilung der Rehabilitationsindikation ist nicht erforderlich, wenn die begutachtende Pflegefachkraft begründen kann, warum sie keine Empfehlung zur Einleitung von Leistungen zur medizinischen Rehabilitation abgibt, z. B.:

- Die aktuellen Leistungen der vertragsärztlichen Versorgung oder pflegerischen Maßnahmen erscheinen ausreichend, um Pflegebedürftigkeit zu vermeiden, zu vermindern oder eine Verschlimmerung zu verhüten.
- Diese Antwortoption kommt in Betracht, wenn unter KF 7.1.1 bis KF 7.1.3 keine Maßnahmen genannt werden, weil die bereits eingeleitete vertragsärztliche Behandlung und die pflegerische Versorgung ausreichend erscheinen und darüber hinaus keine weiteren Empfehlungen erforderlich sind. Aussagen zur Fortführung bereits eingeleiteter Maßnahmen sind entbehrlich.
- Es wird empfohlen, mit der behandelnden Ärztin oder dem behandelnden Arzt abzuklären, ob die unter KF 7.1.1 bis KF 7.1.3 genannten weiteren therapeutischen Maßnahmen eingeleitet werden können.
- Es wird empfohlen, die anderen unter KF 7.1.1 bis KF 7.1.3 genannten Empfehlungen einzuleiten.
- Es wird die Einleitung/Optimierung aktivierend pflegerischer Maßnahmen empfohlen.
- Es ergeben sich zwar Hinweise für die Empfehlung einer Leistung zur medizinischen Rehabilitation, aktuell liegt jedoch keine ausreichende Rehabilitationsfähigkeit vor.
- Die Wirkung/der Erfolg einer abgeschlossenen oder derzeit stattfindenden Rehabilitationsmaßnahme soll abgewartet werden.
- Es wird keine realistische Möglichkeit gesehen, die Pflegebedürftigkeit zu vermindern oder eine Verschlimmerung zu verhüten.
    - Diese Antwortoption kommt nur dann in Betracht, wenn unter KF 7.1.1 bis KF 7.1.3 keine Maßnahmen genannt werden, weil sich eine Zunahme der Pflegebedürftigkeit nicht verzögern lässt, z. B. bei einer weit fortgeschrittenen, metastasierenden onkologischen Erkrankung.
- Eine Rehabilitationsmaßnahme wurde bereits bewilligt (Bewilligungsbescheid liegt vor).

Die Pflegefachkraft kann außerdem eine weitere Abklärung der Rehabilitationsindikation, z. B. durch die behandelnde Vertragsärztin bzw. den behandelnden Vertragsarzt empfehlen, insbesondere wenn für die Beurteilung notwendige Arzt- oder Krankenhausberichte nicht vorliegen.

Die Pflegefachkraft schaltet auch dann den ärztlichen Gutachterdienst ein, wenn sie Abklärungsbedarf bezüglich der Empfehlung weiterer Maßnahmen hat.

Die vorstehenden Feststellungen sind in einer gesonderten Präventions- und Rehabilitationsempfehlung zu dokumentieren und zusammen mit dem Pflegegutachten an die Pflegekasse zu senden.

5.8 KF 8 Weitere Empfehlungen und Hinweise für die Pflegekasse

Die gutachterlichen Empfehlungen unter den Punkten KF 7.1.1 bis KF 7.1.3 werden hier zusammengeführt und aufgelistet:

KF 8.1 Hilfsmittel und Pflegehilfsmittel
KF 8.2 Heilmittel und sonstige therapeutische Maßnahmen
KF 8.3 Wohnumfeldverbessernde Maßnahme
KF 8.4 Edukative Maßnahmen, Beratung und Anleitung
KF 8.5 Präventive Maßnahmen

KF 8.6 Beratung zu Leistungen zur verhaltensbezogenen Primärprävention nach § 20 Abs. 5 SGB V

Wird eine Beratung zu Leistungen zur verhaltensbezogenen Primärprävention nach § 20 Abs. 5 SGB V empfohlen, kann sich diese auf Maßnahmen/Kurse zu folgenden Handlungsfeldern beziehen:

- Gesundheitsförderndes Bewegungsverhalten
- Gesundheitsgerechte Ernährung
- Verbesserung der psychosozialen Gesundheit/Stressmanagement
- Umgang mit dem Thema Suchtmittelkonsum

Gemäß den Ausführungen im „Leitfaden Prävention" sind grundsätzlich Settingmaßnahmen zur Erreichung der Zielgruppe Kinder und Jugendliche einer Förderung von individuellen Maßnahmen vorzuziehen.

Präventive Maßnahmen zum gesundheitsförderlichen Bewegungsverhalten: Hierbei sind z. B. Maßnahmen zur Reduzierung von Bewegungsmangel durch Förderung der gesundheitssportlichen Aktivität sowie verhaltens-

und gesundheitsorientierte Bewegungsprogramme zur Vorbeugung und Reduzierung spezieller gesundheitlicher Risiken für Kinder ab dem sechsten Lebensjahr in Betracht zu ziehen, z. B. Kinderrückenschule, Ganzkörpertraining für Kinder.

Präventive Maßnahmen zur Förderung einer gesundheitsgerechten Ernährung: Hierzu kommen Präventionskurse zur Vermeidung von Mangel- und Fehlernährung (ab sechs Jahren) sowie Maßnahmen zur Vermeidung und Reduzierung von Übergewicht infrage (Kurse zum Umgang zur gesundheitsgerechten Ernährung). Letztere richten sich an Kinder im Alter von acht bis 18 Jahren, bei denen ein Übergewicht im Bereich der 90. bis 97. Perzentile der Häufigkeitsverteilung der alters- und geschlechtsspezifischen BMI-Werte besteht. Es wird die Kombination von Ernährung und Bewegung empfohlen.

Präventive Maßnahmen zur Verbesserung der psychosozialen Gesundheit und Stressmanagement: Hierzu kommen Maßnahmen zur Entspannung (ab sechs Jahren) wie z. B. das Erlernen von progressiver Muskelentspannung oder Hatha-Yoga für Kinder und zur Förderung von Stressbewältigungskompetenzen (ab acht Jahren) infrage. Diese Maßnahmen sind für Kinder unter Einbeziehung der Familie und des sozialen Umfelds möglich.

Präventive Maßnahmen zum Umgang mit dem Thema Suchtmittelkonsum kommen für Kinder und Jugendliche in Betracht, um den Einstieg in den Konsum von Tabak, Alkohol und anderen Drogen zu verhindern.

5.9 KF 9 Prognose, Wiederholungsbegutachtung

Hier ist die weitere voraussichtliche Entwicklung der gesundheitlich bedingten Beeinträchtigungen der Selbständigkeit oder der Fähigkeiten abzuschätzen und zu dokumentieren.

Bei Kindern ist aufgrund der zu erwartenden Entwicklungsfortschritte in der Regel eine Wiederholungsbegutachtung angemessen. Nach fachlicher Einschätzung des Krankheitsbildes und der zu erwartenden Entwicklung des Kindes schlägt die Gutachterin bzw. der Gutachter einen geeigneten Zeitpunkt vor.

Eine Empfehlung zur Nachbegutachtung vor dem 18. Lebensmonat erfolgt nur, wenn vor dem 18. Lebensmonat relevante Änderungen zu erwarten sind, z. B. durch eine erfolgreiche Operation einer Lippen-Kiefer-Gaumenspalte oder eines angeborenen Herzfehlers.

6 Formulargutachten

(hier nicht abgedruckt)

2. HPK-RL

Richtlinie des Gemeinsamen Bundesausschusses über die Verordnung von häuslicher Krankenpflege (Häusliche Krankenpflege-Richtlinie) in der Fassung vom 17. September 2009, veröffentlicht im BAnz. Nr. 21a (Beilage) vom 9. Februar 2010, in Kraft getreten am 10. Februar 2010, zuletzt geändert am 20. September 2018, veröffentlicht im Bundesanzeiger BAnz AT 30. November 2018 in Kraft getreten am 1. Dezember 2018

Diese Richtlinie regelt die Verordnung häuslicher Krankenpflege, deren Dauer und deren Genehmigung durch die Krankenkassen sowie die Zusammenarbeit der Vertragsärztinnen und Vertragsärzte mit den die häusliche Krankenpflege durchführenden ambulanten Pflegediensten und den Krankenhäusern.

§ 1 Grundlagen

(1) [1]Die Verordnung häuslicher Krankenpflege durch Vertragsärztinnen und Vertragsärzte erfolgt bei medizinischer Notwendigkeit. [2]Diese kann sowohl kurativ als auch palliativ indiziert sein. [3]Dabei sind der Eigenverantwortungsbereich der oder des Versicherten (siehe Absatz 4) sowie die besonderen Belange kranker Kinder und wirtschaftliche Versorgungsalternativen zu berücksichtigen. [4]So kann z. B. die Verordnung eines teuren Arznei-, Verband- oder Hilfsmittels wirtschaftlich sein, wenn der finanzielle Aufwand für diese Maßnahmen bei gleicher Wirksamkeit geringer ist als der für die sonst notwendigen Maßnahmen der häuslichen Krankenpflege.

(2) [1]Häusliche Krankenpflege wird im Haushalt der oder des Versicherten oder ihrer oder seiner Familie erbracht. [2]Anspruch auf häusliche Krankenpflege besteht auch an sonstigen geeigneten Orten, an denen sich die oder der Versicherte regelmäßig wiederkehrend aufhält und an denen

– die verordnete Maßnahme zuverlässig durchgeführt werden kann und

– für die Erbringung der einzelnen Maßnahmen geeignete räumliche Verhältnisse vorliegen (z. B. im Hinblick auf hygienische Voraussetzungen, Wahrung der Intimsphäre, Beleuchtung),

wenn die Leistung aus medizinisch-pflegerischen Gründen während des Aufenthaltes an diesem Ort notwendig ist. [3]Orte im Sinne des Satz 2 können insbesondere Schulen, Kindergärten, betreute Wohnformen oder Arbeitsstätten sein. [4]Ein Anspruch besteht auch für Versicherte, die nicht nach § 14 SGB XI pflegebedürftig sind, während ihres Aufenthalts in teilstationären Einrichtungen der Tages- und Nachtpflege, wenn die Leistung aus medizinisch-pflegerischen Gründen während des Aufenthaltes in der Einrichtung der Tages- oder Nachtpflege notwendig ist sowie in Kurzzeitpflegeeinrichtungen (siehe auch Absatz 5).

(3) [1]Die in der vertragsärztlichen Versorgung verordnungsfähigen Maßnahmen der häuslichen Krankenpflege sind grundsätzlich dem dieser Richtlinie als Anlage beigefügten Leistungsverzeichnis zu entnehmen. [2]Dort nicht aufgeführte Maßnahmen sind grundsätzlich nicht als häusliche Krankenpflege verordnungs- und genehmigungsfähig. [3]Nicht im Leistungsverzeichnis aufgeführte Maßnahmen der häuslichen Krankenpflege im Sinne von § 37 SGB V sind in medizinisch zu begründenden Ausnahmefällen verordnungs- und genehmigungsfähig, wenn sie Bestandteil des ärztlichen Behandlungsplans sind, im Einzelfall erforderlich und wirtschaftlich sind und von geeigneten Pflegekräften erbracht werden sollen. [4]Maßnahmen der ärztlichen Diagnostik und Therapie sind nicht als häusliche Krankenpflege verordnungsfähig und dürfen nicht von der Krankenkasse genehmigt werden.[1]

(4) Die oder der Versicherte hat nur dann einen Anspruch auf häusliche Krankenpflege, wenn und soweit sie oder er die erforderliche(n) Verrichtung(en) nicht selbst durchführen oder eine im Haushalt lebende Person die Versicherte oder den Versicherten in dem erforderlichen Umfang nicht pflegen und versorgen kann.

(5) [1]Für die Zeit des Aufenthalts in Einrichtungen, in denen nach den gesetzlichen Bestimmungen Anspruch auf die Erbringung von Behandlungspflege durch die Einrichtungen besteht (z. B. Krankenhäusern, Rehabilitationsein-

1 Wenn die behandelnde Vertragsärztin oder der behandelnde Vertragsarzt z. B. eine i. v. Injektion an Pflegefachkräfte/Pflegekräfte delegiert, trägt sie oder er die Verantwortung für die Durchführung und die Vergütung.

richtungen, Hospizen, Pflegeheimen), kann häusliche Krankenpflege nicht verordnet werden. [2]Ob ein solcher Anspruch besteht, ist im Einzelfall durch die Krankenkassen zu prüfen.

(6) [1]Abweichend von Absatz 5 kann häusliche Krankenpflege in Werkstätten für behinderte Menschen verordnet werden, wenn die Intensität oder Häufigkeit der in der Werkstatt zu erbringenden Pflege so hoch ist, dass nur durch den Einsatz einer Pflegefachkraft Krankenhausbehandlungsbedürftigkeit vermieden oder das Ziel der ärztlichen Behandlung gesichert werden kann und die Werkstatt für behinderte Menschen nicht auf Grund des § 10 der Werkstättenverordnung verpflichtet ist, die Leistung selbst zu erbringen. [2]Eine Verordnung von Behandlungspflege ist auch für Versicherte in Pflegeheimen zulässig, die auf Dauer, voraussichtlich für mindestens 6 Monate, einen besonders hohen Bedarf an medizinischer Behandlungspflege haben (§ 37 Absatz 2 Satz 3 SGB V). [3]Dies ist der Fall, wenn die ständige Anwesenheit einer geeigneten Pflegefachkraft zur individuellen Kontrolle und Einsatzbereitschaft oder ein vergleichbar intensiver Einsatz einer Pflegefachkraft erforderlich ist, insbesondere weil

- behandlungspflegerische Maßnahmen in ihrer Intensität oder Häufigkeit unvorhersehbar am Tag und in der Nacht erfolgen müssen oder
- die Bedienung und Überwachung eines Beatmungsgerätes im Sinne der Nr. 8 der Anlage am Tag und in der Nacht erforderlich ist.

Eine Verordnung von Behandlungspflege ist auch für Versicherte in vollstationären Einrichtungen oder Räumlichkeiten der Hilfe für behinderte Menschen im Sinne von § 43a des Elften Buches Sozialgesetzbuch (SGB XI) zulässig, wenn ein besonders hoher Bedarf an medizinischer Behandlungspflege gemäß Satz 3 besteht. Diese Voraussetzung ist auch erfüllt, wenn der besonders hohe Bedarf an medizinischer Behandlungspflege abweichend von Satz 2 nur vorübergehend besteht, z. B. nach einem Krankenhausaufenthalt. Für Versicherte, bei denen der Bedarf an medizinischer Behandlungspflege keine ständige Überwachung und Versorgung durch eine qualifizierte Pflegefachkraft erfordert, ist eine Erbringung von Behandlungspflege im Rahmen der häuslichen Krankenpflege nur zulässig, wenn die Leistungserbringung nicht zu den Aufgaben der Einrichtung oder Räumlichkeit im Sinne von § 43a SGB XI gehört. Dies ist in dem Genehmigungsverfahren gemäß § 6 zu prüfen. Im Rahmen der häuslichen Krankenpflege sind einfachste Maßnahmen der Behandlungspflege für Versicherte in Einrichtungen oder Räumlichkeiten im Sinne von § 43a SGB XI regelmäßig nicht verordnungsfähig.

§ 2 Inhalte, Ziele und Umfang der häuslichen Krankenpflege

(1) Die häusliche Krankenpflege beinhaltet

- Maßnahmen der ärztlichen Behandlung, die dazu dienen, Krankheiten zu heilen, ihre Verschlimmerung zu verhüten oder Krankheitsbeschwerden zu lindern und die üblicherweise an Pflegefachkräfte/Pflegekräfte delegiert werden können (Behandlungspflege),
- Grundverrichtungen des täglichen Lebens (Grundpflege) und
- Maßnahmen, die zur Aufrechterhaltung der grundlegenden Anforderungen einer eigenständigen Haushaltsführung allgemein notwendig sind (hauswirtschaftliche Versorgung).

(2) Ziele der Verordnung häuslicher Krankenpflege sind

- der oder dem Versicherten das Verbleiben oder die möglichst frühzeitige Rückkehr in ihren oder seinen häuslichen Bereich zu erlauben (Krankenhausvermeidungspflege) oder
- ambulante ärztliche Behandlung zu ermöglichen und deren Ergebnis zu sichern (Sicherungspflege),
- Sicherstellung der Versorgung bei schwerer Krankheit oder akuter Verschlimmerung einer Krankheit, insbesondere nach einem Krankenhausaufenthalt, nach einer ambulanten Operation oder nach einer ambulanten Krankenhausbehandlung (Unterstützungspflege).

(3) Häusliche Krankenpflege umfasst, sofern dies im Einzelfall notwendig ist,

- bei Krankenhausvermeidungspflege die Behandlungs- und Grundpflege sowie die hauswirtschaftliche Versorgung,
- bei Sicherungspflege die notwendige Behandlungspflege sowie, sofern die Satzung der Krankenkasse dies vorsieht, die notwendige Grundpflege und hauswirtschaftliche Versorgung und
- bei Unterstützungspflege die Grundpflege und hauswirtschaftliche Versorgung.

§ 2a Krankenhausvermeidungspflege

(1) Die Verordnung als Krankenhausvermeidungspflege ist nur zulässig, wenn die oder der Versicherte wegen einer Krankheit der ärztlichen Behandlung bedarf und diese Bestandteil des ärztlichen Behandlungsplans ist. Sie kann verordnet werden, wenn eine der folgenden

Voraussetzungen vorliegt:

- Krankenhausbehandlung geboten aber nicht ausführbar ist. Dies ist z.B. der Fall, wenn eine Versicherte oder ein Versicherter die Zustimmung zur Krankenhauseinweisung verweigert.
- Dadurch Krankenhausbehandlung vermieden wird. Dies ist gegeben, wenn durch die Ergänzung der ambulanten ärztlichen Behandlung mit Maßnahmen der häuslichen Krankenpflege die ansonsten erforderliche Krankenhausbehandlung ersetzt werden kann.
- Dadurch Krankenhausbehandlung verkürzt wird (vgl. § 7 Absatz 5).

(2) Grundpflege und hauswirtschaftliche Versorgung können im Rahmen der Krankenhausvermeidungspflege nur im Zusammenhang mit erforderlicher Behandlungspflege verordnet werden.

§ 2b Sicherungspflege

(1) Sicherungspflege ist Bestandteil des ärztlichen Behandlungsplans und kann verordnet werden, wenn sich der oder die Versicherte wegen einer Krankheit in ambulanter vertragsärztlicher Versorgung befindet und diese nur mit Unterstützung durch Maßnahmen der häuslichen Krankenpflege durchgeführt werden kann. In diesen Fällen ist häusliche Krankenpflege nur als Behandlungspflege verordnungsfähig.

(2) Grundpflege und hauswirtschaftliche Versorgung können im Rahmen der Sicherungspflege nur im Zusammenhang mit erforderlicher Behandlungspflege verordnet werden, sofern die Satzung der Krankenkasse die Grundpflege und hauswirtschaftliche Versorgung vorsieht und bei der oder dem Versicherten keine Pflegebedürftigkeit mit Pflegegrad 2 bis 5 gemäß den §§ 14 und 15 SGB XI vorliegt.

§ 2c Unterstützungspflege

(1) Häusliche Krankenpflege als Unterstützungspflege ist Bestandteil des ärztlichen Behandlungsplans und kann verordnet werden, wenn

- eine schwere Krankheit oder eine akute Verschlimmerung einer Krankheit, insbesondere nach einem Krankenhausaufenthalt, nach einer ambulanten Operation oder nach einer ambulanten Krankenhausbehandlung vorliegt und
- die dadurch resultierenden krankheits- oder behandlungsbedingten Beeinträchtigungen in einem Maß vorliegen, dass die oder der Versicherte sich nicht mehr selbstständig in den Bereichen Grundpflege und Hauswirtschaft versorgen kann und
- der Bedarf an Grundpflege und hauswirtschaftlicher Versorgung nur für einen voraussichtlich vorübergehenden Zeitraum vorliegt und
- keine Pflegebedürftigkeit mit Pflegegrad 2 bis 5 gemäß den §§ 14 und 15 SGB XI vorliegt.

(2) [1]Die Leistung umfasst die im Einzelfall erforderlichen Maßnahmen der Grundpflege und der hauswirtschaftlichen Versorgung entsprechend den Nummern 1 bis 5 des Leistungsverzeichnisses. [2]Leistungen der hauswirtschaftlichen Versorgung können nur zusammen mit Leistungen der Grundpflege verordnet werden. Leistungen der Grundpflege können auch ohne Bedarf an hauswirtschaftlicher Versorgung verordnet werden. [3]Die Verordnung von Unterstützungspflege setzt nicht notwendigerweise die gleichzeitige oder vorherige Verordnung von Behandlungspflege voraus. [4]Leistungen nach § 37 Absatz 1a SGB V können nicht in Einrichtungen der Kurzzeitpflege erbracht werden.

§ 3 Verordnung der häuslichen Krankenpflege

(1) [1]Voraussetzung für die Verordnung häuslicher Krankenpflege ist, dass sich die Vertragsärztin oder der Vertragsarzt von dem Zustand der oder des Kranken und der Notwendigkeit häuslicher Krankenpflege persönlich überzeugt hat oder dass ihr oder ihm beides aus der laufenden Behandlung bekannt ist. [2]Krankenhausärztinnen und Krankenhausärzte können häusliche Krankenpflege im Rahmen der Entlassung aus dem Krankenhaus nach Maßgabe von § 7 Absatz 5 verordnen.

(2) [1]Die ärztliche Verordnung erfolgt auf dem vereinbarten Vordruck (Verordnung häuslicher Krankenpflege)[2]. [2]Die Ärztin oder der Arzt hat auf dem Verordnungsvordruck insbesondere

- die verordnungsrelevante(n) Diagnose(n) als medizinische Begründung für die häusliche Krankenpflege,
- die zu erbringenden Leistungen sowie
- deren Beginn, Häufigkeit und Dauer

anzugeben.

(3) [1]Kann eine im Haushalt der oder des Versicherten lebende Person die erforderliche(n) Maßnahme(n) durchführen und ist dies der Vertragsärztin oder dem Vertragsarzt bekannt, hat

die Verordnung zu unterbleiben. [2]Sofern die im Haushalt der oder des Versicherten lebende Person Teilbereiche der häuslichen Krankenpflege durchführen kann, hat die Verordnung für diese Teilbereiche zu unterbleiben. [3]Kann eine im Haushalt der oder des Versicherten lebende

Person nach Einschätzung der Ärztin oder des Arztes die erforderliche(n) Maßnahme(n) oder Teilbereiche nicht übernehmen, ist dies auf der Verordnung entsprechend anzugeben. [4]Kann die Vertragsärztin oder der Vertragsarzt nicht eindeutig beurteilen, ob eine im Haushalt der oder des Versicherten lebende Person die erforderliche(n) Maßnahme(n) oder Teilbereiche erbringen kann, ist dies auf der Verordnung entsprechend anzugeben.

(4) [1]Änderungen und Ergänzungen der Verordnung bedürfen der erneuten Unterschrift der Ärztin oder des Arztes mit Stempel und Datumsangabe. [2]Rückwirkende Verordnungen sind grundsätzlich nicht zulässig; Ausnahmefälle sind besonders zu begründen.

(5) Sind einzelne Maßnahmen der häuslichen Krankenpflege ganz oder teilweise nicht mehr notwendig, teilt die Vertragsärztin oder der Vertragsarzt dies unverzüglich der Krankenkasse mit.

(6) Hält die Krankenhausärztin oder der Krankenhausarzt Maßnahmen der häuslichen Krankenpflege nach der Krankenhausentlassung für erforderlich

2 Klarstellung zu § 3 Absatz 2 Satz 1: Die Nutzung des Vordrucks „Verordnung häuslicher Krankenpflege“ bezieht sich ausschließlich auf die häusliche Krankenpflege. Für die psychiatrische Krankenpflege folgt eine gesonderte Regelung.

und teilt dies der Vertragsärztin oder dem Vertragsarzt mit, soll die Vertragsärztin oder der Vertragsarzt dies bei der Verordnung berücksichtigen.

(7) Leistungen der Sicherungspflege nach § 2b können parallel zur Unterstützungspflege nach § 2c verordnet werden, wenn neben dem Bedarf an Grundpflege und hauswirtschaftlicher Versorgung ein Bedarf an Behandlungspflege besteht und die übrigen Voraussetzungen erfüllt sind.

§ 4 Besonderheiten der Verordnung der psychiatrischen Krankenpflege

(1) Für die Verordnung von Leistungen nach Nr. 27a des Verzeichnisses verordnungsfähiger Leistungen (psychiatrische Krankenpflege) gelten nachfolgende Besonderheiten.

(2) Bei psychisch Kranken ist Voraussetzung für die Verordnung von Maßnahmen der psychiatrischen Krankenpflege, dass die oder der Versicherte über eine ausreichende Behandlungsfähigkeit verfügt, um im Pflegeprozess die in Nr. 27a des Verzeichnisses verordnungsfähiger Maßnahmen genannten Beeinträchtigungen der Aktivitäten (Fähigkeitsstörungen) positiv beeinflussen zu können, und zu erwarten ist, dass das mit der Behandlung verfolgte Therapieziel von der oder dem Versicherten manifest umgesetzt werden kann.

(3) [1] Können die in Absatz 2 genannten Voraussetzungen bei erstmaliger Verordnung von Leistungen der psychiatrischen Krankenpflege nicht eingeschätzt werden, ist zunächst eine Erstverordnung über einen Zeitraum von bis zu 14 Tagen zur Erarbeitung der Pflegeakzeptanz und zum Beziehungsaufbau möglich. [2]Dabei kann auch die Anleitung der Angehörigen der oder des Versicherten im Umgang mit deren oder dessen Erkrankung Gegenstand der Leistung sein. [3]Zeichnet sich in diesem Zeitraum ab, dass Pflegeakzeptanz und Beziehungsaufbau nicht erreicht werden können, ist eine Folgeverordnung nicht möglich.

(4) [1]Maßnahmen der psychiatrischen Krankenpflege sind durch die Vertragsärztin oder den Vertragsarzt des Fachgebietes zu verordnen (Ärztin oder Arzt für Nervenheilkunde, Neurologie, Psychiatrie, Psychotherapeutische Medizin, Ärztinnen und Ärzte mit Zusatzbezeichnung Psychotherapie). [2]Die Verordnung durch die Hausärztin oder den Hausarzt erfordert eine vorherige Diagnosesicherung durch eine Ärztin oder einen Arzt der in Satz 1 genannten Fachgebiete. [3]Bestandteil der Verordnung von Maß-

nahmen der psychiatrischen Krankenpflege ist der von der Ärztin oder dem Arzt erstellte Behandlungsplan, der die Indikation, die Beeinträchtigungen der Aktivitäten (Fähigkeitsstörungen), die Zielsetzung der Behandlung und die Behandlungsschritte (Behandlungsfrequenzen und -dauer) umfasst.

(5) Maßnahmen der psychiatrischen Krankenpflege sind nur verordnungsfähig bei den unter Nr. 27a des Verzeichnisses verordnungsfähiger Maßnahmen benannten Diagnosen und Beeinträchtigungen der Aktivitäten (Fähigkeitsstörungen).

(6) Maßnahmen der psychiatrischen Krankenpflege und die Leistungen der Soziotherapie können – sofern die jeweiligen individuellen Verordnungsvoraussetzungen erfüllt sind – für

nacheinander folgende Zeiträume verordnet werden.

(7) [1]Für denselben Zeitraum ist die Verordnung von Maßnahmen der psychiatrischen Krankenpflege neben inhaltlich gleichen Leistungen der Soziotherapie ausgeschlossen. [2]Die Verordnung von Maßnahmen der psychiatrischen Krankenpflege neben Leistungen der Soziotherapie ist für denselben Zeitraum möglich, wenn sich diese Leistungen aufgrund ihrer jeweils spezifischen Zielsetzung ergänzen (vgl. hierzu Soziotherapie-Richtlinie des Gemeinsamen Bundesausschusses). [3]Sowohl im Behandlungsplan der psychiatrischen Krankenpflege als auch im soziotherapeutischen Betreuungsplan sind die Notwendigkeit, die Dauer sowie die Abgrenzung der Leistungen zueinander darzulegen. [4]Die Verordnung inhaltsgleicher Leistungen ist nicht zulässig.

§ 5 Dauer der Verordnung häuslicher Krankenpflege

(1) [1]Die Vertragsärztin oder der Vertragsarzt hat sich über den Erfolg der verordneten Maßnahmen zu vergewissern. [2]Um dies sicherzustellen, soll insbesondere die Erstverordnung einen Zeitraum bis zu 14 Tagen nicht überschreiten.

(2) [1]Ist aus dem Zustand der oder des Versicherten erkennbar, dass der zunächst verordnete Zeitraum nicht ausreicht, kann die Folgeverordnung auch für eine längere Dauer ausgestellt werden, wenn in der Folgeverordnung die Notwendigkeit begründet wird. [2]Die Folgeverordnung ist in den

letzten drei Arbeitstagen (Montag bis Freitag, wenn diese nicht gesetzliche Feiertage sind) vor Ablauf des verordneten Zeitraums auszustellen.

(3) [1]Ein Anspruch der oder des Versicherten auf Krankenhausvermeidungspflege sowie Unterstützungspflege besteht bis zu vier Wochen. [2]In begründeten Ausnahmefällen kann Krankenhausvermeidungspflege sowie Unterstützungspflege über diesen Zeitraum hinaus verordnet werden. [3]Dies bedarf der Bewilligung durch die Krankenkasse nach Feststellung durch den Medizinischen Dienst der Krankenversicherung, dass die längere Dauer der Krankenhausvermeidungspflege zur Vermeidung von Krankenhausbehandlung erforderlich ist oder bei der Unterstützungspflege nur durch Leistungen nach § 2c ein Verbleib in der Häuslichkeit gewährleistet ist und weiterhin keine Pflegebedürftigkeit mit Pflegegrad 2 bis 5 im Sinne des SGB XI vorliegt. [4]Für Leistungen der ambulanten Palliativversorgung ist regelmäßig ein begründeter Ausnahmefall im Sinne von § 37 Absatz 1 Satz 5 SGB V anzunehmen.

§ 6 Genehmigung von häuslicher Krankenpflege

(1) Die von der oder dem Versicherten durch Vorlage der vertragsärztlichen Verordnung beantragten Leistungen bedürfen der Genehmigung durch die Krankenkasse.

(2) [1]Die Krankenkassen können im Rahmen des Genehmigungsverfahrens mit der Prüfung der verordneten Maßnahmen der häuslichen Krankenpflege den Medizinischen Dienst der Krankenversicherung beauftragen. [2]Werden verordnete Maßnahmen nicht oder nicht in vollem Umfang genehmigt, hat die Krankenkasse die Vertragsärztin oder den Vertragsarzt über die Gründe zu informieren.

(3) Maßnahmen der häuslichen Krankenpflege dürfen von den Krankenkassen nur genehmigt werden, soweit sie weder von der oder dem Versicherten selbst noch von einer in ihrem oder seinem Haushalt lebenden Person durchgeführt werden können.

(4) Leistungen der Grundpflege und hauswirtschaftlichen Versorgung im Rahmen der Sicherungspflege können von der Krankenkasse nur genehmigt werden, wenn die Satzung der Krankenkasse dies vorsieht.

(5) Bezieht die oder der Versicherte Leistungen der Pflegeversicherung, darf die Krankenkasse die Kosten für die Grundpflege und die hauswirtschaftliche Versorgung als Sicherungspflege nicht übernehmen.

(6) [1]Die Krankenkasse übernimmt bis zur Entscheidung über die Genehmigung die Kosten für die von der Vertragsärztin oder dem Vertragsarzt verordneten und vom Pflegedienst erbrachten Leistungen entsprechend der vereinbarten Vergütung nach § 132a Absatz 2 SGB V, wenn die Verordnung spätestens an dem dritten der Ausstellung folgenden Arbeitstag (Montag bis Freitag, wenn diese nicht gesetzliche Feiertage sind) der Krankenkasse vorgelegt wird. [2]Das Nähere regeln die Partner der Rahmenempfehlungen nach § 132a Absatz 1 SGB V.

§ 7 Zusammenarbeit mit Pflegediensten/Krankenhäusern

(1) [1]Zur Sicherstellung der Leistungserbringung im Rahmen der häuslichen Krankenpflege wirkt die Vertragsärztin oder der Vertragsarzt mit dem Pflegedienst und der Krankenkasse der oder des Versicherten eng zusammen. [2]Die Koordination der Zusammenarbeit liegt bei der behandelnden Vertragsärztin oder dem behandelnden Vertragsarzt.

(2) [1]Über Veränderungen in der häuslichen Pflegesituation aufgrund der häuslichen Krankenpflege berichtet der Pflegedienst der behandelnden Vertragsärztin oder dem behandelnden Vertragsarzt. [2]Diese oder dieser entscheidet über die erforderlichen Maßnahmen, die sich daraus ergeben.

(3) Die Vertragsärztin oder der Vertragsarzt informiert den Pflegedienst über neue pflegerelevante Befunde.

(4) Die Vertragsärztin oder der Vertragsarzt soll bei Gelegenheit des Hausbesuches die Pflegedokumentation einsehen, diese für ihre oder seine Entscheidungen auswerten und bei Bedarf Anordnungen darin vermerken.

(5) [1]Soweit es für die Versorgung der oder des Versicherten unmittelbar nach der Entlassung aus dem Krankenhaus erforderlich ist, kann das Krankenhaus (die Krankenhausärztin oder der Krankenhausarzt) im Rahmen des Entlassmanagements wie eine Vertragsärztin oder ein Vertragsarzt häusliche Krankenpflege für einen Zeitraum von bis zu sieben Kalendertagen nach der Entlassung entsprechend dieser Richtlinie verordnen. [2]Die Krankenhausärztin oder der Krankenhausarzt hat in geeigneter Weise im Rah-

men des Entlassmanagements die weiterbehandelnde Vertragsärztin oder den weiterbehandelnden Vertragsarzt über die getätigte Verordnung so rechtzeitig zu informieren, dass das Ziel einer nahtlosen Anschlussversorgung ermöglicht wird. [3]§ 11 Absatz 4 SGB V bleibt unberührt. [4]Die Regelungen dieses Paragraphen gelten entsprechend für Ärztinnen und Ärzte in Einrichtungen der medizinischen Rehabilitation bei Leistungen nach § 40 Absatz 2 und § 41 SGB V.

§ 8 Information der Vertragsärztinnen und Vertragsärzte

Die Landesverbände der Krankenkassen und die Verbände der Ersatzkassen informieren die Kassenärztlichen Vereinigungen über den Inhalt der Satzungsbestimmungen der Krankenkassen zur häuslichen Krankenpflege soweit sie Grundpflege und hauswirtschaftliche Versorgung im Rahmen der Sicherungspflege übernehmen.

3. QPR

Richtlinien des GKV-Spitzenverbandes[1] über die Prüfung der in Pflegeeinrichtungen erbrachten Leistungen und deren Qualität nach § 114 SGB XI (Qualitätsprüfungs-Richtlinien – QPR) vom 27. September 2017[2]

Der GKV-Spitzenverband hat unter Beteiligung des Medizinischen Dienstes des Spitzenverbandes Bund der Krankenkassen und des Prüfdienstes des Verbandes der Privaten Krankenversicherung e. V. die Richtlinien über die Prüfung der in Pflegeeinrichtungen erbrachten Leistungen und deren Qualität nach § 114 SGB XI (Qualitätsprüfungs-Richtlinien) vom 6. September 2016 aufgrund der Regelungen des Dritten Pflegestärkungsgesetzes, insbesondere der Änderungen der §§ 114 und 114a SGB XI, angepasst und als Mindestanforderungen für die Prüfung der in Pflegeeinrichtungen erbrachten Leistungen und deren Qualität sowie für das Verfahren zur Durchführung von solchen Prüfungen im Bereich der sozialen Pflegeversicherung am 27. September 2017

Die Prüfgrundlagen für die ambulante und die stationäre Pflege sind im Folgenden getrennt dargestellt (Teil 1 – Ambulante Pflege, Teil 2 – Stationäre Pflege).

Teil 1 Ambulante Pflege

Präambel

(1) Die Qualitätsprüfungs-Richtlinien (QPR) in der am 31. Dezember 2015 geltenden Fassung gelten nach Maßgabe von § 115a Absatz 3 bis 5 SGB XI fort. Dementsprechend wurden sie an die seit 1. Januar 2016 geltenden Regelungen und an die nach § 115a Absatz 1 SGB XI übergeleiteten Pflege-

1 Der GKV-Spitzenverband ist der Spitzenverband Bund der Pflegekassen nach § 53 SGB XI.

2 Das Bundesministerium für Gesundheit (BMG) hat diese Richtlinien mit Schreiben vom 21. November 2017 mit Auflagen genehmigt. Der GKV-Spitzenverband hat die entsprechend geänderten Richtlinien am 27. November 2017 beschlossen.

Transparenzvereinbarungen angepasst und als Qualitätsprüfungs-Richtlinien (QPR) vom 6. September 2016 beschlossen.

(2) Der GKV-Spitzenverband beschließt unter Beteiligung des Medizinischen Dienstes des Spitzenverbandes Bund der Krankenkassen (MDS) sowie des Prüfdienstes des Verbandes der Privaten Krankenversicherung (PKV-Prüfdienst) aufgrund der Regelungen des Dritten Pflegestärkungsgesetzes (PSG III) die Anpassung der QualitätsprüfungsRichtlinien – QPR. Zum einen wurden die Änderungen der §§ 114 und 114a SGB XI umgesetzt (Einbeziehung von Personen in die Regelprüfung, die Leistungen der häuslichen Krankenpflege nach § 37 SGB V in Anspruch nehmen, unabhängig davon, ob Leistungsbezug nach § 36 SGB XI besteht sowie Änderungen beim Einholen von Einwilligungserklärungen). Zum anderen wurden im Zusammenhang mit der durch das PSG III eingeführten Richtlinie des GKV-Spitzenverbandes nach § 282 i. V. m. § 275b SGB V gemeinsame Prüfkriterien für die intensivpflegerische Versorgung im Rahmen der häuslichen Krankenpflege im Sinne des § 132a Abs. 1 Satz 5 SGB V entwickelt, um einheitliche Prüfgrundlagen für die Leistungen der häuslichen Krankenpflege (HKP) festzulegen, unabhängig davon, ob ein Pflegedienst einer Regelprüfung nach dem SGB XI oder SGB V unterliegt. Vor diesem Hintergrund wurden im vorliegenden Teil 1 der QPR, der die Prüfgrundlage für Pflegedienste mit einem Versorgungsvertrag nach dem SGB XI bildet, insbesondere Prüfkriterien für die spezielle Krankenbeobachtung im Erhebungsbogen für die ambulante Pflege (Anlage 1 und 2 zu Teil 1 der QPR) ergänzt.

(3) Die auf Bundesebene maßgeblichen Organisationen für die Wahrnehmung der Interessen und der Selbsthilfe der pflegebedürftigen und behinderten Menschen haben nach Maßgabe von § 118 SGB XI an der Anpassung der QPR beratend mitgewirkt. Der GKVSpitzenverband hat die Vereinigungen der Träger der Pflegeeinrichtungen auf Bundesebene, die Verbände der Pflegeberufe auf Bundesebene, den Verband der Privaten Krankenversicherung e. V. sowie die Bundesarbeitsgemeinschaft der überörtlichen Träger der Sozialhilfe und die kommunalen Spitzenverbände auf Bundesebene beteiligt. Ihnen wurde unter Übermittlung der hierfür erforderlichen Informationen innerhalb einer angemessenen Frist vor der Entscheidung Gelegenheit zur Stellungnahme gegeben; die Stellungnahmen wurden in die Entscheidung einbezogen. Die vorliegenden Richtlinien bedürfen der Genehmigung des Bundesministeriums für Gesundheit.

(4) Die mit den Pflege-Transparenzvereinbarungen vorliegenden Transparenzkriterien bilden eine Teilmenge der in den Anlagen zu diesen Richtlinien enthaltenen Qualitätskriterien. Die Qualitätsprüfung des Medizinischen Dienstes der Krankenversicherung (MDK) sowie des PKV-Prüfdienstes wird weiterhin ein umfassenderes Spektrum abbilden, wobei hier der Schwerpunkt auf der Ergebnisqualität liegt. Bei der Erstellung der Prüfberichte nach § 115 Absatz 1 SGB XI und der Veröffentlichung der Transparenzberichte nach § 115 Absatz 1a SGB XI handelt es sich um voneinander getrennte Verfahren. Die in den Pflege-Transparenzvereinbarungen vereinbarten Kriterien sind für die Veröffentlichung von Prüfergebnissen im Transparenzbericht maßgeblich. Für den Prüfbericht, der u. a. für die ambulanten Pflegedienste und die Landesverbände der Pflegekassen erstellt wird, sind alle Prüfkriterien der QPR Teil 1 relevant.

(5) Teil 1 dieser QPR gilt bis zum Inkrafttreten der Richtlinien über die Durchführung der Qualitätsprüfung für den ambulanten Bereich nach § 114a Absatz 7 SGB XI.

1. Ziel der Richtlinien

(1) Teil 1 der QPR dient als verbindliche Grundlage für die Prüfung der Qualität in den ambulanten Pflegediensten nach einheitlichen Kriterien.

(2) Ziel dieser Richtlinien ist es, auf der Basis der bisherigen Erfahrungen mit den Qualitätsprüfungen des MDK und des PKV-Prüfdienstes die Prüfung der Qualität der Pflege und Versorgung in ambulanten Pflegediensten weiter zu verbessern und zu sichern.

2. Geltungsbereich

(1) Diese Richtlinien sind für den MDK, den Sozialmedizinischen Dienst der Deutschen Rentenversicherung Knappschaft-Bahn-See (SMD) und den PKV-Prüfdienst nach § 115a Absatz 3 SGB XI verbindlich.

(2) Für die Prüfung von Leistungen der Häuslichen Krankenpflege (HKP) gelten die nachstehenden Regelungen entsprechend.

3. Prüfauftrag

(1) Die Landesverbände der Pflegekassen beauftragen den MDK und im Umfang von zehn Prozent der in einem Jahr anfallenden Prüfaufträge den PKV-Prüfdienst mit den Prüfungen nach § 114 Absatz 1 SGB XI, die als Regelprüfung, Anlassprüfung oder Wiederholungsprüfung durchzuführen sind. Die Landesverbände der Pflegekassen entscheiden über die Prüfungsart und erteilen dem MDK bzw. dem PKV-Prüfdienst die Prüfaufträge schriftlich. Vor der Erteilung eines Prüfauftrages zur Durchführung einer Anlassprüfung sind Beschwerden und Hinweise zunächst durch die Landesverbände der Pflegekassen auf ihre Stichhaltigkeit zu prüfen.

(2) Im Prüfauftrag der Landesverbände der Pflegekassen sind insbesondere zu beschreiben:

- Art der Prüfung,
- Umfang der Prüfung, soweit dieser über die Mindestangaben hinaus gehen soll,
- bei Anlassprüfungen der dem Prüfauftrag zugrunde liegende Sachverhalt (z. B. Beschwerde),
- Einbindung der Pflegekassen oder der Landesverbände der Pflegekassen insbesondere im Hinblick auf die Abrechnungsprüfung,
- Vorliegen einer anzeigepflichtigen intensivpflegerischen Versorgung von mindestens zwei Versicherten in einer Wohneinheit nach § 132a Abs. 4 Satz 12 SGB V3[3],
- ob eine Leistungserbringung in der speziellen Krankenbeobachtung erfolgt (z.B. beatmete Personen, Personen im Wachkoma)[4],
- Zeitpunkt der Prüfung,
- Prüfmodalitäten (insbesondere Information/Abstimmung mit anderen Behörden wie z. B. Gesundheitsamt).

(3) Mit dem Prüfauftrag sind dem MDK bzw. dem PKV-Prüfdienst die erforderlichen Informationen und Unterlagen für die Qualitätsprüfung zur Verfügung zu stellen, insbesondere Institutionskennzeichen (IK), Versorgungsverträge, Rahmenverträge nach § 75 Absatz 1 SGB XI einschließlich Anlagen, Strukturdaten, vorliegende Maßnahmenbescheide nach § 115 Absatz 2 SGB XI, Stellungnahmen und Unterlagen des ambulanten Pfle-

3 Diese Information ist im Prüfauftrag anzugeben, soweit sie den Landesverbänden der Pflegekassen vorliegt.

4 Siehe Fußnote 3.

gedienstes an die Landesverbände der Pflegekassen sowie eventuelle Beschwerden über den zu prüfenden ambulanten Pflegedienst.

4. Prüfverständnis und Durchführung der Prüfung

(1) Den Qualitätsprüfungen des MDK und des PKV-Prüfdienstes liegt ein beratungsorientierter Prüfansatz zugrunde. Die Qualitätsprüfungen bilden eine Einheit aus Prüfung, Beratung und Empfehlung von Maßnahmen zur Qualitätsverbesserung. Der beratungsorientierte Prüfansatz ermöglicht schon während der Qualitätsprüfung bei festgestellten Qualitätsdefiziten das Aufzeigen von Lösungsmöglichkeiten (Impulsberatung). Dieser Prüfansatz setzt eine intensive Zusammenarbeit des ambulanten Pflegedienstes mit dem MDK bzw. dem PKV-Prüfdienst voraus.

(2) Zur Durchführung der Qualitätsprüfungen ist dem MDK bzw. dem PKV-Prüfdienst Zugang zum ambulanten Pflegedienst zu gewähren. Die Prüferin/der Prüfer weist sich auf Wunsch des Pflegedienstes aus. Die Qualitätsprüfungen in ambulanten Pflegediensten sind grundsätzlich am Tag zuvor anzukündigen; Anlassprüfungen sollen unangemeldet erfolgen. Eine Prüfung zur Nachtzeit ist auf die Fälle zu begrenzen, in denen das Ziel der Qualitätssicherung zu anderen Tageszeiten nicht erreicht werden kann. Der Pflegedienst hat der Prüferin/dem Prüfer auf Verlangen die für die Qualitätsprüfung notwendigen Unterlagen vorzulegen und Auskünfte zu erteilen. Hierzu gehören auch Vergütungsvereinbarungen nach § 89 SGB XI sowie die Verträge nach § 132a Absatz 4 SGB V einschließlich der für die Prüfung notwendigen Anlagen. Soweit erforderlich sind Kopien anzufertigen. Die Beteiligung anderer Prüfinstitutionen (z. B. Gesundheitsamt) darf nicht zu Verzögerungen bei der Durchführung der Prüfungen führen. Dies gilt auch für die Beteiligung der Trägervereinigung der Pflegeeinrichtung. Für Nachweiszwecke sind – soweit erforderlich – Kopien anzufertigen.

(3) In einem Einführungsgespräch werden dem ambulanten Pflegedienst das Aufgabenverständnis, die Vorgehensweise und der erforderliche Zeitaufwand für die Prüfung vermittelt.

(4) Auf der Grundlage der PTVA gilt für die Qualitätsprüfungen ambulanter Pflegedienste:

Die Prüfung der einrichtungsbezogenen Kriterien erfolgt anhand des Erhebungsbogens und der zugehörigen Ausfüllanleitung. Informationsquellen/ Nachweise sind:

- Auswertung der Dokumentation,
- Beobachtungen während der Prüfung,
- Befragung der versorgten Personen5[5],
- Befragung der Angehörigen,
- Auskunft/Information/Darlegung durch die Mitarbeiterinnen und Mitarbeiter.

In den Ausfüllanleitungen zu den Kriterien der PTVA wird konkret beschrieben, welche Informationsquellen/Nachweise jeweils relevant sind. Die Bewertung der einrichtungsbezogenen Kriterien erfolgt schwerpunktmäßig auf Grundlage der Auswertung der Dokumentation und der Beobachtungen im ambulanten Pflegedienst. Sofern nach deren Auswertung Zweifel bei der Prüferin/beim Prüfer an der Erfüllung eines Kriteriums bestehen, werden zusätzlich – soweit möglich – Hinweise der versorgten Personen, ihrer Angehörigen oder des Pflegepersonals mit einbezogen.

Bei den per Zufall ausgewählten Personen bzw. den im Rahmen von Anlassprüfungen zusätzlich ausgewählten Personen wird die personenbezogene Pflegequalität erhoben. Dies bildet den Schwerpunkt der Prüfung. Nach § 114a Absatz 3 SGB XI sind dabei insbesondere die Inaugenscheinnahme der versorgten Personen, die Pflegedokumentation, die Befragung der versorgten Personen, ihrer Angehörigen und die Befragungen der Beschäftigten angemessen zu berücksichtigen.

Die Prüfung der personenbezogenen Kriterien erfolgt anhand des Erhebungsbogens und der zugehörigen Ausfüllanleitung. Informationsquellen/ Nachweise sind:

5 Versorgte Personen im Sinne dieser Richtlinien sind Personen mit Sachleistungsbezug nach dem SGB XI
- Sachleistungsempfänger nach § 36 SGB XI
- Pflegebedürftige, die Leistungen der Verhinderungspflege nach § 39 SGB XI durch den Pflegedienst in Anspruch nehmen, sowie
- Pflegebedürftige des Pflegegrades 1, die Leistungen nach § 45b Abs. 1 Satz 3 Nr. 3 SGB XI in Anspruch nehmen (§ 28a Abs. 2 SGB XI) und die mindestens körperbezogene Pflegemaßnahmen erhalten.

Als versorgte Personen gelten auch Personen, die durch den Pflegedienst mit Leistungen der häuslichen Krankenpflege nach § 37 SGB V versorgt werden, unabhängig davon, ob Sachleistungsbezug nach dem SGB XI besteht.

- Inaugenscheinnahme der in die Stichprobe einbezogenen Person,
- Auswertung der Pflegedokumentation,
- Befragung der versorgten Person,
- Befragung der Angehörigen,
- Auskunft/Information/Darlegung (Darstellung und Begründung anhand des konkreten Lebenssachverhalts) durch die Mitarbeiterinnen und Mitarbeiter.

In den Ausfüllanleitungen zu den Kriterien der PTVA wird konkret beschrieben, welche Informationsquellen/Nachweise jeweils relevant sind. Die Bewertung der personenbezogenen Kriterien erfolgt schwerpunktmäßig auf Grundlage der Inaugenscheinnahme und der Pflegedokumentation. Die Auswertung der Pflegedokumentation erfolgt in Anwesenheit einer Mitarbeiterin/eines Mitarbeiters des ambulanten Pflegedienstes. Sofern der ambulante Pflegedienst die Anwesenheit einer Mitarbeiterin/eines Mitarbeiters nur zeitlich begrenzt gewährleisten kann, haben die Prüferinnen und Prüfer – soweit möglich – den Ablauf der Prüfung danach auszurichten. Die Auswertung der Pflegedokumentation erfolgt nur dann ohne die Anwesenheit einer Mitarbeiterin/eines Mitarbeiters des ambulanten Pflegedienstes, wenn der ambulante Pflegedienst im Zeitraum der Prüfung keine Mitarbeiterinnen/Mitarbeiter zur Verfügung stellen kann. Sofern nach Auswertung der Inaugenscheinnahme bzw. der Dokumentation Zweifel bei der Prüferin/beim Prüfer an der Erfüllung eines Kriteriums bestehen, werden zusätzlich – soweit möglich – Hinweise der versorgten Personen, ihrer Angehörigen oder des Pflegepersonals mit einbezogen.

Unter Berücksichtigung der jeweils in den Ausfüllanleitungen genannten Informationsquellen/Nachweisebenen macht sich die Prüferin/der Prüfer ein Gesamtbild und entscheidet, ob das jeweilige Kriterium erfüllt ist oder nicht. Eine abweichende Einschätzung der einbezogenen Pflegefachkraft des ambulanten Pflegedienstes zur Erfüllung des jeweiligen Kriteriums wird als Vermerk „abweichende fachliche Einschätzung" protokolliert und inhaltlich zusammenfassend dargestellt.

Die jeweiligen Nachweisebenen werden auch bei den Kriterien berücksichtigt, die nicht Gegenstand der PTVA sind.

(5) Abschlussgespräch

Im Abschlussgespräch wird der ambulante Pflegedienst anhand erster Ergebnisse in Fragen der Qualitätssicherung mit dem Ziel beraten, ggf. festgestellte Qualitätsmängel direkt abzustellen, Qualitätsmängeln rechtzeitig vorzubeugen und die Eigenverantwortung des ambulanten Pflegedienstes für die Sicherung und Weiterentwicklung der Pflegequalität zu stärken. Das Abschlussgespräch dient auch der Darlegung festgestellter Mängel. Sofern der ambulante Pflegedienst im Rahmen der Prüfung zu Prüfergebnissen abweichende Meinungen geäußert hat, werden diese im Abschlussgespräch von der Prüferin/vom Prüfer dargelegt. Ein umfassendes Bild über die Qualität des ambulanten Pflegedienstes ergibt sich aus dem Prüfbericht, der nach der Prüfung erstellt wird. Ein im Rahmen der Prüfung festgestellter Qualitätsmangel wird im Prüfbericht unabhängig davon, wann dieser Mangel abgestellt wird, als solcher dokumentiert. Unter Berücksichtigung der Ist-Situation werden bei festgestellten Qualitätsdefiziten im Prüfbericht Empfehlungen über notwendige Maßnahmen zur Qualitätsverbesserung gegeben.

5. Eignung der Prüferinnen und Prüfer

(1) Die Qualitätsprüfungen nach §§ 114 ff. SGB XI sind in der Regel von Prüfteams durchzuführen, die aus Pflegefachkräften bestehen. An die Stelle einer Pflegefachkraft können andere Sachverständige, z.B. Ärztinnen/Ärzte oder Kinderärztinnen/Kinderärzte treten, wenn dies das einzelne Prüfgebiet erfordert. Wenn sich aus dem Prüfauftrag ergibt, dass der zu prüfende Pflegedienst Personen mit verordneter spezieller Krankenbeobachtung, beatmungspflichtige Personen oder Personen im Wachkoma versorgt, ist dem durch den MDK bzw. den PKV-Prüfdienst bei der Prüfung Rechnung zu tragen.

(2) Die Mitglieder der Prüfteams müssen über pflegefachliche Kompetenz, Führungskompetenz und Kenntnisse im Bereich der Qualitätssicherung verfügen. Mindestens ein Mitglied des Prüfteams muss über eine Auditorenausbildung oder eine vom Inhalt und Umfang her gleichwertige Qualifikation verfügen.

6. Prüfinhalte und Umfang der Prüfung

(1) Inhalte der Regelprüfungen, Anlassprüfungen und Wiederholungsprüfungen sind die im Prüfauftrag beschriebenen Prüfgegenstände. Bei der Regelprüfung und der Anlassprüfung sind unter besonderer Berücksichtigung der Ergebnisqualität mindestens die in Anlage 1 zu Teil 1 der QPR definierten Mindestangaben zu prüfen. Zur Sicherstellung bundeseinheitlicher vergleichbarer Prüfergebnisse in der Qualität der Pflege trägt die Regelprüfung einen abschließenden Charakter und kann nicht von den Pflegekassen verändert oder erweitert werden.

(2) Bei Wiederholungsprüfungen im Auftrag der Landesverbände der Pflegekassen ist zu prüfen, ob die festgestellten Qualitätsmängel durch die nach § 115 Absatz 2 SGB XI angeordneten Maßnahmen beseitigt worden sind. Dabei werden die beanstandeten einrichtungsbezogenen Kriterien erneut geprüft. Nicht beanstandete Kriterien werden unverändert übernommen. Die personenbezogenen Mindestangaben (mit Ausnahme der Befragung der versorgten Personen) sind vollständig zu prüfen.

(3) Die Regelprüfung bezieht sich insbesondere auf wesentliche Aspekte des Pflegezustandes und die Wirksamkeit der Pflege- und Betreuungsmaßnahmen. Sie kann auch auf den Ablauf, die Durchführung und die Evaluation der Leistungserbringung sowie die unmittelbaren Rahmenbedingungen der Leistungserbringung erstreckt werden.

Die Regelprüfung bezieht sich in der ambulanten Pflege auf die Qualität der

- körperbezogenen Pflegemaßnahmen
– pflegerischen Betreuungsmaßnahmen,
– Hilfen bei der Haushaltsführung,
– Leistungen der häuslichen Krankenpflege nach § 37 SGB V.

Die Prüfung bezieht sich auch auf die Anforderungen der relevanten Empfehlungen der Kommission für Krankenhaushygiene und Infektionsprävention nach § 23 Absatz 1 des Infektionsschutzgesetzes (IfSG).

(4) Die Prüfung umfasst auch die Abrechnung der genannten Leistungen.

(5) Die Feststellungen sind für die ambulanten Pflegedienste in dem Erhebungsbogen nach Anlage 1 zu Teil 1 der QPR zu treffen. Der Erhebungs-

bogen ist auf der Grundlage der Ausfüllanleitung nach Anlage 2 zu Teil 1 der QPR auszufüllen.

(6) Basis der Prüfungen sind[6]:

- die qualitätsrelevanten Inhalte der Verträge der Pflege- und der Krankenkassen mit dem jeweiligen ambulanten Pflegedienst,
- die abrechnungs- und vergütungsrelevanten Verträge der Pflege- und der Krankenkassen mit dem jeweiligen ambulanten Pflegedienst,
- die Maßstäbe und Grundsätze zur Sicherung und Weiterentwicklung der Pflegequalität nach § 113 SGB XI für die ambulante Pflege,
- der aktuelle Stand des Wissens,
- die Expertenstandards nach § 113a SGB XI,
- die Rahmenempfehlungen nach § 132a Abs. 1 SGB V,
- die Richtlinie zur Verordnung häuslicher Krankenpflege nach § 92 Absatz 1 Satz 2 Nr. 6 und Absatz 7 SGB V,
- die für die Qualitätsprüfung relevanten Inhalte der Medizinproduktebetreiberverordnung (MPBetreibV) sowie
- - die relevanten Empfehlungen der Kommission für Krankenhaushygiene und Infektionsprävention nach § 23 Absatz 1 Infektionsschutzgesetz (IfSG).

Hinsichtlich der strukturellen Anforderungen an den Pflegedienst ist bis zur Ergänzung der Bundesrahmenempfehlungen zu den nach § 132a Abs. 1 Satz 5 SGB V genannten Regelungen Maßstab für die Bewertung der speziellen Krankenbeobachtung der aktuelle Stand des Wissens.

(7) Sofern der Pflegedienst zum Zeitpunkt der Prüfung Personen mit Sachleistungsbezug nach dem SGB XI[7] (ab Pflegegrad 2) versorgt, gilt für die Auswahl der in die Prüfungen einzubeziehenden Personen:

Bei Regelprüfungen werden Personen, die Sachleistungen nach dem SGB XI beziehen und zumindest körperbezogene Pflegemaßnahmen in Anspruch nehmen, wie folgt zufällig ausgewählt und in die Prüfung einbezogen:

- Drei Personen aus dem Pflegegrad 2
- Drei Personen aus dem Pflegegrad 3
- Zwei Personen zusammen aus den Pflegegraden 4 und 5.

6 Es gelten die jeweils aktuellen Fassungen.
7 Siehe Fußnote 5

Personen, die Leistungen der privaten Pflegepflichtversicherung beziehen, sind den Sachleistungsbeziehern gleichzusetzen. Personen mit einem Hilfebedarf unterhalb des Pflegegrades 2 werden nicht in die Prüfung einbezogen. Ist eine in die Prüfung einbezogene Person aufgrund kognitiver oder anderer Ursachen nicht auskunftsfähig, wird dies im Prüfbericht vermerkt. Eine ergänzende Einbeziehung von Pflegebedürftigen ausschließlich zur Durchführung der Zufriedenheitsbefragung erfolgt nicht. Bei nichtauskunftsfähigen Minderjährigen können die Eltern bzw. sonstige sorgeberechtigte Personen zur Zufriedenheit befragt werden.

Sofern nicht bei mindestens einer/einem bei diesen nach Pflegegraden ausgewählten Pflegebedürftigen mindestens eine der folgenden Leistungen der Behandlungspflege nach § 37 SGB V[8] entsprechend des Leistungsverzeichnisses der Häuslichen Krankenpflege-Richtlinie des Gemeinsamen Bundesausschusses:

- Ziffer 6 Absaugen,
- Ziffer 8 Beatmungsgerät, Bedienung und Überwachung,
- Ziffer 12 Dekubitusbehandlung,
- Ziffer 24 Krankenbeobachtung, spezielle,
- Ziffer 29 Trachealkanüle, Wechsel und Pflege der,
- Ziffer 30 Venenkatheter, Pflege des zentralen,
- Ziffer 31 Verbände, Anlegen und Wechseln von Wundverbänden (bei chronischen Wunden, nicht Kompressionsstrümpfe und -verbände).

erbracht wird, wird zusätzlich eine weitere Person in die Prüfung einbezogen, bei der der ambulante Pflegedienst Leistungen der Behandlungspflege nach § 37 SGB V entsprechend der oben genannten Ziffern (mindestens entsprechend einer Ziffer) erbringt. Prioritär ist eine Person auszuwählen, die Leistungen nach der Ziffer 24 „Krankenbeobachtung, spezielle" erhält.

Die zusätzlich einzubeziehende Person ist unabhängig davon auszuwählen, ob Leistungsbezug nach dem SGB XI (Pflegegrad 1 bis 5) besteht. Bei

8 Sofern bei Versicherten privater Krankenversicherungsunternehmen Leistungen der häuslichen Krankenpflege durch den Pflegedienst erbracht werden, die inhaltlich den Leistungen der häuslichen Krankenpflege nach § 37 SGB V entsprechen, wird davon ausgegangen, dass dies entsprechend den Regelungen des § 37 SGB V erfolgt. Insofern können auch Versicherte privater Krankenversicherungsunternehmen in die Prüfung einbezogen werden. Prüfgrundlage ist die Richtlinie zur Verordnung häuslicher Krankenpflege nach § 92 Absatz 1 Satz 2 Nr. 6 und Absatz 7 SGB V. Die im weiteren Richtlinien-Text verwendete Formulierung „Leistungen nach § 37 SGB V" bezieht sich bei privat Versicherten auf Leistungen, die den Leistungen nach § 37 SGB V entsprechen.

dieser Person werden ausschließlich die Leistungen nach § 37 SGB V geprüft. Die Prüfergebnisse zu der zusätzlich einbezogenen Person sind nicht in den Transparenzbericht nach § 115 Abs. 1a SGB XI zu übernehmen.

Im Rahmen von Anlassprüfungen ist die Stichprobe ggf. so zu ergänzen, dass die Beschwerdegründe überprüft werden können. Ergeben sich bei einer Anlassprüfung weitere Hinweise auf eine nicht fachgerechte Pflege, kann dies ebenfalls zu einer Ergänzung der Stichprobe führen. Nach § 115 Absatz 1a SGB XI bilden bei Anlassprüfungen die Prüfergebnisse aller in die Prüfung einbezogenen Pflegebedürftigen die Grundlage für die Bewertung und Darstellung der Qualität. Es können auch Personen in die Anlassprüfung einbezogen werden, die keine Sachleistungen nach dem SGB XI, sondern ausschließlich Leistungen der Behandlungspflege nach § 37 SGB V erhalten. Zur Überprüfung von Beschwerdegründen können auch hier prioritär Personen ausgewählt werden, die Leistungen nach der Ziffer 24 „Krankenbeobachtung, spezielle" erhalten. Die Prüfergebnisse dieser Personen sind nicht in den Transparenzbericht nach § 115 Abs. 1a SGB XI zu übernehmen.

Wenn bei einer Wiederholungsprüfung aufgrund der Zufallsstichprobe die bemängelten personenbezogenen Kriterien nicht bewertet werden können, muss ersatzweise eine Person einbezogen werden, bei der diese Kriterien zutreffen.

Ergeben sich bei Regel- oder Wiederholungsprüfungen konkrete und begründete Anhaltspunkte (z. B. Beschwerden, Hinweise) für eine nicht fachgerechte Pflege, die nicht von der in der PTVA vereinbarten zufallsgesteuerten Auswahl (Stichprobe) erfasst werden, insbesondere bei folgenden Pflegesituationen

- freiheitsentziehende Maßnahmen,
- Dekubitus oder andere chronische Wunden,
- Ernährungsdefizite,
- chronische Schmerzen,
- Kontrakturen,
- Person mit Anlage einer PEG-Sonde,
- Person mit Blasenkatheter,

erfolgt die Prüfung insgesamt als Anlassprüfung. Die Durchführung einer Anlassprüfung setzt voraus, dass der MDK bzw. der PKV-Prüfdienst die

Gründe hierfür gegenüber den Landesverbänden der Pflegekassen dargelegt hat und ein entsprechender Prüfauftrag der Landesverbände der Pflegekassen erteilt ist. Der ambulante Pflegedienst ist hierüber zu informieren.

(8) Sofern eine Stichprobe nach Pflegegraden gemäß Absatz 7 nicht gebildet werden kann, z. B. weil der Pflegedienst zum Zeitpunkt der Prüfung ausschließlich Leistungen der häuslichen Krankenpflege nach § 37 SGB V erbringt, gilt für die Auswahl der in die Prüfung einzubeziehenden Personen:

Bei Regelprüfungen werden acht der vom Pflegedienst versorgten Personen einbezogen, die Leistungen der Behandlungspflege nach § 37 SGB V erhalten. Dabei werden Personen zufällig ausgewählt, die aufwändigere oder risikobehaftete Leistungen der Behandlungspflege nach § 37 SGB V erhalten. Hierzu zählen insbesondere folgende Leistungen des Leistungsverzeichnisses der Häuslichen Krankenpflege-Richtlinie des Gemeinsamen Bundesausschusses:

- Ziffer 6 Absaugen,
- Ziffer 8 Beatmungsgerät, Bedienung und Überwachung,
- Ziffer 12 Dekubitusbehandlung,
- Ziffer 24 Krankenbeobachtung, spezielle,
- Ziffer 29 Trachealkanüle, Wechsel und Pflege der,
- Ziffer 30 Venenkatheter, Pflege des zentralen,
- Ziffer 31 Verbände, Anlegen und Wechseln von Wundverbänden (bei chronischen Wunden, nicht Kompressionsstrümpfe und -verbände).

Die Auswahl der Personen erfolgt unabhängig davon, ob ein Leistungsbezug nach § 28a Abs. 2 SGB XI (Pflegegrad 1) besteht. Bei diesen Personen werden ausschließlich die Leistungen nach § 37 SGB V geprüft. Die Prüfergebnisse sind nicht in den Transparenzbericht nach § 115 Abs. 1a SGB XI zu übernehmen.

Bei Pflegediensten, die nicht nach § 132a Abs. 4 Satz 12 SGB V anzeigepflichtig sind, werden zunächst nach Möglichkeit vier Personen mit Leistungen nach der Ziffer 24 „Krankenbeobachtung, spezielle" zufällig ausgewählt. Anschließend werden nach Möglichkeit zwei Personen ausgewählt, die Leistungen nach der Ziffer 12 „Dekubitusbehandlung", Ziffer 31 „Verbände, Anlegen und Wechseln von Wundverbänden" (bei chronischen Wunden, nicht Kompressionsstrümpfe und -verbände) oder Ziffer 30

„Venenkatheter, Pflege des zentralen“ erhalten. Anschließend werden nach Möglichkeit zwei Personen ausgewählt, die eine der Leistungen nach Ziffer 6 „Absaugen“, Ziffer 8 „Beatmungsgerät, Bedienung und Überwachung“, Ziffer 29 „Trachealkanüle, Wechsel und Pflege der“ erhalten. Ist die Stichprobengröße von acht Personen noch nicht erreicht, werden anschließend Personen mit anderen Leistungen der Behandlungspflege nach § 37 SGB V für die Prüfung ausgewählt.

Bei Pflegediensten, die nach § 132a Abs. 4 Satz 12 SGB V anzeigepflichtig sind, werden zunächst Personen mit Leistungen nach der Ziffer 24 „Krankenbeobachtung, spezielle“ in die Prüfung einbezogen, davon nach Möglichkeit mindestens 50 % Personen die in organisierten Wohneinheiten leben. Kann damit die Stichprobengröße nicht ausgeschöpft werden, werden ergänzend Personen mit anderen der oben genannten Leistungen (Ziffern 6, 8, 12, 29, 30 oder 31) in die Prüfung einbezogen. Dabei ist nach Möglichkeit die Auswahl in folgender Reihenfolge zu treffen: Ziffer 12, 31, 30, 6, 8 und 29.

Bei Anlassprüfungen werden acht der vom Pflegedienst versorgten Personen einbezogen, die Leistungen der Behandlungspflege nach § 37 SGB V erhalten; die Regelungen zur Zusammensetzung der Personenstichprobe für die Regelprüfung werden analog berücksichtigt. Wenn es für die Anlassprüfung erforderlich ist, kann die Personenstichprobe abweichend davon so gestaltet werden, dass die Beschwerdegründe überprüft werden können. Ergeben sich bei einer Anlassprüfung weitere Hinweise auf eine nicht fachgerechte Pflege, kann die Stichprobe darauf ausgerichtet werden. Bei Anlassprüfungen kann die Personenstichprobe bei Bedarf auch mehr als acht Personen umfassen.

Bei Wiederholungsprüfungen werden acht der vom Pflegedienst versorgten Personen einbezogen, die Leistungen der Behandlungspflege nach § 37 SGB V erhalten; die Regelungen zur Zusammensetzung der Personenstichprobe für die Regelprüfung werden analog berücksichtigt. Wenn es für die Wiederholungsprüfung erforderlich ist, kann die Personenstichprobe abweichend davon so gestaltet werden, dass die bemängelten personenbezogenen Kriterien bewertet werden können.

Ergeben sich bei Regel- oder Wiederholungsprüfungen konkrete und begründete Anhaltspunkte (z. B. Beschwerden, Hinweise) für eine nicht fachgerechte Pflege, kann die Prüfung in Form einer Anlassprüfung durchgeführt werden. Voraussetzung ist, dass der MDK bzw. der PKV-Prüfdienst die Gründe hierfür gegenüber den Landesverbänden der Pflegekassen dargelegt hat und ein entsprechender Prüfauftrag der Landesverbände der Pflegekassen erteilt ist. Der Pflegedienst ist hierüber zu informieren.

(9) Bezüglich der Gewährleistung einer Zufallsstichprobe gilt:

Die in die Prüfung einzubeziehenden Personen werden innerhalb der Pflegegrade bzw. der Leistungen nach § 37 SGB V zufällig ausgewählt. Der Pflegedienst hat gemäß § 114a Abs. 3a SGB XI im Rahmen seiner Mitwirkungspflicht nach § 114 Abs. 1 Satz 4 SGB XI insbesondere die Namen und Kontaktdaten der von ihm versorgten Personen inklusive der bei diesen zu erbringenden Leistungen der Behandlungspflege nach § 37 SGB V an die jeweiligen Prüferinnen und Prüfer weiterzuleiten. Zur Gewährleistung einer Zufallsstichprobe hat der ambulante Pflegedienst eine vollständige nach Pflegegraden (Pflegegrad 4 und 5 in einer gemeinsamen Gruppe) sortierte Liste der Pflegebedürftigen mit Namen vorzulegen, innerhalb der Pflegegrade (Pflegegrad 4 und 5 in einer gemeinsamen Gruppe) sind die Pflegebedürftigen in alphabetischer Reihenfolge zu listen.

Sofern der Pflegedienst Personen versorgt, die ausschließlich Leistungen nach § 37 SGB V in Anspruch nehmen, hat der Pflegedienst eine vollständige Liste dieser Personen vorzulegen, sortiert nach den erbrachten Leistungen der Behandlungspflege nach § 37 SGB V entsprechend der in Absatz 7 und 8 genannten Leistungen (Ziffern 6, 8, 12, 24, 29, 30 und 31).

Aus den oben genannten Listen wird wie folgt ausgewählt:

- Nach einem Zufallsprinzip wird eine Zahl zwischen 1 und 6 ausgewählt. Diese Zahl bestimmt die Abstände der auszuwählenden Personen.
- Die Prüferin/der Prüfer entscheidet, ob er bei der Auswahl der Personen am Anfang, in der Mitte oder am Ende der Liste beginnt zu zählen.
- Die Prüferin/der Prüfer entscheidet, ob er nach oben oder nach unten zählt.
- Wenn eine ausgewählte Person die Zustimmung verweigert oder aus anderen Gründen eine Einbeziehung der ausgewählten Person nicht möglich ist, wird jeweils die nächste Person in der Liste ausgewählt.

Wenn die Einrichtung keine geeigneten Listen zur Verfügung stellen kann, legt der MDK bzw. der PKV-Prüfdienst auf der Basis der vorliegenden Informationen eine Zufallsstichprobe fest.

Kann die erforderliche Mindestzahl von Personen nicht erreicht werden, z. B. weil weniger Personen vom ambulanten Pflegedienst versorgt werden oder ihr Einverständnis zur Einbeziehung in die Stichprobe nicht erteilt haben, so hat der MDK bzw. der PKVPrüfdienst im Rahmen der verbleibenden Möglichkeiten die Qualitätsprüfung trotzdem durchzuführen und die Ergebnisse im Prüfbericht auszuweisen. Die Stichprobe wird nicht aus anderen Pflegegraden ergänzt. Das Unterschreiten der vorgesehenen Personenzahl ist im Prüfbericht zu begründen.

7. Einwilligung

(1) Die Einbeziehung in die Prüfung setzt die Einwilligung der versorgten Person oder einer/eines hierzu Berechtigten (vertretungsberechtigte Person, gesetzlich bestellte Betreuerin/bestellter Betreuer) voraus. Vor der Einholung der Einwilligung der versorgten Person oder einer hierzu berechtigten Person hat der Prüfer/die Prüferin diese in verständlicher Weise aufzuklären über

- Anlass und Zweck sowie Inhalt, Umfang, Durchführung und Dauer der Maßnahme,
- den vorgesehenen Zweck der Verarbeitung und die Nutzung der dabei erhobenen personenbezogenen Daten,
- die Freiwilligkeit der Teilnahme und
- die jederzeitige Widerrufbarkeit der Einwilligung.

Ferner ist im Rahmen der Aufklärung darauf hinzuweisen, dass im Falle der Ablehnung der versorgten Person keine Nachteile entstehen.

(2) Die Einwilligung der versorgten Person nach § 114a Absatz 3a SGB XI kann erst nach Bekanntgabe der Einbeziehung der in Augenschein zu nehmenden Person in die Qualitätsprüfung erklärt werden und muss in einer Urkunde oder auf andere zur dauerhaften Wiedergabe in Schriftzeichen geeigneten Weise gegenüber den Prüferinnen/Prüfern abgegeben werden, die Person der/des Erklärenden benennen und den Abschluss der Erklärung durch Nachbildung der Namensunterschrift oder anders erkennbar machen (Textform). Ist die versorgte Person einwilligungsunfähig, ist die Einwilli-

gung einer/eines hierzu Berechtigten einzuholen. Ist eine Berechtigte/ein Berechtigter nicht am Ort einer unangemeldeten Prüfung anwesend und ist eine rechtzeitige Einholung der Einwilligung in Textform nicht möglich, so genügt ausnahmsweise eine mündliche Einwilligung, wenn andernfalls die Durchführung der Prüfung erschwert würde. Die mündliche Einwilligung oder Nichteinwilligung der/des Berechtigten sowie die Gründe für ein ausnahmsweises Abweichen von der erforderlichen Textform sind schriftlich zu dokumentieren. Die Einwilligung ist nach § 114a Absatz 2 und 3 SGB XI erforderlich für

- das Betreten der Wohnung der versorgten Person,
- die Inaugenscheinnahme des gesundheitlichen und pflegerischen Zustands der versorgten Person,
- die Einsichtnahme in die Pflegedokumentation sowie in abrechnungsrelevante Unterlagen,
- die Befragung der versorgten Person, der Beschäftigten der Einrichtung, der Betreuerinnen und Betreuer sowie der Angehörigen,
- die damit jeweils zusammenhängende Erhebung, Verarbeitung und Nutzung personenbezogener Daten einschließlich der Erstellung von Kopien zum Zwecke der Erstellung eines Prüfberichtes.

Die Einwilligung muss vor der Einbeziehung der versorgten Person in die Prüfung vorliegen.

8. Abrechnungsprüfung

(1) Es werden in Rechnung gestellte Leistungen nach Ziffer 6 Absatz 3 dieser Richtlinien in die Abrechnungsprüfung einbezogen.

(2) Die Abrechnungsprüfung erfolgt für mindestens sieben Tage, davon nach Möglichkeit einschließlich eines Wochenendes oder zweier Feiertage. Die Prüferin/der Prüfer kann eigenständig weitere Tage zur Sicherstellung des festgestellten Sachverhaltes/zur eindeutigen Klärung des Abrechnungsverhaltens in die Abrechnungsprüfung einbeziehen. Stellt der MDK oder der PKV-Prüfdienst im Rahmen einer Qualitätsprüfung Auffälligkeiten in der Abrechnung fest, kann die Regelprüfung im Auftrag der Landesverbände der Pflegekassen in eine abrechnungsbezogene Anlassprüfung umgewandelt werden.

(3) Die Abrechnungsprüfung erfolgt bei der Personenstichprobe gemäß Ziffer 6 Absatz 7 bis 9 dieser Richtlinien.

(4) Bewertungsmaßstab der Abrechnungsprüfung sind insbesondere die Rahmenverträge nach § 75 Absatz 1 SGB XI einschließlich Anlagen, die aktuell geltenden Vergütungsvereinbarungen nach § 89 SGB XI sowie die Verträge nach § 132a Absatz 4 SGB V einschließlich der für die Prüfung notwendigen Anlagen. Darüber hinaus ist die Häusliche Krankenpflege-Richtlinie des Gemeinsamen Bundesausschusses heranzuziehen. Die Vergütungsvereinbarungen bzw. Verträge nach § 132a SGB V sind vom ambulanten Pflegedienst bereit zu halten. Wenn für privat versicherte Pflegebedürftige keine entsprechenden Vertragsunterlagen zur Verfügung stehen, ist bei diesen Personen eine Prüfung der vertragskonformen Abrechnung der Leistungen nicht möglich.

(5) Unterlagen, die zur Abrechnungsprüfung eingesehen werden, sind insbesondere Pflegeverträge, Kostenvoranschläge, Pflegedokumentationen, Durchführungsnachweise/Leistungs-nachweise, Rechnungen, Handzeichenlisten, Qualifikationsnachweise, Dienstpläne, Einsatz- oder Tourenpläne, Stundennachweise, Arbeitsverträge/Mitarbeiterlisten mit Stellenanteilen, Berufsurkunden, Verordnungen für häusliche Krankenpflege nach § 37 Absatz 1, 1a und 2 SGB V, Genehmigungen der Krankenkassen für Leistungen nach § 37 SGB V. Liegen die entsprechenden Unterlagen nicht vor, ist die Abrechnungsprüfung dennoch so weit als möglich durchzuführen. Im Prüfbericht ist zu vermerken, welche Gründe hierfür vorlagen. Die Feststellungen zur Abrechnungsprüfung sind in Kapitel 16 des Erhebungsbogens nach Anlage 1 zu Teil 1 der QPR zu treffen. Der Erhebungsbogen ist auf der Grundlage der Ausfüllanleitung nach Anlage 2 zu Teil 1 der QPR auszufüllen. Bei Auffälligkeiten in der Abrechnung werden Kopien der relevanten Unterlagen angefertigt.

9. Prüfbericht

(1) Der MDK bzw. der PKV-Prüfdienst erstellt innerhalb von drei Wochen nach Durchführung der Qualitätsprüfung einen Prüfbericht, der den Gegenstand und das Ergebnis der Qualitätsprüfung enthält, die in der Prüfung festgestellten Sachverhalte nachvollziehbar beschreibt sowie die konkreten Empfehlungen des MDK bzw. des PKV-Prüfdienstes zur Beseitigung von Qualitätsdefiziten auflistet und versendet diesen an die Landesverbände

der Pflegekassen (§ 52 Absatz 1 SGB XI), an den betroffenen ambulanten Pflegedienst und an den zuständigen Sozialhilfeträger. Bei Auffälligkeiten in der Abrechnungsprüfung wird der Prüfbericht auch an die Pflegekasse versendet, bei der die betreffende Person versichert ist. Dabei wird gegenüber der betroffenen Pflegekasse in einem gesonderten Dokument offen gelegt, bei welcher Person (Name, Vorname, Geburtsdatum) Auffälligkeiten festgestellt worden sind. Der betroffenen Pflegekasse werden zur Beweissicherung Kopien abrechnungsrelevanter Unterlagen als Anlage zum Prüfbericht zugeleitet. Der MDK bzw. der PKV-Prüfdienst stellen gleichzeitig die nach den PflegeTransparenzvereinbarungen für eine Veröffentlichung erforderlichen Daten zur Verfügung. Diese Daten sind den Landesverbänden der Pflegekassen in einer vom GKVSpitzenverband nach § 53 Satz 2 SGB XI i. V. mit § 217f Absatz 2 SGB V entwickelten Datendefinition (Formate, Strukturen und Inhalte) zu liefern.

(2) Stellt der MDK bzw. der PKV-Prüfdienst schwerwiegende Mängel fest, benachrichtigt er unverzüglich unter Schilderung des Sachverhaltes die Landesverbände der Pflegekassen (§ 52 Absatz 1 SGB XI). Hält der MDK bzw. der PKV-Prüfdienst bei schwerwiegenden Mängeln in der ambulanten Pflege die weitere Versorgung der versorgten Person durch den ambulanten Pflegedienst für nicht gerechtfertigt, teilt er dies und die dafür maßgebenden Gründe der zuständigen Pflegekasse unverzüglich schriftlich mit.

(3) Die Bewertung der Prüfergebnisse durch die Pflegekasse bzw. die Landesverbände der Pflegekassen erfolgt anhand der gesetzlichen und untergesetzlichen Normen sowie der vertraglichen Vereinbarungen mit dem Pflegedienst.

(4) Eine verbindliche Struktur für die Gestaltung und die Inhalte des Prüfberichtes für die ambulante Pflege ergibt sich aus Anlage 3 zu Teil 1 der QPR.

Teil 2 Stationäre Pflege

Präambel

(1) Die Qualitätsprüfungs-Richtlinien (QPR) in der am 31. Dezember 2015 geltenden Fassung gelten nach Maßgabe von § 115a Absatz 3 bis 5 SGB XI fort. Dementsprechend wurden sie an die seit 1. Januar 2016 geltenden

Regelungen sowie an die nach § 115a Absatz 1 SGB XI übergeleiteten Pflege-Transparenzvereinbarungen angepasst und als Qualitätsprüfungs-Richtlinien (QPR) vom 6. September 2016 beschlossen.

(2) Der GKV-Spitzenverband beschließt unter Beteiligung des Medizinischen Dienstes des Spitzenverbandes Bund der Krankenkassen (MDS) sowie des Prüfdienstes des Verbandes der Privaten Krankenversicherung (PKV-Prüfdienst) aufgrund der Regelungen des Dritten Pflegestärkungsgesetzes (PSG III) die Anpassung der QualitätsprüfungsRichtlinien – QPR. Mit Bezug zur stationären Pflege – Teil 2 der QPR – wurde insbesondere die Änderung des § 114a SGB XI umgesetzt (Änderungen beim Einholen von Einwilligungserklärungen).

(3) Die auf Bundesebene maßgeblichen Organisationen für die Wahrnehmung der Interessen und der Selbsthilfe der pflegebedürftigen und behinderten Menschen haben nach Maßgabe von § 118 SGB XI an der Anpassung der QPR beratend mitgewirkt. Der GKVSpitzenverband hat die Vereinigungen der Träger der Pflegeeinrichtungen auf Bundesebene, die Verbände der Pflegeberufe auf Bundesebene, den Verband der Privaten Krankenversicherung e. V. sowie die Bundesarbeitsgemeinschaft der überörtlichen Träger der Sozialhilfe und die kommunalen Spitzenverbände auf Bundesebene beteiligt. Ihnen wurde unter Übermittlung der hierfür erforderlichen Informationen innerhalb einer angemessenen Frist vor der Entscheidung Gelegenheit zur Stellungnahme gegeben; die Stellungnahmen wurden in die Entscheidung einbezogen. Die vorliegenden Richtlinien bedürfen der Genehmigung des Bundesministeriums für Gesundheit.

(4) Die mit den Pflege-Transparenzvereinbarungen vorliegenden Transparenzkriterien bilden eine Teilmenge der in den Anlagen zu diesen Richtlinien enthaltenen Qualitätskriterien. Die Qualitätsprüfung des Medizinischen Dienstes der Krankenversicherung (MDK) sowie des PKV-Prüfdienstes wird weiterhin ein umfassenderes Spektrum abbilden, wobei hier der Schwerpunkt auf der Ergebnisqualität liegt. Bei der Erstellung der Prüfberichte nach § 115 Absatz 1 SGB XI und der Veröffentlichung der Transparenzberichte nach § 115 Absatz 1a SGB XI handelt es sich um voneinander getrennte Verfahren. Die in den Pflege-Transparenzvereinbarungen vereinbarten Kriterien sind für die Veröffentlichung von Prüfergebnissen im Transparenzbericht maßgeblich. Für den Prüfbericht, der u. a. für die stationären Pflegeeinrichtungen und

die Landesverbände der Pflegekassen erstellt wird, sind alle Prüfkriterien der QPR Teil 2 relevant.

(5) Teil 2 dieser QPR gilt bis zum Inkrafttreten der Richtlinien über die Durchführung der Qualitätsprüfung für den stationären Bereich nach § 114a Absatz 7 SGB XI.

1. Ziel der Richtlinien

(1) Teil 2 der QPR dient als verbindliche Grundlage für die Prüfung der Qualität in den stationären Pflegeeinrichtungen nach einheitlichen Kriterien.

(2) Ziel dieser Richtlinien ist es, auf der Basis der bisherigen Erfahrungen mit den Qualitätsprüfungen des MDK und des PKV-Prüfdienstes die Prüfung der Qualität der Pflege und Versorgung in den stationären Pflegeeinrichtungen weiter zu verbessern und zu sichern.

2. Geltungsbereich

(1) Diese Richtlinien sind für den MDK, den Sozialmedizinischen Dienst der Deutschen Rentenversicherung Knappschaft-Bahn-See (SMD) und den PKV-Prüfdienst nach § 115a Absatz 3 SGB XI verbindlich.

(2) Für die Prüfung von Leistungen der Häuslichen Krankenpflege (HKP) gelten die nachstehenden Regelungen entsprechend.

3. Prüfauftrag

(1) Die Landesverbände der Pflegekassen beauftragen den MDK und im Umfang von zehn Prozent der in einem Jahr anfallenden Prüfaufträge den PKV-Prüfdienst mit den Prüfungen nach § 114 Absatz 1 SGB XI, die als Regelprüfung, Anlassprüfung oder Wiederholungsprüfung durchzuführen sind. Die Landesverbände der Pflegekassen entscheiden über die Prüfungsart und erteilen dem MDK bzw. dem PKV-Prüfdienst die Prüfaufträge schriftlich. Vor der Erteilung eines Prüfauftrages zur Durchführung einer Anlassprüfung sind Beschwerden und Hinweise zunächst durch die Landesverbände der Pflegekassen auf ihre Stichhaltigkeit zu prüfen.

(2) Im Prüfauftrag der Landesverbände der Pflegekassen sind insbesondere zu beschreiben:

- Art der Prüfung,
- Umfang der Prüfung, soweit dieser über die Mindestangaben hinaus gehen soll,
- bei Anlassprüfungen der dem Prüfauftrag zugrunde liegende Sachverhalt (z. B. Beschwerde),
- Einbindung der Pflegekassen oder der Landesverbände der Pflegekassen insbesondere im Hinblick auf die Abrechnungsprüfung,
- Zeitpunkt der Prüfung,
- Prüfmodalitäten (insbesondere Information/Abstimmung mit den nach heimrechtlichen Vorschriften zuständigen Aufsichtsbehörden, ggf. auch mit anderen Behörden wie z. B. Gesundheitsamt).

(3) Mit dem Prüfauftrag sind dem MDK bzw. dem PKV-Prüfdienst die erforderlichen Informationen und Unterlagen für die Qualitätsprüfung zur Verfügung zu stellen, insbesondere Institutionskennzeichen (IK), Versorgungsverträge, Strukturdaten, festgelegte Leistungs- und Qualitätsmerkmale nach § 84 Absatz 5 SGB XI, vorliegende Maßnahmenbescheide nach § 115 Absatz 2 SGB XI, Stellungnahmen und Unterlagen der stationären Pflegeeinrichtung an die Landesverbände der Pflegekassen sowie eventuelle Beschwerden über die zu prüfende stationäre Pflegeeinrichtung.

4. Prüfverständnis und Durchführung der Prüfung

(1) Den Qualitätsprüfungen des MDK und des PKV-Prüfdienstes liegt ein beratungsorientierter Prüfansatz zugrunde. Die Qualitätsprüfungen bilden eine Einheit aus Prüfung, Beratung und Empfehlung von Maßnahmen zur Qualitätsverbesserung. Der beratungsorientierte Prüfansatz ermöglicht schon während der Qualitätsprüfung bei festgestellten Qualitätsdefiziten das Aufzeigen von Lösungsmöglichkeiten (Impulsberatung). Dieser Prüfansatz setzt eine intensive Zusammenarbeit der stationären Pflegeeinrichtung mit dem MDK bzw. dem PKV-Prüfdienst voraus.

(2) Zur Durchführung der Qualitätsprüfungen ist dem MDK bzw. dem PKV-Prüfdienst Zugang zur stationären Pflegeeinrichtung zu gewähren. Die Prüferin/der Prüfer weist sich auf Wunsch der Pflegeeinrichtung aus. Die Qualitätsprüfungen sind grundsätzlich unangemeldet durchzuführen. Eine

Prüfung zur Nachtzeit ist auf die Fälle zu begrenzen, in denen das Ziel der Qualitätssicherung zu anderen Tageszeiten nicht erreicht werden kann. Die Beteiligung anderer Prüfinstitutionen (z. B. nach heimrechtlichen Vorschriften zuständige Aufsichtsbehörden, Gesundheitsamt) darf nicht zu Verzögerungen bei der Durchführung der Prüfungen führen. Dies gilt auch für die Beteiligung der Trägervereinigung der Pflegeeinrichtung. Die Pflegeeinrichtung hat der Prüferin/dem Prüfer auf Verlangen die für die Qualitätsprüfung notwendigen Unterlagen vorzulegen und Auskünfte zu erteilen. Für Nachweiszwecke sind – soweit erforderlich – Kopien anzufertigen.

(3) In einem Einführungsgespräch werden der stationären Pflegeeinrichtung das Aufgabenverständnis, die Vorgehensweise und der erforderliche Zeitaufwand für die Prüfung vermittelt. Die Interessenvertretung der Bewohnerinnen und Bewohner der stationären Pflegeeinrichtung wird zu Beginn der Prüfung über die Prüftätigkeit in Kenntnis gesetzt.

(4) Auf der Grundlage der PTVS gilt für die Qualitätsprüfungen stationärer Pflegeeinrichtungen:

Die Prüfung der einrichtungsbezogenen Kriterien erfolgt anhand des Erhebungsbogens und der zugehörigen Ausfüllanleitung. Informationsquellen/Nachweise sind:

- Auswertung der Dokumentation, – Beobachtungen während der Prüfung,
- Auskunft/Information/Darlegung durch die Mitarbeiterinnen und Mitarbeiter,
- Auskunft/Information der Bewohnerinnen und Bewohner.

In den Ausfüllanleitungen zu den Kriterien der PTVS wird konkret beschrieben, welche Informationsquellen/Nachweise jeweils relevant sind. Die Bewertung der einrichtungsbezogenen Kriterien erfolgt schwerpunktmäßig auf Grundlage der Auswertung der Dokumentation und der Beobachtungen in der stationären Einrichtung. Sofern nach deren Auswertung Zweifel an der Erfüllung eines Kriteriums bestehen, werden zusätzlich – soweit möglich – Hinweise von Mitarbeiterinnen und Mitarbeitern sowie Bewohnerinnen und Bewohnern mit einbezogen.

Bei den per Zufall ausgewählten Bewohnerinnen und Bewohnern bzw. den im Rahmen von Anlassprüfungen zusätzlich ausgewählten Bewohnerinnen und Bewohnern wird die personenbezogene Pflegequalität erhoben. Dies bildet den Schwerpunkt der Prüfung. Nach § 114a Absatz 3 SGB XI sind dabei insbesondere die Inaugenscheinnahme der Bewohnerinnen und Bewohner, die Pflegedokumentation, die Befragungen der Bewohnerinnen und Bewohner, ihrer Angehörigen und die Befragungen der Beschäftigten angemessen zu berücksichtigen.

Die Prüfung der personenbezogenen Kriterien erfolgt anhand des Erhebungsbogens und der zugehörigen Ausfüllanleitung. Informationsquellen/Nachweise sind:

- Inaugenscheinnahme des in die Stichprobe einbezogenen pflegebedürftigen Menschen,
- Auswertung der Pflegedokumentation,
- Auskunft/Information/Darlegung (Darstellung und Begründung anhand des konkreten Lebenssachverhalts) durch die Mitarbeiterinnen und Mitarbeiter,
- Auskunft/Information der Bewohnerinnen und Bewohner oder teilnehmende Beobachtung.

In den Ausfüllanleitungen zu den Kriterien der PTVS wird konkret beschrieben, welche Informationsquellen/Nachweise jeweils relevant sind. Die Bewertung der personenbezogenen Kriterien erfolgt schwerpunktmäßig auf Grundlage der Inaugenscheinnahme und der Pflegedokumentation. Die Auswertung der Pflegedokumentation erfolgt in Anwesenheit einer Mitarbeiterin/eines Mitarbeiters der stationären Pflegeeinrichtung. Sofern die stationäre Pflegeeinrichtung die Anwesenheit einer Mitarbeiterin/eines Mitarbeiters nur zeitlich begrenzt gewährleisten kann, haben die Prüferinnen und Prüfer – soweit möglich – den Ablauf der Prüfung danach auszurichten. Die Auswertung der Pflegedokumentation erfolgt nur dann ohne die Anwesenheit einer Mitarbeiterin/eines Mitarbeiters der Einrichtung, wenn die Einrichtung im Zeitraum der Prüfung keine Mitarbeiterinnen/Mitarbeiter zur Verfügung stellen kann. Sofern nach Auswertung der Inaugenscheinnahme bzw. der Dokumentation Zweifel an der Erfüllung eines Kriteriums bestehen, werden zusätzlich – soweit möglich – Hinweise von Mitarbeiterinnen und Mitarbeitern und der Bewohnerin/des Bewohners mit einbezogen.

Unter Berücksichtigung der jeweils in den Ausfüllanleitungen genannten Informationsquellen/Nachweisebenen macht sich die Prüferin/der Prüfer ein Gesamtbild und entscheidet, ob das jeweilige Kriterium erfüllt ist oder nicht. Eine abweichende Einschätzung der einbezogenen Pflegefachkraft der stationären Pflegeeinrichtung zur Erfüllung des jeweiligen Kriteriums wird als Vermerk „abweichende fachliche Einschätzung" protokolliert und inhaltlich zusammenfassend dargestellt.

Die jeweiligen Nachweisebenen werden auch bei den Kriterien berücksichtigt, die nicht Gegenstand der PTVS sind.

(5) Abschlussgespräch

Im Abschlussgespräch wird die stationäre Pflegeeinrichtung anhand erster Ergebnisse in Fragen der Qualitätssicherung mit dem Ziel beraten, ggf. festgestellte Qualitätsmängel direkt abzustellen, Qualitätsmängeln rechtzeitig vorzubeugen und die Eigenverantwortung der Pflegeeinrichtungen für die Sicherung und Weiterentwicklung der Pflegequalität zu stärken. Das Abschlussgespräch dient auch der Darlegung festgestellter Mängel. Sofern die stationäre Pflegeeinrichtung im Rahmen der Prüfung zu Prüfergebnissen abweichende Meinungen geäußert hat, werden diese im Abschlussgespräch von der Prüferin/vom Prüfer dargelegt. Ein umfassendes Bild über die Qualität der Pflegeeinrichtung ergibt sich aus dem Prüfbericht, der nach der Prüfung erstellt wird. Ein im Rahmen der Prüfung festgestellter Qualitätsmangel wird im Prüfbericht unabhängig davon, wann dieser Mangel abgestellt wird, als solcher dokumentiert. Unter Berücksichtigung der Ist-Situation werden bei festgestellten Qualitätsdefiziten im Prüfbericht Empfehlungen über notwendige Maßnahmen zur Qualitätsverbesserung gegeben.

5. Eignung der Prüferinnen und Prüfer

(1) Die Qualitätsprüfungen nach §§ 114 ff. SGB XI sind in der Regel von Prüfteams durchzuführen, die aus Pflegefachkräften bestehen. An die Stelle einer Pflegefachkraft können andere Sachverständige, z. B. Ärztinnen/Ärzte oder Kinderärztinnen/Kinderärzte treten, wenn dies das einzelne Prüfgebiet erfordert. Wenn sich aus dem Prüfauftrag ergibt, dass der zu prüfende Pflegedienst Personen mit verordneter spezieller Krankenbeobachtung, beatmungspflichtige Personen oder Personen im Wachkoma versorgt, ist dem durch den MDK bzw. den PKV-Prüfdienst bei der Prüfung Rechnung zu tragen.

(2) Die Mitglieder der Prüfteams müssen über pflegefachliche Kompetenz, Führungskompetenz und Kenntnisse im Bereich der Qualitätssicherung verfügen. Mindestens ein Mitglied des Prüfteams muss über eine Auditorenausbildung oder eine vom Inhalt und Umfang her gleichwertige Qualifikation verfügen.

6. Prüfinhalte und Umfang der Prüfung

(1) Inhalte der Regelprüfungen, Anlassprüfungen und Wiederholungsprüfungen sind die im Prüfauftrag beschriebenen Prüfgegenstände. Bei der Regelprüfung und der Anlassprüfung sind unter besonderer Berücksichtigung der Ergebnisqualität mindestens die in Anlage 1 definierten Mindestangaben zu prüfen. Zur Sicherstellung bundeseinheitlicher vergleichbarer Prüfergebnisse in der Qualität der Pflege trägt die Regelprüfung einen abschließenden Charakter und kann nicht von den Pflegekassen verändert oder erweitert werden.

(2) Bei Wiederholungsprüfungen im Auftrag der Landesverbände der Pflegekassen ist zu prüfen, ob die festgestellten Qualitätsmängel durch die nach § 115 Absatz 2 SGB XI angeordneten Maßnahmen beseitigt worden sind. Dabei werden die beanstandeten einrichtungsbezogenen Kriterien erneut geprüft. Nicht beanstandete Kriterien werden unverändert übernommen. Die personenbezogenen Mindestangaben (mit Ausnahme der Befragung der Bewohnerinnen und Bewohner) sind vollständig zu prüfen.

(3) Die Regelprüfung bezieht sich insbesondere auf wesentliche Aspekte des Pflegezustandes und die Wirksamkeit der Pflege- und Betreuungsmaßnahmen. Sie kann auch auf den Ablauf, die Durchführung und die Evaluation der Leistungserbringung sowie die unmittelbaren Rahmenbedingungen der Leistungserbringung erstreckt werden.

Die Regelprüfung bezieht sich in der vollstationären und teilstationären Pflege auf die Qualität der

- allgemeinen Pflegeleistungen,
- medizinischen Behandlungspflege einschließlich der nach § 37 SGB V erbrachten Leistungen der häuslichen Krankenpflege,
- Betreuung,
- zusätzlichen Betreuung und Aktivierung im Sinne des § 43b SGB XI,

- Leistungen bei Unterkunft und Verpflegung nach § 87 SGB XI, – Zusatzleistungen nach § 88 SGB XI.

Die Prüfung bezieht sich auch auf die Anforderungen der relevanten Empfehlungen der Kommission für Krankenhaushygiene und Infektionsprävention nach § 23 Absatz 1 des Infektionsschutzgesetzes (IfSG).

(4) Die Prüfung umfasst auch die Abrechnung der genannten Leistungen.

(5) Feststellungen sind für die stationären Pflegeeinrichtungen in dem Erhebungsbogen nach Anlage 1 zu Teil 2 der QPR zu treffen. Der Erhebungsbogen ist auf der Grundlage der Ausfüllanleitung nach Anlage 2 zu Teil 2 der QPR auszufüllen.

(6) Basis der Prüfungen sind:

- die Maßstäbe und Grundsätze zur Sicherung und Weiterentwicklung der Pflegequalität nach § 113 SGB XI für die stationäre Pflege vom 27. Mai 2011, die Maßstäbe und Grundsätze zur Sicherung und Weiterentwicklung der Pflegequalität nach § 113 SGB XI für die teilstationäre Pflege (Tagespflege) vom 10. Dezember 2012, die Grundsätze und Maßstäbe zur Sicherung und Weiterentwicklung der Pflegequalität nach § 80 SGB XI für die teilstationäre Pflege in der Fassung vom 31. Mai 1996 für den Bereich der Nachtpflege sowie die Grundsätze und Maßstäbe zur Sicherung und Weiterentwicklung der Pflegequalität nach § 80 SGB XI in der Kurzzeitpflege in der Fassung vom 31. Mai 1996,

- der aktuelle Stand des Wissens,
- die Expertenstandards nach § 113a SGB XI,
- die qualitätsrelevanten Inhalte der Verträge der Pflege- und der Krankenkassen mit der jeweiligen stationären Pflegeeinrichtung,
- die Richtlinien zur Verordnung häuslicher Krankenpflege nach § 92 Absatz 1 Satz 2 Nr. 6 und Absatz 7 Nr. 1 SGB V sowie
- die relevanten Empfehlungen der Kommission für Krankenhaushygiene und Infektionsprävention nach § 23 Absatz 1 Infektionsschutzgesetz (IfSG).

(7) Für die Auswahl der in die Prüfungen einzubeziehenden Personen gilt:

Es werden Bewohnerinnen und Bewohner wie folgt zufällig ausgewählt und in die Prüfung einbezogen:

- Insgesamt zwei Bewohnerinnen/Bewohner aus den Pflegegraden 1 und 2
- Zwei Bewohnerinnen/Bewohner aus dem Pflegegrad 3
- Drei Bewohnerinnen/Bewohner aus dem Pflegegrad 4
- Zwei Bewohnerinnen/Bewohner aus dem Pflegegrad 5.

Fallen in die Zufallsstichprobe Versicherte der privaten Pflegepflichtversicherung, sind diese in die Prüfung einzubeziehen. Ist die/der in die Prüfung einbezogene Bewohnerin/Bewohner aufgrund kognitiver oder anderer Ursachen nicht auskunftsfähig, wird dies im Prüfbericht vermerkt. Eine ergänzende Einbeziehung von Bewohnerinnen und Bewohnern ausschließlich zur Durchführung der Befragung erfolgt nicht.

Im Rahmen von Anlassprüfungen ist die Stichprobe ggf. so zu ergänzen, dass die Beschwerdegründe überprüft werden können. Die/der Pflegebedürftige, auf die/den sich die Beschwerde bezieht, ist nach Möglichkeit in die Stichprobe einzubeziehen. Eine Nichteinbeziehung ist schriftlich zu begründen. Ergeben sich bei einer Anlassprüfung weitere Hinweise auf eine nicht fachgerechte Pflege, kann dies ebenfalls zu einer Ergänzung der Stichprobe führen. Nach § 115 Absatz 1a SGB XI bilden bei Anlassprüfungen die Prüfergebnisse aller in die Prüfung einbezogenen Pflegebedürftigen die Grundlage für die Bewertung und Darstellung der Qualität. Wenn bei einer Wiederholungsprüfung aufgrund der Zufallsstichprobe die bemängelten personenbezogenen Kriterien nicht bewertet werden können, muss ersatzweise eine Bewohnerin/ein Bewohner einbezogen werden, bei der/dem diese Kriterien zutreffen.

Ergeben sich bei Regel- oder Wiederholungsprüfungen konkrete und begründete Anhaltspunkte (z. B. Beschwerden, Hinweise) für eine nicht fachgerechte Pflege, die nicht von der in der PTVS vereinbarten zufallsgesteuerten Auswahl (Stichprobe) erfasst werden, insbesondere bei folgenden Pflegesituationen

- freiheitsentziehende Maßnahmen,
- Dekubitus oder andere chronische Wunden,
- Ernährungsdefizite,
- chronische Schmerzen,
- Kontrakturen,
- Person mit Anlage einer PEG-Sonde,
- Person mit Blasenkatheter,

erfolgt die Prüfung insgesamt als Anlassprüfung. Die Durchführung einer Anlassprüfung setzt voraus, dass der MDK bzw. der PKV-Prüfdienst die Gründe hierfür gegenüber den Landesverbänden der Pflegekassen dargelegt hat und ein entsprechender Prüfauftrag der Landesverbände der Pflegekassen erteilt ist. Die Pflegeeinrichtung ist hierüber zu informieren.

(8) Bezüglich der Gewährleistung einer Zufallsstichprobe gilt:

Die in die Prüfung einzubeziehenden Bewohnerinnen und Bewohner werden innerhalb der Pflegegrade zufällig ausgewählt. Die stationäre Pflegeeinrichtung hat gemäß § 114a Abs. 3a SGB XI im Rahmen ihrer Mitwirkungspflicht nach § 114 Absatz 1 Satz 4 SGB XI insbesondere die Namen und Kontaktdaten der von ihr versorgten Personen an die jeweiligen Prüferinnen und Prüfer weiterzuleiten. Zur Gewährleistung einer Zufallsstichprobe hat die stationäre Pflegeeinrichtung eine vollständige nach Pflegegraden (Pflegegrad 1 und 2 in einer gemeinsamen Gruppe) sortierte Liste der Bewohnerinnen und Bewohner mit Namen vorzulegen, innerhalb der Pflegegrade (Pflegegrad 1 und 2 in einer gemeinsamen Gruppe) sind die Bewohnerinnen und Bewohner in alphabetischer Reihenfolge zu listen. Aus dieser Liste wird wie folgt ausgewählt:

- Nach einem Zufallsprinzip wird eine Zahl zwischen 1 und 6 ausgewählt. Diese Zahl bestimmt die Abstände der auszuwählenden Personen.
- Die Prüferin/der Prüfer entscheidet, ob sie/er bei der Auswahl der Personen am Anfang, in der Mitte oder am Ende der Liste beginnt zu zählen.
- Die Prüferin/der Prüfer entscheidet bei jedem Pflegegrad, ob er nach oben oder nach unten zählt.
- Wenn eine ausgewählte Person die Zustimmung verweigert oder aus anderen Gründen eine Einbeziehung der ausgewählten Person nicht möglich ist, wird jeweils die nächste Person in der Liste ausgewählt.

Wenn die Einrichtung keine geeignete Liste zur Verfügung stellen kann, legt der MDK bzw. der PKV-Prüfdienst auf der Basis der vorliegenden Informationen eine Zufallsstichprobe fest.

Kann die erforderliche Mindestzahl von Bewohnerinnen und Bewohnern nicht erreicht werden, z. B. weil weniger Bewohnerinnen und Bewohner von der Einrichtung versorgt werden oder ihr Einverständnis zur Einbeziehung in die Stichprobe nicht erteilt haben, so hat der MDK bzw. der

PKV-Prüfdienst im Rahmen der verbleibenden Möglichkeiten die Qualitätsprüfung trotzdem durchzuführen und die Ergebnisse im Prüfbericht auszuweisen. Die Stichprobe wird nicht aus anderen Pflegegraden ergänzt. Das Unterschreiten der vorgesehenen Personenzahl ist im Prüfbericht zu begründen.

7. Einwilligung

(1) Die Einbeziehung in die Prüfung setzt die Einwilligung der Bewohnerin/des Bewohners oder einer/eines hierzu Berechtigten (vertretungsberechtigte Person, gesetzlich bestellter Betreuer) voraus. Vor der Einholung der Einwilligung der Bewohnerin/des Bewohners oder einer hierzu berechtigten Person hat der Prüfer/die Prüferin diese in verständlicher Weise aufzuklären über

- Anlass und Zweck sowie Inhalt, Umfang, Durchführung und Dauer der Maßnahme,
- den vorgesehenen Zweck der Verarbeitung und die Nutzung der dabei erhobenen personenbezogenen Daten,
- die Freiwilligkeit der Teilnahme und – die jederzeitige Widerrufbarkeit der Einwilligung.

Ferner ist im Rahmen der Aufklärung darauf hinzuweisen, dass im Falle der Ablehnung der Bewohnerin/dem Bewohner keine Nachteile entstehen.

(2) Die Einwilligung der/des Pflegebedürftigen nach § 114a Absatz 3a SGB XI kann erst nach Bekanntgabe der Einbeziehung der in Augenschein zu nehmenden Person in die Qualitätsprüfung erklärt werden und muss in einer Urkunde oder auf andere zur dauerhaften Wiedergabe in Schriftzeichen geeignete Weise gegenüber den Prüferinnen/Prüfern abgegeben werden, die Person des Erklärenden benennen und den Abschluss der Erklärung durch Nachbildung der Namensunterschrift oder anders erkennbar machen (Textform). Ist die/der Pflegebedürftige einwilligungsunfähig, ist die Einwilligung einer/eines hierzu Berechtigten einzuholen. Ist eine Berechtigte/ein Berechtigter nicht am Ort einer unangemeldeten Prüfung anwesend und ist eine rechtzeitige Einholung der Einwilligung in Textform nicht möglich, so genügt ausnahmsweise eine mündliche Einwilligung, wenn andernfalls die Durchführung der Prüfung erschwert würde. Die mündliche Einwilligung oder Nichteinwilligung der/des Berechtigten

sowie die Gründe für ein ausnahmsweises Abweichen von der erforderlichen Textform sind schriftlich zu dokumentieren. Die Einwilligung ist nach § 114a Absatz 2 und 3 SGB XI erforderlich für

- das Betreten der Wohnräume der Bewohnerin/des Bewohners,
- die Inaugenscheinnahme des gesundheitlichen und pflegerischen Zustands der Bewohnerin/des Bewohners,
- die Einsichtnahme in die Pflegedokumentation sowie in abrechnungsrelevante Unterlagen,
- die Befragung der Bewohnerin/des Bewohners, der Beschäftigten der Einrichtung, der Betreuerinnen und Betreuer, der Angehörigen sowie der Mitglieder der heimrechtlichen Interessenvertretungen der Bewohnerinnen und Bewohner, – die damit jeweils zusammenhängende Erhebung, Verarbeitung und Nutzung personenbezogener Daten von Pflegebedürftigen einschließlich der Erstellung von Kopien zum Zwecke der Erstellung eines Prüfberichts.

Die Einwilligung muss vor der Einbeziehung der Bewohnerin/des Bewohners in die Prüfung vorliegen.

8. Zusammenarbeit mit den nach heimrechtlichen Vorschriften zuständigen Aufsichtsbehörden

(1) Die Landesverbände der Pflegekassen (§ 52 Absatz 1 SGB XI) und der MDK sowie der PKV-Prüfdienst arbeiten gemäß § 117 SGB XI mit den nach heimrechtlichen Vorschriften zuständigen Aufsichtsbehörden bei der Zulassung und der Überprüfung der stationären Pflegeeinrichtungen eng zusammen, um ihre wechselseitigen Aufgaben nach dem Elften Buch des Sozialgesetzbuches und nach den heimrechtlichen Vorschriften insbesondere durch

- regelmäßige gegenseitige Information und Beratung,
- Terminabsprachen für eine gemeinsame oder arbeitsteilige Überprüfung von Pflegeeinrichtungen oder
- Verständigung über die im Einzelfall notwendigen Maßnahmen

wirksam aufeinander abzustimmen und Doppelprüfungen nach Möglichkeit zu vermeiden. Zur Erfüllung dieser Aufgaben sind die Landesverbände der Pflegekassen sowie der MDK und der PKV-Prüfdienst verpflichtet, in den Arbeitsgemeinschaften nach den heimrechtlichen Vorschriften mitzuwirken und sich an entsprechenden Vereinbarungen zu beteiligen.

(2) Um Doppelprüfungen zu vermeiden, haben die Landesverbände der Pflegekassen den Prüfumfang mit dem Prüfauftrag in angemessener Weise zu verringern, wenn

- die Prüfungen einer nach heimrechtlichen Vorschriften zuständigen Aufsichtsbehörde nicht länger als neun Monate zurück liegen,
- deren Prüfergebnisse nach pflegefachlichen Kriterien den Ergebnissen einer Regelprüfung gleichwertig sind und
- die Veröffentlichung der von den Pflegeeinrichtungen erbrachten Leistungen und deren Qualität, insbesondere hinsichtlich der Ergebnis- und Lebensqualität, gemäß § 115 SGB XI gewährleistet ist.

Die Pflegeeinrichtung kann verlangen, dass von einer Verringerung der Prüfpflicht abgesehen wird.

(3) An einer gemeinsamen Prüfung mit der nach heimrechtlichen Vorschriften zuständigen Aufsichtsbehörde beteiligt sich der MDK oder der PKV-Prüfdienst aufgrund eines Auftrages durch die Landesverbände der Pflegekassen (§ 52 Absatz 1 SGB XI). Angezeigt ist die Beteiligung, wenn der nach heimrechtlichen Vorschriften zuständigen Aufsichtsbehörde konkrete Erkenntnisse über Defizite in der Pflegequalität vorliegen. Regelhafte Begehungen der nach heimrechtlichen Vorschriften zuständigen Aufsichtsbehörden und des MDK oder des PKV-Prüfdienstes sollen soweit als möglich miteinander abgestimmt und gemeinsam durchgeführt werden.

(4) Der MDK oder der PKV-Prüfdienst informiert die nach heimrechtlichen Vorschriften zuständige Aufsichtsbehörde und die Landesverbände der Pflegekassen unverzüglich über Erkenntnisse aus den Prüfungen, soweit diese zur Vorbereitung und Durchführung von aufsichtsrechtlichen Maßnahmen nach den heimrechtlichen Vorschriften erforderlich sind. Dies ist insbesondere gegeben

- bei einer akuten Gefährdung von Bewohnern durch Pflegedefizite (z. B. Exsikkose, Mangelernährung, Dekubitalulcera),
- bei nicht gerechtfertigten freiheitseinschränkenden Maßnahmen,
- wenn die permanente Anwesenheit einer Pflegefachkraft nicht gewährleistet ist.

9. Abrechnungsprüfung

(1) Stellt der MDK oder der PKV-Prüfdienst im Rahmen der Qualitätsprüfung Auffälligkeiten fest, die auf Fehler bei der Abrechnung schließen lassen, ist die zuständige Pflegekasse oder deren Landesverband (§ 52 Absatz 1 SGB XI) umgehend zu informieren.

(2) Führen von den Landesverbänden der Pflegekassen (§ 52 Absatz 1 SGB XI) bestellte Sachverständige im Rahmen einer Prüfung nach § 114a SGB XI eine Abrechnungsprüfung durch, ist der MDK bzw. der PKV-Prüfdienst im Prüfauftrag darauf hinzuweisen.

10. Prüfbericht

(1) Der MDK bzw. der PKV-Prüfdienst erstellt innerhalb von drei Wochen nach Durchführung der Qualitätsprüfung einen Prüfbericht, der den Gegenstand und das Ergebnis der Qualitätsprüfung enthält, die in der Prüfung festgestellten Sachverhalte nachvollziehbar beschreibt sowie die konkreten Empfehlungen des MDK bzw. des PKV-Prüfdienstes zur Beseitigung von Qualitätsdefiziten auflistet und versendet diesen an die Landesverbände der Pflegekassen (§ 52 Absatz 1 SGB XI), an die betroffene stationäre Pflegeeinrichtung und an den zuständigen Sozialhilfeträger. Der MDK bzw. der PKV-Prüfdienst versendet den Prüfbericht auch an die nach heimrechtlichen Vorschriften zuständige Aufsichtsbehörde. Der MDK bzw. der PKV-Prüfdienst stellen gleichzeitig die nach den PflegeTransparenzvereinbarungen für eine Veröffentlichung erforderlichen Daten zur Verfügung. Diese Daten sind den Landesverbänden der Pflegekassen in einer vom GKVSpitzenverband nach § 53 Satz 2 SGB XI i. V. mit § 217f Absatz 2 SGB V entwickelten Datendefinition (Formate, Strukturen und Inhalte) zu liefern.

(2) Stellt der MDK bzw. der PKV-Prüfdienst schwerwiegende Mängel fest, benachrichtigt er unverzüglich unter Schilderung des Sachverhaltes die Landesverbände der Pflegekassen (§ 52 Absatz 1 SGB XI).

(3) Eine verbindliche Struktur für die Gestaltung und die Inhalte des Prüfberichtes für die stationäre Pflege ergibt sich aus Anlage 3 zu Teil 2 der QPR.

Inkrafttreten der Richtlinien (Teil 1 und 2)

(1) Die Richtlinien treten am 1. Januar 2018 in Kraft. Mit diesem Zeitpunkt treten die Richtlinien des GKV-Spitzenverbandes über die Prüfung der in

Pflegeeinrichtungen erbrachten Leistungen und deren Qualität (Qualitätsprüfungs-Richtlinien – QPR) in der Fassung vom 6. September 2016 außer Kraft.

Wenn die Einrichtung keine geeigneten Listen zur Verfügung stellen kann, legt der MDK bzw. der PKV-Prüfdienst auf der Basis der vorliegenden Informationen eine Zufallsstichprobe fest.

4. PTVS

Vereinbarung nach § 115 Abs. 1a Satz 8 SGB XI[1] über die Kriterien der Veröffentlichung sowie die Bewertungssystematik der Qualitätsprüfungen nach § 114 Abs. 1 SGB XI sowie gleichwertiger Prüfergebnisse in der stationären Pflege – Pflege-Transparenzvereinbarung stationär (PTVS) – vom 17. Dezember 2008 in der Fassung vom 11. August 2016

Vorwort

Durch das Pflege-Weiterentwicklungsgesetz vom 28. Mai 2008 wurde § 115 Abs. 1a SGB XI[2] eingeführt. Danach stellen die Landesverbände der Pflegekassen sicher, dass die Leistungen der Pflegeeinrichtungen sowie deren Qualität für Pflege-bedürftige und ihre Angehörigen verständlich, übersichtlich und vergleichbar im Internet sowie in anderer geeigneter Form veröffentlicht werden (Pflege-Transparenzberichte).

Den in den Pflege-Transparenzberichten veröffentlichten Informationen sind die Ergebnisse der Qualitätsprüfungen nach § 114 Abs. 1 SGB XI sowie gleichwertige Prüfergebnisse unter besonderer Berücksichtigung der Ergebnis- und Lebensqualität zugrunde zu legen. In den Pflege-Transparenzberichten werden weniger Kriterien veröffentlicht, als den Qualitätsprüfungen zugrunde liegen. Es handelt sich dabei um für Pflegebedürftige und ihre Angehörigen relevante Informationen, die bei der Auswahl einer Pflegeeinrichtung als eine Entscheidungsgrundlage herangezogen werden können.

Die Medizinischen Dienste der Krankenversicherung bzw. der Prüfdienst des Verbandes der Privaten Krankenversicherung e. V. führen im Auftrag der Landesverbände der Pflegekassen regelmäßig Qualitätsprüfungen der Pflegeeinrichtungen durch. In diesen Prüfungen werden die Ergebnisse sowie die hierfür erforderlichen Strukturen und Prozesse der Qualität der Leistungen von Pflegediensten und stationären Pflegeeinrichtungen geprüft. Die Qualitätsprüfung zielt somit auf eine umfassende Prüfung aller Qualitätse-

1 In der bis zum 31.12.2015 geltenden Fassung.
2 In der bis zum 31.12.2015 geltenden Fassung.

benen einer Pflegeeinrichtung ab. Der Prüfungsumfang ist umfassender als die für die Pflege-Transparenzvereinbarung relevanten Kriterien. Die Qualitätsprüfung ist die Grundlage für die Bescheide der Landesverbände der Pflegekassen zur Beseitigung festgestellter Qualitätsmängel.

Der aus der Prüfung des Medizinischen Dienstes der Krankenversicherung bzw. des Prüfdienstes des Verbandes der Privaten Krankenversicherung e. V. resultierende Pflege-Transparenzbericht (§ 115 Abs. 1a SGB XI)4[3] und das von den Landesverbänden der Pflegekassen durchgeführte Qualitätssicherungsverfahren (§ 115 Abs. 2-5 SGB XI) haben somit unterschiedliche Funktionen.

Der GKV-Spitzenverband, die Vereinigungen der Träger der Pflegeeinrichtungen auf Bundesebene, die Bundesarbeitsgemeinschaft der überörtlichen Träger der Sozialhilfe und die Bundesvereinigung der kommunalen Spitzenverbände (im Folgenden „die Vertragsparteien" genannt) vereinbaren unter Beteiligung des Medizinischen Dienstes des Spitzenverbandes Bund der Krankenkassen die Kriterien der Veröffentlichung einschließlich der Bewertungssystematik (Pflege-Transparenzvereinbarungen).

Dabei wurden die maßgeblichen Organisationen für die Wahrnehmung der Interessen der Selbsthilfe der pflegebedürftigen und behinderten Menschen, unabhängige Verbraucherorganisationen auf Bundesebene sowie der Verband der Privaten Krankenversicherung und die Verbände der Pflegeberufe auf Bundesebene beteiligt (§ 115 Abs. 1a Satz 9 f. SGB XI)5[4].

Die Pflege-Transparenzvereinbarungen sind dynamische Instrumente, die schrittweise weiterzuentwickeln sind. Sie basieren auf dem Stand der aktuellen Erkenntnisse. Im Juni 2011 wurden die Ergebnisse des Projektes zur „Entwicklung und Erprobung von Instrumenten zur Beurteilung der Ergebnisqualität in der stationären Altenhilfe" veröffentlicht. Im Rahmen der Umsetzung des § 113 Abs. 1 Nr. 4 SGB XI[5] werden bis Anfang 2017 die Ergebnisse (Indikatoren) des vom Bundesministerium für Gesundheit und vom Bundesministerium für Familie, Senioren, Frauen und Jugend geförderten Modellprojekts „Entwicklung und Erprobung von Instrumenten zur Beurteilung der Ergebnisqualität in der stationären Altenhilfe" einer modellhaften Pilotierung unterzogen. Das Indikatorenset wird hinsichtlich

3 In der bis zum 31.12.2015 geltenden Fassung.
4 In der bis zum 31.12.2015 geltenden Fassung.
5 In der bis zum 31.12.2015 geltenden Fassung.

Praktikabilität und Durchführbarkeit in Bezug auf eine regelhafte, bundesweite Einführung in allen stationären Pflegeeinrichtungen sowie auf gesetzliche Anforderungen in Bezug auf eine Umstellung der Qualitätsberichterstattung untersucht und bewertet.

§ 1 Kriterien und Qualitätsbereiche

(1) Die Kriterien der Veröffentlichung der Leistungen und deren Qualität in stationären Pflegeeinrichtungen sind in der Anlage 1 aufgelistet. Nach diesen Kriterien erfolgen die Qualitätsprüfungen gemäß § 114 Abs. 1 SGB XI nach § 114a SGB XI.

(2) Die Kriterien teilen sich in folgende fünf Qualitätsbereiche auf:

1. Pflege und medizinische Versorgung
2. Umgang mit demenzkranken Bewohnern
3. Betreuung und Alltagsgestaltung
4. Wohnen, Verpflegung, Hauswirtschaft und Hygiene
5. Befragung der Bewohner[6]

§ 2 Auswahl der in die Prüfungen einbezogenen Bewohner

(1) In der zu prüfenden stationären Pflegeeinrichtung werden aus den Pflegegraden 1 und 2 insgesamt zwei Bewohner, aus dem Pflegegrad 3 zwei Bewohner, aus dem Pflegegrad 4 drei Bewohner und aus dem Pflegegrad 5 zwei Bewohner zufällig ausgewählt und in die Prüfung einbezogen[7].

(2) Sofern aus einem Pflegegrad weniger als die in Absatz 1 aufgeführten Bewohner in die Prüfung einbezogen werden, sind bei der Bewertung eines Kriteriums für die fehlenden Werte die Mittelwerte aus den vorhandenen Daten des Pflegegrades zu nutzen. Kann aus einem Pflegegrad kein Bewohner in die Prüfung einbezogen werden, sind für die fehlenden Werte die Mittelwerte aus den Daten der anderen Pflegegrade zu nutzen.

---

6 Da die Verwendung der geschlechtlichen Paarformen die Verständlichkeit und Klarheit der Vereinbarung erheblich einschränken würde, wird auf die Nennung beider Formen verzichtet. Die verwendeten Personenbezeichnungen gelten deshalb auch in ihrer weiblichen Form.

7 Grundlage für die Stichprobenbildung ist die prognostizierte Verteilung der Pflegebedürftigen auf Pflegegrade zum Zeitpunkt der Umstellung auf den neuen Pflegebedürftigkeitsbegriff (01.01.2017). Zukünftig sind Verschiebungen bei der Verteilung der Pflegebedürftigen auf Pflegegrade möglich. Die Vertragspartner nach § 113 SGB XI sind sich einig, dass im Falle von Verschiebungen eine Anpassung der Stichprobenregelung erforderlich ist

§ 3 Bewertungssystematik für die Kriterien

(1) Für die Bewertung der in der Anlage 1 aufgeführten Kriterien gelten folgende Grundsätze:

- Alle Kriterien werden sowohl einzeln sowie jeweils zusammengefasst in einem der Qualitätsbereiche bewertet.
- Aus allen Bewertungen der Kriterien der Qualitätsbereiche 1 bis 4 wird das Gesamtergebnis der Prüfung ermittelt.
- Dem Gesamtergebnis wird der Durchschnittswert im jeweiligen Bundesland gegenübergestellt. Die Veröffentlichung des Lan-desvergleichswertes erfolgt erst dann, wenn für mindestens 20 v. H. aller Pflegeeinrichtungen im Bundesland Ergebnisse auf Basis dieser Vereinbarung vorliegen.
- Die Prüfergebnisse der bewohnerbezogenen Kriterien werden mit Anteilswerten (vollständig erfüllt bei „X" von „Y" Bewohnern) ausgewiesen.
- Die Prüfergebnisse der einrichtungsbezogenen Kriterien werden mit „Ja" und „Nein" ausgewiesen.
- Die Prüfergebnisse der Qualitätsbereiche und die Gesamtbewertung werden mit Noten (sehr gut bis mangelhaft) benannt.

(2) Einzelheiten der Bewertungssystematik ergeben sich aus Anlage 2 dieser Vereinbarung.

§ 4 Ausfüllanleitungen für die Prüfer

Bei der Bewertung der Kriterien nach den Vorgaben der Bewertungssystematik legen die Prüfer die Ausfüllanleitung der Anlage 3 dieser Vereinbarung zu Grunde.

§ 5 Darstellung der Prüfergebnisse

Die Prüfergebnisse werden bundesweit einheitlich auf zwei Darstellungsebenen veröffentlicht. Auf der 1. Darstellungsebene erscheinen die Prüfergebnisse der Qualitätsbereiche, das Gesamtergebnis sowie mögliche Ergebnisse gleichwertiger Prüfungen. Auf der 2. Darstellungsebene werden die Prüfergebnisse zu den einzelnen Bewertungskriterien dargestellt. Weitere Einzelheiten zu den weiteren Angaben sowie zu deren Anordnung ergeben sich aus der Anlage 4 dieser Vereinbarung.

§ 6 Inkrafttreten und Kündigung

(1) Diese Vereinbarung tritt zum 1. Januar 2017 in Kraft. Bis zum 31. Dezember 2016 gelten die Vereinbarungen in der Fassung vom 10. Juni 2013 fort. Die Vereinbarung kann von jeder Vertragspartei mit einer Frist von 6 Monaten zum Quartalsende gekündigt werden.

(2) Die gekündigte Vereinbarung gilt bis zum Inkrafttreten einer neuen Vereinbarung weiter.

(3) Die Vertragsparteien können diese Vereinbarung auch im ungekündigten Zustand einvernehmlich ändern.

§ 7 Übergangsregelung

Für die Dauer von 12 Monaten ab Inkrafttreten der Vereinbarung wird bei der Veröffentlichung der Prüfergebnisse im Transparenzbericht auf der 1. Darstellungsebene folgender Hinweis gegeben: „Bitte beachten Sie, dass ein Einrichtungsvergleich nur auf der Grundlage von Berichten mit gleicher Prüfgrundlage und Bewertungssystematik möglich ist. Bewertungen auf der Grundlage der bis zum 31. Dezember 2016 gültigen alten Transparenzvereinbarung und Bewertungen auf der Grundlage der seit dem 1. Januar 2017 geltenden neuen Transparenzvereinbarung sind nicht miteinander vergleichbar." Auf den Plattformen der Landesverbände der Pflegekassen wird der Transparenzbericht nach alter Rechtsgrundlage solange ausgewiesen, bis der Transparenzbericht nach neuer Rechtsgrundlage veröffentlicht wird. Dabei ist sicherzustellen, dass ein entsprechender Hinweis bereits bei Verwendung der Suchmasken der jeweiligen Plattformen gegeben wird. Berichte auf der neuen Rechtsgrundlage und solche auf der alten Rechtsgrundlage werden für den Nutzer erkennbar farblich unterschiedlich dargestellt.

5. Pflegetransparenzvereinbarung ambulant (PTVA)

Vereinbarung nach § 115 Abs. 1a Satz 8 SGB XI über die Kriterien der Veröffentlichung sowie die Bewertungssystematik der Qualitätsprüfungen nach § 114 Abs. 1 SGB XI von ambulanten Pflegediensten vom 7. Dezember 2015

Vorwort

Nach § 115 Abs. 1a SGB XI haben die Landesverbände der Pflegekassen sicherzustellen, dass die von Pflegediensten erbrachten Leistungen und deren Qualität, insbesondere hinsichtlich der Ergebnis- und Lebensqualität für Pflegebedürftige und ihre Angehörigen verständlich, übersichtlich und vergleichbar im Internet sowie in anderer geeigneter Form veröffentlicht werden (Pflege Transparenzberichte).

Hierbei sind die Ergebnisse der Qualitätsprüfungen der Medizinischen Dienste der Krankenversicherung und des Prüfdienstes des Verbandes der privaten Krankenversicherung e.V. zugrunde zu legen.

Bei den Pflege-Transparenzberichten handelt es sich um Informationen für pflegebedürftige Menschen und ihre Angehörigen, die bei der Auswahl eines Pflegedienstes als eine Entscheidungsgrundlage herangezogen werden können. Der Träger des Pflegedienstes ist verpflichtet, das Datum der letzten Prüfung durch den Medizinischen Dienst der Krankenversicherung oder durch den Prüfdienst des Verbandes der privaten Krankenversicherung e.V., eine Einordnung des Prüfungsergebnisses nach einer Bewertungssystematik sowie eine Zusammenfassung der Prüfergebnisse an gut sichtbarer Stelle in dem Pflegedienst auszuhängen.

Die Medizinischen Dienste der Krankenversicherung bzw. der Prüfdienst des Verbandes der privaten Krankenversicherung e.V. führen im Auftrag der Landesverbände der Pflegekassen regelmäßig Qualitätsprüfungen der Pflegedienste durch.

In diesen Prüfungen werden die Ergebnisse sowie die hierfür erforderlichen Strukturen und Prozesse der Qualität der Leistungen von Pflegediensten geprüft.

Die Qualitätsprüfung zielt somit auf eine umfassende Prüfung aller Qualitätsebenen eines Pflegedienstes ab. Der Prüfungsumfang ist umfassender als die für die Pflege-Transparenzvereinbarung relevanten Kriterien. Die Qualitätsprüfung ist die Grundlage für die Bescheide der Landesverbände der Pflegekassen zur Beseitigung festgestellter Qualitätsmängel.

Der aus der Prüfung des Medizinischen Dienstes der Krankenversicherung bzw. des Prüfdienstes des Verbandes der privaten Krankenversicherung e.V. resultierende Pflege-Transparenzbericht (§ 115 Abs. 1a SGB XI) und das von den Landesverbänden der Pflegekassen durchgeführte Qualitätssicherungsverfahren (§ 115 Abs. 2-5 SGB XI) haben somit unterschiedliche Funktionen.

Gemäß § 115 Abs. 1a Satz 8 haben der Spitzenverband Bund der Pflegekassen (GKV-Spitzenverband), die Vereinigungen der Träger der Pflegeeinrichtungen auf Bundesebene, die Bundesarbeitsgemeinschaft der überörtlichen Träger der Sozialhilfe und die Bundesvereinigung der kommunalen Spitzenverbände – im folgenden „die Vertragsparteien" genannt – unter Beteiligung des Medizinischen Dienstes des Spitzenverbandes Bund der Krankenkassen die Kriterien der Veröffentlichung einschließlich der Bewertungssystematik (Pflege-Transparenzvereinbarung) vereinbart.

Dabei haben die auf Bundesebene maßgeblichen Organisationen für die Wahrnehmung der Interessen und der Selbsthilfe der pflegebedürftigen und behinderten Menschen gemäß § 118 Abs. 1 SGB XI i. V. m. § 115 Abs. 1a Satz 9 SGB XI beratend mitgewirkt. Unabhängige Verbraucherorganisationen auf Bundesebene, der Verband der privaten Krankenversicherungen e.V. und die Verbände der Pflegeberufe auf Bundesebene sind beteiligt worden (§ 115 Abs. 1a Satz 9 SGB XI).

Die Vertragsparteien haben diese Vereinbarung in dem Wissen geschlossen, dass es derzeit keine pflegewissenschaftlich gesicherten Erkenntnisse über valide Indikatoren der Ergebnis- und Lebensqualität in der ambulanten pflegerischen Versorgung in Deutschland gibt.

Die Pflege-Transparenzvereinbarungen sind dynamische Instrumente, die schrittweise auch unter Berücksichtigung der Belange von Kindern weiter zu entwickeln sind. Die Vertragsparteien sind sich darin einig, diese Vereinbarung weiterzuentwickeln, sobald neue pflegewissenschaftliche Erkenntnisse zur Darstellung von Struktur-, Prozess- und/oder Ergebnisqualität sowie Lebensqualität in der ambulanten Pflege vorliegen. Die Vertragspartner sind sich einig, dass zur Weiterentwicklung der PTVA zeitnah neue Erkenntnisse zur Qualitätsmessung und -darstellung im ambulanten Bereich unter wissenschaftlicher Beteiligung gewonnen werden. Die zuständigen Bundesministerien sind in den Prozess einzubinden. Die Vertragsparteien werden diese Vereinbarungen nach den Regelungen des § 115 Abs. 1a Sätze 1 ff. SGB XI in der ab 01.01.2016 gültigen Fassung weiter entwickeln bzw. neu gestalten.

§ 1 Kriterien der Veröffentlichung in der ambulanten Pflege

(1) Die Kriterien der Veröffentlichung der Leistungen und deren Qualität von ambulanten Pflegediensten sind in der Anlage 1 aufgelistet. Nach diesen Kriterien erfolgen die Qualitätsprüfungen der Medizinischen Dienste der Krankenversicherung nach § 114a SGB XI.

(2) Die Kriterien teilen sich in folgende vier Qualitätsbereiche auf:

1. Pflegerische Leistungen
2. Ärztliche verordnete pflegerische Leistungen
3. Dienstleistung und Organisation
4. Befragung der Kunden.

§ 2 Auswahl der in die Prüfungen einbezogenen pflegebedürftigen Menschen

Die je ambulanten Pflegedienst in die Prüfung einbezogenen pflegebedürftigen Menschen mit Sachleistungsbezug werden entsprechend der Verteilung nach Pflegestufen und innerhalb dieser zufällig ausgewählt. Es werden 10 v. H., jedoch mindestens fünf und höchstens 15 pflegebedürftige Menschen in die Prüfung einbezogen.

§ 3 Bewertungssystematik für die Kriterien

(1) Für die Bewertung der in der Anlage 1 aufgeführten Kriterien gelten folgende Grundsätze:

- Alle Kriterien werden sowohl einzeln sowie jeweils zusammengefasst in einem der Qualitätsbereiche bewertet.
- Aus allen Bewertungen der Kriterien der Qualitätsbereiche 1 bis 3 wird das Gesamtergebnis der Prüfung ermittelt.
- Dem Gesamtergebnis wird der Vergleichswert im jeweiligen Bundesland gegenübergestellt (Landesvergleichswert). Die Veröffentlichung des Landesvergleichswertes erfolgt erst dann, wenn für mindestens 20 v. H. aller ambulanten Pflegedienste im Bundesland Ergebnisse der MDK-Qualitätsprüfungen vorliegen.
- Die Prüfergebnisse werden mit Noten (sehr gut bis mangelhaft) benannt.

(2) Einzelheiten der Bewertungssystematik ergeben sich aus Anlage 2 dieser Vereinbarung.

§ 4 Ausfüllanleitung für die Prüfer

Bei der Bewertung der Kriterien nach den Vorgaben der Bewertungssystematik verwenden die Prüfer die Ausfüllanleitung der Anlage 3 dieser Vereinbarung.

§ 5 Darstellung der Prüfergebnisse

Die Prüfergebnisse werden bundesweit einheitlich auf zwei Darstellungsebenen veröffentlicht. Auf der 1. Darstellungsebene erscheinen die Prüfergebnisse der Qualitätsbereiche, das Gesamtergebnis sowie mögliche Ergebnisse gleichwertiger Prüfungen. Auf der 2. Darstellungsebene werden die Prüfergebnisse zu den einzelnen Bewertungskriterien sowie die Anzahl der zu jedem einzelnen Kriterium in die Prüfung einbezogenen pflegebedürftigen Menschen dargestellt. Einzelheiten zu den weiteren Angaben sowie zu deren Anordnung ergeben sich aus der Anlage 4 dieser Vereinbarung.

§ 6 Inkrafttreten und Kündigung

(1) Diese Vereinbarung tritt zum 1. Februar 2009 in Kraft. Sie kann von jeder Vertragspartei mit einer Frist von sechs Monaten zum Quartalsende gekündigt werden.

(2) Die gekündigte Vereinbarung gilt bis zum Inkrafttreten einer neuen Vereinbarung weiter. Kommt eine neue Vereinbarung innerhalb von sechs Monaten nicht zustande, nachdem eine Vertragspartei schriftlich zu Verhandlungen aufgefordert hat, kann jede Vertragspartei die Schiedsstelle nach § 113b SGB XI anrufen.

(3) Die Vertragsparteien können diese Vereinbarung auch im ungekündigten Zustand einvernehmlich ändern.

6. Kostenabgrenzungs-Richtlinien

Richtlinien des GKV-Spitzenverbandes zur Kostenabgrenzung zwischen Kranken- und Pflegeversicherung bei Pflegebedürftigen, die einen besonders hohen Bedarf an behandlungspflegerischen Leistungen haben (Kostenabgrenzungs-RL) nach § 17 Abs. 1b SGB XI vom 16. Dezember 2016

Der GKV-Spitzenverband[1] hat unter Beteiligung des Medizinischen Dienstes der Spitzenverbandes Bund der Krankenkassen auf der Grundlage von § 17 Abs. 1b SGB XI am 16.12.2016 die nachstehenden Richtlinien zur Feststellung des Zeitanteils, für den die Pflegeversicherung bei ambulant versorgten Pflegebedürftigen, die einen besonders hohen Bedarf an behandlungspflegerischen Leistungen haben und die Leistungen der häuslichen Pflegehilfe nach § 36 SGB XI und der häuslichen Krankenpflege nach § 37 Abs. 2 SGB V beziehen, die hälftigen Kosten zu tragen hat, beschlossen. Das Bundesministerium für Gesundheit hat die geänderten Richtlinien mit Schreiben vom 06. Januar 2017 mit Auflagen genehmigt.

1 Präambel

Ziel der Richtlinien ist es, die Kostenabgrenzung bei gleichzeitiger Erbringung von medizinischer Behandlungspflege nach § 37 Abs. 2 SGB V und körperbezogenen Pflegemaßnahmen im Sinne von § 36 SGB IX durch dieselbe Pflegekraft in Fällen eines besonders hohen Behandlung pflegerischen Bedarfs zu regeln.

Für die Kostenaufteilung zwischen Kranken- und Pflegekassen wurden bis zum 31.12.2016 Gutachten des Medizinischen Dienstes der Krankenkassen (MDK) herangezogen, die den anhand des bis dahin geltenden Begutachtungsverfahrens erhobenen Zeitaufwand der von der Pflegekasse zu übernehmenden „reinen" Grundpflege ausweisen. Da der Zeitaufwand ab dem 01.01.2017 im Rahmen der Begutachtung zur Feststellung der Pflegebedürftigkeit nicht mehr festgestellt wird, kann das Gutachten künftig nicht

1 Der GKV-Spitzenverband ist der Spitzenverband Bund der Pflegekassen gemäß § 18b SGB XI.

mehr für eine zeitbezogene Aufteilung der Kostenträgerschaft herangezogen werden. Daher hat der GKV-Spitzenverband nach § 17 Abs. 1b SGB XI unter Beteiligung des Medizinischen Dienstes des Spitzenverband Bund der Krankenkassen Richtlinien zur Feststellung des durch die Pflegeversicherung zu tragenden Zeitanteils zu erlassen.

Diese Richtlinien regeln, nach welchem Verfahren die Zeitanteile zur Abgrenzung der Kosten zwischen SGB V und SGB XI ab dem 01.01.2017 festgestellt werden.

2 Vorgaben des Gesetzgebers

Gemäß § 17 Abs. 1b SGB XI hat der GKV-Spitzenverband Richtlinien zur Feststellung des Zeitanteils, für den die Pflegeversicherung bei ambulant versorgten Pflegebedürftigen, die einen besonders hohen Bedarf an behandlungspflegerischen Leistungen haben und die Leistungen der häuslichen Pflegehilfe nach § 36 SGB XI und der häuslichen Krankenpflege nach § 37 Abs. 2 SGB V beziehen, die hälftigen Kosten zu tragen hat, zu erlassen. Von den Leistungen der häuslichen Pflegehilfe nach § 36 SGB XI sind dabei nur Maßnahmen der körperbezogenen Pflege zu berücksichtigen. Es ist darauf zu achten, dass die bisherige leistungsrechtliche Zuordnung von Maßnahmen zur Pflegeversicherung und Krankenversicherung unter Umsetzung der Vorgaben der maßgeblichen Rechtsprechung des Bundessozialgerichts (BSG) vom 17.6.2010 (B 3 KR 7/09 R) unverändert bleibt. In der Gesetzesbegründung zu § 17 Abs. 1b SGB XI wird sowohl eine pauschale als auch eine einzelfallbezogene Feststellung des durch die Pflegeversicherung zu tragenden Zeitanteils in Erwägung gezogen.

3 Geltungsbereich

Diese Richtlinien umfassen Fälle von ambulant versorgten Pflegebedürftigen, die einen besonders hohen Bedarf an behandlungspflegerischen Leistungen haben und Leistungen der häuslichen Krankenpflege nach § 37 SGB V sowie Leistungen der häuslichen Pflegehilfe nach § 36 SGB XI durch dieselbe Pflegefachkraft beziehen.

Ein besonders hoher Bedarf an medizinischer Behandlungspflege liegt vor, wenn rund um die Uhr, also 24 Stunden am Tag, die Anwesenheit/Interventionsbereitschaft einer geeigneten Pflegefachkraft zur individuellen

Kontrolle und Einsatzbereitschaft und zur Durchführung der notwendigen behandlungspflegerischen Maßnahmen erforderlich ist, da wegen der Schwere und Dauer der Erkrankung akute gesundheits- oder lebensgefährdende Veränderungen der Vitalfunktionen mit der Notwendigkeit zur sofortigen medizinischen Intervention zu unvorhersehbaren Zeiten wiederkehrend eintreten können (sog. „Intensivpflege"). Einem 24-Stunden-Bedarf in diesem Sinne steht nicht entgegen, wenn die Versorgung stundenweise anderweitig, z. B. durch Angehörige, übernommen wird.

4 Verfahren bis 31.12.2016

Für Versicherte mit einem rund-um-die-Uhr bestehenden Intensivpflegebedarf hat das Bundessozialgericht (BSG) mit Urteil vom 17.06.2010 (B 3 KR 7 09 R) entschieden, dass bei gleichzeitigem Erbringen von medizinischer Behandlungspflege nach § 37 Abs. 2 SGB V und Grundpflege (sowie ggf. hauswirtschaftlicher Versorgung) nach § 36 SGB XI durch dieselbe Pflegekraft die beiden Leistungsansprüche grundsätzlich gleichberechtigt nebeneinanderstehen. Die Kosten für die Zeiten gleichzeitiger Erbringung sind somit zu gleichen Teilen von der Kranken- und Pflegekasse zu übernehmen.

Auf dieser Grundlage erfolgte die Kostenabgrenzung zwischen Kranken- und Pflegekasse bis zum 31.12.2016 wie folgt:

In Fällen der über 24 Stunden täglich erforderlichen häuslichen Krankenpflege hatte der MDK den zeitlichen Aufwand der verrichtungsbezogenen krankheitsspezifischen Pflegemaßnahmen zu bemessen. Dieser Zeitaufwand pro Tag wurde von dem Gesamtumfang aller Hilfeleistungen bei der Grundpflege abgezogen. Daraus ergab sich der Zeitanteil der von der Pflegekasse geschuldeten „reinen" Grundpflege (= Grundpflege ohne verrichtungsbezogene krankheitsspezifische Pflegemaßnahmen). Da während der Durchführung der Grundpflege weiterhin Behandlungspflege – auch als spezielle Krankenbeobachtung – stattfindet und beide Leistungsbereiche gleichrangig nebeneinander stehen, wurde der so ermittelte Zeitwert der „reinen" Grundpflege nicht vollständig, sondern nur zur Hälfte vom Anspruch auf die ärztlich verordnete, über 24 Stunden täglich erforderliche Behandlungspflege (einschließlich der verrichtungsbezogenen krankheitsspezifischen Pflegemaßnahmen) zu abgezogen. Sofern die hauswirtschaftliche Versorgung von derselben Pflegekraft erbracht wurde, erfolgte ebenfalls ein heftiger Abzug. Aus der Differenz zwischen dem verordneten zeitlichen Umfang der häuslichen Krankenpflege, der Hälfte des zeitlichen Umfangs der „reinen" Grundpflege sowie der Hälfte des Umfangs der hauswirtschaftlichen Versorgung (sofern abzugsfähig) ergab sich der zeitliche Umfang der häuslichen Krankenpflege, für den die Krankenkasse einzutreten hatte. Die Pflegekasse hatte die Kosten der Hälfte des Zeitaufwands der „reinen" Grundpflege und ggf., die Hälfte der hauswirtschaftlichen Versorgung zu tragen, jedoch begrenzt auf den Höchstbetrag für die Sachleistungen der dem Versicherten zu erkannten Pflegestufe. Reichte der Höchstbetrag zur Abdeckung dieser Kosten nicht aus, hatte der Versicherte den verbleibenden Differenzbetrag aus eigenen Mitteln aufzubringen; gegebenenfalls war der Sozialhilfeträger eintrittspflichtig.

5 Verfahren ab 01.01.2017

Vor dem Hintergrund, dass die Regelungen der §§ 14, 15 SGB XI keine zeitorientierte und verrichtungsbezogene Begutachtung zur Feststellung der Pflegebedürftigkeit mehr vorsehen, wird der durch die Pflegeversicherung zu tragende Anteil pauschal festgelegt. Dabei wird jedem Pflegegrad ein bestimmter Minutenwert zugeordnet, für den die Pflegeversicherung aufzukommen hat. Grundlage hierfür sind die den Kranken- und Pflegekassen in 2016 vorliegenden Daten (sog. „Bestandsfälle") bezogen auf die Zeitaufwände der „reinen" Grundpflege unter Berücksichtigung der jeweils zuerkannten Pflegestufe. Die ermittelten Minutenwerte entsprechen den Zeitanteilen, die nach dem bis 31.12.2016 gültigen Verfahren (vgl. Abschnitt 4) vom verordneten zeitlichen Umfang der häuslichen Krankenpflege abzuziehen waren. Unter Beachtung der Überleitungsregelung nach § 140 Abs. 2 SGB XI wurden die ermittelten Zeitanteile der „reinen" Grundpflege je Pflegestufe auf die Systematik der Pflegegrade übertragen. Anschließend wurden je Pflegegrad Mittelwerte errechnet. Daraus ergeben sich die unter Ziffer 6 dargestellten pauschalen Minutenwerte.

Durch das so entwickelte Verfahren wird sichergestellt, dass die bisherige leistungsrechtliche Zuordnung von Maßnahmen zwischen Kranken- und Pflegeversicherung unverändert bleibt. Zudem werden die Vorgaben der maßgeblichen BSG-Rechtsprechung zur Kostenaufteilung in Fällen der über 24 Stunden täglich erforderlichen häuslichen Krankenpflege weiterhin umgesetzt und auf die im Rahmen des neuen Pflegebedürftigkeitsbegriffs eingeführten Pflegegrade übertragen.

6 Pauschale Minutenwerte

Folgende pauschale Minutenwerte sind ab dem 01.01.2017 für die Feststellung des Zeitanteils, für den die Pflegeversicherung die Kosten zu tragen hat, in den unter 3. beschriebenen Fällen zu Grunde zu legen:

	Pauschale Minutenwerte
Pflegegrad 2	37
Pflegegrad 3	76
Pflegegrad 4	104
Pflegegrad 5	141

Die oben genannten pauschalen Minutenwerte sind bei gleichzeitiger Erbringung von medizinischer Behandlungspflege nach § 37 Abs. 2 SGB V und körperbezogenen Pflegemaßnahmen im Sinne von § 36 SGB XI durch dieselbe Pflegekraft vom Zeitaufwand, den die gesetzliche Krankenversicherung zu tragen hat, in Abzug zu bringen. Wenn die Versorgung stundenweise anderweitig, z. B. durch Angehörige, übernommen wird, sind die pauschalen Minutenwerte anteilig nach kaufmännischer Rundung in Abzug zu bringen.

7 Übergangsregelungen

In den Fällen, in denen bereits vor dem 01.01.2017 eine Kostenabgrenzung auf Grundlage der bis dahin durch den MDK erhobenen Zeitwerte für die „reine" Grundpflege vorgenommen wurde, bleibt es auch nach dem 01.01.2017 bei der Berücksichtigung der dort festgestellten Minutenwerte.

8 Inkrafttreten

Die Richtlinien treten am 01.01.2017 in Kraft.

7. Betreuungskräfte-RL

Richtlinie nach § 53c SGB XI zur Qualifikation und zu den Aufgaben von zusätzlichen Betreuungskräften in stationären Pflegeeinrichtungen (Betreuungskräfte-RL) vom 19. August 2008 in der Fassung vom 23. November 2016

Der GKV-Spitzenverband[1] hat die Betreuungskräfte-RL auf Grundlage von § 87b SGB XI a. F. am 19. August 2008 beschlossen; das Bundesministerium für Gesundheit hat sie mit Schreiben vom 25. August 2008 genehmigt. Aufgrund der Neuregelungen des Pflege-Neuausrichtungs-Gesetzes und des Ersten Pflegestärkungsgesetzes erfolgten mit den Fassungen vom 6. Mai 2013 und 29. Dezember 2014 Anpassungen der Richtlinien. Auf der Grundlage der ab 1. Januar 2017 in Kraft tretenden Neuregelungen des Zweiten Pflegestärkungsgesetzes in § 53c SGB XI hat der GKV-Spitzenverband die Richtlinien angepasst und die geänderte Fassung nach Anhörung der Bundesvereinigungen der Träger stationärer Pflegeeinrichtungen und der Verbände der Pflegeberufe auf Bundesebene unter Berücksichtigung des allgemein anerkannten Standes medizinisch-pflegerischer Erkenntnisse am 23. November 2016 beschlossen. Das Bundesministerium für Gesundheit hat die geänderten Richtlinien mit Schreiben vom 28. Dezember 2016 mit Auflagen genehmigt.

Präambel

Mit der Zahlung von leistungsgerechten Zuschlägen zu den Pflegesätzen für die zusätzliche Betreuung und Aktivierung von Pflegebedürftigen nach den Regelungen der §§ 43b, 84 Abs. 8 und 85 Abs. 8 SGB XI werden den stationären Pflegeeinrichtungen finanzielle Grundlagen gegeben, eine bessere Betreuung für die Pflegebedürftigen im Sinne der von den Fachverbänden geforderten „Präsenzstrukturen" zu organisieren, die darauf abzielen, die Pflegebedürftigen bei ihren alltäglichen Aktivitäten zu unterstützen und ihre Lebensqualität zu erhöhen. Pflegebedürftige in stationären Pflegeein-

1 Der GKV-Spitzenverband ist der Spitzenverband Bund der Krankenkassen, der die Aufgaben des Spitzenverbandes Bund der Pflegekassen nach § 53 SGB XI wahrnimmt.

richtungen haben nach Maßgabe von §§ 84 Abs. 8 und § 85 Abs. 8 SGB XI Anspruch auf zusätzliche Betreuung und Aktivierung, die über die nach Art und Schwere der Pflegebedürftigkeit notwendige Versorgung hinausgeht. Diese Vorschriften lösen die bisherige, bis Ende 2016 geltende Regelung des § 87b SGB XI a.F. ab. Zu den stationären Pflegeeinrichtungen gehören vollstationäre Pflegeeinrichtungen (Pflegeheime, Einrichtungen der Kurzzeitpflege) sowie teilstationäre Pflegeeinrichtungen (Einrichtungen der Tages- und Nachtpflege).

§ 1 Zielsetzung

Diese Richtlinien regeln die Aufgaben und Qualifikationen von zusätzlich in stationären Pflegeeinrichtungen einzusetzenden Betreuungskräften im Rahmen der §§ 43b, 84 Abs. 8 und 85 Abs. 8 SGB XI, damit diese in enger Kooperation und fachlicher Absprache mit den Pflegekräften und den Pflegeteams die Betreuungs- und Lebensqualität von Pflegebedürftigen in stationären Pflegeeinrichtungen verbessern. Ihnen soll durch mehr Zuwendung, zusätzliche Betreuung und Aktivierung eine höhere Wertschätzung entgegengebracht, mehr Austausch mit anderen Menschen und mehr Teilhabe am Leben in der Gemeinschaft ermöglicht werden.

§ 2 Grundsätze der Arbeit und Aufgaben der zusätzlichen Betreuungskräfte

(1) Die zusätzlichen Betreuungskräfte sollen die Pflegebedürftigen betreuen und aktivieren. Zusätzliche Betreuungskräfte sind keine Pflegekräfte. Als Betreuungs- und Aktivierungsmaßnahmen kommen Maßnahmen und Tätigkeiten in Betracht, die das Wohlbefinden, den physischen Zustand und die psychische Stimmung der betreuten Menschen positiv beeinflussen können.

(2) Die Aufgabe der zusätzlichen Betreuungskräfte ist es, die Pflegebedürftigen zum Beispiel zu folgenden Alltagsaktivitäten zu motivieren und sie dabei zu betreuen und zu begleiten:

- Malen und basteln,
- Handwerkliche Arbeiten und leichte Gartenarbeiten,
- Haustiere füttern und pflegen,
- Kochen und backen,

- Anfertigung von Erinnerungsalben und -ordnern,
- Musik hören, musizieren, singen,
- Brett- und Kartenspiele,
- Spaziergänge und Ausflüge,
- Bewegungsübungen und Tanzen in der Gruppe,
- Besuch von kulturellen Veranstaltungen, Sportveranstaltungen, Gottesdiensten und Friedhöfen,
- Lesen und Vorlesen,
- Fotoalben anschauen.

Die Betreuungskräfte sollen den Pflegebedürftigen für Gespräche über Alltägliches und ihre Sorgen zur Verfügung stehen, ihnen durch ihre Anwesenheit Ängste nehmen sowie Sicherheit und Orientierung vermitteln. Betreuung- und Aktivierungsangebotes sollen sich an den Erwartungen, Wünschen, Fähigkeiten und Befindlichkeiten der Pflegebedürftigen unter Berücksichtigung ihrer jeweiligen Biografie, ggf. einschließlich ihres Migrationshintergrundes, dem Geschlecht sowie dem jeweiligen situativen Kontext orientieren.

(3) Zur Prävention einer drohenden oder einer bereits eingetretenen sozialen Isolation sind Gruppenaktivitäten für die Betreuung und Aktivierung das geeignete Instrument. Die persönliche Situation des Pflegebedürftigen, z. B Bettlägerigkeit, und seine konkrete sozial-emotionale Bedürfnislage kann aber auch eine Einzelbetreuung erfordern.

(4) Die Betreuung der Pflegebedürftigen gehört zum Leistungsumfang der stationären Pflegeeinrichtungen. § 43b SGB XI ermöglicht es, die Betreuung und Aktivierung der Pflegebedürftigen in einem definierten Umfang qualitativ zu verbessern. Gleichzeitig ist es erforderlich, die Tätigkeit der zusätzlichen Betreuungskräfte eng mit der Arbeit der Pflegekräfte und des sonstigen Personals in den stationären Pflegeeinrichtungen zu koordinieren, damit keine Versorgungsbrüche entstehen. Zu den Aufgaben der zusätzlichen Betreuungskräfte gehören auch die Hilfen, die bei der Durchführung ihrer Betreuungs- und Aktivierungstätigkeiten unaufschiebbar und unmittelbar erforderlich sind, wenn eine Pflegekraft nicht rechtzeitig zur Verfügung steht. Zusätzliche Betreuungskräfte dürfen weder regelmäßig noch planmäßig in körperbezogene Pflegemaßnahmen sowie hauswirtschaftliche Tätigkeiten eingebunden werden. Maßnahmen der Behandlungspflege bleiben ausschließlich dafür qualifizierten Pflegekräften vorbehalten. Die

Einhaltung dieser Vorgaben obliegt der verantwortlichen Pflegefachkraft nach § 71 Abs. 3 SGB XI. Den zusätzlichen Betreuungskräften dürfen bei Hinweisen zur Einhaltung dieser Vorgaben an die Verantwortlichen keine Nachteile entstehen.

§ 3 Anforderungen an die Betreuungskräfte

Grundlegende Anforderungen an die persönliche Eignung von Menschen, die beruflich eine Betreuungstätigkeit in stationären Pflegeeinrichtungen ausüben möchten, sind insbesondere

- eine positive Haltung gegenüber kranken, behinderten und alten Menschen,
- soziale Kompetenz und kommunikative Fähigkeiten,
- Beobachtungsgabe und Wahrnehmungsfähigkeit,
- Empathiefähigkeit und Beziehungsfähigkeit,
- die Bereitschaft und Fähigkeit zu nonverbaler Kommunikation,
- Phantasie, Kreativität und Flexibilität,
- Gelassenheit im Umgang mit verhaltensbedingten Besonderheiten infolge von körperlichen, demenziellen und psychischen Krankheiten oder geistigen Behinderungen,
- psychische Stabilität, Fähigkeit zur Reflexion des eigenen Handelns, Fähigkeit sich abzugrenzen,
- Fähigkeit zur würdevollen Begleitung und Anleitung von einzelnen oder mehreren Menschen mit körperlichen Beeinträchtigungen, Demenz, psychischen Erkrankungen oder geistigen Behinderungen,
- Teamfähigkeit,
- Zuverlässigkeit.

§ 4 Qualifikation der Betreuungskräfte

(1) Für die berufliche Ausübung der zusätzlichen Betreuungsaktivitäten ist kein therapeutischer oder pflegerischer Berufsabschluss erforderlich. Allerdings stellt die berufliche Ausübung einer Betreuungstätigkeit in stationären Pflegeeinrichtungen auch höhere Anforderungen an die Belastbarkeit der Betreuungskräfte als eine in ihrem zeitlichen Umfang geringere ehrenamtliche Tätigkeit in diesem Bereich. Deshalb sind folgende Anforderungen an die Qualifikation der Betreuungskräfte nachzuweisen:

- das Orientierungspraktikum,
- die Qualifizierungsmaßnahme,
- regelmäßige Fortbildungen bei bestehendem Beschäftigungsverhältnis.

(2) Das Orientierungspraktikum in einer vollstationären oder teilstationären Pflegeeinrichtungen hat einen Umfang von 40 Stunden und ist vor der Qualifizierungsmaßnahme durchzuführen. Damit ist die Zielsetzung verbunden, erste Eindrücke über die Arbeit mit betreuungsbedürftigen Menschen zu bekommen und das Interesse und die Eignung für eine berufliche Tätigkeit in diesem Bereich selbst zu prüfen. Mit dem Praktikumsvertrag ist die Praktikantin/der Praktikant auf diese Richtlinien in geeigneter Weise hinzuweisen.

(3) Die Qualifizierungsmaßnahme besteht aus drei Modulen (Basiskurs, Betreuungspraktikum und Aufbaukurs) und hat einen Gesamtumfang von mindestens 160 Unterrichtsstunden sowie einem zweiwöchigen Betreuungspraktikum.

Modul 1: Basiskurs Betreuungsarbeit in stationären Pflegeeinrichtungen

Umfang: 100 Stunden

Inhalte:

- Grundkenntnisse der Kommunikation und Interaktion unter Berücksichtigung der besonderen Anforderungen an die Kommunikation und den Umgang mit Menschen mit körperlichen Beeinträchtigungen, mit Demenz, psychischen Erkrankungen oder geistigen Behinderungen,
- Grundkenntnisse über Demenzerkrankungen, psychische Erkrankungen, geistige Behinderungen sowie somatische Erkrankungen wie z. B. Diabetes und degenerativen Erkrankungen des Bewegungsapparats und deren Behandlungsmöglichkeiten,
- Grundkenntnisse der Pflege und Pflegedokumentation (Hilfen bei der Nahrungsaufnahme, Umgang mit Inkontinenz, Schmerzen und Wunden usw.) sowie der Hygieneanforderungen im Zusammenhang mit Betreuungstätigkeiten zur Beurteilung der wechselseitigen Abhängigkeiten von Pflege und Betreuung,
- Erste Hilfe Kurs, Verhalten beim Auftreten eines Notfalls.

Modul 2: Betreuungspraktikum in einer stationären Pflegeeinrichtung

Umfang: zwei Wochen

Inhalte:

- Das Praktikum erfolgt in einer vollstationären oder teilstationären Pflegeeinrichtungen unter Anleitung und Begleitung einer in der Pflege und Betreuung erfahrenen Pflegefachkraft, um praktische Erfahrungen in der Betreuung von Menschen, insbesondere von Menschen mit kognitiven und psychischen Einschränkungen, zu sammeln. Ist in einer stationären Pflegeeinrichtung eine Pflegefachkraft mit einer gerontopsychiatrischen Zusatzausbildung beschäftigt, soll dieser nach Möglichkeit die Anleitung und die Begleitung während des Praktikums übertragen werden. Das Praktikum muss nicht in einem Block absolviert werden, sondern kann zur besseren Vereinbarkeit mit beruflichen und familiären Pflichten auch aufgeteilt werden.

Modul 3: Aufbaukurs Betreuungsarbeit in stationären Pflegeeinrichtungen

Umfang: 60 Stunden

Inhalte:

- vertiefende Erkenntnisse, Methoden und Techniken über das Verhalten, die Kommunikation und die Umgangsformen mit betreuungsbedürftigen Menschen,
- Rechtskunde (Kenntnisse dieser Richtlinien, Grundkenntnisse des Haftungsrechts, Betreuungsrechts, der Schweigepflicht und des Datenschutzes und zur Charta der Rechte hilfe- und pflegebedürftiger Menschen),
- Hauswirtschaft und Ernährungslehre mit besonderer Beachtung von Diäten und Nahrungsmittelunverträglichkeiten,
- Beschäftigungsmöglichkeiten und Freizeitgestaltung für Menschen mit körperlichen Beeinträchtigungen und/oder mit Demenzerkrankungen,
- Bewegung für Menschen mit körperlichen Beeinträchtigungen und/oder mit Demenz, psychischen Erkrankungen oder geistigen Behinderungen,
- Kommunikation und Zusammenarbeit mit den an der Pflege Beteiligten, z. B. Pflegekräften, Angehörigen und ehrenamtlich Engagierten.

(4) Die regelmäßige Fortbildung umfasst jährlich mindestens insgesamt 16 Unterrichtsstunden, in denen das Wissen aktualisiert wird und eine Reflexion der beruflichen Praxis stattfindet.

§ 5 Anrechnung erworbener Qualifikationen

(1) Soweit die Qualifikationsanforderungen nach § 4 Abs. 3 vollständig oder teilweise in einer Berufsausbildung, bei der Berufsausübung oder in Fortbildungsmaßnahmen nachweislich erworben wurden, gelten diese insoweit als erfüllt.

(2) Sofern Betreuungskräfte auf der Grundlage früherer Fassungen der Betreuungskräfte-RL qualifiziert sind, gelten die Qualifikationsanforderungen nach § 4 Abs. 3 als erfüllt.

§ 6 Inkrafttreten der Richtlinien

Diese Richtlinien treten mit der Genehmigung des Bundesministeriums für Gesundheit am 1. Januar 2017 in Kraft.

8. Kriterien nach § 18 Abs. 2b SGB XI und § 142 Abs. 2 SGB XI

Bundesweit einheitliche Kriterien des GKV-Spitzenverbandes[2] für das Vorliegen eines besonders dringlichen Entscheidungsbedarfs nach § 18 Abs. 2b SGB XI und § 142 Abs. 2 SGB XI vom 6. September 2016

1. Gesetzliche Grundlage

Nach Eingang eines Antrags auf Feststellung von Pflegebedürftigkeit bei der zuständigen Pflegekasse, hat diese dem Antragsteller die Entscheidung über seinen Antrag gemäß § 18 Abs. 3 Satz 2 SGB XI im Regelfall innerhalb von 25 Arbeitstagen schriftlich mitzuteilen. Diese Frist ist vom 01.11.2016 bis zum 31.12.2017 unbeachtlich. Abweichend davon ist einem Antragsteller, der ab dem 01.11.2016 einen Antrag auf Leistungen der Pflegeversicherung stellt und bei dem ein besonders dringlicher Entscheidungsbedarf vorliegt, spätestens 25 Arbeitstage nach Eingang des Antrags bei der zuständigen Pflegekasse, die Entscheidung der Pflegekasse schriftlich mitzuteilen. Der GKV-Spitzenverband hat die Aufgabe, bundesweit einheitliche Kriterien für das Vorliegen eines besonders dringlichen Entscheidungsbedarfs zu entwickeln (§ 18 Abs. 2b in Verbindung mit § 142 Abs. 2 SGB XI).

2. Verkürzte Begutachtungsfristen

Die verkürzten Begutachtungsfristen von 1 bzw. 2 Wochen nach § 18 Abs. 3 SGB XI sind hiervon nicht betroffen und gelten unverändert fort.

Demnach ist eine unverzügliche Begutachtung, spätestens innerhalb einer Woche nach Eingang des Antrags bei der zuständigen Pflegekasse durchzuführen, wenn sich der Antragsteller im Krankenhaus oder in einer stationären Rehabilitationseinrichtung befindet und

2 Der GKV-Spitzenverband ist der Spitzenverband Bund der Pflegekassen gemäß § 53 SGB XI.

- Hinweise vorliegen, dass zur Sicherstellung der ambulanten oder stationären Weiterversorgung und Betreuung eine Begutachtung in der Einrichtung erforderlich ist oder
- die Inanspruchnahme von Pflegezeit nach dem Pflegezeitgesetz gegenüber dem Arbeitgeber der pflegenden Person angekündigt wurde oder
- mit dem Arbeitgeber der pflegenden Person eine Familienpflegezeit nach § 2 Abs. 1 des Familienpflegezeitgesetzes vereinbart wurde.

Die Wochen Frist gilt auch, wenn

- sich der Antragsteller in einem Hospiz befindet oder
- der Antragsteller ambulant palliativ versorgt wird.

Eine Begutachtung ist innerhalb von zwei Wochen nach Eingang des Antrags bei der zuständigen Pflegekasse durchzuführen, wenn der Antragsteller sich in häuslicher Umgebung befindet, ohne palliativ versorgt zu werden, und

- die Inanspruchnahme von Pflegezeit nach dem Pflegezeitgesetz gegenüber dem Arbeitgeber der pflegenden Person angekündigt wurde oder
- mit dem Arbeitgeber der pflegenden Person eine Familienpflegezeit nach § 2 Abs. 1 des Familienpflegezeitgesetzes vereinbart wurde.

3. Umsetzung

§ 18 Abs. 2b SGB XI (bis 31.12.2016) und § 142 Abs. 2 SGB XI (ab 01.01.2017) regeln zum einen, dass die 25-Arbeitstage-Frist nach § 18 Abs. 3 Satz 2 SGB XI vom 01.11.2016 bis zum 31.12.2017 unbeachtlich ist und zum anderen, dass es hiervon Ausnahmen gibt. Liegt nämlich ein besonders dringlicher Entscheidungsbedarf vor, ist dem Antragsteller die Entscheidung der Pflegekasse spätestens 25 Arbeitstage nach Eingang des Antrags schriftlich mitzuteilen. Da sich die Frist nach § 18 Abs. 3 Satz 2 SGB XI auf Anträge zur Feststellung von Pflegebedürftigkeit bezieht, können auch die Ausnahmeregelungen nach § 18 Abs. 2b SGB XI und § 142 Abs. 2 SGB XI nur diese Anträge zum Gegenstand haben.

Die Ausnahmeregelungen nach § 18 Abs. 2b SGB XI und § 142 Abs. 2 SGB XI gelten nur für Erstanträge[3], jedoch nicht für Höherstufungsanträge,

3 Um einen Erstantrag handelt es sich, wenn noch keine Pflegebedürftigkeit oder erheblich eingeschränkte Alltagskompetenz nach dem SGB XI festgestellt wurde

Wiederholungs- oder Widerspruchsgutachten und befristete Leistungsbewilligungen.

Die Pflegekasse trifft die Entscheidung, ob ein besonders dringlicher Entscheidungsbedarf vorliegt. In diesen Fällen gilt die Frist nach § 18 Abs. 3 Satz 2 SGB XI. Bei Vorliegen eines besonders dringlichen Entscheidungsbedarfs informiert die Pflegekasse den MDK hierüber mit Auftragserteilung.

4. Kriterien für das Vorliegen eines besonders dringlichen Entscheidungsbedarfs

Ein besonders dringlicher Entscheidungsbedarf i. S. i. § 18 Abs. 2b SGB XI und § 142 Abs. 2 SGB XI liegt vor, wenn ohne eine fristgerechte Entscheidung der Pflegekasse eine Versorgungslücke droht. Dies ist der Fall bei Vorliegen eines

- Erstantrages auf Sachleistungen bei häuslicher Pflege nach § 36 SGB XI (hierunter zählt kein Antrag auf Pflegegeld oder eine Kombination aus Pflegegeld und Pflegesachleistung)
- Erstantrages auf vollstationäre Pflege nach § 43 SGB XI.

9. Pflegeberatungs-Richtlinien

Richtlinien des GKV-Spitzenverbandes zur einheitlichen Durchführung der Pflegeberatung nach § 7a SGB XI vom 7. Mai 2018

Der GKV-Spitzenverband[1] hat unter Beteiligung des Medizinischen Dienstes des Spitzenverbandes Bund der Krankenkassen auf der Grundlage von § 17 Absatz 1a Satz 1 SGB XI am 7. Mai 2018 die nachfolgenden Richtlinien zur einheitlichen Durchführung der Pflegeberatung nach § 7a SGB XI beschlossen. Den Ländern, dem Verband der privaten Krankenversicherung e. V., der Bundesarbeitsgemeinschaft der überörtlichen Träger der Sozialhilfe, den kommunalen Spitzenverbände auf Bundesebene, der Bundesarbeitsgemeinschaft der Freien Wohlfahrtspflege, den Verbänden der Träger der Pflegeeinrichtungen auf Bundesebene sowie den Verbänden der Pflegeberufe auf Bundesebene, unabhängigen Sachverständigen und den maßgeblichen Organisationen für die Wahrnehmung der Interessen und der Selbsthilfe der pflegebedürftigen und behinderten Menschen sowie ihrer Angehörigen wurde Gelegenheit zur Stellungnahme gegeben. Das Bundesministerium für Gesundheit hat die Richtlinien am 31. Mai 2018 genehmigt.

Präambel

Der mit dem Pflege-Weiterentwicklungsgesetz eingeführte § 7a Elftes Buch Sozialgesetzbuch (SGB XI) normiert einen Anspruch auf eine umfassende individuelle Pflegeberatung im Sinne eines Fallmanagements. Seit dem 01.01.2009 haben Personen, die Leistungen der Pflegeversicherung erhalten sowie Personen, die einen Antrag auf Pflegeleistungen gestellt und erkennbar einen Hilfe- und Beratungsbedarf haben, einen Anspruch auf eine individuelle Pflegeberatung nach § 7a SGB XI. Dieser Individualanspruch wurde durch das Zweite Pflegestärkungsgesetz (PSG II) erweitert. Auf Wunsch einer anspruchsberechtigten Person nach § 7a Absatz 1 Satz 1 SGB XI erfolgt die Pflegeberatung auch gegenüber Angehörigen und wei-

1 Der GKV-Spitzenverband ist der Spitzenverband Bund der Pflegekassen gemäß § 53 SGB XI.

teren Personen. Ferner haben Pflegeberaterinnen und Pflegeberater gemäß § 7a Absatz 1 Satz 3 Nr. 6 SGB XI auch über Leistungen zur Entlastung der Pflegepersonen zu informieren.

Die Richtlinien zur einheitlichen Durchführung der Pflegeberatung nach § 7a SGB XI geben einheitliche Maßstäbe und Grundsätze für die Pflegeberatung vor, insbesondere für das Verfahren und die Inhalte der Pflegeberatung als Beratungsprozess. Hierdurch soll erreicht werden, dass der Zugang zu Sozialleistungen und sozialen Hilfen verbessert, das Selbstbestimmungsrecht des Pflegebedürftigen gestärkt und Pflegebedürftige und ihre Angehörigen in der Pflegesituation unterstützt werden und die Verbraucher- und Dienstleistungsorientierung der durch unterschiedliche Personen und Stellen durchgeführten Pflegeberatung für die ratsuchenden Versicherten und ihre Angehörigen oder weitere Personen sichergestellt ist. Zugleich soll die Zweckmäßigkeit, Qualität und Wirtschaftlichkeit der Beratungstätigkeit durch eine abgestimmte Vorgehensweise eines einheitlichen Beratungsprozesses gewährleistet werden.

1. Die Pflegeberatung nach § 7a SGB XI

1.1 Geltungsbereich der Richtlinien

Mit den Richtlinien werden einheitliche Vorgaben eingeführt, die für alle Pflegeberaterinnen und Pflegeberater, die Pflegeberatungen im Sinne des § 7a SGB XI durchführen oder mit der Durchführung beauftragt wurden, sowie für die Träger der Pflegeberatung unmittelbar verbindlich sind.

1.2 Definition der Pflegeberatung

Die Pflegeberatung nach § 7a SGB XI ist eine individuelle und umfassende Beratung und Hilfestellung durch eine Pflegeberaterin oder einen Pflegeberater bei der Auswahl sowie Inanspruchnahme von bundes- oder landesrechtlich vorgesehenen Sozialleistungen und sonstigen Hilfsangeboten, die auf die Unterstützung von Menschen mit Pflege-, Versorgungs- und Betreuungsbedarf ausgerichtet sind. Die Pflegeberatung nach § 7a SGB XI dient dem Zweck, eine angemessene sowie erforderliche Pflege, Betreuung, Behandlung, Unterstützung und Versorgung zu erreichen und zu sichern. Die Pflegeberatung ist ein Prozess: Die Pflegeberaterin oder der Pflegeberater soll den individuellen Hilfe- und Unterstützungsbedarf ermitteln, bedarfsentsprechend beraten, einen Versorgungsplan erstellen, auf die erforderlichen Maßnahmen und die weitere Umsetzung des Versorgungsplans hinwirken, den Versorgungsplan gegebenenfalls anpassen und Informationen über Leistungen zur Entlastung der Pflegepersonen vermitteln.

1.3 Anspruchsberechtigter Personenkreis

Einen Anspruch auf Pflegeberatung nach § 7a SGB XI haben Personen, die Leistungen nach dem SGB XI[2] beziehen.[3] Darüber hinaus besteht dieser schon dann, wenn ein Antrag auf Leistungen nach dem SGB XI gestellt wurde und erkennbar ein Hilfe- und Beratungsbedarf besteht. Auf Wunsch einer anspruchsberechtigten Person[4] erfolgt die Pflegeberatung auch gegenüber ihren Angehörigen oder weiteren Personen[5] oder unter deren Einbeziehung.

1.4 Ziele der Pflegeberatung

Pflegeberaterinnen und Pflegeberater sollen ratsuchende Personen[6] bei der möglichen Inanspruchnahme einer Vielzahl von Leistungen und Hilfen mit einer Beratung aus einer Hand befähigen, Entscheidungen entsprechend der individuellen Pflegesituation zu treffen. Die Ziele der Pflegeberatung sind demnach die Stärkung der Selbstbestimmung und Selbständigkeit der/des Anspruchsberechtigten, die passgenaue an der persönlichen Situation der/des Anspruchsberechtigten ausgerichtete Versorgung, die Entlastung Angehöriger und weiterer Personen z. B. bei der Unterstützung in der häuslichen Pflege Beteiligter und damit auch die Sicherung und Stabilisierung des häuslichen Pflegearrangements. Weitere wesentliche Ziele sind je nach Bedarfslage der anspruchsberechtigten Person das Herausarbeiten von Möglichkeiten, um Krisensituationen zu bewältigen und etwaige Versorgungsdefizite zu mindern, zu beheben und vorzubeugen. Die Ziele sol-

2 Gemäß § 7b Absatz 1 Satz 1 Nr. 1 SGB XI hat die Pflegekasse dem Antragsteller unmittelbar nach Eingang eines erstmaligen Antrages auf Leistungen nach dem SGB XI sowie weiterer Anträge (siehe hierzu § 7b Absatz 1 Satz 1 SGB XI) einen Beratungstermin anzubieten, der spätestens innerhalb von zwei Wochen nach Antragseingang durchzuführen ist.

3 Gemäß § 7 Absatz 2 Satz 3 SGB XI informiert die zuständige Pflegekasse die Versicherten unverzüglich nach Eingang eines Antrags auf Leistungen nach dem SGB XI insbesondere über ihren Anspruch auf die unentgeltliche Pflegeberatung nach § 7a SGB XI.

4 Ist für die anspruchsberechtigte Person ein gesetzlicher Vertreter oder eine gesetzliche Vertreterin bestellt, kann auch dieser oder diese den Wunsch äußern, dass die Pflegeberatung gegenüber Angehörigen der anspruchsberechtigten Person oder weiteren Personen oder unter deren Einbeziehung erfolgen soll.

5 Dazu zählen u. a. Freunde, Nachbarn, Kollegen, Ehrenamtliche.

6 Wird in den Richtlinien im Folgenden der Begriff „ratsuchende Person" verwendet, erfasst dieser sowohl die anspruchsberechtigten Personen als auch ihre Angehörigen oder weitere Personen.

len erreicht werden, indem die Pflegeberaterin oder der Pflegeberater die Fragen der ratsuchenden Person gemeinsam mit dieser klärt und die Inhalte der Pflegeberatung anhand des zu ermittelnden Hilfe- und Unterstützungsbedarfs[7] gemeinsam mit der ratsuchenden Person erörtert. Dadurch können Lösungen geschaffen werden, die individuell auf die jeweilige Lebenslage der/des Anspruchsberechtigten abgestimmt sind.

Wesentlich für die Umsetzung der Ziele ist eine gute Vernetzung der Pflegeberaterinnen und Pflegeberater mit den regionalen Versorgungs-, Betreuungs- und Beratungsanbietern.

1.5 Beratungsverständnis

Die Pflegeberatung erfolgt insbesondere

- im gegenseitigen Einvernehmen.

  Die ratsuchende Person[8] und die Pflegeberaterin oder der Pflegeberater sind während des gesamten Beratungsprozesses einig über die Zusammenarbeit. Die Inanspruchnahme der Pflegeberatung ist freiwillig.

- neutral und unabhängig.

  Die Pflegeberaterin oder der Pflegeberater berät die ratsuchende Person ohne eigene Interessen und ohne jede einflussnehmende Tendenz zur Inanspruchnahme bestimmter Hilfe- und Unterstützungsleistungen.

- unter Berücksichtigung und Stärkung der Selbstbestimmung.

  Im Rahmen des Beratungsprozesses soll die/der Anspruchsberechtigte und auf ihren/seinen Wunsch Angehörige und weitere Personen in die Lage versetzt werden, aus den verschiedensten Angeboten unterschiedlicher Träger die für sie/ihn am besten passenden Leistungsangebote/Angebote nach ihren/seinen Bedarfen und Bedürfnissen zusammenstellen zu können.

- bedarfsgerecht sowie bedürfnis- und ressourcenorientiert.

  Die Pflegeberaterin oder der Pflegeberater orientiert sich an den gemeinsam ermittelten Bedarfen der ratsuchenden Person. Die Bedürfnis-

7 Siehe Abschnitt 2.1 „Ermitteln des Hilfe- und Unterstützungsbedarfs" der Richtlinien.

8 Sofern ein gesetzlicher Vertreter oder eine gesetzliche Vertreterin bestimmt ist, erfolgt die Pflegeberatung einvernehmlich zwischen diesem/dieser und der Pflegeberaterin oder dem Pflegeberater.

se der ratsuchenden Person sowie dessen persönliche und strukturelle Ressourcen sind stets zu berücksichtigen.

- verständlich.

  Die Pflegeberaterin oder der Pflegeberater soll sich bei der Beratung am Wissen und an den Erfahrungen der ratsuchenden Person orientieren und diese verständlich gestalten. Erforderlich ist eine Beratung mit einer an das jeweilige Sprachverständnis angepassten Ausdrucksweise. Die Pflegeberaterin oder der Pflegeberater soll hierfür auch auf Informationsmaterialien in unterschiedlichen Sprachen sowie in leichter Sprache hinweisen oder die ratsuchende Person bitten, bei der Pflegeberatung die Anwesenheit einer Person[9] sicherzustellen, die beim Übersetzen[10] behilflich ist.

- angepasst an den biographischen und kulturellen Hintergrund.

  Pflegeberaterinnen und ratsuchenden Person sowie einen möglichen kulturspezifischen Umgang mit Pflegebedürftigkeit, familiäre Strukturen oder besondere Bräuche und Traditionen bei der Pflegeberater haben den biographischen und kulturellen Hintergrund der Beratung zu berücksichtigen.

1.6 Personelle Kontinuität in der Pflegeberatung

Vor der erstmaligen Beratung soll der/dem Anspruchsberechtigten unverzüglich eine zuständige Pflegeberaterin oder ein zuständiger Pflegeberater für den Beratungsprozess benannt werden, die/der sowohl für die Erstberatung als auch grundsätzlich für spätere Rückfragen und/oder Wiederholungsberatungen zur Verfügung steht. Bei Abwesenheit der Pflegeberaterin oder des Pflegeberaters muss eine Vertretung gewährleistet werden.

---

9 Dies können beispielsweise Freunde, Nachbarn, Kollegen der ratsuchenden Person oder Ehrenamtliche sein. Die Einbindung einer solchen Person ist die Obliegenheit der ratsuchenden Person und begründet keine Verpflichtungen der Beratungsstellen.

10 Übersetzen meint hier sowohl die Vermittlung einer fremden Sprache als auch beispielsweise die Zuhilfenahme einer/s Gebärdendolmetscherin/Gebärdendolmetschers oder andere in Betracht kommende Formen, die eine barrierefreie Kommunikation unterstützen. Siehe auch § 17 Absatz 2 SGB I.

1.7 Ort der Pflegeberatung

Auf Wunsch der/des Anspruchsberechtigten[11] hat die Pflegeberaterin oder der Pflegeberater die Pflegeberatung in der häuslichen Umgebung oder in der Einrichtung, in der sie/er lebt, durchzuführen.[12] Die Pflegeberatung kann zudem in den Räumen der Pflegekassen, in Pflegestützpunkten, in Beratungsstellen nach § 7b SGB XI und § 123 SGB XI oder telefonisch durchgeführt werden.

2. Der Beratungsprozess – Verfahren und Inhalt der Pflegeberatung

Die Pflegeberaterin oder der Pflegeberater hat die Pflegeberatung nach dem folgenden Verfahren mit den dargestellten Inhalten durchzuführen.

2.1 Ermitteln des Hilfe- und Unterstützungsbedarfs

Die Pflegeberaterin oder der Pflegeberater soll zu Beginn des Beratungsprozesses den Hilfe- und Unterstützungsbedarf der anspruchsberechtigten Person ermitteln. Dies ist notwendig, damit die konkreten Inhalte, Ziele und Maßnahmen der Pflegeberatung gemeinsam entwickelt und festgelegt werden können und die Versorgung den individuellen Bedürfnissen entspricht. Bei der Ermittlung des Hilfe- und Unterstützungsbedarfs sind auch besondere Bedarfe, z. B. von Personen mit demenziellen Erkrankungen oder mit typischen krankheitsbedingten Einschränkungen, beispielsweise nach einem Schlaganfall, von Personen mit Migrationshintergrund[13], mit pflegebedürftigen Kindern oder von Pflegebedürftigen mit berufstätigen pflegenden Angehörigen zu berücksichtigen.

Der Hilfe- und Unterstützungsbedarf ist zu ermitteln, indem die Pflegeberaterin oder der Pflegeberater

1. die Ergebnisse aus der Begutachtung zur Feststellung der Pflegebedürftigkeit nach § 18 SGB XI (Ergebnisse der Module 1 bis 6 und der

11 Ist für die anspruchsberechtigte Person ein gesetzlicher Vertreter oder eine gesetzliche Vertreterin bestellt, kann auch dieser/diese den Wunsch äußern.

12 In Betracht kommen beispielsweise vollstationäre Pflegeeinrichtungen oder Wohneinrichtungen für Menschen mit Behinderungen.

13 Gemäß dem Bundesamt für Migration und Flüchtlinge hat eine Person dann einen Migrationshintergrund, wenn sie selbst oder mindestens ein Elternteil nicht mit deutscher Staatsangehörigkeit geboren ist. Ein besonderer Hilfe- und Unterstützungsbedarf kann sich z. B. aufgrund etwaiger bestehender Sprachbarrieren ergeben; zu beachten ist Abschnitt 1.5 „Beratungsverständnis" der Richtlinien („- verständlich, – angepasst an den biographischen und kulturellen Hintergrund").

Bereiche 7 und 8 der BRi[14]) sowie die Präventions- und Rehabilitationsempfehlungen nach § 18a SGB XI und die Inhalte der Beratung in der eigenen Häuslichkeit nach § 37 Absatz 3 SGB XI in die Pflegeberatung einbezieht, sofern die anspruchsberechtigte Person zustimmt.[15]

2. sich im Gespräch mit der ratsuchenden Person zunächst die Situation (beispielsweise die Alltagsbewältigung, Aufgabenverteilung im Rahmen der Pflege etc.) schildern lässt und Raum für Fragen einräumt, die gegebenenfalls auch bereits auf einen bestimmten Hilfe- und Unterstützungsbedarf schließen lassen können.
3. gezielt Fragen stellt und beobachtet. Dadurch können vorhandene Ressourcen (z. B. Unterstützung von Angehörigen) berücksichtigt und weitere Informationen zum Hilfe- und Unterstützungsbedarf gesammelt werden, die es ermöglichen, in Abstimmung mit der ratsuchenden Person Prioritäten im Beratungsprozess festzulegen. Die Pflegeberaterin oder der Pflegeberater soll dabei insbesondere die folgenden Aspekte berücksichtigen:

- Gesundheitliche Situation der/des Anspruchsberechtigten:

  Der individuelle Hilfe- und Unterstützungsbedarf der/des Anspruchsberechtigten wird von ihrem/seinem gesundheitlichen Zustand und dessen Auswirkungen auf ihre/seine körperlichen, mentalen/kognitiven, kommunikativen und sensorischen Fähigkeiten bestimmt. Zu berücksichtigen sind insbesondere spezifische medizinisch-pflegerische Versorgungserfordernisse, die sich aus den zugrundeliegenden Gesundheitsproblemen der/des Anspruchsberechtigten ergeben sowie die eigenen Bewältigungsstrategien und der selbständige Umgang mit der gesundheitlichen Situation.

- Hilfe- und Unterstützungsbedarf bei der alltäglichen Lebensführung:

  Körperliche, mentale, kommunikative und sensorische Beeinträchtigungen können einen Unterstützungsbedarf in der Selbstversorgung (z. B. beim Waschen, Anziehen, Essen, bei der Beachtung von Hygiene etc.), bei der Haushaltsführung (z. B. beim Einkaufen, Kochen, Putzen

14 Siehe Richtlinien zum Verfahren der Feststellung von Pflegebedürftigkeit sowie zur pflegefachlichen Konkretisierung der Inhalte des Begutachtungsinstruments nach dem Elften Buch des Sozialgesetzbuches (Begutachtungs-Richtlinien – BRi) vom 15.04.2016 geändert durch Beschluss vom 31.03.2017.

15 Voraussetzung ist, dass die entsprechenden Dokumente bereits vorhanden sind oder von der anspruchsberechtigten Person zur Verfügung gestellt werden.

etc.), bei der Regelung finanzieller und rechtlicher Angelegenheiten (z. B. Behördengänge, Antragstellung etc.) notwendig machen, aber auch Hilfen zur sozialen Teilhabe erfordern – wie etwa bei der Pflege sozialer Kontakte und der Teilnahme an außerhäuslichen Aktivitäten.

- Wohn- und Lebenssituation der/des Anspruchsberechtigten:

  Der individuelle Hilfe- und Unterstützungsbedarf ist von der Lebenssituation der/des Anspruchsberechtigten abhängig, von seiner Lebensform (z. B. alleinlebend, mit Partner oder Partnerin etc.) und der Beschaffenheit seines Wohnumfeldes (z. B. Lage, Größe, Erreichbarkeit der Wohnung oder der einzelnen Räume etc.).

- Hilfe- und Unterstützungsbedarf im Bereich der Mobilität:

  Ein Hilfe- und Unterstützungsbedarf kann sowohl im häuslichen Bereich (z. B. beim Fortbewegen im direkten Wohnumfeld, beim Aufstehen und Zubettgehen) als auch außerhalb des Wohnumfeldes bestehen und steht im Zusammenhang mit vorhandenen Hilfsmitteln (z. B. Rollstuhl, Rampe etc.), den Fähigkeiten der/des Anspruchsberechtigten, diese zu verwenden sowie den konkreten Bedingungen ihrer/seiner individuellen Wohnsituation (z. B. Treppen, Aufzug, Badezimmer etc.).

- Situation der Angehörigen oder weiterer Personen[16]:

  Die Pflegeberaterin oder der Pflegeberater soll sich aus Sicht der Angehörigen oder weiterer Personen schildern lassen und berücksichtigen, wie die Bewältigung der Pflege und Versorgung der/des Anspruchsberechtigten gelingt und welche Hilfe und Unterstützung sie benötigen. Hierbei sind Überlastungen beispielsweise durch mangelnde soziale Kontakte/Unterstützung, eigene Gesundheitsprobleme oder psychosoziale Belastungen (die z. B. bei der Pflege von Menschen mit Demenz oder von Kindern und Jugendlichen auftreten können) zu berücksichtigen.

16 Es existieren verschiedene Projekte, die sich mit der Situation der Angehörigen von Pflegebedürftigen beschäftigen, so z. B. „Problemlösen in der Pflegeberatung – ein Ansatz zur Stärkung der Pflegeberatung nach § 7a SGB XI", Schriftenreihe Modellprogramm zur Weiterentwicklung der Pflegeversicherung, Band 14, GKV-Spitzenverband. 17 Siehe Abschnitt 2.1 „Ermitteln des Hilfe- und Unterstützungsbedarfs" der Richtlinien.

2.2 Beratung

Auf der Grundlage des ermittelten und analysierten Hilfe- und Unterstützungsbedarfs[17] verständigen sich die Pflegeberaterin oder der Pflegeberater und die ratsuchende Person auf die konkreten Ziele und Maßnahmen. Hierfür berät die Pflegeberaterin oder der Pflegeberater bedarfsentsprechend zu gesundheitsfördernden, präventiven, kurativen, rehabilitativen oder sonstigen medizinischen, pflegerischen und sozialen Hilfen sowie zu Sozialleistungen und unterstützt so bei deren Auswahl. Gegebenenfalls ist die ratsuchende Person auch zu beraten, wie sie sich auf den Termin zur Begutachtung der Pflegebedürftigkeit vorbereiten kann (z. B. Vorlage von Arztbriefen/Schilderung der eigenen Ressourcen).

Da der Inhalt einer jeden Beratung von den unterschiedlichen Bedarfen und Fragen der ratsuchenden Person abhängig ist, sind im Folgenden ausgewählte Themen als mögliche Beratungsinhalte dargestellt.

2.2.1 Pflegerische Hilfen

Die Pflegeberaterin oder der Pflegeberater soll entsprechend dem individuellen Hilfe- und Unterstützungsbedarf[18] zu pflegerischen Leistungen beraten, beispielsweise zur Auswahl und Kombination von Pflegesachleistungen (körperbezogene Pflegemaßnahmen, pflegerische Betreuungsmaßnahmen sowie Hilfen bei der Haushaltsführung), zur Kombination von Geldleistung und Sachleistung (Kombinationsleistungen)[19] oder über die Möglichkeit des Anspruchs auf den Entlastungsbetrag[20]. Abhängig von der individuellen Bedarfskonstellation ist die ratsuchende Person auch auf die Leistungen der häuslichen Pflege bei Verhinderung der Pflegeperson, die Möglichkeit der Inanspruchnahme teilstationärer Pflege und Kurzzeitpflege sowie die vollstationäre Pflege hinzuweisen. Die Beratung zu pflegerischen Hilfen umfasst auch die Unterstützung bei der Inanspruchnahme von Leistungen.[21]

2.2.2 Rehabilitation

Die Pflegeberaterin oder der Pflegeberater berät zu Rehabilitationsmaßnahmen, sofern im Einzelfall Leistungen zur medizinischen Rehabilitation

17 Siehe Abschnitt 2.1 „Ermitteln des Hilfe- und Unterstützungsbedarfs" der Richtlinien.
18 Ebd.
19 Siehe § 38 SGB XI.
20 Siehe § 45b SGB XI.
21 Siehe auch Abschnitt 2.4 Nr. 3 „Hinwirken auf die erforderlichen Maßnahmen" der Richtlinien.

angezeigt sind.[22] Es soll besprochen werden, was durch eine Rehabilitation erreicht werden kann (beispielsweise Erhalt und Wiederherstellung der Mobilität, Verminderung von Schmerzen, Integration in den Alltag). Die Pflegeberaterin oder der Pflegeberater informiert über die verschiedenen Möglichkeiten der ambulanten Rehabilitation, einschließlich der mobilen Rehabilitation und stationären Rehabilitation. Die ratsuchende Person ist auf Wunsch bei der Stellung des Antrags auf Leistungen zur medizinischen Rehabilitation und weiteren Schritten, die der Inanspruchnahme der Rehabilitation dienen, zu unterstützen. Bei der Beratung sind bestehende Hindernisse (z. B. Bedenken, die eigene Häuslichkeit zu verlassen) im Zusammenhang mit der Inanspruchnahme von Rehabilitationsmaßnahmen zu berücksichtigen. Die Pflegeberaterin oder der Pflegeberater soll geeignete Lösungswege aufzeigen, z. B. die Möglichkeit einer ambulanten/mobilen Rehabilitation oder den möglichen aktiven Einbezug Angehöriger oder weiterer Bezugspersonen in den Rehabilitationsprozess.

2.2.3 (Pflege-) Hilfsmittel

Bei Bedarf hat die Pflegeberaterin oder der Pflegeberater die ratsuchende Person zu geeigneten (Pflege-) Hilfsmitteln sowie über den Zugang zum (Pflege-) Hilfsmittel zu beraten und gegebenenfalls bei weiteren Schritten behilflich zu sein (z. B. Information zur Antragstellung, ärztliche Verordnung).

2.2.4 Prävention und Gesundheitsförderung

Pflegeberaterinnen und Pflegeberater sollen Anspruchsberechtigte sowie Angehörige oder weitere Personen entsprechend dem individuellen Hilfe- und Unterstützungsbedarf[23] zu Möglichkeiten beraten, Maßnahmen der Prävention und Gesundheitsförderung in Anspruch zu nehmen. In Betracht kommen Präventionsmaßnahmen wie Gesundheitskurse zur Stressbewältigung, Bewegung, Ernährung oder zu einem verantwortungsbewussten Umgang mit Suchtmitteln[24] sowie beispielsweise Pflegekurse für Angehörige nach § 45 SGB XI. Eine Beratung zu Präventionsmaßnahmen kann auch aufgrund von bestimmten Gesundheitsproblemen, speziellen Risiken wie Mangelernährung sowie Sturzrisiken erforderlich sein, sofern sich dies aus

22 Siehe z. B. Abschnitt 2.1 Nr. 1 „Ermitteln des Hilfe- und Unterstützungsbedarfs" der Richtlinien.
23 Siehe Abschnitt 2.1 der „Ermitteln des Hilfe- Unterstützungsbedarfs" der Richtlinien.
24 Siehe Leitfaden Prävention – Handlungsfelder und Kriterien des GKV-Spitzenverbandes zur Umsetzung der §§ 20 und 20a SGB V vom 21. Juni 2000 in der jeweils geltenden Fassung.

der Ermittlung des Hilfe- und Unterstützungsbedarfs[25] ergibt. Die Pflegeberaterin oder der Pflegeberater soll die ratsuchende Person bei der Inanspruchnahme von Maßnahmen zur Prävention und Gesundheitsförderung unterstützen, indem auf Wunsch und in Absprache mit der ratsuchenden Person Informationen zu geeigneten Angeboten zur Verfügung gestellt/geeignete Hinweise auf solche gegeben oder Kontakte zu entsprechenden Leistungserbringern vermittelt werden.

2.2.5 Anpassung des Wohnumfeldes

Pflegeberaterinnen und Pflegeberater sollen Anspruchsberechtigte sowie Angehörige oder weitere Personen entsprechend dem individuellen Hilfe- und Unterstützungsbedarf[26] über die Möglichkeiten beraten, wohnumfeldverbessernde Maßnahmen[27] vornehmen zu lassen, durch die die häusliche Pflege ermöglicht oder erheblich erleichtert oder eine möglichst selbständige Lebensführung des Pflegebedürftigen wiederhergestellt werden kann.[28] Bei der Anpassung des Wohnumfeldes kann die Pflegeberaterin oder der Pflegeberater Kontakte zu entsprechenden Beratungsstellen vermitteln.

2.3 Erstellen eines individuellen Versorgungsplans

Bei jeder Pflegeberatung im Sinne des § 7a SGB XI erstellt die Pflegeberaterin oder der Pflegeberater einen Versorgungsplan[29], der der/dem Anspruchsberechtigten grundsätzlich unverzüglich nach Erstellung auszuhändigen oder zu übermitteln ist[30], sofern sie/er nicht widerspricht.

2.3.1 Definition des Versorgungsplans

Der Versorgungsplan ist Bestandteil eines jeden Beratungsprozesses. Die Pflegeberaterin oder der Pflegeberater hat zu dokumentieren, welche individuellen Hilfe- und Unterstützungsbedarfe[31] nach Art und Umfang bestehen und mit welchen konkreten Maßnahmen die ermittelten Hilfe- und

25 Siehe Abschnitt 2.1 „Ermitteln des Hilfe- und Unterstützungsbedarfs" der Richtlinien.

26 Ebd.

27 Siehe auch Richtlinien des GKV-Spitzenverbandes zur Feststellung der Pflegebedürftigkeit nach dem XI. Buch des Sozialgesetzbuches, Anlagen, 8 Katalog möglicher wohnumfeldverbessernder Maßnahmen.

28 Siehe auch § 40 SGB XI.

29 Im Rahmen des Beratungsprozesses wird ein Versorgungsplan auch dann erstellt, wenn ausschließlich Leistungen im Rahmen der Kostenerstattung vorgesehen sind, z. B. für Leistungen nach § 45b SGB XI für Personen mit Pflegegrad 1.

30 Zu beachten sind dabei die gesetzlichen Datenschutzvorschriften. Siehe auch Abschnitt 5 der Richtlinien „Datenschutz".

31 Siehe Abschnitt 2.1 „Ermitteln des Hilfe- und Unterstützungsbedarfs" der Richtlinien.

Unterstützungsbedarfe[32] gedeckt werden können. Hierzu sind geeignete Dienste, Einrichtungen und sonstige bedarfsgerechte Unterstützungen aufzuführen. Dabei beschränkt sich der Versorgungsplan nicht auf die Aufzählung allgemein zugänglicher Leistungsangebote und etwaiger Hilfe- und Unterstützungsmöglichkeiten, sondern nimmt Bezug auf den ermittelten Hilfe- und Unterstützungsbedarf[33]. Sofern sich der ermittelte Hilfe- und Unterstützungsbedarf[34] als erheblich und in besonderem Maße umfangreich darstellt, können auch die Maßnahmen umfassender sowie die individuell geeigneten Dienste, Einrichtungen oder sonstigen bedarfsgerechten Angebote vielfältiger sein und sich entsprechend umfassend im Versorgungsplan niederschlagen.

2.3.2 Wesentliche Inhalte des Versorgungsplans

Im Versorgungsplan müssen die folgenden wesentlichen Inhalte elektronisch dokumentiert werden:

- Stammdaten (z. B. Angaben zur Person, zum/zur Betreuer/Betreuerin oder Bevollmächtigten, zu Angehörigen, zum Pflegegrad),
- individueller Hilfe- und Unterstützungsbedarf[35],
- Zielformulierung,
- gemeinsam vereinbarte Maßnahmen unter Berücksichtigung der im Einzelfall erforderlichen Sozialleistungen und gesundheitsfördernden, präventiven, kurativen, rehabilitativen oder sonstigen medizinischen sowie pflegerischen und sozialen Hilfen, insbesondere Leistungen nach dem SGB V, SGB VI, SGB VIII, SGB IX, SGB XI und SGB XII,
- Empfehlungen zur Umsetzung der gemeinsam vereinbarten Maßnahmen (insbesondere mit Hinweisen zu den dazu vorhandenen (örtlichen) bedarfsgerechten Unterstützungen) und Festlegung der Verantwortlichkeiten,
- Hinweise zur gemeinsamen Überprüfung und Anpassung der Maßnahmen, beispielsweise auf Wunsch eine Vereinbarung von Folgekontakten.

32 Ebd.
33 Siehe Abschnitt 2.1 „Ermitteln des Hilfe- und Unterstützungsbedarfs" der Richtlinien.
34 Ebd.
35 Ebd.

Der weitere konkrete Inhalt sowie der Umfang des Versorgungsplans ergeben sich in Abhängigkeit von der individuellen Versorgungslage und den Vorstellungen der/des Anspruchsberechtigten.

2.4 Hinwirken auf die erforderlichen Maßnahmen

Nachdem die ratsuchende Person und die Pflegeberaterin oder der Pflegeberater die wesentlichen Inhalte des Versorgungsplan gemeinsam erarbeitet haben und diese dokumentiert wurden, soll die Pflegeberaterin oder der Pflegeberater auf die Inanspruchnahme und Durchführung der erforderlichen Maßnahmen hinwirken. Das Hinwirken auf die Maßnahmen setzt voraus, dass sich die Pflegeberaterin oder der Pflegeberater mit regionalen Anbietern, Trägern und anderen Beratungsstellen vernetzt hat. Das sind z. B. kommunale Beratungsstellen, sozialpsychiatrische Dienste, Ärzte, Krankenhäuser, Pflegeeinrichtungen, Einrichtungen der Behindertenhilfe, Anlaufstellen für Familien mit Kindern mit Behinderungen, mobile Essensdienste, Selbsthilfegruppen, Seniorenbeiräte, ehrenamtliche Gruppen. Dadurch soll die Vermittlung und Erschließung des Zugangs zu bedarfsentsprechenden Leistungen und geeigneten Hilfen sichergestellt werden, wenn die anspruchsberechtigte Person selbst nicht in der Lage ist, die vereinbarten Maßnahmen umzusetzen und eine Unterstützung durch die Pflegeberaterin oder den Pflegeberater wünscht. Wie auf die erforderlichen Maßnahmen hinzuwirken ist, ergibt sich aus der konkreten Fallkonstellation.

Die Pflegeberaterin oder der Pflegeberater kann z. B. wie folgt auf erforderliche Maßnahmen hinwirken:

Nachdem die ratsuchende Person und die Pflegeberaterin oder der Pflegeberater die wesentlichen Inhalte des Versorgungsplan gemeinsam erarbeitet haben und diese dokumentiert wurden, soll die Pflegeberaterin oder der Pflegeberater auf die Inanspruchnahme und Durchführung der erforderlichen Maßnahmen hinwirken. Das Hinwirken auf die Maßnahmen setzt voraus, dass sich die Pflegeberaterin oder der Pflegeberater mit regionalen Anbietern, Trägern und anderen Beratungsstellen vernetzt hat. Das sind z. B. kommunale Beratungsstellen, sozialpsychiatrische Dienste, Ärzte, Krankenhäuser, Pflegeeinrichtungen, Einrichtungen der Behindertenhilfe, Anlaufstellen für Familien mit Kindern mit Behinderungen, mobile Essensdienste, Selbsthilfegruppen, Seniorenbeiräte, ehrenamtliche Gruppen. Dadurch soll die Vermittlung und Erschließung des Zugangs zu bedarfsentsprechenden Leistungen und geeigneten Hilfen sichergestellt werden, wenn die anspruchsberechtigte Person selbst nicht in der Lage ist, die vereinbarten Maßnahmen umzusetzen und eine Unterstützung durch die Pflegeberaterin oder den Pflegeberater wünscht. Wie auf die erforderlichen Maßnahmen hinzuwirken ist, ergibt sich aus der konkreten Fallkonstellation.

Die Pflegeberaterin oder der Pflegeberater kann z. B. wie folgt auf erforderliche Maßnahmen hinwirken:

1. Je nach Selbsthilfekompetenz der/des Anspruchsberechtigten stellt die Pflegeberaterin oder der Pflegeberater zu den Ansprechpartnern der zu vermittelnden Hilfen Kontakt her, indem sie/er der ratsuchenden Person die entsprechenden Kontaktdaten übermittelt oder sich – in Absprache mit der ratsuchenden Person- selbst mit den Ansprechpartnern in Verbindung setzt. Dadurch kann beispielsweise auf die Einbindung eines Pflegedienstes zur Sicherstellung der ambulanten pflegerischen Versorgung hingewirkt werden.
2. Sofern die Umsetzung einzelner Maßnahmen außerhalb der Häuslichkeit von der Mobilität der/des Anspruchsberechtigten abhängig ist, unterstützt die Pflegeberaterin oder der Pflegeberater bei Bedarf die/den Anspruchsberechtigte/n, die Begleitung zur Maßnahme zu organisieren (z. B. zu Ärzten oder zu einer Rehabilitationsmaßnahme) und macht dadurch bestehende Angebote nutzbar.
3. Die Pflegeberaterin oder der Pflegeberater übermittelt die ihr/ihm gegenüber gestellten Leistungsanträge unverzüglich der zuständigen Pflege- oder Krankenkasse.[36]

2.5 Überwachung der Durchführung/Anpassung des Versorgungsplans

Wurde auf die Durchführung der Maßnahmen hingewirkt (z. B. durch die Einbindung eines Pflegedienstes oder die organisierte Begleitung zur Maßnahme)[37], soll die Pflegeberaterin oder der Pflegeberater überwachen, ob die Maßnahmen im folgenden Verlauf durchgeführt werden (z. B. ob der Pflegedienst erscheint oder die/der Anspruchsberechtigte das Angebot

36 Gemäß § 7a Absatz 2 Satz 3 SGB XI kann ein Leistungsantrag nach dem SGB V und SGB XI auch gegenüber der Pflegeberaterin oder dem Pflegeberater gestellt werden. Nach § 7a Absatz 2 Satz 4 SGB XI ist der Antrag dann unverzüglich der zuständigen Pflege- oder Krankenkasse zu übermitteln.

37 Siehe Abschnitt 2.4 „Hinwirken auf die erforderlichen Maßnahmen" der Richtlinien.

wahrnimmt) und dadurch die Versorgungsziele erreicht werden können oder bereits erreicht wurden.

Die Pflegeberaterin oder der Pflegeberater soll die Durchführung der in dem Versorgungsplan festgelegten Maßnahmen überwachen, indem sie/er beispielsweise

1. (telefonisch) bei der anspruchsberechtigten Person oder bei sonstigen im Pflegeberatungsprozess eingebundenen Personen (z. B. bei Angehörigen oder weiteren Personen, bei Leistungserbringern bzw. ehrenamtlichen Personen) nachfragt, ob Versorgungsmaßnahmen umgesetzt werden.
2. die ratsuchende Person begleitet; beispielsweise durch die Vereinbarung weiterer Gesprächstermine (persönlich oder telefonisch) zur Besprechung von Zwischenschritten und -ergebnissen und/oder neuer Ziele.

Ergibt die Überwachung der Durchführung des Versorgungsplans einen Anpassungsbedarf bei den dokumentierten Versorgungszielen und -maßnahmen oder bei den anderen wesentlichen Inhalten des Versorgungsplans[38], soll die Pflegeberaterin oder der Pflegeberater den Versorgungsplan in Abstimmung mit der anspruchsberechtigten Person anpassen, um die gegebenenfalls innerhalb des Beratungsprozesses veränderte Bedarfslage oder die nicht erreichten Versorgungsziele berücksichtigen zu können. Die Anpassung erfolgt, indem die Pflegeberaterin oder der Pflegeberater die Änderungen in dem Versorgungsplan dokumentiert. In der Folge soll die Pflegeberaterin oder der Pflegeberater auf die veränderte Maßnahmenplanung hinwirken (z. B. Kontakte zu anderen Kooperations- und Vernetzungspartnern vermitteln bzw. herstellen, beispielsweise zu einem neuen Pflegedienst).

2.6 Information über Leistungen zur Entlastung der Pflegepersonen

Die Pflegeberaterin oder der Pflegeberater hat im Gespräch mit der ratsuchenden Person über Leistungen zur Entlastung der Pflegepersonen zu informieren. Dazu gehören insbesondere Informationen über

- Pflegekurse – auch in der Häuslichkeit – für Angehörige und ehrenamtliche Pflegepersonen,

38 Siehe Abschnitt 2.3.2 „Wesentliche Inhalte des Versorgungsplans“ der Richtlinien.

- Freistellungsmöglichkeiten nach dem Pflegezeit- und Familienpflegezeitgesetz,
- Pflegeunterstützungsgeld,
- den Entlastungsbetrag,
- Pflegesach- und Kombinationsleistungen,
- Angebote zur Unterstützung im Alltag,
- Angebote zur Verhinderungspflege,
- Tages- und Nachtpflege,
- Angebote der Kurzzeitpflege,
- Präventions- und Rehabilitationsmaßnahmen[39],
- Angebote der Selbsthilfe, z. B. Angehörigengruppen,
- Angebote von Ärzten/Psychotherapeuten,
- Hilfs-/Pflegehilfsmittel(-Beratung) und technische Hilfen,
- Anpassung des Wohnumfeldes.

Die Information über Leistungen zur Entlastung der Pflegepersonen hat neben der Beschreibung der vorhandenen und bedarfsgerechten Angebote auf Wunsch der ratsuchenden Person auch die Vermittlung von Kontakten (z. B. Ansprechpartnern und Telefonnummern) zu umfassen. Die Pflegeberaterin oder der Pflegeberater soll der ratsuchenden Person anbieten, bei der Umsetzung der Inanspruchnahme und der Ausschöpfung von Leistungen zur Entlastung der Pflegeperson behilflich zu sein. In Betracht kommt beispielsweise, dass die Pflegeberaterin oder der Pflegeberater die ratsuchende Person bei der Ausschöpfung von Ansprüchen der häuslichen Pflege insofern unterstützt, als sie/er aufzeigt, wie Leistungen der häuslichen Pflege kombiniert werden können. Auf diese Weise sollen die Leistungen zugänglich gemacht und etwaige Hürden, die Leistungen in Anspruch zu nehmen, abgebaut werden.

2.7 Beendigung der Pflegeberatung

Die Pflegeberatung ist beendet, wenn nach Absprache zwischen der Pflegeberaterin oder dem Pflegeberater und der ratsuchenden Person alle Ziele erreicht sind oder eine Pflegeberatung nicht mehr gewünscht wird. Die Pflegeberatung ist auch dann beendet, wenn durch die Fortführung des Beratungsprozesses oder die Anpassung des Versorgungsplans keine Verbesserung der Versorgungsituation zu erwarten ist.

39 Gemäß § 40 Absatz 3 SGB V berücksichtigt die Krankenkasse bei Ihrer Entscheidung die besonderen Belange pflegender Angehöriger.

Im Rahmen komplexer Fallgestaltungen wie sie z. B. bei Pflegebedürftigen mit Demenz, pflegebedürftigen Kindern oder Schlaganfallpatienten mit Pflegebedarf zu erwarten sind, sollen die Beteiligten nach Beendigung der Pflegeberatung einen Erfahrungsaustausch durchführen. Die Pflegeberaterinnen und Pflegeberater sollen den Hilfeprozess auswerten und insbesondere die genutzten Hilfen, z. B. geeignete Selbsthilfegruppen oder regionale Anbieter, dokumentieren. Dies dient dazu, die praktischen Erfahrungen für künftige Fallgestaltungen nutzbar zu machen und beispielsweise auf geschaffene Netzwerke und Kooperationen zurückgreifen zu können.

Die Pflegeberatung im Sinne des § 7a SGB XI ist keine dauerhafte Begleitung durch eine Pflegeberaterin oder einen Pflegeberater. Verändert sich nach Beendigung der Pflegeberatung (Erstberatung) die Bedarfslage oder treten neue Fragestellungen der Ratsuchenden auf, soll die Pflegeberaterin oder der Pflegeberater erneut eine Pflegeberatung (Wiederholungsberatung) durchführen.

3. Qualitätsgesicherte Durchführung der Pflegeberatung

Die Pflegeberaterinnen und Pflegeberater evaluieren die von ihnen erbrachten Pflegeberatungen z. B. in Form von kollegialen Fallbesprechungen oder Supervision. Diese Evaluation erfolgt, indem die Pflegeberaterinnen und Pflegeberater die Durchführung des Beratungsprozesses bewerten. Bewertet werden kann z. B. die Zufriedenheit der ratsuchenden Person mit der Pflegeberatung, die Nutzung der Netzwerke sowie die Erfahrung, wie die Pflegeberaterin oder der Pflegeberater die ratsuchenden Personen mit bestimmten Informationen am besten erreichen konnte. Zeigt sich Verbesserungs- oder Änderungsbedarf, sollen die Pflegeberaterinnen und Pflegeberater die Durchführung des Beratungsprozesses unter Einhaltung der Vorgaben dieser Richtlinien anpassen, um eine stetige Weiterentwicklung und Verbesserung der Qualität der Pflegeberatung zu erzielen.[40]

40 Der GKV-Spitzenverband legt dem Bundesministerium für Gesundheit gemäß § 7a Absatz 9 Satz 1 SGB XI alle drei Jahre, erstmals zum 30. Juni 2020, einen unter wissenschaftlicher Begleitung zu erstellenden Bericht u. a. über die Erfahrungen und Weiterentwicklung der Pflegeberatung und Pflegeberatungsstrukturen vor.

4. Qualifikationen und Kompetenzen der Pflegeberaterinnen und Pflegeberater

Die Pflegeberatung hat von fachlich gut ausgebildeten Pflegeberaterinnen und Pflegeberatern zu erfolgen, so dass eine kompetente Beratung gewährleistet ist. Gemäß § 7a Absatz 3 Satz 2 SGB XI kommen als Pflegeberaterinnen und Pflegeberater insbesondere Pflegefachkräfte, Sozialversicherungsfachangestellte oder Sozialarbeiter mit den jeweils erforderlichen Zusatzqualifikationen in Frage.[41]

Die Pflegeberatung ist von Pflegeberaterinnen und Pflegeberatern mit personaler Kompetenz und Fachkompetenz durchzuführen. Die personale Kompetenz zeichnet sich insbesondere dadurch aus, dass die Pflegeberaterin oder der Pflegeberater eine kooperative, respektvolle, empathische und kommunikative Beratungshaltung[42] einnimmt. Die Fachkompetenz zeigt sich insbesondere dadurch, dass die Pflegeberaterin oder der Pflegeberater die/den Ratsuchenden ihren/seinen Bedürfnissen, Interessen und Werten entsprechend und mit einem umfassenden Wissen der die Beratung betreffenden Themenbereiche berät und die ratsuchende Person bei der Entscheidungsfindung unterstützt. Die Fachkompetenz stützt sich zum einen auf praktische Erfahrungen aus der beruflichen Grundqualifikation[43], zum anderen auf Erfahrungen, die im Rahmen der Qualifikation als Pflegeberater oder Pflegeberaterin[44] oder während der Tätigkeit als Pflegeberaterin oder Pflegeberater erlangt wurden.

5. Datenschutz

Die Pflegeberatung hat unter Beachtung der gesetzlichen Datenschutzvorschriften[45] zu erfolgen. Die Pflegeberaterin oder der Pflegeberater hat die

41 Siehe auch § 2 ff. der Empfehlungen des GKV-Spitzenverbandes nach § 7a Absatz 3 Satz 3 SGB XI zur Anzahl, Qualifikation und Fortbildung von Pflegeberaterinnen und Pflegeberatern vom 29. August 2008 in der jeweils geltenden Fassung.

42 Gemäß § 4 der Empfehlungen des GKV-Spitzenverbandes nach § 7a Absatz 3 Satz 3 SGB XI zur Anzahl, Qualifikation und Fortbildung von Pflegeberaterinnen und Pflegeberatern vom 29. August 2008 in der jeweils geltenden Fassung sollen Pflegeberaterinnen und Pflegeberater über Kenntnisse in der Kommunikation und Gesprächsführung verfügen.

43 Siehe § 2 der Empfehlungen des GKV-Spitzenverbandes nach § 7a Absatz 3 Satz 3 SGB XI zur Anzahl, Qualifikation und Fortbildung von Pflegeberaterinnen und Pflegeberatern vom 29. August 2008 in der jeweils geltenden Fassung.

44 Siehe § 3 ff. der Empfehlungen des GKV-Spitzenverbandes nach § 7a Absatz 3 Satz 3 SGB XI zur Anzahl, Qualifikation und Fortbildung von Pflegeberaterinnen und Pflegeberatern vom 29. August 2008 in der jeweils geltenden Fassung.

45 Siehe insbesondere § 7a Absatz 6 SGB XI.

ratsuchende Person über den vertraulichen Umgang mit personenbezogenen Daten im Rahmen der gesetzlichen Befugnisse (§ 7a Absatz 6 SGB XI) zu informieren. Informationen, die im Rahmen des Beratungsprozesses für weitere Beteiligte notwendig sind, dürfen ausschließlich nach schriftlicher Einwilligung der ratsuchenden Person oder dessen Bevollmächtigten bzw. gesetzlichen Vertreters weitergeleitet werden.

6. Strukturierte Zusammenarbeit

Die Pflegeberatung wird durch eine strukturierte Zusammenarbeit[46] der Beratungsstellen vor Ort gestärkt. Grundlage hierfür ist der regelmäßige und aktualisierte Informations- und Wissensaustausch zur gegenseitigen Ergänzung der jeweiligen Kompetenzen. Die Beratungsstellen sollen sich z. B. gegenseitig informieren über

- ihre Kontaktdaten und telefonische/persönliche Beratungszeiten,
- die Kontaktdaten und Beratungszeiten der Hospiz- und Palliativberatung der Krankenkassen nach § 39b SGB V,
- kommunale Ansprechpartnerinnen und Ansprechpartner (z. B. Hilfe zur Pflege, Eingliederungshilfe),
- Pflegekurse für Angehörige und ehrenamtliche Pflegepersonen der Pflegekassen nach § 45 SGB XI und deren Inhalte,
- die Leistungs- und Preisvergleichslisten zugelassener Pflegeeinrichtungen nach § 72 SGB XI und anerkannter Angebote zur Unterstützung im Alltag nach § 45a SGB XI,
- das Gemeinsame Rundschreiben zu den leistungsrechtlichen Vorschriften des SGB XI,
- verschiedene Leistungen und Angebote der einzelnen Pflegekassen (Informationen über Verträge zur integrierten Versorgung nach §§ 140a SGB V und 92b SGB XI),

46 Gemäß § 7a Absatz 7 Satz 1 SGB XI vereinbaren die Landesverbände der Pflegekassen gemeinsam und einheitlich mit dem Verband der privaten Krankenversicherung e. V., den nach Landesrecht bestimmten Stellen für die wohnortnahe Betreuung im Rahmen der Altenhilfe und den zuständigen Trägern der Sozialhilfe sowie mit den kommunalen Spitzenverbänden auf Landesebene Rahmenverträge über die Zusammenarbeit in der Beratung. Gemäß § 7a Absatz 7 Satz 3 SGB XI vereinbaren die Landesverbände der Pflegekassen gemeinsam und einheitlich mit dem Verband der privaten Krankenkasse e. V. und dem zuständigen Träger der Sozialhilfe auf dessen Verlangen eine ergänzende Vereinbarung zu den Verträgen nach Satz 1 über die Zusammenarbeit in der örtlichen Beratung im Gebiet des Kreises oder der kreisfreien Stadt für den Bereich der örtlichen Zuständigkeit des Trägers der Sozialhilfe.

- unterschiedliche Wohnformen für Menschen mit Pflegebedarf und Einrichtungen der Eingliederungshilfe,
- Fahr- und Begleitdienste,
- Angebote für Personengruppen mit besonderen Bedarfen,
- Angebote der Selbsthilfe (z. B. Umgang mit der Erkrankung, Angehörigengruppen),
- Wohnraumberatungsstellen.

Die näheren Inhalte für eine strukturierte Zusammenarbeit werden in den Rahmenverträgen/in einer ergänzenden Vereinbarungen gemäß § 7a Absatz 7 Satz 1 und Satz 3 SGB XI konkretisiert.[47]

7. Strukturierung der Abläufe für die Pflegeberatung

Die Träger der Pflegeberatung sollen die Zweckmäßigkeit und Wirtschaftlichkeit der Durchführung der Pflegeberatung nach § 7a SGB XI, insbesondere eine abgestimmte Vorgehensweise und Organisation der Abläufe unter Einhaltung der Vorgaben der Pflegeberatungs-Richtlinien gewährleisten.

47 Gemäß § 7a Absatz 7 Satz 1 SGB XI vereinbaren die Landesverbände der Pflegekassen gemeinsam und einheitlich mit dem Verband der privaten Krankenversicherung e. V., den nach Landesrecht bestimmten Stellen für die wohnortnahe Betreuung im Rahmen der Altenhilfe und den zuständigen Trägern der Sozialhilfe sowie mit den kommunalen Spitzenverbänden auf Landesebene Rahmenverträge über die Zusammenarbeit in der Beratung. Gemäß § 7a Absatz 7 Satz 3 SGB XI vereinbaren die Landesverbände der Pflegekassen gemeinsam und einheitlich mit dem Verband der privaten Krankenkasse e. V. und dem zuständigen Träger der Sozialhilfe auf dessen Verlangen eine ergänzende Vereinbarung zu den Verträgen nach Satz 1 über die Zusammenarbeit in der örtlichen Beratung im Gebiet des Kreises oder der kreisfreien Stadt für den Bereich der örtlichen Zuständigkeit des Trägers der Sozialhilfe.

Stichwortverzeichnis

Die fett gedruckte Zahl bezeichnet die Ordnungsziffer des Gesetzes, der Verordnung oder Richtlinie entsprechend der Gliederung im Inhaltsverzeichnis (z.B. VI 2 = Pflegestatistikverordnung), die mager gedruckte Zahl den Paragraphen.